Obversione

Ad Antonio Piotti:
Talmente presi, ci si rese conto /
d'essere un'allegoria soltanto quando /
ci capitò di dire, indicando il soffitto col naso /
di dire: "noi due!", e ci marmorizzammo…
(Battisti-Panella)

A Sonia, poiché "fare lo scrittore da sposato è la specie
peggiore di infedeltà"
(Kierkegaard)

Lunga è la serie di persone a cui sono o sono stato
debitore, in questi anni, di suggerimenti, spunti e
indicazioni, e che mi hanno convinto a dedicare una
monografia (sia pure *sui generis*, quale la presente)
a questo concetto, sottraendolo, se così si può dire,
all'alveo della logica formale a cui pure appartiene
di diritto. Sono amici, e so che non si risentiranno
se mi limito a pochi nomi: ringrazio particolarmente
Antonio Piotti, con cui continuo a condividere un
non-terminabile dibattito sul concetto di obversione;
Fulvio Carmagnola, che ha colto il significato dell'idea,
molto prima che questo saggio apparisse, dedicandogli
un acuto articolo, che è molto più che un commento,
"Indagine sulla nozione di obversione", *Studi di estetica*,
35, 2008, pp. 177-199; Tiziano Scarpa, che è stato un
lettore appassionato, ma sempre attento, di una prima
versione; Alessandra Galletta, che mi ha fornito infiniti
spunti di riflessione; Antonio Curcetti, la cui definizione
di "reduci da un bel nulla" è senza meno epocale; e poi
ancora Michele Lombardelli, Antonio Riello, Gabriele
Illarietti, Antonello Fresu, Jorge La Ferla; grazie infine
a Gianni Romano, che ha appoggiato da subito questo
progetto e senza il cui concreto aiuto questo libro
sarebbe ancora un file nel mio computer.

Obversione. Media e disidentità
di Marco Senaldi

www.postmediabooks.it
ISBN 9788874901258

Obversione
Media e disidentità

Marco Senaldi

postmedia●books

Prefazione alla seconda
edizione
Sulle previsioni filosofiche 7

Introduzione
In fondo al corridoio 11

Parte prima
Learning
(IL CORRIDOIO)

1. "Se io non sono io, allora io chi
sono?" 29

2. Le facce scambiate 37

3. La logica di Tori 48

4. (Non) Essere e Tempo 57

5. Fabula est Mundus 67

6. Paradoxia epidemica 78

7. Chi ha incastrato l'Universale? 85

8. To Be AND Not To Be 104

Parte seconda
Understanding
(IL MONITOR IN ALTO)

1. La storia dell'obversione 135

2. Die verkehrte Welt 141

3. La spettrale (s)oggettività 156

4. Prefazione al Nulla 172

5. "Ah, potessi non invecchiare mai!"
187

6. Il fu Luigi Pirandello 197

7. Emergency in Favour of Twice 207

8. La malattia mediale 217

9. L'Aleph (e l'Omega) 231

10. L'uomo che scoprì l'obversione
238

11. "You do not exist" 241

Parte terza
Acceptance
(IL MONITOR IN BASSO)

1. "Questa non è una sigaretta" 289

2. Darfur is Dying? 295

3. Il paradosso della bresaola 302

4. I cento talleri (che non ci sono) 308

5 La guerra obversa 317

6. Into the Loop _ Estetica, metafisica e logica della video-obversione 323

7. Il Gran Teatro dell'Oklahoma 328

8. Pacific Trash Vortex 334

9. Merda, brufolo, preservativo 340

Bibliografia 357

*De pronto recordé que Haydée Lange habìa muerto
hace mucho tiempo. Era un fantasma y no lo sabìa.*
Borges, *1983*

*Now that he had recognized himself as a dead man
it became important to stay alive as long as possible.*
Orwell, *1984*

Prefazione alla seconda edizione

Si dovrebbero aspettare cinquant'anni,
o cento, per il proprio vero pubblico.
Marcel Duchamp

A distanza di quasi dieci anni dall'edizione originale del 2014, la prima cosa che vien fatto di notare è che la speranza espressa da Slavoj Žižek nel breve annuncio che l'accompagnava non si è (ancora) avverata.

"Obversione", comunque venga inteso questo termine, non è assurto al successo che hanno avuto per conto loro concetti come "negativo" o *Aufhebung*, e non solo per cause estrinseche, come il fatto che si tratti di un vocabolo desueto, l'oscurità del suo autore, o la rarità del libro stesso. Di fatto, intendere pienamente la logica della "doppia inversione" e trarre tutte le conseguenze dialettiche che tale dinamica trascina con sé non è affatto facile, nemmeno per chi scrive.

Tuttavia, credo che rileggere alcuni episodi di questa dialettica obversa, qui riassunti in capitoli come quello sulla crisi nel Darfur, sulla reversione temporale o sulla dis-ontologia, sia oggi ancor più istruttivo perché, pur risultando leggermente anacronistici rispetto alla bruciante attualità, ne anticipavano le dinamiche intrinseche.

Eventi quali la pandemia o la "guerra ibrida", che hanno segnato il periodo che ci separa dagli anni 10 del XXI secolo, hanno portato alla luce una dimensione post-storica fino ad ora non ancora pienamente tematizzata: mai prima d'ora si erano viste conseguenze tanto globali di fatti accaduti in aree geografiche del pianeta tanto "locali". Ma in un altro, e assai più drammatico senso, tali eventi sono stati percorsi da una evoluzione paradossale che ha finito per stravolgerne il senso e per disidentificarli da se stessi – dimostrando implicitamente di obbedire alla ferrea logica della contraddizione intrinseca o obversione. La pandemia di Covid19 è stata caratterizzata essenzialmente, si direbbe *ontologicamente*, da una tale infinità di "varianti" al punto che è difficile anche solo descriverne la fisionomia e il virus stesso, che ne è causa, è caratterizzato da una sorta di sfuggente logica "spettrale", dato che gli scienziati stessi discutono da tempo se possa o meno essere considerato un "essere vivente". Nonostante le semplificazioni mediatiche (e ideologiche) lo stesso può dirsi del conflitto in Ucraina, generato da una serie di rivendicazioni identitarie, risalenti alla guerra precedentemente combattuta nel Donbass, e forse all'identità contraddittoria dell'Ucraina stessa come stato-nazione, da sempre contesa fra l'Oriente russo e l'Occidente europeo.

Ma ciò che occorre sottolineare non è solo il carattere contraddittorio di questi eventi, ma soprattutto la risposta che, in entrambi i casi, hanno generato. La reazione, da parte dei governi, delle agenzie internazionali o dei politici di turno, è invariabilmente stata di tipo deterministico, per non dire anti-dialettico, del genere "a problema, soluzione": così, alla malattia si è risposto con la cura, alla guerra con le armi. Purtroppo, il risultato di un simile approccio è sotto gli occhi di tutti: invece di riportare salute, ordine e pace, queste strategie hanno generato nuove varianti epidemiche, hanno inasprito il conflitto (anzi i conflitti in generale) e hanno portato più disordine nelle relazioni internazionali e interpersonali di quanto già non ve ne fosse prima[1].

Solo riflettendo in maniera approfondita su queste meccaniche – sulla loro segreta dialettica rovesciata e rovesciante, che è prima di tutto logico-ontologica e solo secondariamente politica, economica, sanitaria o ideologica – sarà possibile prendere coscienza della condizione obversa che caratterizza la nostra contemporaneità.

Il compito che attende i filosofi del futuro non sarà quindi affatto quello di un "impegno", cioè di una presa di "parte", come è invece avvenuto, complice la tentazione di intervenire mediaticamente, nei giorni del dibattito arroventato a seguito di questi e altri avvenimenti. Propendere per un partito, per un "Particolare", infatti, significa abdicare filosoficamente all'unico valore a cui un pensiero concettualmente evoluto può davvero ambire, cioè l'Universale – intendendo con questo termine un universale decentrato, contraddittorio e disidentico che coincida con la disidentà stessa in quanto fattore comune – ossia con l'obversione come dinamica universale. Solo nel riferirsi a un simile concetto universale la filosofia potrà dunque trovare ancora un suo senso e un suo spazio nel già affollatissimo dibattito, che è insieme effetto e causa del "caos spirituale" in cui ci troviamo.

Per rifarci ancora una volta al genio hegeliano, si dovrebbero qui spendere due parole sul senso dell'impresa filosofica nel suo complesso, per evitare che cada alternativamente preda di una simile "chiacchiera" oppure che abbandoni le sue vesti teoriche e "scenda direttamente nella pratica" tramutandosi in una "scienza previsionale" al pari della meteorologia, dell'ecologia e o del marketing (che ovviamente invece sono scienze che hanno rinunciato a priori alla propria dimensione auto-consapevole e riflessiva). Infatti, è proprio Hegel che, nel 1814, a tanti anni dallo scoppio della Rivoluzione Francese, pare quasi vantarsi con l'amico di sempre Niethammer dicendo di poter dire "a propria lode" di aver previsto "tutto quanto il rivolgimento" che ne era seguito, tra cui la nascita dell'Impero napoleonico e il suo tracollo[2]. Ora, le parole di Hegel vanno prese sul serio: egli non reclama affatto una previsione cronachistica, del resto impossibile; ben di più, rivendica il diritto-dovere filosofico di costruire un sistema in grado di inquadrare i singoli eventi, e di fornirne una spiegazione, non in termini meramente storici, ma autenticamente concettuali.

Certo, qualcuno potrebbe obiettare che le "previsioni" hegeliane datano a due secoli fa, e quindi hanno perso valore storico-filosofico; tuttavia, i concetti di dis-identità e di contraddizione, propri di quel pensiero, sono stati più volte ripresi da altri pensatori novecenteschi, come Gaston Bachelard, Alfred Korzybski, e Stéphane Lupasco. Nella stupefacente "Introduzione alla Seconda Edizione" del suo *Science and Sanity. An Introduction to Non-Aristotelian Systems and General Semantics* (1933), Korzybski scrive (nel 1941!) che la dottrina nazista della razza eletta "offre un eccellente illustrazione di un orientamento [mentale] a due valori, del tipo 'Aut-Aut'" (p. LXXV). E spiega come, in futuro, sarà possibile un progresso solo abbandonando questa logica a vantaggio di un pensiero "autoriflessivo" basato sulla "non-identità".

Tenendo ben a mente intuizioni come questa, si può dunque affermare che, con una certa costernazione, ma anche con serena certezza, gli eventi a venire non potranno che iscriversi proprio nei capovolgimenti a cui appartiene di diritto anche la dimensione obversiva che è l'oggetto preciso del presente saggio.

Dicembre 2022

---

1. Ho per parte mia provato a spiegare in dettaglio queste dinamiche in due interventi, *L'astuzia del coronavirus*, ebook Piemme, Milano 2021, e nel successivo (e più ampio) *Pensare Oltre. Filosofia della pandemia*, Piemme, Milano 2021.

2. G.W.F. Hegel, *Lettere*, Laterza, Bari 1972, p. 152.

Introduzione

*Mi osservavo costantemente: era come se sopra di me fosse
collocata una cinepresa, e io fossi stato al tempo stesso la cinepresa,
l'uomo che essa filmava, e quello che poi guardava il film. A volte
questo mi sconvolgeva, e spesso, la notte, non dormivo, fissavo il
soffitto, l'obiettivo non mi dava tregua.*

Littell, *Le benevole*

Un corridoio bianco, assai stretto, rischiarato da poche lampade, si apre di fronte a voi. Ha qualcosa di freddo, di poco invitante, ma una specie di consuetudine atavica vi spinge a entrare dentro, a vedere dove va a finire. Un corridoio dopotutto è fatto proprio per questo: per essere percorso, fino in fondo. In fondo al corridoio in effetti c'è qualcosa di sorprendente, che si intravede già appena entrati: si tratta di due monitor. Non sono dei semplici televisori, però. Sono monitor di controllo. In quello inferiore si vede semplicemente il corridoio vuoto, in quello superiore invece si vede una persona che si sposta proprio lungo il corridoio, vista di spalle. Man mano che vi avvicinate ai monitor in fondo per capire chi è questa persona, lei si allontana da voi; ma non ci vuole molto a capire che quella figura, vista da dietro, *siete* voi.

Siete indiscutibilmente voi, perché adesso, ad ogni gesto che fate corrisponde un gesto della figura sul monitor; d'altra parte non vi riconoscete, perché siete ripresi da dietro e perché l'angolo di ripresa, unito alla distanza tra la videocamera e il monitor che restituisce l'immagine, fa sì che vi vediate da un punto di vista insolito – che però vi coglie in pieno.

Questa, in sintesi, è l'esperienza che qualunque spettatore può fare di una celebre installazione dell'artista americano Bruce Nauman, intitolata *Live Taped Video Corridor* (1969-70), più nota come *Video Corridor*.

In essa lo spettatore, per la prima volta nella storia, almeno con una così eccezionale chiarezza, sperimenta la perturbante situazione di vedere se stesso da un punto di vista che non gli appartiene, che gli è del tutto estraneo. Anche di fronte a uno specchio noi vediamo la nostra immagine come qualcosa di diverso da noi – come un'immagine che non ci appartiene allo stesso modo con cui ci appartiene l'immagine, ad esempio, delle nostre mani al lavoro, o dei nostri piedi che camminano. Ma l'immagine che osserviamo allo specchio è certamente la nostra anche perché la vediamo dal punto di vista dei nostri occhi – il punto di vista con cui contempliamo noi stessi siamo pur sempre noi; l'immagine che vediamo allo specchio può soddisfare o meno le nostre aspettative (ci troviamo belli, oppure invecchiati, brutti o semplicemente cambiati) – ma senza dubbio siamo noi che guardiamo noi stessi. Se poi osserviamo un nostro ritratto, o una nostra foto, è pur vero che l'immagine come tale non ci appartiene e che è stata presa da un punto di vista che non è il nostro (potremmo fotografare noi stessi davanti a uno specchio, ma anche in tal caso non vedremmo che un viso nascosto da una macchina fotografica, come nel celebre autoritratto di Andy Warhol). Però, anche in questo caso, teniamo tra le mani l'immagine di noi stessi, e anche se non ci appartiene il punto di vista dal quale è stata realizzata (il che può essere fastidioso, soprattutto se la nostra immagine non corrisponde a ciò che ci immaginiamo di essere "veramente", cioè se sulla fotografia siamo in una luce o in una posa sbagliata, sgradevole, distorta, o magari comica), comunque l'immagine non scappa, è là, siamo noi, ci piaccia o no.

Ma nel caso della visita a *Video Corridor* le cose stanno ben diversamente. Infatti in questo caso, noi ci vediamo da un punto di vista completamente altro da quello che ci forniscono i nostri occhi. Noi ci *vediamo* da un punto di vista dove *non siamo* e non potremo mai essere; e *siamo* in un luogo dal quale *non ci vediamo*, e non potremo mai vederci direttamente. Possiamo arrivare a comprendere, dopo un certo tempo, che quell'immagine che ci restituisce il monitor è la nostra immagine, siamo noi; ma nondimeno essa ci appare estranea come l'immagine di un altro – estranea nella sua stessa familiarità – e perciò tanto più inquietante. Questo fenomeno accade perché (come spiega lo stesso artista)

> *... al di sopra dell'entrata del corridoio c'è una videocamera installata in alto. La videocamera è dotata di un grandangolo. Quando entrate nel corridoio, la videocamera è dietro e sopra di voi. Man mano che vi avvicinate al monitor, alla vostra propria immagine – ossia all'immagine di voi stessi visti da dietro – vi allontanate dalla videocamera; così che sul monitor vi allontanate da voi stessi, e più cercate di avvicinarvi, più vi allontanate dalla videocamera, e dunque da voi stessi. È una situazione del tutto bizzarra*[1].

Nell'opera di Nauman il rapporto tra spazio, corpo e immagine viene attivato dallo spettatore, ma quest'ultimo è spinto ad una radicale esperienza dovuta al paradossale raffronto tra il "vero" sé e la propria immagine ripresa a circuito chiuso, e in ultima analisi sperimenta il carattere radicalmente ambiguo della propria identità. Riproduzione, messa in finzione, da un lato – ed esperienza autentica, sensibile, dall'altro, sono qui eventi estremamente ravvicinati, che però, proprio per questo, restano sfasati, discordanti – al punto che Nauman stesso chiosa il tutto dicendo che questa sua opera riguarda "ciò che non riesci a mettere assieme"[2].

Occorre qui fare riferimento alla celebre nozione di *Perturbante* freudiano. In effetti già Freud, in un'epoca già pienamente mediale, si occupa di casi di falso riconoscimento e lo fa in un testo giustamente celebre intitolato appunto *Das Unheimlich* (1919), da una parola tedesca che, come nota lui stesso, nasce dalla negazione di ciò che è *heimlich*, casalingo, e perciò ben noto, familiare appunto. Nella nota 15 a *Das Unheimliche*, Freud ricorda un'esperienza analoga, accaduta a Ernst Mach, che "si spaventò non poco quando riconobbe che il volto che aveva visto era il suo stesso volto". Lo stesso episodio accadde a Freud che così lo descrive:

> *Posso raccontare a mia volta un'avventura simile. Ero seduto, solo, nello scompartimento del vagone letto, quando, per una scossa più violenta del treno, la porta che dava sulla toeletta attigua si aprì e un signore piuttosto anziano, in veste da camera, con un berretto da viaggio in testa, entrò nel mio scompartimento. Supposi che avesse sbagliato direzione nel venir via dal gabinetto che si trovava tra i due scompartimenti, e che fosse entrato da me per errore, saltai su per spiegarglielo ma mi accorsi subito, con grande sgomento, che l'intruso era la mia stessa immagine riflessa dallo specchio fissato sulla porta di comunicazione. Ricordo tuttora che l'apparizione non mi piacque affatto[3].*

L'esperienza di Freud è di estrema importanza qui. Essa infatti ha luogo in un treno, un mezzo di trasporto tipicamente moderno, che implica spostamento da luogo a luogo, ed è per definizione spaesante. La forma stessa di un treno, che si allunga lungo la via ferrata come per anticiparne la percorrenza, non è forse simile a quella di un corridoio? Il disorientamento di Freud non è certo dovuto a un sistema di videocamere a circuito chiuso, ma nondimeno, l'immagine che sorge, pur essendo vista in un normale specchio, non è generata in modo consueto, ma da un evento imprevedibile, lo scossone del treno in corsa, che per un attimo scosta lo sguardo dall'immagine riflessa e la fa vedere a Freud "dal punto di vista di un'altra persona". Al punto che egli può descriversi con un'oggettività persino leggermente malevola, "da fuori", come "un signore piuttosto anziano, in veste da camera e con un berretto da notte in testa", che insiste nell'entrare in uno scompartimento non suo. Infine, è notevole il chiaro disagio che Freud desume da questo episodio, e il senso di "grande sgomento" che essa gli provoca. Freud dunque già coglie perfettamente tutte le caratteristiche di questa strana esperienza che consiste nel non riconoscere ciò che c'è di più familiare, cioè se stessi – eppure le attribuisce a un fatto momentaneo, quasi irripetibile e comunque fortuito, mentre nel *Video Corridor* esse diventano un'esperienza definita, ripetibile, stabile, e che, nonostante ciò, mantiene integra tutta la sua capacità perturbante.

Di più. Nell'epoca attuale, dominata dalla presenza mediale diffusa, è quasi banale ricordare che gran parte della nostra vita sociale, e talvolta anche intima, si svolge alternativamente davanti a un monitor (come nel mio caso, scrivendo queste stesse parole al computer) o sotto l'occhio delle telecamere di controllo. Pertanto, capita sempre più di frequente che ripresa e visione divengano simultanee, generando delle situazioni simili a quella artificiosamente ricostruita dall'installazione di Nauman: in numerosi luoghi pubblici come stazioni di servizio, centri commerciali, negozi, e persino per strada non è raro imbattersi in monitor che rimandano l'immagine delle videocamere di controllo, e vedere in essi muoversi dei personaggi abbigliati proprio come noi, con le nostre fattezze, in una parola, del tutto simili a noi – perché *siamo* noi. Siamo indiscutibilmente noi, eppure fatichiamo a riconoscerci, dato che la nostra immagine è catturata e rimandata sullo schermo da un punto di vista radicalmente estraneo, quello della videocamera appunto. Così, la situazione è quasi rovesciata rispetto all'esperienza freudiana: Freud vede un estraneo in veste da camera che poi riconosce essere se stesso; noi abbiamo tutto il tempo di osservare un nostro sosia mediale che però ci risulta estraneo anche quando capiamo di *essere lui*. Il "grande sgomento" che deriva da questa situazione però, è identico.

Anche se non esattamente negli stessi termini, questa situazione è già stata descritta da Jean Baudrillard in un breve testo, ma non per questo minore, intitolato significativamente *Videosfera e soggetto frattale*, del 1989[4]. In esso il grande pensatore francese definisce la nozione di videosfera come quella in cui il soggetto si trova non solo calato entro una condizione di perenne accerchiamento mediale, ma anche toccato dai media nella sua propria identità individuale. Il soggetto si frammenta e i media, segnatamente il media visivi, non si relazionano ad esso come degli innesti passivi – piuttosto è l'uomo stesso "ad essere innestato sulle proprie immagini". Per descrivere questa condizione del tutto nuova Baudrillard fa ricorso all'efficace espressione di "stadio video" – cioè di condizione soggettiva, e insieme momento storico ed epocale, nel quale i media audiovisivi hanno preso il sopravvento sulla realtà e sugli uomini stessi.

> *Dappertutto il video non serve che a questo: schermo di rifrazione estatica che non ha più niente dell'immagine, della scena o della teatralità tradizionale, che non serve affatto a recitare o a contemplarsi, ma comincia li servire dovunque ... a essere innestati su se stessi. Senza questo innesto circolare, questa rete breve e istantanea che il cervello, un oggetto, un avvenimento, un discorso creano innestandosi su di sé, senza questo video perpetuo, niente ha senso oggi. Lo stadio video ha rimpiazzato lo stadio dello specchio[5].*

L'intero significato della metafora baudrillardiana, dunque, si può cogliere solo in opposizione al concetto più antico da cui deriva, il cosiddetto "stadio dello specchio". Quest'ultimo è il nome di un particolare passaggio nella consapevolezza umana individuato da Jacques Lacan oltre mezzo secolo fa[6]. Secondo Lacan, vi è un momento nella vita del bambino per cui egli passa dall'indifferenza verso la sua immagine riflessa in uno specchio, ad un atteggiamento giubilatorio di fronte ad essa, il che accadrebbe fra il 6° e il 18° mese di vita. Per Lacan questa è la prova che il piccolo d'uomo si costruisce la propria identità a partire dal riconoscimento della sua propria immagine; anche se questo riconoscimento, proprio in quanto basato su un'immagine di sé virtuale (allo specchio), implica un'asimmetria fondamentale tra ciò che l'individuo vede e ciò che è, una "discordanza" dell'io "con la propria realtà"[7]. Ora, anche se l'esistenza stessa dello stadio dello specchio è stata più volte messa in discussione dalla psicologia sperimentale, in Lacan tale stadio non riveste solo un ruolo psicologico, ma viene elevato a "struttura ontologica del mondo umano"[8]. Indiscutibilmente, esso offre, del rapporto con la nostra immagine speculare, una nozione assai meno tranquillizzante di quella che si sarebbe portati ad attribuirle: l'immagine che abbiamo di noi andrebbe a colmare un vuoto radicale al centro del nostro essere, costituendo dunque la radice di quella struttura denominata in seguito Immaginario, che caratterizza secondo Lacan lo status umano (insieme al Simbolico e al Reale) e ne definisce l'orizzonte ontologico[9].

Lacan è tornato a più riprese sul tema delle immagini speculari, e in particolare nello scritto "Nota sulla relazione di Daniel Lagache: Psicoanalisi e struttura della personalità", risalente al 1960[10], e poi di nuovo nelle parti dedicate allo sguardo del *Seminario XI* del 1964. Nella "Nota", Lacan, richiamandosi all'esperimento ottico dello scienziato Henry Bouasse, menziona delle varianti in cui compaiono specchi concavi che restituiscono immagini virtuali su uno specchio piano. Queste immagini, che raffigurano due realtà separate (un vaso capovolto e dei fiori fuori dal vaso) sembrano immaginariamente ricomporsi nell'immagine virtuale vista finalmente nello specchio (un vaso poggiato normalmente su un tavolo con dei fiori dentro). Nell'immagine finale, dice Lacan, il soggetto "frammentato ... trova la sua identità"[11], ma è importante sottolineare che non si tratta di un'immagine speculare "diretta", bensì mediata dall'uso di un secondo specchio concavo. Più avanti però, Lacan stesso mette in evidenza che l'immagine illusoria prodotta dal dispositivo ottico non è sufficiente a descrive l'intero "campo del visibile", e inizia a concentrarsi sul ruolo dello sguardo[12]. Secondo Lacan, il diagramma classico, quello definito dall'umanista Leon Battista Alberti, per cui dall'occhio dell'osservatore/soggetto parte un "raggio visivo" diretto a cogliere l'oggetto, dovrebbe essere completato con un secondo diagramma che penetra nel primo e per così dire, "rimanda" lo sguardo *indietro* verso l'osservatore. Lo "sguardo" lacaniano (che per lui è un "oggetto parziale") è precisamente questo sguardo ritornato, de-soggettivato, né soggettivo né oggettivo, il cui coglimento è chiaramente traumatico. Così, se inizialmente lo specchio (per quanto otticamente modificato) è il medium ideale per spiegare la costituzione immaginaria dell'io, in un secondo tempo il soggetto viene piuttosto definendosi all'interno di un campo visibile, dove viene "guardato", e questo campo "opaco... è lo schermo"[13]. La descrizione che Lacan fa nel 1964 pertanto, si avvicina drammaticamente a quella messa in atto nel *Video Corridor*:

> *... nel campo scopico lo sguardo è all'esterno, io sono guardato, cioè sono quadro.... Ciò che fondamentalmente mi determina nel visibile, è lo sguardo che sta all'esterno... lo sguardo è lo strumento... da cui sono* foto-grafato*.... Lo schermo è il luogo della mediazione*[14].

Lo sguardo dall'esterno, impersonale (cioè quello della telecamera) mi "fotografa" (cioè mi videoriprende), permettendomi di entrare nel visibile, ma a prezzo della mia identità, che, di fronte allo schermo, non riesco a ricostruire nemmeno illusoriamente (come accadeva ai tempi dello stadio dello specchio).

La psicoanalista lacaniana Joan Copjec estende a questo proposito la nozione di schermo in senso più lato, includendovi lo schermo cinematografico e video:

> *Nel momento in cui lo sguardo viene scorto, l'immagine, l'intero campo visivo, diventa un'alterità terrificante. Esso perde il suo aspetto familiare [belong-to-me-aspect] e assume improvvisamente la funzione di uno schermo*[15].

Non è difficile scorgere in queste parole un chiaro rimando alla nozione di *Unheimlich* freudiana, solo che qui, a divenire "straniante" è l'intero "campo visivo", che assume la forma e la funzione di un monitor. Lo schema a "feedback" dello sguardo ricalca così esattamente il funzionamento del video a circuito chiuso su cui si fonda *Video Corridor* e che è reperibile nella videosfera contemporanea[16]. Allo sguardo "pacificante" indirizzato verso gli oggetti, o tutt'al più verso la nostra immagine allo specchio, ne subentra uno "traumatico" che rivediamo sullo schermo, dove ritroviamo sì la nostra immagine, ma ritornata, restituita da uno sguardo che non ci appartiene, che non è il nostro[17]. Se ne può concludere che già in Lacan, dunque, lo "stadio dello specchio", che simboleggiava il problematico rapporto dell'individuo nei confronti della propria immagine riflessa, viene oltrepassato da uno "stadio dello schermo", che in certa misura sembra anticipare le sconvolgenti conseguenze dello stadio-video colte da Baudrillard[18].

Del resto da un punto di vista anche visivo, il trasformarsi dello specchio da semplice superficie riflettente a schermo che ci restituisce la nostra immagine rovesciata è un *tòpos* novecentesco, ben colto da avanguardie artistiche come il surrealismo, e non solo. Ma è stato Magritte in particolare a fornire un'efficace rappresentazione di questa situazione con un quadro dall'apparenza enigmatica, ma il cui titolo recita significativamente *La reproduction intérdite*, 1936 (non a caso coevo a *L'opera d'arte nell'epoca della sua riproducibilità tecnica* di Benjamin). In quest'opera, un uomo si osserva riflesso dentro un grande specchio, solo che, invece di scorgere il proprio volto, vede la propria nuca – cioè si osserva da un punto di vista "impossibile", che non possiamo mai vedere direttamente. Il tipico tocco surreale, però, qui assume un significato ben preciso, se messo in rapporto a quanto abbiamo detto finora: in realtà, l'opera di Magritte ha una spiegazione "tecnica" – ciò che raffigura diventa infatti spiegabile se al posto dello specchio mettiamo un monitor.

Se su questo monitor viene rimandata l'immagine della ripresa del soggetto di spalle, ecco che il quadro di Magritte si spiega perfettamente. Ma questa ripresa di spalle posta di fronte al soggetto, non è esattamente il meccanismo a *loop* di *Video Corridor*? Il titolo *Riproduzione vietata*, si riferisce a questo: è vietata l'antica riproduzione, quella che si riferiva a un "originale" – ma, secondo quanto sostiene Walter Benjamin (nello stesso anno del dipinto!) tale forma di riproduzione è stata surclassata dalla riproduzione meccanica delle immagini[19]. Benjamin parla soprattutto di fotografia e cinema, naturalmente, e si potrebbe pensare che lo stesso Magritte abbia avuto un'intuizione, più che una vera cognizione della possibilità disidentificante del video. Ma poco importa: infatti, proprio il 1936 è anche l'anno delle prime trasmissioni televisive sperimentali fatte realizzare da Hitler in occasione dei Giochi Olimpici di Berlino...[20].

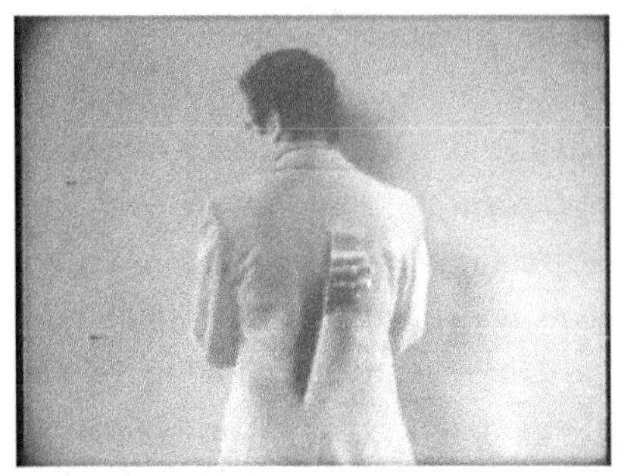

Del resto, qualche decennio dopo l'opera di Magritte, gli artisti hanno proseguito la loro ricerca proprio in questa direzione disdentificante. Nel primo video della serie *Three Transitions*, (1973), dell'artista americano Peter Campus, vediamo la sua figura di spalle che sta facendo qualcosa addossato contro una parete. Piano piano le sue mani si aprono un varco ma, per effetto di una doppia ripresa (di qua e di là dalla parete) e di una doppia proiezione sovrapposta sul lato visibile allo spettatore, il varco si apre proprio dentro la sua stessa immagine, di modo che noi vediamo prima le mani, poi l'intero corpo di Campus che "bucano" il suo stesso dorso[21]. Campus fornisce una specie di "supplemento" al quadro di Magritte, sia in senso visivo-narrativo che teorico – il suo "proseguimento dinamico" ci fa vedere in movimento "cosa accade dopo" l'ipotetica scena immobile ritratta da Magritte. Dopo che il soggetto magrittiano si è contemplato "a rovescio" nel "falso specchio", accade che egli tenti di passare al di là di se stesso, ma l'inesistenza dell'aldilà è dimostrata dal fatto che riemerge "al di qua" di se stesso e questo è esattamente ciò che Campus ci mostra[22].

Quali conseguenze in definitiva occorre trarre da tutti questi esempi? Una volta usciti dal *Video Corridor*, può darsi che la realtà torni a sembrarci la stessa di prima, ma abbiamo esplicitamente visto (dunque intimamente sappiamo bene) che non è così. Se noi stessi ci siamo visti eguali-a-noi-stessi *eppure* diversi-da-noi-stessi, a maggior ragione deve essere così per tutto il resto. È come se tutta la realtà, una volta considerata dal punto di vista dello stadio video, assumesse questa strana qualità *Un-heimlich*, dis-familiare, not-belonging-to-me, e pertanto perturbante. Una sensazione difficile da scacciare anche perché, una volta fatto ritorno al nostro domicilio, al posto del focolare domestico, simbolo e cuore della "familiarità", per "sentirci a casa" come prima cosa accendiamo un bel monitor – dove scorre una realtà sottoposta per definizione allo stadio video...

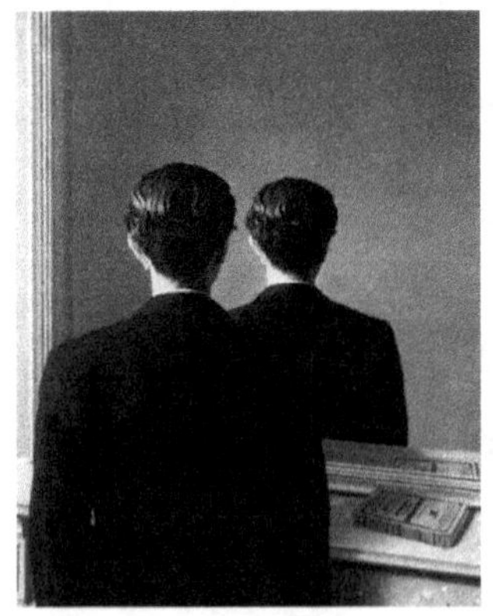

Anche senza volerlo, pertanto, siamo immersi nello stadio video anche quando siamo fuori dal *Video Corridor* – o, detto in altri termini, l'opera d'arte ha qui semplicemente svolto l'azione di rendere del tutto palese un meccanismo, un dispositivo diremmo, che era ancora in qualche modo latente, seppur già individuato da tanti pensatori diversi.

Ciò con cui non possiamo evitare di confrontarci è uno stadio video che invece di aiutare a identificarci ci fa differire – *non* da ciò che è diverso da noi, *ma da noi stessi*. Detto in altre parole, lo stadio video non ci rende semplicemente differenti, diversi da come siamo, perché invece ci mostra simultaneamente uguali-e-diversi; in una parola, ci mostra (e ci rende) *disidentici* da noi stessi.

Se l'identità era il concetto fondamentale della logica classica, e pertanto l'inizio di ogni possibile ragionamento sull'io e sul mondo, occorre dire che lo stadio video invece impone il rovesciamento di questo concetto – un concetto così basilare che ad esso inconsciamente affidiamo le nostre vite, ed in cui riponiamo una fiducia che con buona ragione definiamo "cieca". Basta aprire davvero gli occhi però per capire senza ombra di dubbio che la *disidentità* è oggi la regola logica e ontologica generale.

Ma questa disidentità, quando è sorta? È opera della crescente presenza sociale dei media? Certamente potremmo concluderne che tutto questo dipenda dalla diffusione dei mezzi di comunicazione nella nostra vita. Prima il telegrafo, che poteva trasmettere notizie a distanze un tempo invalicabili, poi la fotografia, che coglieva un istante reale con una vivezza mai vista prima, poi col cinema, che pareva restituire il soffio stesso della vita, poi con la radio, e la televisione, in grado di "distribuire realtà a domicilio" (come avrebbe detto Paul Valéry)[23], e infine con i new media, come internet e i social network che individualizzano lo scambio mediale un tempo massificato – i media hanno pian piano occupato ogni nostro spazio. Tuttavia, si potrebbe obiettare, questa vicenda, ancorché lunga, è comunque moderna, è un fatto storico, e come tale mondano, non una necessità ineluttabile – è una vicenda aperta sul possibile della quale proprio noi uomini siamo i responsabili ultimi, e a cui dunque, se volessimo, potremmo certo porre rimedio.

Sarebbe bello e in un certo senso legittimo elevare questa obiezione – che ha degli indubbi punti di forza, come quello di considerare i media dal punto di vista storico. Purtroppo, come vedremo (*infra*, p.te 2., § 1), i media sono sì un fenomeno storico, il quale però, retroattivamente, cambia l'interpretazione della storia – così come, in generale, tende a trasmutare l'essenza dei fenomeni di cui è parte. Il vero dilemma è che, una volta entrati nel mondo come sua duplicazione, i media non sono più distinguibili da esso – e questa *indistinzione* dialettica è ciò che chiamiamo *obversione*. Sembra questo un destino inscritto nella facoltà riflessiva della coscienza, e come tale un fenomeno che al suo fondo è metastorico, anche se si incarna storicamente; ma d'altra parte occorrerebbe anche dire che si tratta di un fenomeno fondamentalmente storico (inscindibile dall'affermarsi mondano dei media come strumenti tecnici di duplicazione), che si manifesta metastoricamente (come una forza estrinseca che nessuna soggettività è in grado di arrestare, come una Necessità soprastorica)[24].

Ne sono così conseguite due tendenze inverse, ma reciproche: in primo luogo, tutte le istanze che storicamente hanno cercato di contenere l'ascesa mediale ne sono state travolte. Infatti, da un punto di vista storico e politico, tutte le volte che si è tentato di eliminare o almeno bloccare temporaneamente l'avanzata mediale, il risultato è stato peggiore del male. Già nel 1859, quando gli intellettuali francesi, Baudelaire in testa, tentarono di escludere la fotografia dal novero delle arti belle, ottennero come risultato che, pochi anni dopo, tutti i maggiori pittori si servivano della fotografia per realizzare i loro quadri, e, in ultima analisi, questo ha fatto sì che oggi la fotografia si sia diffusa tanto come mezzo di comunicazione che come forma d'arte autonoma[25]. Più tardi, in altro contesto, dittature politiche come il fascismo si servirono ampiamente dei mezzi di comunicazione di massa (come radio e cinema) per influenzare le masse, limitandone l'uso quasi ai soli scopi di propaganda. Ma, come osservò Pasolini negli anni Settanta, quella propaganda era ben poca cosa a paragone del potere di persuasione seduttiva messo in campo dalle comunicazioni di massa e dalla televisione nel secondo dopoguerra. Proprio nel tentativo di arginare questo potere, governi interi, come quello statunitense, assunsero la decisione di limitare la diffusione di notizie mediali, come accadde durante la prima guerra del Golfo (1990-91), per evitare il ripetersi della *debàcle* del Vietnam (in parte, si disse, dovuta proprio alla presenza di giornalisti televisivi sul campo di battaglia)[26]. Il risultato fu che le notizie ufficiali vennero controllate molto più attentamente, ma il livello delle immagini visibili crebbe in modo esponenziale, fino ad arrivare a impiantare videocamere miniaturizzate sulle testate delle bombe stesse (cfr. *infra* p.te 3, § 5). Nella guerra in Iraq poi, dove i reporter e i giornalisti occidentali furono ancor più controllati, si verificò il fatto imprevisto che furono gli stessi soldati a diventare inattesi reporter di guerra, impiegando le tecnologie che nel frattempo di erano sviluppate (cellulari con foto e videocamera), e permettendo di vedere in diretta non solo ciò che apertamente avveniva sul campo, ma anche ciò che avrebbe dovuto rimanere nascosto (e che nemmeno durante la guerra del Viet Nam si era potuto vedere), cioè, dalla parte delle truppe americane, gli osceni giochi da caserma o le vere e proprie torture inflitte ai detenuti nel carcere di Abu Ghraib mentre, dalla parte dei terroristi, l'uso di riprendere ostaggi occidentali e di far pervenire i video ai media occidentali, strategia che divenne una vera e propria arma psicologica[27].

In secondo luogo, gli stessi eventi storici sono il contenuto privilegiato del campo mediale (anche quando si tratti di fiction e persino di fantascienza), costringendo così i soggetti contemporanei a vedersi di spalle nello schermo mediale, divisi dalla nostra stessa memoria da una distanza che non fa che aumentare quanto più cerchiamo di avvicinarci agli avvenimenti che essa conserva[28].

Tutto ciò sembra suggerire che, benché i media come dispositivi tecnici e come fenomeni sociali siano proliferati entro il divenire storico, non è affatto sufficiente tracciarne la storia per decifrare la struttura soggiacente che li rende possibili. Ciò che si tratta di fare è piuttosto sforzarsi di delineare il meccanismo che impone alle nostre esistenze quella trasformazione (cioè quella "obversione") di cui *Video Corridor* è la più perfetta descrizione.

Ma *Video Corridor* cela ancora un altro dettaglio che è stato sovente sottovalutato dai critici. Il secondo monitor che troviamo in fondo al corridoio, contiene enigmaticamente l'immagine preregistrata del corridoio vuoto, in assenza di qualcuno che lo occupi. Benché all'apparenza priva di relazione col soggetto spettatoriale, tale immagine è non meno angosciante di quella dello stesso corridoio con la nostra immagine rovesciata: essa significa che la trappola di rovesciamento era già lì prima che noi arrivassimo e resterà lì dopo che ce ne saremo andati dal corridoio. Così, se osservando allontanarsi la nostra immagine nel monitor in alto, si ha la sensazione di essere "rimossi da se stessi"[29], osservando l'immagine del corridoio, in cui indiscutibilmente ci troviamo, che ce lo restituisce del tutto vuoto, si ha la sensazione di *"non esserci affatto"*. Questo video del corridoio vuoto, con la sua immagine fissa, ripetitiva, disadorna, vagamente thriller, quasi kubrickiana, "rimuove la rimozione" che abbiamo appena finito di provare dopo esserci riconosciuti nella figura di spalle che sfuggiva di fronte a noi. Il nulla che esibisce è veramente dialettico, perché non è un semplice "vuoto", un "niente", un "abisso", ma un nulla privativo, dato che l'immagine (naturalmente effettuata prima del nostro ingresso) appare come una ripresa in diretta che sembra dimostrare, documentare quasi, esattamente la nostra assenza, la nostra *inesistenza*.

Se "il monitor in alto" contiene dunque il segreto logico dell'obversione, il "monitor in basso" contiene il suo segreto ontologico; nel primo caso l'obversione si manifesta come il rovesciamento inevitabile di tutte le strutture identitarie del soggetto, ma nel secondo questo stesso rovesciamento appare rovesciato un'altra volta. Il monitor del corridoio vuoto non fa riferimento alla paura dell'annichilimento (distruzione, morte, cancellazione...), ma a quel magico ribaltamento dialettico che va sotto il nome di "negazione della negazione" e in cui si costituisce il celebre "meno di niente" žižekiano[30]. In altri termini, dopo esserci sentiti deprivati dalla nostra stessa identità, scopriamo, nientemeno, che non solo "non siamo" (noi stessi), ma anche che siamo meno-di-questo-essere, *non esistiamo*. Il video del corridoio vuoto, funziona dunque come ciò che resiste o sussiste dopo che non c'è più nulla – il correlativo visivo dell' "insieme vuoto" matematico[31]. Ora, questo secondo rovesciamento, oltre a dimostrare che *Video Corridor* è un'opera altamente dialettica proprio grazie alla sua struttura tripartita (sospetto iniziale – presa di coscienza – distruzione della presa di coscienza), dona a tutta l'opera una luce assai diversa da quella in cui è stata sinora considerata, e perfino ottimistica. Se, infatti, per l'occhio impersonale che ci guarda, non esistiamo neppure, allora i nostri tormenti identitari in fondo perdono la loro drammatica importanza; il risultato non è certo un abbandono nirvanico all'"assenza" di desiderio, al Vuoto taoista ecc. – piuttosto, le nostre soggettività si trovano a spartire quella dimensione di spettrale "in-esistenzialismo" che in definitiva è forse il risultato più sconcertante, ma per certi aspetti promettente, dell'epoca obversa[32].

1. Nauman, B., *Image/Texte 1966-96*, Centre Pompidou éd., Paris 1997, p. 102.

2. Id, in *Inventa e muori. Interviste 1967-2001*, a+mbookstore, Milano 2005. Come ha fatto notare Mondloch, K., *Screens. Viewing Media Installation Art*, Minnesota Press, 2010, cap. 2, *Video Corridor* ha suscitato letture opposte. Da un lato Janet Kraynak, in un articolo del 2003, "Dependent Participation: Bruce Nauman's Environments", *Grey Room*, winter 2003, 10, pp. 22-45, avvicina l'opera di Nauman al classico dispositivo "panottico" foucaultiano; d'altra parte Parveen Adams, in "Bruce Nauman and the Object of Anxiety", *October*, 83, 1998, p. 101, sostiene invece che – a differenza che nel Panopticon di Bentham – non vi è un agente esteriore che ci controlla, e quindi, nonostante la sgradevole sensazione di essere "dispossessati" dalla propria identità, *Video Corridor* fornirebbe la possibilità di osservarsi in maniera del tutto innovativa e aumenterebbe la "consapevolezza di sé stessi". È facile osservare che sbagliano entrambi. *Video Corridor* è piuttosto un test e insieme un'anticipazione di un fenomeno epocale – esattamente quello del processo di dis-identificazione che, andando molto oltre il tema della sorveglianza eterodiretta, non può però nemmeno essere ridotto a una semplice "nuova esperienza" fornita dal rutilante mondo delle tecnologie visuali. Dall'individuazione assolutamente definita del processo disidentificante, e non dalla sua "simbolicità", né in senso negativo angosciante (la sensazione di essere nel panopticon), né tantomeno positivo (nuova presa di coscienza di sé...) deriva l'enorme valore teorico (e pratico) di *Video Corridor*

3. Freud, S., *Il perturbante* [1919], in *Opere scelte*, a cura di A. Semi, Boringhieri, Torino 1999, p. 1046. Secondo Heidegger la situazione è ancor più radicale: "Sentirsi spaesato [Unheimlichkeit] significa.. non-sentirsi-a-casa-propria [nicht-zuhause-sein]... dal punto di vista ontologico esistenziale, il non-sentirsi-a-casa-propria deve esser concepito come il fenomeno più originario"; *Sein und Zeit*, Max Niemeyer, Tübingen 1927 [trad. it. *Essere e tempo*, tr. P. Chiodi, Longanesi, Milano 1976, p. 236-38]; per le differenze rispetto a Freud, cfr. Withy, K., *Heidegger on Being Uncanny*, Univ. Chicago, Chicago 2009, pp. 199 sgg.

4. Baudrillard, J., «Videosfera e soggetto frattale»,

in AA VV., *Videoculture di fine secolo*, Liguori, Napoli 1989, pp. 29-39.

5. Ivi, p. 33. Nel celebre saggio di R. Krauss, "Video: The Aesthetic of Narcissism", *October*, 1, 1976, pp. 50-64, si faceva già riferimento a Nauman, Campus, Acconci e a molti artisti americani che usavano il video in senso "autoriflessivo". La Krauss invocava molto opportunamente Lacan, ma le implicazioni psicologiche introdotte tendevano a restringere l'uso del video alla dimensione idiosincratica dell'artista in quanto soggetto "patologico"; in tal senso è notevole che Baudrillard affermi invece con chiarezza che quello del video "non è un immaginario narcisistico", ma "un effetto di autoreferenza".

6. *Lo stadio dello specchio come formatore della funzione dell'*io [1949], in Lacan, J., *Ecrits*, Paris, Seuil, 1966 [trad. it.: *Scritti*, Einaudi, Torino 1975, 2 voll., trad. it. A cura di G. Contri, vol. I, p. 87-94]. Come è stato notato anche dai suoi discepoli (come J-A. Miller), il concetto lacaniano non è originale, dato che esso "proviene, per la parte empirica, da Henry Wallon, e, per la parte teorica, da Hegel rivisto da Kojève", cit. in Borch-Jacobsen, M., *Lacan. The Absolute Master,* Stanford U.P., 1991 [trad. it.:*Lacan, il maestro assoluto*, Einaudi, Torino 1999, p. 37, n. 9] .

7. Lacan, *Scritti*, cit., p. 89.

8. Ivi, p. 88.

9. Il testo di Lacan, individua con precisione il carattere "drammatico" dell'identificazione prematura, insufficiente, ingannevole che il soggetto ha verso la sua immagine – e quindi evidenzia che l'unità dell'io è "immaginaria" (Borch-Jacobsen, cit., p. 39).

10. In Lacan, *Scritti*, cit., pp. 643-681.

11. Lacan, J., *Le Séminaire, tome 2 : Le moi dans la théorie de Freud et dans la technique de la psychanalyse,* Seuil, Paris 2002 [trad. it.: *Il Seminario, Libro II. L'io nella teoria di Freud e nella tecnica della psicoanalisi (1954-1955)*, Einaudi, Torino 1991, p. 70].

12. Naturalmente Lacan era preceduto da alcune celebri analisi filosofiche sullo sguardo, segnatamente ad opera di Sartre (*L'essere e il nulla*) e di Merleau-Ponty (*Il visibile e l'invisibile*), debiti che, con le dovute critiche, ammette apertamente, cfr. *Le Séminaire, tome 11 : Les Quatre Concepts fondamentaux de la psychanalyse, 1964*, Seuil, Paris 1990 [trad. it.: *Il Seminario Libro XI. I quattro concetti fondamentali della psicoanalisi (1964)*, Einaudi, Torino 1979, cit., p. 86]. Sulle differenze tra Sartre e Lacan in proposito, cfr. Leguil, C., *Sartre avec Lacan*, Navarin, Paris 2012, in partic. IV, cap. 3, "Le sujet du regard". La Leguil, al termine di un capitolo estremamente dettagliato sulle differenze tra i due pensatori, trae le conclusioni arrivando a affermare che nel mondo ipermoderno siamo giunti a una "onnipresenza dello sguardo, nelle forme della sorveglianza generalizzata"; vi è però una reciprocità, dato che il "soggetto che guarda... è egli stesso visibile" (pp. 306-7). In tal senso Leguil sottolinea una supremazia, in Lacan, dell'occhio sullo sguardo, e cita Wajcman G., *L'Oeil absolu*, Denoel, Paris 2010, che solleva la questione della "trasparenza totale" dell'universo videosorvegliato, e della conseguente perdita di limite tra "voir et être vu" (ivi, p. 71). L'allarmante analisi di un lacaniano come Wajcman è affascinante; però la "reciprocità chiasmatica" tra spettatore e spettacolo che quest'ultimo genera resta offuscata dall'idea (foucaultiana) che il Potere (qui elevato a Occhio Assoluto, dai tratti quasi tecno-divini) sia un'entità "estranea" al soggetto, un Grande Fratello, che invece, in ultima analisi, "siamo" noi stessi.

13. Lacan, *Il Seminario Libro XI*, cit., p. 98. A quest'epoca egli si riferisce ai complicati dispositivi con specchi convessi come a un "tempo preliminare del nostro insegnamento", nella "Nota", cfr. *Scritti*, cit., p. 678. Su questo tema cfr. Vanheule S., "Lacan's construction and deconstruction of the double-mirror device", *Frontiers in Psychology*, 2, 209, 2011, che tra l'altro propone alcune convincenti foto dei dispositivi ottici di cui Lacan pubblica solo dei diagrammi non facilmente comprensibili

14. Lacan, *Il Seminario XI*, cit., pp. 108-9. È interessante notare che, nello stesso Seminario, per spiegare questa condizione enigmatica, Lacan ricorre a un ricordo di gioventù, quando, andando a pesca, vide una lattina luccicare in mezzo al mare e fu preso in giro dal suo amico pescatore Giovannino con le parole "*La vedi quella scatola? La vedi? Bene, lei non ti*

vede!" (in *Ivi*, p. 97). Questo è infatti il pensiero ingenuo del senso comune, secondo cui un oggetto ovviamente non può vedere; ma oggi, se camminando uno scorgesse per strada il luccichio di una videocamera di controllo (o di un autovelox) chi avrebbe il coraggio di dire: "La vedi quella telecamera? La vedi? Bene, lei non ti vede"? La risposta lacaniana appare qui quanto mai adeguata: forse non mi vede, "essa però mi guarda" (Lacan, *ibidem*). Stranamente, Leguil, cit., non si sofferma su questo passaggio lacaniano da specchio a schermo.

15. Copjec, J., *Read My Desire: Lacan against the Historicists*, MIT Press, Cambridge (MA), London 1994 [trad. it.: parz. "Il soggetto ortopsichico: teoria cinematografica e ricezione di Lacan", in S. Žižek, *Dello sguardo e altri oggetti*, Campanotto, Udine 2004, p. 239].

16. È qui da notare altresì il fatto che le opere di Nauman basate sulla videoinstallazione e i *Seminari* di Lacan dedicati allo sguardo sono quasi coevi, collocandosi entrambi intorno alla metà degli anni Sessanta del secolo scorso. Sul tema del "feedback", anche in riferimento a *Video Corridor*, cfr. Joselit, D., *Feedback. Tv against Democracy*, MIT press, Cambridge London 2007 [trad. it.: *La Televisione contro la democrazia. Feedback*, Postmedia Books, Milano 2015].

17. Un sintomo della "crisi dello specchio" è già riscontrabile nel *Ritratto di Dorian Gray* di Oscar Wilde (1890-91; cfr. *infra*, pte II, § 5), dove tornano specchi di ogni genere: Wilde paragona il ritratto di Dorian a uno specchio non solo del corpo ma anche "dell'anima"; Dorian si vede giovane nello specchio, mentre il suo volto invecchia sulla tela; ancora, Dorian scaraventa per terra lo specchio concavo regalatogli da lord Henry; e infine Dorian si rende conto dell'orrore dei suoi misfatti osservandoli come in uno specchio, "giacché lo specchio dell'anima sua nel quale stava specchiandosi era uno specchio ingiusto [unjust]"; trad. it., Newton Compton, Roma, 1993, p. 245

18. Leggendo queste righe un amico psicoanalista mi ha confessato di essersi reso conto della propria calvizie incipiente sulla sommità della nuca esattamente dopo essersi visto in una ripresa da dietro, avvenuta durante una visita alla classica videoinstallazione standard, dove lo spettatore è messo al centro della ripresa...

19. Benjamin, W., *Das Kunstwerk im Zeitalter seiner technishen Reproduzierbarkeit* in *Gesammelte Schriften*, hrsg. Tiedemann R., Schweppenhäuser, H., Suhrkamp, Frankfurt 1995, vol. VII/1, pp. 350-84 (è la seconda edizione a stampa); per la prima edizione dattiloscritta del 1935-36, cfr. l'trad. it. *L'opera d'arte nell'epoca della sua riproducibilità tecnica* in id., *Aura e choc*, a cura di A. Pinotti e A. Somaini, Einaudi, Torino 2012, pp. 17-73 (con *Appendici*); a Benjamin non sfugge che non si tratta solo di un fenomeno quantitativo e, in una lettera risalente al 1940, parla di "*capovolgimento visivo* a cui oggi ci fa assistere l'arte contemporanea", ivi, p. 111.

20. Cfr. Epstein, C., Nazi Germany. Confronting the Myths, Wiley, New York 2015, p. 116. Naturalmente Magritte stesso era avvezzo all'impiego di media altri dalla pittura come la fotografia e persino il cinema, almeno a livello sperimentale amatoriale (cfr. la mostra *Magritte et la photographie*, Palais des Beaux-Arts, Brussels 2005). Si potrebbe notare che, nel dipinto di Magritte, un elemento pare sfuggire alla logica video, cioè il libro poggiato sulla mensola. Ma il libro è una copia dei *Les adventures de Gordon Pym* di E.A. Poe, cioè di un romanzo ottocentesco, che infatti si riflette nello specchio "correttamente" cioè a rovescio. La corretta interpretazione di questo paradosso nel paradosso è che la riproducibilità antica (per esempio tipografica) si dimostra obsoleta alla prova di questo specchio/schermo, che invece riflette "correttamente" l'immagine dell'uomo contemporaneo.

21. Con la videoinstallazione *Cir* (1976), esposta alla Castelli Gallery, anche Campus in seguito utilizzò il meccanismo televisivo a circuito chiuso, solo che, a differenza di quanto accade in *Video Corridor*, qui lo spettatore doveva, nel buio della sala, trovare la posizione giusta per generare la propria immagine sul monitor; Rosalind Krauss tocca proprio queste videoinstallazioni, ma la sua analisi è fatalmente presa da una lettura psicoanalitica centrata sul concetto di "narcisismo"; più equilibrato D. Joselit, *Feedback*, cit., p. 157.

22. Un corrispondente letterario del video di Campus è certamente il racconto *L'altro* di

Borges, in cui il protagonista (Borges stesso settantenne, dato che il racconto è ambientato negli anni Sessanta ed è apparso nel 1975) incontra se stesso giovane ("ciascuno di noi due sta pensando di essere lui il sognatore"). Visivamente, il senso di *estraniamento* provato a incontrare se stessi è stato rappresentato al cinema nella scena iniziale di quel capolavoro che è *Il posto delle fragole* di Ingmar Bergman (1959) – in cui il vecchio professore Isak Borg incontra se stesso nella bara e viene afferrato dalla mano del defunto sé (evidentemente non-morto).

23. P. Valéry, *La conquête de l'ubiquité* [1928], in *Oeuvres*, édition établie et annotée par J. Hytier, 2 voll., Gallimard, Paris 1960; vol. II, p. 1285.

24. Naturalmente il tentativo di dirimere una struttura metastorica nel coacervo delle emergenze contemporanee affascina qualunque pensatore. Di recente è apparso un volume di A. L. Barabàsi, *Bursts. The Hidden Pattern Behind Everything We Do*, 2010 [trad. it.: *Lampi. La trama nascosta che guida la nostra vita*, Einaudi, Torino 2010] – che, appunto basandosi su grandi numeri di dati, individua la struttura a raffiche o a lampi dietro diversi casi dell'esistenza, dalla malattia, all'aggressività, al divertimento, ecc. Barabàsi naturalmente è divenuto in poco tempo una star intellettuale e il suo metodo è stato ribattezzato Big Data. Ciò che lascia davvero senza fiato è però l'idea, soggiacente alla sua teoria, che il comportamento delle coscienze sia paragonabile a un fenomeno fisico-naturale, che è ad esse del tutto estrinseco. L'antinomia diventa evidente se si fa un semplice esperimento mentale esattamente a proposito del libro stesso di Barabàsi: *Lampi* (inteso come il saggio di Barabàsi) è a sua volta frutto di un lampo (di genio certamente) – oppure è proprio un semplice "lampo", una scintilla elettrostatica, generata nell'immenso ruminare dei Big Data? Se *Lampi* include un tentativo di spiegazione, di qualunque tipo essa sia, chiaramente *non* è vera la seconda ipotesi – infatti, le idee di Barabàsi non stanno sullo stesso piano epistemologico dei Big Data che vogliono spiegare. Ma se è proprio così, allora la teoria di Barabàsi, *almeno in un caso* – cioè il suo, quello del suo stesso libro – *non funziona*; questo semplice dettaglio smentisce la teoria stessa su cui *Lampi* si basa: infatti, la creazione

di un libro tanto importante, che ha "svelato" la trama segreta della nostra vita, dovrebbe essere per forza coerente con l'ipotesi su cui il libro si fonda, o no?. Che significa tutto ciò? Significa che non appena si cerca di mettere uno di questi modelli (o pattern) in relazione con se stesso, riflessivamente, si scopre la sua auto-contraddittorietà, che il modello stesso, invece, cercava disperatamente di evitare. Dimostrando così che l'unico modello valido è quello della autorelazione contraddittoria (obversa) come ha detto una volta S. Žižek, "è inquietante trovare qualcuno che può ancora (pensare) e scrivere come se Hegel non fosse esistito" (*In Defense of Lost Causes*, Verso, London 2008 [trad. it.: *In difesa delle cause perse*, Ponte alle Grazie, Milano 2009, p. 398]).

25. Cfr. Gimpel, J., *Contre l'art et les artistes*, Seuil, Paris 1968 [trad. it.: *Contro l'arte egli artisti*, Boringhieri, Torino, 2000, pp. 128 sgg.].

26. Cfr. Ortoleva, P., Ottaviano, C., a cura di, *Guerra e mass media*, Liguori, Napoli 1994, p. 15.

27. Ovviamente su Abu Ghraib e il tema correlato della liceità della tortura sono stati scritti fiumi di interventi, sia difensivi che critici. In generale però ci si è soffermati molto di più sul contenuto enunciato (la tortura e le sue forme paradossali, spettacolari, oscene, ecc.) che sulle forme di enunciazione, cioè sulla struttura "trascendentale" che ha reso possibile queste immagini – struttura anomala la cui proliferazione va interpretata in diretta correlazione con il rigido (ed efficace) controllo della dimensione "pubblica" della produzione e del consumo di immagini; in tal senso, valide le considerazioni di Grusin D., "Affect, Mediality and Abu Ghraib", 2005 reperibile a eng7007.pbworks.com/changes/f/GrusinAffectMediality.pdf

28. Il senso di questo "doppio rovesciamento" si ritrova ad esempio nelle malinconiche considerazioni che C. Lévi-Strauss fa precedere al suo *Tristi Tropici* [1955], Il Saggiatore, Milano 1994, p. 36: ancor più acutamente dello storico infatti, è proprio l'etnologo che da un lato si rende conto che la storia dei popoli primitivi è ormai irraggiungibile e deformata – e dall'altro che la forza deformante è dovuta proprio al desiderio di conoscenza (e di informazione) tipico della civiltà mediatica.

29. Nauman, *Inventa o muori*, cit., p. 142.

30. Žižek, S., *Less than Nothing*, Verso, London 2012 [trad. it.: *Meno di Niente. Hegel e l'ombra del materialismo dialettico*, Ponte alle Grazie, Milano 2013, p. 374].

31. L'insieme "che non ha nessun elemento" è, secondo A. Badiou, la prova dell'"esistenza di un inesistente" (*L'être et l'événement*, Editions du Seuil, Paris 1988; trad. it.: *L'essere e l'evento*, Il melangolo, Genova 1995, p. 75).

32. Il concetto di obversione, nel senso in cui è impiegato in questo libro, è nato nel 1994, lavorando alla traduzione dall'inglese di alcuni saggi di Slavoj Žižek, nei quali il filosofo sloveno impiegava il termine inglese "obverse" per indicare il reciproco, l'inverso di qualcosa. Lentamente, nell'arco di vent'anni, è divenuto un concetto-guida, che abbiamo cercato inizialmente di "collaudare" nel lavoro a quattro mani (con A. Piotti), *Lo Spirito e gli ultracorpi*, uscito nel 1999 e ormai introvabile. La sfasatura temporale dovuta alla laboriosa gestazione e all'utilizzo di saggi e idee nate in tempi diversi dona al tutto un tono leggermente anacronistico rispetto alla stretta attualità – sfasatura che però, in un testo che ha ambizioni riflessive, spero che possa, a conti fatti, rivelarsi vantaggiosa.

I. Learning

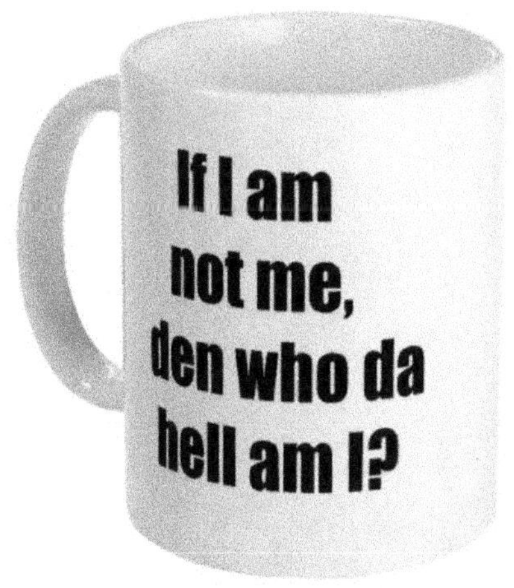

(IL CORRIDOIO)

1. "Se io non sono io, allora io chi sono?"   La logica dell'obversione

Se dico pertanto Io=Io, questa formula più che un'eguaglianza,
esprime una differenza; poiché... il secondo termine
è proprio quello che il primo termine non è.
Gentile, *Sistema di Logica come teoria del conoscere*

"Obversione" è un termine derivato dalla logica classica. Si chiama obversione quella legge logica per cui: A è diverso da non-A ma è = a non non-A. In pratica, è una estensione del principio di identità e di non contraddizione, le due colonne della logica classica. La prima dice che A è = A; la seconda, che, se questo è vero (ma non può non esserlo, è intuitivo), allora necessariamente affermare che A = non-A implica errore logico, contraddizione, quindi un dire che è anche un non-dire, il che equivale a dire nulla. Se però, davanti a non-A mettiamo un altro segno di negazione, neghiamo cioè la negazione di A (o, anche, invertiamo l'inversione di A), allora non non-A torna ad essere un A. Le seconda negazione annulla la prima, riporta al dato di partenza. Per cui se A=A, allora A= non non-A, cioè la seconda inversione inverte la prima e si ha una doppia inversione o *obversione*.

Frege, il logico che più subì il contraccolpo del "paradosso di Russell" (che ha molto a che vedere con l'obversione), arrivava a dire che "rivestire un pensiero con una doppia negazione non altera il suo valore di verità" ed è un po' come mettersi un cappotto su una giacca[1] - "coprirsi bene", niente di più. Ma tutto dipende dal valore attribuito alla negazione: semplice segno meno, oppure effettivo "rovesciamento" totale? Semplice cappotto sopra l'abito, oppure sconvolgimento sopra sconvolgimento, doppio ribaltamento del soggetto?

Da un punto di vista logico, il fatto è che A si ripeta sia di qui che di là del segno = non comporta alcuna difficoltà, perché i simboli che stanno per le sostanze sono puramente dei veicoli segnici, non hanno realtà, sono puramente formali (come dirà Russell). Eppure, in qualche modo, questi simboli, proprio per dar conto di qualcosa che invece si vuole unico, auto-identico e coincidente in-sé con sé, devono duplicarsi. Per affermare ingiuntivamente l'identità di una sostanza, occorre fare un passo, fatale, fuori di essa; la sua autoidentità è stabilita, ma a prezzo di un raddoppiamento. Da un punto di vista filosofico questo è già alquanto strano, perché A in un certo senso, compare due volte, va contato per due. Come Heidegger non mancherà di notare...

Perché una cosa possa essere 'la stessa' un solo termine è più che abbastanza. [...] La formula comune del principio di identità vela precisamente ciò che il principio vorrebbe dire, cioè che A è A, in altri termini, che ogni A è lui stesso lo stesso[2].

Heidegger prosegue dicendo che dopo l'idealismo speculativo "non abbiamo più il diritto di rappresentarci l'unità dell'identità come la semplice uniformità e di trascurare la *mediazione* che si afferma al cuore dell'identità"[3]. In effetti, nella legge dell'identità c'è qualcosa che non aveva mancato di colpire i filosofi idealisti. Si erano resi conto che la logica classica descriveva un sistema statico, e si chiesero pertanto se, invece, nelle formule stesse del sistema, non ci fosse una specie di dinamica intrinseca. In questo senso, Fichte è stato il primo a porre radicalmente la questione dell'identità logica, notando che nell'equazione fondante A=A il secondo termine è già la *riflessione* del primo. Tale riflessione deve esser posta da altro che da A, e questo altro è per Fichte la prima cosa di cui siamo immediatamente certi, cioè l'Io[4]. Fichte pertanto sostituisce ad A (il segno per la sostanza aristotelica), il termine Ich (Io), il segno per la sostanza *cosciente*. La stringa classica viene quindi riscritta così: Io = Io. Il cambiamento è senza dubbio cruciale. L'identità, così intesa, funziona *solo* per l'Io, cioè per una coscienza. Nella stringa classica qualunque altro segno può prendere il posto di A, anche B è = B, C = C, ...n = n, poiché ogni sostanza è identica a un'altra, ma nella riscrittura fichtiana questo è del tutto impossibile, infatti

In questa proposizione [Io sono Io] l'Io è posto con il predicato dell'identità con se stesso, non in modo condizionato, ma assolutamente... L'Io si pone da se stesso, esso è in virtù di questo semplice porsi di sé da sé[5].

Questo è il famoso primo principio della *Dottrina della scienza*. Come è noto, Fichte procede col secondo principio, in cui solleva il problema della negazione dell'identità assoluta appena posta. In sintesi, L'Io, pone anche il proprio opposto, il non-Io. La realtà, prosegue il filosofo (con un passo ardito, nettamente post-kantiano) anche se esteriore alla coscienza, ne dipende: la possibilità di opporre a A un non-A risiede nell'identità della coscienza. *Di conseguenza il passaggio dal porre all'op-porre non è possibile che attraverso l'identità dell'Io*[6].

E infine, con un altro passo avanti decisivo, Fichte pone il terzo principio, secondo cui: *L'Io oppone, nell'Io, a un Io limitato un non-io anch'esso limitato*[7].

Il fatto del tutto problematico però è proprio il terzo passo della serie e l'idea di "limite". Con il terzo principio – che al filosofo serve per dar conto della situazione "reale", in cui tanti Io diversi (empirici, limitati) si confrontano con tante realtà empiriche (limitate) – Fichte compie uno scarto fondamentale, dicendo che la negazione non può essere presa in modo assoluto, ma relativo: *Attraverso il porre di un non-A, A è soppresso e non è soppresso. Per conseguenza esso* non è soppresso che in parte...[8]

Questa "parzializzazione" della soppressione, è un chiaro passo indietro rispetto all'opposizione molto più forte che Fichte stesso aveva appena stabilito poche righe prima, secondo cui: *l'Io non è = Io, ma Io = non-Io e non-Io= Io*[9].

Questa opposizione posta due volte, per cui l'identità fondamentale Io=Io, su *muove*, si dis-identifica da sé, e finisce per *implicare* che Io=non-Io e non-Io=Io, è la *vera* scoperta di Fichte. Prima ancora di Hegel, e della sua logica che "prevede" la contraddizione, anzi la esalta come vero motore logico-ontologico delle cose, Fichte ha colto il nocciolo disidentico della coscienza. E il motore di questo superamento (in una concezione dinamica della logica) è proprio l'Io stesso – cioè, è in lui che risiede il principio di identità/dis-identità. Il segno = va quindi inteso come "infinitamente uguale/diverso" da sé; l'Io non è uguale staticamente, si uguaglia in un movimento dinamico in cui si rincorre infinitamente[10]. Ma a questo punto Fichte sembra "arretrare" improvvisamente di fronte al totale rovesciamento dialettico cui le sue stesse premesse lo conducono. Così, la serie degli io limitati che si oppongono ad altri non–Io altrettanto limitati ha luogo *all'interno* dell'Io. Nonostante tutto, l'Io resta il "padrone" della scena come se si fosse tornati all'identità iniziale (da cui forse non ci si era mai mossi).

Che cosa significa tutto ciò? Come ironizza Hegel "il risultato finale è... la stessa contraddizione, con cui si era cominciato"? Oppure Fichte ha forse "barato" filosoficamente, e tutta la triade non era in effetti che una messinscena per dire che al posto di A bastava mettere Io, e porlo come infinito? La lunga e tormentata serie di riscritture e di pentimenti, di edizioni ampliate e rivedute de *La Dottrina*, ci assicura della buona fede di Fichte – e tuttavia dimostra lo scacco intrinseco alla sua stessa concezione[11]. Contrariamente a quanto si potrebbe pensare, in una visione manualistica della sua logica, il grande passo compiuto da Fichte non è il terzo (che resta abortito, indiscutibilmente un insuccesso anche per il suo autore), ma il secondo: non soltanto per l'introduzione dell'idea innovativa di non-Io, ma per la doppia implicazione posta dalla diseguaglianza tra Io e non-Io a partire dall'eguaglianza fondante Io=Io. Il primo passo – cioè la sostituzione di A con *Ich*, è certo fondamentale. *Ich* non è più un simbolo di altro, come A (che può stare per una serie di sostanze diverse), ma coincide col suo referente – nel momento in cui pronuncio la parola io, io esisto (io esiste). Se A è un simbolo neutro, Io è invece una parola magica, trasforma la logica in un "atto" (Tat) – ha il magico potere di trasformare l'identità logica in identificazione. La regola dell'identificazione fichtiana vale in generale, senza eccezioni – Io = Io significa che tutti gli io condividono il fatto di essere degli Io, *anche* Dio[12]. Ovvero, per riprendere le parole che Fichte stesso pone all'inizio della *Prima introduzione alla Dottrina della Scienza* del 1797:

> *Poni attenzione a te stesso: stacca il tuo sguardo da tutto ciò che ti circonda e rivolgilo verso la tua interiorità; questa è la prima richiesta che la filosofia esige dai suoi discepoli. Non importa alcuna cosa che ti sia esteriore: non importa che di te stesso*[13].

Ma fatto questo passo, e stabilito il carattere processuale che rende l'identità un'identificazione posta in un orizzonte asintotico, sempre avvicinabile ma mai raggiunto – Fichte si ferma di fronte al fatto che l'identità è *anche* una non-identità, una *disidentità*. Quest'ultimo termine è diverso da differenza, perché la differenza implica una semplice diseguaglianza, come fra A e non-A, mentre la disidentità è una incongruenza interna alla sostanza cosciente, cioè al soggetto, all'Io. Nell'Io = Io, il segno di eguaglianza diventa un segno di implicanza, Io ⊃ Io, cioè ogni Io implica se stesso, ma questa stessa implicazione lo rende disidentico da sé, perché, come Fichte stesso non manca di notare, "Io è anche = a non-Io" e viceversa. Io è dunque *implicitamente* disidentico da se stesso – e non a caso il termine *Nichtidentität*, cioè disidentità, viene coniato da Hegel, in relazione proprio allo sviluppo dialettico della coscienza[14]. La nozione di disidentità qui messa in campo fa rileggere il principio fichtiano in questo modo: *se Io=Io, allora Io=non-Io, e viceversa*; ossia: Io *uguale* Io *implica* Io *disuguale* Io. Questa stringa non ricorda forse il celebre paradosso di Russell, per cui R appartiene a se stesso se e solo se *non* appartiene a se stesso? (cfr. *infra*, § 7).

Questa osservazione permette di afferrare l'obversione da un nuovo punto di vista, non solo non più classico, ma neanche solo processuale, bensì *ricorsivo*, come processo che ri-descrive se stesso. Se torniamo alla nozione logica di "obversione", vediamo che la seconda negazione che si aggiunge alla prima nel caso di non-non-A, *sembra* far "ritornare" A identico a ciò che era in partenza; ma se questo percorso a ritroso è compiuto da una sostanza cosciente, cioè da un Io (e non da un A qualunque), esso incide sulla sua identità, modificandola in maniera irreversibile. L'Io doppiamente negato è un Io "ritornato", che è in tutto identico all'Io di partenza, e *insieme* è disidentico da esso, proprio a causa della negazione "subita", e della "negazione di questa negazione"[15].

In questo senso, l'errore di Fichte sta nel non "chiudere" la partita, nel credere che l'Io "ritornato" dopo il confronto con la prima negazione (il confronto con ciò che l'Io non è, ossia col non-Io, la natura, l'ambiente, ecc.) porti alla costituzione di "Io" *diversi* (empirici, limitati) effettivamente molteplici, come se si trattasse di (almeno) due persone, che sono *quantitativamente*, materialmente differenti, ma *formalmente* uguali perché condividono il fatto di avere un Io, una coscienza, così che per entrambi Io=Io. Invece, nella prospettiva obversiva (in cui consiste la critica hegeliana a Fichte), non è *l'identità*, ma la *disidentità* la legge generale della coscienza, ossia il punto fondamentale, la base da cui cominciare. La disidentità è pertanto intrinseca nel modo con cui la coscienza stessa si auto-percepisce e si auto-descrive, descrizione identitaria che risulta pertanto sempre spostata, "sfasata" rispetto a se stessa[16].

In riferimento a questa nozione, Heidegger ha parole molto precise nel cap. IV della Sezione prima di *Essere e Tempo*, dedicata all'esser-se-stesso dell'esserci. In maniera abbastanza straordinaria (tenuto conto dell'evoluzione di Heidegger verso l'Essere identitario, cfr. *infra* § 9) Heidegger mette in questione il valore veritativo della domanda identitaria:

> *E se questo modo di "darsi a se stesso" dell'Esserci costituisse uno sviamento dell'analitica esistenziale radicato nello stesso essere dell'Esserci? Forse l'Esserci risponde sempre alle interrogazioni più intime di se stesso in questo modo: "Io sono questo"; ma se ciò avvenisse più ostentatamente proprio quando "non" è questo ente? E se la costituzione dell'Esserci, che è sempre mio, fosse il fondamento del fatto che l'Esserci innanzitutto e per lo più, non è se stesso?*[17]

Per capire questo aspetto drammatico della disidentità, ci si potrebbe rifare, qui, ad una memorabile scena di *Total Recall* (Paul Verhoeven, 1990), in cui Doug Quaid/ Schwarzenegger scopre di non essere quel che credeva di essere, ossia un mite operaio edile, e che la sua deliziosa moglie è invece una killer spietata che cerca di ucciderlo. Dopo averla ridotta all'impotenza è lei stessa che beffardamente gli dice: "La tua vita non è che un sogno!" – al che lui ribatte con la famosa (e fichtiana) domanda: "Ma se io non sono io, allora io chi diavolo sono?". Poco dopo, sfuggito rocambolescamente a una serie di attentati, sconvolto, sdrucito e incredulo egli osserva un "altro sé" su un monitor. La sua controfigura mediale – che è indiscutibilmente se stesso, cioè il suo Io! – gli appare però in tutta la sua disidentità: indossando un elegante smoking, il suo *alter-non-Ego* gli dice qualcosa di ancor peggio: "Ricorda che Tu sei Me!" – gettandolo così nella confusione più totale.

Con questo dialogo, il potere identificante della parola *Io* prende necessariamente un nuovo senso: è ovvio che non basta "porre mente a se stesso" per sentirsi identici a sé – al contrario, proprio la riflessione su di Sé, porta all'irresolubile enigma schivato da Fichte: *se* Io= Io *implica che* Io=non-Io, *allora* Io chi diavolo sono? Se consideriamo la sequenza, osserviamo che Schwarzenegger "vero" vede un altro Schwarzenegger mediale (in smoking) che gli si rivolge dicendogli che sono la stessa persona. L'invito a sentirsi se stesso non viene da un altro individuo (un "altro" Io), ma dall'Io stesso, che però è percepito come diverso, anzi drammaticamente opposto all'Io, *eppure* uguale a lui – dunque, non un semplice non-Io qualunque, ma un non-Io ben determinato, Quaid stesso. Quaid, però, appare "rovesciato", in quanto appare a se stesso al di là dello specchio mediale, nella dis-uguaglianza da-sé introdotta dal monitor. È chiave in tutto questo processo il ruolo del video come agente di disidentificazione, che qui funziona esattamente come nel *Video Corridor* – solo che qui non abbiamo una ripresa in diretta, ma in differita (la ripresa di Quaid in smoking deve essere stata fatta tempo prima – *però in previsione* di quando sarebbe stata vista da Quaid malridotto e fuggiasco). Dato che l'io di Quaid viene interpellato dal suo altro mediale con un "Tu" ("Ricordati che Tu sei Me!") è evidente che siamo di fronte ad una semplice messa in divenire del processo di identificazione, ma non di una sua inattesa "ricorsività", che introduce una non-congruenza *entro* l'Io come tale. Dire "Io" in tal caso non implica più in maniera diretta l'autoidentità dell'enunciante – in altre parole, Io, il termine *illocutorio* per eccellenza, pronunciando il quale siamo implicitamente assunti come esistenti nel discorso, può *simultaneamente* assumere il senso di non-Io, un senso dunque *obverso*[18].

Žižek ha notato come già Kant nella *Critica della ragion pura* introduca una differenza tra giudizio affermativo, negativo e *infinito* (*Unendliche*).

> *L'affermazione positiva "l'anima è mortale" può infatti essere negata in due modi: possiamo negare un predicato ("l'anima non è mortale"), o affermare un non-predicato ("l'anima è non-mortale"). La differenza è esattamente la stessa di quella, nota a ogni lettore di Stephen King, fra la frase "non è morto" e la frase "è non morto". Il giudizio infinito apre un terzo dominio che scalza la distinzione tra morto e non-morto (vivo): i "non-morti" non sono né vivi né morti, sono i mostruosi "morti viventi"[19].*

In altri termini, già Kant introduce un *tertium* (giudizio infinito) tra affermazione e negazione, che consiste nella doppia negazione. Vivo è = vivo, e naturalmente diverso da non-vivo (= morto). Ma un non-morto cioè un *non* non-vivo, è ben altra cosa da un vivo, è il fantomatico morto-vivente, in altre parole uno zombie, un Io che "ritorna" dopo la negazione della negazione, dopo la sua stessa morte[20].

Tuttavia, il giudizio infinito di Kant si concentra ancora su un aspetto del giudizio intellettuale quale la qualità (di cui la negazione è un aspetto), mentre nella sua *Scienza della Logica*, esattamente nei paragrafi dove affronta il tema dell'identità, Hegel si incarica nientemeno che di affrontare l'identità "da dentro", restando entro il perimetro dell'identità come tale. Al posto del segno A però, la mossa hegeliana consiste nel mettere il concetto stesso di "identità". In pratica,

Hegel costruisce una sorta di *meta*-logica, che oltrepassa la logica simbolica classica, senza però cadere nell'implicazione soggettiva diretta come in Fichte. Che accade se al posto di A, mettiamo il concetto stesso di identità? Accade che abbiamo identità = identità. Questa stessa identità al quadrato però implica che l'identità sia diversa, perlomeno dal suo opposto, la differenza. Appena poniamo l'identità dell'identità stessa con sé medesima, implichiamo la sua differenza, esattamente dal suo opposto, la differenza[21]. Per Hegel dunque la sola identità valida è l'identità dell'identità sia con se stessa, che anche con la differenza. L'identità non è solo il meccanismo simboleggiato dal segno =, che così resterebbe fuori dalle sostanze (possiamo simboleggiare tutto, A, B, C, *n*..., tranne che =), ma è lei stessa un pezzo del processo di identificazione. Questo processo deve passare attraverso la differenza, che così diventa un pezzo dell'identità, cioè *disidentità* (se fosse semplice differenza cioè totale alterità, sarebbe un che di non preso nella dialettica, qualcosa di affatto estraneo al processo in gioco, che Hegel chiama anche, con sublime rovesciamento, "indifferenza")[22]. "L'unità di identità e disidentità" è la *vera* identità, il vero *tertium* che Fichte non aveva saputo trovare – ma è anche un qualcosa di intimamente sbilanciato, diseguale in sé, come un nastro di Möbius dove le due superfici opposte passano una nell'altra, ma al solo patto di incrociarsi in un punto nodale, critico, obverso[23].

Potremmo ricostruire questa vicenda logica con tre esempi. Il primo è quello dell'Alieno, il totalmente altro dall'umano, Alien, il mostro degli abissi, la creatura delle viscere della Terra, e via dicendo. Qui lo sforzo (talvolta la bravura) di sceneggiatori e scenografi sta nel rendere le fattezze del mostro proprio le più disumane possibili, non riconducibili a nulla di umano (è il tentativo di artisti come Hans Ruedi Giger nel disegnare l'Alieno del film di Spielberg, 1979). Il secondo esempio riguarda il non-morto kantiano, che è già di un ordine diverso. Anch'esso non è umano, ma nel senso che ha perso un'umanità che prima doveva comunque aver posseduto. Gli è accaduto di essere vittima di un giudizio infinito e, invece che essere dichiarato semplicemente non-vivo, cioè morto, è stato dichiarato non-morto (*non*-non-vivo), e quindi dà corso alla sua obversione vendicandosi dei vivi, di chi è semplicemente identico a se stesso. Il richiamo ai film di fantascienza o *horror* non è qui affatto fuori luogo; è proprio Hegel che, nei confronti delle difficoltà in cui tali ragionamenti sembrano invischiarsi, parla dell'"*Horror* che dinanzi alla contraddizione prova il pensiero rappresentativo [i.e. non-dialettico]", intendendo proprio la sacrosanta paura, che coglie un io autoidentico a se stesso (o che si crede tale) nei confronti dell'alterità, e peggio ancora quando sente messa in discussione la sua identità non da un altro, ma da un se stesso che ne differisce e la nega[24].

Ora il problema è: quale potrebbe essere il *terzo* esempio, quello che chiarisce la posizione hegeliana?

Vi è un'opera dell'artista americano Charles Ray, attivo dagli anni Novanta, che può essere di aiuto. Quest'opera si intitola *No* (1993), e consiste semplicemente nell'autoritratto fotografico dell'artista stesso[25]. È vero che la fotografia non è il soggetto, ma dato che si tratta di una riproduzione fedele, il suo titolo avrebbe comunque dovuto essere piuttosto un bel *Yes*. Man mano che ci si avvicina all'opera, e man mano ci si rende conto che qualcosa non torna nell'effige di Ray – gli occhi sono troppo immobili, la pelle troppo compatta, la postura troppo innaturale... La certezza però viene fornita solo dopo la lettura della didascalia: in realtà si tratta della foto di un *manichino* in lattice di gomma che iperrealisticamente riproduce le fattezze dell'artista. La differenza qui è stata inglobata dall'identità, ma l'identità stessa è decentrata rispetto a se stessa, differisce in-sé da sé. Non a caso l'artista non ha semplicemente messo in mostra il *manichino* con il suo sembiante (come avrebbe fatto un artista iperrealista vent'anni prima, e come fece Duane Hanson con un suo celebre autoritratto), ma la *foto* di esso. Il manichino, con la sua immobilità, si sarebbe immediatamente dimostrato per quello che era, cioè una non-persona, un non-Io, mentre la fotografia ci lascia in dubbio fino all'ultimo, e anche *dopo* che sappiamo trattarsi di un falso individuo. Questo perché la fotografia è uno dei mezzi con cui certifichiamo l'identità; solitamente, ufficialmente, il processo fotografico come tale non viene messo in discussione, mentre vengono messi in discussione i suoi contenuti, ad esempio i connotati di colui o colei che vengono fotografati (e tramite cui noi possiamo dire che "è lui" oppure "non è lui" di una persona che conosciamo). La fotografia qui vale per il segno logico =, che è il presupposto della logica dell'identità classica. È difatti sulla logica classica dell'identità che si fondano i documenti di identità: al viso reale che il poliziotto vede di fronte a sé (A) deve corrispondere la foto sul documento che ha in mano (=A). Ray, invece, come Hegel, mette alla prova dell'identità il processo stesso di identificazione e i suoi strumenti: la sua opera *No* prova la disidentità di una fotografia da se stessa, la sua capacità di "ingannarci dicendoci il vero" (Lacan), prima ancora che l'identità o la disidentità di Ray, a cui in effetti il manichino somiglia quasi perfettamente. Non è più questione di A o di Io, qui; come nella *Logica* hegeliana, siamo di fronte al puro aspetto formale-processuale per cui l'identificazione è anche, insieme, *differenziazione, dis-identificazione*.

Nondimeno, l'opera si intitola *No*, proprio perché mostra questo processo nel suo versante negativo – ossia, come nota Hegel:

L'opera di Ray, piuttosto che un autoritratto del suo autore, non è forse proprio il "ritratto del negativo", "l'esclusione di se stesso da sé"?

Ora, questo processo è *l'obversione* come tale. Ossia, uno schema che è al tempo stesso logico e ontologico. Al tempo stesso: perché nella logica classica è ancora possibile distinguere il piano logico-simbolico dalla realtà referenziale (come nell'aritmetica dove i numeri stanno per le mele, ma non si possono mangiare); mentre in questa nuova logica (che è una meta-logica) i due piani si rincorrono e si disidentificano reciprocamente.

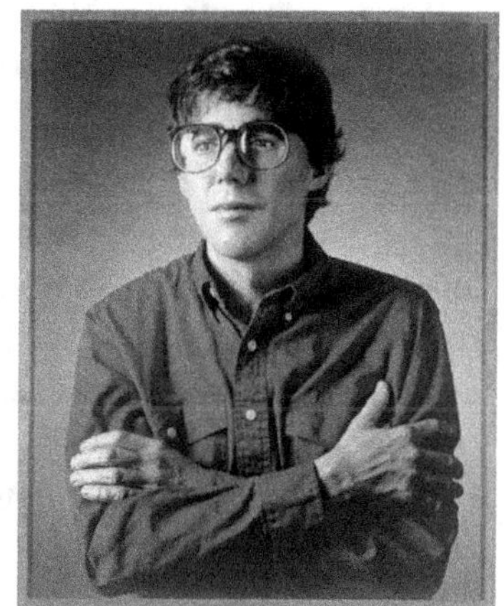

2. Le facce scambiate In faccia all'opposto

Nell'ultra-hollywoodiano *Face/Off* (John Woo, 1997) con John Travolta e Nicholas Cage, accade qualcosa di mai visto prima. In un film dove gli effetti speciali abbondano, l'effetto più sconcertante è *normale*, nel senso che si tratta semplicemente di uno scambio di persona. Al posto però della classica commedia degli errori, dove i personaggi si prendono l'uno per l'altro grazie a travestimenti grossolani che valgono solo sul palco e che il pubblico può tranquillamente individuare, qui, grazie ad un fantascientifico trapianto di faccia, l'uno diventa l'altro e viceversa. Perciò vediamo il cattivo (Cage) prendere il posto del buono (Travolta) che invece sta in prigione (perché ha la faccia, l'identità, insomma *è* il cattivo) e tutto grazie al semplice espediente per cui i due personaggi si sono cambiati (non l'abito ma) il volto – cioè: non si sono cambiati *nulla* in realtà, hanno solo cambiato *parte*, si sono scambiati le battute, anzi l'intero copione, come nella Commedia dell'Arte. L'effetto però è devastante: vediamo effettivamente il cattivo vivere la vita dell'altro, guidare la sua auto, abitare la sua casa, indossare i suoi abiti, giocare coi figli e infine – tocco decisivo – scopare con sua moglie! E non possiamo farci niente. Il pubblico, una volta caduto nella rete narrativa, inorridisce – ma il punto è: dove sta la differenza?

In questa riedizione riveduta e corretta de *L'invasione degli ultracorpi* (*Invasion of Bodysnatchers*, Don Siegel 1956), fra i due personaggi resta qualche ineffabile sfumatura, che sfugge però anche alle persone più intuitive, e viene colta, strano a dirsi, dai più semplici – così, in *Face/Off* come nel film degli anni Cinquanta, ad accorgersi che qualcosa è cambiato non sono gli adulti, ma i bambini, o la figlia adolescente. Una differenza però, c'è, se non tra il Travolta cattivo e quello buono, certamente tra i due film. Nel primo infatti, gli individui vengono sostituiti da degli avatar di origine aliena, che ne conservano le fattezze esteriori, ma ne alterano definitivamente la personalità. L'intrusione aliena è certo la parte più debole del film, quella che lo connota maggiormente e lo lega all'epoca in cui fu realizzato: senza i famigerati bacelli alieni, *L'invasione* sarebbe un film quasi europeo, giocato sulla sfuggente logica del sospetto e del dubbio inspiegabile, livello che raggiunge nelle sue parti migliori. Il problema però, da un punto di vista teoretico, sta proprio in quest'origine aliena, cioè totalmente altra dei doppioni umani. I simulacri di individui che prendono misteriosamente il posto degli umani "autentici", rubano loro il segreto dell'identità, dunque si può a ragione affermare che li disidentificano da se stessi. Tuttavia, la scelta narrativa cade nel momento in cui la causa di questa disidentificazione viene imputata all'alieno – cioè al "radicalmente altro", come se il soggiacente orrore fosse da tener nascosto, e consistesse nel fatto che invece, la disidentità appartiene già, per essenza, all'identità come tale.

Come diceva Lacan, solo la paranoia è la verità: solo un paranoico potrebbe sospettare che la persona che più gli è prossima, improvvisamente non sia più lui/lei, o, peggio, pensare di non essere se stesso. *L'invasione* è un film tendenzialmente paranoico (dunque vero), solo che offrendo una spiegazione "razionale" (o almeno narrativamente plausibile) al mutamento degli individui, surrettiziamente lascia intendere che non si tratta di paranoia, cioè di un disturbo mentale, ma di un sospetto legittimo e fondato. Gli alieni si sono fatti furbi: per entrare nel nostro mondo non si accontentano di invaderlo con scarafaggi giganti o appunto baccelli (come nella fantascienza classica, del tipo *La guerra dei mondi* di Welles), ma impiegano dei perfetti simulacri umani – ed è solo con uno sforzo di attenzione che possiamo distinguerli dai loro originali umani. Invece in *Face/Off* le cose vanno diversamente: il nemico non viene da lontano, ed è umano come l'amico. Abbiamo qui non uno che detiene il segreto dell'identità, e il totalmente altro che invece non lo conosce; qui abbiamo due opposti che si fronteggiano e, a parte la differenza qualitativa per cui uno è malvagio e l'altro un benefattore, quantitativamente, cioè logicamente, sono uguali[1].

Sono opposti, ma condividono il fatto di essere entrambi dei "posti", collocati al loro posto, che assume un senso solo in relazione al loro specifico opposto. Ciascuno è se stesso, indubbiamente, e non possiamo confondere neanche per sbaglio Cage con Travolta: ma ciascuno è se stesso grazie al suo altro specifico, "determinato", e non a causa di un altro radicalmente diverso, non "imparentato" con loro (come un alieno). Ciascuno quindi è se stesso grazie al fatto di essere l'altro dell'altro; entrambi condividono simultaneamente il fatto di essere identici a se stessi solo in virtù dell'altro. Continuiamo a distinguere Travolta da Cage e viceversa, ma ormai non importa più se Travolta è anche diverso da mille altre comparse del film; lui *è* Travolta, *perché* si oppone al cattivo Cage. Il problema sorge quando quest'ultimo gli ruba l'identità, perché continua ad essere il Travolta di prima, cioè opposto al suo altro Cage, anche se non è più "lo stesso". Portando all'estremo il ragionamento, Cage e Travolta sono diversi non in sé ma solo per opposizione, l'uno all'altro – bontà e cattiveria sono solo segni algebrici senza un vero significato – ciò che spartiscono i due opposti è il fatto di essere se stessi solo in relazione di alterità reciproca; ciò che spartiscono è il fatto che la loro identità, essendo fornita dall'altro, è anche una intrinseca disidentità. Infatti, per un magico attimo – nello scambio che vede Cage, il cattivo, prendere le fattezze di Travolta, il buono – accade che il cattivo si comporta perfino meglio del buono: sta di più con la moglie e non la trascura, al punto da avere un rapporto sessuale con lei (cosa che il buono non faceva, preso com'era nel dare la caccia ai criminali), permette qualche trasgressione alla figlia adolescente, che infatti resta piacevolmente stupita, ecc... Se *Face/Off* non fosse stato il film hollywoodiano che alla fine è (e che resta), si sarebbe tentati di immaginare uno sviluppo imprevedibile della vicenda, dove Cage, trasformato in Travolta, apprezza l'esistenza da "buon padre di famiglia" e decide di

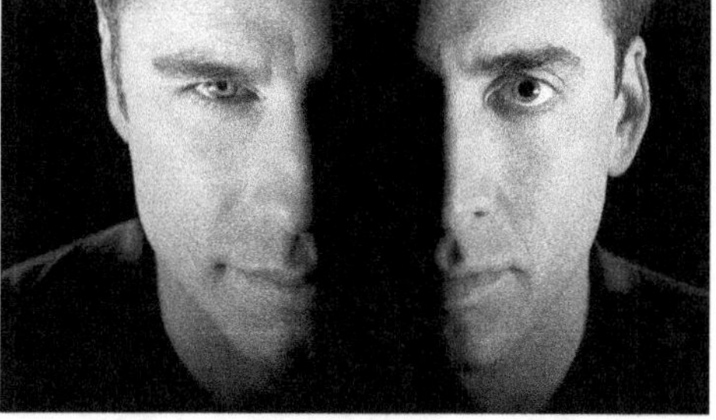

redimersi, identificandosi completamente con il suo nuovo ruolo, mentre Travolta, ridotto al rango di Cage, in una prigione di massima sicurezza, si incanaglisce e, comprendendo ora le ottime ragioni che spingono i criminali a esser tali (soprusi da parte delle guardie, angherie degli altri detenuti, pessimo rancio, vita faticosa, ecc.) diventa egli stesso il peggiore dei criminali...[2] E, per portare il ragionamento anche più lontano, in fondo *non potrebbe essere già così*? Chi ci garantisce che nostro marito, o nostra moglie, non siano delle *altre* persone, che stanno giocando un ruolo, col quale hanno finito però per identificarsi completamente? E chi ci dice che la stessa cosa non sia vera per noi stessi? Torna qui utile la visione dinamica del principio classico di identità: A è = A, significa che A è il risultato del processo che A ha seguito per diventare identico a se stesso. Questo implica che potrebbe anche cambiare, diventare a poco a poco diverso da sé? Che, per metterla in termini più letterario-cinematografici, un giorno, svegliandoci, potremmo trovarci accanto nostro marito/moglie, uguale come sempre e "scoprire" che non è più lui/ lei, che ci è diventato estraneo/a?

Non è forse questo il sottile segreto di certi film di David Lynch, quando un'ineffabile luce nello sguardo della persona nota, tradisce la sua totale estraneità al nostro universo? O meglio, non è questa la sensazione inesprimibile che avvertiamo quando sentiamo che proprio il nostro altro più intimo ci è diventato estraneo – sensazione che razionalizziamo con affermazioni del tipo "siamo diventati diversi", non ci capiamo più" o anche "non ti amo più"? Indubbiamente sì – perché proprio nel processo, nello svolgimento della dinamica identitaria si nasconde lo scarto della differenza che ad ogni passo l'assedia – facendo sì che identità e disidentità si rincorrano continuamente. La lezione ultima di *Face/Off* risiede proprio in questa reciprocità assoluta degli opposti – anche se, non osando portare all'estremo la trama, facendo capire allo spettatore che comunque sotto le sembianze del buono c'è il cattivo e viceversa, il film non è davvero radicale, e salva un "nocciolo esistenziale", un "cuore identitario" che invece è esattamente ciò che nella logica hegeliana va in pezzi[3]. Il vero passo compiuto da Hegel, infatti, va ricordato, è non solo sostenere che ogni posto implica il suo opposto – come per esempio in Eraclito (che del resto Hegel ammirava profondamente), ma nel sostituire a un segno simboleggiante una qualche sostanza, per esempio A, il concetto stesso di "identità". In questo passo meta-logico si arriva alla conseguenza estrema che se l'identità è = all'identità, allora essa, in sé, deve essere diversa, almeno dalla differenza; nel cuore dell'identità alberga la differenza e reciprocamente, la differenza non può togliersi di dosso i panni dell'identità. Per metterla nei termini di *Face/Off*, lo scambio di fisionomie, non va dall'uno all'altro dei protagonisti, ma concerne ciascuno per suo conto: che dire se Travolta e Cage fossero *simultaneamente* buoni *e insieme* cattivi, simultaneamente se è l'altro? E entro certi limiti, non è proprio così?

Il romanzo breve di Mann *Le teste scambiate* (1940) potrebbe essere il punto di partenza della sceneggiatura di *Face/Off* [4]. Mann ambienta la sua storia nell'India antica, periodo di meravigliosi prodigi, sottraendola così a ogni necessità di verosimiglianza.

> *La vicenda narra di due amici fraterni, Nanda e Shiridaman, molto legati tra loro anche se diversi per indole, educazione e aspetto. Il primo è semplice, svolge un lavoro manuale ed è prestante; il secondo, invece, è un raffinato intellettuale fisicamente più gracile. Entrambi si innamorano della bella Sita, la fanciulla più bella del villaggio, ma è Shiridaman a chiederla in sposa e a convolare a nozze. Un giorno, facendo un viaggio insieme, i tre si trovano davanti a un santuario di Kalì, la "tenebrosa" – di fronte alla quale, preso da un accesso di follia religiosa, Shiridaman si decapita. Nanda, venuto a cercare l'amico, e vedendolo morto, decide di seguirne il destino, e si decapita a sua volta. Insospettita dal prolungarsi dell'assenza dei giovani, Sita decide di raggiungerli e, quando vede l'orrendo spettacolo, sconvolta, pensa di suicidarsi anche lei. Ma Kalì interviene, la ferma e le parla; dopo averla placata, la dea le offre la miracolosa possibilità di riparare al destino, per una volta, rimettendo le teste sui corpi dei due amici. Sita, rianimata dalla speranza di rivedere in vita l'amico e il marito, esegue l'ordine della dea, ma nella concitazione si sbaglia e mette la testa di Nanda sul corpo di Shiridaman e viceversa. I due giovani resuscitano realmente, e si guardano con gioia per la vita ritrovata, ma anche con incredulità per la loro strabiliante situazione. Lo scambio li getta nel dubbio: chi è ora il marito di Sita? Si viene infatti a sapere che Sita, dopo un primo periodo di felicità con Shiridaman, si era segretamente invaghita di Nanda, dal bel corpo. Ora, grazie allo scambio (forse non del tutto fortuito, lascia capire il narratore), ella può avere la testa (cioè l'intelligenza e la finezza) di Shiridaman, insieme al corpo muscoloso e attraente di Nanda. D'altra parte, il corpo del marito è ora sovrastato dalla testa dell'amico, viso di cui pure Sita si era invaghita quando giaceva con Shiridaman. Recatisi da un santone per sciogliere il loro dubbio, questi assegna senz'altro Sita a Shiridaman, costringendo Nanda all'esilio volontario. Ne segue un periodo di grande felicità in cui Sita gode del doppio vantaggio di poter giacere effettivamente con il corpo dell'amante, senza però essere costretta a peccare (dato che il corpo di Nanda fa pur sempre riferimento alla testa di Shiridaman,*

La grandezza di Mann emerge qui in tre punti chiave del romanzo. Il primo è
l'introduzione della disidentità non dall'esterno dei protagonisti, ma al loro proprio
interno – dimezzandoli e provando a scambiarne le parti. Il secondo è una teoria
dell'amicizia, intesa come una specie di "invidia riflessiva" per cui invidio all'altro
non direttamente ciò che ha o ciò che è, ma ciò che *non è*, cioè il non essere me. In
terzo luogo, Mann mette in campo un'analisi dell'identità che si spinge oltre il piano
puramente logico, includendo il tema del desiderio. Ciò che in *Face/Off* resta sullo
sfondo, ossia la vita maritale di Cage *sub specie travoltiana* (fa sesso con la moglie
dell'altro che lo crede il marito), qui diventa centrale, tanto che tutta la vicenda
parte dalla bella Sita, simultaneamente oggetto del desiderio/soggetto desiderante.
La duplicità di Sita è il vero motore della vicenda, tanto è vero che, quando lei vede i
due ex-amici disputare tra loro dice:

> *...i vostri discorsi mi hanno fatto girar la testa e diviso il cuore, di modo che l'una
> metà discute con l'altra come voialtri disputate tra voi*[5].

Sita è dunque *ab origine* divisa in due, tra testa e corpo, mentre i due amici lo
erano solo virtualmente nella loro vita iniziale, e si ritrovano a esserlo di fatto dopo
il miracoloso scambio di teste. In effetti, questa scissione taglia l'Io in maniera
asimmetrica, si direbbe inconscia, tra ragione e desiderio. La disidentità radicale non
è dunque solo un fatto puramente logico (come invece diventa nella semplicistica
versione hollywoodiana), ma profondo, onto-logico, "affettivo" nel senso forte,
"stoico", del termine. Proprio come Hegel, che fa notare come la contraddizione
è "più essenziale" dell'identità, Mann fa intendere come la disidentità sia il fatto
fondamentale, il tratto fondativo dell'essere, e l'unità un che di derivato, non
originario[6]. Di più, ogni tentativo di "riconciliare" questa asimmetria è presto
destinato al fallimento. È evidente che Sita non ha "fatto confusione" con le teste, e
che (magari inconsciamente, ma è lo stesso!) desiderava il "meglio" dei due uomini,
l'intelligenza del marito e il corpo dell'amante. Quante volte anche a noi non è accaduto
di esprimere segretamente il desiderio di poter sostituire la testa di qualcuno (magari
dell'amato/a) ponendola su un altro corpo, o viceversa? E l'ideale ultimo di soggetto
desiderabile, non sarebbe in effetti la testa di un uomo intelligente sopra il corpo

di una pin up? Al di là della mostruosità di un simile Minotauro contemporaneo, la sua stessa unità identitaria lo condurrebbe alla disidentità originaria – come dimostra la storia delle teste scambiate: lentamente Shiridaman ridiventa il gracile intellettuale, mentre Nanda rinforza il fisico dell'amico grazie alla vita all'aria aperta. "L'errore nell'errore"[7] che Sita commette sta esattamente nel non afferrare la natura polarizzante del desiderio, che punta invariabilmente verso la contraddizione, anche quando sembra trovare l'appagamento e venir "risolto".

Anche l'arte contemporanea ha riflettuto a suo modo su questi temi. Prendiamo il *Giovane che guarda Lorenzo Lotto*, di Giulio Paolini (1969). L'artista ha semplicemente preso una riproduzione del celebre *Ritratto di giovane*, di Lotto (1505), e, nella più classica delle operazioni concettuali, gli ha semplicemente cambiato titolo. Si potrebbe a lungo discettare sull'aspetto logico di questo cambiamento – di fatto esso opera come le celebri frasi illocutorie della linguistica americana: una volta affermato che il viso nel ritratto guarda il suo autore, questa stessa affermazione diventa vera, produce le sue conseguenze. Anzi, l'opera ha un sottotitolo che avverte che si tratta di una "Ricostruzione nello spazio e nel tempo del punto occupato dall'autore (1505) e (ora) dall'osservatore di questo quadro". Questa avvertenza produce come conseguenza che non siamo più di fronte ad un'opera d'arte rinascimentale. Non è cambiato solo il "senso" dell'opera – essa si è trasmutata in-sé (si è "trasfigurata" per dirla con Danto)[8], è diventa altra da se stessa – non è più un ritratto di uno sconosciuto lontano nei secoli, ma una presenza in qualche modo viva che ci sta osservando "ora" e "qui". Simultaneamente – conseguenza anche più sconvolgente – siamo cambiati noi; infatti non siamo più dei semplici spettatori contemplativi, ma occupiamo il posto in cui si trovava l'autore del quadro quando lo ha dipinto – anche noi, pur restando identici, ci siamo trasmutati in-noi. Se si considera più attentamente l'opera di Paolini, ci si rende conto che non avrebbe potuto funzionare con qualunque quadro. Quello che rende speciale il *Ritratto di giovane* di Lotto è che il soggetto fissa lo sguardo verso lo spazio fuori dal quadro, ossia – in termini cinematografici – guarda fuori campo. Anzi, per essere più precisi, "guarda in macchina", guarda una macchina da presa, in questo caso certo virtuale, che costituisce il punto da cui la sua immagine viene catturata[9].

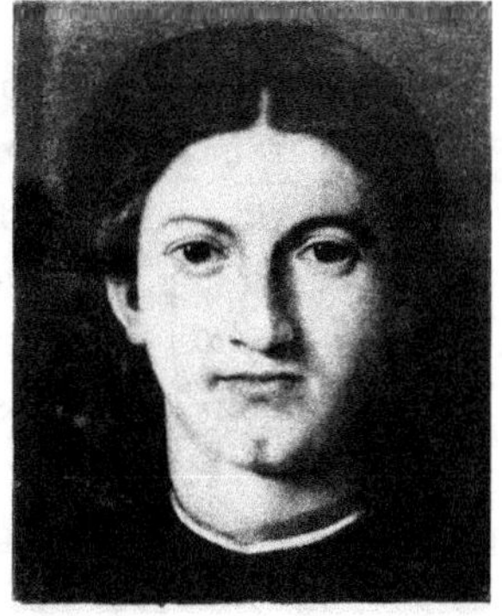

Per capire a fondo il meccanismo su cui si basa la "trasmutazione in altro" dell'opera di Paolini conviene tornare pertanto proprio alla storia del cinema. Di fatto, fin dalla prima presentazione de *L'arrivo del treno*

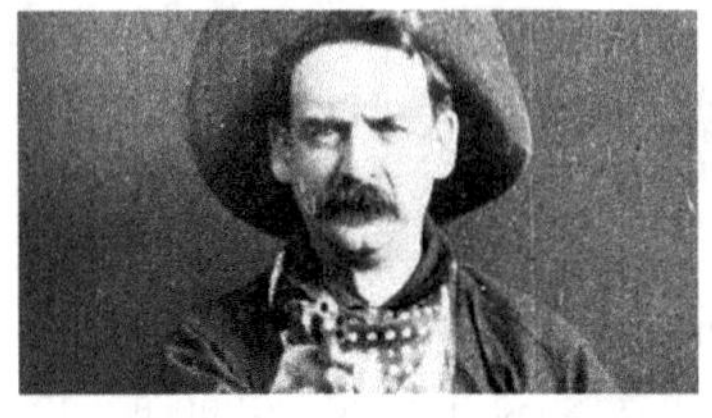 *alla stazione di La Ciotat* dei Lumière nel 1895 siamo di fronte ad un problema di percezione; gli spettatori che si alzano impauriti all'arrivo del treno evidentemente cedono alla *suspension of disbelief*, la sospensione dell'incredulità, cedono al desiderio che il treno, per così dire, sfondi la "quarta parete" ed entri nella sala. Ma è anche vero che esattamente in quello stesso artefatto visivo noi vediamo anche che un personaggio che scende dal treno lancia il famoso "sguardo in macchina", ossia si accorge della presenza dell'operatore e osserva la macchina da presa – uno sguardo simile a quello che potrebbe rivolgere un individuo dei nostri giorni che si veda ripreso da una telecamera. Questo sguardo in macchina è anche un elemento che in qualche modo mette in dubbio il contesto stesso della finzione, perché implicitamente, *da dentro il film*, svela la presenza del mezzo che lo produce. Non è un caso che in questa linea *L'uscita dalla fabbrica*, un altro cortometraggio girato dai Lumière praticamente nello stesso periodo (1895), sia stato realizzato con un escamotage la cui finezza non va assolutamente sottovalutata; in effetti gli operai che escono dalla fabbrica degli stessi Lumière vengono ripresi da una macchina da presa abilmente occultata e questo rende la scena assolutamente naturale, verosimile, proprio perché i soggetti ripresi ne sono totalmente inconsapevoli e quindi, non interpellando la macchina da presa con il loro sguardo e non interferendo con essa, ma venendo puramente visti, non rivelano la presenza dell'apparato meccanico. Tramite un espediente artificiale (la parete che nasconde la macchina da presa), cioè tramite una *finzione*, abbiamo l'impressione di catturare *una verità più genuina* di quella che non si avrebbe quando invece l'espediente della macchina da presa viene intercettato. Chiaramente questa dialettica tra vero e falso costituisce uno snodo di importanza capitale non solo per un'autentica teoria del cinema, ma per una logica dell'identità, perché, se da un lato significa che la verità (cinematografica) viene raggiunta per mezzo della finzione, dall'altro significa che la *verità vera* del cinema, cioè il suo essere frutto di una macchinazione, di una ripresa meccanica ecc., nel momento in cui viene rivelata, *rivela* una verità che ci si offre sotto forma di disillusione, sotto forma di una verità cui non crediamo perché la vediamo interamente, *troppo* svelata. Nel momento in cui lo sguardo in macchina ci rivela che c'è una macchina da presa nel controcampo che noi spettatori non possiamo vedere, ma che percepiamo di riflesso in quell'occhiata, allora è chiaro che ogni *suspension of disbelief*, ogni coinvolgimento, non è più praticabile, non è più credibile.

Che questo punto sia altamente critico si evince dalla celebre proibizione di "guardare in macchina" che una compagnia cinematografica americana, la Selig Company, incluse in un regolamento destinato ai suoi dipendenti (evidentemente anche agli attori), nel 1909[10]. Questo tipo di divieto significa che ci si era già resi conto che la *suspension of disbelief* è un elemento fragile, un labile patto simbolico tra spettatore e spettacolo – così fragile che deve essere codificato da un divieto preventivo. Quand'è, infatti, che questo patto viene trasgredito, se non fin dall'origine stessa del cinema? È su questo punto che la tesi degli studiosi del cinema delle origini (come Noël Burch), che sostengono che tale divieto sia l'inizio di una "regolarizzazione" del linguaggio cinematografico, è problematica. Prendiamo infatti uno dei primi film che potremmo definire narrativi, *The Great Train Robbery* di Edwin Porter (1903), in cui si racconta la storia di una rapina a un treno. L'episodio sconcertante, però (che viene messo alla fine del film, o da certi distributori all'inizio) sono i famosi quattro spari che il bandito indirizza esattamente in direzione della macchina da presa.

Questa sequenza non è solo l'irruzione di un primo piano in un periodo in cui il primo piano è ancora qualcosa di poco praticato, dunque un'istanza identitaria, ma è anche un attentato all'identità nel senso che lo spettatore viene fatto oggetto della minaccia da parte dello spettacolo. Questi spari rivolti direttamente in macchina non solo rivelano la presenza della macchina da presa, ma sono qualcosa in più dello sguardo in macchina, sono veramente la sua evoluzione dialettica; mettono in dubbio che esista la macchina da presa e che gli spari, invece, non raggiungano chi è seduto in prima fila e sta guardando lo spettacolo. Di fronte a questi spari la reazione probabilmente non deve essere stata molto diversa da quella degli spettatori de *L'arrivo del treno alla stazione di La Ciotat* otto anni prima (1895), quella cioè di un forte sussulto. Al tempo stesso, quindi, lo sguardo in macchina che rompe la finzione, che la svela, è anche una trasgressione così intensa che rinforza la finzione stessa, la rende possibile. Questi sono spari che simultaneamente sono finti e sono veri, sono al tempo stesso spari cinematografici e spari reali, perché provocano una reale reazione; sono spari, quindi, che fanno saltare la sospensione dell'incredulità *e anche la confermano* – da un lato portano al limite la finzione e dall'altro la eccedono. Da un punto di vista ulteriore potremmo dire che questi spari sono spari vero-finti e insieme finto-veri. Non suona qui adeguata la famosa frase di Hegel secondo la quale "il falso è un momento del vero"?[11]

Nei casi citati di Paolini e di *The Great Train Robbery*, accade qualcosa che in *Face/Off* non succede. Per quanto avvincente, nel blockbuster hollywodiano non accade che Cage o Travolta interrompano ciò che stanno facendo per rivolgersi allo spettatore e dirgli: "Hey, chi pensi che io sia ora?". Nel caso del film di Porter del 1903 invece questa interpellazione dello spettatore avviene, e accade con grande forza – tuttavia essa resta totalmente slegata dalla vicenda narrativa in cui il film consiste di fatto. Fa saltare sulla sedia lo spettatore, ma non riesce veramente a trasfigurarne l'identità. Perché questo accada occorre attendere che si affermino dei media veramente obversivi, come la radio prima (come testimonia l'episodio de *La guerra dei mondi* di Wells, cfr. *infra*, p.te II, § 1), la tv e il video più avanti. L'opera di Paolini, invece, non a caso esattamente coeva del *Video Corridor* di Nauman, riesce a implicare lo spettatore, trasformando quello che era in origine un semplice sguardo di un docile soggetto ritratto, in un rovesciamento delle parti. Infatti, in quest'ultimo caso, sappiamo bene che è impossibile che ci sia una macchina da presa o un apparato video nel fuori campo dove guarda il giovane, per il semplice motivo che nel XVI secolo il cinema non era ancora stato inventato. Eppure, cosa anche più sconvolgente, questa consapevolezza ci impone di ammettere che in ultima analisi quel punto di "presa delle immagini" che nel cinema è la cinepresa, e che nella pittura sono gli occhi del pittore, qui sono i nostri stessi occhi, siamo cioè noi.

È come se ci fossimo svegliati una mattina e guardando il *Ritratto di giovane* di Lotto capissimo che non si tratta di un ritratto, ma di uno sguardo che guarda qui, nel presente, a noi. Questo ri-conoscimento è insieme un *dis*-conoscimento, perché implica che né Lotto né il giovane siano più solo se stessi. Questo è esattamente il *surplus* innescato dall'operazione di Paolini, perché, come ci succede come al Capocomico di Pirandello che si sente dire da un personaggio (fittizio) "Tu sei me"; devo dunque riconoscere non solo che "se Io non sono Io, allora Io non so più chi sono", ma anche: "*se* Tu non sei Tu – *allora* Io non sono Io!".

Ma un'analisi completa non può veramente limitarsi all'approfondimento di artefatti culturali come film o opere d'arte. Nell'epoca mediale infatti lo sguardo in macchina non è solo un escamotage intra-filmico, lo sguardo che effettivamente il personaggio da dentro il film rivolge allo spettatore – ma è un effetto che prolunga la sua ombra anche al di fuori del perimetro spettacolare, nella figura reale della star, nella sua dimensione biografica. Consideriamo John Travolta non come attore, ma come uomo: forse non a caso era stato scelto per impersonare il personaggio buono di *Face/Off*, essendo lui stesso nella vita un buon padre di famiglia, con un rapporto coniugale duraturo con la moglie Kelly e due figli. Nel gennaio 2009 però è accaduto un fatto che ha sconvolto la vita di questa famiglia, pur privilegiata: il figlio maggiore dei Travolta, Jett, sofferente di autismo, è stato trovato morto nel bagno della loro villa alle Bahamas. Un incidente, senza dubbio – che però non ha mancato di sollevare critiche, dato che i Travolta, ferventi adepti di Scientology, seguono i dettami di questa "religione" che rifiuta di considerare l'autismo una malattia. Due anni dopo, nel gennaio 2011, forse per compensare il terribile vuoto creato dalla scomparsa del figlio, i Travolta hanno avuto un altro piccolo (un evento dai media definito quasi "miracoloso", tenuto conto dell'età della mamma, 48 anni). Al contempo, a scopo benefico (e forse anche per rintuzzare le critiche piovute a suo tempo su una presunta negligenza parentale nei confronti di Jett), hanno dato vita a una fondazione filantropica dedicata al figlio morto. Il punto è che per reperire i primi fondi per la fondazione, i Travolta non hanno esitato a vendere a caro prezzo ai media mondiali le immagini del loro secondogenito Benjamin – un gesto messo in pratica a fini caritatevoli, ma che solleva alcuni dubbi: l'esposizione mediale di un minore del tutto inconsapevole è veramente un atto responsabile dal punto di vista genitoriale o non piuttosto una dissennata concessione al *media system* planetario?

Travolta stesso, star quasi sessantenne ormai sul viale del tramonto, le cui fattezze denunciano un intenso lavoro di ricostruzione estetica (rughe ritoccate, capelli tinti, denti ricoperti, fisico pompato…) non sembra quasi un altro *che abbia preso il posto di se stesso*? Come nella fiction hollywoodiana, questo padre che vende per denaro le immagini del suo innocente neonato, non potrebbe essere *l'altro*, il cattivo che si è fatto ricostruire la faccia, e ha sostituito, come indossandone da dentro il corpo e il viso, il "vero" Travolta, quello "buono"? In ultima analisi, chi è, o meglio, *che cos'è* la persona che "guarda in macchina", cioè verso di noi, dalle copertine dei rotocalchi di gossip: l'attore di nome John Travolta, cioè la sua effigie oggettiva, per meglio dire, il *Ritratto fotografico di John Travolta*, o non piuttosto, come in una parafrasi dell'opera di Giulio Paolini, *John Travolta che ci guarda*, cioè un che di estraneo che ci vuole includere nel suo campo di osservazione?

La copertina con Travolta, sembra unire, sotto il segno di Paolini, l'asimmetria che corre tra lo scambio delle teste di Mann e lo scambio delle facce di *Face/Off*.

Il tragitto obversivo della star sembra quasi portare a termine, nella realtà, il progetto, rimasto incompiuto, messo in atto dalla sceneggiatura finzionale di un film sull'identità disidentica come *Face/Off*. L'andirivieni disidentificante dello stadio video, qui, tocca il suo vertice e si stabilizza – non lascia che le immagini disidentiche di noi stessi si volatilizzino nella macchina mediale, e restino

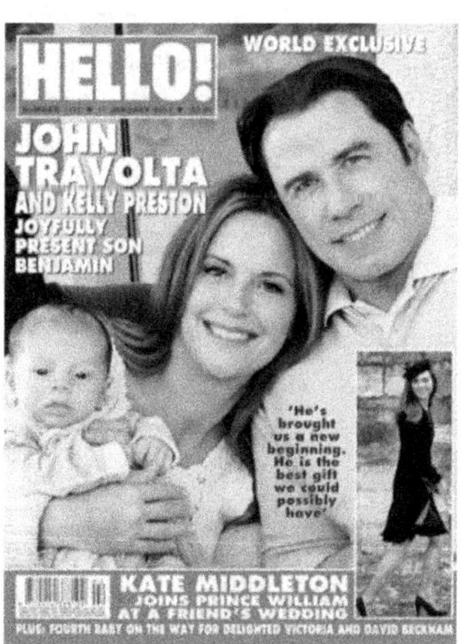

ombre virtuali su un monitor, ma fa sì che esse retroagiscano sul soggetto, si sovrappongano ad esso, e lo de-formino, ossia gli prestino la forma che esso *ha già*, ma come *un che di aggiuntivo*, di supplementare, come la sovrapposizione della foto di scena di un personaggio filmico al viso stesso dell'attore, nel frattempo fattosi irreale – donandogli quell'ineffabile *quid*, quel *je ne sais quoi* che, esattamente nel momento in cui ce lo fa apparire vicinissimo, quasi come "uno di noi" (un tenero padre di famiglia che abbraccia la moglie e il suo piccolo neonato) lo denuncia come un *autentico ultracorpo*, l'essere più orribilmente, più spaventosamente distante da noi che si possa immaginare.

D'altra parte, accanto all'immagine di Travolta compare anche quella della moglie e del loro piccolo Benjamin – un novello Samadhi se ve n'è uno. Questo neonato infatti che altro senso ha se non quello di un "errore nell'errore" cioè il tentativo di riconciliare l'irreconciliabile, la sfasatura interna che attraversa Travolta attore da Travolta uomo? E, d'altra parte ancora, proprio come nella novella di Mann, come non provare compassione per questo padre così *umano* – a cui è toccato in sorte un figlio handicappato, che ha per giunta dovuto subire il dolore di perderlo, e che ha cercato di compensarne la perdita con la nascita di un nuovo figlio – anche se *non è più un uomo*?

3. La logica di Tori   L'altro del tuo altro

> *Ah, se ognuno di noi potesse per un momento staccar da sé quella metafora*
> *di se stesso, che inevitabilmente dalle nostre finzioni innumerevoli, coscienti e*
> *incoscienti, dalle interpretazioni fittizie dei nostri atti e dei nostri sentimenti siamo*
> *indotti a formarci; si accorgerebbe subito che questo* lui *è un altro.*
> Pirandello, *Quaderni di Serafino Gubbio operatore*

Chi è questa ragazzotta con la faccia un po' bovina che ci guarda da sotto delle chiome biondo stinto? Probabilmente nessuno, una faccia come tante, neppure particolarmente attraente, persa nell'anonimato di migliaia di persone che vediamo ogni giorno. Non esattamente Nessuno; *nessuno in particolare*, né qualcuno che conosciamo direttamente, come un nostro familiare o amico, né qualcuno che conosciamo indirettamente, ad esempio una personalità famosa, magari apparsa sui media. Ma anche *nessuno in generale*, dato che si tratta di una faccia veramente "anonima" – che tende, si direbbe, a non farsi notare, non porta trucco, non ha segni particolari, non ha gioielli, non ha nemmeno un vestito, sostituito da una T shirt, tra l'altro bianca. Forse fin troppo anche per una ragazza qualunque: forse è un Nessuno che vuole esattamente questo, passare inosservato, perché *è Qualcuno*.

Però, sfuggire a se stessi non è facile. Non è facile perché il modo in cui si diventa qualcuno, oggi, passa necessariamente dallo specchio mediale – e una volta entrati nello stadio video, uscirne non è più possibile. Se la ragazza della foto è davvero un personaggio mediale, già per come si presenta è presa in una dialettica obversa: non si tratta infatti dell'anonimato "normale", ingenuo che caratterizza ognuno di noi (cioè di chi non sia stato già preso dal meccanismo mediale), ma si tratta di un anonimato "di ritorno", recuperato consapevolmente in opposizione alla notorietà, cioè al non-anonimato. Questo anonimato riflesso potremmo definirlo come un formazione obversa – è infatti necessariamente un anonimato riflesso nel suo opposto, la notorietà, dunque una non-notorietà, ossia un *non-non-anonimato*. La bionda è in effetti una non-non-anonima, come si vede nella doppia foto che la mostra accanto a quella che è, quando appare nell'universo del cinema a cui appartiene (e conseguentemente a quello delle riviste, della televisione, ecc.).

La seconda faccia, appartiene alla stessa ragazzotta – ma non è più un volto anonimo – è il viso dell'attrice Tori Spelling. Un viso questa volta riconoscibile. Ciò che è problematico, almeno da un punto di vista estetico, è che questo viso appartiene alla stessa ragazza anonima di prima, e non si tratta di un caso di personalità multipla. Non è una che si traveste da un'altra, o conduce due vite parallele all'insaputa di tutti, e sarebbe evidentemente troppo poco limitarsi a constatare che si tratta della stessa persona in momenti diversi della propria vita. Ma in fondo, si potrebbe anche osservare che non c'è una vera contraddizione tra le due versioni di Tori – è un po' come vedere un attore prima e dopo il trucco, a teatro e fuori. Certo, lo show business è molto di più del teatro, è un autentico sistema che continua anche dopo che lo spettacolo come tale è finito e pretende dai suoi adepti di restare fedeli al livello della loro immagine mediale in qualunque occasione pubblica – ma anche concedendo questo, non lo si può confondere tout court con la vita. Il sistema mediale semmai è la contraffazione della vita, come la giustapposizione delle immagini dimostra: Tori senza trucco è "più vera" anche se brutta, mentre quella mediale, anche se bella, è finta e, se non del tutto falsa, come potrebbe esserlo un manichino, è certo fittizia, finzionale, ad opera ed uso dei media.

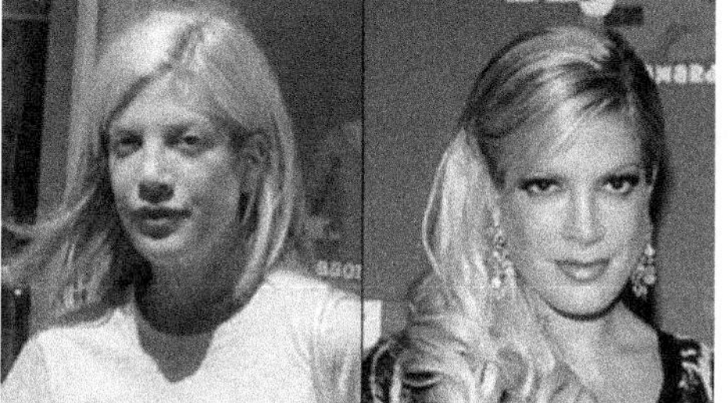

Se si osserva però con scrupolo l'immagine della Tori normale si nota che le labbra prominenti, il naso leggermente ricurvo (forse anche il contorno degli occhi) denunciano un qualche ritocco chirurgico – il che sta a significare che anche la Tori "vera" è falsa non meno di quella mediale. Anzi, si potrebbe spingere l'assunto fino a sostenere che la sola Tori "autentica" è quella cinematografica, poiché è solo lei la personalità che ha bucato l'anonimato e grazie a cui noi tutti possiamo parlare di "Tori Spelling" (e quindi anche di una Tori in *deshabillé*). Il problema è che entrambe queste spiegazioni continuano a risultare insoddisfacenti, anzi, indecidibili. Il passaggio dall'una all'altra Tori non è frutto di un semplice *maquillage*, un "prima e dopo" come nelle pubblicità dei prodotti dimagranti, perché il "prima" viene *dopo* il dopo e il "dopo" viene *prima* del prima: la faccia struccata è già predisposta in funzione del volto da star, mentre il volto affascinante da diva è ciò che "rende possibile" retrospettivamente l'esistenza stessa della sua versione "casalinga", da "appena scesa dal letto" (che non avrebbe senso in-sé, separatamente dal volto divistico, perché sarebbe un "semplice" volto qualunque).

Il risultato ultimo di questa analisi è che le due immagini di Tori non sono delle semplici "immagini" – le apparenze di una sostanza che rimarrebbe sempre uguale sotto di esse. Qui "immagine" va intesa proprio nel senso manageriale del termine (come quando si dice che un società ha "un'immagine da difendere"), cioè nel senso profondo di "apparenza essenziale". A tal proposito Hegel afferma con chiarezza che "l'apparenza stessa è essenziale all'essenza"[1] – il che significa che l'apparenza (l'immagine) non è un che di separato, di superficiale, di inessenziale; viceversa, è qualcosa di importante non solo per "bene apparire", ma anche affinché l'essenza stessa esista. Si capisce bene che non esiste nessuna "terza Tori" indipendentemente dalle o soggiacente alle due immagini che la rappresentano. Le due immagini si riferiscono sì alla stessa persona, ma, essendo diverse tra loro, fanno divergere quella identità da se stessa – il problema non è che sono una diversa dall'altra, il problema è che riferendosi alla medesima persona, conducono il medesimo a differire da se medesimo – fanno sì che la differenza inerisca lo stesso.

Tuttavia, dettaglio da rimarcare qui, essendo strategico – non ci si può limitare ad affermare che la Tori spettacolare sia un frutto della medialità, mentre l'altra, che non lo è, sia quella "autentica". La prima, la ragazzotta bovina, *non è meno mediale della seconda*. Infatti, non abbiamo incrociato la sua immagine struccata per strada – dove forse davvero nessuno l'avrebbe riconosciuta – ma l'abbiamo incontrata su un giornale di gossip, oppure sulla rete, o in televisione, cioè di nuovo nel luogo della medialità. Quello che la medialità vuole davvero, dunque, in apparenza non lo sa: non vuole solo la Tori splendida musa, accattivante e ammaliante sirena – altrimenti sarebbe solo una riedizione del vecchio spettacolo, il che non è (o non è più –), ma vuole *anche* svelare il retroscena di questa bellezza, il suo lato "reale". Il sistema mediale obverso desidera *entrambe le cose contemporaneamente*: *entrambe* le Tori appartengono così, di diritto, al regime spettacolare, perché è effettivamente spettacolare anche la faccia bianchiccia della Tori normale – e spettacolare è lo stesso confronto con la sua splendida controfigura mediale.

Nel momento con cui l'anonima ragazza diventa l'attrice dal nome che tutti conoscono, essa è anche divenuta un che di estraneo – essenzialmente estraneo a se stessa – un che di disidentico da sé. Se cercasse di tornare indietro – o di porsi come quel che è veramente – troverebbe ad accoglierla non il calore di una riconquistata identità, ma una folla di paparazzi pronti a sorprenderla in deshabillé, a rispedirla di nuovo nel circuito spettacolare – ma a rovescio stavolta, non come bella sirena, ma come insignificante ragazzotta, cioè *significante* proprio solo in quanto *de-significata* due volte, la prima volta perché ridotta ad anonima bruttezza, la seconda perché anche così è non-anonima. Ecco dunque dove si manifesta il punto di obversione: Tori resta in qualche modo Tori anche nel suo anonimato di non-Tori. Cioè: Tori è Tori *non solo* anche quando casualmente non è Tori (è brutta), ma *se e solo se* non è Tori. Da un lato, Tori Spelling nega la ragazza normale di nome Victoria Davey Spelling, come Marilyn Monroe era la negazione di Norma Jean. D'altra parte, Tori Spelling non è Victoria (ragazzotta normale) solo e unicamente perché *è* Tori Spelling; infatti, se *veramente* Tori Spelling fosse una ragazza normale, nessuno si occuperebbe di lei, e lei non sarebbe lei.

In sintesi: Tori Spelling è Tori Spelling se e solo se Tori Spelling non è Victoria Davey Spelling (ragazza normale); cioè, la sua identità si basa sulla differenza (*non* da altri, gli anonimi e le anonime, ecc. *ma*) da sé; il suo esser-identica a sé include *necessariamente* il pezzo negativo rispetto a cui si staglia (altrimenti la sostanza dell'identità della diva non avrebbe consistenza). Quindi: T è T se e solo se T non è T (inversamente: T non è T se e solo se T è T).

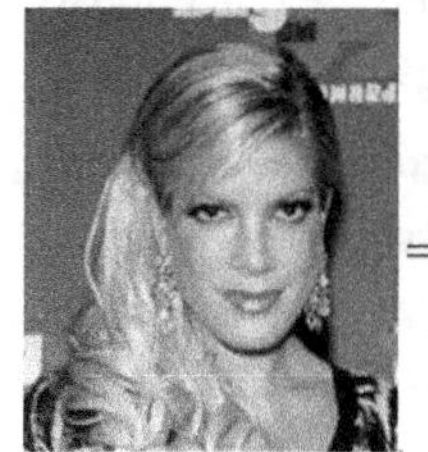 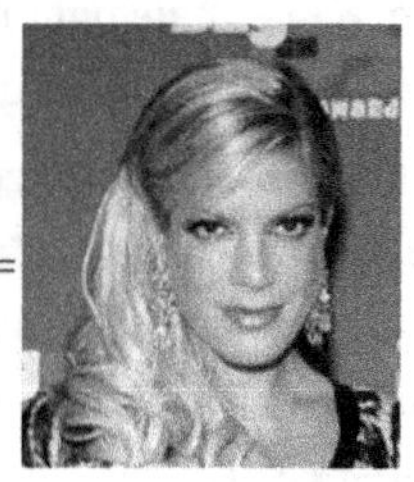 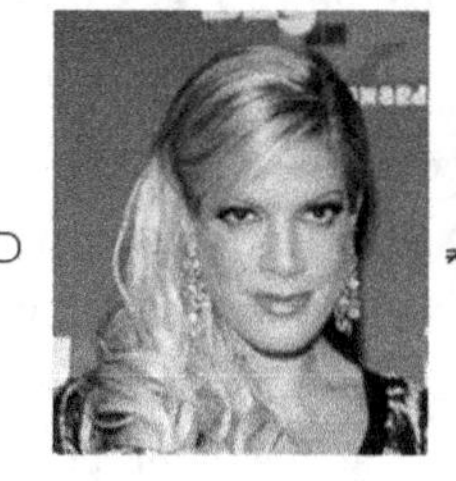 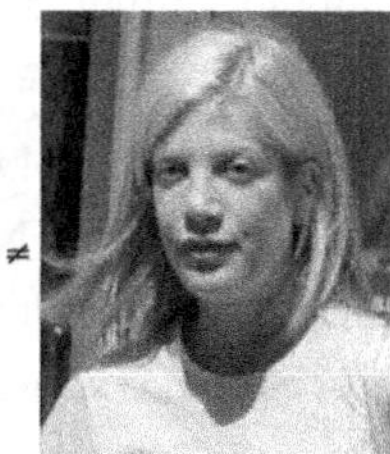

Ora, si potrebbe certo dire che questo ragionamento è vero solo per le personalità mediali. Purtroppo però, da che lo stadio video ha invaso le nostre vite, e lo ha fatto per intero, tutti siamo, in misura maggiore o minore, personalità mediali – tutti disponiamo (o siamo tenuti ad avere) ormai non solo dei vecchi 15 minuti di fama, ma di un'autentica esistenza mediale continuativa (che va dalla ripresa casuale della telecamera di controllo al profilo su facebook). Dovunque depositiamo o ci prelevano un'immagine, là entriamo nella "logica di Tori": sia che la nostra immagine sia migliore di come siamo, o che sia peggiore, comunque essa non sarà mai uguale a noi; ma non per il fatto che lei è un'immagine e noi un essere vivente – ma per il fatto che, esattamente a causa sua, noi stessi siamo/diveniamo diversi da noi stessi. Entriamo così nella dialettica obversa di Tori: noi siamo noi se e solo se noi *non siamo* noi; e non siamo noi, anche quando (solo se) siamo effettivamente proprio noi[2].

Non si deve confondere questa conclusione obversa con l'adagio eracliteo per cui, se è vero che non è possibile bagnarsi due volte nello stesso fiume, perché le acque che scorrono (il tempo) sono sempre diverse, a maggior ragione è ancor più vero che non è possibile bagnarsi nemmeno *una* volta nello stesso fiume, perché "noi stessi siamo e non siamo", ossia perché cambiamo anche noi a causa dello scorrere del tempo[3]. Infatti, lo stadio video non segue la freccia del tempo eracliteo irreversibile, ma (come vedremo nel § seg.) obverte anche quello. La differenza col pensiero eracliteo è che in realtà noi non vogliamo neanche un po' essere eraclitei – lo scorrere del tempo ci terrorizza e se potessimo dare l'anima per non invecchiare lo faremmo (come Dorian Gray di fatto fa, cfr. *infra*, pte 2, § 5). È proprio per opporci all'inesorabile trascorrere del tempo che ci renderà vecchi e brutti, che operosamente costruiamo la nostra immagine mediale; la causa della disidentità di noi stessi con noi stessi, siamo noi stessi (è il nostro stesso tentativo frustrato di definire sempre meglio – la nostra identità), e il sistema mediale, in quanto stadio video, è lo strumento adeguato per operare questa obversione. Siamo sfuggiti alla presa del tempo grazie alle immagini, ma purtroppo abbiamo pagato questa conquista con la perdita dell'identità. Il "siamo e non siamo" eracliteo viene quindi bloccato in una dialettica *im Stillstand*, nella quale ognuno dei due opposti rimanda ricorsivamente all'altro, in un ininterrotto circuito di disidentificazione.

Così, restare "all'altezza di se stessi" diventa problematico – come problematico diventa "passare al di sotto" della propria notorietà. In generale, diventa problematico definire esattamente il "livello identitario" di se stessi – dato che siamo diventati più-che-noi-stessi grazie a quel *più* che sono le immagini, ma siamo simultaneamente anche meno-che-noi-stessi rispetto ad esse.

Un artista obversivo quanto altri mai, Gino De Dominicis, ha realizzato negli anni Settanta un doppio ritratto (*Senza titolo*, 1970). Anche qui abbiamo due ritratti accostati. Nel primo, a sinistra vediamo il volto di un giovane, nel fiore degli anni; nel secondo, a destra, vediamo un uomo anziano. La posizione è la stessa: primo piano, soggetto centrale, sguardo puntato verso l'obiettivo. Anzi, a guardar meglio si nota che i due uomini non solo indirizzano lo sguardo nella stessa direzione, ma *hanno* lo stesso sguardo. I due hanno così tante somiglianze perché effettivamente *sono la stessa persona*, fotografata però a distanza di molti anni. De Dominicis non ci spiega quale sia il significato di questo accostamento – a differenza del *Giovane* di Paolini in cui la didascalia giocava un ruolo cruciale, le opere di GDD sono molto spesso senza titolo, e conservano così un loro carattere enigmatico[4].

GDD era ossessionato dal problema dello scorrere del tempo e da quello dell'immortalità, e quest'opera concerne indubbiamente quella questione. Pensando al tempo passato da quando l'opera è stata realizzata a oggi, si potrebbe forse aggiungere un terzo ritratto del soggetto, ormai vecchissimo, oppure sul letto di morte – d'altra parte, sul lato sinistro della foto dell'uomo da giovane GDD avrebbe potuto inserire un'altra foto, dello stesso uomo da ragazzo, o addirittura da bambino. Ma quello che interessa all'autore non è descrivere lo sviluppo della personalità di un determinato individuo – la sua storia personale per così dire –, ma soffermarsi su un mistero molto più originario, cioè quello per cui lo stesso uomo, qualunque esso sia, col passare del tempo, pur restando lo stesso, cambia profondamente, o, come si dice volgarmente, invecchia.

C'è però un secondo elemento che non dobbiamo trascurare; certo, noi possiamo osservare una cosa che cambia nel tempo, ma non possiamo astrarre noi stessi dal tempo che passa, ossia, possiamo osservare una cosa che cambia, ma nell'osservarla cambiamo anche noi osservatori. Se avessimo conosciuto quest'uomo da giovane, lo avremmo visto lentamente invecchiare, ma per poterlo seguire in questo processo avremmo dovuto invecchiare insieme a lui – e solo nel lento trascorrere del tempo ci saremmo accorti della differenza tra lui giovane e lui anziano. Quello che ci permette invece di fare un confronto così stringente tra due le età della stessa persona è il mezzo fotografico. Ancora una volta, il medium di riproduzione funziona come una struttura che identifica un soggetto con se stesso (l'uomo è lo stesso), ma insieme lo fa differire da sé

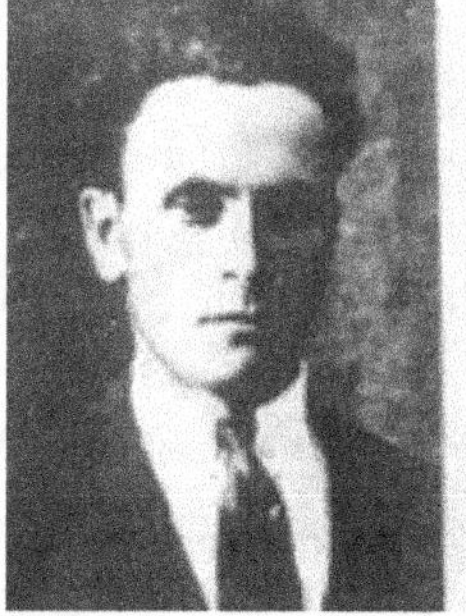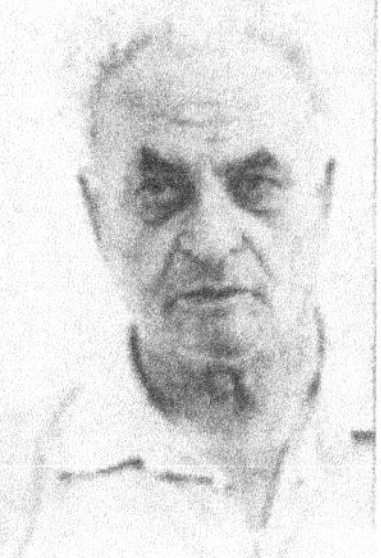

(i due ritratti sono evidentemente diversi). Non si tratta di un semplice *memento mori* – perché la morte qui è solo la logica conseguenza di qualcosa di primigenio, il passare del tempo. D'altra parte, il tempo, per le immagini, sembra non passare mai; e di fatto esse si collocano al di là del tempo, eppure lo implicano nella loro genesi (sono collocate esattamente in quell'istante in cui furono realizzate, il che è proprio il caso delle due fotografie usate da GDD). Si potrebbe qui fare ricorso alla definizione di Benjamin di immagine come *Dialektik im Stillstand* – cioè dialettica in arresto, in sospensione. Si tratta di una contraddizione in termini: la dialettica è processuale, come abbiamo visto parlando della logica dialettica di Hegel a proposito del principio di identità, è proprio un divenire che non si arresta mai. Anzi, passa da un termine all'altro proprio attraverso questo inarrestabile evolversi che ne trasforma i termini. Tuttavia, non bisogna dimenticare che proprio la dialettica è un procedimento ricorsivo, dove l'ultimo termine raggiunto, qualunque esso sia, retroagisce per così dire su tutti gli altri che lo precedono. Proprio come lo stadio video, che ne costituisce lo schema e la "realizzazione" tecnico-pratica, la dialettica è un circuito chiuso, ha la forma di un *loop*, dove i dati di ritorno influenzano quelli di partenza e li "pongono di nuovo" (Hegel definiva questo ritorno *Setzung der Voraussetzungen*, posizione dei presupposti). I presupposti non vengono "prima" della conclusione: sono invece posti da quest'ultima, in una sorta di meccanismo di *feedback*, che però è spirituale invece che meccanico. Ora, Benjamin non dice che tutta la dialettica è da considerarsi in arresto – dice che "l'immagine è la dialettica nell'immobilità", o meglio *im Stillstand*, sospesa, ferma in-sé come uno *still*, un fotogramma bloccato:

> *poiché mentre la relazione del presente con il passato è puramente temporale, quella tra ciò che è stato e l'adesso è dialettica: non è di natura temporale, ma immaginale* [bildlich][5].

Le immagini – e Benjamin si riferisce soprattutto alle immagini mediali, per esempio le fotografie – non sono riproduzioni, imitazioni di soggetti sottratti al tempo, piuttosto sono elementi dialettici, che, nel loro star ferme mostrano la dialetticità del loro soggetto; e, insieme, mostrano l'aspetto "ritornante", a feedback, della dialettica stessa.

Così, anche l'opera di GDD è un'opera di dialettica in stato d'arresto: i due ritratti dello stesso uomo si pongono reciprocamente e, proprio nel dichiarare l'uguaglianza del soggetto con se stesso, ne implicano la differenza. Fanno questo grazie all'immagine fotografica, cioè ad una mediazione tecnica che rende possibile "fermare il tempo" – il che vuol dire disidentificarlo da se stesso, dato che per definizione il tempo è ciò che passa; rimandano il presente indietro nel passato, e pongono il passato (che ne è il presupposto) fuori di sé, nel presente. Il giovane uomo, considerato da solo, potrebbe essere chiunque, anche qualcuno morto da tanto tempo; assume il suo senso grazie al Sé che è divenuto da vecchio, che è un vecchio solo in quanto era stato un giovane; ma noi possiamo giudicare questa asimmetria interna all'identità di quest'uomo solo grazie alla realtà dell'immagine fotografica *im Stillstand*.

Ben prima di Benjamin, comunque, tale dialettica era stata colta perfettamente da Luigi Pirandello in quello straordinario romanzo sulla medialità che è *Quaderni di Serafino Gubbio operatore* (1913; cfr. *infra*, pte 2, § 6). Nonostante la vicenda sia tutta incentrata sull'effetto di alterazione che producono le immagini cinematografiche su chi le interpreta, su chi le realizza (Gubbio, l'operatore), e su chi le vede, Pirandello trova spazio anche per una considerazione sul ritratto fotografico. Per Gubbio/ Pirandello anche il ritratto fotografico "invecchia... come invecchiamo noi", cioè "s'allontana anch'esso", ma "in senso inverso" affondando sempre più nel passato cioè (dialetticamente) "invecchia giovane". L'amico di Gubbio, l'attore Nuti, gli fa notare però che esistono anche immagini fotografiche che invecchiano giovani "a vuoto", ad esempio "l'immagine di qualcuno morto giovane".

> *Ho un ritratto di mio padre, morto giovanissimo, circa all'età mia; tanto che io non l'ho conosciuto. L'ho custodita con reverenza, quest'immagine, benché non mi dica nulla. S'è invecchiata anch'essa, sì, profondandosi... nel passato. Ma il tempo che ha invecchiato l'immagine, non ha invecchiato mio padre; mio padre non l'ha vissuto questo tempo. E si presenta a me, a vuoto, dal vuoto di tutta questa vita che per lui non è stata; si presenta a me con la sua vecchia immagine di giovane che non mi dice nulla, che non può dirmi nulla perché non sa neppure ch'io ci sia.... Io in lui, lì, non ci sono, come tutta la mia vita è stata senza di lui[6].*

Non è questo un mirabile esempio di *Dialektik im Stillstand*?

Anche Cindy Sherman ha lavorato su un doppio ritratto, questa volta tornando sul tema del bello e del brutto – che tuttavia in questa chiave non ha solo una valenza estetica, ma, come abbiamo visto nel caso di GDD, anche filosofica, concernente l'identità dialettica del soggetto. L'opera della Sherman consiste nel farsi fotografare in modo da risultare il più bella possibile, e, al contrario, il più brutta possibile.

Qui in gioco non è più la distanza temporale, dato che le foto sono prese al medesimo soggetto praticamente nello stesso tempo – ma la distanza valoriale, dato che una, quella di sinistra, risulta più gradevole, anche attraente, mentre l'altra, l'immagine a

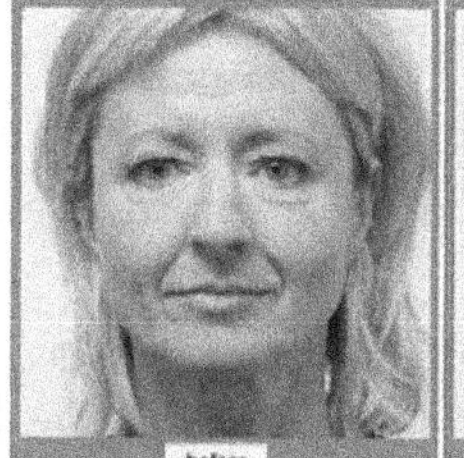
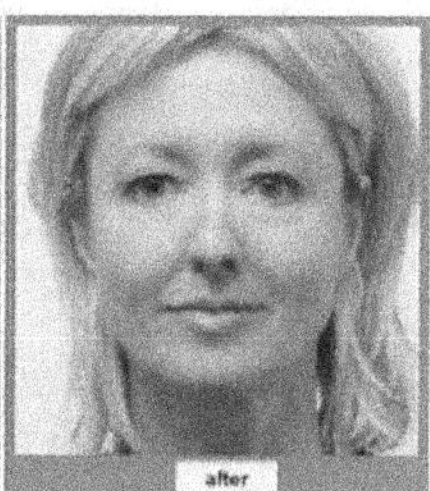

destra, sembra invece più sciatta, trascurata, decisamente brutta. Il duplice ritratto dell'artista sembra rimandare all'inizio, al duplice ritratto di Tori Spelling – nella sua versione migliore e in quella peggiore. Ma in questo caso intervengono alcune variabili importanti: l'artista non si è fatta riprendere per caso o inavvertitamente in queste due versioni: si tratta in effetti di due autoritratti, in cui lei stessa si è acconciata per raggiungere esattamente l'effetto più estetico o antiestetico che le era possibile. Infatti, le due immagini sono molto più coerenti di quelle di Tori, dove è evidente che una è stata scattata da un fotografo ufficiale, forse su un red carpet, mentre l'altra è evidentemente "rubata" durante una uscita in incognito della diva; l'opera di Sherman è invece un vero dittico, in bianco e nero, con un'impostazione concettuale non differente da quella di GDD.

L'*intenzionalità* dell'opera della Sherman ne cambia il senso: anche nel suo caso, Cindy gradevole e attraente è Cindy se e solo se non è Cindy, ossia è Cindy sgradevole, brutta; e viceversa, la Cindy brutta è la "vera" Cindy, se e solo se la mettiamo a paragone (cosa che fa l'artista stessa) con la Cindy truccata e piacevole. Ma il punto da non perdere qui è che, mentre nel caso di Tori il punto di obversione poteva sembrare sbilanciato sul versante vincente, quello spettacolare, mediale (l'immagine rubata occuperebbe in tal senso una posizione subalterna) – qui la Sherman impugna attivamente il processo di disidentificazione e, anziché subirlo, ne fa un "lavoro", con cui mostra che le due facce di se stessa vanno al di là di qualunque possibile giudizio di valore, anche estetico: come i poli elettrici, sono semplicemente gli estremi a cui giunge lo spazio della differenza che ci dis-congiunge da noi stessi[7].

La cosa da non mancare qui, è che le opere d'arte, quando vanno a segno come in questo caso, non lasciano in pace la realtà che, come già aveva capito a suo tempo Oscar Wilde, non può fare a meno di ispirarsi ad esse.

Infatti basta osservare questa immagine per capire la sua provenienza artistica. Il problema come si vede subito è che qui il rovesciamento operato da un De Dominicis, è stato a sua volta invertito: la donna vecchia a sinistra è la stessa della donna giovane a destra, solo che quest'ultima non la precede nel tempo, ma la segue! L'immagine è la pubblicità di un software informatico che genera una specie di lifting virtuale (Magic Lift), che ha così il potere di far ritornare il tempo su se stesso. Anche se si potrebbe obiettare che questo rovesciamento è del tutto teorico, virtuale appunto, e riguarda solo l'immagine e non il soggetto come tale, in effetti esso prefigura l'intervento di lifting vero e proprio sul viso reale; e se si obiettasse che anche in questo caso esso riguarda solo il viso del soggetto e non la sua età reale, la contro-obiezione sarebbe – ma dove inizia allora il soggetto "reale", a quale strato di profondità incontriamo una cosa che potremmo definire il nocciolo autentico dell'Io considerato? O non dovremmo piuttosto concludere con Hegel che "l'apparenza è essenziale all'essenza"? In altre parole, il vero problema del soggetto qui non è la sua età "reale", oggettiva, in contrasto con quella soggettiva, cioè quella che "ci si sente di avere", differenza che, solitamente, gli individui portano come auto-giustificazione del fatto di sottoporsi a una chirurgia estetica ringiovanente – qui il problema ben più critico è che comunque, una volta entrati nel regime scopico mediale, si ha sempre, invariabilmente, a che fare con "due" versioni: me vecchio / me giovane, me bello / me brutto, ecc., le quali sono in perenne rapporto circolare e riflessivo l'una con l'altra. Il "soggetto" è questo andirivieni *non* tra la propria essenza e la propria apparenza, *ma* tra la non-coincidenza dell'essenza e dell'apparenza con se medesime.

4. (Non) Essere e Tempo _ Televisione tachionica e obversione catodica

Il Tempo e lo Spazio morirono ieri.
Noi viviamo già nell'assoluto.
Marinetti, *Manifesto del Futurismo*

Da oltre un secolo, dalla scoperta della relatività in avanti, le dimensioni spaziotemporali sono il luogo più tipico per ogni genere di paradossi. Macchine del tempo, buchi neri, antiparticelle, tunnel iperspaziali, fino all'antimateria scoperta dai fisici – il fiorire di oggetti e dimensioni "impossibili" è così grande che si potrebbe evitare di parlarne. Però, tutti questi paradossi, a cominciare da quello dell'astronauta che, dopo un viaggio extraterrestre, si ritrova di ritorno sulla terra ad essere più giovane del suo gemello – sembrano rivestire un mero valore teorico e, pur risultando indubbiamente sconcertanti, paiono lontani dalla nostra esistenza quotidiana e in ultima analisi sembrano non riguardarci direttamente.

Tuttavia, è singolare il fatto che tutti i paradossi legati alla relatività, prima, e al principio di indeterminazione, fino ad arrivare alle teorie degli universi copia, o della reversibilità del tempo – abbiano spesso a che fare con la comunicazione. Nel 1917 il fisico Tolman ha denominato *tachioni* quegli oggetti che, essendo più veloci della luce, per la teoria della relatività, dovrebbero viaggiare a ritroso nel tempo. Per essi la velocità assoluta c della luce costituisce il limite inferiore, mentre per gli oggetti di massa reale costituisce il limite superiore e invalicabile – per cui ne consegue che

i tachioni hanno massa immaginaria (nel senso del numero immaginario $i = \sqrt{-1}$).
Naturalmente, non è possibile fare alcuna esperienza dei tachioni, perché se anche
venisse fatta, la sua comunicazione andrebbe dal presente verso il passato, e sarebbe
immediatamente cancellata, spostata verso un passato ancora anteriore... Nel 1967
Martin Gardner, in un articolo *Can Time go backward?* riprende l'idea di un telefono
tachionico, in cui l'informazione è veicolata a una velocità iperluminosa.

> *Supponiamo che due persone A e B si telefonino attraverso questi tachioni:*
> *quando A riceve un messaggio da B, questi risponde immediatamente. B*
> *promette d'inviare un messaggio alle ore tre del suo tempo, se – e solo se*
> *– egli non avrà ricevuto un messaggio da A due ore prima. Ma i messaggi*
> *risalgono il tempo: se B invia il suo messaggio alle tre, la risposta di A*
> *potrebbe pervenirgli due ore prima: dunque lo scambio di messaggi avrà*
> *luogo solo se non avrà luogo, e reciprocamente: il telefono è un "anti-*
> *telefono" dove le risposte precedono le domande! Allo stesso modo, in un*
> *televisore tachionico, tutti i film sarebbero trasmessi all'inverso. [...] "Non si*
> *possono mandare telegrammi nel passato", riassume Albert Einstein*[1].

È del tutto ovvio che simili speculazioni abbiano offerto suggerimenti, se non
per la fisica in senso stretto, certamente per la science fiction e per la narrativa in
generale. Il cinema in particolare, ha tratto spunti infiniti dall'idea del viaggio nel
tempo. All'inizio si è trattato di viaggi nel tempo di tipo tradizionale, del genere
Time Machine, in cui la macchina del tempo è una normale macchina che, pur
restando ferma, trasporta i viaggiatori in tempi anche lontanissimi nel passato,
oppure nel futuro (come nel romanzo di H. G. Wells) a esplorare la civiltà degli
Elhoi – una civiltà utopistica, ma contraddittoria – e tuttavia senza incontrare
particolari paradossi fisici. Ma ben presto l'idea che viaggiare nel tempo trascini
con sé dei paradossi insolubili per la mente umana ha preso decisamente il
sopravvento, a partire dai primi film sul tema, come *Ritorno al futuro* – dove il
protagonista deve tornare indietro nel tempo per cambiare il proprio presente.
Rispetto alla *Macchina del tempo*, *Ritorno al futuro* non prevede più il semplice
viaggio nel tempo sul modello del viaggio nello spazio – cioè un movimento che
vada da dove si è, verso l'altro, il diverso, lo sconosciuto; qui, ciò che è noto è dato
a priori, e il tentativo è quello di rendere differente ciò che si *è già*, di cambiare lo
stato presente, non (come accadrebbe normalmente) modificandolo nell'avvenire,
ma retroagendo nel passato.

Questo tipo di film si è sviluppato fino a dar luogo ad un autentico sottogenere,
denominato *Reverse Chronology*, cioè cinema dell'inversione temporale, o
dell'ordine cronologico dei fatti. Il cinema di questo tipo, com'è stato sottolineato

da più parti, da *Pulp Fiction* a *The Matrix – Revolutions,* 2003 (con la scena nella subway che si ripete indefinitamente) si è occupato dell'idea di tempo su due livelli: da un lato tematizzando la possibilità di spostarsi nel tempo, dall'altro formalmente destrutturando la narrazione lineare[2].

Film come *Memento*, di Christopher Nolan (2000), *Paycheck* di John Woo (2003), *Se mi lasci ti cancello*, di Michel Gondry (2004), o *The Jacket* di John Maybury (2005), non solo sembrano confrontarsi più strettamente con la tematica della temporalità e la sua spaccatura tra cronologia oggettiva e durata interiore, ma fanno un uso inedito del linguaggio cinematografico per rappresentare la ripetizione del passato e delle immagini mnemoniche. *Memento* è ad esempio la storia di un uomo, Leonard Shelby, che ha perso l'uso della memoria a breve termine, e per il quale ogni giorno ricomincia di nuovo, senza alcuna conessione col passato. Pur restando per il resto un film sostanzialmente di genere action/trhiller, la ripetizione delle stesse scene è serrata e sembra non finire mai, dato che le sequenze nel loro complesso sono organizzate in modo che l'inizio di una venga a coincidere con la fine di quella successiva[3]. Così, il film avanza faticosamente perché lo spettatore è condizionato dalla struttura mnemonica del protagonista – e ogni risveglio, ogni incontro, ogni gesto, pur marcato dalla ripetizione filmica, appare incomprensibile a entrambi; alla fine il regista vuol lasciare nel dubbio sulla veridicità di ciò che è stato visto. Più sottile è l'uso della ripetizione in *The Jacket* perché qui non è la memoria ad essere in gioco, ma il futuro, cioè il tempo come possibile. Ma la capacità sviluppata da Jack Stark (Adrien Brody) di delocalizzarsi nel futuro si confonde con la sua ripetizione: anche qui il regista sceglie la via della ripetizione di sequenze identiche, con il risultato di spostare la percezione dello spettatore dalla temporalità normale in una dimensione parallela dove le cose, se ritornano, possono anche esse viste in anticipo.

Non siamo già qui assai vicini ad una sorta di "cinema tachionico" – dove i fatti che devono ancora succedere accadono prima di se stessi? In un certo senso sì, ma il problema di questo genere di film è però proprio la dicotomia tra forma e contenuto. Dato che il contenuto – il viaggio nel tempo o in genere l'esperienza di uno spostamento cronologico non lineare – è intrinsecamente paradossale, l'unico modo per rappresentarlo visivamente è fare uso delle tecniche del cinema in forma esasperata (montaggio, ripetizione, *loop*, ecc.). Ne sorge una contraddizione in termini: il linguaggio cinematografico, che è già basato sul tempo, non riesce veramente a tematizzarlo, può solo subirlo. Infatti i film di *reverse chronology* restano a un livello di pura metafora: o si fermano al livello del racconto di viaggio temporale (*Ritorno al futuro*), oppure al livello delle "immagini" mnemoniche del passato (*Memento*) – ma non riescono a diventare un'esperienza "vissuta", non mettono in discussione il rapporto col tempo reale dello spettatore. Da questo punto di vista, restano come degli esercizi teorici, interessanti ma distanti – proprio come i paradossi della fisica da cui provengono.

D'altra parte, qualunque immagine in movimento opera una minima inversione cronologica, perché, nel momento in cui viene rivista, è una estrapolazione indebita e paradossale di un passato. In questo senso, è molto più forte la revulsione temporale operata da prodotti che eccedono la logica del racconto cinematografico, come i film eccezionalmente lunghi di Andy Warhol, perché pongono un rapporto problematico col tempo reale di chi li guarda, o le opere di artisti come Douglas Gordon, che ha rallentato film famosi come *Psycho* di Hitchcock, facendoli durare 24 ore o più.

Il caso di Warhol è emblematico, perché un film come *Empire* ci sembra straordinariamente lungo (oltre 8h), ma solo in relazione alla lunghezza dei prodotti cinematografici convenzionali. Di fatto, nessuno si stupirebbe della "durata nel tempo" dell'edificio stesso, o delle immagini delle telecamere di controllo che lo sorvegliano 24 ore su 24. Il fatto che l'immagine della cosa si prolunghi così tanto nel tempo però, è perturbante – è come se il passato allungasse la sua ombra sul presente, impedendoci di poter distinguere con nettezza le due dimensioni temporali. Del resto, pare che Warhol sognasse di poter fare dei film *che potessero durare per sempre*[4]. Egli stesso, a proposito di **** (*Four Stars*, 1967) dice:

> *La proiezione di **** che facemmo alla Cinémathèque in dicembre – l'unica volta in cui abbiamo mai proiettato tutte e venticinque le ore consecutive – ci riportò indietro al periodo in cui giravamo film solo per divertirci… Quella sera, mentre guardavo tutto questo senza interruzioni, in qualche modo mi sembrò che ogni cosa diventasse più reale (voglio dire, più irreale, il che poi è la stessa cosa) di quanto lo era stata nel momento in cui era successa. [...] era come la vita, le nostre vite che scorrevano davanti ai nostri occhi: sarebbe passato sullo schermo una volta e non l'avremmo rivisto mai più*[5].

Opere come questa non sono solo la rappresentazione filmica della vita, ma *sono* (come) la vita stessa – pur *restandone* la rappresentazione. Il caso paradossale di un film che durasse tutta la vita sarebbe ancora un film? Da un lato, formalmente, sì; dall'altro, ci vorrebbe una vita intera per vederlo, quindi un film simile coinciderebbe con la vita stessa. Opere come quelle di Warhol eccedono i limiti imposti dalle convenzioni cinematografiche e dalla forma filmica; unendo forma (lunghezza) e contenuto (la vita) sono più-che-tachionici, sono oggetti non solo fisicamente, ma *ontologicamente* paradossali.

In una direzione simile vanno le spettacolari dilatazioni temporali di Gordon, che in aggiunta sono delle video-installazioni, cioè sono immagini situate in un contesto spaziale. Nell'installazione video di Gordon esposta nel deserto di Palm Springs, intitolata *5 Years drive-by* (1995), si vede il film *Sentieri selvaggi* allungato alla durata "impossibile" di cinque anni. Il tratto particolare è che cinque sono in effetti gli anni che il protagonista (John Wayne) ci mette per ritrovare la bimba bianca rapita dagli indiani, e riportarla a casa. Gordon quindi colma lo scarto tra livello narrativo e livello "reale", anche se a prezzo un enorme rallentamento della pellicola di partenza. Tuttavia, anche se il film non è più fruibile come nell'originale (ogni fotogramma dura circa 15 minuti), noi sperimentiamo una strana dislocazione spaziale, perché l'installazione è stata realizzata nel deserto californiano, non lontano da dove il film fu ambientato[6].

Ci troviamo cioè di fonte a una dilatazione temporale, ma anche all'interno di una *inversione spaziale*, perché siamo in presenza di una finzione, ma ne fruiamo nei luoghi reali dove fu realizzata. In questo senso, videoinstallazioni come questa autorizzano a parlare di una *Reverse Topology*. Se consideriamo di nuovo il *Video Corridor* di Bruce Nauman, vediamo che di fatto esso genera una topologia invertita: lo spazio come tale sembra restare normale, ma non lo è per la coscienza dello spettatore che, andando in una direzione (verso il fondo del corridoio, verso il monitor) vede se stesso allontanarsi in un altro spazio virtuale (quello della videoripresa). Ma i due spazi, quello reale dove cammino e quello virtuale dove mi vedo camminare, non sono semplicemente diversi: essi retroagiscono uno nell'altro, dato che quello reale dà luogo a quello ripreso, ma quello ripreso "distorce" quello reale, lo rende altro, diverso da se stesso.

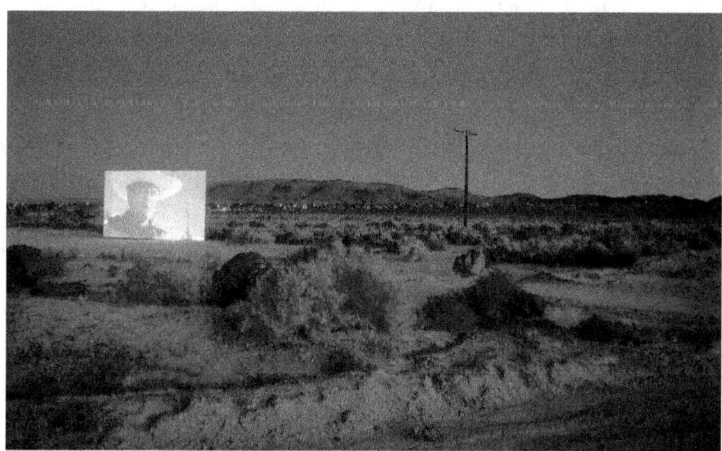

Se si considera che nella maggior parte delle megalopoli occidentali le videocamere di controllo sorvegliano ormai grandi porzioni di spazio urbano, se ne può dedurre che questo spazio è normale solo in apparenza, mentre in realtà è già invertito in-sé. Lo spazio reale nel quale cammino infatti, è duplicato dallo spazio virtuale della videoripresa, che lo "altera" e lo inverte, proprio come nel monitor superiore di *Video Corridor*. E all'obiezione che però in gran parte del pianeta questo controllo non c'è – è facile rispondere ricordando che al sopra delle nostre teste orbita un numero rilevante di satelliti a cui di fatto nessun angolo della Terra resta segreto o invisibile, rendendo la Terra stessa un immenso *Video Corridor*. Tuttavia in entrambi i casi della *Reverse Chronology* come della *Reverse Topology*, siamo di fronte ad un'inversione dello spazio e del tempo, cioè ad una negazione determinata delle loro specifiche caratteristiche (il fatto che il tempo va in una sola direzione, il fatto che lo spazio è tridimensionale, ecc.). Solo coniugando spazio e tempo *insieme*, dalla semplice nozione di revulsione, inversione, rovesciamento, ecc., si passa ad una dimensione ulteriore. Cioè, solo mettendo a confronto le determinazioni opposte proprie di una dimensione, il prima e il poi temporale, con quelle dell'altra dimensione, il qui e il là spaziale, che da una semplice inversione si giunge ad una doppia inversione o obversione, e dalla *Reverse Chronology* si passa a una *Obverse Chronotopology* – ma questa obversione non è esattamente coincidente con la nostra esperienza mediale odierna?

Torniamo all'esempio dei mezzi di comunicazione "tachionici", quegli strani oggetti in cui le informazioni vanno più veloci della luce, e dunque di se stesse. Sembrano dei mezzi di comunicazione paradossali perché le risposte arrivano prima delle domande, e le comunicazioni future si trovano già nel passato. Di fatto, tutti i paradossi sul tempo hanno a che fare con paradossi della comunicazione, che invece è un problema di spazio. È stando lontani nello spazio che i due famosi osservatori einsteiniani vedono ore diverse sui loro orologi – se fossero stati nello stesso luogo l'orologio segnerebbe la stessa ora e anzi, al limite, sarebbe lo stesso orologio. Per quanto paia strano, i paradossi sul tempo sono avvertiti con più allarme di quelli spaziali – forse perché questi ultimi si trovano già da molto a far parte dell'esperienza contemporanea. I mezzi di comunicazione infatti, fin dai loro esordi hanno invertito lo spazio già da quasi due secoli, a partire dal telegrafo, che ha "accorciato le distanze", fino ad arrivare al cellulare, caratterizzato dalla mobilità spaziale totale (e che implica la tipica domanda "dove sei?" in apertura delle comunicazioni)[7].

Il problema è che nei paradossi sul tempo (come nel caso del telefono tachionico) il tempo e lo spazio sono comunque concepiti come dimensioni sì relative, ma nei confronti di se stesse, rispetto alle quali la comunicazione è un atto non-paradossale, una "normale" trasmissione di dati, che non le influenza. Ma la nostra esperienza gestita e governata dai media è ancora definibile così? E se il problema fosse invece logico-ontologico invece che fisico – cioè se si trattasse di uscire dalla considerazione dei paradossi entro le coordinate spazio-temporali, e invece di trattare le coordinate spazio-temporali *entro* il paradosso innescato dalla comunicazione (e segnatamente da quella mediale)?

Si può qui riprendere una frase di Hegel, stranamente adeguata in questo contesto, a proposito del movimento spaziale:

> *Qualcosa si muove, non in quanto in questo Ora è qui, e in un altro Ora è là,*
> *ma solo in quanto in un unico e medesimo Ora è qui e non è qui, in quanto in*
> *pari tempo è e non è in questo Qui*[8].

La vera portata della frase hegeliana è che il problema non è più spazio-temporale, ma logico-ontologico – e non riguarda più lo statuto dimensionale di spazio e tempo, ma quello ontologico degli enti (il Qualcosa). Sono le cose (e i soggetti), in quanto sono dialettici, ad essere paradossali – cioè, proprio come i tachioni, implicano nella loro esistenza anche la loro inesistenza. Quello che Hegel attribuiva già al movimento come fatto fisico, non è ancor più vero per noi, che abbiamo inventato dei complicati sistemi per catturare l'immagine del movimento tramite mezzi di comunicazione come il cinema o il video? La televisione si basa proprio – in quanto *tele*-visione – su una simile inversione dello spazio: nello stesso Ora del tempo reale (della diretta) le immagini che vediamo *sono e non sono* in questo Qui, perché appaiono sul monitor, eppure possono provenire da qualunque altro punto dello spazio fuori di esso. Ma anche al di fuori del video domestico le cose non vanno diversamente: nella passeggiata in una qualunque città accade ormai di frequente di osservare delle immagini su monitor pubblici, o su intere *media façades* e di essere osservati da videocamere di controllo. Il risultato è che nello stesso Ora (nello stesso istante) siamo e non siamo in questo Qui (siamo qui, nello spazio metropolitano, *ma anche non ci siamo*, perché siamo nello spazio mediale).

La stupefacente definizione hegeliana andrebbe completata col suo *obverso temporale*: in un unico e medesimo Qui, siamo e non siamo Ora; ovvero, proprio in quanto siamo in un determinato Qui (il luogo in cui ci collochiamo) *siamo e non siamo* in questo Ora (siamo sia nel tempo naturale che in quello differito della ripresa). Questa situazione non ricorda forse le famose "particelle di Heisenberg" – se non per la variante che "le particelle subatomiche siamo noi"? Per riprendere l'osservazione fatta da Paul Virilio, nelle recenti forme di attività umana e di telepresenza, si ha la sensazione di essere "come quelle particelle fantasma la cui posizione o velocità si potrebbe forse conoscere, ma mai nello stesso momento", osservazione che, riprendendo il principio di indeterminazione della fisica novecentesca, ne allarga giustamente il campo all'esperienza contemporanea del vissuto[9].

I media comunicazionali, in altre parole, *sono già tachionici*, ma nel senso hegeliano: sono paradossali in-se-stessi e, invertendo congiuntamente lo spazio e il tempo, sono veramente *ob*-versi. La televisione come tale è già in-sé tachionica e funziona anche come anti-televisione, come negazione di se stessa e insieme agente di doppia reversione spazio-temporale (obversione). Gardner si era solo sbagliato pensando che una simile tv avrebbe trasmesso i film al contrario; i film si sono rovesciati per conto loro (come *The Jacket*), mentre in tv vediamo accadere le cose prima che avvengano. Si pensi a comunicazioni apparentemente "neutrali" come quelle riguardanti i valori di borsa – in realtà proprio queste comunicazioni influenzano l'andamento delle borse stesse di cui dovrebbero dare la notizia. Questo andamento della comunicazione non è solo retroattivo (a feedback, generato dal passato), ma anche proattivo (influenza il futuro), dunque è obversivo nella misura in cui è contraddittoriamente di feedback/ feedforward. Per questo la storia della *reverse chronology* andrebbe riscritta partendo dal passato: in un film del 1936 (ancora!), *Big Brown Eyes*, Joan Bennet recita la parte di una giornalista che, pubblicando lo scoop della confessione di un delinquente prima che lui l'abbia veramente resa, lo spinge a confessare effettivamente il suo crimine. Lei stessa commenta ciò che ha fatto ammettendo con Cary Grant: "Ho raccontato i fatti prima che accadessero!"[10].

In tal senso, non c'è da meravigliarsi se il nostro attuale panorama post-storico continua a registrare crisi di ogni genere, e in particolare economiche – dato che le analisi che dovrebbero porvi rimedio sono esse stesse del tutto carenti, basate come sono su modelli deterministici obsoleti, come quello di "cascate informative" (*informational cascade*). Le cascate informative sarebbero quell'insieme di informazioni che rischiano di influenzare il mercato (e di fatto lo fanno). Solo che, in un effetto-valanga (a cascata appunto) un'informazione ne influenza un'altra, che ne influenza un'altra ancora, e via influenzando finché tutto il sistema viene travolto. Se ne deduce che...

La teoria delle cascate informative fornisce un esempio di come il comportamento intenzionale e deliberato da parte degli individui possa portare a risultati collettivamente irrazionali[11].

Questo è esattamente l'inverso della teoria "liberista pura": secondo i sostenitori del libero mercato, infatti, anche se i singoli tengono comportamenti irrazionali a livello individuale (egoistici, competitivi, ecc.), il risultato collettivo sarà *comunque* razionale (la "mano invisibile" correggerà il mercato). Per un'economista contemporaneo, dunque, la teoria delle "cascate informative" rappresenta un affascinante *escamotage* per "liberarsi" dal vetusto modello smithiano: peccato che non tenga conto di come a sua volta il mercato influenzi le informazioni, e di come le "informazioni" siano un pezzo del mercato anziché una sua "descrizione" (e si comprano e si vendono come merci, *sono* merci). L'idea fuorviante è che esista, da un lato, il mercato "come tale" e, dall'altro, le informazioni su di esso, che in certe circostanze, possono influenzarlo eccessivamente... idea che è segretamente condivisa sia dai liberisti, sia dai loro avversari. La cosa sconvolgente, invece (che sia i liberisti che i sostenitore dello Sato sociale "mancano") è che mercato e informazioni sono *interdipendenti*, o meglio, si determinano reciprocamente, il che dà un senso ben diverso alle nozioni opposte di "razionale" e "irrazionale": la co-dipendenza a *loop* fra mercato e informazioni è al tempo stesso razionale (le informazioni non fanno che raccontare in modo "neutrale" il mercato agli agenti economici coinvolti) *e* irrazionale (le informazioni, agendo tachionicamente, "raccontano i fatti prima che accadano", e ne deformano/influenzano il verificarsi). In termini smithiani la mano invisibile fa parte del gioco mercantile, e pertanto agisce contemporaneamente come fattore equilibrante e disequilibrante, razionale e irrazionale, compensativo e scompensante.

Di fatto, questa co-dipendenza può avere anche risvolti di altro genere, ad esempio politici: in alcuni Paesi come gli Sati Uniti, caratterizzati da una estensione spaziale molto grande, è accaduto che i media divulgassero i risultati delle elezioni presidenziali quando i seggi erano ancora aperti in una parte del Paese, finendo per influenzare il risultato finale. Tipico fu il caso della risicata vittoria di Bush jr. nelle presidenziali USA del 2000:

> *Molti elettori (stimati poi in 15 mila) non si recarono alle urne perché gli organi d'informazione annunciarono alle 20.48 (orario della costa est) la vittoria di Al Gore in Florida. Non solo, ma dissero che erano stati chiusi i seggi in tutto lo Stato. In realtà alcune contee della parte più occidentale della Florida ricadono sotto il fuso orario degli Stati Uniti centrali: quindi i seggi erano in quel momento ancora aperti. La maggior parte di quegli elettori vota tradizionalmente per il candidato repubblicano: si stima che l'annuncio della presunta vittoria di Gore e la chiusura (falsa) dei seggi valse a Bush un margine di almeno cinquemila voti in più*[12].

Del resto, non si tratta di una obversione spaziotemporale legata solo ai media come tali (benché siano essi a condurre a effettiva realizzazione questo cambiamento epocale). Si pensi a come la scienza sia da parte sua coinvolta nel processo, anche a livello di vita quotidiana: la famosa "pillola del giorno dopo", che negli USA ha il sintomatico nome di *Plan B*, sembra già un oggetto appartenente al regime tachionico dell'obversione. Permettendo di evitare una gravidanza indesiderata infatti, questo farmaco è certo un aiuto per quelle donne (spesso adolescenti) che in modo imprevidente (o addirittura a seguito di una violenza) sono rimaste incinte contro la loro volontà. Di fatto, però, questa pillola pone in atto una revulsione temporale – come se le conseguenze potessero in qualche modo essere "destituite", retrodatate e rispedite nel passato, dove vanno ad occupare il posto delle premesse (la pillola del giorno dopo somiglia del resto a un anticoncezionale tradizionale). Non c'è da meravigliarsi dell'opposizione che tale farmaco ha incontrato da parte dei cattolici, non tanto dal punto di vista morale, a causa della "libertà" che offre ai giovani di avere dei rapporti "non protetti" di cui poi possono evitare gli esiti, ma per lo sconvolgimento veramente *teologico* che questo rovesciamento implica – in quanto sottrae l'uomo al suo destino, evidentemente imprevisto da Dio. Non è forse questo già un oggetto "tachionico" – non è già una genuina incarnazione della famosa "pillola rossa" di *Matrix*?

La pillola del giorno dopo sembra andare incontro alla strana esclamazione che Giamburrasca (il mitico "monello", protagonista dell'omonimo romanzo in forma di diario) consegna al suo *Giornalino*:

> *Ma come si fa, santo Dio, a immaginarsi le conseguenze che hanno il torto di*
> *venire sempre dopo, quando nelle cose non c'è più rimedio?*[13]

Tuttavia, a tutto questo si potrebbe ancora obiettare con tranquilla sincerità, che però, la pillola che ci fa ritornare indietro nel tempo non esiste ancora – e che proprio ora, alla fine della lettura di questo stesso paragrafo, siamo già tutti irrimediabilmente invecchiati un po' di più. Una simile disarmante constatazione sembra rispedirci direttamente tra le braccia di Dorian Gray e del suo sconsolato appello: "Ah, potessi non invecchiare mai!" (cfr. *infra*, pte. 2, § 5). Esattamente come nel caso di Dorian, però, dovremmo porre molta attenzione ai desideri che si esprimono, *non* perché sono assurdi, impossibili, immaginari... - *ma* perché (in un ambiente tachionico) *rischiano di realizzarsi*. Quello che insegna Wilde nel suo celebre romanzo è che la presenza mediatica di una informazione identitaria (il ritratto) influenza retroattivamente il comportamento dell'agente informato (Dorian), e viceversa. In altre parole, nell'epoca tachionica, corriamo davvero il "pericolo" di "non invecchiare mai". Se infatti rileggiamo il testo hegeliano sul movimento, riferendolo al nostro corpo, potremmo dire che esso "in un unico e medesimo Ora è qui e non è qui, in quanto, in pari tempo, è e non è in questo Qui". Vivendo in un mio identico Ora, sono e non sono nel medesimo Qui: nell'Ora del mio tempo, il Qui del mio corpo abita in due spazi contraddittori, quello naturale (biologico) e quello mediale (immaginario). Ma anche: nel medesimo Qui (la dislocazione spaziale del mio *Dasein*) sono e non sono nello stesso Ora (seguo due tempi, ho due età contraddittorie). In effetti – è già molto tempo che noi "abbiamo smesso di invecchiare", almeno nelle infinite immagini mediali di noi stessi (che, come dice Pirandello, "esistono a vuoto"): in quelle, noi "non invecchiamo mai". (Bisognerebbe allora "obvertire" il ragionamento e pensare che l'immagine "inutile" è il mio corpo biologico, mentre il mio "vero Sé" è racchiuso in quelle immagini: in questo caso, "loro" restano sempre immutabili e, al posto loro, il mio corpo può finalmente essere lasciato invecchiare in pace).

In tal senso, la diagnosi della cosiddetta "Real Age" è interessante, in quanto, definendo tramite un test su siti dedicati, l'età autentica che avremmo, ci "informa" della nostra "vera età", che non sempre coincide con quella anagrafica[14]. In questa non-coincidenza, la Real Age è tachionica perché (in più o in meno) indica non tanto la diversità tra età anagrafica ed età "autentica", ma la non-congruenza del mio presente con se stesso, la contraddizione del mio Ora. La Real Age è pertanto anche una "*un*-Real Age", perché è una "Media Age", nel senso che designa un Ora che è (e non è) in un Qui che è (e non è): infatti, esiste come tempo immaginario solo nello spazio mediale che riguarda me (dove anche io "esisto *e* non esisto").

Nell'epoca tachionica io definitivamente appartengo a un Ora e a un Qui che sono sempre spostati rispetto a se stessi: sono e non sono, Ora, nello stesso Qui – sono e non sono, Qui, nello stesso Ora.

5. Fabula est Mundus _Finzione e obversione_

Vi sono ormai due… livelli di realtà quotidiana.
Prima c'è l'evento, e poi c'è l'evento dell'evento, la realtà rifatta in film.
Ma non fate errori… la vera industria cinematografica… sta preparando
più che semplici film. L'arte di attirare dentro coloro che sono fuori; le arti del
controllo della folla, … del fare stelle cinematografiche di semplici spettatori, … la
sparizione della… linea sottile tra finzione e realtà.
Stephen Schneck, *Nocturnal Vaudeville*

Nel novembre del 1619 il giovane Cartesio, all'epoca venticinquenne, si trovava acquartierato nel ducato di Neuburg, sul Danubio (oggi Neuburg am Danau, dove c'è un ginnasio intitolato al suo nome), in una casa isolata, ma ben riscaldata da una grande stufa. Qui Cartesio ebbe due esperienze decisamente fuori dal comune: fece di seguito tre strani sogni, riportati dal suo fedele biografo Adrien Baillet nella celebre *Vita di Monsieur Descartes* risalente al 1691, e si rese conto, probabilmente in modo ancora intuitivo, ma già chiaro, della necessità di un metodo conoscitivo basato su una certezza indiscutibile.

In effetti, nella prima delle *Meditazioni metafisiche* composte verso la fine del 1639, Cartesio sembra rievocare quel solitario inverno di vent'anni prima. Sentendo il bisogno di "rimetter tutte le vecchie opinioni in discussione", inizia a porre sotto critica la testimonianza dei sensi. Dato che essi talvolta ci ingannano, chi potrebbe garantirci anche dell'evidenza più lampante, "che io sono qui seduto accanto al fuoco, con indosso una vestaglia, con i mano dei fogli di carta e alte cose del genere [...] quante volte infatti nel riposo notturno ho creduto di trovarmi qui vestito, seduto accanto al fuoco, quando invece ero svestito e mi trovavo a letto sotto le coperte?".

> *E mentre rifletto con maggiore attenzione su tutte queste circostanze, constato con grande chiarezza che non ci sono indizi sicuri per distinguere il sonno dalla veglia, che ne rimango stupito; e questo mio stupore è tale che quasi mi convinco di dormire*[1].

Ora, come è noto, la risposta a queste perplessità è proprio il *Cogito* – la *terra firma* filosofica che comunque, al di là di ogni dubbio, per iperbolico che sia, ci convince della nostra esistenza, del nostro *esse*. Il fatto però che la nascita del razionalismo moderno sia segretamente associata a elementi irrazionali – sogno, finzione, incertezza – non può mancare di colpire. E in un certo senso dovette impressionare anche i contemporanei, come testimonia il ritratto, opera di Jean-Baptiste Weenix, in cui il filosofo viene raffigurato con in mano un libro che recita *Mundus est fabula*. Una simile raffigurazione ci lascia perplessi. Che cosa significa?

È l'idea da cui Cartesio cerca di distoglierci (il mondo non è una *fabula*, il *Cogito* lo attesta, e la dimostrazione ad esso associata dell'esistenza di un dio, peraltro buono, corrobora la prova) – oppure costituisce la sua intima convinzione (proprio il *Cogito* dimostra la superiorità della filosofia e l'inanità, la *vanitas* del mondo)?

Se si considera il primo *Matrix*, è facile notare che la resistenza di Neo a credere che il "mondo reale" non sia altro che un insieme di dati prodotti e gestiti dalla Matrice, è di nuovo pienamente cartesiana.

Lo stesso Morpheus, che in taluni casi sembra la coscienza riflessiva di Neo, gli si rivolge con accenti che ricordano le *Meditazioni*:

> *Matrix è ovunque. È intorno a noi. Anche adesso, nella stanza in cui siamo. È quello che vedi quando ti affacci alla finestra, o quando accendi il televisore. L'avverti quando vai a lavoro, quando vai in chiesa, quando paghi le tasse. È il mondo che ti è stato messo davanti agli occhi per nasconderti la verità.*

Persino Neo fa fatica a immaginare che tutte le cose del mondo, la ragazza che passa per strada, il cibo che mangia, e lui stesso, non esistano "realmente"; non sembra davvero di risentire l'eco delle meditazioni di Cartesio?

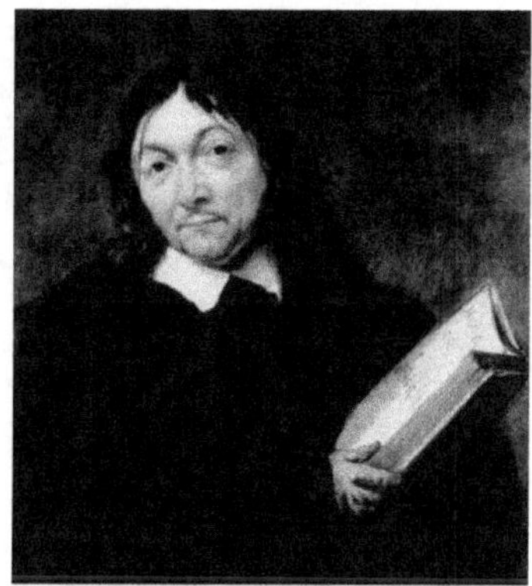

> *Immaginiamo dunque che tutti questi particolari: aprire gli occhi, muovere la testa, stendere le mani [ed altre cose simili], non siano veri e che forse noi non abbiamo neppure tali mani e un tale corpo...*[2]

Ma anche Neo ha il suo *Cogito*, rappresentato dalla celebre pillola rossa, tramite la quale "capisce" la distinzione tra la vera realtà e la realtà falsa della Matrice.

La trasformazione di un ragionamento in un farmaco (per quanto fantascientifico) segna forse il peccato originale del film. Questo difetto fondamentale, l'idea che la distinzione tra vero e falso sia riducibile in ultima analisi ad un "raffinamento" della coscienza, ottenuto magari con l'aiuto di qualche "sostanza", non era però sfuggito a tutti. È noto infatti che il primo episodio del film *Matrix* conteneva espliciti riferimenti alla filosofia di Jean Baudrillard, tant'è che ad un certo punto Neo apre un libro intitolato appunto *Simulacra and simulation* – cioè la versione inglese del celebre *Simulacres et simulation* (1981) – con un gesto che ricorda quello del ritratto di Cartesio col libro in mano.

Benché l'idea fosse quella di rendere omaggio al pensatore francese, in quanto vero profeta della "matrice" per la sua tesi postmodernista della "sparizione della realtà" sotto il profluvio delle immagini simulacrali, il destinatario del riconoscimento (come spesso accade) lo ha rispedito al mittente. È infatti meno noto, ma non trascurabile, il fatto che lo stesso Baudrillard venne effettivamente contattato dai registi, i fratelli Wachowski, per fare da consulente nei successivi due episodi del film. La cosa fu resa pubblica da Baudrillard stesso, il quale ammise anche di avere rifiutato l'offerta perché "non era d'accordo con l'impostazione filosofica del film" (in breve, secondo lui *Matrix* era teoreticamente inconsistente perché ammetteva la possibilità che alcuni ribelli fossero sopravvissuti alla simulazione, mentre il problema è proprio che la simulazione è totale e senza scampo).

Ora, ad un primo livello di questa vicenda, occorre notare che qui il punto non è che Baudrillard giochi a fare il "puro", colui che dal suo luogo enunciativo razionale non vuole immischiarsi nella società spettacolare, dato che la sua dichiarazione è pur sempre apparsa su un organo di informazione mediale come il

Nouvel Observateur[3]. Qui non è importante sapere se Baudrillard è un equilibrato pensatore che oppone l'uso illuminato della ragione alle leggi dello show business oppure se è solo un vecchio paranoico che si è rimbecillito a furia di ipotesi apocalittiche: qui il fatto è che lui ha detto no e ha articolato una riflessione su un sistema mediale (nientemeno che Hollywood) di fronte alle richieste del quale tutti, credo, gli intellettuali del mondo (incluso, è ovvio, chi scrive) avrebbero capitolato, e non solo per motivi economici, accampando esattamente la scusa che "tanto, anche il cinema è un nobile linguaggio tramite cui si possono veicolare verità filosofiche anche meglio che con un saggio dedicato ai soli specialisti!". E invece la posizione di Baudrillard consiste appunto nell'impugnare questa "scusa" e trasformarla in riflessione: *è appunto perché anche il cinema è un nobile linguaggio tramite cui si possono veicolare verità filosofiche che bisogna farci i conti come se si trattasse di scrivere un saggio specialistico*!

Ad un secondo livello, bisogna riconoscere che Baudrillard aveva ragione: l'ipotesi sostenuta in *Matrix*, nella sua apparente radicalità, è ingenua e subdolamente consolatoria – dato che ammettendo la sopravvivenza di un mondo autentico, non invaso da Matrix, scampato al nulla del "reale", ammette anche la possibilità logica di operare una *distinzione* intellettuale fra vero e falso[4]. Ma proprio in questo sforzo di distinguere realtà da illusione, vero da falso, si situa la contraddizione del pensiero contemporaneo, che coinvolge i creatori di *Matrix*, all'indietro, proprio fino a Cartesio stesso. Usualmente, il *Cogito* è interpretato come la pillola rossa della Ragione, la pietra di paragone che certifica la verità dell'esistenza al di là di ogni dubbio per iperbolico che sia. Ma il ritratto di Weenix sembra insinuare una cosa diversa, forse più simile a come il cartesianesimo, e il razionalismo in generale, vennero percepiti alla loro epoca – cioè con un valore negativo, come se il prezzo da pagare per questa certezza razionale fosse poi la perdita di senso della realtà del mondo esterno, il suo trasformarsi in qualcosa di non-vero, in *fabula*, appunto[5].

Ma se riandiamo alle stupefacenti pagine in cui Cartesio stesso pone in gioco ogni distinzione tra veglia e sogno, tra realtà e fantasia, tra verità e illusione, quello che non manca di colpirci oggi è la drammatica radicalità della situazione, la notte totale del dubbio, e lo stesso valore infine negativo che questo dubbio, pur elevato a cogitazione razionale, continua ad avere – dato che, anche stabilita la mia esistenza come sostanza pensante, questa stessa fondazione non solo non dimostra l'esistenza del mondo "là fuori", ma piuttosto ne implica l'inesistenza: *Cogito, ergo Mundus est fabula*. Ciò che resta inspiegabile (e ineliminabile), dal Cartesio che dubita della realtà al Keanu Reeves che si rende conto che è un sogno, è la strana, quasi sospetta convivenza tra fantasia, sogno, simulazione, persino delirio – e fredda ragione, incrollabile certezza, disincanto, meditazione metafisica[6]. Sembra quasi che ogni volta che il pensiero razionale astratto cerchi di afferrare la realtà, di porla sotto analisi, di triturarla per estrarne la quintessenza autentica, ne venga irriso e rispedito in un mondo di specchi ingannevoli – che cambiano volta a volta aspetto, finendo per riproporsi come una sorta di inesorabile spettro di Banco dinanzi alla Ragione stessa, via via sotto forma di Velo di Maya induista, di ombra platonica, di sogno cartesiano, di fenomeno kantiano, di rappresentazione schopenhaueriana, di simulacro baudrillardiano, o persino di universo digitale alla *Matrix*. Alla fine, l'eroe di Matrix finisce per somigliare davvero al Cartesio di Weenix, anche perché lui stesso, come il personaggio effigiato nell'antico ritratto, esiste solo all'interno di un universo funzionale, in questo caso quello di un film hollywoodiano – ed entrambi hanno la realtà di una semplice *fabula*.

Inversamente, questo significa che le *fabulae* hanno una loro consistenza, anzi, che l'hanno progressivamente acquisita, arrivando a conquistarla completamente nella contemporaneità, ed è una sublime ironia della Storia il fatto che, a ricordarci questo, con grande capacità di convincimento e gran dispiego di mezzi, sia appunto un film prodotto dalla più grande industria favolistica del pianeta, cioè Hollywood. È appunto qui che dobbiamo riprendere in considerazione la lezione offertaci dal grande "No" baudrillardiano: non possiamo disconoscere questi sogni mediali semplicemente dicendo che si tratta di non-verità, dato che ciò che occorre fare è proprio *negare* questa apparente non-verità – trasformare cioè la loro non-verità in una *non*-non-verità, o, in altri termini, impedire il fatto che l'universo favolistico hollywoodiano, e cinematografico in generale (e più in generale ancora l'universo mediale) finga di esser qualcosa di *diverso* dalla nostra realtà, quando invece *è* un pezzo della nostra realtà, il pezzo negativo, in cui la vediamo come rovesciata.

Il fascino di *Matrix* consiste appunto in questo – che dice la verità sulla nostra condizione contemporanea, poiché la nostra realtà è davvero diventata qualcosa di quasi-completamente digitalizzato e post-prodotto, dai cibi preparati che mangiamo, colorati artificialmente quando non ricostruiti geneticamente, alle vite che conduciamo, di fronte a immagini sintetizzate da software di cui ignoriamo il funzionamento, al sesso che pratichiamo, separato dalla realtà da una sottile membrana di lattice, al pensiero che generiamo, di fronte a pagine virtuali; e, *al tempo stesso*, la dice circoscrivendola dentro una bella favola cinematografica, cioè confinandola accuratamente dentro la non-verità di un film. Ed è per questo che occorre resistere a questo fascino, opponendo un altro *no* a questa negazione – *Matrix* dice la verità, ma non tutta, e proprio per questo non è *Video Corridor*, è una semplice non-verità e *non* una non-non-verità, non ci fornisce alcuna esperienza né reale né mentale per capire la situazione che esso stesso enuncia, in ultima analisi è una pillola blu *travestita* da pillola rossa.

E se dovessimo cominciare a pensare in modo radicalmente diverso, se il rapporto tra verità e finzione andasse concepito in modo da correlare entrambi i poli del problema, ossia se i due opposti andassero considerati dialetticamente, non come due antagonisti che si fronteggiano l'un l'altro, ma come due gemelli che contengono, ciascuno per conto suo, una contraddizione che li rende misteriosamente somiglianti?

A questo proposito occorre citare per intero il passo in cui Hegel considera il problema del vero e del falso:

> *È senz'altro possibile sapere in modo falso. "Sapere qualcosa in modo falso" significa precisamente: il sapere si trova in uno stato di disuguaglianza rispetto alla propria sostanza. Proprio tale disuguaglianza, però, è l'atto del differenziare in generale, e costituisce perciò un momento essenziale. È da questa differenziazione che deriva successivamente l'uguaglianza tra il sapere e la sostanza, e tale uguaglianza, in quanto divenuta tale, è la verità. Non si tratta però di una verità da cui la disuguaglianza sia stata soppressa come le scorie vengono espulse dal metallo puro, né è una verità che somiglia al prodotto finito in cui non è rimasta traccia dello strumento che l'ha lavorato. [...]Tuttavia, non è corretto affermare che il falso costituisca un momento o, addirittura, una parte essenziale della verità. ... Proprio perché il significato delle espressioni "vero" e "falso" indica un momento del perfetto esser-altro, questi termini non devono più essere impiegati quando il loro essere-altro viene rimosso. Analogamente, le espressioni "l'unità di soggetto e oggetto, di finito e infinito, di essere e pensare, ecc." presentano l'inconveniente per cui il significato dei termini "soggetto", "oggetto", ecc., indica ciò che essi sono al di fuori della loro unità; nell'unità, dunque, questi termini non vanno intesi nel significato che ciascuno di essi assume allo stato isolato. È in questo senso che il falso costituisce – appunto, non più come falso – un momento della verità*[7].

Cosa sta dicendo Hegel in questo passo? Si tratta senz'altro di una concisa ma efficace lezione di dialettica: gli opposti "vero" e "falso" possono essere assunti isolatamente, nella loro reciproca indifferenza e alterità, come degli opposti (come avevano fatto in molti, dai fratelli Wachowski, a Cartesio incluso). Ma se facciamo così, in ossequio al senso comune, otteniamo la proposizione (falsa, scorretta logicamente, cioè dialetticamente) che "il falso è un qualcosa di completamente, 'perfettamente' altro dal vero". Nel falso, inteso come non vero, invece, c'è una "diseguaglianza" essenziale di sé con sé, perduta la quale davvero avremmo perduto ogni possibilità di differenziare il falso dal vero. Tutto cambia se invece diciamo che il falso non è semplicemente l'errore da cui ci si deve liberare, e che, d'altra parte, la verità non è un metallo puro da cui sono state espurgate le scorie – se continuiamo a pensarla così, ciò equivale a (quel che Hegel definisce) "pensare astrattamente", non-dialetticamente, *im*-mediatamente. Il "falso" è viceversa il modo normale con cui il vero si presenta nel mondo. La *Fenomenologia* trae il suo stesso titolo proprio dal fatto che la Verità massima e onnicomprensiva (lo Spirito assoluto) si fa largo nel mondo non tutt'a un tratto, ma lentamente, sotto mentite spoglie che neanche lei sa di indossare – "fenomeni" appunto. Tali spoglie fasulle sono le apparenze, i fenomeni, che però non solo nascondono la verità finale, ma, dato che quest'ultima è tanto un risultato che un processo – ne fanno parte. Da qui la frase finale del capoverso hegeliano, con l'inciso fondamentale:

> *È in questo senso che il falso costituisce – appunto, non più come falso*
> *– un momento della verità.*

Per far capire ancora meglio questa "unità" del vero e del falso, Hegel introduce qui la figura tipicamente dialettica del *mondo rovesciato*, del *verkehrte Welt*, o "Mondo invertito"[8]. Quand'è che una cosa, per Hegel, ne inverte un'altra? Non quando banalmente gli si contrappone, ma quando, in una unità con essa, "è se stessa e il suo opposto"[9].

Ora, i termini "rovesciato" e "dritto" stanno tra loro come "falso" e "vero" nel testo sopra citato: se li intendiamo *astrattamente*, ognuno per sé, nel suo esser-altro dall'altro, allora non comunicano tra loro, e si può dire che si "oppongano". Se però li intendiamo nella loro unità (dialettica), nel loro ribaltarsi reciproco, allora il rovesciamento è un momento dell'esser diritto, e viceversa. Insomma, i due momenti sono per così dire "rovesciati in-sé"– il che implica che non esista più un criterio secondo cui *un mondo* possa essere detto "rovesciato" rispetto a *un altro mondo* che sarebbe "dritto".

La nostra stessa esistenza completamente "matriciale", post-prodotta, geneticamente modificata, digitalizzata, ecc., contiene in-sé questa disuguaglianza da sé medesima che è il segreto per cui noi sappiamo che è "falsa", cioè non-vera, ma anche dialetticamente unita al vero, cioè al non-non-falso.

Un secolo e mezzo più tardi, un trentenne francese, già fondatore dieci anni prima del movimento situazionista, Guy Debord, nel suo *La societé du spectacle* (1967) dirà che "nella società dello spettacolo *il vero è un momento del falso*"[10].

Debord rovescia il motto di Hegel secondo il quale è il falso ad essere un momento del vero, perché per lui (anticipando il simulazionismo radicale di Baudrillard) nella società attuale, che è una società di finzione e di menzogna spettacolare, l'accento non va sulla verità, ma sulla falsità. "Rovesciando" le parole di Hegel, però, Debord le sottoscrive: infatti i termini si possono rovesciare perché, nel mondo attuale, non c'è autentica distinzione tra loro, e i due opposti vanno intesi nella loro relazione reciproca. *Questo* è appunto il segreto della società spettacolare. L'opposizione schematica fra realtà (vera) e spettacolo (finzione) *è falsa essa stessa*, è un'opposizione apparente, *finta*; in verità, realtà e spettacolo si presuppongono a vicenda, e dunque si "alienano a vicenda" – cioè tolgono la propria essenza l'uno all'altro: nessuno dei due, entrando in contatto con l'altro, è più semplicemente se stesso – nozione profondamente dialettica[11].

Ma concretamente, si potrebbe obiettare, dove troviamo gli esempi di questo rovesciamento? Potremmo dire che l'arte, nel suo senso più generale di espressione artistica, abbia fornito degli esempi straordinari, molto intuitivi ed evidenti, e lo abbia fatto sin dai tempi di Hegel. Il tema del "mondo all'inverso" è infatti ben noto fin dall'antichità e dal Medio Evo, ed è quasi una costante folklorica, ma consiste fondamentalmente nella fantasia ingenua del ribaltamento delle tradizionali strutture simboliche e naturali, per cui i pesci volano nell'aria, mentre gli uccelli nuotano nell'acqua, la moglie comanda e il marito obbedisce, il povero è riverito e il ricco angariato – un rovesciamento che nelle società contadine, rigide e tradizionaliste, era di solito limitato a momenti particolari come il Carnevale. Una forma assai più raffinata di rovesciamento, naturalmente, è quella offerta dalla rappresentazione teatrale, in quanto messa in finzione della realtà, un "mondo alla rovescia" dove può accadere anche ciò che non avviene nel mondo reale.

Ma una forma assai più elevata di rovesciamento ha luogo quando il teatro rappresenta se stesso, quando siamo di fronte al "teatro nel teatro", come nell'*Amleto*, quando il protagonista, per smascherare la colpevolezza dell'usurpatore del trono del padre, invita a corte una compagnia di attori, e gli fa recitare esattamente il dramma del tradimento[12]. Nelle usuali messe in scena dell'*Amleto*, lo spettacolo degli attori è rappresentato sul palco in forma leggermente stilizzata, quando non rozza, per sottolineare che si tratta di "teatro nel teatro" e non sviare l'attenzione degli spettatori dalla trama principale, che è il dramma di Amleto. E se invece questa scena di "teatro nel teatro" andasse rappresentata esattamente come il resto della tragedia, senza alcuna differenza nel livello della finzione? Non è forse in questa confusione di piani in ultima analisi la forza della tragedia shakespeariana – visto che lo scopo è quello di sorprendere un'emozione sul volto del falso re, e al tempo stesso emozionare lo spettatore facendogli vedere quello che si suppone sia accaduto prima dell'inizio della tragedia?

Come vedremo (cfr. *infra*, pte II, § 2), questa struttura meta-teatrale conosce con il romanticismo una notevole fortuna, al punto che Goethe fa precedere il suo *Faust* da un dialogo tra il Poeta, il Capocomico e il Pubblico, e Tieck intitola una sua commedia proprio *Il mondo alla rovescia* (1797).

In questi casi però l'impianto teatrale resta ancora indiscusso – e bisogna attendere la rivoluzione dell'arte contemporanea per ottenere un dispositivo che sia insieme formalmente sovversivo e spettacolarmente coinvolgente. Già sappiamo che l'esempio-chiave qui è la già citata installazione video *Live-Taped Video Corridor* di Bruce Nauman. Lungi però dall'essere rimasta un'opera elitaria circoscritta agli *aficionados* dell'arte contemporanea, si può tranquillamente affermare che *Video Corridor* sia divenuto un'esperienza condivisa da milioni di persone in moltissimi luoghi; basta entrare in un negozio, in un autogrill, in un bar o in un supermercato dove la ripresa delle telecamere di sorveglianza viene rimandata sui monitor di controllo visibili al pubblico: in essi regolarmente si scorge una persona che si atteggia come noi, che è vestita come noi, e che alla fine, con disagio, riconosciamo essere *esattamente noi stessi* – cosa che facciamo fatica ad ammettere perché ci vediamo ripresi da un'angolazione "altra" e non, come in uno specchio, grazie ai nostri propri occhi, il che ci lascia cartesianamente "stupiti".

Ma in questa linea, già Hegel, criticando l'idea che dietro la policroma superficie dei fenomeni, la vana finzione del classico velo di Maja, si celi il Vero, l'interiorità autentica, la verità ultima, finisce coll'affermare che...

> ... *è chiaro allora che dietro il cosiddetto velo che deve nascondere l'interno non ci sia niente da vedere. Per vedere e perché qualcosa possa esser visto, non occorre altro che andare noi stessi là dietro*[13].

Ora, non è questa esattamente la situazione di *Video Corridor*? Cioè, in altre parole, non è forse, *Video Corridor* una specie di *verkehrte Welt* hegeliano? Ciò che sulle prime sembra una struttura di nascondimento dell'inattingibile Vero (la forma-corridoio che conduce verso una presunta mèta, verso una risposta oracolare), non mostra proprio nulla, *a meno che noi stessi non ci rechiamo al suo fondo*, nel duplice intento e di vedere e di essere oggetto di visione, di far sì che "là dietro ci sia qualcosa che possa esser veduto" (cfr. *infra*, pte II, § 2 e § 4).

Così facendo siamo diventati noi stessi oggetto di una finzione, ma insieme abbiamo raggiunto una più alta verità: la comprensione profonda, e non solo teorica, che "il falso è un momento del vero", e viceversa, che "il vero è un momento del falso". Una giovane artista newyorkese, Alexia Meade, sembra aver fornito un'ulteriore figura a questa dialettica mediante i suoi "dipinti su persone reali". Tramite una raffinata tecnica di pittura con colori fluorescenti dall'effetto tridimensionale, Meade dipinge le sue opere direttamente sul corpo e sugli abiti dei suoi soggetti – e così in un certo senso ne realizza un ritratto del tutto fedele, ma, anche, l'opposto di un che di finto come un ritratto, dato che i soggetti sono "dipinti", ma restano "veri". Sono dei ritratti *troppo* veri, o, anche, dei dipinti (non-veri) che negano se stessi andando a inserirsi nella realtà quotidiana, vera: sono quadri *non*-non-veri.

È notevole il fatto che la tecnica usata da Meade non sia iperrealista, anzi molto pittorica, liberamente manuale e quasi espressionista. In una delle prime mostre sull'iperrealismo nel 1970, sculture come quelle di Duane Hanson vennero prese per veri performer dagli spettatori, con la conseguenza che le guardie (vere) del museo dovevano compiere un giro di ispezione all'orario di chiusura per evitare che qualche spettatore non si fosse finto una scultura...[14]. La forza dell'iperrealismo era che esso oltrepassava il limite della verosimiglianza, e, sembrando più-vero-del-vero, diventava *incredibilmente* mimetico. Ma il *trompe-l'oeil* iperrealista, comunque, portando la vita dentro l'arte, poteva funzionare solo all'interno del perimetro simbolico dallo spazio espositivo: all'esterno, gran parte dell'effetto della sua ipertrofica finzione andava perduto. D'altra parte, altri artisti rinunciarono, più o meno negli stessi anni, ad ogni forma di mimesi, preferendo la strada opposta, quella di portare (come propugnava John Cage) l'arte dentro la vita: l'arte performativa, in tal senso, è un'arte della "pura autenticità", in quanto inverso della pura falsificazione iperrealista. Ma il limite della performance è che essa finisce con l'estetizzare la vita stessa: in una performance gli spettatori non si fingono sculture, lo diventano automaticamente. Il lavoro di Meade, anche se a una prima considerazione sembra consistere solo in una sorta di estensione della pittura, e si dà a vedere come tale (evitando di proposito ogni trompe-l'oeil) è però anche, simultaneamente, una espansione della performance: per quanto artisticamente riusciti, i suoi "ritratti viventi" non avrebbero senso se non "performassero" se stessi, dislocandosi nello spazio urbano, "inventando" uno spettacolo e generando uno sguardo spettatoriale dovunque si vadano a collocare. In tal senso, l'opera di Meade è una sorta di "sintesi" dialettica fra iperrealismo e performance, dove il confine tra vero e falso, tra vita e arte, ecc., è oltrepassato a *rovescio*, non cioè (come pensavano gli artisti iperrealisti) portando la vita dentro l'arte, né (come pensavano gli artisti perfomativi) esportando l'arte fuori nella vita, ma *ribaltando* le posizioni di entrambe: facendo dell'arte un momento della vita e, viceversa, della vita un momento artistico.

L'effetto del signore che si aggira per la metropolitana di New York è insieme stupefacente e "normale" – sembra un passeggero che, per qualche misteriosa ragione, sia istantaneamente divenuto un quadro, ma, in quanto ritratto tridimensionale che lo raffigura fedelmente, è pur sempre un "ente" abbastanza "plausibile". Se però si osserva lo sguardo della gente qualunque sulla metropolitana che lo fissa, si nota come, accanto allo stupore, affiori una sorta di contro-movimento coscienziale. Qualcuno si rende conto che, *se* il signore è un quadro, *allora* tutti gli altri sono diventati spettatori. Però al posto del solito spettacolino, che non manca mai in qualunque underground planetaria, dal suonatore di violino al mimo che si finge statua, qui tutti assistono alla messa in finzione di uno come loro, ossia allo spettacolo di sé stessi: tutti sono anche, potenzialmente, protagonisti dello spettacolo. La ragazza che alza gli occhi dal giornale in particolare, ha un'aria che definire incredula sarebbe riduttivo: per citare una frase già pronunciata da Georg Cantor, di fronte all'evidenza del paradosso dell'insieme infinito, sembra pensare: "Lo vedo, ma non ci credo". La disinvoltura dell'uomo dipinto si inserisce così spontaneamente nel tessuto del reale da far retroagire tutti gli astanti a un livello *inferiore* di realtà; d'altra parte, la sporgenza della sua falsità lo fa somigliare a una sorta di "photoshop" vivente, un che di "aggiunto in postproduzione" alla scena, che restituisce per converso un tocco di vita alle smorte facce della folla nella livida luce della metropolitana. E se gli spettatori, cioè *noi* che guardiamo, cominciamo a prestar fede a questa "cosa" più-che-falsa, benché meno-che-vera, ciò significa che abbiamo iniziato il percorso destinato a portarci nell'hegeliano *là dietro*.

Anche questo anziano signore, col suo capellino post-dipinto, sembra un po' quel personaggio di Buzzati dichiarato morto in piena salute – sembra un Er platonico della contemporaneità, ritornato dal regno dell'al di là per dirci, lui, *fabula picta* rediviva, che il mondo che credevamo vero è, *insieme*, anche favola[15].

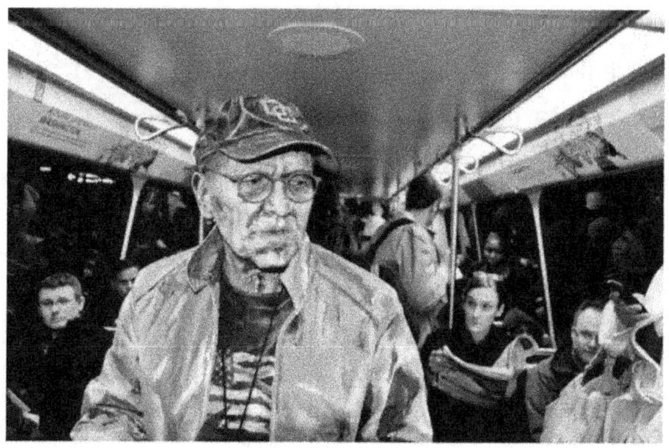

6. Paradoxia epidemica*   Il principio di incoerenza

> *Quante dita Winston, quante dita?*
> Orwell, *1984*

Accanto alla tipica esortazione moderna ad "essere veramente se stessi", l'altra forma che assume il *mantra* contemporaneo è quella di "essere in armonia con": essere in armonia con se stessi, con gli altri, perfino con gli animali, la natura, o, per non lasciare niente di intentato, l'universo come tale.

Rispetto alla semplice ingiunzione dell'identità, questo incitamento all'armonia compie comunque un passo in avanti. In qualche modo "muove" la terribile ripetitività dell'io=io, "be yourself!", che già Hegel prende pesantemente in giro, e la pone in relazione con qualcos'altro. Così, benché la nostra esistenza sia letteralmente costellata di contraddizioni, lo scopo ultimo di questi inviti è liberarsene. Tali sollecitazioni derivano da quello che Hegel chiamava "intelletto determinato, o astratto" – ma, a differenza di quanto si poteva immaginare un tempo, questa facoltà non si trova oggi solo dentro la nostra testa; essa si è per così dire reificata, si è letteralmente incarnata nell'universo mediale contemporaneo, e ne costituisce la voce.

Consideriamo il sistema dei consumi. I primi ad aver imparato la lezione hegeliana, secondo cui l'intelletto astratto prova "un *horror* della contraddizione", e conseguentemente i primi a capire a fondo che la coscienza borghese (cioè, la coscienza media del consumatore odierno) prova "scandalo e orrore della contraddizione", come chiosava Marx, sono gli psicologi sociali, e i loro fedeli adepti, gli uomini di marketing. L'esempio dei giocattoli e dei gadget moderni, che dai tempi di Disney costituiscono una cospicua fonte di guadagno per le grandi aziende, soprattutto per quelle legate al mercato mediale, è molto chiaro in tal senso. Chi vende giocattoli sa bene che non è sufficiente costruire delle campagne mediatiche efficaci, estese, e stratificate – occorre anche combinarle con strategie di vendita basate sul meccanismo psicologico detto "principio di coerenza". In breve, un determinato giocattolo viene pubblicizzato estesamente sui media (di solito in prossimità delle feste) fino a renderlo un oggetto del desiderio infantile. Un papà (o mamma) che si rispetti non può sottrarsi alla comprensibile richiesta del figlio di comprargli *proprio quel giocattolo*; tuttavia, al momento dell'attesa ricorrenza, il giocattolo non si trova più (è esaurito, non disponibile, ecc.). A questo punto il bravo genitore deve ripiegare su un articolo diverso, per non deludere il figlio. Il punto è che, dopo un po' di tempo, il genitore si trova di nuovo nella condizione di *dover* comperare quel giocattolo tanto ambito, tornato magicamente disponibile, anche se ormai Natale o il giorno del compleanno sono passati, per un altro buonissimo motivo che è appunto "il principio di coerenza": "come posso pretendere che mio figlio impari ad essere coerente, se il primo a disattenderne le aspettative sono proprio io?". Il secondo acquisto a noi appare motivato da un fattore personale, cioè il desiderio di *apparire* coerenti; in realtà è del tutto superfluo, ma previsto da un preciso piano di vendita prestabilito, consistente nell'attivare una potente molla psicologica e sociale, che può essere abilmente sfruttata per estorcere il nostro assenso, o direttamente i nostri soldi[1].

Si potrebbero fare molti esempi di questo genere, dai saldi di fine stagione (dove si acquista qualcosa di inutile, con la convinzione di "risparmiare"), alle "tessere fedeltà" elargite da supermercati e punti vendita (dove in cambio di una enorme mole di acquisti si ottiene qualche ridicolo sconto), fino al turista che, trovando chiuso il monumento che voleva visitare, va a vedere la mostra accanto che non gli interessa nulla, dato che "ormai si trova sul posto". Anche il desiderio di "armonia" interiore o esteriore segue leggi simili: per raggiungerla siamo disposti praticamente a tutto, a spendere somme considerevoli, a praticare diete, a modificare i nostri connotati fisici, o morali, e persino a cambiare religione e abbandonare i nostri cari – così entrando in una catastrofica *dis-armonia interiore ed esteriore*.

Ma occorre andare a fondo di questo meccanismo per capirne l'intera portata. In tutti questi casi, non ci si può dimenticare della presenza di una comunicazione mediale: il giocattolo, l'evento, la mostra, non sono oggetti originari, ma sono astrazioni edificate nello specchio della comunicazione mediale, dunque passate attraverso lo stadio video. Un giocattolo pubblicizzato alla tv, il cui attraente packaging poi si ritrova sullo scaffale del supermercato, è più-che-se-stesso e insieme meno-di-sé – è una raffigurazione mediale in cui lo vediamo funzionare, magari muoversi, essere dotato di facoltà e persino dimensioni che il giocattolo vero non possiede; eppure, è anche qualcosa che è destinato per la sua stessa natura a rimanere di là dello schermo inattingibile come tale. In generale, si replica qui la scena del *Video Corridor*: siamo spinti verso il monitor dal desiderio di riconoscere la figura che vi appare, anche se capiamo che tale desiderio è destinato a rimanere frustrato.

A questo punto scatta il principio di coerenza (che su scala più vasta diventa esigenza di armonia): cioè il bisogno di colmare questo scarto tra ciò che siamo e ciò che desideriamo (per noi stessi o per gli altri), o desideriamo essere – un bisogno, che diventa presto un'esigenza in taluni casi fortissima, che ci pare innato, che cioè appare alla coscienza come qualcosa di essenziale, che giace nella profondità interiore di noi stessi. Ma l'analisi della strategia di marketing evidenzia il fatto che rischia di sfuggirci: in realtà, questo bisogno è secondario, non primario; ciò che arriva per primo è la diseguaglianza tra la cosa e se stessa introdotta dall'intervento mediale, cosicché il bisogno di coerenza che si esplicita nell'acquisto (o in tutte le altre forme che le circostanze prevedono) è un'esigenza *a posteriori*, un tentativo susseguente di riconciliare l'originaria diseguaglianza. Non a caso quello che vogliamo preservare è una qualche forma di coerenza agli occhi di qualcun altro: i bambini nel caso del giocattolo, i familiari nel caso del risparmio, o persino il nostro ego narcisistico nel caso dell'armonia con noi stessi. In altre parole, vogliamo *apparire* coerenti, preservare un'immagine di coerenza, che in definitiva coincide con una coerenza immaginaria. L'atto di proiettare un'immagine coerente di noi stessi, al di là di noi, infatti, reintroduce quella stessa diseguaglianza a cui il principio di coerenza avrebbe dovuto porre rimedio – rispedendoci al fatto fondamentale ed essenziale, cioè la contraddizione che invece governa le nostre vite.

Per converso, si consideri l'opera d'arte *Firetruck* di Charles Ray (1993) – che ha per tema proprio un giocattolo[2]. Nella sua prima installazione, all'esterno del MoMA, si trattava di una scultura piuttosto grande, la cui taglia corrisponde di fatto a un vero camion dei pompieri; solo che essa consisteva nell'ingrandimento di un camion giocattolo, ingigantito alle dimensioni di un camion reale. Il lavoro di Ray qui va distinto attentamente da altre opere pop come le sculture pubbliche di Claes Oldenburg, in cui un oggetto, di solito di piccole dimensioni – un ago, un tubo di dentifricio, una molletta per i panni, ecc. – viene ingrandito a scala monumentale, andando oltre le sue misure originarie; no, qui l'oggetto di partenza era già in sé il rimpicciolimento e la semplificazione di un oggetto grande e complesso come un camion dei pompieri.

Quindi, *riportando* il giocattolo alle dimensioni dell'oggetto reale di cui il giocattolo costituiva una miniatura, Ray compie una duplice negazione: nega l'oggetto giocattolo ingigantendolo, portandolo fuori misura, ma nega anche l'oggetto funzionale (il camion), dato che tale ingrandimento dà luogo a un "ente" (l'opera d'arte di Ray) disfunzionale, un camion "ritornato" dalla sua riduzione ludica. In breve, se il camion giocattolo è un non-camion, quello di Ray è un *non*-non-camion. Non vanno sottovalutati gli effetti collaterali che l'opera genera sul contesto: se si osserva la foto, in cui *Firetruck* appare "parcheggiato" davanti al MoMA, si nota come la sua configurazione incongruamente infantile retroagisca sulle familiari sagome dei taxi newyorkesi – facendo apparire anch'essi per un attimo quasi delle automobiline ingrandite. Anche i taxi gialli della Grande Mela in effetti si rivelano così per ciò che sono/non sono: oggetti funzionali (automobili destinate al trasporto pubblico), ma anche oggetti di sogno, desiderio, immaginazione (gli eterni sfondi di dozzine di film ambientati a New York o i suoi veri protagonisti, come nel caso di *Taxi Driver*). Ray compie qui un'operazione dialettica che "trae a verità" il senso *invertito* della stessa metropoli – i passanti non sembrano qui quelle miniature usate dagli architetti (o dai bambini) nei loro plastici? Le strade urbane non appaiono quasi come una maquette inopinatamente ingigantita a scala reale, "ritornata" alla dimensione life size? E non è esattamente *contro* questo senso di perturbante spaesamento, contro questo *Unheimliche*, che invece combatte la coscienza, lasciandosi soggiogare dalle seducenti istigazioni immaginarie alla coerenza e all'armonia?

Per dirla ancora una volta con Hegel, accade alla coscienza contemporanea ciò che succedeva all'intelletto astratto, il quale... *vuole tenere lontano da sé la Contraddizione e, nel farlo, vi cade pienamente*[3].

Ma non potrebbe darsi che tra intelletto astratto e coscienza contemporanea vi sia qualche forma di legame?

Non v'è dubbio che, dai tempi delle invettive di Hegel, il divorzio tra ragione filosofica e pensiero logico formale è divenuto drammatico. I difensori del formalismo, da matematici come Cantor fino a filosofi come Frege, Russell, Wittgenstein, sono sopravvissuti alle minacce di contraddizione, bollandole come metafisica – e si può osservare come nelle storie della logica, quella di Hegel (che il suo autore considerava la sua opera più importante, al punto da dedicare ad essa le sue ultime forze prima della morte) non venga menzionata, o sia liquidata in poche righe in tono canzonatorio[4]. La ragione di questa sopravvivenza è presto detta: il pensiero logico ha fornito le basi della cibernetica, e con ciò ha dato prova nel tempo della sua "efficienza". Non a caso, in taluni manuali di logica matematica, le leggi logiche sono formalizzate con l'aiuto di schemi di circuiti elettrici: effettivamente le tavole di verità logica, i simboli di connessione, ecc., non hanno più bisogno di essere

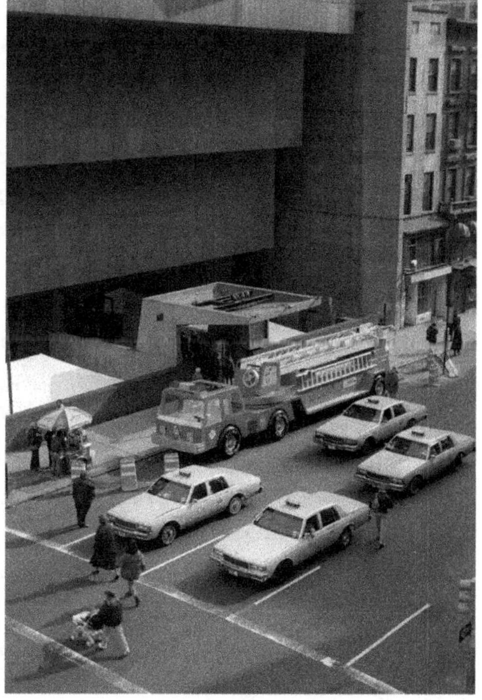

riconducibili a proprietà "reali": è l'astrazione stessa che è divenuta un che di reale, che si è incarnata nell'attuale diffusione di quella che un tempo veniva chiamata l'intelligenza artificiale, e che oggi è l'universo digitale in senso lato, dai software alla Rete.

L'inizio di questa vicenda può essere rinvenuto nelle parole di Russell:

> *Noi ci occupiamo formalmente di ciò che si può dire di una cosa qualunque, d'una proprietà qualunque. Noi siamo preparati per dire che uno più uno fa due, ma non che Socrate più Platone fanno due, perché, nella nostra qualità di logici o di matematici puri, noi non abbiamo mai inteso parlare di Socrate né di Platone. Un mondo nel quale non esistessero due persone come quelle, sarebbe ancora un mondo in cui uno più uno fa due. ... Prendiamo per esempio il sillogismo. La logica tradizionale dice: "Tutti gli uomini sono mortali. Socrate è un uomo: dunque Socrate è mortale". ... [Ma se] l'argomentazione è formale, nulla dipende dai termini che vi si trovano. Così noi possiamo mettere a al posto di uomini, b al posto di mortali e x al posto di Socrate, a e b essendo le classi qualunque e x un individualità qualunque. Arriviamo così alla... funzione proposizionale: "se tutti gli a sono b, se x è un a, x è un b è sempre vera". Qui, infine, noi abbiamo una proposizione di logica[5].*

La cosa più straordinaria di questa argomentazione non è però solo la rigorosa riduzione formale che subisce la logica classica e il pensiero in generale, ma il fatto incontestabile che – come dimostra l'obbedienza dei circuiti logici del computer che sto impiegando ora per parlarne – *funziona*[6]. Tuttavia, per giungere a questa funzionalità puramente formale, anche il pensiero logico ha dovuto oltrepassare uno snodo dialettico che, a un dato momento, ha rischiato di farlo naufragare nella contraddizione più totale. Questa contraddizione venne scoperta dallo stesso Russell nell'estate del 1901, inizialmente nei confronti della teoria degli insiemi, e poi estesa in genere alla possibilità di predicazione logica – su cui si basa anche la formalizzazione del tipo "x è un a".

Nella teoria intuitiva degli insiemi, per definire un insieme è sufficiente definire una caratteristica comune a tutti i suoi elementi; così, per esempio, una proposizione logica del tipo "x è un numero intero divisibile per due senza resto", è sufficiente a definire l'insieme dei numeri pari. Questa nozione, in apparenza semplice, nasconde però una pericolosa difficoltà logica. Si pensi al concetto di insiemi che appartengono o non appartengono a sé stessi:

> *... un insieme non appartiene a sé stesso se non è elemento di sé stesso (per esempio, l'insieme di tutti i cucchiaini da tè non è un cucchiaino da tè dunque non appartiene a sé stesso).*

Otteniamo, dunque, una doppia implicazione: R appartiene a sé stesso se e solo se R non appartiene a sé stesso, da cui scaturisce la contraddizione.

Nella celebre lettera del 16 giugno 1902 Russell fece conoscere al filosofo e logico Gottlob Frege il paradosso che aveva scoperto e che invalida l'assioma stabilito da quest'ultimo per cui si può passare dalla considerazione di un concetto direttamente a quello della sua estensione, ossia delle cose che cadono sotto quel concetto. "Sia *w* il predicato: 'essere un predicato che non può essere predicato di se stesso', *w* può essere predicato di se stesso? Da ognuna delle risposte segue il suo opposto. Se ne deve dunque concludere che *w* non è un predicato". La risposta di Frege, che rimase evidentemente sconvolto dalla rivelazione fu: "non vedo più come l'aritmetica possa essere scientificamente fondata"[8].

Si potrebbe pensare che si tratti di un semplice paradosso – è questo il nome col quale di fatto è entrato nei manuali – e che si tratti di un episodio riguardante lo sviluppo interno alla storia della logica. Questa del resto è la versione fornita dallo stesso Russell, che negli anni successivi cercò quasi subito una via d'uscita al paradosso da lui scoperto, trovandola infine nella teoria dei tipi[9]. Tuttavia, questa scoperta ebbe delle indiscutibili ripercussioni "reali": Frege, che era in procinto di continuare la ricerca sui fondamenti dell'aritmetica, decise di non proseguire e, di fatto, non pubblicò quasi nulla fino alla sua morte, non cessando però di porsi a più riprese il problema di una ricostruzione dei fondamenti su altre basi. Ma lo stesso Russell confessò nella sua *Autobiografia*, scritta negli ultimi anni di vita, il sentimento di totale sgomento provato al momento della scoperta del paradosso che porta il suo nome. Uno sgomento che lo lasciò per mesi interi incapace di "pensare":

> *Era chiaro che non potevo andare avanti senza risolvere le contraddizioni*
> *... ma pareva molto probabile che avrei passato il resto della mia vita a*
> *contemplare quel foglio bianco[10].*

Che cos'è questo foglio bianco se non quel fantasma, quell'elemento spettrale in cui consiste la coerenza logica contemporanea? Certo, il paradosso di Russell è stato oltrepassato e se ne potrebbe concludere che la formalizzazione della logica che Hegel spregiativamente definiva "astratta" o "simbolica", ha avuto effettivamente luogo – ma questo superamento si è potuto compiere solo al prezzo enorme di una rimozione fondamentale, quella di una contraddizione che ne ha scosso le fondamenta in maniera radicale. Di più: *se da un lato è vero che il pensiero logico formale ha ottenuto un irresistibile successo, dall'altro occorre dire che questo successo continua ad essere pagato con la moneta sonante di gigantesche contraddizioni sociali, psicologiche e ontologiche, la cui portata sarebbe impossibile da sottovalutare.* Ne segue così che, accanto al successo "mondano" dei sistemi formali, ormai definitivamente trasformatisi in "linguaggio-macchina", la scoperta di Russell resta inconcussa – e la sua stessa forma di doppia implicazione fornisce un modello moderno di quella contraddizione che Hegel aveva definito "la determinazione più essenziale" ovvero il "motore" del mondo[11].

Che altra forma ha infatti, ad esempio, la "logica della doppia Tori Spelling" se non esattamente quella del paradosso di Russell? Se diamo un valore ontologico esistenziale (e non solo logico-insiemistico) al segno di "appartenenza", allora possiamo dire che Tori è come R, l'insieme delle caratteristiche che non appartengono a Tori medesima, da cui segue che T appartiene a T *se e solo se* T non appartiene a T. Cioè il fatto che la Tori brutta appartenga alla Spelling bella *implica* che la Spelling bella non appartenga a se stessa; Tori Spelling (attrice di successo) è Tori Spelling se, e solo se, Tori Spelling è *anche l'opposto di* una ragazza qualunque, è dunque *non*-Tori – cioè se Tori Spelling, oltre a essere un'attrice famosa, in più *non è se stessa[12].*

La contraddizione che ne scaturisce designa esattamente il soggetto come "un che di contraddittorio in se stesso"[13], ossia definisce paradossalmente quel soggetto due volte rovesciato, cioè *obverso*, che caratterizza l'individuo nello stadio video. Ma anche gli oggetti odierni non sfuggono a questo principio – al punto che anche il famoso giocattolo lo segue, dato che il giocattolo contemporaneo appartiene a se stesso (è un vero oggetto ludico) *se e solo se* non vi appartiene (è il bersaglio di una mediatizzazione continua, è un oggetto pubblicitario). Il "principio di coerenza" genitoriale si rivela immaginario dunque anche perché si sforza di rendere non-paradossale qualcosa che in effetti lo è già *ab origine* – come, rovesciando due volte il paradosso, dimostra dal canto suo l'opera d'arte di Charles Ray.

Di più: la forma a doppia implicazione del paradosso di Russell sembra ricalcare logicamente la struttura stessa dello stadio video: infatti nello stadio video il soggetto appartiene a se stesso (si riconosce come se stesso) se e solo se non appartiene a se stesso (non si riconosce nell'immagine [video] di se stesso). La doppia implicazione funziona quasi come un chiasma che rispedisce ininterrottamente il secondo pezzo del paradosso entro primo, e viceversa, creando non solo una contraddizione tra due opposti statici che si escludono mutualmente – come nella classica inclusione del terzo escluso, ecc. – ma un processo contraddittorio dinamico, il quale però è fatalmente chiuso, cioè proprio un *loop*, un "circuito chiuso", la struttura tecnica in cui si sostanzia la forma logico-ontologica dello stadio video, e dell'obversione in generale.

Certo, si potrebbe facilmente obiettare che nulla autorizza a estendere il senso del concetto insiemistico di "appartenenza" fino a dargli un valore ontologico – ma se il paradosso di Russell fosse solo e unicamente un errore logico-formale, come mai esso ha avuto delle implicazioni esistenziali così pesanti per il suo stesso scopritore, per tacere degli effetti su Frege e tutta la comunità matematica dell'epoca? Ben più che un semplice rompicapo logico, ben più che un modesto "malfunzionamento" della macchina del pensiero formale puro, il paradosso di Russell designa in modo molto preciso la forma stessa che la contraddizione ha assunto nei tempi dello stadio video.

7. Chi ha incastrato l'Universale? Dall'*universsinguliér* al Glocale

<blockquote>
Contrariamente a questo cliché, si deve accettare pienamente il fatto paradossale
che la dimensione dell'universalità sia sempre supportata
dalla fissazione su qualche punto particolare.
Žižek, The Plague of Fantasies
</blockquote>

Il cosiddetto *villaggio globale* è stato inteso perlopiù come una "sintesi immediata": l'antico villaggio non esiste più, tutto si è globalizzato, grazie ai mezzi di trasporto e di comunicazione. Questi ultimi hanno trasformato tutto il mondo in un unico grande villaggio, così che tutto si svolge come quando accadeva in un vero e proprio villaggio pre-moderno, però su scala planetaria.

Per esempio: si mormora qualcosa del vicino e poi si viene a sapere il segreto in tutto il paese; questa situazione classica, che una volta non avrebbe travalicato i confini paesani, oggi è la condizione mondiale del *gossip*. Esistono persone famose in tutto il mondo-villaggio, e i pettegolezzi che li riguardano ci riguardano tutti, presto o tardi tutti ne veniamo a conoscenza. Osservare le vite degli altri, o al limite spiarle, un'attività che un tempo era propria dei "curiosi" del villaggio, oggi si è estesa su scala globale – e la sera, di fronte a quel focolare domestico che è il monitor televisivo, qualcuno ci fa il racconto di tutto quello che è successo mentre eravamo impegnati a vivere. Del resto, andare da una parte all'altra del villaggio-mondo è ormai questione di poche ore – è stato calcolato che la località più sperduta della Terra è comunque raggiungibile da qualunque altra nell'ordine della giornata di viaggio. Così, paradossalmente, la nostra civiltà metropolitana, proprio sviluppandosi in maniera esasperata, ha prodotto il contrario di se stessa: il modernismo urbano che avrebbe dovuto affrancarci dai modi di pensare tradizionali, dalla ristrettezza mentale, dal pregiudizio basato sulla pura maldicenza, dopo un primo momento di trionfale universalismo ha fatto universalmente trionfare il particolarismo più retrivo, il più bieco individualismo, la grettezza ottusa e becera del "*villano* globale".

D'altra parte, si potrebbe pensare che tutto questo processo abbia almeno cancellato per sempre il "villaggio" in quanto tale, cioè che il piccolo paese ormai non esista più, ormai sostituito dal mondo. Eppure, non c'è qualcosa di troppo frettoloso in questa conclusione? Come dimostrano eventi ricorrenti quali il rapimento di turisti occidentali in posti del pianeta sperduti come lo Yemen, le cose forse sono andate ancora diversamente. Consideriamo il caso di cronaca avvenuto nel 2010 che ha visto protagonisti alcuni turisti americani[1]. Intanto, il villaggio del rapimento è certo sperduto, ma non abbastanza perché le tv di tutto il mondo non possano raggiungerlo – il che sembra dare conferma alle tesi dei sostenitori della globalizzazione. D'altra parte, i turisti incauti sono finiti davvero nelle mani di una oscura tribù, che li tiene in ostaggio per fini del tutto particolari (scambiarli con prigionieri politici, imprigionati per cause del tutto ignote ai più, ecc.). Quindi i villaggi, e i loro abitanti, contro tutte le evidenze, continuano a esistere. Ma questo che significa? Significa che il presunto chiasma "villaggio globale" va letto anche a rovescio: non (solo) nel senso che la globalizzazione ha sconfitto il particolarismo, ma (anche) che l'elemento particolarista continua a sussistere entro la globalizzazione, ed è in grado di "particolarizzarla". Il mondo globalizzato stesso è divenuto nel suo complesso un villaggio, in cui si rispetterebbero le regole di vita "paesane" – *nella misura in cui* ogni sperduto "villaggio" del pianeta si è "planetarizzato" e rispecchia gli stili di vita e le aspirazioni planetarie. Accanto al *villaggio globale* si è venuto a creare anche un "globo villico", ovvero un "Pianeta locale". Per usare una terminologia filosofica, bisognerebbe dire che "villaggio globale" è una *sintesi oppositiva*: da un lato la globalizzazione contraddice se stessa, perché ciò che desiderano i turisti globali è la ricerca del posto sconosciuto, dell'elemento esotico e tipico, sottratto alla globalizzazione. Dall'altra parte, però, anche gli abitanti del villaggio contraddicono se stessi perché, appropriandosi del globale (i turisti stranieri per esempio) tradiscono le loro mire globalizzanti, far ascendere i propri problemi dal mero ambito locale, a quello del dibattito internazionale. Ne segue che non solo il globale è in conflitto col locale, e, inversamente, il locale è in contrasto col globale – il fatto è che il globale, e così pure il locale, *grazie al suo opposto entra in dissidio con se stesso*: ciascuno dei due termini, cercando di affermare se stesso, finisce per cadere nel proprio opposto.

In tal senso il progetto del terrorismo si inscrive perfettamente in questa dialettica. La stessa accusa di tribalismo che, da occidentali modernisti, rivolgiamo a questi fenomeni di non-sottomissione, anzi, di aperta ribellione all'ordine economico-mediale mondiale, è un effetto di questo stesso ordine. Senza la possibilità offerta dai media di assurgere allo scenario internazionale, il terrorismo sarebbe rimasto davvero confinato entro la scala dei conflitti regionali – mentre così ha potuto "esprimersi" (se pure si può considerare la violenza una forma di espressione) a livello globale. Così, da un lato l'ordine globale ha dovuto fare i conti con rivendicazioni che non gli appaiono a sua misura: non si tratta più di lotte fra agenti che si muovono su scala globale (come per esempio due grandi multinazionali del petrolio che competono per accaparrarsi quote del mercato globale), ma dello scontro fra lo sforzo di ridurre tutto a un grande scambio esclusivamente globale, e la "resistenza" generata da questo stesso sforzo – resistenza locale, particolare, tribale o persino patologicamente legata a rivendicazioni del tutto inessenziali. D'altra parte, nel suo resistere, il particolare deve globalizzarsi, come evidenzia la famosa vicenda delle statue dei Buddha di Bamyan – che furono distrutte dai terroristi fondamentalisti islamici nel 2001 come segni di un'altra religione, quindi nel contesto di un conflitto interreligioso, non-globale, ma anzi estremamente idiosincratico. Il fatto che la loro distruzione fosse oggetto di una ripresa video, che a sua volta fece il giro del pianeta, è la testimonianza più evidente che, nonostante le statue fossero distrutte in nome della tendenza iconoclasta dei fondamentalisti

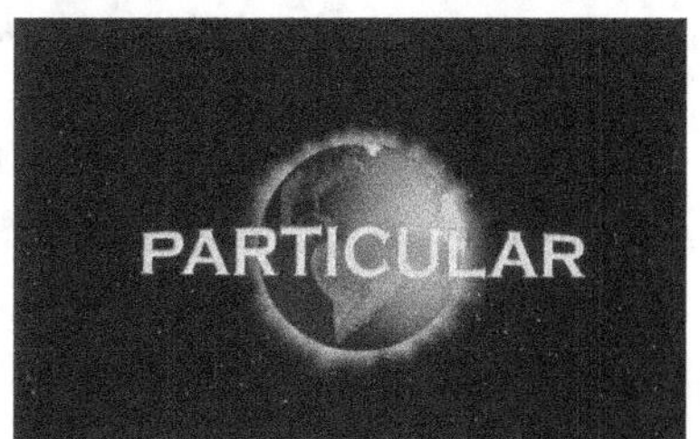

islamici, chi le ha distrutte era già preda della logica dello stadio-video. L'immagine dell'iconoclastia è la testimonianza più certa di una (occulta) iconofilia di fondo. In altre parole, non diversamente che nell'attentato dell'11 settembre 2001, anche il terrorista più patologicamente legato alla propria idiosincratica posizione particolare deve fare uso delle armi del Grande Satana globalizzante (il video) – e ancor prima che delle armi in senso proprio, ne deve impiegare le armi *mediali*, veri mezzi di globalizzazione di massa.

A questa dialettica, che sembra essere emersa molto recentemente, se ne potrebbe affiancare un'altra, di poco più antica – costituita dall'opposizione non tanto fra globale e particolare, quanto fra universale e singolare. Nel celebre testo che porta questo titolo, Sartre spezza una lancia in favore dell'irriducibile singolarità di fronte alle pretese dell'universale. Egli personalizza questo scontro, contrapponendo il "sistema" hegeliano (Hegel) alla figura del soggetto "testimone soggettivo della sua soggettività" (Kierkegaard)[2]. Secondo Sartre il pensiero dell'Universale sistematico è potente al punto da prevedere la sua eccezione singolare – eppure, nella sua pretesa sistematica di "dare un posto" a qualunque cosa, si rivela rigido, ossificato, in una parola "morto", un sapere che, "sapendo già tutto", è privo di vita. Kierkegaard invece, in quanto "vivente" (è questo il sottotitolo della conferenza di Sartre che dà origine al saggio) è disomogeneo e antidialettico: la sua stessa esistenza dominata dal fallimento alla fine rivela che egli è "più vivo" per noi del "morto sapere" sistematico e storicizzato una volta per tutte, anzi rivela la storia come un che di paradossale, come un "insormontabile conflitto dell'essere e dell'esistenza"[3]. Il conflitto che oppone universale e singolare è dunque irrimediabile per Sartre, ma nondimeno dialettico. Kierkegaard, per Sartre, rappresenta il cominciamento "vissuto" – anzi, vivente – "umano", contro il cominciamento disumano e incondizionato hegeliano: così, contro il cominciamento "puro" (e Sartre ha qui in mente, più che l'Hegel delle *Lezioni sulla filosofia della storia*, quello della *Scienza della Logica*, ancora una volta), ciò che si dimostra cominciamento "riflessivo" è proprio l'incarnarsi, il nascere.

> *L'attitudine particolare, non è affatto, come dice Hegel, una incarnazione dialettica del momento universale, l'ancoraggio della persona fa di questo universale una singolarità irriducibile*[4].

Si potrebbe qui, sulla linea di Sartre, opporre l'entusiasmo hegeliano che prende il filosofo alla vista di Napoleone, "quest'anima del mondo" concentrata in un individuo che se va sul suo cavallo[5], al senso dell'"incarnazione" cristiana che si *ripete* nel caso di Kierkegaard. Le due cose sono in effetti opposte: nel primo caso l'individuo è testimone (anche involontario) dell'universale, suo rappresentante, suo agente, anche in senso "commerciale"; nel secondo, è l'Universale che deve scendere dalla sua alterità e scegliere di "passare attraverso" il singolare, ancorandosi definitivamente ad un contingente, ad un "relativo assoluto" (come Dio Padre che si incarna nel Figlio in quanto Gesù Cristo). In altri termini, l'universale hegeliano avrebbe potuto scegliere anche qualcun altro al posto di Napoleone (La Fayette, Jourdain, o un altro generale qualsiasi che si fosse trovato a vivere nelle stesse condizioni di Napoleone) – e il problema del soggetto è di restare al livello del suo altissimo "mandato simbolico"; l'universale kierkegaardiano invece prende senso solo con l'idiosincratica figura di un dato individuo, ad esempio del danese Søren, con tutte le accidentalità della sua persona – e il problema dell'Universale è che così si singolarizza in maniera irreversibile. Ne segue che l'uomo, "irrimediabile singolarità", è l'essere tramite cui l'universale viene al mondo, e il destino costitutivo dal quale è vissuto prende forma di necessità. Da ultimo, l'uomo è colui che trasforma il suo essere in senso, e il senso è proprio questo "universale singolare"[6].

L'argomentazione di Sartre è colma di fascino – dovuto soprattutto all'abile esposizione retorica delle due polarità Kierkegaard-vivente / Hegel-morto, ma forse nasconde ancor più ambiguità di quante non dia a vedere. Pur stilando un'appassionata apologia del soggetto, sembra doverne far pagare il prezzo all'universale – come se il suo ragionamento rimanesse a mezzo, come se l'universale stesso, dichiarato morto, fallito, irrigidito, completato, fosse con ciò stesso messo fuori causa. Occorrerebbe cioè un supplemento di indagine in cui si stabilisca, nell'epoca del trionfo del singolo, che fine ha fatto l'universale. In effetti, un primo indizio lo fornisce Sartre stesso quando, riferendosi all'incarnazione del singolo come contingenza "assoluta", cita Merleau-Ponty secondo cui nascere significa vedere e insieme vedersi, dato che "il vedente è visibile e non vede che in ragione della sua visibilità"[7]. Ora, però, ci si deve domandare se un'analisi semplicemente fenomenologica di questo tipo è ancora sufficiente oggi – e se lo era allora, considerato il fatto che l'anno in cui fu tenuta la conferenza di Sartre è il 1964. Se si tiene conto che il 1964 è lo stesso anno di pubblicazione di *Understandig mass media* di McLuhan, forse no. Sartre cita le parole sulla visibilità di Merleau Ponty (e Merleau Ponty stesso le aveva pronunciate) come se ci si trovasse in un mondo pre-mediale, cosa che evidentemente non è. Che cosa significa che il vedente vede in ragione della sua visibilità, se caliamo questa frase in un contesto adeguato, se (come dice Sartre medesimo) la "ancoriamo" alla storia paradossale del singolo? Significano che, in un contesto mediale, l'immagine del singolo – pur restando del tutto contingente – è fatta propria dal "sistema" di riproduzione mediale. Anzi, che è fatta propria dal sistema di riproduzione mediale proprio in ragione della sua assoluta contingenza. Non che si nasca in un mondo affollato di tanti media diversi – no, è che si nasce proprio *nei* media, *dentro* e *grazie* a essi – ed è proprio negli anni Sessanta in cui Sartre teneva la sua conferenza infatti che si andava perfezionando la tecnica dell'ecografia, che oggi si è evoluta in ecofotografia, tecnica che racchiude la "vera" spiegazione delle parole di Merleau-Ponty secondo cui "il vedente vede in ragione della sua visibilità". Il sistema, se è un vero "sistema", e per di più assoluto, non si lascia tanto facilmente piegare dalla contingenza – piuttosto la reimpiega per i suoi scopi sistematici, cioè universali: anche il contingente mondano-singolare, la nascita del singolo, pur restando una paradossale incarnazione di quell'"irrimediabile singolarità che è l'uomo" evidenzia a contrario l'irrimediabile universalità dell'universale, che lo ricomprende e che ogni volta se ne appropria – ancor prima, si direbbe, del suo atto di nascita.

L'immagine ecografica, diversamente da quella a raggi X, da cui pure deriva, se non altro in senso ideale, come tentativo di osservare il corpo vivente da dentro "senza ucciderlo" – è sia una delicata presa d'atto dell'esistenza dell'irriducibile singolarità, sia – *al tempo stesso* – l'inscrizione di tale singolarità entro il sistema universale dello "stadio video" prima ancora che letteralmente essa veda la luce[8].

Si potrebbe qui paragonare l'ecografia all'effetto culturale che ebbero i raggi X nei primi decenni del Novecento – per esempio secondo la descrizione che ne offre Thomas Mann ne *La montagna incantata*:

> *E Castorp vide... in anticipo, grazie alla potenza della luce, la futura opera della decomposizione, la carne, che lo rivestiva, dissolta, distrutta, sciolta in una nebbia evanescente, e dentro a questa lo scheletro della sua destra finemente tornito, dove intorno alla falange dell'anulare era sospeso, nero e isolato, il suo anello col sigillo ereditato dal nonno... e per la prima volta in vita sua si rese conto che sarebbe morto. Behrens disse: "Spettrale, vero? Eh, una punta di spettralità c'è davvero"[9].*

In effetti è quasi la stessa cosa, solo che se il feto potesse parlare direbbe, al contrario di Castorp, che "per la prima volta in vita sua si rese conto che sarebbe *nato*". In altre parole l'ecografia è *l'obverso* dei raggi X – guarda dentro il corpo *non* per scoprire ciò ne resterà, il suo passato, *ma* piuttosto ciò che ne sortirà, il suo futuro. I raggi X sono hegeliani, come l'ecografia è kierkegaardiana – si direbbe, gli uni dalla parte del morto scheletro (il sapere definitivo, il sistema ossificato), gli altri dalla parte del feto, del possibile ancor prima della sua nascita (il puro contingente, il singolo come senso possibile, aperto sul mondo). Il problema è che in entrambe le immagini resiste "una punta di spettralità" che le accomuna: entrambe cioè sono immagini obverse in-sé dato che ci mostrano i due eventi estremi dell'umano, la nascita, la morte, al di là di se stessi, prima di se stessi, prima del nascere del morire: rendendoci questi eventi straordinariamente presenti, li spostano rispetto a se stessi, li "svuotano" della loro essenza – e in tal senso fanno apparire l'umano, il soggettivo, sotto forma "ectoplasmatica", da cui la "spettralità" tanto acutamente individuata da Mann. In altre parole, la comune spettralità che lega l'ecografia alla radiografia costituisce il tratto comune alle due, ed è pertanto il *vero* Universale, che a Sartre sembra sfuggire.

Ora, benché queste considerazioni possano anche essere vere per l'epoca di Sartre, si potrebbe obiettare che esse non hanno nulla a che fare con ciò di cui Sartre qui ci parla, cioè il soggetto-Kierkegaard di un secolo prima. Eppure, l'omissione del contesto mediale è proprio ciò che conduce Sartre a fornire una visione tendenzialmente fuorviante, non solo dell'opposizione Hegel-Kierkegaard, ma di Kierkegaard stesso – notoriamente un "cavallo di battaglia" dell'esistenzialismo. Una prima distorsione sta nel pensare che l'atto irreversibile del nascere, questo incarnarsi dell'uomo, avvenga a spese dell'universale, anzi, ne segni ogni volta la sconfitta. Ma se l'universale fosse così debole, come mai occorre prendere le difese del singolare con tanta apologetica veemenza? Se la nascita di ogni singolarità determinasse il divenir paradossale dell'universale, allora sarebbe forse più logico prendere le difese di quest'ultimo, in una sorta di rovesciamento, del "singolare [destino dell']Universale". Di fatto, il mondo in cui nasce proprio Kierkegaard, dice Sartre, è un mondo già-cristiano, già-borghese, già-dato... ma queste determinazioni sono sufficienti a dare una descrizione adeguata di quel mondo? Consideriamo la famosa questione degli pseudonimi kierkegaardiani (che per Sartre, e per molti commentatori, sono il segno di un paradosso, del tentativo di sfuggire alla dialettica identificante del sistema); essi sono sempre connessi però alla questione del libro come veicolo di pensiero e a quella dell'autore che si cela/rivela in questi testi – cioè a questioni comunicative-mediali. Di più: nel suo straordinario testo *Prefazioni*, scritto con lo pseudonimo di Nicolaus Notabene, Kierkegaard compone un intero libro fatto solo di prefazioni per dimostrare come il "contenuto" del testo sia irrilevante – o meglio, lo sia diventato proprio nel momento in cui il libro è un oggetto mediale in sé, fatto di elementi paratestuali, come le prefazioni, e anche contestuali, come le recensioni (cfr. *infra*, pte 2, § 4)[10]. In tal senso, Kierkegaard non fa che riprendere una mossa dialettica tipicamente hegeliana: come non ricordare che all'inizio della *Prefazione* (*Vorrede*) alla *Fenomenologia* Hegel afferma esplicitamente che uno scritto filosofico (tale quale è la Fenomenologia stessa!) non necessita di alcuna *Vorrede*? È sintomatico che il curatore italiano dell'edizione di *Prefazioni*, ricordando che questo testo segna la "resa dei conti con Hegel", finisca per affermare che Hegel "dice una cosa e ne fa un'altra" – senza "accorgersi" che proprio tale "contraddizione" (che viene replicata ovviamente anche nella prefazione alla *Scienza della logica*, il testo che Kierkegaard aveva iniziato a leggere proprio nel 1844, l'anno di *Prefazioni*) è il cuore stesso della "logica" hegeliana. Kierkegaard dunque, spingendo all'estremo la voluta contraddizione hegeliana, scrive una prefazione che coincide col libro stesso (la "Cosa stessa" hegeliana, il Sistema).

> *...la prefazione stessa si fa libro...in quanto tale dunque la prefazione emancipata non deve avere argomenti da affrontare, ma trattare di niente, e nella misura in cui sembra affrontarne qualcuno e trattare di qualcosa, questa però dev'essere una parvenza e un finto movimento*[11].

Il sistema hegeliano, a dispetto della vulgata che lo vede come la sistematizzazione oggettiva del sapere, è un sistema contraddittorio, che implica ciò che gli sfugge; Kierkegaard, dal canto suo, rende palese questa contraddittorietà, sottolineando in modo particolare il suo carattere negativo – il fatto che fin dall'inizio (dalla prefazione appunto) tratta "di niente"[12]. Come ha efficacemente notato l'autorevole studioso kierkegaardiano Jon Stewart:

> *Da queste considerazioni, sembra problematico concepire* Prefazioni *e il suo messaggio circa l'autonomia della prefazione come una critica di Hegel e della filosofia sistematica. Al contrario, Hegel è pienamente in accordo con Nicolaus Notabene sul fatto che la prefazione non deve essere concepita come parte organica di un insieme più vasto. Piuttosto, è una entità indipendente e sta di per sé separatamente dal soggetto della scienza. Pertanto, lungi dal voler criticare Hegel, Nicolaus Notabene sembra trovare nella "Prefazione"* alla Fenomenologia *l'ispirazione per la sua stessa considerazione della nozione di prefazione come un pezzo testuale autonomo*[13].

La vicinanza tra Hegel e Kierkegaard su questo punto è tale che Stewart ne deduce correttamente che occorre ribaltare la *vulgata* di una loro immaginaria contrapposizione, sottolineando il fatto che il vero obiettivo polemico di Kierkegaard non è tanto Hegel, ma proprio l'hegelismo volgare, assai di moda anche nella Danimarca del suo tempo[14].

Inoltre, Kierkegaard, nasce sì in una Danimarca cristiana, ma anche in un contesto in cui lo stesso dibattito religioso è attraversato dalla necessità di svolgersi pubblicamente, mediandosi nei tipici strumenti dell'epoca, quali giornali e gazzette di ogni genere. Kierkegaard stesso *fonda* a tal fine un giornale, *Øieblikket* – e si occupa della nozione di comunicazione a più riprese nei suoi testi[15]. La nozione di un Kierkegaard singolarizzato dalla sua malattia è certamente vera, ma tende a diventare fuorviante se contrapposta a quella di un Hegel invece dominato dall'idea totalizzante (al limite totalitaria) di Universale. Basandosi sul luogo comune della "nottola di Minerva", anche Sartre ripete che Hegel ha "collocato la sua filosofia alla fine della storia, come verità divenuta e sapere retrospettivo"[16]. Ma come si concilia questa visione con l'Hegel della "preghiera del mattino" che secondo lui l'uomo moderno compie, leggendo la quotidiana gazzetta appena giuntagli sul tavolo? E che dire della battuta sul fatto che nella contemporaneità "solo il presente è fresco"?[17] E che proprio lo spirito assoluto alla fine delle sue vicissitudini è quello che "elimina il tempo" e lo ricomprende sotto di sé, non se ne lascia più dominare?[18] I numerosi esempi che si potrebbero fare in proposito stanno essenzialmente a dimostrare che per Hegel il classico concetto di "storia" come "insieme degli accadimenti umani passati" è del tutto inadeguato – ed è stato reso inadeguato dalla sua stessa finale comprensione spirituale. La filosofia hegeliana non può essere semplicemente collocata alla fine della storia, perché la storia, riconsiderata da un punto di vista filosofico, non esiste più come prima: quella hegeliana non è l'ultima di una serie di posizioni filosofiche, ma in un certo senso la prima, quella che, a posteriori, si autopone come la ricomprensione del senso che la storia come tale non sa dare a se stessa. Questa auto-comprensione – come sta a dimostrare la battuta hegeliana sulla gazzetta mattutina – avviene in un contesto di mediazione spirituale, di cui i mass media odierni sono l'incarnazione mondana definitiva. Da questo punto di vista, fondare un giornale per sostenere, come fa Kierkegaard, le proprie ragioni teologico-filosofiche, è un gesto squisitamente hegeliano (proprio Hegel, più tardi imitato in questo da Croce con la sua *Critica*, fondò gli *Annali berlinesi per la critica scientifica* nel 1827)[19].

Ma c'è anche un motivo più profondo per cui il sistema dello spirito si incarna a poco a poco nel sistema mediale, che poi è andato assumendo i tratti di quello stadio video-dialettico su cui già ci siamo soffermati. Sartre infatti contrappone al soggettivismo kierkegaardiano l'oggettività del sapere hegeliano – ma l'opposizione, formulata in questi termini, rischia di essere fuorviante. Se il soggettivo è ricompreso e "previsto" nell'oggettivo, è solo perché quest'ultimo a sua volta viene ricompreso dall'assoluto. Ma nell'assoluto, la cosa stupefacente che ci viene detta e a cui *oggettivamente* assistiamo, è l'inopinato ritorno del soggetto! "La sostanza è anche soggetto", aveva già affermato Hegel all'inizio della *Fenomenologia*[20]; alla sua fine (ma è un concetto che ripete anche più tardi, nell'*Enciclopedia*), quando lo spirito si trova nell'Assoluto non è solo che si comporta "da" soggetto, (si sa, si auto-conosce ormai perfettamente, ecc.) – no, è un soggetto, è proprio un singolo soggetto individuale – bisognerebbe osare dirlo: *kierkegaardiano!*[21]

> *Lo spirito che sa se stesso, infatti, nella misura in cui coglie il proprio concetto, è quell'uguaglianza [Gleichheit] con se stesso che nella sua*

differenza costituisce la certezza dell'Immediato, cioè la coscienza sensibile, dunque proprio l'inizio, da cui noi abbiamo preso le mosse[22].

Come è possibile questo mistero e che cosa significa?

Letto così Kierkegaard non si oppone a Hegel, quanto piuttosto lo porta a compimento, fa quel pezzo di lavoro sul soggetto che Hegel forse non ha ultimato, ma che ha certamente saputo indicare. E che vuol dire? Nella parte sul Sapere assoluto della *Fenomenologia*, Hegel cerca di fornire una descrizione visiva dell'assoluto, definendolo come una "lenta successione di spiriti [Geistern], una galleria di immagini [eine Galerie von bildern]", cioè un lento trascorrere di ritratti, come nella sala di un museo[23]. Forse Hegel aveva in mente le gallerie dei palazzi nobiliari, nelle quali stavano esposte le effigi degli antenati, gli esponenti del passato, che il visitatore contemporaneo può rimirare, rendendosi conto della loro trascorsa esistenza – per cui questo "vedersi" spirituale assume le forme di uno sguardo carico di consapevolezza verso le rappresentazioni del passato. Ma queste immagini sono i ritratti di uomini particolari, di "irriducibili singolarità", che solo la messa in serie carica di un elemento ulteriore – quello appunto della universalità. Lo Spirito quindi coincide con un singolo soggetto, e deve "ricominciare da capo nella sua immediatezza con ingenuità e semplicità". In questo senso, anche il "ritratto" che Sartre fornisce dell'irriducibile singolo-Søren, non lo mette forse in serie, all'interno di una catena di irregolari (tra cui se stesso), re-inscrivendolo come tale nella dimensione dell'universale?

Se veniamo a considerare ora il rapporto odierno tra universale e singolare, vediamo che le cose, anziché cambiare, sono andate proprio in questa direzione, nel senso cioè di una mediatizzazione della *Galerie von* (video)*Bildern*. Nella società mediale attuale infatti, non esiste più solo la star di vecchia generazione, ossia il singolo che attinge a una dimensione planetaria, e il cui "volto tra la folla" diventa riconoscibile per la sua eccezionalità (eccezionalità dovuta semplicemente al fatto di essere passato attraverso la mediazione universale). In questo caso infatti, il contrasto tra singolare e universale passa quasi inosservato, dato che il singolo, pur restando tale, è davvero spogliato di ogni suo ancoraggio mondano – tant'è vero che diventa un "divo", assurge a una dimensione para-religiosa (anticamera dell'universalità più completa). Ma oggi, di fatto, l'irriducibilità del singolo sembra avere regolarmente partita vinta: non appena si affronta una qualche dimensione universale, il singolare spunta fuori e la rende inoperante, ne blocca efficacemente ogni possibile sviluppo.

Alcuni recenti casi mediali sono di grande rilevanza in questo senso. Il caso di Terri Schiavo, ad esempio (che ha avuto le sue regolari repliche più o meno simili in tutto il mondo), è esattamente di questo tipo. La signora Marie-Therese Schiavo Schindler infatti era semplicemente una malata in stato semivegetativo, cioè priva di coscienza, che nell'autunno 2005 ha bloccato l'opinione pubblica statunitense, che si è divisa in maniera netta tra i sostenitori dell'eutanasia, e i sostenitori del cosiddetto "diritto alla vita". Il dibattito naturalmente si è concentrato su alcuni temi-chiave quali i confini della vita e, conseguentemente, della morte, ma anche su temi molto più antichi e profondi quali il libero arbitrio, e l'esistenza stessa di Dio. Da un lato si sostiene giustamente che Terri non è più un essere umano, e da lungo tempo, dal momento che non è in grado di essere consapevole del proprio destino, e che conduce un'esistenza decisamente al di sotto dell'umano (vive in uno stato "vegetativo" appunto, cioè nemmeno animale, dato che fra l'altro si trova nell'impossibilità di muoversi). Dall'altro lato, altrettanto giustamente, si fa notare come Terri sia *comunque* un essere umano, e che dunque il valore della sua vita (un valore più che umano) la rende "sacra", un essere umano di cui nessun altro essere umano può veramente disporre, dato che, in ogni modo, essa è ancora "viva" (dato che, al di là delle fallibili prove empiriche secondo le quali lei non "sente" più nulla, niente esclude che abbia ancora una qualche forma di consapevolezza nascosta). Improvvisamente pertanto, l'intero dibattito teorico su eutanasia, diritti deontologici della scienza medica, libertà di scelta, responsabilità morale, ma anche civile, sociale e giuridica, dalla sua costitutiva astrazione si trova calato nell' "irriducibile singolarità" di un individuo che lo distrugge, lo rende inoperante e persino inadeguato.

In verità, nessuna delle due parti in contesa è certa della propria posizione, ed entrambe si arrestano di fronte al volto divenuto imperscrutabile di Terri – che così, infinitamente replicato dai media, diviene l'emblema stesso di questo stallo, di questa inconcepibile antinomia[24]. Ecco perché il suo volto diviene una vera e propria icona, un *Bild* se ve n'è uno – non tanto a causa dell'atteggiamento sofferente, ma proprio per il suo carattere inesplicabile, per il suo essere – secondo la fulminante battuta di Oscar Wilde – una "sfinge senza enigma". E il dibattito attuale si riempie continuamente di questo genere di sfingi: se la legge coranica in un paese integralista

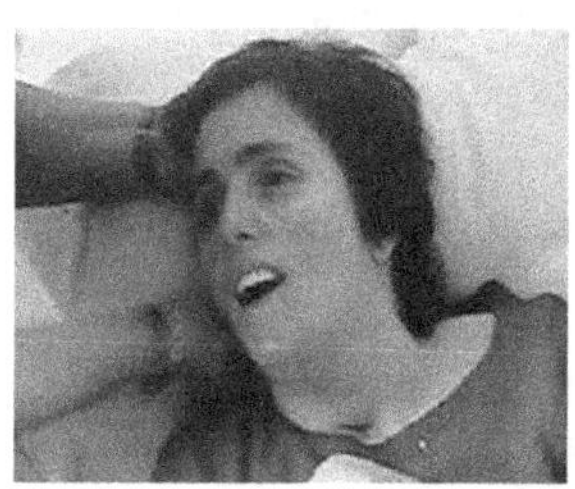

prevede la pena di morte mediante lapidazione di una donna adultera, ecco che (se il viso di quella donna riesce in qualche modo ad attingere una dimensione pubblica) tutto il mondo viene a conoscenza del barbaro rito, non in teoria, ma di fronte a una sua vittima precisa, che porta il nome di Sakineh Ashtiani, e tutto il mondo si interroga sul senso di quella morte – proprio elevandone l'icona a "sfinge senza enigma". Praticamente non v'è quasi argomento rilevante di politica, morale, economia, arte, religione, che non ricalchi questo schema: se si tratta di politica internazionale, il volto è quello di Eliàn Gonzales, il bimbo cubano sottratto alla madre, o quello di Ingrid Betancourt, la donna francese catturata dai guerriglieri boliviani, oppure di Cesare Battisti, l'ex terrorista italiano che blocca l'intesa fra i governi del Brasile e dell'Italia; se si tratta di scienza, allora sono i visi di Terri, di Eluana Englaro o di Giorgio Welby; se è in gioco l'economia, allora è il viso del bimbo malnutrito; se si tratta di arte, è quello del cane fatto morire di stenti da un artista venezuelano; per arrivare al celebre gabbiano imbrattato di petrolio, simbolo del disastro ambientale al largo del Golfo del Messico.

In tutti questi casi, l'irriducibile singolo prende una rivincita mortale sull'universale – nel senso che letteralmente lo spacca dall'interno, come il proverbiale granello di sabbia che inceppa il meccanismo, perfetto ma disumano, della macchina globale. In una versione incredibilmente di successo della tesi sartriana secondo cui "lo scacco mette in crisi la storia", per cui i vinti, i morti di fame e disperazione, ecc., "sono buchi nel sapere in quanto sono esistiti", la soggettività, che "non è nulla per il sapere oggettivo", mostra col suo scacco che è esistita come assoluto[25].

Tuttavia, occorre esaminare più da vicino questi volti di vinti, di sofferenti, di disperati, perché, anche se non nascondono di fatto alcun "enigma" (non sono l'anima del Mondo hegeliana), restano nondimeno delle sfingi dotate di un enorme fascino. E se il fascino che possiedono derivasse loro proprio da questa pura natura sfingiastica, ovvero simbolico-immaginaria – dal fatto cioè puro e semplice di essere divenute, come si usa dire, delle "icone globali" (icone della disperazione, della fame, della guerra, dell'ingiustizia, della violenza medica, dell'inquinamento....)? Cioè, che dire se il loro fascino derivasse non dall'interno, ma dall'esterno – come un effetto della loro stessa mediatizzazione? Se si considerano da questo punto di vista, allora le cose cambiano radicalmente. Ciò che queste singolarità mettono effettivamente in crisi, dunque, è sì l'universale – ma l'universale "astratto", per esempio il livello meramente "teorico" del dibattito sulle energie rinnovabili (nel caso dell'inquinamento), o della bioetica (nel caso dell'individuo ridotto allo stato vegetativo) o della politica internazionale (nel caso della paternità controversa). Ma appunto – *questo* universale che non funziona, che si inceppa sul singolare, che cade in antinomia con se stesso, ecc., è esattamente un *falso* universale! Cioè la falsa immagine che ci siamo costruiti dell'universale a partire dalla sua alterità rispetto al singolare. Un *universale* appunto *astratto*, non-concreto, e come tale, *altrettanto particolare del singolare* che lo contesta e lo mette in crisi. Se basta un semplice singolo per mettere in crisi l'universale, ciò significa che l'universale che così va in pezzi meritava di rompersi, dato che certo non era poi così "forte", non era poi così "universale" come si riteneva che fosse. Ma il trionfo del singolare, che sembra avvenire pertanto "a spese dell'universale" (in una specie di rovesciamento del detto hegeliano per cui, a fare le spese dell'universale è invece il singolo individuo) ha luogo solo grazie ad una universalizzazione di grado assai più elevato, e si direbbe "maligno". La diffusione mediale del volto dell'irriducibile singolo, più che il trionfo di quest'ultimo, segna surrettiziamente la vittoria di quell'universale dialettico (cioè *obverso*) che è in grado di mediarsi completamente e senza timore col più peculiare dei singoli, col più infimo degli esseri individuali, riaffermandosi così ancor di più come potenza autenticamente universale, come schematismo trascendentale onnipresente, come senso della contraddizione, questa sì divenuta ormai universale, intimamente condivisa da entrambi gli opposti di questa dialettica. È questa l'universalità autenticamente dialettica o, per dirla con Hegel, "universalità *convalidata* dal contenuto concreto come dalla sua realtà"[26]. (Ed è in tal senso che l'artista William Horner nel suo video *Particular* [2004] ha potuto sostituire al celeberrimo logo Universal, che lancia la sua protettiva ombra sul globo terracqueo, la dicitura Particular, come una sorta di "nuova" sigla del rovesciamento mediale contemporaneo).

Davanti all'analogia di Sartre, che non a caso cita i vinti, i morti di fame e disperazione come i "distruttori" dell'universale, si potrebbe pensare a figure come quella di Terri Schiavo come ad altrettante reincarnazioni di "Kierkegaard vivente" – ma è proprio a questo punto che occorre chiedersi *chi è* Terri. È molto istruttivo a tal proposito il fatto che i media abbiano proposto *due* immagini di Terri: la Terri "vegetativa" (divenuta tale in seguito a un coma potassico dovuto all'abitudine della donna, bulimica, di vomitare) *e* la Terri *prima* del coma, sorridente il giorno del matrimonio, coi figli, ecc. Fin dal duplice nome Terri Schiavo / Marie-Therese Schindler, Terri non coincide completamente con se stessa, si scinde in due immagini non combacianti, anzi radicalmente differenti. In effetti, non è il trauma come tale a rendere diversa Terri da ciò che era prima; il coma che l'ha colta nel 1990, pur distruggendola come individuo "umano", non ha fatto notizia, non ha "trasfigurato" la signora Schiavo Schindler in "Terri Schiavo". No, questa scissione "atomica" ha avuto luogo solo nel momento in cui Terri è divenuta terreno di battaglia tra i due contendenti – cioè tra l'aspirazione "universalista" della "legge" sotto forma del "diritto di morire" e della incoercibile libera scelta, impersonata dal marito Michael, ma attribuita non a caso alla volontà precedentemente espressa da parte della donna di sottrarsi a un destino tanto tragico quale quello di sopravvivere a se stessi, nella più completa incoscienza;

e la resistenza "particolarista", impersonata dai difensori della "sacralità della vita" (tra cui la Chiesa cattolica), convinti della irripetibilità creaturale del singolo. In questa battaglia la posizione universalista è evidentemente altrettanto particolare che quella singolarista, è solo uno dei due contendenti in lotta – ma questo conflitto invece ha come risultato proprio quello di trasfigurare il singolo (pur restando un singolo affatto peculiare) in un universale, e di permettere all'universalità mediale di adire all'esistenza, di "incarnarsi".

In questo senso, Terri segue l'analogo destino di contraddizione che abbiamo già visto nella "logica di Tori": infatti Terri è sì un vegetale, che ridiventa un soggetto solo grazie all'universale come sistema mediale, ma disidentificandosi da se stessa. Anche Terri *è* Terri se, e solo se, *non è* Terri; anche lei è "Terri Schiavo" (l'icona che tutti conoscono come simbolo del caso di coscienza e giuridico che la vede protagonista) solo nel momento esatto in cui non è se stessa, non è più Therese Schiavo Schindler, ma un essere la cui identità passa per la sua differenza di sé da sé. Non era esattamente questo il senso delle parole hegeliane sopra citate?

> *Lo spirito che sa se stesso... è quell'uguaglianza con se stesso che nella sua*
> *differenza costituisce... la coscienza sensibile.*

Il caso di Terri è dunque preso in una dialettica, per la quale il sistema mediale universale funziona se e solo se non è se stesso, se si nega/afferma in un singolo del tutto contingente, al limite inesistente come essere umano. Così, questa è la forma generale non solo con cui l'irriducibile singolarità dell'uomo *viene* al mondo, ma anche con cui l'irriducibile universalità disumana *torna* al mondo – il modo in cui il principio generale della disidentità si pone al di sopra e al di là di tutto.

Questa è esattamente la lettura hegeliana della trinità di Padre, Figlio e Spirito Santo, intesa filosoficamente come Universale (astratto) – Individuale (singolare) – spirituale (universale dialettico mediato).

> *Nel momento dell'individualità... in cui il contrasto di universalità e*
> *particolarità è tornato al suo fondamento identico, - si rappresenta...*
> *la sostanza universale, che si è realizzata uscendo dalla sua astrazione*
> *e facendosi autocoscienza individuale. [...] Ma, inoltre, questa esistenza*
> *immediata, e quindi sensibile, dell'assolutamente concreto, ... muore*
> *nel dolore della negatività, nella quale, come soggettività infinita, lo*
> *spirito è identico a sé; e da essa, come ritorno assoluto e unità universale*
> *dell'essenzialità universale e individuale, è diventato per sé: - è l'idea dello*
> *spirito eterno, ma vivente e presente nel mondo*[27].

Ossia: nel contrasto tra universale e individuale-particolare (singolare) gli opposti condividono una identica contraddizione (il fondamento identico); la sostanza universale (ad es. il diritto astratto di decidere della propria vita) si realizza solo uscendo dalla propria astrazione, e divenendo un caso concreto, un soggetto individuale, singolo (ad es. Terri); ma Terri, come il Figlio-Cristo, proprio morendo "nel dolore della negatività", diventa un che al di là di se stessa, cioè da essere finito (una donna in stato vegetativo) diventa soggettività infinita, ossia diventa un che di infinito (la speranza, il senso di umanità, il problema della morte...) che prende (*ri*-prende) il suo volto, il volto di un soggetto preciso – e *insieme* viene "sublato" in forma di spirito, "vivente" e presente nel mondo (che oggi è lo spirito mediale).

Anche se si potrebbe pensare che il paragone tra Spirito Santo e mass-media contenga qualcosa di blasfemo, occorre ricordare che questa è in definitiva non solo la posizione di Hegel, ma anche di Kierkegaard stesso.

Negli scritti sulla comunicazione, infatti, Kierkegaard ritorna sull'idea della differenza tra comunicazione diretta (scientifica, ma come tale falsa) e comunicazione indiretta (la sola che egli giudica efficace e veramente cristiana). La comunicazione indiretta, o riflessa (e Kierkegaard utilizza significativamente la terminologia hegeliana di "determinazione riflessiva" per definirla) non ha a che fare con la responsabilità del contenuto comunicato, ma con la sua stessa tremenda forza formale, con il fatto strutturale della comunicazione come tale, che rende tutti già comunicanti-comunicati. Nell'epoca obversa, che Kierkegaard preavverte chiaramente, i singoli individui sono in qualche modo sempre a rischio di essere schiacciati dalla terribile responsabilità di comunicare se stessi – di essere in definitiva in una posizione cristologica e, *insieme*, di vivere in un tempo dove la spiritualità ha già trasfigurato Cristo (il singolo) nel contenuto della comunicazione spirituale. In tal senso, è del tutto riduttivo confinare la posizione kierkegaardiana a quella di un difensore dei valori dell'individualità e del suo sacrificio doloroso sull'altare della vecchia universalità (secondo l'interpretazione di Sartre) – al contrario, la novità di Kierkegaard consiste proprio nel porsi il problema del senso del sacrificio del singolo sul *nuovo* altare della spiritualità comunicativa; ed è per questo che, in definitiva, *sia* Kierkegaard *che* Hegel re-interpretano lo Spirito Santo, aggiornandone l'aspetto pentecostale all'altezza della comunicazione mediale diffusa, già ormai "vivente e presente" nell'epoca loro.

A questo punto potrebbe dunque sembrare che il famoso sacrificio del soggetto sia del tutto inutile, dato che la sua personale battaglia con l'universale si rivela, alla fine, inevitabilmente persa. Ed in effetti le conclusioni sembrano confermare questi timori: non solo la vicenda Schiavo si è conclusa con l'eutanasia di Terri (nonostante l'opposizione personale dell'allora presidente G.W. Bush), ma in generale, i tipici granelli di sabbia sembrano non essere riusciti a fermare il meccanismo che avrebbero dovuto inceppare. Eppure, si può anche affermare che non è così: i casi del genere Terri Schiavo in effetti producono delle conseguenze che, pur non riguardando il soggetto singolo nel suo specifico, innalzano il livello del dibattito in cui il singolo si trovava preso, a un piano da cui è impossibile fare ritorno – costituiscono non solo dei "precedenti" in senso giuridico, ma delle *conseguenze* in senso mediale, tali per cui in seguito ogni ritorno sul tema è in qualche modo dominato dalla loro spettrale presenza "sacrificale". Si prenda il caso della crisi dei missili che vide opporsi Cuba (e l'URSS) agli USA nel 1962, sfiorando un conflitto nucleare; nella ricostruzione filmica (*Thirteen Days*, R. Donaldson, USA, 2000) appare chiaramente che la crisi viene scongiurata solo dalla fermezza personale dell'ufficiale Kenny (Kevin Costner) e dal buon senso di Bob e John Kennedy. La lezione è che gli "uomini di buona volontà" possono fermare il male storico, magari anche col loro sacrificio, che però non sarà vano – mentre, ancora una volta, l'universale, inteso qui come il sistema delle relazioni politiche internazionali, disumano e impersonale, rischia di portare il mondo alla catastrofe. In tal senso, John Kennedy cita a un certo punto *I cannoni d'agosto*, un libro (di B. W. Tuchman) sulla Prima Guerra Mondiale, che dimostrerebbe come essa sia esplosa per un errore di valutazione congiunto delle forze imperiali, "causando la morte di 13 milioni di uomini". Questa vulgata è ricorrente anche negli episodi politici più recenti: una memoria di essa ritorna nel celebre video del piccolo uomo inerme con un sacchetto di plastica in mano che si para di fronte a un carro armato dell'esercito cinese diretto a reprimere gli insorti di Piazza Tien An Men nel maggio del 1999, e lo costringe a fermarsi. È dunque grazie a questi uomini che hanno rischiato la loro carriera o decisamente sacrificato la propria libertà e anche la vita, che noi viviamo in un mondo più sicuro e più giusto... Ma è davvero andata così? O forse, come dovremmo dedurre dal caso Schiavo, il sacrificio del soggetto non ha fatto che rendere ancor più universale lo spirito da cui avrebbe voluto emanciparsi? Proprio riferendosi a casi simili, Hegel ricorda che nelle nostre condizioni prosaiche, nemmeno un "generale o un comandante d'esercito" e nemmeno "i monarchi del nostro tempo" possono promulgare più "il diritto, le finanze, l'ordinamento civile"; "ciò che può essere ascritto al loro carattere soggettivo come qualità personale è molto limitato"[28]. Si delinea qui una filosofia della storia di stampo hegeliano secondo la profezia del filosofo, che aveva detto:

> *Nella considerazione filosofica della storia bisogna lasciar da parte espressioni come la seguente: uno stato non sarebbe andato in rovina se vi fosse stato un uomo, il quale, ecc. ... gli individui non impediscono che avvenga ciò che deve avvenire*[29].

In questa linea di ragionamento non c'è spazio per illusioni: eventi come quello della Prima Guerra Mondiale non sono frutto di una drammatica svista logistica – ma il solo modo attraverso il quale figure del passato (come il Sacro Romano Impero, o l'Impero Ottomano, ecc.) dovevano evidentemente giungere alla loro fine dopo secoli di sopravvivenza[30]. Allo stesso modo, anche se la crisi di Cuba non ha avuto luogo nel 1962, non si potrebbe dire che le catastrofi nucleari di Chernobyl prima (1986), e di Fukushima poi (2011), abbiano portato a realtà ciò che allora rimase solo allo stato di angosciante incubo? All'obiezione che, però, tali catastrofi non sono state decise dall'uomo, ma sono frutto di circostanze naturali, compete la risposta per cui, di fatto, è proprio l'Uomo l'artefice di macchinari tanto complessi che nessun singolo può più completamente governare, e che pertanto sfuggono al suo controllo (indipendentemente dal fatto che si tratti di megamacchine di guerra o di pace). Certo, una differenza c'è, e consiste nel fatto che la crisi dei missili rientrava ancora in una logica di contrapposizione immediata tra universale (ideologie politiche antagoniste) e singolare (il volere degli uomini di buona volontà), mentre Chernobyl e Fukushima nascono già come "risposte" ai bisogni di una massa di singoli (bisogni consumistici, necessità di fonti energetiche non inquinanti, ecc.), fanno parte cioè di un universale già "sacrificato" all'altare delle esigenze individuali. Ciò non rende queste catastrofi meno universali, anzi, ne eleva il monito a un grado veramente planetario, per cui, se con Hegel si deve ammettere che "è avvenuto ciò che doveva avvenire", ciò va inteso nel senso che il vecchio universale immediato-astratto (l'ideologia dominante, la "necessità storica", ecc.) ritorna in una forma completamente inedita, ad esempio come contraccolpo mediale universale della catastrofe, che va persino al di là dei suoi effetti concreti-empirici – e naturalmente ritorna a noi *sub specie singularitatis*, nel drammatico video dell'anonimo sofferente, della donna che ha perso la casa, o dell'operaio colpito dalle radiazioni.

Insomma, il sacrificio del singolo avviene sì sull'altare dell'universale, ma di un universale che, per parte sua, si è già "sacrificato" anch'esso sull'altare del singolo.

Questo genere di considerazioni sembra farci tornare qui alla opposizione di partenza che sembrerebbe più *up to date* rispetto a quella tra universale e singolare – cioè quella tra locale e globale. Le due coppie di opposti, che condividono la stessa struttura logica, per la quale ognuno si oppone in-sé a se stesso tramite l'altro, sembrano perfettamente sovrapponibili.

Tuttavia, prima di arrivare alla frettolosa conclusione secondo cui avremmo da un lato l'universale-globale a cui si opporrebbe dall'altro il singolare-locale, occorre analizzare più vicino il rapporto fra ciascuno di questi due "falsi sinonimi".

Abbiamo visto fin dall'inizio come il globale "ispira" il locale, e viceversa il locale si ispira all'universale – per cui nessuno dei due opposti può veramente esser posto senza l'altro. L'universale invece, se sulle prime si oppone al singolare, deve poi cedergli il passo, pur finendo per ricomprenderlo in se stesso, *disidentificandosi* in esso, come suo posto-opposto. Il singolare, cioè, non è la *faccia nascosta* dell'universale, ma semplicemente la *sua* faccia, dato che altrimenti l'universale sarebbe semplicemente "senza volto", come il personaggio di Domenica ne *L'uomo che fu giovedì* di Chesterton, o il dottor Mabuse nell'omonimo film di Lang. Il globale, invece, è già-da-sempre "visibile", è sempre ammantato di una superficie epifenomenica – il che lo rende immediatamente sospetto come "incarnazione" dell'universale. In cosa consiste la sostanza della globalizzazione – se non in merci, o icone, o prodotti globali, cioè in apparenze inessenziali? Così, merci planetarie, come la Coca-Cola, o icone come Apple, sono effettivamente la contromarca della globalizzazione, del fatto che il pianeta si va assimilando dovunque, eppure non riescono a pervenire affatto a una dimensione autenticamente universale, perché non scaturiscono da nessuna dialettica, non si confrontano col proprio opposto, e per questo sono insussistenti, o meglio meramente esistenti, e dunque inessenziali. I segni della globalizzazione, che suscitano tanta repulsione ai giovani anti-globalisti, restano in realtà inoffensive caricature dell'autentica universalità, di cui sono (come mere apparenze) all'inconsapevole servizio[31].

Certo, anch'esse suscitano una reazione di opposizione, che è appunto il locale, il particolarismo (da non confondere con l'individuazione singolarizzante), il prender posizione, cioè "prender *parte*". Ma anche il localismo del "partito" anti-globalista non è che la contraffazione inefficace del singolare, il cui segreto ineffabile gli sfugge. Così, tutto ciò che aspira alla "globalità" in realtà tende a sfuggire l'universalità, o meglio tende a fornirne una versione mondana, caricaturale, cioè tende a strappare l'universale dalla sua dimensione platonico-metafisica per darne un assaggio alla portata di tutti – d'altro canto, tutto ciò che mira per contro al "locale" evita scrupolosamente di incarnarsi cristologicamente in un singolo, perché teme la forza simbolica (universale!) che tale singolarizzazione porta inevitabilmente con sé. E se le multinazionali, che sfoggiano il loro potere al di sopra dei singoli, impiegando il pianeta come mercato senza confini, non esibiscono mai il viso di un "singolo" – purtroppo lo stesso accade nel campo opposto dei no-global, il cui esponente di maggior spicco, il celebre (e oggi semi-dimenticato) Subcomandante Marcos, ha sempre tenuto nascosto il proprio volto, la propria "singolarità"[32]. In tal senso, se il globale è "il volto osceno" (ossia il non-volto) dell'universale, il locale (il no-global) non è dalla parte del "singolare", ma del *particolare* – nel senso che esprime il volere di una parte, di un partito, di una fazione, e in tal senso rinnega l'irriducibilità sartriana-kierkegaardiana del singolo ancor più della globalizzazione che dice di voler combattere.

Un esempio evidente di questa contraffazione si è avuto regolarmente nel caso del confronto diretto tra sostenitori della globalizzazione mondiale (WTO, Banca Mondiale, ecc.) e difensori dei valori locali, in occasione del meeting dei G8 a Genova (2001). Quando, durante gli scontri, un giovane manifestante è stato (più o meno accidentalmente) ucciso da un poliziotto, tutto il senso della manifestazione antiglobalista ha cambiato significato. Durante gli scontri, sia la polizia in tenuta antisommossa che i manifestanti violenti (i black block) avevano il volto coperto, quasi a segnalare il fatto che, pur essendo arruolati sotto bandiere diverse, condividevano però l'anonimato della loro condizione di combattenti. Quando però il giovane Carlo Giuliani è stato ucciso, immediatamente la sua figura è uscita dall'anonimato, e contemporaneamente anche quella dell'agente Augusto Placanica, accusato del suo omicidio. Inaspettatamente, l'opinione pubblica di tutto il mondo ha scoperto così che i due guerrieri schierati nelle file di due eserciti contrapposti avevano più o meno la stessa età e forse condividevano molte contraddizioni della loro condizione esistenziale – il che ha immediatamente elevato il livello dello scontro tra fautori della globalizzazione e no-global ad un piano metafisico-spirituale del tutto imprevisto.

I vessilli nazionali che simboleggiavano le partecipazioni dei Grandi della Terra, così come le divise e gli slogan dei no-global che erano nello stesso luogo per contestarli, hanno perso immediatamente senso – o meglio, hanno assunto di nuovo il loro senso di oscena contraffazione di fronte all'autentico dramma, all'autentico sacrificio incarnato dalla macchia di sangue di un giovane corpo riverso sull'asfalto. Non a caso, dietro al volto anonimo del "black block" riaffiora il nome proprio – ma quest'ultimo si spoglia di ogni determinazione estrinseca, al punto che sul luogo dell'omicidio è stata posta una lapide in memoria di "Carlo Giuliani, ragazzo", elevandone la doppia identità a mistero universale nella gazzetta "del mattino dopo"– quasi prezzo pagato alla contraddittoria spiritualità pentecostale odierna[33].

Ma per concludere, facendo ritorno all'appassionato intervento di Sartre – questa contraddittorietà non era già operante da molto tempo? Non deve sfuggire, infatti, che la conferenza di Sartre su *Kierkegaard vivante* venne tenuta proprio nella sede di una di quelle agenzie che allora non avevano ancora il nome di globali, ma che la cui struttura era nondimeno "mondiale", vale a dire l'Unesco. Sartre cioè tiene una difesa del singolo come ultimo antagonista del Sistema Universale, il cui contenuto enunciato sembra quasi ironicamente smentito dalla sua stessa "posizione di enunciazione", di fronte a quello che allora era, ed è ancora, uno dei massimi organi della nascente mondializzazione. Una sfida o una *impasse*?[34]

8. To be AND not to be *Ubi (in)consistam?*

> *Non vi è altra Faustine che quest'immagine, per la quale io non esisto.*
> Bioy Casares, *L'invenzione di Morel*

Una delle tesi più filosoficamente suggestive degli ultimi decenni è stata fornita da Jean Baudrillard, nel suo saggio *Le crime parfait* – ossia *Il delitto perfetto*, in cui viene descritto, come in un giallo filosofico, il modo in cui "la tv ha ucciso la realtà"[1]. In sintesi il sociologo francese sostiene che il profluvio di immagini mediali, anziché informarci sulla realtà, l'ha prima ricoperta di segni, poi l'ha inglobata e infine l'ha cancellata. Inoltre il delitto è stato così totale da non lasciare tracce – né del colpevole, né del morto, e neanche dell'omicidio.

Per quanto radicalmente nichilista possa apparire questa tesi, essa non è del tutto originale. Infatti, basta dare una scorsa alle pagine centrali di *1984* di Orwell per trovare esposte, in forma narrativa, le stesse idee. L'occupazione a cui Winston Smith è stato assegnato, infatti, all'interno di quella Hollywood distopica che è il Record Department, consiste nel cancellare le tracce del passato. Chiedendosi cosa accadrà dopo il suo lavoro di cancellazione, Winston ne deduce che sarà impossibile ristabilire la verità.

> *Tutto si confondeva in una nebbia. Il passato era cancellato, la cancellatura era stata dimenticata, e la menzogna era diventata verità*[2].

E per trovare una "concrete, unmistakable evidence of an act of falsification" deve riandare con la mente a un piccolo frammento di giornale di molti anni prima. Un frammento di verità che però può essere estremamente pericoloso conservare – ed è per questo che Winston, dopo essersi reso conto del suo valore, deve comunque gettarlo nel "memory hole", il metaforico "buco della memoria", dove va a finire, distruggendosi, ogni anche minimo segno della falsificazione perpetrata. Del resto, quand'anche la fotografia fosse risorta dalla sue ceneri, ormai non costituirebbe più una *evidence*, una prova.

> *Molto probabilmente le confessioni erano state scritte e riscritte tante di quelle volte che alla fine i fatti e le date originali non avevano più nessun significato. Non solo il passato mutava, ma mutava continuamente*[3].

Questo controllo della memoria è ciò che in Oceania viene chiamato "reality control"– il processo di riscrittura è tale e continuo che è impossibile, anche volendo, stabilire la verità dei fatti – per cui la realtà delle cose è compromessa per sempre.

Tuttavia, in entrambe le esposizioni, c'è qualcosa che non convince. Se l'omicidio è stato così perfetto, come mai è possibile parlarne?

C'è un'"imperfezione nella perfezione" – che costituisce il tipico meccanismo di tutti i film di fantascienza distopica: la fase decisiva, quella in cui il mostro, ormai pronto, sta per prendere vita, l'eroe, catturato, sta per essere clonato, la civiltà si avvia alla distruzione finale, ecc., alla fine per un soffio fallisce sempre; come mai? All'"intelligence" di Big Brother manca un surplus di intelligenza, la perfezione nella sua perfezione è intrinsecamente *imperfetta*.

E il sintomo di questa perfezione così imperfetta, sono le denunce stesse della sua scomparsa, e *Le crime parfait*, al pari di *1984*, sono questo genere di testimonianze, anzi di "evidenze". Ma proprio questo genere di denunce sollevano la più grande delle incertezze: trattandosi di libri, da cui sono stati tratti anche dei film, non sono forse già presi nella rete di "falsificazione" criminale che intendevano smascherare? Se un omicidio c'è stato, come è possibile fidarsi di chi lo denuncia, se quest'ultimo si serve dei mezzi (mediatici, finzionali) che sono le armi stesse dell'assassino? Come si può pensare che la "prova" contro il Grande Fratello sia un piccolo frammento di giornale, se è proprio grazie all'immensa produzione mediale di ogni genere che il Grande Fratello controlla tutta la realtà? In termini ancor più semplici, e invocando un esempio ancor più popolare, come ci si può fidare dell'accusa alla società digitalizzata lanciata da *Matrix*, se quest'ultimo è un artefatto audiovisuale il cui fascino è basato esattamente sulle tecniche digitali?

In effetti, anche se il delitto è perfetto, e in questa "nebbia" nessuno è più in grado di decifrare né il movente né l'assassino, resta in evidenza il *mezzo* con cui è stato eseguito – ossia, ciò che non si può cancellare è, per così dire, l'arma stessa del delitto. Per esercitare il suo "reality control" il Controllo ha dovuto inventare un intero, gigantesco sistema mediatico "iperreale" che a sua volta ha scardinato il senso ultimo del concetto stesso di "reale". Le denunce del sistema potrebbero far parte della strategia del sistema stesso, ma vale anche l'inverso: il Sistema stesso (il Controllo, il potere...) potrebbe *far parte delle sue denunce*. *Questa* è la sua im-perfezione: il sistema come tale, per irresistibile che sia, non resiste, non può resistere ai mezzi che ha creato per difendersi; la sua stessa esistenza è la prima cosa che esso (d)enuncia di se stesso. Ma se denuncia se stesso, ciò significa anche che, simultaneamente, *non* è completo, non è totalizzante: *non esiste* (non esiste come Sistema totale).

Il problema che assilla Orwell è ideologico, ma, al tempo stesso, la posta in gioco è ontologica. Che cosa significa dunque *esistere* nell'epoca di Grande Fratello – e per estensione, nell'epoca mediale?

Come è stato notato, il *Dasein* heideggeriano, il concetto chiave su cui si impernia *Essere e tempo*, del 1927, in quanto essere "collocato", esser-qui, cioè esserci, riveste, anche solo per questo, un'importanza fondamentale per ogni teoria dei media – dato che i media appunto implicano (come visto) una ridefinizione delle dimensioni di spazio e di tempo[4]. A partire da questa dislocazione, Heidegger coglie il paradosso fondamentale della comunicazione moderna: in un fugace, ma non per questo meno decisivo passaggio, egli accenna al carattere "dislocante" della radio. Forzando il termine tedesco Ent-fernung (al-lontanamento) ne mostra la negazione intrinseca, che è stata resa in italiano col prefisso negativo: *dis*-allontanamento. "Dis-allontanare significa far sparire ciò che è lontano", e designa una costituzione essenziale del Dasein, che cerca sempre l'incontro con la prossimità. Infatti, "vi è nel Dasein una tendenza essenziale alla prossimità". Ora

> *[...] tutte le forme di accelerazione della velocità a cui oggi siamo più o meno costretti a prendere parte, tendono al superamento dell'esser-lontano. Con la radio per esempio, il Dasein compie un dis-allontanamento (Ent-fernung) del Mondo (Welt) non ancora ben chiaro nel suo significato esistenziale, ma da cui deriva un ampliamento del mondo-ambiente (Umwelt) quotidiano[5].*

L'uso del termine Ent-fernung è qui molto preciso: se essenzialmente il Dasein è un ente che "cerca la prossimità", nell'epoca odierna questa ricerca è diventata parossistica, e sembra "ribaltare" il risultato di questa ricerca. La radio infatti non può veramente "avvicinare" ciò che è lontano; essa ha solo la capacità di "dis-allontanare" l'ascoltatore da ciò che ode. Il dis-allontanato non è il vicino (la prossimità autentica a cui si accosta il Dasein nella vita quotidiana); se si contano correttamente le negazioni, è un non-non-vicino, è una prossimità negata due volte, ma che in tal modo nega se stessa. Con la radio accediamo a un Mondo che non è né il mondo vicino alla nostra esperienza quotidiana, ma non è neanche il Mondo nella sua totale, estranea lontananza. E vi accediamo in un modo in cui noi stessi siamo enti che, pur non avvicinandosi al Mondo, al tempo stesso non ne risultano lontani. Siamo dunque in una dimensione antinomica e indecidibile.

Tenuto conto del fatto che il modo d'essere del Dasein è spazializzante, questo dis-allontanamento ha conseguenze notevoli. Heidegger non si dilunga oltre su questa problematica relazione "spaesante" con i mezzi di comunicazione e di trasporto odierni, ma in generale, nota come, per il Dasein, "il non sentirsi a casa propria è il fenomeno più originario"[6]. Questo fenomeno originario porta Heidegger ad ammettere che l'identità stessa dell'esserci è dunque un perdurante turbamento: il Dasein "innanzitutto e perlopiù *non è se stesso*"; esiste dunque un contrario dell'Io, il non-io, che non coincide con l'oggetto o la natura "sprovvista di egoità", ma è un "modo d'essere determinato dell'Io stesso – per esempio, nella perdita del Sé"[7].

Innanzitutto "io" non "sono" io nel senso del me-Stesso che mi è proprio[8].

Questo tratto negativo che affetta l'esserci umano viene chiarito nel saggio *Che cos'è la metafisica?* In questo testo (derivato dalla conferenza tenuta nel 1929) Heidegger parte proprio dal concetto logico della negazione, evidenziando come il niente (Nichts) non può essere semplicemente il risultato formale della negazione dell'ente; piuttosto "c'è la negazione e il *non* perché c'è il niente"[9]. Non possiamo limitarci a porre la domanda "che cos'è il niente?", perché "domandare del niente, chiedere che cos'è, significa tradurre l'oggetto della domanda nel suo contrario"[10] cioè trattarlo da ente. Tuttavia è possibile provare uno stato d'animo che ci riveli il niente, e questo stato è l'angoscia (Angst) – che è una forma dello spaesamento, una mancanza totale di sostegno in cui "il niente stesso" si fa presente. In una vertiginosa storia del nulla in poche righe, Heidegger evidenzia come per gli antichi il niente non fosse problematico, fosse solo una mancanza di ente, del tutto improduttiva (*ex nihilo nihil fit*). Per i cristiani invece, la creazione *ex nihilo* è non solo possibile, ma necessaria, poiché il nulla è solo concepibile come il contrario dell'*ens summum* che è Dio. Secondo Heidegger invece, bisognerebbe dire che "*ex nihilo omne ens fit*"[11]: dal niente nasce tutto, perché il niente (pur non essendo un oggetto né un ente) "rende possibile l'evidenza dell'ente come tale"[12] – ecco perché l' "uomo [è] il luogotenente del nulla"[13].

In tal senso Heidegger sembra riprendere il dettato di Hegel dalla *Scienza della logica*, secondo cui "il puro essere e il puro nulla è dunque lo stesso" - una tesi che egli considera "legittima". Tuttavia...

Essere e niente fanno tutt'uno, ma non perché entrambi, dal punto di vista del concetto hegeliano del pensiero, coincidano nella loro indeterminatezza e immediatezza, ma perché l'essere stesso è per essenza finito e si manifesta solo nella trascendenza del Dasein che sperimenta il niente[14].

In altre parole, Heidegger apre qui il suo confronto con la sconvolgente equazione hegeliana tra essere e nulla – ma ne "riduce" la portata: essere e nulla sono lo stesso non in senso assoluto ("dal punto di vista hegeliano... nella loro indeterminatezza"), ma solo dalla prospettiva dell'esserci umano (Dasein) che, per esempio nell'angoscia, li sperimenta "congiuntamente".

Insieme a *Essere e tempo*, anche *Che cos'è la metafisica?* è certamente tra le fonti privilegiate de *L'essere e il nulla* di Sartre (1943). Sartre anzi si spinge a distinguere il piano ontologico dal piano esistenziale propriamente inteso, in base al loro rapporto col "nulla". L'essere in-sé (l'opacità del "reale"), infatti, semplicemente "è", mentre l'essere per-sé, o essere della coscienza, ossia l'essere dell'"esistente" (cioè il *Dasein* heideggeriano), è invece negativo, nientificante, contraddittorio, *disidentico*, ossia è quell'essere che "è ciò che non è e... non è ciò che è"[15]. Chiaramente, le concezioni di Sartre non fanno che radicalizzare ciò che già si trova in Heidegger. Tuttavia, lo sviluppo di queste posizioni finisce per innescare una polemica storica fra i due pensatori. Per capire di cosa stiamo trattando, occorre ritornare alla celebre questione dell'umanismo che oppose Sartre e Heidegger nell'immediato dopoguerra. Nel testo derivato dalla conferenza tenuta a Parigi il 28 ottobre del 1945, *L'esistenzialismo è un umanismo*, Sartre non tenta solo di difendersi dalle accuse di cinismo e di nichilismo che aveva ricevuto a seguito dell'uscita di *L'Essere e il nulla*, ma cerca anche di definire meglio la nozione di esistenzialismo. La celebre sintesi a cui arriva è che "l'esistenza precede l'essenza": una definizione della massima importanza, sia dal punto di vista "ideologico", sia da quello strettamente concettuale. Da un lato indica che l'esistenzialismo è un pensiero veramente incentrato sull'uomo, e come tale non assimilabile al pessimismo o al nichilismo "classici"; dall'altro, specifica che *l'esistenza* è il fondamento finale e l'oggetto di ogni possibile ricerca filosofica[16].

Questa affermazione pone però il pensiero sartriano al di fuori non solo della metafisica classica, ma anche della filosofia anti-metafisica da cui l'esistenzialismo aveva preso le mosse, e segnatamente dal pensiero di Heidegger. In una lettera a Jean Beaufret[17], che gli pone la domanda "come ridare un senso alla parola umanismo?", Heidegger sviluppa un ragionamento in cui prende le distanze definitivamente dall'esistenzialismo sartriano. Nella *Lettera sull'umanismo* del 1946, Heidegger si pone due scopi: la difesa a posteriori di *Sein und Zeit* dall'appellativo di "esistenzialismo"; e la riaffermazione della centralità dell'Essere. Benché in *Sein und Zeit* compaia la frase "L'essenza' dell'esserci risiede nella sua esistenza" ["Das 'Wesen' des Daseins liegt in seiner Existenz"] Heidegger sostiene che non si tratta di una opposizione tra existentia ed essentia, ma che piuttosto si vuol dire che l'uomo dispiega la propria essenza in questo "ci", cioè nel rischiaramento dell'Essere[18]. Di conseguenza, il motto di Sartre è preda di un errore di fondo:

> *Sartre prende qui existentia ed essentia nel senso della metafisica che dice*
> *dopo Platone che l'essentia precede l'existentia. Sartre rovescia questa*
> *proposizione. Ma il rovesciamento [Umkehrung] di una proposizione*
> *metafisica resta una proposizione metafisica...*[19]

Mentre ciò che bisogna fare è sottrarsi all'oblio dell'Essere che la metafisica stessa ha prodotto, considerando l'Essere come uno tra i tanti enti[20]. Alla fine si arriva alla domanda centrale:

Ma l'Essere – che cos'è l'Essere? L'Essere è se stesso[21].

Nello stile brachilogico e totalmente sorvegliato della *Lettera*, questa frase balena come un voluto attacco a Sartre e alla sua nozione di esistenzialismo. La vera filosofia non ha nulla a che spartire con le mode – più volte nella *Lettera* Heidegger chiama in causa il mercato culturale, e persino la pubblicità[22]; infatti il vero senso del pensiero risiede nella dedizione all'Essere[23]. Eppure, proprio questa sintetica stoccata rivela il *credo* ultimo heideggeriano. Se "l'esser è ciò che è", infatti, questo non significa forse che Heidegger sta offrendo una nuova versione del classico principio di identità? In effetti, nel testo più tardo *Identità e differenza*, del 1957, egli si dedica proprio al chiarimento da un lato del principio di identità, dall'altro alla *Scienza della logica* hegeliana[24]. Rileggendo la stringa classica A=A e proponendo di sostituire al segno = il termine "è" (A *è* A), Heidegger rilegge a rovescio il principio stesso:

[in Parmenide, cioè prima della metafisica] l'essere è definito a partire da una identità e come un tratto di questa identità. Più tardi, al contrario, la metafisica ha rappresentato l'identità come un tratto dell'essere[25].

Come abbiamo già notato (*supra*, § 2), Heidegger *vede* il problema del principio di identità, e non esita a citare Fichte e Hegel: come questi ultimi, anch'egli osserva che la filosofia classica ha *ontologizzato* l'identità, l'ha caricata di un valore "essenziale"; tuttavia, secondo il suo pensiero, occorre oltrepassare il fatto logico dell'identità, sostituendo il segno astratto di = con "è", per ritornare al vero significato dell'identità stessa, secondo cui "l'essere ha il suo luogo nello Stesso" (*ibid*). Non è più in gioco l'essere dell'identità, ma l'identità dell'Essere: cioè non stiamo parlando di un problema logico, ma del ben più importante fatto che l'Essere è ciò che è identico a sé.

Se nella *Lettera* Heidegger pone la formula "L'Essere è – Ciò che è" come un oltrepassamento del valore "ontologico" di A=A, nella parte I di *Identità e differenza*, ossia nel saggio sul *Principio di identità*, egli si spinge anche oltre. Nel frammento di Parmenide sull'identità di pensare ed essere, egli vede la radicale coappartenenza di essere e uomo, per cui in ultimo, mentre la metafisica insegna che l'identità è un tratto fondamentale dell'essere.

Ora, però, emerge che l'essere e il pensiero appartengono entrambi a un'identità la cui essenza deriva da quel 'far coappartenere' che chiamiamo evento [Ereignis][26].

Ciò che era il "principio di identità", ora dobbiamo prenderlo come un "salto", nel senza-fondo, nell'Abgrund – le parole "principio di identità" designano un salto, che l'essenza dell'identità esige. Tuttavia l'Abgrund non è affatto il luogo della confusione, anzi è la "speranza" della interpellanza reciproca fra Essere e uomo; citando proprio la situazione del suo tempo, la minaccia atomica, l'automatizzazione universale, ecc., Heidegger arriva a dire che il Ge-stell (il "dispositivo", cioè "l'essenza della tecnica") è...

> *[...] più essente (seiender) di tutte le energie atomiche e di tutti i macchinari,*
> *più essente di ogni impulso a organizzare, informare e automatizzare*[27].

L'appello ontologico di Heidegger si eleva qui ad un tono molto alto, quasi di sfida verso la contemporaneità. Eppure, proprio questi punti, dove la sua riflessione si confronta con il mondo attuale, sembrano suggerire che, al contrario, qui Heidegger rinculi, nel tentativo di mantenere un nocciolo "intoccabile", un X Factor in cui "credere"[28]. Heidegger cioè pur evitando di ridurre a *ente* (cioè semplicemente esistente) la fonte primaria presso cui "dimora l'uomo", cioè l'Essere, non compie l'ultimo passo dialettico, quello di mettere in discussione l'Essere come tale: anche per lui esiste un nocciolo ontologico, non positivamente identificabile, ma nondimeno auto-identico, che "ha il suo luogo nell'identità di sé con se medesimo". Ma questo nocciolo, che "ha *più essere* della burocrazia, dell'informazione, dell'automazione" o della bomba atomica, non sembra stranamente smentire il "meno-di-essere" che invece, in *Sein und Zeit*, era caratteristico del Dasein, dato che "il non-esser-se-stesso costituisce una possibilità positiva dell'ente... [e] questo *non-essere* deve essere inteso come il modo di essere più prossimo all'Esserci"?[29]

Si potrebbe considerare il dibattito a distanza fra Heidegger e Sartre anche da un punto di vista storico. Tra le rovine ancora fumanti della Seconda Guerra Mondiale (la conferenza di Sartre ebbe luogo nell'ottobre 1945, la risposta di Heidegger pochi mesi dopo), la posta in gioco è semplicemente l'orientamento filosofico del futuro. Per avere qualche elemento di contesto, si può ricordare che solo pochi mesi prima, nell'aprile 1944, il filosofo idealista italiano Giovanni Gentile era stato ucciso a Firenze per il suo passato di ministro fascista della cultura e la sua sciagurata adesione alla Repubblica Sociale Italiana[30]. Heidegger, su cui pesava il passato nazista (era stato rettore a Friburgo nel 1933-34 pronunciando un celebre discorso a favore del nazismo), dalla sua abitazione dove non si trovava combustibile per riscaldarsi, stava cercando di essere riammesso nella comunità filosofica internazionale[31]. Qualcuno pensava addirittura di farlo incontrare con Sartre, la cui filosofia deriva certamente dalle premesse di *Essere e Tempo*, e Heidegger, dopo una veloce lettura de *L'essere e il nulla*, era favorevole all'incontro. Ma per una serie di disguidi, l'appuntamento viene rimandato – e, all'uscita sensazionale di *L'Esistenzialismo è un umanismo*, Heidegger si trova nell'imbarazzante dilemma: o seguire Sartre nella deriva esistenzialista (arrivando secondo dopo di lui), o prenderne le distanze (cosa che fa con la *Lettera*)[32]. Nei confronti di Sartre (come prima, nei confronti di Hegel) Heidegger sceglie la "supremazia dell'Essere sull'uomo"[33] che coincide con il ritorno all'identità dell'Essere con se stesso.

In effetti, però, pur distogliendosi uno dall'altro, entrambi i filosofi sembrano perseguire una strategia di "definizione" delle loro reciproche posizioni, che li rende segretamente simili. È vero che Sartre sceglie di retrogradare l'*essentia* di fronte all'*existentia*, di portare al centro proprio l'esistenza umana, su cui gioca in definitiva tutto il suo intervento, ma egli sta di fatto seguendo il dettato heideggeriano: l'essenza umana ha infatti di *essenziale* che non è data a priori, che è "perpetuamente costruita" – anzi, a rigor di termini "non esiste nessuna essenza umana" e (altro riferimento all'Heidegger di *Che cos'è la metafisica*[34]) l'"uomo non è nulla"[35].

D'altra parte, ne *L'essere e il nulla*, pur avvertendo con chiarezza la natura disidentica del soggetto, Sartre si rifiuta di estendere tale natura alla "realtà". Anzi, proprio in riferimento a Hegel, ribadisce la convinzione che in ultima analisi essere e nulla "fenomenici" *non* stanno sullo stesso piano:

> *Ciò che qui bisogna ricordare, insomma, contro Hegel, è che l'essere*
> *è ed il nulla* non è[36].

L'essere è "pieno di sé" e quindi in certo modo "viene prima del nulla" – per cui è solo la coscienza quell'ente che è in grado di negare, annientandola, la realtà dell'essere. È davvero stupefacente in tal senso che la frase heideggeriana secondo cui l'Essere "è ciò che è" *non* si trova esposta in questa forma in *Sein und Zeit*: essa invece si ritrova (prima che nella *Lettera sull'umanismo*) esattamente ne *L'essere e il nulla*: è nel testo di Sartre infatti che si afferma con chiarezza che "l'essere è ciò che è"[37].

In altri termini, entrambi questi pensatori, che si sono avvicinati tanto alla disidentità prodotta dalla modernità (se non dalla condizione mediale come tale, certo dalle condizioni di vita a cui il soggetto è giunto nell'epoca attuale), alla fine "scartano" il confronto col pensiero più radicale, cioè l'equivalenza hegeliana fra essere e nulla. Da un lato Heidegger imputa a Sarte una *Umkehrung* "presunta", ma, per sfuggire a quello che giudica un "impoverimento" filosofico (= l'esistenzialismo), invece di compiere un'autentica *Verkehrung*, si affida a una *Kehre* che è insieme un "passo indietro".

> *Per Hegel, il dialogo con la storia anteriore della filosofia ha il carattere del superamento / inglobamento [Aufhebung], vale a dire della presa [Begriff] mediatrice nel senso della fondazione assoluta. Per noi il dialogo con la storia del pensiero non è caratterizzato dall'inglobamento, ma dal passo indietro [der Schritt zurück]*[38].

A sua volta, proprio per salvarsi dall'accusa di nichilismo totale, anche Sartre si trova nella necessità di dare un *ubi consistam* alla sua posizione, di fornire un appiglio "ontologico" all'esistenzialismo – e lo trova nella "libertà", il "fondamento ultimo" dell'agire umano.

> *[L'uomo] non può volere che una cosa, la libertà come fondamento di tutti i valori. ... Ciò vuol dire semplicemente che gli atti degli uomini di buona fede hanno come significato ultimo la ricerca della libertà come tale*[39].

Ma anche questa non è l'affermazione di un nocciolo assiologico/ontologico del tutto positivo? In altre parole, non è proprio nel contrapporsi reciproco che sia Heidegger che Sartre cercano di "rimettere sui piedi" quel "mondo alla rovescia" (verkherte Welt) in cui, come già notava Heidegger, consiste la filosofia per Hegel?

La prima sezione della *Scienza della Logica* hegeliana (determinatezza) si apre infatti sull'essere; solo che, con una mossa definitivamente dialettica, l'essere non è il concetto più fecondo, l'idea più ricca, il punto di partenza per ogni metafisica che si voglia chiamare scienza, oppure l'Unico "potenziale", l'heideggerianamente misterioso "velamento del velato", o ciò che irriducibilmente si dà nella "nausea" sartriana – al contrario: l'essere è il concetto più povero che, strettamente parlando non meriterebbe nemmeno di essere definito concetto. L'Essere "puro", è così puro, così "filtrato", che non sa di nulla. Esso "non ha alcuna diversità al suo interno, né verso l'esterno". Inteso nella sua indeterminatezza, questo essere autorizza a sostenere che il nulla non è affatto diverso da lui, non è il suo altro: l'essere, dunque, è *immediatamente* uguale al non-essere, al nulla:

> *L'essere, indeterminato immediato, nel fatto è nulla, né più né meno che nulla*[40].

L'equazione squalifica l'ontologia classica, a un punto tale che lo stesso vale per il nulla, che a suo modo "è", dato che...

> *... è lo stesso vuoto intuire e pensare, quel medesimo intuire e pensare ch'era il puro essere. – Il nulla è così la stessa determinazione o meglio assenza di determinazione, cioè in generale lo stesso, che il puro essere*[41].

Del nulla c'è altrettanto poco da dire che dell'essere – anzi, a rigore non c'è *nulla* da dire.

> *In tal senso è messa in discussione la proposizione fondamentale*

*dell'ontologia eleatica: dire del nulla che non c'è nulla da dire, è alterarne
la purezza, la sua immediata uguaglianza di sé a sé, attraverso la posizione
implicita di un'alterità che sarebbe l'essere*[42].

Ora, che cos'è l'alterazione dell'ontologia fondamentale, se non la posizione della
disidentità-chiave, che risiede nel cuore stesso dell'ultimo x, l'Essere come tale?[43]
La conclusione è talmente sconvolgente che Hegel è quasi costretto a porre una
"Nota" dove lascia che a esprimersi siano i dubbi del "senso comune" di fronte a
questa identità di essere *e* non essere:

> *Essere e non essere sono lo stesso: dunque è lo stesso che io sia o non sia, che
> questa casa sia o non sia, che questi cento talleri siano, o non siano, nel mio
> patrimonio*[44].

Questa conclusione è naturalmente sbagliata, nel senso che "applica" le pure
astrazioni dell'essere e del nulla, e ne fa delle determinazioni (*"questa* casa", *"questi*
cento talleri" ecc.) – mentre qui *non* si tratta di esseri determinati, ma della pura
indeterminazione. Ma anche se consideriamo i famosi "cento talleri" (e non a caso
Hegel spesso riprende nella *Logica* l'esempio economico), il loro stesso essere
"esigibili" (a credito) o "restituibili" (a debito) ne rende contraddittoria l'essenza:
nella loro stessa determinatezza non possono esser pensati in un'identità che non
hanno (nemmeno concettualmente), ma in relazione ad altro: "cento talleri non sono
nulla che si riferisca a sé, ma sono un mutevole e un transitorio"[45].

La logica hegeliana è proprio "logica" nel senso che parte da una "disidentità"
fondamentale, da una sfasatura radicale, dalla contraddizione fondamentale che,
partendo dall'indeterminato tocca anche il più determinato. Hegel esprime con
chiarezza questo punto:

> *[...] è uno dei pregiudizi fondamentali della vecchia logica, e dell'ordinaria
> rappresentazione, che la contraddizione non sia una determinazione
> altrettanto essenziale ed immanente quanto l'identità. Invece, quando si
> dovesse parlare di un ordine di precedenza [...] bisognerebbe prendere la
> contraddizione come la più profonda e la più essenziale*[46].

Paradossalmente, il "fattore X", il fondamento, per Hegel è quindi la
"contraddizione" come tale: un fattore che non ha consistenza, che è generato
solo per differenza, in cui è im-possibile "credere". Questo "non credere", o meglio
credere nel "non", è un passo impervio, perché ciò che ci spinge a credere non è
tanto la "fede", la "speranza" e via dicendo, ma la stessa forma intellettuale astratta
– l'intelletto come tale, che si auto-convince di un *ubi consistam* purchessia[47]. In
tal senso, un notevole attacco proprio all'idea di "credenza" (come credenza nelle

verità ultime, nell'essere più elevato, ecc.) si ha nella introduzione alla Logica dell'*Enciclopedia*:

> *Alla* rappresentazione *o all'intelletto, la proposizione 'Essere e Nulla sono lo stesso' appare così paradossale che si sarebbe quasi tentati di non prenderla sul serio. [...] [Ma] La Filosofia in realtà, è proprio quella dottrina che libera l'uomo da un'infinita moltitudine di fini e propositi finiti rendendoglieli indifferenti, di modo che per l'uomo sia senz'altro lo stesso l'Essere o il Non-essere di tali cose*[48].

Qui appare in tutta evidenza la distanza fra Hegel e Heidegger (e in subordine Sartre): Heidegger, tornando all'Essere come "misteriosa possibilità", sembra far proprio un concetto quasi teosofico dell'Essere simile all'En-soph dei cabalisti cristiani, l'ineffabile Uno "contratto" nella sua negatività (nulla), e tuttavia "potenzialmente" tutto[49]. Se per Heidegger il nulla *non* è l'opposto dialettico dell'essere, ma il suo il "velamento/ svelamento" (e infatti in un saggio di poco posteriore e a *Che cos'è la metafisica*, cioè *Dell'essenza della verità* (del 1930) chiama questo Nulla iniziale "mistero" [das Geheimnis]), l'essere, hegelianamente concepito non è il "cuore segreto" della realtà, ma semplicemente la negazione del nulla, un *non*-non-essere: in ultima analisi, letteralmente, un *non-nulla*.

L'originaria "coappartenenza" di essere e nulla non è dunque la stessa cosa di una equivalenza dialettica[50]. Proprio come l'essere indeterminato, che è nonnulla, anche il "nulla" hegeliano è assai "meno" di quello di Heidegger. In quanto opposto dell'essere è un non-non-nulla: è semplicemente un essere di segno meno, una negatività entro l'essere. Quella hegeliana è in un certo senso una "sintesi" delle due posizioni esistenzialiste, cioè: l'Essere viene prima dell'uomo, *ma proprio in quanto disidentico da sé*, in quanto, per parafrasare Heidegger a rovescio, "l'Essere è – (anche) Ciò che *non* è". D'altra parte, è come se, nella frase sartriana sostituissimo il patologico "uomo" con l'heideggeriano "Essere": "l'*Essere* è ciò che non è, e non è ciò che è".

Ne consegue che la disidentità non è solo un fatto psicologico/esistenziale, ma anche ontologico: essere e nulla sono segretamente simili perché ciascuno è in sé l'opposto non dell'altro a cui si oppone, ma di se stesso, ciò cui disperatamente cerca di identificarsi, senza riuscirvi. La sconvolgente equazione dis-ontologica hegeliana pone al cuore di ogni ente una fondamentale obversione ontologica: non solo l'uomo, ma ogni ente, in quanto determinazione dell'essere indeterminato, "è ciò che non è, e non è ciò che è".

Benché questa sia l'autentica condizione delle cose in epoca obversa, forse solo l'arte contemporanea, in quanto arte dell'obversione, è in grado di "mostrare" la concretezza di questa contraddittoria esistenza dell'inesistenza. Perché ai tempi dell'obversione l'arte è già obversa, è già più e meno-che-se-stessa, è già intinta e bucata dal non essere, è già presa nella dialettica della diseguaglianza di sé con sé – uscita dalla sua opposizione col suo opposto disidentico, la realtà. Si può pensare come esempio al *Cubo invisibile* (1967) che, tra le altre opere, Gino De Dominicis espose alla Biennale di Venezia nel 1972.

Che cosa significa? GDD espone un perimetro sul pavimento, un "niente" che intitola *Cubo invisibile*, e che quindi invece implica un qualcosa, una dimensione ulteriore. Il segno come tale è meno che bidimensionale, è una linea chiusa e nient'altro; per l'esattezza, un bordo, che confina dentro e fuori con niente. L'opera di GDD sembra quasi un commento al commento hegeliano sulla determinatezza. È possibile produrre un "ente", che tuttavia sia indeterminato come l'essere? Ai tempi dell'obversione parrebbe di sì. All'opposizione (falsa, non dialettica) tra essere e nulla, si aggiunge quella tra Essere (puro, indeterminato), e ente (concreto, determinato). Ma anche questa opposizione è falsa: l'essere si determina proprio nel suo rapporto al nulla, e l'ente invece diventa indeterminato proprio in rapporto all'essere. Questo *de*-determinarsi dell'ente è un tratto tipico dell'obversione – un tratto che rende quasi superflua la *Nota* hegeliana. Nell'obversione (cioè nell'epoca della dialettica inversiva dispiegata, resa concreta dallo stadio video) le cose stesse sono fatte di essere e di nulla insieme. Un albero, *questo* albero, nella sua determinatezza di albero, si de-determina nella ripresa in mediale di se stesso. Con ciò, esso è simultaneamente più e meno di se stesso: proprio come accade ne *L'invenzione di Morel* di Bioy Casares, il video è la "soppressione di un'assenza ", e di un'assenza "speciale", "determinata" – soppressione che però, invece di dare luogo a una vera "presenza" produce dei simulacri ubiquitari incerti tra essere e non-essere, enti simil-reali che negano la negazione del puro non-essere, e che quindi sono dei *non*-non-esseri (cfr. *Infra*, p.te 2, § 8), autentica "inversione reciproca" di essere e nulla[51].

Questa storia, già iniziata con il ready-made duchampiano, che disidentifica un oggetto quotidiano da se stesso, prosegue qui fino alla disidentificazione radicale del "fare arte" come tale. O, forse, questa disidentificazione era già cominciata molto tempo prima, almeno stando al celebre passaggio dell'*Estetica* hegeliana in cui si dice che

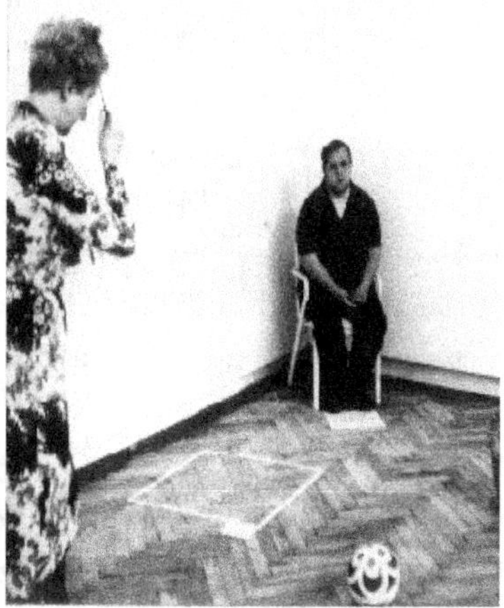

> *[...] l'arte romantica [i.e. contemporanea]... permette... a qualsiasi materia, perfino... ai più comuni utensili domestici di venire indisturbati a rappresentazione anche nell'accidentalità naturale dell'esistenza. Ma questo contenuto implica al contempo la determinazione che esso come materia semplicemente esteriore è indifferente e di poco conto, acquistando il suo valore solo quando l'animo si è trasferito in esso*[52].

Il grande studioso di estetica italiano Ermanno Migliorini commentando il passo hegeliano, sintetizza perfettamente la cosa dicendo che "*Hegel lo diceva, Duchamp lo faceva*"[53]. GDD fa un passo oltre in questa direzione: il suo *Cubo invisibile* è bensì un ready-made, ma invece di trasfigurare artisticamente un oggetto comune, utilizza come ready-made il concetto come tale (*Begriff*). Il "concetto" di totale identità/ disidentità fra essere e nulla, il concetto di "determinazione indifferente", e perciò *indeterminata, è il Cubo*.

Di fronte al *Cubo invisibile* non tornano alla mente le parole di Gordon Gekko, l'eroe negativo di *Wall Street* (Oliver Stone, 1991)? Gekko sembra non credere all'arte, ma solo al suo nudo valore economico – il buon affare consiste nel decuplicarsi del valore di una cosa che rimane la stessa. Ma anche se l'opera d'arte fosse una pura merce, il suo comportamento valoriale non appare già come un "capriccio teologico", secondo le parole di Marx (cfr. *infra*, pte II, § 3)? Non evidenzia già che la pura merce include un che di negativo all'interno della propria sussistenza? Ciò che rende sospetta la posizione di Gekko non è il fatto che egli abbia speculato sul rialzo del prezzo di un'opera d'arte, ma che, *ab origine*, abbia deciso di investire 60.000 dollari in un quadro astratto – un oggetto che, considerato in-sé, come una tela ricoperta di colore, ha un valore assolutamente irrisorio, per non dire quasi-nullo. L'opera di GDD dimostra che questo "poco" di cui è costituita l'arte, è *ancora meno*, è *meno di niente* – essere che è e che non è simultaneamente; che è ciò che non è, e che non è ciò che è; opera contraddittoria che nega il suo essere (l'anziana signora in veste di visitatore si mette gli occhiali per osservare questo nulla), ma che nega *anche* il suo non-essere (è noto che GDD richiedeva che il *Cubo* fosse trasportato con un autentico TIR, come se fosse pesante e voluminoso)[54]. Tornano qui a proposito le parole di Heidegger, a proposito della coappartenenza tra "l'uomo e l'Essere", solo che a coappartenersi definitivamente sono l'essere e il non–essere, generando una terza cosa, un essere due volte negato – un *non non-essere*[55].

Ora, a tutto questo ragionamento si potrebbe più che ragionevolmente obiettare che esso prende le mosse da opere letterarie, film, illazioni filosofiche e infine opere d'arte – artefatti la cui realtà ontologica è per definizione oggetto di discussione; e sarebbe un'obiezione estremamente sensata, solo che purtroppo occorre aggiungere che non è vera. La prima smentita è costituita dal fatto che la natura immateriale di questi artefatti non impedisce loro di avere una funzione estremamente *concreta* (nel senso idealista del termine), che consiste nell'intervenire sulla realtà trasformandola completamente. La seconda smentita è che la "realtà" che si lascia così facilmente trasformare da queste "cose", è essa stessa strutturalmente immateriale, o meglio ancora, "spirituale". Non si tratta infatti più del vecchio concetto lyotardiano di immateriale nel senso di "sprovvisto di caratteristiche materiali" (universo digitale, software elettronico, design intangibile, automazione sociale, ecc.), ma di cose assai concrete la cui ontologia è però contraddittoria – come un debito, un deficit, una dimenticanza, un'assenza, o anche, un'amnistia, e persino una stock option o un *future*, per non parlare di un semplice "sconto"[56]. Più che una classe di elementi, a cui potremmo contrapporre una schiera assai più nutrita di oggetti "reali", questi "enti" sono il modello verso cui tendono tutte le cose – come la famosa caramella a forma di anello, il "buco con la menta intorno", un perimetro che delimita un vuoto (come nell'opera di GDD).

Come mai oggi l'universo attuale delle merci si fonda su ciò che esse *non* sono? Tutti desiderano stranamente offrirci il loro zero: interessi zero, zero colesterolo, zero sorprese, zero limiti, emissioni zero... Siamo così in una situazione paradossale: da un lato attorniati dagli zeri, dall'altro pressati dal desiderio di credere in qualcosa che non sia nulla. Da un lato nichilisti, dall'altro zelanti *believers*: e se le due cose andassero interpretate insieme – cioè, se la nostra condizione fosse obversa proprio nella misura in cui ci troviamo a essere dei "credenti nel non-nulla"?

Si potrebbe arrivare a sostenere che le crisi economiche (ma non solo quelle) siano generate da dei periodici momenti di disperato desiderio di "ritorno alla realtà". Come se, d'improvviso, in un "soprassalto d'irrealtà", ci si rendesse conto che dietro la "solida certezza economica" (l'orizzonte ultimo del denaro, lo zoccolo duro del capitale, le banconote, i titoli, o perfino l'oro) non c'è niente, se non – come dietro l'hegeliano velo di Maja – noi stessi. Come il soprassalto di chi sta sognando di cadere, e cade veramente dal letto, accade che, ad un dato momento, la fiducia nell'essere ultimo delle cose viene improvvisamente meno – ed è allora che sperimentiamo l'obversione al suo grado più puro... La forza delle cose che non esistono, è tale che, quando ci accorgiamo che veramente *non* esistono, cadiamo nel panico, ma ormai è troppo tardi. Già Hegel osservava che l'empirismo è generato dal disperato bisogno di trovare delle realtà concrete di fronte alle teorie astratte dell'intelletto, e, "invece di cercare il Vero nel pensiero, vuole trarlo dall'esperienza"[57]. Ma anche per noi le cose non vanno diversamente: già la prima bancarotta della Banca Reale di Francia, nel 1720, fu causata dalla improvvisa richiesta di liquidare ("in solido") le banconote emesse, secondo il progetto di John Law, sulle rese future (astratte, virtuali) della Louisiana[58]. In qualche modo, la stessa richiesta di liquidità è alla base della crisi generata dai mutui subprime nel 2008 (cfr. *infra*, pte 3, § 4)[59].

Naturalmente, non si stratta di fenomeni che riguardano solo l'economia. Un celebre episodio di comunicazione mediale sulle ricorrenti pandemie, relativo alla cosiddetta influenza aviaria, nel 2005 (nel 2002 era stata la volta dell'antrace, nel 2003 della SARS, ecc.), è stato esemplare in tal senso[60]. In molti hanno fatto notare che il virus responsabile dell'influenza, denominato H5N1, risiede da sempre nell'organismo dei volatili, che da solo non è responsabile di alcuna malattia, e che comunque un vaccino per un virus solo ipotetico non esiste ancora; ciò non ha impedito che la "malattia virtuale" si diffondesse *realmente*, con tutte le conseguenze del caso – dai controlli sanitari alle frontiere, con conseguenti ritardi dei trasporti, alle crisi diplomatiche e addirittura alle manovre preventive sulle forniture di vaccini inesistenti... Qual è allora lo status ontologico di oggetti come questi vaccini, che sono indubbiamente costati enormi cifre ai governi, hanno generato giganteschi movimenti di informazioni, hanno scatenato dibattiti, e hanno generato gli stessi spazi fisici destinati a riceverli (rimasti ovviamente vuoti, proprio come il *Cubo invisibile*), cioè che sono quindi "esistiti" pur essendo "inesistenti"? In ogni caso non va qui sottovalutato il ruolo dei media: se il Dasein heideggeriano incontrava il nulla nell'angoscia come esperienza interiore, nel nostro caso è la "struttura mediale" in cui siamo immersi a implicare la dis-equivalenza fra essere e nulla all'origine del panico collettivo. Sia nel caso di eventi come le crisi economiche, che in quello dei vaccini, la "copertura mediatica" che dovrebbe raccontarli fornisce un resoconto che ne influenza lo svolgimento, trasformandone dialetticamente l'inesistenza in esistenza, e viceversa[61].

I media, o meglio, lo "stadio video" in cui viviamo – ha reso esperienza comune quel livello immaginario $i = \sqrt{-1}$ che una concezione puramente fisica riservava a oggetti "impossibili" (come i tachioni, *supra*, §. 5), e che oggi costituisce invece la nostra *dis*-ontologia fondamentale.

§ 1 SE IO NON SONO IO

1. Kenny, A., *Frege*, Penguin Books, London1995 [trad. it. *Frege. Un'introduzione*, Einaudi, Torino 2003, p. 212].

2. Così Heidegger, nel suo saggio *Identität und Differenz*, Günther Neske, Pfullingen, 1957. [trad. it. *Identità e differenza*, Adelphi, Milano 2009, p. 28]

3. Ivi, p. 30, sott. nostra.

4. Fichte, J. G., *Grundlage der gesamten Wissenschaftlehre, in Gesamtausgabe der Bayerischen Akademie der Wissenschaften*, hrsg. R. Lauth, H. Jacob, Fromann, Stuttgart 1962 sgg. [trad. it.: *Fondamento dell'intera dottrina della scienza*, (basata sulle edd. 1794-5 e nuova ed. 1802) a cura di G. Boffi, Bompiani, Milano 2003, p. 163]. "Il movimento dell'Io agente in questa funzione è il seguente: A (il termine assolutamente posto) è =A (quello sul quale è riflesso)"; Fichte cioè *vede* la duplicità del principio di identità, afferra che il *secondo* A già è "spostato" rispetto al primo.

5. Fichte, *cit.*, pp. 147-49.

6. Ivi, p. 163.

7. Ivi, p. 181.

8. Ivi, p. 183. Nella complessa parte I, cap. 3, del suo *Meno di Niente. Hegel e l'ombra del materialismo dialettico*, cit., Slavoj Žižek tocca ripetutamente le incoerenze di Fichte, fondamentalmente "salvandole" dalle critiche hegeliane; ne emerge un Fichte hegelizzato in cui la terza proposizione sarebbe *non* un'incoerenza, *ma* "il momento cruciale e propriamente speculativo del pensiero di Fichte" (p. 210).

9. Fichte, *cit.*, p. 173. Già Hegel coglie con chiarezza che questo è lo specifico "problema" di Fichte: cfr. Hegel, G.W.F., *Wissenschaft der Logik*, hrsg. Von Henning, Dunker und Humbolt, Berlin 1831-16 (1841) [trad. it. *Scienza della logica*, Laterza, Roma-Bari 1925 (1974), 2 voll,; vol. I, pp. 254-55: "Alla prima proposizione fondamentale di cotesta esposizione, Io = Io, ne tien dietro una seconda da essa indipendente, la contrapposizione del Non-io. La relazione delle due vien subito anche assunta come differenza quantitativa nel senso che il Non io venga in parte determinato dall'Io, in parte no. ... *il risultato finale è [...] la stessa contraddizione, con cui si era cominciato*" [sott. nostra].

10. È esattamente a questa identità/differenza ciò a cui si riferisce Gentile nel suo semi-dimenticato *Sistema di logica come teoria del conoscere*, Sansoni, Firenze 1917-22; per un analisi recente, cfr. Bettineschi, P., *Critica della prassi assoluta. Analisi dell'idealismo gentiliano*, Orthotes, Napoli 2011, cap. 3. Del resto, già ne *La riforma della dialettica hegeliana* (1913), Sansoni, Firenze 1975, Gentile aveva colto che "l'autocoscienza ... è intima alterità" (p. 194).

11. Il curatore dell'edizione francese della *Wissenshaftslehre*, A. Philonenko (*Oeuvres Choisies de philosophie prémière – Doctrine de la science*. a cura A. Philonenko, Vrin, Paris 1972), ricorda che in totale Fichte ha prodotto otto esposizioni della sua *Wissenschaftenlehre*, dal 1794 al 1813 (dunque persino *dopo* la pubblicazione della *Fenomenologia* e della *Logica* hegeliane) più due introduzioni, tornando ossessivamente sugli stessi temi, quasi un sintomo della sua insoddisfazione nevrotica verso la sua stessa ricerca filosofica. Ma nemmeno sul numero delle esposizioni v'è accordo – secondo R. Lauth, *Die transzendentale Naturlehre Fichtes nach den Prinzipien der Wissenschaftslehre*, Felix Meiner Verlag, Hamburg 1984 [trad. it. *La filosofia trascendentale di J. G. Fichte*, Guida, Napoli 1986, p. 85], infatti, le esposizioni sarebbero ben dodici; ma a sua volta il curatore dell'edizione italiana, G. Boffi, ricorda che solo nel 1804 vi sono ben tre differenti versioni. Secondo Rockmore, in Breazale, D., e Rockmore, T. (a cura di), *New Essays in Fichte's Foundation of the Entire Doctrine of Scientific Knowledge*, Humanity Books, 2001, le versioni non sono meno di sedici. Nello stesso volume Zöller, D, "Positing and Determining in Fichte's Foundation", cerca di distinguere l'Io iniziale (indeterminata sostanza) dall'io parzializzato dei due principi posteriori: resta evidente però la contraddittoria relazione di quell'Io indeterminato con il determinato non-Io, contraddizione a cui Fichte risponde o con un dogmatico "realismo" o con un moderato idealismo, senza per questo risolverla veramente; cfr. pp. 145-47. Heinrich D., *Between Kant and Hegel*, H.U.P., Harvard 2003, p. 182, ricorda che Fichte scrisse al governo di Weimar (che lo pressava perché pubblicasse il suo *Sistema*) chiedendo un anno di proroga, non essendo "sufficientemente in chiaro circa la fondazione della mia filosofia".

12. Cfr. la rilettura della sostanza assoluta di Spinoza come un che dotato di "ipseità" Fichte, *Fondamento*, ed. it. cit., pp. 156-159; cfr. Estes, Y., Bowman, C., *J.G. Fichte and the Atheism Dispute* (1789-1800), Ashgate, London 2010, Introd.; e il vecchio, ma valido, Leon, X., *Fichte et son temps*, Colin, Paris 1922.

13. Fichte, *Prima e seconda introduzione alla dottrina della scienza*, 1797, in J. G. Fichte, *Oeuvres Choisies de Philosophie première*, trad. A. Philonenko, Vrin, Paris, 1972, p. 245.

14. Hegel, G.W.F., *Phänomenologie des Geistes*, Goebhardt, Bamberg und Würzburg 1807 [trad. it. a cura di V. Cicero, *Fenomenologia dello Spirito*, Rusconi, Milano 1995, p. 275].

15. In questo senso A. Badiou ha ribadito la differenza tra la negazione formale della logica e quella sostanziale della dialettica: cfr. *The Rational Kernel of Hegelian Dialectic*, [1978], re.press, Melbourne 2011, p. 62.

16. Il punto è messo in chiaro da Žižek con riferimento agli studi di D. Henrich (che rimprovera alla dialettica hegeliana di finire in un "circolo vizioso"); cfr. S. Žižek, *Il Grande Altro*, Feltrinelli, Milano, 1999, p. 142-3 (orig. in Id., *Enjoy Your Symptom!*, Routledge, London 1992, pp. 69-110); secondo Žižek l'impasse fichtiana e la soluzione hegeliana.

17. Heidegger, M., *Essere e Tempo*, cit. p. 150. Le parole di Heidegger possono ben rovesciare il motto di W.O. Quine: "No Entity without identity", nel più adeguato: "No Entity without *dis*-identity".

18. Naturalmente, non si deve dimenticare il contesto spettacolare entro cui il dialogo ha luogo – contesto che, per quanto esso appaia veritativo, resta pur sempre rappresentativo, "falso", hollywoodiano. L'intera retorica sci-fi dell'innesto di memoria, del viaggio su Marte, dello spionaggio galattico ecc. ecc., hanno qui però non solo lo scopo "narrativo" di rendere "più potabile" la filosofia di Fichte, Hegel e compagnia, ma di "distrarre" lo spettatore dal contenuto profondo della esperienza di disidentificazione, proprio "servendogliela" come piatto forte della serata. *Total Recall* dunque (Come *Matrix*, *Face/Off*, e tutta questa serie di film) possono costituire dei begli esempi di obversione, ma non costituiscono minimamente la "critica dell'obversione" – anzi,

ne fanno parte integrante, sono la "colonna ideologica" (l'"ideo-track", proprio nel senso di *soundtrack* o "colonna sonora") della società obversa.

19. Žižek, S., *How to read Lacan*, Granta Books, London 2006 [trad. it. *Leggere Lacan*, trad. it. a cura di M. Carboni, Bollati Boringhieri, Torino 2006, p. 67].

20. Cfr. Kant, I., *Kritik der reinen Vernunft*, [1781, 1787], hrsg. W. Wischedel, Suhrkamp, Frankfurt 1974 [trad. it. *Critica della ragion pura*, trad. it. a cura di G. Colli, Laterza, Bari 1979, 2 voll.; vol. I, p. 108 (libro I, Cap. I, Sez. II, § 9)].

21. Hegel, *Scienza della logica*, cit., vol. II, p. 462: "Quando invece dell'A e di ogni altro substrato si prenda l'identità stessa – l'identità è l'identità – vien parimenti concesso che invece dell'identità si possa egualmente prendere qualunque altro substrato... l'apparenza mostra che nell'espressione dell'identità si presenta anche immediatamente la diversità; - o più precisamente, secondo quanto si è detto, essa mostra che questa identità è il nulla, che essa è la negatività, l'assoluta differenza da se stessa".

22. Hegel in sostanza anticipa l'osservazione di Heidegger, secondo cui, ad un dato momento "l'identità stessa ha parlato..." (cfr. Heidegger, *Il principio di identità*, in *Identità e differenza*, cit., 1957); solo che, per Heidegger, quel momento è stato con Parmenide e ciò che ha detto l'identità è che "pensiero ed essere (dunque uomo ed essere) sono lo stesso", si coappartengono in un'identità fondamentale. Per Hegel, invece, quel momento è la filosofia hegeliana stessa, e ciò che dice l'identità è: "se io sono uguale a me, *allora da chi sono diversa?...*". Non è forse un'anticipazione del motto di Quaid, *If I am not Me, den...?*

23. Hegel, *Scienza della logica*, cit., II, p. 460. La figura topologica individuata da Möbius cioè, non consisterebbe solo in un "indolore" passaggio da una superficie all'altra, ma implica un punto "extrageometrico" di torsione, un nodo in cui la figura nel suo complesso si flette, si incurva catastroficamente – a livello metaforico ciò significa che la figura della disidentità implica un simile punto di "forzatura" a livello "extralogico". (Questo punto di torsione può essere messo in relazione col "residuo", il meno di niente in-esistenziale; cfr. infra, pte 3, § 10). Per una

considerazione dell'anello di Möbius come un esempio di "dialettica", cfr. Rosen S. M., *Science, Paradox, and the Moebius Principle*, State Univ. of New York Press, Albany 1994. Il punto espresso da Hegel, inizialmente in *Differenz des Fichteschen und Schellingschen Systems der Philosophie* (1801), in *Werke*, 2, Suhrkamp, Frankfurt 1986 [trad. it. *Primi scritti critici*, a cura R. Bodei, Mursia, Milano 1971, p. 79] e poi nella *Logica*, è una *crux philosophica* già affrontata da e messa in luce da Adorno nei suoi *Drei Studien zu Hegel*, Suhrkamp, Frankfurt 1963 [trad. it. *Tre studi su Hegel*, il Mulino, Bologna 1976, p. 184]. Secondo Adorno, Hegel sarebbe però responsabile di aver comunque ricondotto il "non-identico" all'identità – mentre ciò che il pensiero contemporaneo dovrebbe fare è piuttosto "aiutare il non-identico a esprimersi, essendo l'espressione sempre identificazione" (ivi, p. 148). Il "non-identico" diventa così la categoria centrale del successivo *Dialettica negativa* (1966), in cui la riserva su Hegel si fa più forte in concomitanza con l'idea che la società stessa, intesa come "mercato", sia il luogo dell'assorbimento di tutte le differenze (cfr. Maurizi, M. *Adorno e il tempo del non-identico*, Jaca Book, Milano 2004). In effetti, però, Adorno non considera che l'identità hegeliana è "rotta dentro" dall'ingombrante presenza del non-identico, dunque è del tutto diversa dall'identità "semplice" autocongruente con se stessa posta all'inizio. Se ne dovrebbe concludere che la società amministrata attuale cerca disperatamente di raggiungere questa congruenza con se stessa, finendo invece per incappare nell'identità disidentica contraddittoria di tipo dialettico. Il rischio del pensiero critico adorniano è che, cercando di scavare polemicamente una distanza dallo *status quo*, se lo ritrovi su un livello, almeno fenomenologicamente, "più avanzato". Gli esempi che forniamo nella parte 3 sono sintomi di questo avanzamento, come se la realtà sociale di per sé avesse sviluppato una sorta di (irriflessa) "dialettica negativa". Da un punto di vista antropologico, molto utili qui le osservazioni di Remotti, R., *L'ossessione identitaria*, Laterza, Bari 2010, p.119: "L'identità non è altro che la finzione o l'illusione di una sostanza".

24. Hegel, *Scienza della logica*, cit., vol. II, p. 494: "L'abituale *Horror* che dinanzi alla contraddizione prova il pensiero rappresentativo, non speculativo, codesto orrore... si ferma alla considerazione unilaterale della risoluzione della contraddizione nel nulla, e non conosce il lato positivo della contraddizione". Naturalmente, questa spiegazione va rovesciata in rapporto con il cinema: nel caso dei film horror, la sostanza contraddittoria si presenta come essere mostruoso, "reificando" la contraddizione in tale mostro – mentre Hegel spiega come, in realtà, ciò di cui si prova orrore *non* è il mostro, *ma* la contraddizione che costui incarna.

25. Sull'opera di Charles Ray, cfr. Schimmel, P. *Charles Ray*, (catalogo) MOCA, Los Angeles 1998.

26. Hegel, *Scienza della logica*, trad. it. vol. II, p. 483. Qui Hegel rimarca che positivo e negativo sono entrambi contraddittori, ma non allo stesso modo e con lo stesso valore; ecco perché l'opera di Ray si intitola *No* e non *Yes* – essa insiste sull'identità del negativo (la fotografia) con sé contro l'identità in generale; in tal senso l'opera nel suo complesso indica il concetto di una "differenza assoluta non riferentesi ad altro" che a se stessa (la *figura* di Ray, in quanto "contenuto" dell'autoritratto, diventa qui del tutto secondaria, il "contenuto vero" essendo la differenza come tale).

§ 2 LE FACCE SCAMBIATE

1. Cfr. per questa lettura del film, Žižek, S., "Melancholy and the Act", *Critical Inquiry*, 26, 4, summer 2000, pp. 677 sgg.

2. Sui limiti strutturali dell'obversione in salsa hollywoodiana, cfr. il § precedente, n. 18.

3. In tal senso *Face/Off*, come *Matrix*, resta un film assai timido e incompleto – anche perché non intende affatto mettere in discussione la propria stessa natura filmico-finzionale. Appare evidente per contrasto la grandezza di opere come *Sei personaggi in cerca d'autore* di Pirandello (cf. *infra*, pte II, § 6), in cui il gioco delle identità mette in crisi la stessa struttura dello spettacolo che osserviamo: "PADRE: Mi sa dire chi è lei? IL CAPOCOMICO: Come, chi sono? – Sono io! IL PADRE: E se le dicessi che non è vero, perché lei è me?" (L. Pirandello, *Maschere nude*, Mondadori, Milano 1993, 2 voll, vol. II, p. 740).

4. Mann, T., *Die vertauschten Köpfen*, Bermann-Fischer, Stockholm 1940 [trad. it. *Le teste scambiate*, in *Romanzi brevi*, a cura di R. Fertonani, Mondadori, Milano 1997].

5. Mann, *Le teste*, cit., p. 502.

6. Cfr. Hegel, *Scienza della logica*, cit., vol. 2,
p. 490: "è uno dei pregiudizi... dell'ordinaria
rappresentazione che la contraddizione non sia
una determinazione altrettanto essenziale ed
immanente quanto l'identità".

7. Mann, op. cit., p. 519.

8. Cfr. Danto, A, C., *The Transfiguration of the
Commonplace. A Philosophy of Art*, H.U.P., Harvard
1981.

9. Su questo lavoro di Paolini, cfr. Celant, G., a cura
di, *Giulio Paolini 1960-1972*, Fondazione Prada,
Milano 2003.

10. Cfr. Burch, N., *Le lucarne de l'infini. Naissance
du cinéma*, Nathan, Paris 1990 [trad. it.: *Il
lucernario dell'infinito. Nascita del linguaggio
cinematografico*, Il Castoro, Milano 2001, p. 190].

11. Sulla celebre sequenza di Porter, cfr. Casetti,
F., *Dentro lo sguardo. Il film e il suo spettatore*,
Bompiani, Milano 1986; e Berger, M.A., *Sight
Unseen*, Univ. Calif. Press, Berkeley Los Angeles,
2005, pp. 161 sgg.

§ 3 LA LOGICA DI TORI

1. Hegel, G. W. F., *Ästhetik*, Aufbau Verlag, Berlin
1955. [trad. it.: *Estetica*, ed it. a cura di N. Merker,
Einaudi, Torino 1976; vol. I, p. 13].

2. Questo è ciò che permette di riscrivere la stringa
anche in modo inverso: la ragazza qualunque è
identica a se stessa, se e solo se differisce dalla sua
controfigura mediale; infatti (come già accennato
sopra), è anch'essa pienamente "mediale" (al pari
di Tori Spelling attrice). È un evento filosoficamente
miracoloso, ancora largamente ignorato, il fatto
che tale stringa sia "già stata individuata", e non
di recente, ma oltre mezzo secolo fa, da Stéphane
Lupasco, nel suo *Science de la contradiction*, PUF,
Paris 1947, dove non solo afferma chiaramente
che "l'identité implique la non-identité" (p. 11), ma
scrive esattamente: "A ⊃ non-A et non-A ⊃ A" (p.
27). Nonostante lo sforzo di alcuni teorici rumeni
come B. Nicolescu, la concezione logica di Lupasco
attende ancora di essere pienamente compresa e
assimilata. La sua intuizione comunque non può
prescindere dalla dialettica hegeliana, secondo cui,
dati due opposti "non è che uno di essi tolga via,
in maniera estrinseca. l'altro; ma ciascuno si toglie

via in se stesso, ed è in se stesso il suo proprio
contrario" (Hegel, *Scienza della logica*, cit., p. 99).

3. Eraclito, fr. 49a DK, ("eimèn te kai oùk éimen");
in Giannantoni, G., a cura di, *Presocratici*, Laterza,
Bari 1991, 2 voll.; vol. I, p. 207. Il frammento è
stato più volte discusso e talvolta attribuito a
eraclitei posteriori come Cratilo, ma questo non
significa che la geniale dialettica in esso contenuta
non sia genuinamente eraclitea. Ne coglie appieno
l'importanza Hegel, comparandolo con l'identità
eleatica: "presso gli Eleati si aveva soltanto la tesi
dell'intelletto astratto, che soltanto l'essere è vero",
mentre Eraclito "questo spirito audace", "enunziò
la frase che 'l'essere e il non essere sono la stessa
cosa ... Noi ci associamo all'affermazione di Eraclito,
che l'assoluto è l'unità dell'essere e del non essere.
...questa filosofia non è tramontata; il suo principio
è essenziale, e lo si ritrova all'inizio della mia
Logica... in Eraclito il momento della negatività
è immanente: è così conquistato il concetto
dell'intera filosofia" (Hegel, *Vorlesungen über die
Geschichte der Philosophie*, in *Gesammelte Werke*,
hrsg. E. Moldenhauer, K.M. Michel, Suhrkamp,
Frankfurt 1968 sgg., Bd. 18. [trad. it. *Lezioni sulla
storia della filosofia*, 1, I, La Nuova Italia, Firenze
1981, pp. 311-12]

4. Per un'analisi storica cfr. Tomassoni, I., *Gino De
Dominicis. Catalogo ragionato*, Skira, Milano 2011;
dove si ricorda che il doppio ritratto fu esposto
anche accanto a un doppio ritratto di donna,
composto però da due fotografie identiche.

5. Benjamin, W., *Gesammelte Werke*, hrsg.
Tiedemann R., Schweppenhäuser, H., Suhrkamp,
Frankfurt 1995, vol. 5, p. 578 [trad. it. *I
"passages" di Parigi*, in *Opere complete*, a cura
di R. Tiedemann, vol. IX, p. 518]. Sulla dialettica
in Benjamin, cfr. Tiedemann, R., "Dialectics at a
Standstill. Approaches to the Passagen-Werk", in
Osborne, P. (a cura di), *Walter Benjamin. Critical
Evaluations in Cultural Theory*, Routledge, London-
New York 2005, pp. 232 sgg.

6. Pirandello, L., *Quaderni di Serafino Gubbio
operatore*, in *Tutti i romanzi*, Mondadori, Milano,
1993, 2 voll., vol. II, p. 725.

7. Sul lavoro fotografico della Sherman, cfr. Mulvey,
L., "A Phantasmagoria of Female Bodies", *New
Left Review*, 118, 1991, pp. 136-150, che cita
appropriatamente il suo lavoro come l' "inverso di
Dorian Gray".

§ 4 (NON) ESSERE E TEMPO

1. Cit. in Boulanger, Ph., Cohen, A., *Le Trésor des Paradoxes*, Belin, Paris 2007, p. 34.

2. Cfr. Carmagnola, F., Pievani, T., *Plot. Il tempo del raccontare nel cinema e nella letteratura*, Meltemi, Roma 2004.

3. Cfr. Auteliano, A., *Cronosismi*, Campanotto, Udine 2006, p. 129.

4. Così Callie Angel, amica dell'artista e curatrice del fondo Warhol al MoMA (che sta recuperando l'immenso materiale video girato da Warhol tra il 1960 e il 1968), cit. in Guarienti, G., *Andy Warhol 1960-1968. La fusione delle arti*, Cierre, Verona 1999, p. 112, sott. nostra.

5. Warhol, A., Hackett, P., *POPism. The Warhol 60s'*, Harcourt Brace, New York 1980 [trad. it. *Pop. Andy Warhol racconta gli anni sessanta*, Meridiano Zero, Padova 2004, p. 263; sott. nostra].

6. Cfr. Monk, Ph., *The Hollywood Films of Douglas Gordon*, Toronto 2003.

7. Cfr. Ferraris, M., *Dove sei? Ontologia del telefonino*, Bompiani, Milano 2005.

8. Hegel, *Scienza della logica*, cit., vol. II, p. 491.

9. Virilio, P., *Polar inertia*, 2000, cit. in Birnbaum, D., *Chronology*, Sternberg Press, New York 2005 [trad. it. *Cronologia*, Postmedia Books, Milano 2007, p. 76].

10. In Italia, un esempio recente e molto chiaro si è avuto la sera del 10 febbraio 2013, quando i telegiornali nazionali hanno dato la notizia della imminente nevicata che si sarebbe abbattuta sull'Italia del nord tra la notte e le prime ore del giorno seguente. Con una tempestività davvero inusitata, i media hanno iniziato a "funzionare a rovescio": invece di riportare le notizie di eventi già accaduti (il prevedibile caos cittadino, i disagi, gli incidenti, i ritardi, ecc.), hanno lanciato un allarme preventivo avvertendo tutti che, a causa di una nevicata ancora *in fieri*, quegli stessi eventi "erano in procinto di verificarsi". In altre parole – i media (la televisione in primis, ma non solo), hanno sì "previsto" ciò che stava per accadere, ma, facendolo "vedere prima", lo hanno anche implicitamente "aiutato ad accadere". I disagi annunciati (concorsi rimandati, danni e ritardi) che avrebbero potuto avvenire (ma forse anche no) sono stati "costretti" ad avere luogo. La forma visiva di questa costrizione è particolarmente interessante: la sera del 10 febbraio infatti il telegiornale di Rai1, per supportare visivamente la "notizia futura" della nevicata, ha scelto di mandare in onda non un collegamento con una sala della Protezione Civile o con un centro meteorologico, ma direttamente le immagini di una copiosa nevicata su Milano, senza alcuna indicazione che si trattava, con ogni evidenza, di immagini di repertorio, relative alle nevicate dei mesi precedenti. Per tutti coloro che non erano a Milano, dunque (ma forse anche per loro?), lì *nevicava già* – come nel film di Renoir *Accadde domani*, stavamo vedendo il telegiornale del giorno successivo, ma grazie alle immagini dell'anno prima. L'annuncio neve è stato dunque un gesto di coscienzioso civismo o di dissennato allarmismo? Non lo sapremo mai: gli eventi che si sono svolti il giorno 11 febbraio infatti, come in un esperimento di fisica quantistica, sono stati in qualche misura "determinati" dal fatto stesso di essere *pre-visti* – perfino la nevicata in sé, infatti, in quanto evento "naturale", è divenuta "indiscernibile" da un evento "mediale".

11. Cassidy, J., *How Markets Fail. The Logic of Economic Calamities*, Farrar, Straus & Giroux, New York 2009 [trad. it. *Come crollano i mercati*, Einaudi, Torino 2010, p. 244]. Occorrerebbe chiedersi dove a loro volta si collocano i libri come quello di Cassidy: si trovano su un piano aulicamente neutrale rispetto al soggetto che trattano oppure fanno anch'essi parte delle "cascate informative"? Naturalmente, questo è vero in genere per la c.d. "behavioral finance". Il problema resta sempre uguale: per questi economisti, se vedo un ristorante con un avventore e uno vuoto, anche se la mia guida ai ristoranti dice che quello vuoto è migliore, tendo a entrare in quello già occupato, creando così una specie di "cascata informativa" che al limite potrebbe riempire un ristorante a scapito dell'altro. Il problema è che in questo modello si pensa a una scelta "equa" e cronologicamente sequenziata tra due proposte oggettive (un avventore, due ristoranti...), quando di fatto gli avventori sono *simultaneamente anche* ristoratori e viceversa. L'esempio del ristorante ha infatti dei limiti, legati alle nozioni classiche di attivo e passivo: pensiamo invece alla scelta tra più website, dove il "cibo" proposto sono le informazioni stesse – in

quel caso, la cosa più ovvia è "autogenerare" cascate informative. Fin dal 2014, ad esempio si è "scoperto" che quasi il 10% degli utenti attivi di Twitter sono generati da programmi automatizzati ("Il pubblico artificiale di Twitter: 23 milioni gli utenti-robot", *Corriere della Sera*, 13 agosto 2014). È significativo il fatto che dopo l'acquisizione di Twitter da parte di Elon Musk (2022) il numero dei profili falsi (troll) sia aumentato anziché diminuire.

12. Cfr. www.corriere.it [accesso del 10 dic. 2010].

13. Vamba, *Il Giornalino di Giamburrasca* [1911], Rizzoli, Milano, 1977, p. 177.

14. Roizen, M.F., *RealAge: Are You as Young as You Can Be?*, Harper Resource, New York 1999; Real Age è alla base di una grande impresa mediale, che ha saputo interpretare al meglio, nell'ottica della nuova scienza medica, i vantaggi dei new media e del rapporto online con l'utenza. Ed è questo il motivo del suo successo, dato che, dal 1999 a oggi, sembra che il test sia stato effettuato da oltre 27 milioni di persone; non a caso, la Real Age inc., nata nel 1999, è stata acquistata dal gruppo editoriale Hearst nel 2007 per una cifra stimata tra i 60 e i 70 milioni di dollari. In tal senso non sono mancate le critiche che invece definiscono il test solo una forma occulta di marketing per le aziende farmaceutiche, che di fatto sono sponsor ufficiali del sito medesimo.

§ 5 FABULA EST MUNDUS

1. Descartes, R., *Meditationes de prima philosophia* (1641), in *Oeuvres*, ed. Adam, C. Tannery, P., Ed. Cerf, Paris 1905, 5 voll. [trad. it. *Meditazioni metafisiche,* in *Opere*, a cura di G. Cantelli, Mondadori, Milano 1986, p. 212].

2., Ibidem. Al solito, il pensiero neo-empirista, riporta le cose alla "sana realtà"; cfr. Trigg, R., *Rationality and Religion*, Blackwell, Oxford 1998, ma peggio va col "neo-sensismo" del tipo suggerito da Le Breton, D, *La saveur du monde,* Métailié, Paris 2006 [trad. it.: *Il sapore del mondo*, Cortina, Milano 2007].

3. "Baudrillard décode Matrix", *Nouvel Observateur*, 19 june 2003.

4. Per inciso, questo tratto consolatorio è esattamente quello che fa di *Matrix* un film interessante, ma ideologicamente del tutto inutilizzabile ai fini di una seria analisi dell'obversione, cioè del tutto intriso della logica spettacolare (non diversamente che altri film qui presi in considerazione, come *Face/Off, Memento,* ecc.). "Il problema del film è che non è abbastanza *folle?*", così Žižek, *Meno di niente*, cit., p. 413.

5. È sostanzialmente questo il motivo per cui il cartesianesimo, dopo un primo entusiasmo, venne rifiutato dagli ambienti filosofici anglosassoni, già inclini all'empirismo; cfr. Pacchi, A., *Cartesio in Inghilterra*, Laterza, Bari 1980. Sulla compresenza di ragione e follia in Cartesio, e sul dibattito fra Derrida e Foucault sul "cogito" e la "storia della follia", cfr. Žižek, *Meno di niente*, cit., "Secondo interludio", pp. 401-437.

6. È oltremodo interessante che colui che svela il mistero di Matrix a Neo abbia per nome Morpheus – ossia Morfeo, il dio greco secondo Esiodo della Notte, secondo Ovidio figlio di Ipno (sonno), un agente del sogno dunque, e non della Ragione.

7. Hegel, *Fenomenologia dello spirito*, cit., p. 95.

8. Hegel, *Fenomenologia*, cit., p. 245; cap. III su Forza e Intelletto, pte 3, sez. b. Per questo tema, cfr. Moneti M., *Hegel e il mondo alla rovescia. Una figura fenomenologica*, Le Monnier, Firenze 1986.

9. Hegel, *Fenomenologia*, cit., p. 251. Cfr. *infra*, pte 2, § 1. Si tratta di un pensiero talmente dialettico che i difensori moderni della "ragione" non capiscono nemmeno di cosa si tratti; cfr. le ridicole argomentazioni di Phillips, M., *The World Turned Upside Down: the Global Battle over God, Truth and Power*, Encounter Books, New York 2010.

10. Debord, G., *La Société du Spectacle*, Champ Libre, Paris 1967 [trad. it., *La società dello spettacolo*, Sugarco, Milano 1990, p. 88]. Sulla figura e l'opera di Debord pesa però anche l'ipoteca di aver "creato" un movimento (il situazionismo) assemblando elementi non originali; rimando qui al mio intervento su Piero Simondo (il "vero" genio del situazionismo) in "L'affaire Simondo. Arte e filosofia di un artista 'sperimentale'", in L. Bocchicchio, a. c. di, *Piero Simondo. Laboratorio situazione esperimento*, Prato, Gli Ori, 2021, pp. 43-64.

11. Hegel in effetti, nella parte della *Fenomenologia* relativa allo Spirito, sezione VII, a, sulla Religione artistica, pur riferendosi alla tragedia e alla commedia antica, nota proprio

questo "rovesciamento" della vita sociale nello spettacolo.

12. Shakespeare, *Amleto*, Atto III, scena II.

13. Hegel, *Fenomenologia*, cit., p. 139. L'importanza estrema di questo passo non sfugge alla lettura che della *Fenomenologia* fa Heidegger, nelle sue lezioni, risalenti al 1930-31, *Hegel's Phanomenologie des Geistes*, Klostermann, Frankfurt, 1980 [*La fenomenologia dello spirito di Hegel*, Guida Napoli 1988, p. 166].

14. Cfr. F. Jameson, nel suo *Postmodernism, Or the Cultural Logic of Late Capitalism*, Duke Univ. Press,1991, cita Hanson associandolo al senso di "derealization" di Sartre, per cui l'illusione di vita di quelle sculture ricade sugli esseri umani viventi accanto a noi, "trasformandoli per un breve istante in altrettanti simulacri morti e dipinti in color carne", p. 34.

15. Cfr. il racconto di D. Buzzati, *Dal medico*, in *Le Notti difficili*, Mondadori, Milano 1971; il mito di Er, il soldato che ritorna dagli inferi, si trova in Platone, *Repubblica*, X, 614b.

§ 6 PARADOXIA EPIDEMICA

* Impossibile qui non appropriarsi del titolo del celebre saggio di Rosalie Colie, *Paradoxia Epidemica. Renaissance Tradition of Paradox*, Littel, New York 1966.

1. Cfr. Cialdini, R. B., *Influence. The Psychology of Persuasion*, Quill William Morrow and Co., Inc., New York 1984 e 1993 [trad. it. *Le armi della persuasione*, Giunti, Firenze 1995, pp. 61-3].

2. Cfr. Schimmel, P. *Charles Ray*, cit.

3. Hegel, G.W.F., *Enzyklopädie der Philosophischen Wissenshaften in Grundrisse*, Oswald, Heidelberg 1830. [Trad. it.: *Enciclopedia delle scienze filosofiche in compendio*, Rusconi, Milano 1996; "Scienza della Logica", A, § 119; p. 277].

4. Cfr. Kneale, M. Kneale, N., *The Developement of Logic* [1962], Clarendon Press, Oxford 1984, p. 355: per i coniugi Kneale, quella di Hegel è "a curious mixture of metaphysics and epistemology"! (trad. it. *Storia della Logica*, Einaudi, Torino 1972).

5. Russell, B., *Introduction to Mathematical Philosophy*, Allen & Unwin, London 1919 [tr. fr. *Introduction à la philosophie de la mathématique*, ed. G. Moreau, Payot, Paris 1970, pp. 234-35].

6. Per inciso, che cos'è il mondo di cui parla Russell, in cui Socrate non esiste, ma le leggi logiche sì, se non l'agghiacciante universo digitale totale di *Matrix*?

7. Gli esempi sono dello stesso Russell, in "The Philosophy of Logical Atomism", 1918, in *Logic and Knowledge*, Allen & Unwin, London 1956, pp. 177-281.

8. Cit. in Chauve, A., *La Logique et sa signification philosophique*, Delagrave, Paris 2004, p. 67. Cfr. Kenny, A., *Frege*, cit., "Da quel momento in poi [dopo la comunicazione di Russell] cessò di scrivere sui fondamenti della matematica fino a poco prima della morte; in una delle sue lettere, parlava del completo fallimento in cui era incorso il suo tentativo di chiarificare la natura del numero" (p.184).

9. Seguita poi dall'abbandono della teoria originaria (cantoriana) degli insiemi, definita "ingenua" di contro a quella successiva, definita "formale", assiomatica, ecc.

10. Russell, B., *The Autobiography of Bertrand Russell*, Allen & Unwin, London 1951-1969 [trad. it. *Autobiografia*, 1872-1914, Longanesi, Milano 1969, 2 voll.; vol. I, pp. 248-9]. Appropriate a tal proposito le considerazioni di Heidegger, in *Was ist Metaphysik?* [1929], in *Gesamtausgabe*, Klostermann, Frankfurt 1975 sgg., vol. IV, pp. 103-122 [trad. it. *Che cos'è la metafisica?* in *Segnavia* (1967), Adelphi, Milano 1999, p. 64]: "... la possibilità della negazione, come operazione dell'intelletto, e quindi l'intelletto stesso dipendono in certo qual modo dal niente. A questo punto come può l'intelletto pretendere di decidere sul niente? L'apparente controsenso della domanda e della risposta riguardanti il niente non poggia alla fine solo su una cieca ostinazione dell'intelletto nel suo vagare?". In altre parole, la condizione di "angoscia" di Russell sarebbe il segno della presenza del nulla non nella logica "là fuori", ma *dentro* di lui.

11. Russell stesso ammette che "solo la filosofia hegeliana, che si nutre di contraddizioni, può restare indifferente [davanti a questo paradosso]"; in *The Principles of Mathematics*, C.U.P., Cambridge 1903 [trad. it.: *I principi della matematica*, Newton Compton, Roma 1989, p. 130]. Questa coazione alla coerenza "logica", può forse essere ritenuta corresponsabile di crimini ben più grandi, come

l'Olocausto? Stando al resoconto di E. Black, *IBM and the Holocaust. The Strategic Alliance between Nazi Germany and America's Most Powerful Corporation*, Dialog, Washington 2001, si direbbe di sì. Il problema per Black è geopolitico, data l'imbarazzante e consapevole alleanza tra una grande azienda americana e la Germania nazista, ma, al di là di questo, il coinvolgimento dell'IBM, che mise a disposizione dei gerarchi nazisti la sua tecnologia informatica, basata sulle schede perforate, non sembra sinistramente dare corpo alle invettive di Adorno e dei francofortesi sui rischi della società "amministrata"?

12. Sempre Russell "autorizza" a una lettura ontologico-esistenziale del suo paradosso quando ammette che "si potrebbe notare che l'identità in 'x non è un x' non viene introdotta in modo ammissibile. Ma abbiamo già mostrato che le relazioni dei termini con se stessi non si possono evitare, e si può osservare che i suicidi o i self-made men o gli eroi dell'opera di Smiles *Self-Help*, sono tutti definiti da relazioni con se stessi", in *I principi della matematica*, cit., p. 129. Tra gli eroi di *Self-Help*, [1859] l'opera di Samuel Smiles che lo rese famosissimo e vendette oltre 500.000 copie, vi sono naturalmente casi di persone divenute "famose". Per Smiles questo auto-relazionarsi di sé con sé è fonte di crescita umana e professionale; acutamente Russell introduce il sospetto che esso implichi una qualche subdola forma di auto-contraddizione (tant'è vero che egli mette sullo stesso piano formale sia i suicidi che i self-made men). Naturalmente, nell'elenco delle forme di autorelazione elencate da Russell è omessa la masturbazione: tuttavia, il grande filosofo non manca di menzionarla come una pratica a cui lui stesso indulgeva regolarmente in gioventù, dai quindici ai vent'anni circa, nella sua già citata Autobiografia (cit., vol. I, pp. 52-3).

13. Hegel, *Scienza della logica*, cit., vol. II, p. 494.

§ 7 CHI HA INCASTRATO L'UNIVERSALE?

1. Cfr. *The Times*, 25 may 2010. Il rapimento sarebbe avvenuto a sud della capitale Sanaa, nella regione Bani Mansur, nell'antico villaggio di Hajara, al fine di liberare un parente appartenente al gruppo tribale...

2. J.-P.Sartre, "L'universel singulier", conferenza del 21 aprile 1964, edita col titolo *Kierkegaard vivant*, in *Situations philosophiques*, Gallimard, Paris 1966, pp. 295-325.

3. Ivi., p. 303.

4. Ivi, p. 311.

5. "Hegel a Niethammer", 13 ottobre 1806; cit. in Hegel, *Fenomenologia dello Spirito*, trad. it. cit., *Introd.*, p. 12.

6. Sartre, op. cit., p. 315.

7. Sartre, ivi, p. 309 – qui Sartre fa riferimento al celebre "chiasma corporeo" di M. Merleau-Ponty, in *Phénoménologie de la perception,* Gallimard, Paris 1945 [trad. it *Fenomenologia della percezione*, Il Saggiatore, Milano 1972].

8. Cfr. Mutman, M., Oçak, E., "Fetal culture Ultrasound imaging and the formation of the human", *Radical Philosophy*, 147, jan/feb 2008; che però mantengono la classica impostazione foucaultiana sullo "sguardo" clinico come segno della biopolitica, mentre evidentemente qui *non* si tratta della *biologizzazione* della vita (riduzione della vita al nudo fatto biologico-scientifico, ecc.), ma, al contrario, della sua *spiritualizzazione* (la "ripresa video" del feto lo introduce nello stadio video, ultima metamorfosi spirituale universale). Ancora una volta, lo sguardo dell'intellettuale si rivolge pateticamente al "povero soggetto" ridotto alla sua misera singolarità – e se invece il vero problema fosse l'inatteso elevamento soggettivo ad una universalità assoluta, quella sì totalizzante?

9. Mann, T., *Der Zauberberg*, Tischer Verlag, Berlin 1924, 2 voll. [trad. it. *La montagna incantata*, Corbaccio, Milano 1999, p. 203].

10. Kierkegaard, S., *Forord*, Reitzel, Kjøbenhavn 1844, [trad. it. *Prefazioni*, a cura di D. Borso, Guerini, Milano 1990].

11. Kierkegaard, *Prefazioni*, cit., pp. 51-2.

12. Evidente qui il richiamo allo sconcertante avvio della hegeliana *Scienza della logica* che identifica essere e nulla; cfr. *infra*, § 9.

13. Stewart, J., *Kierkegaard's Relations to Hegel Reconsidered*, Cambridge U. P., Cambridge 2003, p. 426.

14. Il cui rappresentante principale è Heiberg, inizialmente maestro di Kierkegaard; cfr. "Prefazione del curatore", in *Prefazioni*, trad. it. cit.; e soprattutto ancora Stewart, *op. cit.*, cap. 10,

"The Polemic with Heiberg in *Prefaces*".

15. Kierkegaard, S., *Scritti sulla comunicazione*, trad. it. a cura di C. Fabro, edizioni Logos, Roma 1979, 2 voll.; vol. I, "La dialettica della comunicazione etica ed etico-religiosa" [1847], in cui Kierkegaard parla della "stampa" come di un megafono che "rende astratto" chi lo usa (p. 63).

16. Sartre, *L'universel*, cit.., p. 307.

17. Hegel, G.W.F., *Estetica*, cit., vol. II, p. 680.

18. "Lo Spirito si manifesta necessariamente nel tempo, e si manifesta nel tempo per un periodo lungo, [soltanto] finché non *coglie* il suo proprio Concetto puro, fino a quando, cioè, *non elimina il tempo*"; così Hegel nella sezione sullo Spirito Assoluto, in *Fenomenologia dello Spirito*, trad. it. cit., p. 1053; sott. mia.

19. Cfr. Kierkegaard, S., *Øieblikket*, Reitvelt, Kjobenhavn 1855, Nr. 1-9 [trad. it. *L'ora. Atto di accusa al cristianesimo nel regno di Danimarca*, Newton Compton, Roma 1977, p. 41]: "La mia opera ha preso contatto col presente, con l'attualità, così che ha necessariamente bisogno di un organo con cui io possa rivolgermi d'ora in ora alla gente".

20. "Tutto dipende dal concepire ed esprimere il vero non tanto come *sostanza*, bensì propriamente come *soggetto*"; così Hegel nella "Prefazione" alla *Fenomenologia*, trad. it. cit., p. 67. Per comprendere appieno questa svolta dialettica è ormai indispensabile rifarsi a Žižek, S., *Meno di niente*, cit., cap. 6.

21. In questo senso cfr. la critica della lettura standard della chiusura della dialettica hegeliana in Žižek, S., *The Parallax View*, MIT, Cambridge-London 2006, cap. 2, § "Kierkegaard as Hegelian", pp. 78 sgg.

22. Hegel, *Fenomenologia*, cit., p. 1061.

23. Hegel, *Fenomenologia*, cit., p. 1063.

24. Tra i vari resoconti, cfr. Annas, G. J., *Worst Case Bioethics*, Oxford Univ. Press, Oxford 2010; pur ricostruendo la "crescita" del caso Schiavo, dal livello locale a quello internazionale, non considera a fondo il ruolo dei media – ma sottolinea il fatto sconcertante della "falsa familiarità" con quella che ben presto il mondo intero ha imparato a chiamare semplicemente "Terri" (pp. 144 sgg.). Rimarchevole il fatto che un artista contemporaneo come Leonardo Pivi abbia pensato di "immortalare" il volto di Terri in un mosaico che echeggia le icone bizantine (*Terri Schiavo*, 2007).

25. Sartre, *L'universel*, cit., p. 305.

26. Hegel, *Enciclopedia delle scienze filosofiche in compendio*, cit., p. 564.

27. Hegel, *Enciclopedia*, cit., p. 548.

28. Hegel, *Estetica*, cit., pp. 219-20.

29. Hegel, G.W.F., *Vorlesungen über die Philosophie der Geschichte*, ed. Lasson, Meiner, Leipzig 1917 [trad. it. *Lezioni sulla filosofia della storia*, La Nuova Italia, Firenze 1947, 2 voll.; vol. I, p. 44].

30. La fiducia nel successo del sacrificio eroico è naturalmente del tutto interna all'ideologia dell'immaginario cinematografico, e segnatamente hollywoodiano, a cui questo film a buon diritto appartiene.

31. Jameson F., *The Hegel Variations*, Verso, London 2010, ha invece l'idea diversa che Hegel (che secondo lui qui risulta persino essere più avanzato dei suoi più avanzati esegeti, come Kojéve) sia utile per spiegare ad esempio il "twin status" di organismi come le multinazionali, che da un lato sono personificazioni dell'(astratto) livello legale, dall'altro "sul piano dell'immaginario sociale o dell'inconscio politico diventano man mano più difficili da visualizzare o da rappresentare" (p. 102). Si può però osservare che questo "statuto doppio" è sì ambiguo, senza per questo essere dialettico.

32. Questo fatto si ripete in occasione di crisi particolari, quando le grandi corporations "astratte" sono costrette a "metterci la faccia"; clamorosa fu la catastrofica presenza mediatica della tonda e anonima faccia di Tony Hayward, CEO di BP durante il megadisastro della piattaforma petrolifera Deep Horizon al largo del Golfo del Messico, 2010. Osservando la faccia di questi personaggi, come quella del proverbiale comandante Schettino, torniamo all'enigmatica sfinge "senza enigma" di Wilde, e ci chiediamo come sia possibile che un tal singolo sia anche il responsabile di catastrofi tanto immense.

33. Questa dinamica è al lavoro da tempo. L'Italia in particolare è la terra dell'obversione proprio in quanto patria contraddittoria di fenomeni che

esibiscono la loro duplicità. In piazza Fontana, a pochi passi dal Duomo di Milano, sorgono due lapidi dedicate alla stessa persona, l'anarchico Pinelli (che morì il 12 dicembre durante le indagini relative alla bomba nella banca dell'Agricoltura, esplosa il 9 dicembre 1969, inaugurando un periodo di forti tensioni sociali e politiche).
La prima delle due lastre fu posta negli anni settanta dagli anarchici e recita: *"A Giuseppe Pinelli ferroviere anarchico ucciso innocente nei locali della Questura di Milano il 16-12-1969. Gli studenti e i democratici milanesi"*. In una notte del marzo 2006 l'amministrazione comunale decise di sostituire la lapide abusiva con una lastra "ufficiale" che sotto il simbolo del Comune di Milano recitava: *"A Giuseppe Pinelli ferroviere anarchico innocente morto tragicamente nei locali della Questura di Milano il 15-12-1969"*. In seguito a qualche giorno di polemica gli anarchici del Ponte della Ghisolfa tornarono a collocare la vecchia lapide. Come si può ancor oggi vedere in piazza della Loggia a Milano, le due lapidi distano pochi metri: su quella posta dal Comune di Milano la parola "tragicamente" (che sottintende il fatto che la morte dell'anarchico fu accidentale, a contrasto con la tesi dell'assassinio politico perpetrato dalla polizia) è stata inoltre cancellata da una riga di spray nero. Notevole in proposito il lavoro artistico di Francesco Arena, *Occhio destro occhio sinistro*, 2011, che ha realizzato due copie 1:1, utilizzando gli stessi materiali e gli stessi caratteri tipografici, ma incidendo solo le due frasi divergenti, nella stessa posizione di quelle originali. Le due lapidi sono installate a parete in modo che la frase presente su ognuna sia alla stessa altezza degli occhi dell'artista. Il doppio ricordo diventa così triplo nella sua versione artistica; così, ciò che resta di quella vicenda, mai chiarita, è l'evidente contrapposizione fra le due versioni: cioè la *terza* versione, quella secondo cui ciascuna delle due versioni precedenti "ha bisogno" dell'altra, "esiste" solo in rapporto alla sua specifica negazione.

34. Sulla fama di "equilibrio" ideologico dell'Unesco attualmente pesa la non ammissione di Julian Assange alla conferenza, tenutasi a Parigi, proprio su Wikileaks e la "libertà di espressione"; cfr. *La Repubblica*, 16 febbraio 2012.

§ 8 TO BE AND NOT TO BE

1. Baudrillard, J., *Le crime parfait*, Galilée, Paris 1995; trad. it., *Il delitto perfetto. La televisione ha ucciso la realtà?,* Cortina, Milano, 1996.

2. Orwell, G., *Nineteen-Eighty-Four*, [1949], Penguin Books, London 1996 [trad. it. *1984*, Mondadori, Milano 1989, pp. 79-80].

3. Ivi, p. 84.

4. Cfr. Gunkel, D., e Taylor P., *Heidegger and the Media*, Polity Press, London 2014.

5. Heidegger, *Essere e tempo*, cit., p. 138.

6. Ivi, p. 238.

7. Ivi, pp. 150-51.

8. Ivi, p. 166.

9. Heidegger, *Che cos'è la metafisica?*, cit., p. 64.

10. Ivi, p. 63

11. Ivi, p. 76

12. Ivi, p. 71.

13. Ivi, p. 73

14. Heidegger, *Che cos'è la metafisica?*, cit., p. 75; il riferimento è a Hegel, *Scienza della logica*, cit., vol. 1, p. 70.

15. Sartre, J-P., *L'Être et le néant: Essai d'ontologie phénoménologique*, Gallimard, Paris 1943. [Trad. it. *L'essere e il nulla*, Il Saggiatore, Milano 1980, p. 32]. Su Sartre e Heidegger, cfr. l'attenta ricostruzione di Rockmore, T., *Heidegger and French Philosophy. Humanism, Antihumanism and Being*, Routledge 1995. In effetti la posizione di Sartre era stata anticipata dall'idealismo italiano, proprio come testimonia l'ingiustamente obliato *Sistema di logica come teoria del conoscere* di G. Gentile, cit.; vol. II, p. 61: "L'Io è questo essere che non è, ma è non essendo... L'uomo che non neghi se stesso... cessa di essere uomo". Il problema di Gentile non dunque è la sua vocazione dialettica, ma, al contrario, il suo attaccamento (heideggeriano?) all'Essere *nonostante* la sua posizione dialettica.

16. Sartre, J-P., *L'existentialisme est un humanisme*, [1945], Gallimard, Paris 1996, p. 26.

17. Che pur essendo un francese, prese progressivamente le distanze da Sartre; cfr. Rockmore, cit., pp. 89 sgg.

18. Heidegger, M., *Briefe über den "Humanismus"*, Vittorio Klostermann, Frankfurt am-

Main 1946; ora in *Wegmarken,* in *Gesamtausgabe,* band 9, Klostermann, Frankfurt 1976,, p. 328 [trad. it. *Lettera sull'umanismo,* Adelphi, Milano 1995, pp. 267-315].

19. Ivi, p. 53, sott. nostra. Secondo Heidegger, Sartre non avrebbe compiuto un'autentica *Verkehrung*; osservazione corretta, ma che solleva drammatici dubbi sulla stessa *Kehre* heideggeriana (cfr. *infra,* pte II, § 1).

20. Ivi, p. 44.

21. Ivi, p. 56. Il testo originale suona: "Doch das Sein – was ist das Sein? Es "ist" Es selbst"; cfr. *Gesamtausgabe,* cit., p. 331, e relativo commento di Philipse, H., *Heidegger's Philosophy of Being,* Princeton UP, Princeton 1998, cap. II.

22. Ivi, p. 271: "Non si pensa più, non ci si occupa di 'filosofia'. Nel gioco della concorrenza si offrono allora al dominio pubblico tali occupazioni sotto forma di –ismi e tendenti al rincaro. La supremazia di simili etichette [come l'esistenzialismo ovviamente] non è opera del caso. Essa si basa, e in particolare nei tempi moderni, sulla dittatura tipica della pubblicità". Già Sartre del resto, aveva preso le distanze dall'esistenzialismo come "moda", cfr. *L'existenzialisme,* cit., p. 25, ma lo aveva fatto appellandosi a Heidegger, con cui sosteneva di spartire la posizione di un esistenzialismo ateo...

23. "Siamo in un piano in cui vi è principalmente l'Essere", in Heidegger, *Lettera,* cit., p. 61.

24. Heidegger, M., *Identità e differenza,* cit., pp. 55 sgg.

25. Ivi, p. 33.

26. Ivi, p. 48 sgg. U.M. Ugazio (in *Aut Aut,* 187-88, 1982) traduce invece, più chiaramente: "Adesso ci appare come l'essere appartenga con il pensiero ad una identità la cui essenza deriva da quello *Zusammengehörenlassen* che noi chiamiamo l'*Ereignis* [evento]".

27. Ivi, cit., p. 269.

28. In proposito, F. Volpi nota che "Heidegger ha validi motivi per ribellarsi all'accusa rivoltagli di essere un critico romantico della tecnica. Egli non sta contro la tecnica. Non pensa all'utopia di un giardino terrestre senza 'artefatti', né evoca la physis in uno struggimento nostalgico che guarda indietro". Nondimeno, Volpi ammette che per Heidegger "nel compimento della tecnica sta la possibilità per il pensiero di ascoltare il richiamo dell'essere e di corrispondervi" (F. Volpi (a cura di), *Guida a Heidegger,* Laterza, Bari 1997, pp. 51-52). Anche in questo caso, anzi, proprio nel caso del pericolo fatale a cui ci conduce la tecnica, l'orizzonte salvifico a cui Heidegger guarda resta dunque l'"identità dell'essere".

29. Heidegger, *Essere e tempo,* cit., p. 221. È vero che la citazione appartiene alla sezione del libro dedicata all'inautenticità; ma qui sono giustificate le critiche di Adorno, *Jargon der Eigentlichkeit,* Suhrkamp, Frankfurt 1964 [trad. it. *Il gergo dell'autenticità. Sull'ideologia tedesca,* Bollati Boringhieri, Torino 1988], che nel tema dell'"autenticità" vede giustamente una "violenza dell'identico sul non-identico". Bisogna aggiungere che ne "La struttura onto-teo-logica della metafisica" (in *Identità e differenza,* cit.), Heidegger precisa che l'essere va pensato anche "come differenza" (pp.83-86); però, tale differenza non va intesa come interna all'essere, ma nel rapporto fra essere e ente. In proposito, nella nota 23, p. 113 di *Differenza e ripetizione* (*Différence et répétition,* PUF, Paris 1968, trad. it. Il Mulino, Bologna 1971) Gilles Deleuze si domanda: "Heidegger concepisce l'essente in modo tale che questo sia veramente sottratto a ogni subordinazione di fronte all'identità della rappresentazione?" - e giustamente risponde: "... si direbbe di no". Tuttavia, la stessa concezione deleuziana, per la quale "non sono le differenze a essere ... è l'essere che è Differenza" (ivi, p. 70), intendendo la Differenza in senso non-dialettico come totale "eterologia", si mostra ben "diversa" dalla nozione di "dis-identità". Per Deleuze "l'essere è anche il non essere, ma il non-essere non è l'essere del negativo, è l'essere del problematico"; l'essere è dunque attraversato da una "fenditura" ontologica "che riferisce l'essere e la domanda l'uno all'altra" (p. 110). Così, da un lato Heidegger non rinuncia al primato dell'Identico (a cui i differenti si subordinano), dall'altro Deleuze gli oppone la propria idea di Differenza (a cui lo Stesso si subordina): ma nella dimensione obversa (disidentitaria) gli opposti si subordinano reciprocamente l'uno all'altro. L'essere è sì "spaccato internamente", ma da se stesso; il negativo dell'essere (non-essere) comporta dialetticamente che esso stesso debba concepirsi come negativo del (suo) negativo: non-non-essere.

30. Gentile aveva accettato di divenire membro dell'Accademia d'Italia e *in pectore* ministro della Repubblica Sociale di Salò, per evitare la "demolizione di tutta la mia vita" come ebbe a scrivere nell'ultima lettera alla figlia, il 27 novembre 1943 – cioè per essere coerente, "fedele" (uguale) a se stesso (cfr. Turi, G., *Giovanni Gentile*, UTET, Torino 2006, p. 558). In altre parole, pur potendo, come molti fecero, rinnegare il suo passato fascista e salvarsi la vita, per essere se stesso fece la scelta che lo avrebbe portato certamente (cosa di cui era ben cosciente) alla distruzione di sé. Cfr. Romano, S., *Giovanni Gentile. La filosofia al potere*, Bompiani, Milano 1984. Quello di Gentile non sembra un tipico esempio di fedeltà "patologica" all'Essere, tanto più incomprensibile in un filosofo "dialettico"? Cfr. anche Bodei, R. "Gerarchia e sacrificio: Mussolini e Gentile", in *Destini personali. L'età della colonizzazione delle coscienze*, Feltrinelli, Milano 2002, pp. 221-48.

31. Cfr. Safranski, R., *Heidegger et son temps*, Bernard Grasset, Paris 1996, pp. 370 sgg.; Heidegger aveva inviato nel 1945 una lettera al grande studioso Emile Brehiér, rimasta senza risposta; egli era considerato ancora con sospetto, e in molti nella comunità internazionale erano contrari a una sua frettolosa riabilitazione.

32. Cfr. Safranski, cit., pp. 380 ssg.

33. Heidegger, *Lettera*, cit., "ciò che è essenziale, non è l'uomo, ma l'Essere"; più avanti Heidegger stesso cita Sartre: "*Précisement nous sommes sur un plan où il y a seulement des hommes*", e lo rovescia, lasciando la frase in francese (una cosa del tutto inusuale per lui, quasi un evidente gesto di sfida, di discesa sullo stesso terreno di quello che ormai si profila come un avversario): "*Précisement nous sommes sur un plan où il y a principalement l'Etre*"; in *Lettera*, cit. pp. 287. Naturalmente, l'accento degli esegeti heideggeriani va regolarmene a giustificare l'anti-umanesimo di Heidegger come un che di presunto, da leggersi nel contesto dell'Essere – mentre il punto problematico non è il decentramento de *l'homme* (più tardi fatto proprio con disinvoltura dallo strutturalismo), ma appunto la centralità identitaria dell'*Etre*; cfr. Mazzarella E ., *Tecnica e metafisica. Saggio su Heidegger*, Guida, Napoli 2002, p. 22 sgg.

34. Heidegger, M., *Was ist Metaphysik?*, 1929. Al testo originale Heidegger aggiunse un *Poscritto* nel 1943, e poi una *Introduzione* nel 1949 [trad. it. *Che cos'è la metafisica?*, in *Segnavia*, cit., pp. 59-77]. Nell'edizione dei *Gesamtausgabe*, i tre testi sono posti in ordine cronologico, ma gli ultimi due, in modo quasi "orwelliano", "riscrivono all'indietro" il testo del 1929, torcendolo verso la centralità dell'Essere.

35. Sartre, *L'esistenzialismo*, cit. p. 29.

36. Cfr. Sartre, *L'essere e il nulla*, cit. p. 51. In altri termini, Sartre esita tra due tradizioni filosofiche incompatibili da cui però deriva la sua posizione: da un lato la fenomenologia e l'ontologia heideggeriana (con il suo attaccamento identitario) e dall'altro la dialettica hegeliana (con la sua radicalità dialettica). In Sartre queste due linee di pensiero derivano da un lato dalla lettura di Heidegger, e dall'altro dai corsi sulla *Fenomenologia* di Kojève. Vincent Descombes, nella sua magistrale analisi del rapporto Kojève-Sartre (*Le Même et l'Autre*, De Minuit, Paris 1979, cap. 1) ne conclude che "dato che l'essere è l'identico che non è altro che identico, mentre la coscienza è la differenza che non raggiunge mai l'identità, la relazione tra i due è necessariamente una non-relazione, e pertanto... ciò che [al lettore di *L'essere e il nulla*] pare abortito in tutto ciò è meno la deificazione dell'uomo che l'ontologia stessa di Sartre".

37. Sartre, *L'essere e il nulla*, cit., p. 32.

38. Heidegger, *Identità, cit., p. 63*. Su questo punto gli interpreti divergono: Mazzarella, E., cit., p. 137 sgg., si sofferma esattamente su questi punti e insiste proprio sull'appartenenza dell'essere allo "spazio" dell'identità: "è l'*Identico, il Medesimo* che pro-duce l'Essere". Ma una delle figure emergenti dell'attuale dibattito filosofico, Catherine Malabou, nel suo *La change Heidegger*, Scheer, Paris 2004, apre invece un'altra prospettiva, centrata sulla triade (da lei reperita in una serie di testi heideggeriani, fra cui il saggio su Nietzsche) W W V, cioè *Wandel, Wandlung, Verwandlung*, che indicano con varie sfumature il senso di un perenne cambiamento metamorfico "entro" l'essere. Secondo Malabou anzi, questo permette di "aprire" Heidegger in direzioni del tutto inedite e di considerare "la métamorphose comme... la condition ontologique originaire" (p. 147). Dato l'approfondimento testuale svolto, che tale metamorfosi possa davvero essere considerata

centrale in Heidegger è effettivamente da prendere in attenta considerazione; che invece, come già la nietzschiana *Umwerthung* (trasvalutazione), costituisca una *Verkehrung*, cioè un'autentica "obversione", resta assai più problematico, a causa della natura non-dialettica del concetto stesso di "cambiamento" qui considerato.

39. Sartre, *L'esistenzialismo*, cit., p. 69, sott. mia.

40. Hegel, *Scienza della logica*, trad. it. cit., vol. I, p. 70.

41. *Ibid*.

42. Biard J. et alii, *Introduction à la lecture de la* Science de la logique *de Hegel*, Aubier Montaigne, Paris 1981, 2 voll; vol. I, p. 49.

43. Giustamente Alexandre Kojéve, nel suo *Introduction à la lecture de Hegel*, Gallimard, Paris 1947 [trad. it. *Introduzione alla lettura di Hegel*, Adelphi, Milano 1994], composto proprio negli stessi anni dei testi citati di Heidegger e Sartre, parla di una concezione "sottrattiva" del concetto di essere: "Essere meno essere uguale al concetto "Essere" (p. 375).

44. Hegel, *Scienza della logica*, cit., vol. I, p. 74.

45. Hegel, *Scienza della logica*, cit., vol. I, p. 77. A proposito del rapporto ente-essere, E. Severino, nel suo *Heidegger e la metafisica*, Adelphi, Milano 1994 (che è poi la sua tesi scritta negli anni Cinquanta) solleva un appunto non secondario a Heidegger: secondo Severino infatti gli enti non sono una *manifestazione* fenomenica dell'Essere – "sono", semplicemente, cioè "sono Essere" (è la tesi "parmenidea pura" di *L'essenza del nichilismo*, Adelphi, Milano 1972). Il problema di Severino è che, nella prospettiva di questo essere "immutabile", anche lui "torna" verso un X identitario di fondo, che lo porta a (ri)collocare Heidegger nella "metafisica". In effetti, Hegel chiarisce che anche il rapporto indeterminato/ determinato (essere/ente) ha la stessa struttura dialettica: "appunto questa indeterminatezza è quel che costituisce la determinatezza dell'essere" (*Scienza della logica*, cit., vol. I, p. 90).

46. Hegel, *Scienza della logica*, cit., vol. II, p. 490.

47. Adeguate in tal senso le osservazioni di Carlson, D.G., *A Commentary to Hegel's* Science of Logic, Palgrave Macmillan, New York 2007, pp. 9 sgg.

48. Hegel, *Enciclopedia delle scienze filosofiche in compendio*, cit., pp. 237-9.

49. Sull'appartenenza del niente all'essere cfr. anche Philipse, H., *Heidegger's Philosophy of Being*, cit., cap. I, § 4. Philipse insiste giustamente sul rapporto tra "nothingness" e *Angst*, sottolineando il tema "esistenzialista" dell'Heidegger di *Was ist Metaphysik?* – ma questo è proprio il punto che viene a cadere nelle *Lettera*. Più avanti nel suo saggio Philipse si sofferma anche sui debiti di Heidegger con Hegel – peccato che legga Hegel in un'ottica onto-centrica per cui "secondo Hegel la storia della metafisica è una rivelazione permanente del e con l'Essere" [sic], p. 193.

50. Il distacco definitivo di Heidegger da Hegel si consuma in varie occasioni, ma segnatamente, e proprio riguardo al tema dell'essere, in *Sentieri interrotti*, e in particolare nel saggio "Il concetto hegeliano di esperienza" (*Holzwege*, Klostermann, Frankfurt a M. 1950 [trad. it. *Sentieri interrotti*, La Nuova Italia, Firenze 1968 (1984), pp. 103-190]). L'essere (éinai), dice Heidegger, "non lo concepiamo come fa Hegel come l'oggettività del rappresentare immediato di una soggettività non ancora pervenuta a se stessa, bensì, in base all'*Alètheia* greca, come esser-presente sul fondamento del non-esser-nascosto e dentro di esso" (p. 140). *Questo* "fondamento" non è esattamente l'irriducibile "fattore X", la positività ultima in cui "credere" – l'esatto opposto della nozione *dialettica* di "essere"?

51. Tra i vari esempi, un altro può essere il "Disco" di Odino dell'omonimo racconto di Borges (ne *Il libro di sabbia* [1975], in *Tutte le opere*, Mondadori, Milano 1984-85, vol. II, pp. 645-47). Nel racconto si narra del disco che "ha un solo lato" e rende re chi lo possiede. Il boscaiolo non crede al racconto del viandante, perché non lo vede nella sua mano, ma quando vi si avvicina dice: "sentii una cosa fredda e vidi un luccichio". Una volta ucciso il vecchio viandante allo scopo di impadronirsi del disco, però, il boscaiolo non lo trova più e impazzisce. Il Disco di Odino non è solo un oggetto fiabesco; discendente dei cento talleri hegeliani, prefigura forse anche enti non-enti come gli attuali "futures".

52. Hegel, *Estetica*, cit., vol. I, p. 592, sott. nostra.

53. Migliorini, E., *La rosa di Kant*, Aesthetica, Palermo 1993, pp. 58-9.

54. Cfr. Bonito Oliva, A., *Gino De Dominicis. L'immortale*, catalogo della mostra al Maxxi, Electa, Roma 2010. Naturalmente quella di De Dominicis è una "vera" opera d'arte e come tale prefigura le condizioni autentiche in cui si è andato sviluppando la "realtà" dell'arte in generale; oggi, ad esempio, "le transazioni di compravendita [di opere d'arte] possono essere concluse indipendentemente dalla presenza fisica dell'oggetto: per questo la domanda di luoghi di deposito sicuri... è in forte aumento. Le opere d'arte sono comperate e rivendute, ma restano depositate nei magazzini" (fonte: *Ticino Management*, 15 maggio 2014).

55. Su questo punto concorda Adorno, (*Aestetische Theorie*, Suhrkamp, 1970, [trad. it. *Teoria estetica*, Einaudi, Torino 2009, p. 112]): "Le opere d'arte... costringono a riflettere da cosa derivi il fatto che esse, figure dell'essente e incapaci di chiamare all'esistenza il non-essente, possano diventare sua immagine di successo benché il non-essente in se stesso non sia". Il *Cubo invisibile* sarebbe appunto una immagine "riuscita" capace di chiamare all'esistenza il "non-essente".

56. Lyotard, J-F., *Les Immateriaux*, Centre Pompidou, Paris 1985 (cat. della mostra). Pur sviluppando una nozione di immateriale sostanzialmente postmoderna (e non dialettica) nel catalogo vi sono alcuni accenni di inversione reciproca, come quando si parla dei sintomi clinici smaterializzati (l'effetto placebo) che oggi "si rimaterializza", scoprendo "il supporto chimico dell'effetto placebo".

57. Hegel, *Enciclopedia*, trad. it. cit., p. 153. Come ha scritto Javier Marìas, "ciò che è stato è composto anche da ciò che non è stato" ("Epilogo", in Domani nella battaglia pensa a me, Einaudi, Torino 1998, p. 281).

58. Gleeson, J., *The Moneymaker,* Bantam, London 2000 [trad. it. *L'uomo che inventò il denaro. La vera storia di John Law*, Rizzoli, Milano 2000].

59. Cfr. Cassidy, J., *How Markets Fail. The Logic of Economic Calamities*, cit., pp. 402 sgg. – ma, al di là di un'accurata descrizione delle "lunghe file di depositanti in coda davanti agli sportelli" delle banche, non si va oltre l'idea di un "circolo vizioso" che si auto-rinforza (più le banche sono deboli, più i correntisti vogliono indietro i loro soldi, indebolendole, ecc.) – mentre il problema è piuttosto quello del meccanismo di "innesco" del circolo, ossia la sua stessa esistenza come "circolo vizioso" (e la sua viziosità inversa, a *loop*, o meglio a "nastro di Moebius").

60. Cfr. Wolfe, N., *The Viral Storm*, Holt, New York 2011.

61. Certo, si può continuare a pensare che dietro questi allarmi mediatici ci sia una regia ben precisa, qualcuno che conosce le regole del gioco e intende approfittarne (volta a volta, multinazionali del tabacco, società svizzere del ramo farmaceutico, network mediali, servizi segreti planetari, lobby finanziarie, governi occulti...). Purtroppo questa spiegazione – che di per sé potrebbe anche essere consolante nella misura in cui spiega con parametri ben noti una situazione che è oggettivamente nuova – *non funziona*. E non funziona per l'ottima e semplice ragione che gli stessi media che sono responsabili di queste catastrofi annunciate (che sono fonte oggettiva di disagio per alcuni, ma anche di profitto per altri), sono anche esattamente gli stessi che portano a conoscenza dei retroscena sessuali dei politici, dei paurosi buchi finanziari dei colossi dell'economia, dei danni ambientali delle multinazionali del petrolio (che sono la ragione di oggettivo fallimento di industrie, banche, carriere politiche, governi)... Occorre ammetterlo: nell'epoca mediale nessuno è veramente al sicuro – *soprattutto da se stesso*. Naturalmente questo accenno ad una possibile epidemia mondiale, scritto nel 2013, è divenuto del tutto palese nel caso della pandemia di Covid19 tra il 2020 e il 2022. La forza micidiale del virus come tale non è in discussione - ma la sua centralità mediatica (arrivata in paesi come la Cina a forme parossistiche), così come l'efficacia degli strumenti vaccinali, e in genere di prevenzione, è tutt'ora oggetto di dispute, non più solo accademiche né solo politiche. Rimando, per una valutazione non di parte, al mio *Pensare Oltre. Filosofia della pandemia*, Piemme, Milano 2021, che tenderei a considerare come un'appendice al presente testo.

II. Understanding

(IL MONITOR IN ALTO)

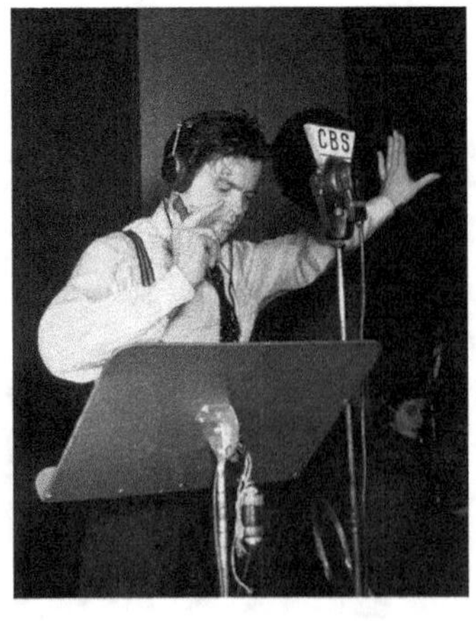

1. La storia dell'obversione   *L'obversione della storia*

Ma, a voler pensare e parlare con istretto rigore,
"contemporanea" dovrebbe dirsi sola quella storia che nasce
immediatamente sull'atto che si vien compiendo, come
coscienza dell'atto; la storia, per esempio, che io faccio di me
in quanto prendo a comporre queste pagine.
Croce, Teoria e storia della storiografia

È possibile descrivere una *storia* dell'obversione? Stabilire quando questa condizione ha iniziato a esistere, ed è divenuta visibile, tanto da essere oggetto di studio? A questa domanda non è possibile offrire una risposta univoca. Essa infatti presuppone che l'obversione appartenga all'ordine degli eventi storici – ossia che il divenire storico come tale possa essere considerato (comunque lo si voglia intendere) come un che neutrale e di non soggetto all'obversione stessa. Purtroppo, come abbiamo visto, non è così. Il divenire storico non è una serie oggettiva di fatti che possono poi essere variamente interpretati dagli storici. L'analisi storiografica è non solo implicata nello svolgimento storico che osserva – essa lo ridefinisce costantemente.

D'altra parte questa ridefinizione non è certo un affare riservato agli storici di professione. Croce aveva detto bene che "ogni vera storia è storia contemporanea" – intendendo che l'interesse che muove verso il passato nasce sempre nel presente[1]. Ma questa definizione geniale non è più sufficiente. Essa va completata con la sua metà mancante: tutta la contemporaneità è contemporaneamente storica. La storia è sempre contemporanea a una contemporaneità che non è mai auto-identica a sé. La contemporaneità abbisogna come proprio altro della storicità, e solo in tal senso si può dire (con Croce) che la storicità abbisogna, per esistere, della contemporaneità. In questa dialettica però ciascuno dei due opposti trova non solo la propria identificazione nell'altro, ma anche la propria disidentificazione da se medesimo – il non combaciare perfettamente di ciascun posto (tramite il proprio opposto) è già un carattere marcatamente obversivo. Ciò che abbiamo visto accadere nel rapporto obverso tra spazio e tempo, accade anche per le dimensioni temporali di passato e presente. Il presente si definisce da ultimo per essere un che di "non ancora storicizzato", oppure, come si usa dire, cronaca e non storia. Il passato d'altra parte si caratterizza per un essere "non del tutto passato", "passato che non passa", che trattiene una quota di presente. Il presente dunque è definibile come un che di non-passato, ossia di non *non-*

presente, mentre il passato storico come un che di non-presente, ossia di *non-non-passato*.

Ecco perché non è possibile scrivere una "storia dell'obversione": la storia stessa si è andata obvertendo, ovvero si dovrebbe scriverla insieme a un' "obversione della storia". Per dirla con Orwell, "non solo il passato mutava, ma mutava continuamente": l'obversione distorce ogni possibile approccio storico, rendendo impossibile parlare di storia se non in termini obversivi. Anche la storia dunque ha conosciuto il suo *Video Corridor*, in cui vede se stessa nel monitor, ma in forma rovesciata e disidentica da sé. Con ciò, sembrerebbe allora possibile descrivere una storia dei media coll'intento di tracciare almeno un evolversi progressivo dell'obversione. Ora, anche se le storie dei media che sono state prodotte negli ultimi anni sono comunque un punto di partenza importante, esse non risolvono il problema, perché di nuovo presuppongono ciò che dovrebbero spiegare – ossia presuppongono che sia possibile storicizzare i media, senza porre la questione se la storia stessa, dopo l'avvento dei media, non abbia cambiato natura, e se la questione non sia, insieme a una "storicizzazione dei media", anche una *mediatizzazione della storia*.

I media infatti, non essendo dei dispositivi "come gli altri" – cioè non essendo paragonabili agli utensili e nemmeno alle macchine, dato che implicano la ridefinizione dell'immagine del soggetto e dunque della sua identità – non hanno una "storia" come le altre cose, perché ridefiniscono (l'identità del) la Storia. La loro storia ridefinisce i parametri della Storia stessa, per cui alla fine si ha una situazione ricorsiva, in cui la descrizione storica dei media tende a ri-descrivere se stessa in termini mediali. Questo fenomeno, che data dal secolo XIX (con l'invenzione dei primi dispositivi di comunicazione a distanza come il telegrafo) si accresce ad ogni invenzione mediale, ma diventa drammatico con la nascita della televisione prima, del video poi e dei social media oggi.

Per esempio, la storia di una nazione come l'Italia, non è descrivibile al di fuori dell'impatto che la tv ha avuto su di essa dalla metà del XX secolo a oggi – e sarebbe quindi vano, oltreché fuorviante, considerare le due cose su piani paralleli, come generalmente viene fatto. Gli "avvenimenti" non esistono più al di fuori della loro controfigura mediale – così come la restituzione mediale degli eventi non è pensabile al di fuori di questi ultimi. Anzi, in un certo senso, la nozione stessa di "avvenimento" è compiutamente mediale, nel senso che il valore evenemenziale di un fatto storico non è più scindibile dalla sua restituzione mediale, dal suo proprio "stadio video". Il pensiero postmoderno ha molto insistito su questo fatto, finendo però coll'occultare la dialettica intrinseca nella stessa realtà mediale – finendo ad esempio per parlare (come ha fatto proprio Baudrillard, a cui dobbiamo il termine di "stadio-video") di "sciopero degli eventi", o di "scomparsa della realtà". Ciò che viceversa appare evidente, invece, è non solo che gli eventi storici hanno continuato a prodursi, ma che lo hanno fatto proprio sotto le condizioni mediali[2]. Questi eventi sono divenuti "storici" *solo e unicamente entro* queste condizioni, e pertanto la qualità del loro essere storici si intreccia a doppia mandata col loro essere mediali.

Una "prova generale" dell'"evento mediale" appartiene senza dubbio già alla radio, con la trasmissione della *Guerra dei Mondi* di Orson Welles[3].

Come è noto, la sera del 30 ottobre 1938, alle otto, le stazioni radio della CBS (Columbia Broadcasting System), una delle maggiori emittenti statunitensi, iniziarono la trasmissione di uno sceneggiato radiofonico tratto dal famoso romanzo fantascientifico *La guerra dei mondi* di H.G. Wells, realizzato dal giovane attore e regista Orson Welles. Welles, all'epoca ventiquattrenne (era nato nel 1914), pensò di trasformare la vicenda fantascientifica raccontata dal suo quasi omonimo Wells in una serie di comunicati dal vivo in tutto e per tutto simili a quelli del giornale radio, da inserire durante il programma musicale della sera, come per esempio:

Signore e signori, vogliate scusarci per l'interruzione del nostro programma di musica da ballo, ma ci è appena pervenuto uno speciale bollettino della Intercontinental Radio News. Alle 7:40, ora centrale, il professor Farrell dell'Osservatorio di Mount Jennings, Chicago, Illinois, ha rilevato diverse esplosioni di gas incandescente che si sono succedute ad intervalli regolari sul pianeta Marte. Le indagini spettroscopiche hanno stabilito che il gas in questione è idrogeno e si sta muovendo verso la Terra ad enorme velocità. Dall'Osservatorio di Princeton il professor Pierson ha confermato le osservazioni di Farrell e ha descritto il fenomeno come qualcosa di simile a fiammate azzurre sparate da un cannone. Torniamo ora alla musica di Ramon Raquello che suona per voi nella Meridian Room, dell'Hotel Park Plaza di New York.

Oppure.

Signore e signori è di nuovo Carl Phillips che vi parla dalla fattoria Wilmuth a Grovers Mill. Il professor Pierson ed io abbiamo percorso le 11 miglia da Princeton in dieci minuti. Bene, non... non so come cominciare per darvi una descrizione completa della strana scena che ho davanti agli occhi, qualcosa che assomiglia a una versione moderna delle 'Mille e una notte'. Bene, sono appena arrivato. Non ho ancora potuto guardarmi intorno. Scommetto che è quello. Sì, penso che sia proprio quella la... cosa. Si trova proprio davanti a me, mezza sepolta in un'ampia fossa. Deve avere impattato con una forza tremenda. Il terreno è coperto di frammenti di un albero che l'oggetto ha investito toccando

terra. Ciò che posso vedere dell'... oggetto non assomiglia molto a un meteorite,
o almeno ai meteoriti che ho visto prima d'ora. Sembra piuttosto un grosso
cilindro...

In un'escalation di pathos sempre crescente, Orson Welles lasciò che le notizie di uno sbarco di creature aliene in New Jersey e i comunicati di un generale dell'esercito e del segretario agli Interni del governo federale, si susseguissero fino al culmine della tensione:

Vi parlo dal tetto del Broadcasting Building, New York City. Le campane che
udite suonano per invitare la gente a lasciare la città. I marziani si avvicinano.
Si ritiene che nelle ultime due ore, tre milioni di persone abbiano abbandonato
la città usando le strade dirette a nord. L'autostrada del fiume Hutchinson è
mantenuta aperta al traffico motorizzato. Evitate i ponti per Long Island... sono
spaventosamente intasati... tutte le comunicazioni con lo Stato del New Jersey
si sono interrotte dieci minuti fa. Non esistono più difese. Il nostro esercito è
distrutto... artiglieria, aeronautica, tutto è stato spazzato via. Questa può essere
l'ultima trasmissione. Rimarremo qui fino alla fine. La gente si è radunata nella
cattedrale, sotto di noi... per prendere parte ai servizi religiosi...

Nonostante all'apparenza si trattasse di un comune sceneggiato, è percepibile ancor oggi, riascoltando la registrazione della trasmissione, che la sua vera forza consisteva proprio nell' "interruzione" della normale programmazione – cioè nel far percepire *l'anormalità di fondo* della condizione mediale. Poco dopo la messa in onda infatti, in tutto il New Jersey, da Filadelfia a New York, si diffuse il terrore, reale e inaspettato per tutti. Al di là di ogni previsione, gran parte del pubblico, stimato a quell'ora in circa nove milioni, si fece prendere dal panico. Ben 1.750.000 persone si spaventarono tanto da reagire pubblicamente correndo per strada, chiamando la polizia, le amministrazioni locali o l'esercito, nonostante i concitati comunicati che gli stessi dirigenti della CBS iniziarono a trasmettere, alle prime notizie dell'incontrollata reazione del pubblico, per chiarire che si era trattato solo di una finzione. Solo il mattino dopo, all'uscita dei quotidiani, tornò la calma – ma vi furono alcuni morti (alcuni suicidatisi per non cadere prigionieri degli alieni) e parecchi feriti, e i danni furono valutati in milioni di dollari.

Se ne potrebbe concludere che in questo caso la finzione aveva superato ogni possibile attesa, e aveva dimostrato di essere "più reale della realtà". L'immaginario mediale aveva dimostrato tutto il suo potere, mettendo in crisi la tradizionale distinzione tra finzione e realtà e mostrando quanto i media (in questo caso la radio) fossero in grado di influenzare gli atteggiamenti pubblici e privati degli spettatori. Tuttavia, occorre non sottovalutare che tale trionfo dell'immaginario sfrutta la forma ambigua del programma, che, riproducendo i comunicati del giornale radio, creò un cortocircuito tra una fiction fantastica e le concrete paure degli americani. Infatti, ciò che i cittadini americani si videro recapitare dalla radio quel 30 ottobre 1938 fu sostanzialmente la loro stessa "reale" inquietudine per la situazione politica mondiale, che evidentemente era carica di presagi della futura guerra mondiale – l'*autentica* "Guerra dei Mondi" che sarebbe scoppiata di lì a poco. Ciò che ascoltarono, dunque, non fu affatto un messaggio che partiva da un emittente per raggiungerli come riceventi. In realtà, il messaggio in apparenza era una fiction di fantascienza, ma il messaggio "vero" fu sostanzialmente la loro stessa preoccupazione, ossia il fatto di essere disidentificati dalla semplice posizione di "spettatori" di un programma di intrattenimento, e trasformati in testimoni di una guerra, dunque coinvolti emotivamente e esperienzialmente – al punto di diventare i veri protagonisti, i veri "emittenti" del messaggio.

Da questo punto di vista, dunque, occorre ritornare alla celebre definizione che un altro hegeliano come Lacan ha dato del processo comunicativo, secondo cui in una comunicazione "l'emittente riceve dal ricevente il proprio messaggio in forma invertita"[4]. In altre parole, per Lacan, comunicare non significa affatto "trasmettere" un messaggio da un emittente a un ricevente tramite un canale di trasmissione, ma piuttosto comunicare significa *ricevere indietro dal ricevente* il nostro *stesso* messaggio *in forma inversa*, cioè *vera*. "Ricevere indietro dal ricevente" significa che il messaggio non è un qualche contenuto, ma è "l'azione stessa dell'inviare un messaggio, i cui destinatari in ultima analisi siamo noi stessi"; "il nostro stesso messaggio *in forma invertita*" significa che il senso *vero* della comunicazione, deve venir catturato e rilanciato a noi "a rovescio", per poter esser colto appieno[5].

Del resto, l'operazione di Welles, anche se non direttamente "artistica", porta a compimento le intuizione dadaiste e duchampiane sulla reazione del pubblico e sul "lavoro dello spettatore" come correlativo relativo della creazione autoriale. L'enorme rilevanza dell'operazione consisté nel fatto che tale reazione venne generata impiegando per la prima volta un medium di massa quale la radio sfruttandone il carattere di "work in progress" fornito dalla istantaneità della "trasmissione in diretta"[6].

Tuttavia, questo utilizzo "ribaltato" dei media come strumenti formali/ liminali di rovesciamento del rapporto realtà /finzione è, più in generale, tipico dell'epoca obversa. Un altro esempio in tal senso è uno dei più celebri racconti di J.L. Borges, ossia *Pierre Menard autore del* Don Chisciotte. Al di là del contenuto del racconto (la storia di un letterato che ri-scrive un capolavoro del passato, rendendo indecidibile la sua collocazione "storica") si dimentica spesso di ricordare il dettaglio più importante: il racconto infatti venne pubblicato sula rivista argentina *SUR* nel maggio 1939 (pochi mesi dopo l'episodio wellesiano) come se fosse la recensione di uno scrittore reale, e così fu interpretato. Borges ricordava addirittura che il suo amico Ernesto Palacio sostenne di avere già avuto notizie di Pierre Menard! Omettendo di dichiarare pubblicamente che il suo personaggio era frutto di un'invenzione, Borges ottenne il risultato che "molti presero sul serio [il racconto] perché non si pensava a me come a un narratore"[7].

Occorre sottolineare che la beffa di Borges e quella di Welles sono strutturalmente simili: in entrambi i casi infatti la "vera" natura del messaggio emerge per differenza rispetto al luogo in cui esso viene enunciato. Così come il romanzo (fantascientifico) di H.G. Wells diventa "vero" entro le coordinate del "comunicato radio", anche il racconto (fantaletterario) di Borges diventa il *reportage* autentico su un bizzarro letterato francese, nel momento in cui appare nel contesto (anch'esso mediale) di una rispettata rivista dell'avanguardia intellettuale argentina come *SUR*. Come in un gioco di specchi incrociati, si potrebbe anche notare come Orson Welles qui agisca esattamente come il mitico Menard borgesiano – infatti, così come Menard costringe a rileggere il *Chisciotte* come un romanzo "contemporaneo", anche la *Guerra dei Mondi* radiofonica di Orson Welles non consiste di altro che di una "riscrittura contemporanea" (che è una ri-lettura!) dell'omonimo classico della fantascienza di H.G. Wells, assai più datato. Ma anche Borges agisce un po' come Welles, nel "permettere" che il suo racconto di fantasia venga "preso per vero", sia cioè "riletto" come una normale recensione. *Eppure* in entrambi i casi, la riscrittura/rilettura porta con sé una differenza, in un caso rispetto all'originale testo di Wells, nell'altro rispetto al romanzo di Cervantes: non per il contenuto (identico), ma per il *senso*, per il significato "storico" dovuto alla sua ricollocazione mediale, che è anche il significato "mediale" della sua ricollocazione storica.

Dunque, collocazione mediale e contestualizzazione storica sono divenute due azioni inseparabili, che si op-pongono e si co-implicano reciprocamente. La *Guerra dei mondi* nella sua versione-Welles, come il racconto-recensione di Borges, sono eventi che possono collocarsi nella Storia, e al tempo stesso appartengono all'evoluzione dei rispettivi media, la radio e la letteratura. Ciò che mostrano in maniera inconfutabile è la co(dis)-appartenenza dello storico e del mediale, e si inseriscono pertanto di diritto all'interno della teoria e della pratica del *verkhrte Welt*, il mondo alla rovescia o rovesciamento del mondo, in cui consiste l'essenza della società obversa. E infatti, obversamente, si può notare come, in epoca televisiva, di fronte alle "reali" scene da *Guerra dei Mondi* dell'11 settembre 2001, cioè di fronte a un "evento storico", non solo non si ebbero reazioni di panico, ma anzi l'evento stesso venne in parte trattato all'interno di un contesto "finzionale" – come dimostra il fatto che la sera stessa molti telegiornali commentarono l'attentato ricorrendo a frammenti di film di fantascienza, da *Inferno di cristallo* a *Fight Club*[8].

Pertanto è necessario ripercorrere quelle figure e quei momenti in cui la struttura obversiva è stata riconosciuta; momenti e figure che, se anche non sempre sono inscrivibili né in un ordinato divenire storico, né in storie particolari (come quella dell'arte, dei media, o in genere della cultura), risultano isolabili con una sufficiente precisione. Questi attimi nodali, o queste "sporgenze" nel tessuto striato del divenire storico-mediale dell'obversione sono tuttavia descrivibili, ed è intorno ad essi che si concentrano le pagine che seguono.

2. Die verkehrte Welt   Dal mondo alla rovescia a Google Earth

Oscura terra! Cosa c'è al di là del suggeritore e di queste lampade?
Tieck, *Il mondo alla rovescia*

Il mondo alla rovescia (*Die verkehrte Welt*, 1799) di Ludwig Tieck è uno straordinario pezzo teatrale ambientato all'interno di un teatro. Come è già stato ampiamente notato[1], il tema del "mondo all'inverso" è ben noto fin dall'antichità e dal medio evo, ed è quasi una costante folklorica, che consiste fondamentalmente nella fantasia ingenua del ribaltamento delle tradizionali strutture simboliche e naturali (i pesci che volano nell'aria, gli uccelli che nuotano nell'acqua, la moglie che domina il marito, il povero che è più potente del ricco, il servo che comanda al padrone, ecc.). Una forma assai più raffinata di rovesciamento è però quella offerta dalla rappresentazione artistica; in particolare il teatro, in quanto messa in finzione della realtà, è un "mondo alla rovescia" in cui può accadere ciò che non avviene nel mondo reale. Ma una forma ulteriore di rovesciamento avviene quando il teatro rappresenta se stesso, quando cioè siamo di fronte al "teatro nel teatro".

Il cosiddetto "teatro nel teatro", cioè la tecnica di mostrare sul palcoscenico una scena teatrale, era già tipica del teatro elisabettiano. Shakespeare ne fa talvolta uso nelle sue tragedie, come nell'*Amleto*, dove il protagonista assolda una compagnia di attori e mette in scena l'assassinio del re per indurre l'usurpatore del trono del padre a tradirsi. In questo caso, l'escamotage del teatro nel teatro è finalizzato ad un preciso scopo narrativo (fare sì che l'usurpatore, vedendo rappresentato il suo delitto, reagisca in qualche modo, dando ad Amleto la certezza di una prova) – anche se Shakespeare se ne serve per stabilire un'anomala complicità col pubblico, "straniandolo" (anche solo per un momento) dalla presa dell'azione scenica[2].

Ma ne *Il mondo alla rovescia* di Tieck la tecnica del teatro nel teatro non è un'eccezione dentro un dramma, ma è il dramma come tale. Già nella commedia *Il gatto con gli stivali* (1797) Tieck anticipa quanto poi realizza col *Welt*, facendo iniziare il suo dramma con un *Prologo* in cui quattro attori, stando in platea, si scambiano opinioni come se fossero degli spettatori in attesa dell'inizio della rappresentazione, mentre nell'*Epilogo* finale svela il gioco teatrale da "dentro" smontando le scenografie "in scena". Tuttavia è solo ne *Il mondo* che porta a compimento questa intuizione drammatica[3].

Il mondo alla rovescia è un dramma davvero sui generis anche perché il fatto che la platea si trovi fin da subito sul palco, fa fare agli spettatori-attori un salto qualitativo, costringendoli a recitare due volte – la prima volta, nella parte di persone "normali" che sono in un teatro, e la seconda, in quella di personaggi che recitano "sul palco". Così, *Il mondo* va molto al di là della "commedia degli errori" o del classico "teatro nel teatro" e diventa un dramma stratificato, multiplo ed eterogeneo, dentro cui finisce di tutto, dalla commedia borghese leggera (con personaggi tratti dalla vita quotidiana, l'oste, il macchinista, il birraio, i clienti, ecc.), alla commedia dell'arte (con figure come Arlecchino e Scaramuccia), al dramma arcadico (con personaggi mitologici come Apollo e le Muse), alla satira fiabesca (la scena del pescatore), nello stile de *Il gatto con gli stivali*, – e finanche intermezzi filosofici dove figure astratte diventano concrete (l'Epilogo, che entra all'inizio, e il Prologo, che arriva alla fine).

Il vero grande valore del *Welt* non risiede comunque nella trama, volutamente sconclusionata, e quasi *nonsensical*, ma nel fatto che essa include fin dall'inizio come sua parte gli spettatori. Tieck è indubitabilmente il primo che afferra che il capovolgimento vero non è quando le cose si rovesciano nel loro opposto, ma quando lo includono, invertendosi in se stesse. In questo senso, se il teatro si oppone alla vita, così come la finzione scenica è l'opposto della realtà vissuta, rovesciare la finzione non può significare semplicemente tornare alla realtà – ma piuttosto *includerla entro il perimetro stesso della finzione*. L'aspirazione romantica ad un'arte che si concili con la vita, qui prende le forme di un rovesciamento ironico e stravagante: a teatro, portare la platea sul palco significa veramente rovesciarne l'essenza, elevandola a una dimensione spettacolare che, altrimenti, non potrebbe mai avere.

Chiaramente si tratta di un'inclusione rischiosa – dato che l'impianto narrativo che nel *Gatto* si salva, qui va in pezzi, a vantaggio però di un livello meta-teatrale, che è anche il livello "finale" a cui lo spettacolo è giunto nella contemporaneità. Al tempo stesso, quel piano di fruizione "intellettuale" appare anche, sulle prime (cioè alla coscienza spettatoriale ineducata) senza senso; "in ciò non v'è ragione" potrebbero dire gli spettatori del *Mondo* – un'obiezione che Tieck coglie, anticipa e "rovescia".

Infatti il *Mondo rovesciato*, è rovesciato *due* volte:

Dalla zanzara all'elefante, per non parlare dell'uomo, ogni cosa esiste anzitutto per se stessa. Non potrebbe essere così anche per i pensieri, che sono più veloci del loro stesso impiego? Se non altro, con umore, piacere e ilarità in un mondo alla rovescia? Rovesciatevi solo un'altra volta, in modo che vi troviate dalla parte giusta. Allora non direte: in ciò non c'è ragione[4].

Tieck cioè invita gli spettatori non a biasimare l'opera, ma a coglierla nel verso giusto, ribaltandola un'altra volta. Ribaltando il ribaltato (negazione della negazione hegeliana), appare che il *Mondo* dice la verità sulla condizione dell'uomo contemporaneo. Infatti la corretta fruizione dell'opera consiste nel cogliere il fatto che essa "rappresenta" esattamente la difficoltà dell'uomo moderno di passare dalla condizione di "spettatore" del mondo a suo attore – ed insieme, la difficoltà di avere un criterio per distinguere queste condizioni.

Ecco perché Teick (nel rondò alla fine dell'atto III) invoca una "ragione" che sia in grado di oltrepassare/comprendere la pura ragione intellettuale:

Sì, la ragione [Verstand] – se vuole portarsi al vero fondamento, se si esplora intimamente nel suo essere per porre infine avanti a sé (osservando e osservata) se stessa – esclama: in ciò non c'è ragione! [darin ist kein Verstand][5].

L'intelletto [Verstand], la più alta delle facoltà astratte (che quindi si distingue dall'emozione, a cui invece fa appello in genere uno spettacolo teatrale) è al tempo stesso l'osservatore (l'agente dell'atto di osservazione), ma anche l'osservato (l'oggetto che subisce tale atto). L'intelletto si oppone dunque in sé a sé, e negandosi pertanto interpreta se stesso come *irrazionale*. Lo stile tutto paradossale e *nonsense* de *Il Mondo*, ha dunque un senso: mettere alla prova la capacità di comprensione dei suoi stessi spettatori, e non solo il loro coinvolgimento "emotivo" – e tuttavia, per far ciò deve fare appello a una facoltà ancora superiore all'intelletto stesso, che gli spettatori non riconoscono, e cioè la (*non*) *Ragione*.

Gli spettatori infatti, in quanto vedono se stessi sulla scena, sono già direttamente coinvolti nello spettacolo, ma non più da un semplice sentimento di empatia, o di catarsi – ma in forma riflessiva, dato che la distanza tra sé e la rappresentazione di se stessi è abolita, essendo diventata "interna" allo spettacolo come tale. Viceversa, gli attori non solo si sdoppiano in attori e personaggi, ma proprio in quanto personaggi "riflettono" sulla propria condizione precaria di "finzioni" teatrali, e, in quanto esclusi dalla vita reale, anelano ad essa, includendola nel proprio comportamento spettacolare. La ragione a cui fa appello Tieck dunque, va al di là dell'intelletto, o meglio, è l'al di là dell'intelletto, il suo lato negativo e contraddittorio: come tale, essa contiene in se stessa la *contraddizione* che mina, al loro interno, tanto la realtà che la finzione.

C'è un passaggio dell'opera di Tieck che risulta decisamente stupefacente in tal senso: l'oste, uno dei personaggi del "teatro nel teatro" in cui si sviluppa questa commedia pirandellianamente sdoppiata, dice a un certo momento che desidererebbe veramente interpretare così bene il suo personaggio al punto che l'interpretazione non si veda, e che la recitazione appaia il più naturale possibile.

> *La cosa più importante a cui devo stare attento è di non risultare innaturale*[6].

E poco dopo:

> *Ormai ci sono: mi è costata abbastanza fatica prepararmi a puntino; senza contare che ha già sollevato un mucchio di proteste il fatto che dal sottoscritto sia talvolta trapelato il poeta. Mi è successo come al re Mida, che non riuscì in nessun modo a celare le sue lunghe orecchie. Ecco, guarda, adesso sono di nuovo vistosamente uscito dal mio ruolo! Come può un oste fare addirittura un colto e spiritoso riferimento al re Mida?*[7]

Qui l'attore lascia emergere sotto il ruolo che interpreta la sua "vera natura" – ma tale elemento "autentico" è già una finzione; assistiamo dunque ad una duplicazione della finzione in sé, che, come tale, mostra la "verità" del teatro, ossia ciò che accade "veramente" a chi recita. Ma questo è vero anche per gli spettatori, dal momento che anch'essi sono presi nella "rappresentazione sociale", così che condividono la stessa sorte degli attori. L'identità di entrambi giace per così dire sul crinale che li divide, nella differenza stessa che separa ciascuno, in sé, da sé, accomunandoli. In tal senso suonano le parole di Grunelmo verso la fine (atto V):

> *Vedete, egregi signori miei, sono arrivato sull'orlo del suicidio: intendo che voglio uscire nuovamente di scena...*
> *Oscura terra! Che cosa c'è al di là del suggeritore e di queste lampade? È come se mi ricordassi appena di una simile condizione. Come sarà lì tra voi, o passive ombre scrutanti?...*

Ora mi butto! Giù la testa! [Fa un salto in platea][8]

Se storicamente il teatro non è che un gioco di "ombre fuggevoli", Tieck dimostra come, rovesciando la prospettiva, possa essere proprio la realtà extra-teatrale ad apparire niente più che un'oscura parvenza, in cui gli spettatori, nel buio della sala, altro non sono che "passive ombre scrutanti". Se il pubblico è ridotto ad un'apparenza, per di più passiva, chi è morto e chi è vivo nel gioco dei rovesciamenti? Morire alla finzione significa solitamente tornare a vivere nella realtà, come quando un attore lascia il costume di scena e torna alla sua esistenza quotidiana. Ma nell'ottica ribaltata de *Il Mondo* quest'ultima esistenza è però inclusa nell'inesistente finzione: vivere nella finzione allora implica morire *realmente...* Una vena di mestizia corre lungo tutto il *Mondo alla rovescia*, che è anche un ironico *memento mori*:

> *Come tutto passa in fretta e in questa caducità alcunché non resta! Con che vuoi paragonare la vita degli uomini? Coll'ombra? Con una nuvola?... Si spegne l'allegria, la trama della commedia è quasi agli sgoccioli, per l'ultima volta si abbassa per sempre il sipario e gli spettatori si incamminano verso casa*[9].

Non è questa una tristezza a sua volta teatrale, dal momento che il vero lutto non è tanto la fine della vita, ma la fine della Commedia (e dunque l'inizio della vita reale)? E infatti – autentico rovesciamento inatteso, che rende *Il Mondo* un'opera contemporanea e lo sottrae ai tradizionali giochi metalinguistici che dovrebbero servire solo a dimostrare la *vanitas* della vita umana – entrare definitivamente nella finzione significa, in qualche modo, non morire più: *Oh tu, povera e incerta esistenza! Per me resti sempre un'opera d'arte...*[10]

È facile capire come quest'opera abbia costituito una importante fonte d'ispirazione per la *Fenomenologia dello spirito* di Hegel, in cui, se pur si richiama il *Faust* nell'accenno anti-schellinghiano della notte "in cui tutte le vacche sono nere"[11], Hegel riprende non solo genericamente l'idea della "ragione osservativa" (*beobachtende Vernunft*) ma in senso stretto il concetto di *verkehrte Welt*.

Il percorso di Hegel è arduo, ma conviene seguirlo per afferrare fino in fondo i risvolti filosofici dell'obversione intesa come doppio rovesciamento. Nella III parte del capitolo 1 sulla Coscienza (che apre il movimento dei vari "momenti" della fenomenologia), Hegel tratta del rapporto tra forza e intelletto. Egli sostiene che l'intelletto (il *Verstand* di Tieck) si forgia un mondo soprasensibile rispetto a quello delle forze naturali (elettricità, forza gravitazionale, ecc.): tale mondo è quello delle leggi della fisica. Hegel ha in mente (come obiettivo polemico) Newton: la legge di gravitazione universale è un po' come l'iperuranio platonico, cioè costituisce un "mondo", costante e perfetto, che si oppone all'incostanza, alla varietà e all'imperfezione del mondo sensibile fenomenico. Un sasso cade come un libro, e come qualunque altro grave: sono oggetti diversi, ma – dice la legge – obbediscono tutti allo stesso modo alla legge di gravità. Per l'intelletto tale mondo sovrasensibile della legge è un qualcosa di diverso dal fenomeno che obbedisce a tale legge. I fenomeni sono tanti, la legge una e universale, e ciò accontenta l'intelletto, che si limita per l'appunto a delimitare, categorizzare, definire, ecc., e soprattutto *distinguere* – così che il mondo della legge, che si applica ai fenomeni, viene visto non come un fenomeno, ma come l'essenza, qualcosa di opposto all'apparenza fenomenica, che si distingue da essa.

Resta però un problema: le leggi sono tante, diverse tra loro – e così il mondo delle leggi soffre della stessa pluralità (e anche accidentalità) a cui voleva sfuggire, mentre l'incostanza dei fenomeni è, per così dire, la loro "costante"[12]. Il mondo soprasensibile, che è un "rovesciamento" del mondo "normale", sensibile, si converte così nel suo contrario, in un *secondo* mondo soprasensibile, ma capovolto, che è il "verkehrte Welt". In questo secondo mondo soprasensibile non trovo più le leggi come qualcosa di opposto al mondo sensibile, ma trovo la differenza, l'opposizione in sé, il fatto che vi è una *differenza* tra sensibile soprasensibile, tra fenomeno e noumeno, tra singolo evento e la sua legge, ecc. Trovo cioè *un'altra cosa*, un'altra "legge", la *contraddizione* che caratterizza entrambi i mondi.

> *Io posso certamente porre qui il contrario e là l'altro di cui esso è contrario;*
> *mi è dunque possibile porre il contrario da un lato, in sé e per sé senza l'altro.*
> *Tuttavia, proprio perché ho qui il contrario in sé e per sé, esso è il contrario di*
> *se stesso: in se stesso, di fatto, esso ha immediatamente l'altro*[13].

Cioè: se isolo un opposto, lo tengo lontano da ciò a cui si oppone, accade che la sua "contrarietà" diventa riflessiva, riguarda proprio l'interiorità, l'identità di tale opposto, che si oppone dunque, in sé, non più all'altro, *ma a se stesso*. I termini "rovesciato" e "dritto" stanno tra loro come "falso" e "vero" in un altro passo-chiave (sopra citato, cfr. pte I, § 5): se li intendiamo *astrattamente* (è il lavoro di "distinzione" che fa l'intelletto) ognuno per sé, nel suo esser-altro dall'altro, allora non comunicano, restano isolati e si può dire che si "oppongano". Ma non appena li intendiamo così, e tanto più cerchiamo di separarli, tanto più ciascuno nel suo isolamento rivela l'opposizione (dialettica) al suo interno; ecco che allora il rovesciamento è un momento dell'esser diritto, "il falso è un momento del vero", e viceversa. Insomma, i due momenti sono per così dire "rovesciati in-sé e per sé"– il che implica che non esista più un criterio secondo cui *un mondo* possa essere detto "rovesciato" rispetto a *un altro mondo* che sarebbe "dritto".

> *In tal modo il mondo soprasensibile invertito [die übersinnliche Welt, welche*
> *die verkehrte] ha nello stesso tempo oltrepassato l'altro mondo includendolo*

in se stesso. Esso è adesso per sé il mondo invertito, è cioè l'inverso di se stesso [die verkehrte ihrer selbst]*: è, in una unità, se stesso e il suo opposto*[14].

Le parole di Hegel qui, nonostante il tono criptico, vanno lette proprio sulla scorta della situazione in cui si trova lo spettatore davanti alla rappresentazione teatrale di Tieck: il mondo soprasensibile (teatro) ha oltrepassato il mondo "normale" (vita quotidiana), "includendolo in se stesso" – infatti sul palco noi vediamo *sia* il palcoscenico, *sia* una platea, che rappresenta "la" platea del pubblico, ma che, così facendo, ci fa capire immediatamente che il pubblico non è cosa diversa (opposta) dalla rappresentazione, ma una sua parte "in una unità" con essa. Ecco qui il *verkehrte Welt*, il mondo invertito: sia che lo prenda dal lato della vita, sia che lo consideri dal lato dell'arte scenica, cioè, sia considerando un opposto, un contrario anche solo di per sé, io trovo che ciascuno è il contrario di se stesso: il teatro perché mette in scena la vita quotidiana; la vita quotidiana perché si teatralizza. Il risultato di questo doppio movimento è che cogliamo non più ciascun mondo per conto suo – ma afferriamo un carattere che inaspettatamente riguarda entrambi i mondi, cioè il fatto che ciascuno è percorso da uno sbilanciamento verso l'altro, che lo scolla, lo rimuove da se stesso e lo oppone in sé a sé. In altri termini (nei termini di Hegel), ciò che cogliamo alla fine è la differenza "in se stessa", il differire di ogni cosa da sé, sintomo di un differenziarsi in generale – che è la "vera" legge che l'intelletto (o lo spettatore ingenuo) non aveva saputo cogliere, postulando un mondo di leggi universali (che invece tali non erano!)[15].

Per inciso, questo percorso getta una luce inattesa sulla famigerata *Kehre* heideggeriana – la "svolta" filosofica che sarebbe seguita a *Essere e Tempo*. Come è noto, quest'ultimo è un libro duplicemente incompiuto, perché "manca della seconda parte, di carattere storico, e manca della 'terza sezione della prima parte' che doveva portare il titolo di *Tempo ed essere*" e che non è mai stata scritta[16]. Ma questa terza sezione in realtà avrebbe dovuto essere strategica, dato che non riguardava più il *Dasein*, ma l'Essere – il *Sein* come tale. Ora, in effetti, nella *Lettera sull'umanismo* Heidegger stesso spiega che in quella sezione...

> *... tutto doveva capovolgersi [umkehren]. Ma la sezione non venne stesa perché il pensiero fallì quando si trattò di dire adeguatamente questa svolta [Kehre]*[17].

In altri termini, se in *Essere e Tempo* l'analisi parte dal *Dasein* e va verso l'Essere, nella Terza Sezione l'approccio avrebbe dovuto "voltare" direttamente verso la "luce dell'Essere", ma è proprio in quel frangente che il "linguaggio della metafisica" viene meno e si rivela insufficiente.

Dunque la terza sezione non è stata scritta perché non poteva essere scritta: non poteva essere scritta perché la 'svolta' implicava una 'rivoluzione' nei confronti del linguaggio...[18]

Ora, il fatto che nella *Lettera* compaia la già citata asserzione per cui "L'Essere è – ciò che è", implica un ritorno all'identità ontologica quale segno certo che la "svolta" è appunto una *Kehre* e non una *Verkehrung*. Ma ci sarebbe di più: una compiuta *Verkehrung* sarebbe di fatto impossibile, perché il linguaggio al suo fondo costituisce qualcosa di "ultimo", come l'Essere, che non può essere soggetto ad alcuna "rivoluzione". A questo proposito, si aprono due vie interpretative: da un lato, gli interpreti heideggeriani più "conservatori" indicano che il solo "rovescio" possibile del linguaggio sia il silenzio (come lascia intendere Pietro Chiodi nell'introduzione alla sua storica edizione italiana di *Essere e tempo*), quasi che l'impresa heideggeriana tenda verso un ineluttabile destino "mistico", ineffabile, in-dicibile (con tutto il seguito di varianti sul ruolo del linguaggio poetico). D'altra parte, dopo *Essere e Tempo* Heidegger non ha affatto taciuto; anzi, come sembrano far presagire certe pagine di *Sentieri interrotti*, ha indicato un oltrepassamento del linguaggio, per esempio in direzione dell'immagine, e persino della medialità. Il saggio *L'immagine del mondo* è in tal senso indicativo: nella modernità, dice Heidegger, non vi è più una "immagine del mondo" come poteva accadere nelle epoche precedenti, come nel Medio Evo, quando con tale locuzione si intendeva una visione complessiva di un universo di senso; piuttosto, oggi, il mondo come tale "è divenuto immagine", cioè non è solo riempito di immagini, riproduzioni, effigi di cose, fatti, persone, ma si è sdoppiato tra la sua "essenza" e la sua apparenza immaginaria.

Heidegger afferra dunque benissimo che il mondo si è differenziato in-sé da sé, e che è un "mondo capovolto", la cui realtà è immagine e viceversa; e inoltre, indica come causa di questo rivolgimento proprio i media, e cita "la rappresentazione – mediante una semplice manopola radiofonica – di mondi lontani nella loro quotidianità"[19]. Se si pensa che questo testo fu preparato per una conferenza originariamente tenuta nel 1938, cioè lo stesso anno della "beffa radiofonica" di Orson Welles, si inizia a capire che l'intero discorso sulla *Kehre* heideggeriana, andrebbe inquadrato all'interno della *Verkehrung* complessiva a cui il mondo nella sua totalità è andato soggetto nella contemporaneità, e che ha trovato nei media la sua espressione più compiuta. Tuttavia, Heidegger parlando di "passo indietro", lascia intendere che la *Kehre* è proprio una svolta "in faccia" alla *Verkehrung*, non (tanto) un "indirizzarsi verso l'Essere", ma piuttosto la disperata "conversione" verso un punto stabile, di fronte al rovesciamento onnipervasivo/ obversivo[20].

Tuttavia, l'"inglobamento" (*Aufhebung*) di cui Heidegger accusa Hegel non è un fagocitare, un inghiottire, ma è proprio un includere l'opposto da parte del posto, che così diventa l'opposto non dell'altro, ma di se stesso. Come è stato notato, la visione dialettica di Hegel, non si applica tanto bene al "suo" mondo, quanto al nostro:

> *… il mondo in cui tutto si rovescia e in cui ogni cosa è se stessa e il suo contrario, questa specie di inferno senza speranza di redenzione, è l'era contemporanea*[21].

Di fatto, oggi, uno dei pochi termini di paragone per affrontare e capire questo doppio capovolgimento di un mondo nell'altro è forse la strana situazione introdotta da quel genere di programmi televisivi contemporanei che si possono rubricare sotto l'etichetta di *reality show*. Nel tipico *reality* uno non deve recitare la parte di *un altro, ma esattamente quella di se stesso* (bravo ragazzo, seduttore, finta ingenua ecc), nel modo più naturale, e però dentro un mezzo di finzione e mediazione quale la (neo)tv[22]. Il *reality* è un vero *verkehrte Welt*, dato che non è più solo un mondo soprasensibile (televisivo, mediatico) che si oppone al mondo normale, reale – ma è un mondo televisivo che si oppone a se stesso, dato che include spettatori "reali" che diventano attori di finzione. Se la commedia di Tieck è "teatro nel teatro" il *reality* è televisione nella televisione, perché i partecipanti che sono semplici spettatori, poi rivedono se stessi – mentre recitano "ciò che sono" – nei montaggi televisivi del *day time*, in cui *sono* lo spettacolo come tale. Mediante il meccanismo delle nomination da casa, del resto, il pubblico entra decisamente in scena, e si accapiglia per decidere quale tra loro dovrà proseguire lo spettacolo – la differenza dunque tra pubblico di spettatori e spettacolo degli attori è tolta due volte. Ma una differenza tolta due volte è anche una differenza divenuta visibile come tale: la verità della differenza, cioè la forza della medialità in-sé, in quanto tale, è proprio il risultato, l'esito finale della dialettica del reality show.

Il reality show dunque, non può essere più inteso come "perversione" dello spettacolo sociale, o mediale, ma come una figura ulteriore della loro "obversione". Non c'è praticamente nulla di "perverso" o di "osceno" nel reality: anche nei suoi momenti moralmente o esteticamente più deleteri (quando i partecipanti a trasmissioni come *Grande Fratello* si rintanano per fare sesso nascondendosi alle telecamere, o litigano furiosamente tra loro, ecc.), non è che va in rovina l'aulica distinzione tra spettacolo e vita, tra televisione e realtà, tra scena e retroscena. La stracitata etimologia di "osceno", come *ob-scaenum*, qualcosa che deve essere tenuto fuori dallo sguardo, andrebbe riletta a partire dal prefisso ob- che a che fare con l'inversione, il rovesciamento, in senso totale, *ob-verso*, dove non vi è più un verso diritto da contrapporre a uno ribaltato. Allora si può capire come il reality sia una figura dialettica che si inserisce a buon diritto nella linea che, iniziando all'alba del moderno con il romanticismo *à la* Tieck, passa per la *Fenomenologia* e attraverso alcuni snodi chiave (come Pirandello e Debord) testimonia della vera natura dell'inversione universale in cui siamo immersi, o meglio *inclusi* come gli spettatori de *Il mondo alla rovescia*.

Il reality show, lo spettacolo non "della realtà", ma che include la realtà come sua parte, testimonia con chiarezza che le intuizioni sui destini della società dello spettacolo, profetizzati da Guy Debord mezzo secolo fa, erano esatte. L'intero impianto de *La società dello spettacolo* riposa sul concetto portante secondo cui lo spettacolo è *l'inversione dialettica della vita*. A sua volta, questa idea si rifà a una precisa tradizione filosofica a cui Debord non solo non è estraneo, ma di cui è in un certo senso un legittimo rappresentante. Questa tradizione è quella della dialettica idealista e segnatamente di quella hegeliana. In questo senso occorre dire che Debord è uno dei pensatori del Novecento che con maggior lucidità e energia afferra che il funzionamento della società contemporanea può esser pienamente compreso solo a partire da un recupero radicale del metodo dialettico[23].

Nel suo testo principale Debord fa uso di una serie di concetti come alienazione, inversione, dialettica, negativo, che ne inseriscono la figura all'interno dell'ampio filone degli interpreti novecenteschi di Hegel (in Francia in particolare basti pensare a Kojéve, Hyppolite e Lacan). In tal senso occorre ribadire che Debord non è solo un marxista, che trattiene entro l'orizzonte della prassi il metodo dialettico – ma anche un pensatore che si sforza sinceramente di applicare tale metodo all'interpretazione della creatura da lui scoperta, la società dello spettacolo.

Ora, Debord è senz'altro un lettore attento di Hegel: non solo lo cita ripetutamente, dice apertamente di rifarsi al "linguaggio della contraddizione" (§ 211) e di impiegare lo stile della "negazione" dialettica (§§ 204- 205). Nel § 8 aveva già notato che non si può opporre in modo unilaterale spettacolo e attività sociale:

> *... questo sdoppiamento è esso stesso sdoppiato [...] la realtà sorge nello spettacolo e lo spettacolo è reale. Questa alienazione reciproca è l'essenza e il sostegno della società esistente*[24].

Questi sono i punti in cui Debord si avvicina maggiormente a un coglimento profondamente dialettico della realtà spettacolare. Secondo lui, lo spettacolo è una immane potenza in grado di rovesciare la percezione del mondo e di farlo "realmente", non solo astrattamente o in modo puramente favolistico. Lo spettacolo non è il carnevale dove il finto si sostituisce momentaneamente al vero, il povero prende il posto del ricco per un giorno, e viceversa, ecc., ma è una precisa forma di produzione dove alle merci sono stati sostituiti gli spettacoli. Ecco perché Debord dice che lo spettacolo è una "inversione concreta della vita": esso rovescia il mondo *realmente* (cioè concretamente, dialetticamente, economicamente ecc., non metaforicamente e "in figura", in modo fittizio – pur trattandosi di "spettacolo"). Il passo avanti qui è enorme: Debord non si limita a scrivere pezzi teatrali come Tieck o anche di avanguardia estrema come Pirandello – egli intuisce chiaramente che lo spettacolo, ora, è letteralmente dappertutto. La realtà è inclusa nello spettacolo, e viceversa lo spettacolo è divenuto una realtà, anzi – *la* realtà circostante. Doppia inclusione che è anche simultaneamente *alienazione reciproca* – realtà spettacolare (disidentica da sé) e spettacolo reale (disdentico dalla sua natura finzionale).

Eppure, c'è un punto di fondamentale discordia tra il resoconto hegeliano e la visione debordiana – quale? Un po' lo stesso che porta Marx (altro grande riferimento di Debord) a dire che si tratta di "rovesciare" Hegel, di rimetterlo con i piedi per terra[25]. Secondo Debord si tratta di fare lo stesso con la dialettica, inclusa quella marxista. Il peccato originale del marxismo non è solo quello di aver sottovalutato l'importanza della nascente società dello spettacolo, ma quello di non aver saputo coniugare strettamente la teoria alla prassi rivoluzionaria, lasciando così che l'aspetto deterministico-(pseudo)scientifico trionfasse nei Paesi a socialismo reale. Quei paesi sono dunque divenuti anch'essi (anche se in forme diverse) società spettacolari – istituendo una forma spettacolare concentrata (in opposizione a quella diffusa tipica delle società liberal-capitaliste).

Ma Debord concorda sostanzialmente con Marx nel criticare il distacco della visione hegeliana della storia come qualcosa di compiuto, di definitivo, su cui si può dire una parola solo *post festum*. Per questo motivo Debord parla di *alienazione* reciproca tra realtà (sociale) e spettacolo; al posto dell'unità reciproca invocata da Hegel, abbiamo invece la *Critica della separazione* (altro termine-chiave di Debord, nonché titolo del suo film del 1961).

L'opposizione di realtà e spettacolo si fonda sulla loro separatezza: in altre parole egli insiste sul momento *negativo* di questa *disidentità* dello spettacolo e della realtà. Così facendo però Debord corre il pericolo di attribuire tutta la responsabilità del rovesciamento a una sola delle due parti in lotta, e rischia di trascurare la sua stessa intuizione fondamentale secondo cui il capovolgimento è, viceversa, un fenomeno bilaterale. Non esiste un verso "dritto" del rovesciamento; il rovesciamento è dialettico in quanto reciproco, in quanto le cose sono "invertite in-sé" (il falso è un momento del vero, diceva Hegel, solo in quanto è invertito-in sé, non-più solo "falso").

Tendendo a trascurare questo aspetto dialettico, di rovesciamento e inversione generalizzata, Debord arriva a dire che l'unità irreale che lo spettacolo proclama è solo un'"apparenza", qualcosa di "teatrale" come una maschera:

... la maschera della divisione di classe su cui riposa l'unità reale del modo di produzione capitalista[26].

Ma dire che lo spettacolo è una "maschera" non significa riabilitare la nozione di "mondo rovesciato" come un "carnevale" – ossia, non significa ritornare proprio a quella concezione folklorica del rovesciamento da cui Debord invece aveva voluto liberarsi? Questa resa delle armi dialettica fa pensare: se lo spettacolo è solo una maschera, la scoperta del suo potere di inversione spettacolare, non appare più così importante... Quale sarebbe infatti questo potere di inversione, se esso alla fin fine lascia intatta la tradizionale base economica capitalista? Questa affermazione, oltre a testimoniare un chiaro arretramento di Debord rispetto alle conseguenze del suo stesso pensiero, sta al fondo del drammatico malinteso che soggiace alla contestazione del '68 – con cui in definitiva ci confrontiamo anche oggi: da un lato invochiamo una lettura in termini brutalmente materialisti dell'impasse del capitalismo globale, dall'altro abbiamo la percezione dell'insufficienza di una simile lettura per capire il mondo odierno, trattandone la realtà al di fuori dell'apparato mediale/spettacolare... Si è pertanto soliti sostenere che il situazionismo abbia "anticipato" il maggio '68 – mentre si dovrebbe affermare il contrario: la rivolta studentesca e operaia ha segnato il *fallimento* del situazionismo, la sua precisa involuzione in quanto movimento teorico-politico, con la correlativa resa ideologica (neostalinismo, maoismo "immaginario", settarismo sfrenato, ecc.).

Di fatto, dovremmo piuttosto chiederci se il problema non sia ancora una volta dialettico. La stessa *differenza* tra una lettura "medialista" e una lettura materialista degli antagonismi in atto, non è contraddittoria a sua volta, dato che non sa vedere la "reciproca alienazione" dei due termini in gioco? E se l'intuizione di Debord del mondo come spettacolo andasse presa non in senso politico, ma in senso proprio, come *mediatizzazione globale* dell'esistente?

L'importanza del situazionismo è indiscutibile perché ha messo in luce che gli antichi "spettatori" nella società tradizionale, hanno dovuto abbandonare, nelle nuove condizioni spettacolari, la loro posizione e il loro ruolo, e sono divenuti attori – anche se "attori" di un nuovo genere. Già in un testo precedente, *Rapporto sulla costruzione di situazioni*, Debord aveva affermato che...

Il ruolo giocato da un pubblico passivo... deve costantemente diminuire, mentre quello giocato da coloro che non possono essere detti attori, ma piuttosto, in un nuovo senso del termine, 'viventi' [viveurs], *deve decisamente crescere"*[27].

Il pubblico passivo, entrando sulla scena dello spettacolo sociale, prende un ruolo attivo. Tale ruolo però non può essere direttamente confuso con quello di un "attore" vero e proprio, perché il "teatro" nel frattempo si è allargato così tanto da essere diventato il campo sociale stesso nella sua interezza[28]. Gli spettatori sono allora divenuti dei "viventi" – ma non era questo che essi da sempre *già erano*? O invece, nel momento in cui "interpretano se stessi" sono "viventi" duplicati, viveurs mediali, letteralmente ri-presi, entrati nel loro stadio video, viventi alienati, ossia "morti-viventi", come i personaggi di Bioy Casares? L'"ottimismo" debordiano andrebbe qui corretto in riferimento a Tieck, che invece definisce gli spettatori "passive ombre scrutanti": nel mondo alla rovescia, non bisogna dimenticare il fatto che, se tutti divengono "attori", ciò significa che tutti sono "inglobati" dalla finzione, e dunque tutti sono anche ridotti alla condizione spettrale di "ombre".

Ritroviamo qui la stessa idea di Hegel che, alludendo ancora una volta a Tieck, afferma nella *Fenomenologia* che... *lo spettatore [...] nelle vicende rappresentate si trova perfettamente a casa sua e nell'azione scenica vede agire se stesso*[29].

Qui Hegel si riferisce alla situazione della Grecia classica, ma egli colloca l'osservazione non casualmente verso la fine dello sviluppo dialettico, in un momento altamente spirituale, quello in cui la comunità, il *dèmos*, riconosce se stesso sulla scena, e vi si ri-vede come parte di essa. In effetti, l'attorializzazione della "coscienza spettatoriale" (*Zuschauende bewusstsein*) è una deriva iniziata già da molto tempo; ma è solo nella modernità che essa diventa un fatto universale e riconosciuto, dal momento che è lo Spirito stesso che, in quanto agente della storia (attore), ha se stesso come oggetto, è "spettacolo a se stesso". La conclusione sconcertante è che (come dirà Wilde, cfr. infra, §5) siamo divenuti tutti spettatori-attori perché lo Spirito *è* lo Spettacolo: se lo spettacolo è l'ultima incarnazione dello Spirito, è perché quest'ultimo dà, a se stesso, lo spettacolo di se stesso.

Ora si potrebbe obiettare che, comunque, anche oggi, nel pieno delle società mediali, l'avvento di fenomeni come il *reality show* resta pur sempre confinato entro le coordinare offerte dai mezzi audiovisivi in genere, e dalla tv in particolare. E si potrebbe ricordare che siamo perlopiù spettatori e raramente o occasionalmente attori, e che, infine il mondo, per quanto capovolto, cammina ancora diritto sulla sua testa "reale", di cui i media (per pervasivi che siano) restano tutt'al più delle "rappresentazioni". Ma questa obiezione, benché certamente sensata, riposa su una nozione di "medium" decisamente riduttiva. Il più grande teorico dei mass media, che (accanto a Debord e più o meno negli stessi anni) ne aveva criticato l'impatto, cioè Marshall Mcluhan, aveva già riconosciuto negli anni Settanta questa trasformazione in senso molto più generale in un articolo dall'emblematico titolo "At the moment of Sputnik the Planet Became a Global Theater in Which There are no Spectators but only Actors"[30]. In questo articolo McLuhan osserva che il lancio in orbita del primo satellite sovietico Sputnik (letteralmente "piccolo compagno di viaggio") ha dato vita a una sorta di Terra gemella, mutando radicalmente la percezione della Terra stessa. Quest'ultima, osservata da una nave spaziale, viene essa stessa concepita come una "nave spaziale Terra". Osservato da fuori, il nostro pianeta cessa di essere "reale" nel senso di oggettivo, ossia oggetto di uno sguardo "interno". Esso diventa invece un teatro, il luogo dove lo spettacolo è globale, anche quando sembra semplicemente dipanare la sua attività "vivente". La dislocazione di uno sguardo extraterrestre, rende il "mondo" disidentico da sé, o, per riprendere la felice espressione di Debord, "sdoppia lo sdoppiamento" tipicamente vetero-spettacolare fra scena e platea, fra astanti e attanti, restituendone la figura doppiamente ribaltata di attori-non-attori, attori che interpretano se stessi davanti a una platea di cui fanno parte. Del resto, proprio all'inizio del film che Debord realizza usando come "sceneggiatura" il suo saggio, e intitolato come quest'ultimo, cioè *La società dello spettacolo*, egli stesso non colloca le immagini del pianeta Terra ripreso dalla navicella Apollo?[31]

Se le osservazioni di McLuhan erano già valide negli anni Settanta, cioè a più di vent'anni di distanza dal lancio del primo satellite, oggi – in un'epoca in cui orbitano intorno al nostro pianeta almeno 25000 satelliti – esse sono divenute realtà quotidiana. Nel momento in cui sto scrivendo queste parole, posso localizzare e vedere dal satellite il punto esatto in cui mi trovo. McLuhan però, per descrivere il cambiamento introdotto dalla visione satellitare, utilizza una metafora ormai largamente insufficiente, quella del teatro, una metafora che in effetti continua a restare soggiacente persino nella concezione dello spettacolo situazionista. In realtà, ciò che anticipa la situazione mediale odierna è piuttosto il "teatro nel teatro" alla Tieck – anticipazione che però solo lo stadio video ha portato a pieno compimento nella contemporaneità. Con il lancio in orbita dello Sputnik la Terra non è diventata solo un Teatro globale, ma anche qualcosa di ben diverso: è diventata un *Video Corridor* globale, un luogo in cui ci troviamo e in cui possiamo vedere la nostra immagine, che però ci appare da un punto di vista altro, e nella quale pertanto, pur osservandoci distintamente, non ci riconosciamo – un'immagine "fredda" e sfocata, per quanto possa essere precisa, che conferma l'epiteto di "oscura" con cui i personaggi di Tieck chiamano la Terra.

Google Earth ha oggi reso possibile l'esperienza del "vederci da fuori", da un "impossibile" punto di vista extraterrestre, facendone un fatto comune, quasi banale – che però ha come effetto collaterale una profonda sensazione di estraneazione. Il significato ultimo di questa sensazione non va ridotto ad una semplice "difficoltà di adattamento" temporanea, come se fosse un malessere provocato da una tecnologia relativamente nuova, a cui la mostra sensibilità al momento non è avvezza, ma a cui presto o tardi faremo l'abitudine, come è avvenuto per la velocità automobilistica o il mal d'aereo. In realtà, Google Earth, come tutti i dispositivi di localizzazione o comunicazione legati alla tecnologia satellitare, dal GPS al semplice cellulare, svelano in modo inoppugnabile e tremendamente evidente il fatto che il "Mondo rovesciato" è il nostro, proprio quello su cui in questo momento posiamo i piedi. McLuhan ricorda che:

> *Quando venne chiesto a Al Shepard: "Vi è nessun 'sottosopra' nello spazio?",*
> *rispose: "Dove sono i tuoi piedi, lì è 'sotto'"*[32].

Certo – già Giordano Bruno aveva capito che nello spazio infinito non vi è nessun lontano e nessun vicino, nessun piccolo e nessun grande, e nessun "sotto" e nessun "sopra"[33]. Ma il senso ultimo di tale rovesciamento risiede meno in un disorientamento sensoriale che in un rivolgimento coscienziale: non solo visto dal satellite il nostro pianeta è una navicella alla deriva in uno spazio infinito senza "sopra né sotto", ma è soprattutto un mondo sdoppiato in se stesso, un mondo reale che include come sua parte anche la sua immagine irreale, un'immagine di se stesso che lo fa differire da sé come mondo[34]. Il *nostro* mondo è un *verkehrte Welt* esattamente nella misura in cui *è* e insieme *non è* se stesso.

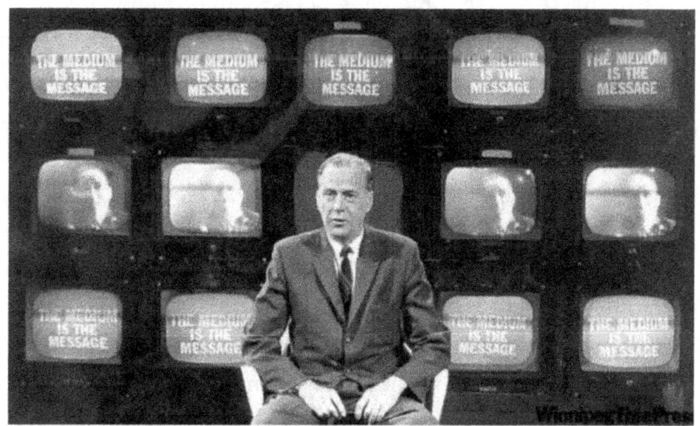

3. La spettrale (s)oggettività   Obversione e rivoluzione

> *Quando la Filosofia dipinge il suo grigio sul grigio,*
> *allora una figura della vita è invecchiata.*
> Hegel, *Fenomenologia dello spirito*
>
> *Se mai epoca storica è stata dipinta in grigio su grigio, è ben questa.*
> Marx, *Il 18 brumaio di Luigi Bonaparte*

Come abbiamo visto, il primo autentico teorico del rovesciamento riflessivo è Hegel. Per Hegel, un oggetto non è semplicemente se stesso: nella sua stessa materialità, esso evidenzia caratteristiche divergenti che lo fanno apparire molteplice. Ma una simile molteplicità è tale solo agli occhi della coscienza – e quest'ultima finisce per credere che sia colpa sua se non riesce a darsi una concezione unitaria della cosa. In realtà, un secolo abbondante prima della polemica novecentesca sui protocolli[1], Hegel dimostra che non basta dire "questo", e "adesso", poggiare un dito su un oggetto ecc., per essere sicuri di affermare qualcosa di valido riguardo alla sua esistenza materiale: l'oggetto sfugge dappertutto, perché ciascun suo carattere sta accanto ad un altro in forma separata, quindi negativa. Posso ben dire che l'oggetto è (qui e ora) bianco, cubico, dolce, ma queste determinazioni, che dovrebbero servire a definirlo, si smentiscono reciprocamente dato che "in quanto bianca, la cosa non è cubica"[2]. Si giunge alla conclusione che "da un unico e medesimo punto di vista, l'oggetto è piuttosto il contrario di se stesso"[3].

> *La vera realtà di una cosa appare essere qualcos'altro nei confronti di tale*
> *cosa, e consiste, per dirla con Hegel, nella sua 'alterità' (Anderssein)[4].*

La verità dell'oggetto non sta dentro l'oggetto, ma coincide piuttosto con l'alterità da se stesso – ma chi è la causa di un simile dissidio interno alle cose? Il senso di colpa della coscienza la spinge a cercare qualcosa al di là dell'oggetto, e questo processo, culminato nella teoria della cosa-in-sé kantiana, ci ha messo molto tempo per approdare ad una verità appartenente al soggetto. D'altra parte, da questa presa di coscienza non si può tornare indietro, perché quando la coscienza soggettiva si rende conto che l'oggetto è lei stessa – subisce un *contraccolpo*[5] che la porta oltre se stessa (*über sich selbst*)[6], ossia raggiunge un "rovesciamento della coscienza stessa" (*Umkehrung des Bewusstseins*)[7]. Questa *Um-kehrung* funziona proprio come il *ver-kehrte Welt* – da spettatori del mondo degli oggetti, ci troviamo a essere oggetto a noi stessi, per cui i concetti stessi di "oggetto" e "soggetto" (così come quelli di "spettatore" e "attore") sono "rovesciati in-sé".

Tuttavia, secondo il più grande continuatore e critico di Hegel, cioè Marx – il ribaltamento dialettico identificato da Hegel non è completo, e va a sua volta ribaltato. Il giovane Marx è un appassionato apologeta di ogni genere di ribaltamenti – nel *Manifesto*, il mondo capitalista è un mondo ribaltato dove "tutte le stabili e arrugginite condizioni di vita... si dissolvono, e... ogni cosa sacra viene sconsacrata"[8]; ne *L'ideologia tedesca* troviamo la famosa frase per cui non è la "coscienza che determina la vita, ma la vita che determina la coscienza"[9] – per non parlare dell'umoristico ribaltamento del titolo di Proudhon *Filosofia della miseria*, in *Miseria della filosofia*. Ancora nell'introduzione alla terza edizione (1873) del *Capitale*, Marx si riferisce positivamente a Hegel come il vero scopritore del metodo dialettico – ma aggiunge che tale dialettica "va ribaltata", ed utilizza forse non a caso il termine *Verkehrung*. Ma come è possibile ribaltare una cosa che era già ribaltata in-sé? In effetti le forme del ribaltamento marxista di Hegel sono interessanti. In una prima fase, Marx pensa che il ribaltamento dialettico hegeliano non sia un "vero" ribaltamento, perché si occupa di cose ideali. La filosofia tedesca "discende dal cielo sulla terra", mentre il materialismo "sale dalla terra al cielo" dice in *L'ideologia Tedesca*[10]. È una indicazione sintomatica, perché non solo distingue due cose diverse, due opposti che si oppongono, ma anche afferma che non sono affatto simili – anzi, uno ha un valore concreto (la terra) che l'altro (il cielo) non ha. Sembra di risentire le invettive di Hegel contro il mondo soprasensibile edificato dall'intelletto – ma con una differenza radicale. Per Marx, nessun rovesciamento è efficace se è solo un rovesciamento "ideale" che lascia le cose come sono. Ribaltare il ribaltamento, significa dimostrare che quest'ultimo è falso, non-vero; che il ribaltamento dialettico, occupandosi nella sua versione idealistica solo di concetti, non riguarda, non sa includere, le cose reali. È un ribaltamento che crede di essere totale, e invece è incompleto, gli manca un pezzo, cioè: *non è* un "vero" ribaltamento. Va ribaltato/completato – con l'inclusione del pezzo mancante, la realtà materiale. Alla nozione di *verkehrte Welt* occorre perciò sostituire una nozione molto più forte, quella di *rivoluzione* (*Revolution*).

Nella prima fase del suo pensiero, Marx è convinto che l'idealismo parta da una posizione "sbagliata" (l'idea spirituale, il cielo), che deve essere ribaltata in una posizione "giusta" (la consistenza oggettiva, la terra) – altrimenti la dialettica poi va a finire nella figura ideologica dello Spirito. Ne *L'ideologia tedesca*, Marx fa riferimento al capovolgimento visivo che ha luogo nella della camera obscura:

> *Se nell'intera ideologia gli uomini e i loro rapporti appaiono capovolti*
> *come in una camera oscura, ciò deriva dal processo storico della loro*
> *vita, proprio come il capovolgimento degli oggetti sulla retina deriva*
> *dal loro immediato processo fisico*[11].

È un'immagine che sembra aggiornare quella settecentesca del *verkehrte Welt*: la *camera obscura* effettivamente ribalta il mondo offrendone un'immagine rovesciata – per vederla dritta occorrerebbe un correttivo, uno specchio che la girasse una seconda volta (come fa il cervello con le immagini ribaltate che gli arrivano dall'occhio). All'epoca de *L'ideologia* Marx pensa effettivamente che questo correttivo sia la rivoluzione. Eppure, la metafora stessa contiene qualcosa di più problematico di quanto non lasci supporre: la camera oscura non è soltanto un rovesciamento di "verso" (alto/basso), ma un rovesciamento di valore (realtà vivente / immagine riprodotta). Il primo è "correggibile", ma, una volta tolto il difetto strutturale della camera oscura che ribalta le immagini, ci troveremmo di fronte a un rovesciamento ben più preoccupante in quanto ineliminabile – quello tra vero e falso, tra realtà concreta e sua duplicazione mediata. *Questo* rovesciamento, non è ulteriormente rovesciabile: la camera oscura è paragonabile a un occhio, ma a differenza del funzionamento "naturale" di quest'ultimo, essa dà luogo a un'immagine artificiale che costituisce un mondo identico e insieme *altro* rispetto al mondo reale – ribaltamento, insomma, che non può essere "rivoluzionato".

In effetti, l'idea che la rivoluzione costituisse un "falso" rovesciamento non era stata trascurata da Hegel stesso. Hegel, non meno di Marx, vive in tempi post-rivoluzionari e non manca di prendere in considerazione il grande processo rivoluzionario della sua epoca – cioè la Rivoluzione Francese. L'analisi che Hegel compie della Rivoluzione Francese (l'esempio più evidente di una "rivoluzione riuscita" che potesse avere sotto gli occhi) parte sorprendentemente non dallo scacco, dall'infelicità, dal fallimento, ma dal *successo* dell'autocoscienza illuminista. Nel momento in cui l'autocoscienza si rende conto di essere libera, e sa cogliere se stessa "nel senso che essenza e realtà sono il sapere che la coscienza ha di *sé*"[12] – la Rivoluzione è inevitabile. È come se la coscienza avesse fatto proprie le esortazioni illuministe di Kant: "*Sapere aude!* Abbi il coraggio di servirti della tua pria intelligenza" e liberati dallo stato di minorità in cui finora sei vissuto![13] Una volta resasi conto di ciò, cioè di "essere tutta la realtà", una volta compreso che l'oggetto è solo un suo Concetto, niente la può più fermare:

> *... questa sostanza indivisa della libertà assoluta assurge al trono del mondo senza che nessun potere sia in grado di resisterle*[14].

Una tale coscienza si eleva necessariamente all'universale: i suoi fini, il suo linguaggio, la sua legge, sono universali. Ma proprio la stessa libertà assoluta che propugna l'universalità (dei diritti, della proprietà, dell'eguaglianza, ecc.) lo fa in modo astratto, come pura e semplice "negazione dell'esistente". Proprio la convinzione di agire "in nome e per conto dell'universale" porta la coscienza "illuminista/rivoluzionaria" a rovesciare l'universale nel suo opposto; con un movimento che ricorda l'ironico motto anti-pacifista ("voglio la pace a costo di uccidervi tutti!"), anche tale coscienza vuole far trionfare l'universale a costo di "fondare un partito", un sottoinsieme dell'universale, cioè un *particolare*! In questo sforzo, l'universale (falso, astratto) si *esprime* esattamente sotto forma di "fazione", il *Partito* che si spaccia per universale:

> *Il governo non può dunque fare a meno di presentarsi, sempre e comunque,*
> *come una fazione. Solo la fazione vittoriosa si chiama governo.*

Tuttavia, questo rovesciamento dialettico implica anche il dissolvimento dell'agente stesso che lo pone in essere:

> *... [ma] appunto perché fazione essa implica immediatamente la necessità del*
> *suo declino*[15].

In definitiva, la stessa necessità che ha condotto la coscienza alla Rivoluzione, conduce al declino di quest'ultima, che può esprimersi solo in forma negativa – mediante l'eliminazione fisica di ogni opposizione:

> *dopo aver condotto a termine lo smantellamento dell'organizzazione reale,*
> *la libertà assoluta sussiste adesso per sé e questo è il suo unico oggetto che*
> *non ha più nessun altro contenuto.... L'unica opera e l'unico atto della libertà*
> *universale è perciò la morte*[16].

La Rivoluzione, nata in nome della libertà, culmina nel Terrore, negazione di ogni libertà. E, dato che il Terrore fa sentire la paura della morte agli individui, proprio tale paura riporta gli uomini docilmente allo stadio pre-rivoluzionario:

> *Il Terrore della morte è l'intuizione di questa essenza negativa della libertà....*
> *[Le coscienze individuali] che hanno provato la paura del loro signore assoluto*
> *– cioè, della morte – accettano nuovamente la negazione e la differenza, si*
> *riordinano sotto le masse e ritornano a un'opera particolare e limitata*[17].

La Rivoluzione (storicamente quella francese, ma il ragionamento è estendibile a ogni genere di "rivoluzione") – crede di ribaltare qualcosa di storto, ma il suo fatale destino è quella di ritornare al punto di partenza! Non è andata così in Francia, un paese nel quale l'abolizione della monarchia feudale, ha dato origine, prima a una Repubblica, che a sua volta è sfociata in un Impero? Per una storica ironia del destino dunque, l'universalismo rivoluzionario conduce al suo estremo opposto, cioè alla negazione pura e semplice di se stesso, alla sua essenza negativa (morte) che porta direttamente al particolarismo più esasperato, che si autoannulla. "La democrazia integrale dimostra di essere l'antitesi di ciò che pretendeva di essere"[18]. Prigioniero di una dialettica che non governa, il cambiamento rivoluzionario è quanto di meno rivoluzionario possa esistere, e conduce alla riproduzione irriflessa dell'esistente.

Per inciso, stabilire se Hegel abbia coltivato fino all'ultimo un atteggiamento favorevole alla rivoluzione, oppure sostenere che in vecchiaia sia divenuto un difensore dello status quo[19], invocando ora i (filoprussiani) *Lineamenti di filosofia del diritto*, ora il suo atteggiamento contrario alle (protofasciste) leghe studentesche[20] – non è solo fuori luogo (a meno di non voler ricadere nella polemica fra interpretazione hegeliane di destra e di sinistra, già antiquata ai tempi di Marx), ma non è nemmeno un'asserzione giustificata dalla facile protesta secondo la quale Hegel "è tanto ampio da accogliere tutti". In effetti, diversi anni dopo aver scritto il testo citato sulla "revulsione" della Rivoluzione in Terrore, Hegel, in una lettera del 29 aprile 1814 (al momento del crollo dell'Impero napoleonico) indirizzata all'amico di sempre Niethammer, arriva al punto di "vantarsene" come di una profezia: "Del resto posso dire a mia lode di aver previsto l'intero rivolgimento [*Umwälzung* - segue la citazione dalla *Fenomenologia*]"[21]. Questo dettaglio testimonia *ad abundantiam* che la "fede" hegeliana riposa sempre e unicamente *non* in questo o quel fatto storico, per decisivo che sia, *ma* nel suo valore trascendentale-dialettico: Hegel si complimenta con se stesso non tanto di aver previsto un determinato evento storico (la fine dell'Impero napoleonico), ma di aver creato un sistema filosofico che "spiega" il divenire storico in termini "concettuali", cioè metastorici, la cui nozione fondamentale è proprio quella del "rovesciamento".

Una postilla "mediale" alla nozione di *Umwälzung* arriva da un disegno preparatorio di Jacques-Louis David – il pittore napoleonico per eccellenza – relativo al grande quadro celebrativo dell'incoronazione di Napoleone come imperatore. Come è noto, l'enorme tela che si può osservare al Louvre raffigura il Bonaparte che incorona la moglie Paolina, mentre, sullo sfondo, tra i numerosi invitati, si distingue il papa, qui nella semplice veste di "testimone". L'incongruenza è evidente, dato che il papa non incorona Napoleone e tutto il quadro sembra rappresentare la scena "successiva" a quella dell'incoronazione, come se l'evento più importante (il fatto che Napoleone sia stato incoronato imperatore dei francesi) fosse "già accaduto". Ma proprio questo spostamento temporale fa sorgere l'interrogativo: chi, allora, ha incoronato effettivamente Napoleone? Il quadro evita appunto di mettere al centro questo evento, spingendo l'osservatore a pensare che sia "già-da-sempre" accaduto, quasi come se fosse davvero un episodio "divino". Il cartone preparatorio però rivela quali fossero le reali intenzioni di David: in esso si vede benissimo Napoleone che incorona... se stesso! – mentre il papa, piuttosto sconfortato, assiste quasi suo malgrado, da spettatore involontario, invece che da protagonista, a questo stupefacente avvenimento[22]. Come si potrebbe definire questo gesto, posto in essere da un'autocoscienza che si proclamò rivoluzionaria, se non un *rovesciamento* della Rivoluzione stessa? D'altra parte, lo sfarzo insensato della cerimonia, la corona tempestata di gioielli, i mantelli d'ermellino, e via dicendo, danno all'insieme un tono che va al di là del grottesco o del comico, e sfocia nel "teatrale", o meglio nello "spettrale" – come se lo stesso svuotamento di senso che ha subito la morte in epoca rivoluzionaria, dove (dice Hegel) tagliare una testa equivale a "tagliare un cavolo", si espanda anche a questo episodio, in cui incoronare una testa significa tutto, ma anche niente, porsi in capo una corona quasi come un cappello. Non fa meraviglia che il progetto fosse rifiutato da Napoleone, costringendo David a optare per la soluzione B.

Ad ogni modo, l'analisi di Marx della Rivoluzione francese pare assai diversa da quella di Hegel. Marx, riferendosi alla Rivoluzione francese come rivoluzione "borghese", riconosce che la borghesia è stata una classe "rivoluzionaria", anzi, una classe che ha fatto della rivoluzione permanente il suo credo e la sua necessità.

> *La borghesia ha avuto nella storia una funzione sommamente rivoluzionaria.... [Essa] non può esistere senza rivoluzionare di continuo gli strumenti di produzione, quindi i rapporti di produzione, quindi tutto l'insieme dei rapporti sociali.... Il continuo rivoluzionamento della produzione, l'incessante scuotimento di tutte le condizioni sociali, l'incertezza e il movimento eterni contraddistinguono l'epoca borghese da tutte le altre*[23].

Tuttavia, la rivoluzione borghese non è la rivoluzione dell'autocoscienza in generale, ma appunto di una classe sociale, ed è stata compiuta nell'interesse di questa classe divenuta in seguito dominante. Non solo la Rivoluzione si è mutata nel Terrore, che poi riporta le cose al loro punto di partenza (versione di Hegel); per Marx, il mondo a cui dà origine la rivoluzione è un mondo scisso, oppresso, antagonistico, che genera crisi gigantesche che "mettono in forse l'esistenza di tutta la società borghese" stessa[24].

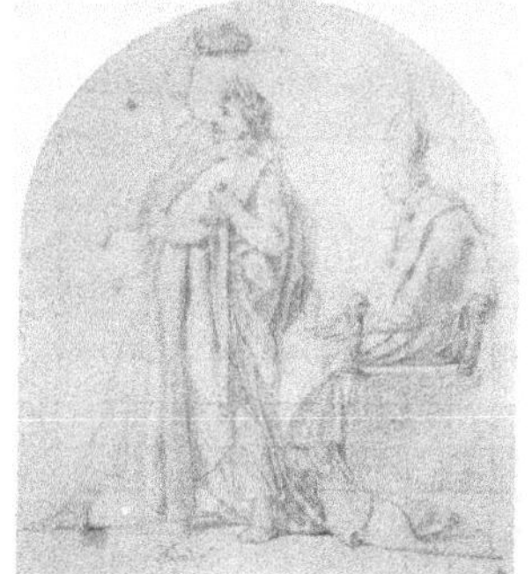

Anche Marx (ne *Il 18 brumaio di Luigi Bonaparte*) arriva quindi alla conclusione che le rivoluzioni borghesi del XVIII secolo hanno avuto un carattere "entusiastico", ma fallimentare:

> *Le rivoluzioni borghesi... passano tempestosamente di successo in successo; i loro effetti drammatici si sorpassano l'un l'altro; gli*

uomini e le cose sembrano illuminati da fuochi di bengala, l'estasi è lo stato
d'animo di ogni giorno. Ma hanno una vita effimera, presto raggiungono il
punto culminante, e allora una lunga nausea si impadronisce della società[25].

Indubbiamente, qui Marx sembra concedere a Hegel l'amara conclusione sul
"nulla di fatto" di queste rivoluzioni, ma egli intende andare oltre il maestro.
Non fermandosi al "rovesciamento" dialettico provocato dal Terrore, che riporta
le cose allo *status quo ante*, Marx sostiene che la rivoluzione borghese, nata in
nome dell'ideale della proprietà privata, la sta distruggendo. I contadini feudali
furono liberati dalla Rivoluzione, e Napoleone I ne fece dei piccoli proprietari, ma
oggi ciò che porta alla rovina il contadino è proprio il suo piccolo pezzo di terra.
Pertanto...

... la forma di proprietà napoleonica che all'inizio del secolo XIX era la
condizione per la liberazione e opera l'arricchimento della popolazione
francese delle campagne, è diventata, nel corso di questo secolo, la legge della
sua schiavitù e del suo impoverimento[26].

Così la proprietà viene distrutta e finisce preda del grande capitale. Non solo:
nata in nome dell'ideale rousseauiano della "Volontà generale" e della democrazia
diretta, la Rivoluzione ha invece dato origine a una "casta artificiale" di proporzioni
gigantesche, mai viste prima, cioè quell'apparato statale che va sotto il nome di
burocrazia[27]. Insomma, la rivoluzione borghese è la più contraddittoria che si
possa immaginare, e genera un mondo contraddittorio, il cui ritratto appare
spaventosamente simile al *nostro* mondo attuale:

Il periodo che ci sta davanti presenta il miscuglio più bizzarro di
contraddizioni stridenti: costituzionali che cospirano apertamente contro la
costituzione; rivoluzionari che sono, per loro confessione, costituzionali;... un
potere esecutivo che trova la sua forza nella sua debolezza stessa... unioni la
cui prima clausola è la scissione; battaglie la cui prima legge è la mancanza
di decisione; in nome dell'ordine un'agitazione scomposta e senza contenuto;
in nome della rivoluzione la più solenne predicazione di pace; passioni
senza verità, verità senza passione, eroi senza azioni eroiche, storia senza
avvenimenti... Uomini e avvenimenti appaiono come degli Schlemil a rovescio
[als umgekehrte Schlemil], come ombre cui è stato tolto il corpo[28].

Il riferimento al personaggio di von Chamisso, che aveva perso l'ombra è
sintomatico: al contrario di Schlemil (che era già in sé il simbolo di un paradosso)
noi viviamo però tra ombre che hanno perso il corpo. Benché la pagina marxiana
sia stata stilata per descrivere la situazione politica fra il 1848 e il colpo di stato di
Napoleone III del 1851, essa tratteggia un universo contraddittorio che ricorda da

vicino l'attuale "mondo alla rovescia" – un autentico universo-obverso.

Ma la rivoluzione francese/borghese non è stata l'ultima rivoluzione possibile. Scrivendo a circa mezzo secolo di distanza da Hegel, Marx ha sotto gli occhi le rivoluzioni libertarie del 1848 (e più tardi quelle del 1870 in Francia). Vi sarebbe perciò un tipo diverso di rivoluzione, la "nuova" rivoluzione del XIX secolo.

> *Le rivoluzioni proletarie, invece... criticano continuamente se stesse; interrompono ad ogni istante il loro proprio corso; ritornano su ciò che gli sembrava cosa compiuta per ricominciare daccapo; si fanno beffe in modo spietato e senza riguardi delle mezze misure, delle debolezze delle miserie dei loro primi tentativi; sembra che abbattano il loro avversario solo perché questo attinga dalla terra nuove forze e si levi di nuovo più formidabile di fronte ad esse; si ritraggono continuamente, spaventate dall'infinita immensità dei loro propri scopi, sino a che si crea la situazione in cui è reso impossibile ogni ritorno indietro e le circostanze stesse gridano: Hic Rhodus, hic salta!*[29]

La "nuova" rivoluzione sarebbe diversa dalla vecchia per due motivi. Innanzitutto è dialettica, nella misura in cui è in grado di "criticare se stessa", e persino di "ritornare" su ciò che sembrava compiuto, senza spaventarsi se si tratta di ricominciare daccapo. In secondo luogo, questa rivoluzione sfuggirà al destino di quella borghese nel senso che intende abbatter l'intero quadro di riferimento in cui quella ancora si collocava. La rivoluzione proletaria, a differenza di quella borghese che fu "di classe", *abolisce* le classi, e persino la proprietà, quindi in un certo senso interrompe il circuito dialettico in cui la rivoluzione precedente è presa.

Tuttavia, questo implicherebbe che la rivoluzione proletaria sia *a un tempo* dialettica *e* non-dialettica: da un lato capace di confrontarsi con le proprie crisi interne, dall'altro sottratta al divenire storico (è l'ultima possibile). Naturalmente questo non è tutto (senza neanche aggiungere che si tratta di vecchie critiche al comunismo, soprattutto di parte cattolica)[30]. Un altro problema deriva dal fatto che questa contraddizione sembra nascere da una differenza *interna* a Marx – tra il Marx "giovane" (fino agli anni Cinquanta, e al *18 brumaio*) e quello più maturo, cioè quello del *Capitale*. Ci sarebbe cioè una differenza tra il giovane Marx (che possiamo denominare qui Marx 1) e il Marx maturo (Marx 2)[31]. Per Marx1 infatti, la *Verkehrung* hegeliana non è sufficiente, perché essa implica un ribaltamento più grande ancora – la Rivoluzione, il movimento che cerca di raddrizzare il mondo all'incontrario che si trova di fronte. Quello che non funziona in questo ragionamento, però, è esattamente ciò che "scopre" Marx 2. In una seconda fase del suo pensiero, infatti, proprio quando approfondisce l'analisi della base materiale dei rapporti sociali, nel *Capitale*, Marx sembra rinculare da questa prima analisi. La posizione sconcertante di fronte a cui ci troviamo nel libro I del *Capitale*, §4, dedicato a "Il carattere di feticcio della merce e al suo arcano", è che la merce, lungi dall'essere semplicemente qualcosa di materiale, lungi dal sembrare "una cosa triviale, ovvia", è invece "una cosa imbrogliatissima, piena di sottigliezza metafisica e di capricci teologici".

> *Finché è valore d'uso, non c'è nulla di misterioso in essa… è chiaro come la*
> *luce del sole che l'uomo, con la sua attività, cambia in maniera utile a se*
> *stesso le forme dei materiali naturali. Per es. quando se ne fa un tavolo, la*
> *forma del legno viene trasformata. Ciò nondimeno, il tavolo rimane legno,*
> *cosa sensibile e ordinaria. Ma appena si presenta come merce, il tavolo si*
> *trasforma in una cosa sensibilmente sovrasensibile. Non solo sta coi piedi*
> *per terra, ma… si mette a testa in giù, e sgomitola dalla sua testa di legno dei*
> *grilli molto più mirabili che se cominciasse spontaneamente a ballare*[32].

Non deve andare perduto il sottotesto visibilmente parodistico di tutto questo pezzo. Qui Marx ammette ciò che nella *Prefazione* del 1873 cerca di smentire, e cioè che non si tratta di "capovolgere" il mondo hegeliano (=borghese): di fatto, qui, tale mondo è già esso stesso sottosopra, "a testa in giù". In effetti Hegel, proprio riferendosi alla Rivoluzione francese, in un passo delle sue *Lezioni di filosofia della storia*, ricorda come quello fu un grande evento in quanto…

> *Da quando il sole ruota nel firmamento, e i pianeti attorno a lui, non si era mai*
> *visto l'uomo mettersi con la testa in giù, cioè fondarsi sull'Idea e costruire la*
> *realtà partendo da essa*[33].

Ora, nonostante le sue professioni di materialismo dialettico[34], ciò che inopinatamente Marx scopre nel cuore della base materiale del capitalismo – cioè la merce – coincide proprio *non* con la sua materialità, ma col contrario, con il suo lato "ideale", che ironicamente chiama "capriccio teologico"[35]. E da ultimo, osserva proprio questo capovolgersi della merce "sulla propria testa", quasi ad ammettere che non solo il capitalismo è la forma sociale più rivoluzionaria della storia, ma è anche quella che ha dato vita a un universo in-sé capovolto, un *verkehrte Welt* al cui confronto quello identificato da Hegel è solo un pallido simulacro teatrale. Come ha notato recentemente Žižek, questo spostamento è cruciale nel pensiero marxiano:

> *Il cerchio pertanto si chiude: se Marx era partito dalla premessa che la critica*
> *alla religione è l'inizio di ogni critica, per poi passare alla critica della filosofia,*
> *dello stato, e così via, per finire con la critica dell'economia politica, quest'ultimo*
> *[passo] lo portava indietro al punto di partenza, al momento "religioso"*

metafisicamente all'opera nel cuore stesso della più "terrena" delle attività economiche[36].

Con questa scoperta, Marx 2 dà implicitamente ragione a Hegel, e, più che rovesciarne il metodo, ne estende drammaticamente la portata: il rovesciamento (proprio come *Verkehrung*) è già intrinseco persino là dove meno ce lo aspetteremmo, nella merce stessa. Nel cuore del sensibile e del materiale, ecco spuntare fuori "sottigliezze metafisiche e capricci teologici". Nel cuore della Terra, ecco inserirsi il Cielo...

D'altra parte, l'analisi di Marx 2 non è un semplice "superamento" di Marx 1, ma un suo vero capovolgimento, perché l'universo delle merci appare come una gigantesca astrazione rispetto ad ogni carattere fisico oggettivo. *Questa astrazione* diviene il carattere sociale dominante, in forza del quale tutte le merci si equivalgono, "tutte le sue qualità sensibili sono cancellate" e non rimane che "una medesima spettrale oggettività"[37]. Questa *spettrale oggettività*, pur essendo parente prossima delle "ombre senza corpo" di cui si parla in *18 brumaio*, e delle immagini rovesciate nella *camera obscura* dell'*Ideologia tedesca* (e una lontana eco delle "passive ombre" di Tieck) lascia intuire che ogni materialismo ingenuo è impossibile, e dunque anche ogni rivoluzione che non tenga conto della condizione rovesciata che gli si para davanti[38]. L'avvio del *Capitale* proietta come un'ombra minacciosa lungo l'opera che arriva a rivelarsi verso la fine, nella celebre sezione sull'accumulazione originaria. Lì, Marx non parla praticamente più di rivoluzione – ma di una sorta di necessità storica che ha "l'ineluttabilità di un processo naturale", in forza della quale questo stato di cose arriverà praticamente "da solo" alla sua fine necessaria – per opera del capitale "come tale".

> *... tutti i popoli vengono via via intricati nella rete del mercato mondiale e così si sviluppa in misura sempre crescente il carattere internazionale del regime capitalistico. Con la diminuzione costante del numero dei magnati del capitale che usurpano e monopolizzano tutti i vantaggi di questo processo di trasformazione, cresce la massa della miseria, della pressione dell'asservimento, della degenerazione, dello sfruttamento, ma cresce anche la ribellione della classe operaia che sempre più s'ingrossa ed è disciplinata, unita e organizzata dallo stesso meccanismo del processo di produzione capitalistico. Il monopolio del capitale diventa un vincolo del modo di produzione... La centralizzazione dei mezzi di produzione e la socializzazione del lavoro raggiungono un punto in cui diventano incompatibili col loro involucro capitalistico. Ed esso viene spezzato.... la produzione capitalistica genera essa stessa, con l'ineluttabilità di un processo naturale, la propria negazione. È la negazione della negazione*[39].

Invece di risultare confortante tale conclusione appare del tutto sconcertante, perché in definitiva rende "superflua" ogni rivoluzione come sovvertimento politico (più o meno violento)[40]. Marx riprende alla fine del suo lavoro ciò che ribadisce nella *Prefazione* del 1873: quello che "inculcherà" la dialettica anche nella testa di chi non ci crede (la borghesia capitalista) sarà meno la rivoluzione che un fatto creato dal capitalismo stesso: "la crisi generale".

Già ne *Il 18 brumaio*, come visto, Marx 1 parla del "cambiamento rivoluzionario" come di un fatto determinato "dalle circostanze stesse che gridano: *Hic Rohdus! Hic salta*"; ma per Marx 2 tali circostanze non sono più storiche, bensì strutturali. La conclusione del *Capitale* porta però a ritenere che Marx 2 non è più rivoluzionario né nel senso "francese", né in quello proletario del termine; in un certo modo, il significato ultimo del *Capitale* è che il capitalismo come tale include la sua stessa contraddizione. In questo contesto, anche la rivoluzione proletaria è solo un momento di una dialettica inarrestabile. Non solo l'appello alla "negazione della negazione" appare definitivamente hegeliano, ma anche il richiamo alla "crisi generale" sembra il segno dell'affermarsi definitivo della contraddizione dialettica "come tale"[41].

Come si è visto, per Hegel la Rivoluzione come tale non ha rivoluzionato nulla in realtà, dimostrando di essere "il contrario di se stessa". In questo però, anch'essa esprime appieno il movimento dialettico delle cose: la Rivoluzione è il contrario di se stessa, non più di quanto l'oggetto e il soggetto, siano per lui "il contrario di loro stessi" – e da ultimo anch'essa rientra nella situazione di "mondo rovesciato" con cui si identifica la realtà in quanto tale. Un mondo rovesciato in-sé che, poggiando sulla testa dialettica, annulla anche ogni possibilità di rovesciamento – un mondo in cui dritto e capovolto si co-implicano reciprocamente. Marx inizialmente ritiene questa concezione idealista, ma finisce per constatare che il rovesciamento non solo riguarda concetti ideali quali quelli di identità, soggetto, oggetto, ecc. (la "testa") – ma anche le "gambe" su cui poggiano, cioè rapporti sociali, merci, capitale. Lo "sterminato accumulo di merci" in cui consiste il capitalismo è un mondo rovesciato che inizialmente ha potuto correre e reggersi sulla propria inconsapevolezza, ma il cui inevitabile destino dialettico è quello di una catastrofica crisi finale.

Tutto questo getta una luce particolare sul fatto che Marx non abbia mai descritto compiutamente il futuro della società comunista. E se non lo avesse fatto non per evitare di cadere nella trappola di una nuova utopia, ma per la consapevolezza che il comunismo stesso non era che una "fase intermedia" di "qualcos'altro"? La rivoluzione proletaria (leninista) ha effettivamente avuto luogo, ed è stata un evento storico che in modo paradossale ha confermato tanto la lettura marxista che quella hegeliana del concetto di rivoluzione. Inizialmente è stata la classica rivoluzione dialettica, che "ha riflettuto su se stessa" ed è passata attraverso l'autocritica continua, quasi "spaventata dall'infinita immensità dei suoi propri scopi". In una seconda fase però, si è richiusa su se stessa, lasciando il posto ad una "lunga nausea" (per usare le parole di Marx stesso). Ma ciò che non era prevedibile, è che questa "rivoluzione" costituiva non un traguardo, ma una "fase transitoria", come è divenuto evidente dopo il 1989. La cosa davvero sconvolgente cioè, è che oggi il "sogno" comunista, che ha ammaliato intere generazioni, si trova alle nostre spalle, anziché davanti a noi[42].

O per meglio dire: e se fossimo arrivati a un punto in cui sogno e realtà tendono a fondersi in un'inquietante miscela? Si potrebbe considerare qui la famosa descrizione di una possibile società comunista abbozzata da Marx stesso, con un certo convincimento, ne *L'ideologia tedesca*:

> *... nella società comunista, in cui ciascuno non ha una sfera di attività esclusiva ma può perfezionarsi in qualsiasi ramo a piacere, la società regola la produzione generale e appunto in tal modo mi rende possibile fare oggi questa cosa, domani quell'altra, la mattina andare a caccia, il pomeriggio pescare, la sera allevare il bestiame, dopo pranzo criticare, così come mi vien voglia; senza diventare né cacciatore, né pescatore, né pastore, né critico[43].*

L'idea che si possa fare critica al mattino, andare a pescare al pomeriggio, e "dopo pranzo criticare" è stata ben poco considerata dai marxisti, e presa al più come una *boutade* dai liberisti stessi. Anthony Giddens, in *Capitalismo e teoria sociale*, addirittura bolla quella descrizione come "irrealista" e quasi la ridicolizza – ma forse il suo è un giudizio velato dall'idea che il comunismo non sia che uno "stadio avanzato" del capitalismo[44]. Eppure, proprio questa intuizione aiuta ad intendere l'idea marxista; in quest'ultima non si trova una "conciliazione" tra attività diverse, ma la loro "soppressione" dialettica l'una da parte dell'altra. Ciò che qui non deve andare perduto è il fatto che "fare critica" e "pescare" si *negano reciprocamente* e come tali smentiscono *non* l'altra azione, *ma* se stessi. Stranamente, l'ipotesi marxista sembra dire che "pascolare" o "pescare" potrebbero essere un atto di "critica", mentre "fare teoria" sarebbe un atto "pratico"... Ora, una simile dialettica non si attaglia perfettamente alla condizione post-capitalista attuale? Non è nel contesto obversivo che i grandi intellettuali scrivono libri al mattino e al pomeriggio si dedicano ai loro hobby di giardinieri o di velisti?[45] E ormai non siamo davanti esattamente a dei precisi prototipi di questo post-capitalismo para-comunista?

La fase in cui ci troviamo somiglia quindi stranamente alla Parte III con cui si conclude *1984* di Orwell. Nella terza parte del romanzo orwelliano (su cui cfr.

infra, § 10), il (falso) rivoluzionario O'Brien confessa a Winston di essere in realtà un accanito difensore del Partito; ma quel che è peggio è lo scenario che gli rivela: tutto ciò che Winston ha fatto sino a quel momento (i sospetti iniziali, l'adesione alla Fratellanza anti-Partito, il libro del "sovversivo" Goldstein, ecc.) è stato prestabilito dal Partito stesso. La "consapevolezza" con cui si trova a fare i conti Winston dopo queste rivelazioni è molto diversa da quella che segna l'inizio del libro: all'inizio Winston prende coscienza dell'oppressione che regna in Oceania, per poi diventare un membro attivo della *Brotherhood* anti-Grande Fratello. Ma dopo la "rivelazione" di O'Brien, anche il suo "impegno" non ha più senso, essendo parte della stessa strategia che intendeva combattere. Questa presa di coscienza che la "presa di coscienza" non ha più senso, è un movimento dialettico della massima importanza. Esso significa che vi è una consapevolezza primitiva, "contenutistica", in cui il valore della consapevolezza è velato dall'oggetto a cui si applica; ma con ciò il valore "formale" della presa di coscienza resta intatto, ed emerge proprio quando ci si rende conto che la consapevolezza "iniziale" era solo un inganno, un che di fuorviante o addirittura di prevedibile. *Questa* consapevolezza "al quadrato", annullando se stessa, dimostra di essere il cuore stesso dell'attività umana, quella *Umkehrung* della coscienza in cui, secondo Hegel, consiste il vero senso dell'esperienza.

La fase storica attuale assomiglia a una Parte III proprio per questa radicale "presa di coscienza" che ogni "cosciente" rivoluzione non è solo impossibile, ma ha già avuto luogo secondo un piano predeterminato. In questa fase, non solo il genuino comunismo è "finito", ma era una fase prevista dell'attuale (non)-capitalismo, che a sua volta è un rovesciamento del capitalismo originario (rivoluzionario, catastrofico, ecc.). Da un lato, ciò che sopravvive delle società comuniste tende chiaramente verso il capitalismo (come nel caso dei nuovi ricchi in Cina), dall'altro il (non)-capitalismo tende insensibilmente verso il comunismo (il leit motiv dei teorici del capitalismo culturale secondo i quali la "proprietà privata" sta tramontando...[46]. Del resto, *La teoria e la pratica del collettivismo oligarchico*, il "libro di Goldstein" in cui Orwell descrive quel misto di post-capitalismo socialista che caratterizza la sua immaginaria Oceania, lungi dall'essere una semplice satira del totalitarismo sovietico degli anni Trenta, somiglia con precisione alla realtà attuale. Di più: scritto nel 1948, a cento anni esatti dal *Manifesto*, ne costituisce il perfetto proseguimento adeguato all'epoca dell'obversione. Il punto della proprietà privata capitalistica, in particolare – la cui abolizione, secondo Marx, è un carattere centrale della futura società comunista – viene correttamente collocato da Orwell in un futuro (seconda metà del XX secolo) che per noi è il nostro recente passato. Ma, a differenza della patetica analisi dei vari Rifkin, Florida, ecc., secondo cui la "società dell'accesso", totalmente terziarizzata e incentrata sui servizi, schiuderà le porte alla magnifica era del "capitalismo culturale", Orwell mostra con chiarezza inoppugnabile (mezzo secolo prima!) che la proprietà privata ha sì realmente fine, ma con ben altro esito.

> *La cosiddetta "abolizione della proprietà privata" di cui si parlò verso la metà del secolo ventesimo voleva dire, in realtà, la concentrazione della proprietà in un numero di mani assai inferiore che per il passato. Ma con questa differenza, che i nuovi proprietari erano un gruppo anziché una massa di individui.*
>
> *Uno per uno, nessun membro del Partito possiede alcunché di proprio, se si eccettuano i cosiddetti effetti personali. Collettivamente, invece, il Partito possiede ogni cosa che si trova nell'Oceania, perché esso controlla ogni cosa e dispone della produzione come più crede opportuno.... Si era sempre tenuto per fermo che, se la classe dei capitalisti fosse stata privata delle sue proprietà, ne sarebbe seguito il socialismo: e non c'era dubbio che i capitalisti fossero stati privati, appunto delle loro proprietà. Fabbriche, miniere, terreni, case, trasporti... era stata tolta loro ogni cosa, e dal momento che tutto ciò non era più proprietà privata ne seguiva che dovesse essere proprietà pubblica. Il Socing... aveva in effetti attuato il primo punto del programma socialista: con il risultato, previsto del resto nei particolari, che l'ineguaglianza economica era divenuta un fattore ormai permanente[47].*

Se appena sostituiamo il termine "Partito" con quello di "classe creativa" vediamo come questa sia piuttosto l'acuta descrizione della *nostra* società. Che cosa possiede l'A.d. o il CEO di una grande multinazionale, il potente giornalista televisivo, l'artista contemporaneo, il grande diplomatico, di "proprio", se non i suoi "effetti personali"? Automobili, yacht e perfino le case, generalmente intestate ad aziende, prestanome, società offshore, ecc., e usate come puri *benefits* – non disegnano esattamente la fine della proprietà privata, e, insieme!, il fatto che la diseguaglianza è ormai permanente? La cosa davvero sconcertante è però che la nuova classe creativo-burocratica dominante, dichiarandosi (ed essendo nei fatti!) "comunista" (senza beni privati, senza ideologia individualista, ecc.) *non è più sovvertibile*[48]. Al punto che Orwell dice con chiarezza che in Oceania...

> *... una rivolta materiale, così come ogni mossa preliminare che conduca a tale rivolta, è, al presente, praticamente impossibile*[49].

L'epoca del "collettivismo oligarchico" costringe ad ammettere *simultaneamente* non solo che il comunismo "è finito" (secondo il tipico mantra neoconservatore), ma anche che si è "invertito" nel (non)capitalismo; e non solo che il capitalismo ha vinto, ma anche *che ha perso* – letteralmente ha "perso contro se stesso"[50].

Occorre essere qui radicali: ciò significa, infatti, che anche il comunismo ha vinto, ma in forma obversa, cioè nella propria negazione. E se anche il capitalismo ha vinto, lo ha fatto obversamente *solo* nella forma dis-capitalistica. In tal senso, il comunismo sarebbe un momento di metamorfosi del capitalismo stesso – e quindi il capitalismo non-capitalista attuale come tale sarebbe intrascendibile. Qui ci si avvicina alla consapevolezza da terzo tempo orwelliano: tra i due contendenti non c'è un vincitore, la verità è che ciascuno ha sconfitto se stesso[51]. Pertanto, espressioni come "tardo capitalismo", "post-capitalismo", "postfordismo", "capitalismo culturale", "terzo capitalismo", ma anche "new economy", "fiction economy", "feeling economy", "economia della conoscenza", "economia dell'esperienza", ecc. ecc., sono dunque solamente eufemismi, eleganti modi di dire che cercano di descrivere *ideologicamente* (cioè di nascondere) un fatto ben più inspiegabile della "fine" del comunismo, cioè la transizione incrociata (proprio in senso filmico) del capitalismo e del comunismo l'uno nell'altro – e la transizione di ciascuno dei due, per proprio conto, nell'opposto di se stesso, secondo il motto che Marcuse attribuisce a Hegel, per il quale "la realtà di una cosa consiste nella sua alterità"[52]. Al punto che si potrebbe rileggere politicamente la citazione hegeliana:

> *... il mondo soprasensibile invertito ha nello stesso tempo oltrepassato l'altro mondo includendolo in se stesso. Esso è adesso per sé il mondo invertito, è cioè l'inverso di se stesso: è, in una unità, se stesso e il suo opposto[53].*

in questo modo:

> *... il mondo capitalista invertito ha nello stesso tempo oltrepassato l'altro mondo, quello comunista, includendolo in se stesso. Esso è adesso per sé il mondo obvertito, è cioè l'inverso di se stesso: è, in una unità, se stesso e il suo opposto.*

L'obvertirsi di una forma politico-economica nell'altra ci lascia direttamente davanti alla forma nuda *dell'obversione* come tale[54]. La "medesima spettrale oggettività" che ci circonda, e in cui siamo immersi, si manifesta perfettamente in queste ideologie che, sconfitte da se stesse, sopravvivono solo come "spettri". Derrida, cogliendo un lato spettrale della prospettiva marxiana (un elemento "oscurato" dal marxismo ortodosso successivo) lo collega giustamente alla nozione freudiana di *Unheimliche* – che nasce appunto in rapporto al "ritorno dei morti" e agli "spiriti e spettri"[55]. La medesima spettrale *oggettività* è dunque anche una medesima spettrale *soggettività* in cui la nozione (psicoanalitica) di fantasma e quella (filosofica) di "spirito" trovano una loro stravagante coincidenza. Mentre il tentativo di Marx (secondo Derrida) sarebbe stato quello di sforzarsi di distinguere Spirito (*Geist*) da spettro (*Gespenst*), in realtà la conclusione ultima (autorizzata dalle pagine del *Capitale* a cui abbiamo fatto riferimento) è che la sopravvivenza del primo si sostanzia solo nel "ritornare" del secondo (un ritorno inquietante, *Unheimliche*, appunto – tipicamente da morto-vivente)[56].

Tuttavia, non c'è bisogno di un particolare esoterismo per cogliere questa perturbante coincidenza. In effetti, è sufficiente osservare le ipermerci mediali che vengono prodotte dal "socing", il sociocapitalismo dei nostri tempi. Un esempio su tutti è l'opera di Damien Hirst *For the Love of God*, 2007, un teschio incastonato da diamanti in numero tale da renderlo l'oggetto forse più costoso di sempre. Questa "Cosa" non è più nemmeno un'opera d'arte ("l'opera d'arte più costosa della storia") – la sua funzione artistica, se ne servisse una, è del tutto secondaria. Prodotta da un gioielliere per una star mediale, però, *For the Love of God* assolve a un'altra funzione, forse ancora superiore – e il sintomo di "quest'altra funzione" diventa evidente quando si osserva l'opera non in foto (in *imago*), ma *de visu*: il valore stesso dell'oggetto rende la sua esposizione pubblica problematica, al punto tale che, per realizzarla, serve non solo un sofisticato circuito chiuso di videosorveglianza, ma anche una guardiania armata costante che ha dei costi a sua volta straordinari[57].

In quanto riflessione sul valore dell'arte *For the Love of God* non è un'opera originale; essa andrebbe infatti considerata a partire dalla epocale *Merda d'artista* (1961) di Piero Manzoni (una scatoletta numerata e firmata, dal contenuto ignoto, che reca questo titolo) e da *Tower of Gold* (1985) di Chris Burden (una torre composta da una serie di lingotti d'oro impilati, per il valore di un milione di dollari)[58]. Tuttavia, in quanto l'opera di Hirst lega il tema del valore (i diamanti, per un totale mai assemblato insieme nello stesso oggetto, pari a circa sessanta milioni di sterline) alla forma del teschio (presenza spettrale, il residuo non-morto della merce) dà un *plus* di senso che gli altri lavori non avevano o solo sfioravano (come la *Merda d'artista* di Manzoni, il cui valore, secondo la volontà dell'autore, avrebbe dovuto essere collegato all'equivalente del suo peso in oro, secondo la quotazione ufficiale al momento della vendita). Proprio per la sua dimensione di *non*-opera-d'arte, *For the Love of God* ci compete, è il *nostro* ritratto, il nostro più genuino prodotto socio-antropologico – appartiene alla civiltà che siamo, anche se sembra raggiungerci da dietro, restituito da un avvenire incerto, come un reperto archeologico "ritornato" dal futuro, una sorta di "scoperta" tachionica (cfr. *supra*, pte I, § 5). Simbolo e realtà di ogni merce e di ogni feticismo, quest'opera incarna l'aspetto "zombie", spettrale nel senso derridiano di *revenant*, dell'epoca obversa – quell'epoca in cui l'arte più "rivoluzionaria" è finita per divenire l'arte più "istituzionale" del pianeta. In un certo senso, non si potrebbe mettere in relazione *For the Love of God* con il Napoleone che si auto-incorona di David? Non è il teschio diamantato la "corona" spettrale in cui il soggetto "rivoluzionario" contemporaneo, divenuto merce-di-se-stesso, si è trasformato?

4. Prefazione al Nulla   Kierkegaard e l'Assoluto

Se dobbiamo cercare una prova che l'obversione, intesa come momento di doppia inversione, sia un fenomeno che ha iniziato a destarsi già lungo tempo addietro – questa prova è certo fornita da uno dei testi filosoficamente più sconcertanti (dopo *La Scienza della Logica* hegeliana), e insieme meno noti del suo autore, cioè *Prefazioni* di Kierkegaard, del 1844 (per inciso lo stesso anno in cui Marx metteva mano ai suoi *Manoscritti economico filosofici*, che a loro volta costituiscono il germe di una critica all'hegelismo)[1].

Scritto sotto lo pseudonimo di Nicolaus Notabene, *Prefazioni* è anzitutto un libro straordinario per la sua struttura. Esso è infatti composto da una Prefazione iniziale, seguita da altre otto numerate da I a VIII più una postilla – cioè è un libro costituito interamente dalle parti inessenziali che, pur non potendo produrre un contenuto vero e proprio, nondimeno danno vita a un volume. Insomma, è un "libro senza libro", un libro che si regge sulle sue parti estrinseche, "saltando" se stesso – e pur tuttavia restando in qualche modo logicamente consistente. Ossia un non-non-libro.

È abbastanza evidente che un simile libro appare eccezionalmente moderno già solo in ragione di tale struttura. Infatti, è stato solo con il post-strutturalismo francese, trasfiguratosi poi in vero e proprio decostruzionismo, cioè quasi un secolo e mezzo dopo, che è divenuta evidente l'idea che la forma-libro fosse proprio ciò che doveva essere scardinato a vantaggio di una diversa concezione filosofica. Nel suo saggio aurorale *Dissémination* (1972), Jacques Derrida non a caso dedica molte pagine alla nozione di prefazione in quanto genere letterario – e innumerevoli sono i riferimenti di questo filosofo ai concetti correlati di soglia, cornice, paratesto, margine, ecc. Riferimenti tanto numerosi, al punto che l'intero senso dell'impresa decostruzionista, avviata da Derrida medesimo, potrebbe essere ricondotto alla scoperta del "paratestuale", come centralità dell'inessenziale, ovvero come de-centramento dell'essenza, del Testo, del Logos e, da ultimo, dell'Essere stesso.

Tuttavia Derrida non cita mai il testo di Kierkegaard; forse perché si tratta di un testo poco considerato dall'esegesi fino agli anni novanta del XX secolo, e obliato dalla fortuna critica ben più cospicua dei "classici" kierkegaardiani quali *Il concetto dell'angoscia, Timore e Tremore*, o *Briciole di filosofia*, anche se la freschezza di *Prefazioni* è quasi un'anticipazione della strategia decostruzionista, che letteralmente smantella la nozione di un Kierkegaard "veterotestamentario", chiuso nell'analisi dell'angoscia esistenziale[2].

Prefazioni infatti fornisce una versione della filosofia kierkegaardiana decisamente anomala rispetto alla vulgata esistenzialista, che ha dominato buona parte delle interpretazioni di Kierkegaard per quasi tutto il Novecento. Intanto si tratta di un testo sottilmente provocatorio, ricco di spunti ironici, e in taluni momenti quasi romantico, ma anche incentrato sul dibattito culturale coevo. In secondo luogo (ancorché la sua pubblicazione fosse avvenuta a quattro giorni di distanza da *Il concetto di angoscia*) non si riscontra in esso alcun accenno a problematiche religiose e ancor meno a dilemmi esistenziali – quanto piuttosto l'eco di una complessa polemica contro la filosofia hegeliana e soprattutto contro la sua divulgazione nella Danimarca di metà Ottocento.

Il rapporto di Kierkegaard con Hegel è stato da sempre una sorta di *crux philosophica* intorno a cui si sono arrovellati i migliori esegeti e interpreti del pensiero kierkegaardiano, ma che non ha mancato di affascinare grandi pensatori come Sartre. Come abbiamo già visto, proprio Sartre avalla autorevolmente la tesi di una contrapposizione frontale non solo tra i due pensatori, ma tra due atteggiamenti filosofici *toto coelo* differenti – cioè la posizione sistematica e quella invece antisistematica e "singolare" (cioè esistenzialista). Una contrapposizione del resto sostenuta dai più autorevoli commentatori di Kierkegaard, tra cui il curatore moderno dei *Papiren* e delle *Lettere*, Niels Thulstrup, autore di un decisivo *Kierkegaard's Relation to Hegel*, non a caso uscito nel 1969, cioè poco dopo l'intervento sartriano su *Kierkegaard vivant* (1964)[3]. È solo molto recentemente, grazie al riesame storiograficamente più equilibrato dei testi e dei contesti, che tale contrapposizione è stata significativamente riveduta, soprattutto ad opera di Jon Stewart, autore di un saggio estremamente circostanziato, che a sua volta sembra parodiare quello di Thulstrup, dato che si intitola *Kierkegaard's Relations to Hegel Reconsidered*[4]. Ed è proprio Stewart a dedicare a *Prefazioni* un intero capitolo, dimostrando con dovizia di particolari come la polemica di Kierkegaard contro il Sistema non abbia per bersaglio tanto la filosofia hegeliana, quanto i suoi spesso inesperti divulgatori danesi del suo tempo, e primo fra tutti l'ex maestro e protettore di Kierkegaard, J. L. Heiberg.

Certo, il fatto che *Prefazioni* sia un libro che consiste solo di prefazioni a un libro a venire, a una strenna natalizia fuori tempo o a una rivista filosofica solo progettata, sembra una prova irrefutabile del fatto che Kierkegaard intenda elevare una forte critica contro l'idea di filosofia in quanto corpus sistematico del sapere, oggettivato in un insieme di testi dove ogni parte concorre a comporre un tutto completo e organico. Tuttavia, come abbiamo visto, l'idea di una prefazione che smentisce se stessa è in origine hegeliana – costituisce infatti l'avvio della *Prefazione* alla *Fenomenologia*, il cui titolo "autentico" (benché semi-dimenticato) è *System der Wissenschaft* (*Sistema della Scienza*). Quindi, il "sistema" nella sua versione hegeliana è qualcosa di radicalmente diverso da un che di "chiuso", come ci si immagina nella vulgata manualistica – né è a lungo sostenibile una differenza in tal senso tra la *Fenomenologia* e le opere più mature come *La Scienza della Logica* o la stessa *Enciclopedia* (certamente il testo che suscita le maggiori perplessità in questo senso), solo che si consideri il fatto che anche la *Logica*, pur ponendosi come un testo che "affronta la cosa stessa" è preceduto proprio da una prefazione, e che l'*Enciclopedia* è in realtà il testo in cui con maggior forza Hegel insiste sulla centralità della contraddizione come "motore del mondo". Il sistema hegeliano è dunque un dispositivo in cui, come ebbe già a suo tempo modo di notare Adorno, "ogni concetto è aperto a significare il suo opposto" – un sistema dunque, non semplicemente a-sistematico, ma sistematicamente auto-contraddittorio.

In tal senso, Stewart ha pienamente ragione nel mettere in evidenza che Kierkegaard-Nicolaus non si oppone affatto a Hegel, ma anzi trae spunto dalla *Prefazione* hegeliana per ribadire che in una prefazione non si può toccare il vero senso dell'opera, se quell'opera è davvero filosofica. Tuttavia, anche Stewart, affermando che Kierkegaard è d'accordo con Hegel "circa la natura superflua di una prefazione ad un'opera filosofica"[5], sembra non afferrare pienamente la sottile sovversione che la mossa hegeliana prima, e a maggior ragione quella kierkegaardiana poi, sottintendono: Hegel infatti, *non* sostiene che una prefazione è, nel caso di un saggio filosofico, una cosa "superflua", *ma* dice che è *completamente fuorviante – solo che lo fa esattamente* nella *prefazione* a un saggio filosofico! E dal canto suo, Kierkegaard alza la posta col dire che o la prefazione diventa libro (ma in tal senso perde la propria identità in quanto tale) oppure può restare prefazione sì, ma solo in quanto "cosa da nulla"[6], cosa che non deve "avere argomenti da affrontare, ma trattare di niente"[7], diventando cioè una prefazione-nulla, che nella misura in cui resta se stessa si auto-azzera. Contrariamente a quanto si potrebbe pensare, non si tratta semplicemente di una lieve ironia: no, in questo "procedere smentendosi", in questo incipit che auto-contraddice se stesso, risiede il segreto stesso della dialettica. Kierkegaard espande il rovesciamento hegeliano però, ad un punto inusitato, per cui davvero non esiste più il libro che la prefazione avrebbe dovuto introdurre – ma, a dispetto della mole notevole della

Fenomenologia, ciò non è già vero per quest'ultima, essendo essa un trattato che procede autodistruggendo le tappe in cui è articolato per giungere all'assoluto come "risultato" di questa stessa autodistruzione?

Stewart mette finalmente in luce la vicinanza tra Kierkegaard e Hegel, mostrando come il primo abbia di mira soprattutto l'ex-maestro Heiberg, il tipico pseudo-hegeliano ottocentesco – ma non affonda veramente nel rapporto tra l'atteggiamento kierkegaardiano e quello hegeliano. Anzi, arriva a concludere inopinatamente che "the main goal of the piece [i.e. *Prefazioni*] seems be polemic and amusement and nothing more"[8]. Eppure, *Prefazioni* è chiaramente molto di più di un *divertissement* o uno scritto polemico. La Prefazione a *Prefazioni* è una deliziosa disamina non solo del quasi-nulla in cui consiste la prefazione, ma anche dell'ironica situazione di Nicolaus Notabene (uno pseudonimo che nelle sue iniziali N.N. significa, come è stato notato, *Nomen Nescio*, qualcosa come Signor Nessuno)[9] il quale è uno scrittore che è quasi condannato a fermarsi sempre alla prefazione, perché la sua condizione di marito felice lo mette in contraddizione con l'amore della moglie, a cui in definitiva dispiace che egli scriva. La moglie infatti ripete che egli è certo più adatto come marito che come scrittore, lo ostacola amorosamente nella sua attività, oppure, quando sembra dargli corda, manda in cenere il manoscritto del marito fingendo che sia un incidente – e infine dichiara che scrivere per un uomo sposato è "la peggior specie di infedeltà". Ma non si tratta qui di una versione, leggermente romanzata, della figura del femminile della *Fenomenologia*, in cui la donna viene dichiarata "l'eterna ironia della comunità"?[10] La moglie di Nicolaus dunque impersona l'ironica difficoltà di fare filosofia ai tempi della modernità: con i suoi dispetti evidenzia che la contraddizione del filosofo contemporaneo giace esattamente all'incrocio tra l'universo basso della quotidianità e l'aulica pretesa della musa filosofica. La cosa da non sottovalutare qui, è che questa contraddizione non può essere definita semplicemente "esistenziale" – poiché essa non rientra nel perimetro dell'esistenza come tale, ma piuttosto al suo *limite*, al limite in cui una vita incontra il suo opposto, l'assoluto, l'universale, o come lo chiama spregiativamente Kierkegaard, il Sistema.

Il fatto che Kierkegaard, come mette chiaramente in luce Stewart, ogni volta che cita il Sistema abbia più di mira gli ex-amici hegeliani danesi, non può far dimenticare che egli percepisca un fondo autenticamente deludente nella posizione ultima di Hegel. In *Prefazioni*, questo punto è molto chiaro: prendendosi gioco del suo ex-protettore, "l'elucubrante Prof. Heiberg"[11], che aveva dichiarato di poter "oltrepassare Hegel", egli si chiede come questo sia possibile. "Io dunque non nego che Hegel abbia spiegato tutto"; ma se "Hegel ha saputo redigere l'intera filosofia moderna in modo da apparire come la conclusione ultima cui tendesse tutto quanto era venuto prima"[12], come è possibile andare oltre? La domanda non è solo ironica o polemica: di fatto, dichiarare, da dentro l'orizzonte filosofico hegeliano, un superamento dell'hegelismo, è qualcosa di comicamente contraddittorio; d'altra parte, se davvero Hegel ha ragione (e Kierkegaard-Nicolaus lo ammette esplicitamente), che spazio rimane al pensiero di chi, come Nicolaus (e come noi), viene dopo? Come è possibi1le, in altre parole, continuare a pensare in tempi post-hegeliani? È evidente che qui Kierkegaard non sta polemizzando con Hegel, e tuttavia (a differenza di quanto si limita a indicare Stewart, evidentemente reso guardingo dalla consapevolezza di star ribaltando un'inveterata *communis opinio* della esegesi kierkegaardiana) non si può ridurre la portata di questa polemica a un solo fatto locale (la presa in giro di Heiberg). Di più: la domanda su cosa accada alla filosofia dopo la sua sistematizzazione finale, sorge a Kierkegaard di riflesso, dato che essa si trova innanzitutto in Hegel... Nella *Fenomenologia*, infatti, Hegel dichiara apertamente che il libro che abbiamo tra le mani non è un saggio di filosofia, ma un *Sistema della Scienza*, cioè l'esposizione di un sapere che "ha deposto il nome di amore del sapere [= filo-sophia], per divenire sapere effettivo"[13]; per tacere del fatto che, nell'assoluto, inteso come terzo momento dopo soggettivo e oggettivo, il Sapere si svuota di tutto: esso coincide col semplice "riassunto" di tutte le posizioni relative precedenti – "lo Spirito deve ricominciare da capo... *come se non avesse imparato nulla*"[14]. Il sapere assoluto hegeliano, in altri termini, è un sapere-vuoto, un sapere "di nulla", filosofia solo in senso paradossale, in quanto "scienza che... è tornata al suo cominciamento"[15] – proprio come la *Prefazione* kierkegaardiana, che è un "ritorno" del sapere alla sua soglia iniziale, la prefazione appunto.

Tuttavia Kierkegaard non si accontenta di essere un esegeta critico hegeliano – ciò che egli cerca è disperatamente la controprova che in Hegel stesso si dia la traccia di questo "oltre" filosofico, di questa regione impossibile dove le cose inspiegabilmente tornano al loro cominciamento pur restando "nel loro elemento" spirituale. Stewart pone giustamente in evidenza una nota di Kierkegaard (appartenente al periodo iniziale del suo lavoro, quello della tesi di dottorato *Sul concetto di ironia*), in cui il pensatore danese si ricorda di...

> *.. un passo dove Hegel stesso sembra suggerire la deficienza del puro pensiero, e che neppure la filosofia da sola è l'espressione adeguata della vita umana, o che di conseguenza la vita personale non trova il suo compimento nel pensiero puro, ma in una totalità di modi di esistenza e modi di espressione*[16].

Secondo Kierkegaard, questa traccia, fornita da Hegel stesso, va però sviluppata. Il riferimento che egli fa alla figura di Socrate, ne *Sul concetto di ironia*, va inteso come "metodo procedurale": "ciò che mi interessa" – egli afferma – è appunto "arrivare alla comprensione della vita individuale", un'idea ripresa in *La malattia mortale*, dove ancora in riferimento a Socrate si definisce l'idea di una "concezione etica della vita quotidiana"[17]. Questa comprensione, però, non può venire a priori, immediatamente – ma appunto dopo che la Scienza ha "spiegato tutto". Dopo il Tutto del sistema, rimane ancora un resto da sistemare, il più essenziale – cioè l'inessenziale, l'individuo. O, per dirla ancora con le parole di *Sul concetto di ironia*:

> *Se la nostra generazione ha un qualche compito da assolvere, esso deve essere di tradurre il risultato dello studio scientifico nella vita personale*[18].

Ma che cosa significa qui "vita personale"? La vita personale quotidiana, non è forse il regno supremo dell'accidentalità, escluso a priori da ogni considerazione scientifica? E d'altra parte, figure come quelle di Socrate (o di Cristo) non sono la traduzione dell'accidentale in essenziale, anzi nel più essenziale? Kierkegaard ingaggia tutta la sua abilità retorica proprio in *Prefazioni* per cercare di delimitare il senso di una tanto vaga definizione, senza peraltro poterne fornire una determinazione positiva, che si ritrova già nella Scienza (dove la vita personale è definita come l'inessenziale). Se Cristo e Socrate restano i più alti esempi del passato, che ne è della vita personale ai tempi attuali – e soprattutto della vita di chi si pone riflessivamente, eticamente, "filosoficamente" verso la vita? La storia dell'intellettuale che non riesce ad essere insieme un buon marito *e* uno scrittore, è indicativa di una contraddizione che marca l'esistenza post-filosofica, ossia post-scientifica. Ma questa contraddizione non è la sola. La vita quotidiana dello scrittore è anche segnata, oltre che da imbarazzanti rapporti familiari, anche dai difficili rapporti interpersonali e sociali, avviluppati dall'accelerazione della modernità. I capitoli I, II e VIII di *Prefazioni* sono tutti dedicati al mercato librario, all'attività dei recensori, alle riviste filosofiche che costituiscono il *milieu* stesso entro cui un intellettuale si trova costretto a doversi esprimere – solo per ribadire come ogni atteggiamento filosofico, per quanto genuino, finisca per scontrarsi con il campo infido della medialità. In questo senso, la polemica di Kierkegaard contro la nozione di "mediazione" (in *Prefazioni* VII), pur sembrando anti-hegeliana (ed essendo di fatto anti-heibergiana, come ricorda Stewart), è una disamina su cosa significa davvero "fare filosofia", anzi, "pensare" (e dunque esprimersi, comunicare), in una società dove l'"industria culturale" ha già avuto la meglio, dove i pensieri più profondi sono inevitabilmente "mediati" – cioè, o vengono sottovalutati, oppure diventano un fatto "di moda" – al punto che le cose più profonde sono solo tronfia retorica, mentre quelle più inessenziali potrebbero nascondere una verità davvero essenziale. L'ambiente letterario della Danimarca del XIX secolo, insomma, somiglia incredibilmente a quello contemporaneo – una società mediale in cui i libri vendono se escono nel giusto periodo dell'anno, specialmente se possono fungere da regalo; libri che non vengono letti, ma ugualmente recensiti, e dove anche i più profondi pensieri dei filosofi diventano materia di discussioni da caffè, oppure, se si rifiutano al giudizio universale, restano confinati allo specialismo più bieco, e in definitiva servono ai loro autori solo per fare carriera accademica[19]. In un simile contesto...

> *... se a uno va di darsi un tono serio pensando a cosa vuole fare per gli altri, ciò prova che si tratta di un buffone patentato, la cui vita è e rimane una farsa a dispetto di arte e maniere, di eloquio possente e di cruccio teatrale*[20].

Non è forse questa la perfetta descrizione dell'"intellettuale" che finisce per fare l'ospite mediale, il tipico "opinionista" televisivo? Questa società è l'incarnazione dello "spirito" – o meglio: la sua oscena caricatura, in cui che cos'è lo *Zeitgeist*, o quello che "esige l'epoca" lo si va a chiedere a un editore, a una rivista filosofica, ma magari anche al "barbiere, o al primo che passa per strada"[21]. La società insomma in cui lo Spirito di sistema ha trionfato, è anche una società dove esso ha evidentemente fallito. A questo proposito, Kierkegaard fornisce uno sbalorditivo paragone proprio citando uno dei primi dispositivi mediali della sua epoca, cioè un *Gukkasten* (scatola ottica). All'interno di queste scatole si era soliti osservare delle immagini di panorami – solo che a Nicolaus capita che "per una strana coincidenza" non si veda niente, e l'immagine tanto attesa non appare. *Nella cassa non c'era niente da vedere, eccetto uno spazio vuoto*[22].

Ecco cos'è lo spirito della nascente società mediale: una scatola ottica che fa vedere... un bel niente! Questo esempio di Kierkegaard ricorda proprio la feroce ironia che Hegel riserva al famoso "velo di Maya" quando dice che...

> *... è chiaro allora che dietro la cosiddetta cortina che dovrebbe occultare l'interno non c'è niente da vedere, a meno che noi stessi non ci rechiamo là dietro, e perché si veda, e perché là dietro ci sia qualcosa che possa esser veduto*[23].

Kierkegaard riprende l'idea hegeliana nel senso che, per "rimediare" a questo nulla, la sola cosa possibile è un salto dialettico senza precedenti:

> *Il lettore deve vedere di volgere la situazione a suo vantaggio facendosi egli stesso autore. E così, pure questa differenza tra lettore e autore è tolta, al pari d'ogni altra antitesi, in una superiore follia*[24].

Proprio come Hegel, che con tono sferzante ci ricorda che dietro il velo di Maya delle apparenze, della ipotetica cosa-in-sé, del segreto dell'esistenza, ecc., non si cela un bel niente, a meno che a riempire questo vuoto non vada l'individuo stesso (la coscienza) – allo stesso modo Kierkegaard suggerisce che, ai tempi della società mediale, il vero autore deve divenire il lettore, anche se questo può sembrare una "follia". Ma è una follia "superiore" – cioè la più grande saggezza. Non è, infatti, questo *rovesciamento*, in cui il fruitore diventa l'autore e l'opera stessa, alla base del dispositivo centrale della società obversivo-mediale, reso visibile ed esperibile dal già più volte citato *Live-Taped Video Corridor*? *Video Corridor* non è il classico *Gukkasten* in cui non si vede niente, a meno che il fruitore-lettore si rechi "là dietro" affinché si veda qualcosa?

La coincidenza di questi passi è della massima importanza perché permette di rileggere a ritroso il rapporto di Kierkegaard con Hegel, ma, cosa forse ancor più importante, di ricollocare Kierkegaard rispetto a noi – che era del resto quanto si proponeva di fare Sartre nel suo *Kierkegaard vivante*. Il problema del testo di Sartre è che salta un punto fondamentale, sia in Hegel che in Kierkegaard, e cioè quello del rapporto fra sapere soggettivo e oggettivo. A più riprese Sartre afferma che Hegel tratta la soggettività come momento dello spirito oggettivo, e che la Scienza (come *Wissenschaft* hegeliana) "è inseparabile dall'ideale di uno spettatore... non coinvolto"[25]. Ora, abbiamo appena letto che per Hegel la vera Scienza implica uno spettatore *talmente coinvolto* da diventare l'oggetto di una scienza che altrimenti non ci sarebbe neanche. Ma non basta: tale scienza in cui l'oggetto *è* il soggetto, non può evidentemente essere più oltre tacciata di essere *oggettiva*, se non a prezzo di una catastrofica incomprensione. Infatti, la scienza hegeliana, è dialettica esattamente perché pone in relazione soggettivo e oggettivo nella superiore sintesi dell'Assoluto. Dal canto suo Kierkegaard, se la prende *ad abundatiam* con la Scienza, il metodo, il sistema, l'oggettivo, ecc. – ma *appunto per questo motivo* è evidente che *non* ha di mira direttamente Hegel. D'altra parte, ridurre la sua polemica a un fatto provinciale, cioè ai presuntuosi professori hegeliani danesi a lui coevi, significa svilirne o non afferrarne lo straordinario valore filosofico. Il vero punto critico di Kierkegaard è proprio il senso da dare a questa suprema follia in cui soggettivo e oggettivo si fondono, ma in cui la scienza "anche se al giorno d'oggi è venuta a capo di tutto, ha nondimeno sciaguratamente scordato il nocciolo della questione"[26] – ossia, il problema (non dell'oggettivo ma) dell'Assoluto.

Che significato ha, non solo vivere in una società mediale, ma in una società in cui *l'Assoluto* (come ribaltamento di tutte le verità e di tutti i ruoli, in cui i lettori devono farsi autori e in cui gli autori non possono andar oltre le prefazioni, ma in cui i filosofi più seri sono solo dei buffoni, ecc.) *è divenuto la nostra realtà?* La risposta all'enigma giace proprio in *Prefazioni*, e precisamente nell'ultima, sublime, parte, l'VIII – una specie di *Parte III* alla Orwell, dove si passa dal *learning*, all'*understanding* per finire/ritornare all'*acceptance*. In quest'ultima "prefazione" Nicolaus–Søren immagina di dover introdurre il progetto di una nuova rivista filosofica intitolata *Meditazioni filosofiche*. Ma egli non intende partire dal presupposto dei suoi ex-amici, ora divenuti accademici, che hanno fatto carriera spacciando per originali le loro meschine rivisitazioni scolastiche di Hegel – cioè il presupposto dello specialismo, della superiorità intellettuale, ecc.; no, il presupposto dovrà essere quello della vera ignoranza, anzi, dell'idiozia più completa, dato che "sono abbastanza idiota da non capirla [la filosofia], anzi più idiota ancora – idiota abbastanza da rivelarlo"[27]. Questo presupposto è un punto di partenza dialettico nel più alto senso del termine; infatti, esso pone la filosofia stessa di fronte a un bivio: o rimanere se stessa e rifiutare l'ignorante, fallendo nel suo compito, o "comprenderlo", rischiando la sua integrità come sistema del sapere. D'altra parte, il soggetto rischia anch'egli la sua identità come tale, perché se rifiuta la filosofia, resta fuori dal sapere e non può comprendere se stesso – se l'accetta, raggiunge l'universale, ma abdica alla propria individualità (alla "irriducibile singolarità" di cui parlava Sartre). La contraddizione qui, tende a diventare autentico paradosso, contraddizione vissuta: "la mia aspettativa *scientifica* è... di vincere perdendo", dice Nicolaus; infatti:

> *... se la filosofia non sa definirmi più precisamente, allora la sua*
> *posizione... non si fa meno scomoda della mia e noi, nonostante la*
> *nostra gran diversità, troviamo un punto in comune. Io sono tanto*
> *idiota da non capire la filosofia, e la reciproca è che la filosofia è tanto*
> *intelligente da non afferrare la mia idiozia*[28].

Non è questo un passaggio più che mai dialettico, dove Kierkegaard coglie con finezza che, se tra l'universale (il sapere, la filosofia) e il singolare non c'è mediazione, allora a entrambi "manca qualcosa", entrambi sono carenti, incompleti – cioè *segretamente simili* in quanto sono attraversati dallo stesso tipo di "scomoda posizione" cioè di contraddizione? Eppure, in questa somiglianza segreta sta, per Kierkegaard, il "vero" assoluto. Immaginando di rispondere direttamente alla Filosofia stessa che gli si para dinanzi, Nicolaus–Søren la implora:

> *... perché non invii uno dei tuoi amanti, uno con le narici gonfie d'ira oltre alla*
> *fronte grave di pensieri, a incenerire gli adoratori ipocriti che profanano la*
> *tua essenza pura...? Allora cesserà la confusione, gli eletti seguiranno te, e noi,*

noi non rimpiangeremo troppo di essere rimasti esclusi: ché m'è concesso, no?
di credere che la diversità dell'esistenza abbia la sua radice più profonda in
un'unità nell'assoluto, che la possibilità di far emergere quest'unità non sia
negata ad alcun uomo[29].

Il punto toccato da Kierkegaard dunque non è più il sapere oggettivo – dato che quest'ultimo è il modo con cui il falso assoluto – l'assoluto come "epoca" – si è fatto strada nel mondo, e nemmeno il modo con cui il singolo può sfuggire a questa oggettivazione; il punto di Kierkegaard è invece il "vero Assoluto", tale per cui, "suprema follia", si verifichi una specie di cortocircuito universale di tutti i singoli, dove "sarà dato a ciascuno tutto e a tutti l'eguale"[30]. In *questo* Assoluto (proprio come accade in Hegel) persino la filosofia finisce per auto-superarsi perché "c'è dunque qualcosa di superiore alla filosofia, superiore perché include me e i poveracci come me"[31]. Quel che va notato è che questo Assoluto kierkegaardiano è puramente formale, non ha contenuto – o meglio ha per contenuto la segreta identità dialettica tra gli opposti, il loro inconfessato sapersi relativi. In tal senso, pur non essendo un assoluto da un punto di vista contenutistico, non è un concetto negativo: esattamente come il "libro" in cui questa tesi viene formulata, fatto di sole prefazioni, riesce a consistere di sé, pur smentendosi intrinsecamente. Colui che sa rimanere a questo livello dell'assoluto, l'idiota che ama una filosofia che sia abbastanza intelligente da accoglierlo, quello è l'individuo "assoluto", uno che esiste anche se è N.N., un signor nessuno.

Da questo punto di vista, suona strano, per non dire completamente sconcertante, che un esegeta attento come Stewart concluda la sua disamina su Kierkegaard chiedendosi se, vista la sua (ipotetica) distanza dal progetto hegeliano, egli debba ancora essere considerato o meno "un filosofo". Citando a controprova il fatto che, nel *Punto di vista sul mio lavoro come autore*, egli non si dichiara filosofo, ma appunto "autore", e che i vari pseudonimi dichiarano ripetutamente di non dover essere "ritenuti filosofi" (come Johannes de Silentio all'inizio di *Timore e tremore*), Stewart ne conclude che...

... pertanto, Kierkegaard non sta elevando una critica filosofica contro una
particolare filosofia; egli sta meramente indicando i limiti della filosofia[32].

Insomma, egli in definitiva "non fu un filosofo nell'usuale senso ottocentesco del termine" cioè quello delle filosofie dominanti del secolo XIX (idealismo, materialismo, positivismo...). Questo punto (assai dibattuto dalla critica) non esclude che Kierkegaard tuttavia non esponga dei concetti propriamente filosofici, ma è qualcosa che si può trovare anche in scrittori che non definiremmo filosofi, come Shakespeare, Polibio o Hugo... e da ultimo cita proprio la professione di ignoranza davanti alla filosofia di Nicolaus Notabene[33]. Ora, il minimo che si possa dire qui è: qual è il senso usuale del termine filosofia nell'800 se il più grande filosofo dell'epoca, giusto all'avvio del secolo, sostituisce esattamente questo termine (che ritiene obsoleto) con quello di Scienza (*Wissenschaft*)? Cos'è, tutta la Prefazione VIII, se non una dichiarazione d'amore per la filosofia, che culmina con le parole "Io amo la filosofia, l'ho sempre amata sin dalla prima giovinezza... ho solo un desiderio, di poterla vedere nel suo intero splendore"?[34] E in che cosa, di grazia, consisterebbe tutta la filosofia moderna e il suo "splendore" (nemmeno da Hegel, ma da Cartesio in poi) se non *esattamente* "nell'indicare i limiti" della filosofia come tale?[35]

A questo punto, è tempo di ritornare all'inizio di *Prefazioni*, per ascoltare come Nicolaus–Søren descrive quella cosa "da nulla" quel quasi-niente che è appunto una prefazione:

> *Una prefazione è uno stato d'animo. Scrivere una prefazione è come affilar*
> *la falce, è come accordare la chitarra, come giocare con un bambino, come*
> *sputar giù dalla finestra.... Scrivere una prefazione è come suonare alla*
> *porta di uno per beffarlo; è passar davanti alla casa di una signorinella*
> *e fissare il selciato, è menar fendenti al vento col bastone, è far tanto di*
> *cappello pur senza salutare nessuno.... scrivere una prefazione è avvertire*
> *su se stessi i primi segni dell'innamoramento. L'anima dolcemente inquieta,*
> *l'enigma è formulato, ogni accaduto accenna alla sua soluzione*[36].

Che significa tutto ciò? Il tono di Kierkegaard non va affatto confuso con una tirata romantica alla Jean Paul. Piuttosto, gli esempi che offre delimitano in maniera molto precisa il compito e le forme di una filosofia del futuro, una filosofia che sia persino "superiore a se stessa" – ma il futuro è già qui, e Kierkegaard è davvero "vivente" e parla di noi. La pallida lezione decostruzionista è stata in tal senso un falso movimento in cui la centralità del Testo è stata sì detronizzata, ma in forma meccanica e prefabbricata, uccidendo, insieme col Testo, anche la sottile dialettica, il senso di "enigma amoroso" che tale gesto implicava. Ma ai giorni nostri, in un dispiegamento ancor più completo dell'assoluto mediale, è di nuovo divenuto evidente che la salvezza potrebbe venire solo da un trattenersi sulla soglia che sia degno erede della lezione di *Prefazioni*. Impossibile non ricordare quindi qui il precedente letterario dei *Prologhi* di Borges (1975), preceduti nientemeno che da un "Prologo di Prologhi", che l'autore stesso definisce "una sorta di prologo, diciamo, alla seconda potenza". Proprio nel Prologo a *Prologhi*, del resto, Borges (pur non citando Kierkegaard) suggerisce la possibilità di scrivere un libro strutturalmente del tutto simile a *Prefazioni*, "formato da una serie di prologhi di libri che non esistono"[37]. Ora, se si pensa che *Prologhi* è una raccolta di prologhi scelti le cui date spaziano dal 1923 al 1974, e riguardano gli autori più vari, da Thomas Carlyle a Macedonio Fernandez, da Miguel de Cervantes a Henry James, si capisce la sottile ironia borgesiana: il libro fatto di prologhi a libri che non esistono è *Prologhi* stesso, il che implica che quei libri famosi di cui raccoglie i prologhi, in un certo senso "non sono mai esistiti". Pur apparendo un gioco interno alla macchina letteraria, quello di Borges è una ripresa del passo dialettico kierkegaardiano: prologo e prologato si presuppongono reciprocamente, sono ciascuno in relazione reciproca con il suo altro, tramite la propria negazione. Non vi è alcuna autentica superiorità del Testo sul Prologo; nei libri di cui Borges ha scritto negli anni quelle introduzioni, infatti, egli stesso ravvisa una serie infinta di rimandi che rendono la sostanza di quelle opere "impalpabile" e ambigua: nientemeno che Cervantes, immagina che il suo *Chisciotte* sia stato scritto da uno scrittore arabo, Cide Hamete Benengeli; per quanto riguarda Carlyle la sua opera più famosa, cioè *Sartor Resartus*, "sarebbe un semplice commentario" all'opera di un (immaginario?) filosofo di nome Diogene Teufelsdroech... Nel Prologo di *Prologhi*, Borges stesso arriva a dire che...

> *... potremmo magari prologare un Chisciotte o Chisciano che non si saprà mai se è un povero diavolo che sogna di essere un paladino perseguitato da incantatori ovvero un paladino perseguitato da incantatori che sogna di essere un povero diavolo*[38].

Andando a riprendere il tema del sogno di Chuang Tzu e della farfalla (non si sa chi sogni chi), e applicandolo al rapporto tra prefazione e testo, Borges non si nasconde nel gioco di specchi del rimando intra-letterario, ma indica con chiarezza il ruolo della letteratura in epoca obversa, come agente di obversione della realtà stessa[39]. La letteratura non è un racconto che ascoltiamo, ma (come diceva Orson Welles dei suoi film) una storia che ci capita: solo che, proprio per questo, non sappiamo più dire se lei è uscita da se stessa, o siamo noi ad essere entrati in essa. In questo doppio rimandarsi reciproco, la cosa interessante è il punto liminale, la *soglia* rappresentata per l'appunto dal "Prologo" (che Borges stesso ricorda essere, nella commedia elisabettiana, un personaggio – proprio come ne *Il mondo alla rovescia* di Tieck). Mentre il Prologo si personifica la Letteratura si sgretola nel Nulla... E in che cosa consiste in ultima analisi l'intera opera di Borges, se non nell'"impalpabile sostanza di pagine mai scritte"?[40]

Nell'ambito dell'arte, si potrebbero qui ricordare opere analoghe come quella di Keith Sanborn, *The Artwork in the Age of Mechanical Reproducibility by Walter*

Benjamin as Told to Keith Sanborn © 1936 Jayne Austen (1996), che è un video interamente costituito dagli avvisi di violazione dei copyright che precedevano le copie dei film in vhs. Anche se, come il titolo ricorda, potrebbe trattarsi di un controverso omaggio all'idea benjaminiana di replicabilità dell'opera d'arte, il video di Sanborn è anche un'opera d'arte in sé costituita non da semplici "scarti" (come nei classici delle avanguardie, si pensi a *Verifica incerta* di Baruchello e Grifi, 1964), ma esattamente da quella parte del filmato che determina lo statuto legale di ciò che si vedrà, e che ne costituisce per così dire la "prefazione".

Fa il paio con questa l'opera di Benjamin Sabatier, un artista francese già noto per i suoi sorprendenti kit per farsi un'opera d'arte "by yourself" – un video online intitolato *Philippulus* (Ends) (visibile su www.philippulus.com) costituito da circa 11 delle classiche scritte FINE, tratte dai film più disparati con tanto di colonna sonora (per così dire, delle "postille" al testo). Evidentemente anche queste immagini come quelle selezionate da Sanborn sono niente (semplici avvertenze, pure "marche" linguistiche all'inizio o alla fine di un'opera cinematografica), eppure hanno anche un valore così carico di storia che le rende insieme anacronistiche (come il vhs da cui provengono) e anche riflessive sul destino del senso e della comunicazione nelle società ipermediali.

Non meno interessante è il lavoro del duo Ondrej Brody & Kristofer Paetau, che sul loro sito (brodypaetau.com) fanno pubblicità di una mostra personale con la misteriosa partecipazione della star Gerard Richter (2005). In realtà di Richter, inteso come opera d'arte, non c'è neanche l'ombra, però in compenso è possibile sentire (registrata) la serie di telefonate di pressante invito a cui i coniugi Richter (più spesso la loro segreteria telefonica) si trovano a rispondere – in una sorta di assenza/partecipazione a cui il panorama mediale contemporaneo nel suo complesso (fatto di video di sorveglianza, di intercettazioni telefoniche, nonché di videocamere sparse un po' dappertutto) ci ha ormai abituato. Non è forse questa una messa in pratica dell'invito kierkegaardiano a "suonar alla porta di uno solo per beffarlo"? E in generale, tutti questi esempi, e molti altri ancora, non sono forse l'applicazione dell'intuizione kierkegaardiana di una comunicazione che, per resistere alla mediazione moderna, deve farsi "indiretta", preliminare, "inessenziale" – proprio per cogliere quell'essenziale che il Sistema (dell'arte come del pensiero) ha "sciaguratamente scordato"?

Se questo è ciò che accade nell'ambito delle arti, che ne è della filosofia come tale – si è veramente oltrepassata, è riuscita a inglobare anche il proverbiale idiota kierkegaardiano, o nel farlo ha finito per eclissare se stessa, come sembra testimoniare la sua graduale sparizione dall'agenda contemporanea e persino dagli scaffali delle librerie (sempre più spesso sostituita da atroci sinonimi come "scienze umane", o addirittura, perentoriamente, "non fiction")? Un esempio recente in tal senso è *Examined Life*, di Astra Taylor (2008), una regista già autrice di una fortunata biografia cinematografica su e con Slavoj Žižek (*Žižek!*, 2005). In *Examined Life*, Astra Taylor incontra otto diversi pensatori contemporanei (da Peter Singer a Cornel West, da Martha Nussbaum allo stesso Žižek), chiedendo loro di scegliere un luogo particolare entro cui parlare della loro posizione filosofica. Come già accadeva nel precedente *Žižek!*, ma in modo ancor più efficace, questa contestualizzazione (anche se a volte piuttosto casuale, come nel caso di Michael Hardt che viene intervistato mentre rema su un laghetto di Central Park) getta una luce strana sul contenuto enunciato dagli stessi pensatori. Mente ascoltiamo Peter Singer che affronta il tema dell'etica individuale, che riguarda dunque anche la scelta di come spendere il proprio denaro, contemporaneamente lo vediamo aggirarsi tra i più lussuosi store della Fifth Avenue. Accade così che il suo pensiero, pur tenendosi su un livello strettamente teoretico (e non indulgendo mai a cadute sociologiche o a riferimenti personali) viene contestualizzato dall'ambiente stesso come luogo di enunciazione. D'altra parte, il contenuto enunciato riesce effettivamente a estraniarci per un attimo dal contesto mercantile che le immagini evidenziano: per un momento, lo sguardo della macchina da presa, e con esso il nostro, indugiano su questi beni di lusso da una dimensione "altra", brechtiana, come se le cose, viste sotto la luce della riflessione, uscissero da se stesse, alludendo a un'altra dimensione. Non ricorda questa passeggiata filmico-filosofica le parole di Nicolaus Notabene che si autodefinisce come uno che "non va in Borsa per rastrellar denaro, ma solo l'attraversa"?[41]

E che dire quando vediamo Judith Butler che, mentre affronta il difficile tema delle minoranze di genere, e della diversità umana, ne parla con Sunaura Taylor, una donna sofferente di una grave distrofia muscolo-scheletrica che la costringe su una sedia a rotelle, ed entra con lei a comprare un golf rosso, aiutandola ad indossarlo? Il gesto di Butler è insieme del tutto accidentale – eppure, trattiene un valore universale: come l'atto ostensivo degli antichi filosofi cinici o stoici (che costringevano il discepolo a portare un'aringa in giro per la città, o rompevano un uovo di fronte all'uditorio per spiegare la struttura del loro sistema filosofico) è una mossa idiosincraticamente legata alla singolarità propria o dell'uditore, e al tempo stesso assume un valore assoluto di esempio. Di più: poiché quello che nell'antichità poteva avvenire solo in forma diretta, nell'agorà o nel foro, nell'epoca dell'Assoluto avviene nel cuore stesso dell'apparato mediale, come una trasmissione televisiva o un film. In tal modo, tutto *Examined Life* sembra porsi come una scommessa molto più complessa che semplicemente documentare il pensiero di alcuni intellettuali, ma tende a riguardare questi intellettuali anche come meri individui, e insieme impone loro di auto-negarsi come tali inserendoli in un contesto comunicativo (il cinema) che li assolutizza, ne "toglie/pone" l'accidentalità come singoli, e ne fa dei veri "post-filosofi". In questo senso, in *Examined Life* non risuona più che mai l'appello kierkegaardiano: "Se la nostra generazione ha un qualche compito da assolvere, esso deve essere di tradurre il risultato dello studio accademico nella vita personale"? Eppure, anche *Examined Life*, nel tentativo di far esprimere a questi pensatori un autentico "profondo" contenuto resta preso dalla contraddizione – contravvenendo in tal modo al secondo monito kierkegaardiano, quello per cui nella *Gukkasten* contemporanea, in quella "scatola ottica" che oggi si chiama cinema (e in genere dispositivo audiovisuale) non resta "niente da vedere" eccetto "uno spazio vuoto" che deve essere riempito dallo spettatore. *Examined Life* eccede così fatalmente il "quasi nulla" di *Prefazioni*, ma si salva proprio nei momenti di "vuoto", quelli in cui Judith Butler aiuta l'amica a provarsi un capo che acquisterà, in cui Žižek si aggira per una discarica, o in cui Hardt va a sbattere contro uno scoglio – i momenti in cui anche il filosofo, pur restando immortalato nello specchio dell'Assoluto mediale, appare anche tanto simile a noi "poveracci", come il "povero diavolo" di Borges, o l'idiota kierkegaardiano.

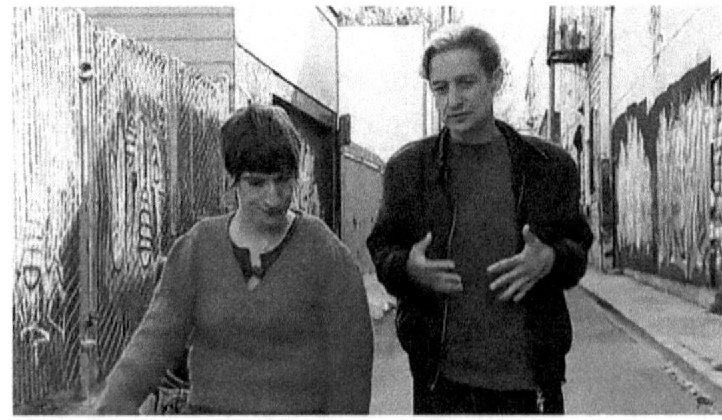

5. "Ah, potessi non invecchiare mai!" Ritratto del *Ritratto Dorian Gray*

Le scelte della Hollywood "classica" non sono mai casuali – e certo non lo è l'idea di trarre un film dal più famoso romanzo di Oscar Wilde, *Il ritratto di Dorian Gray*, che risale a prima dell'invenzione del cinema stesso (1890). È da non sottovalutare il fatto che proprio nella sua epoca classica Hollywood si interessi a questo tipo di letteratura e ai ritratti (basti pensare a *La donna del ritratto*, di Lang, a *Vertigine* di Preminger e naturalmente a *Vertigo* di Hirchcock), come se avvertisse oscuramente che dentro quei vecchi romanzi fosse sepolta la sua stessa verità, la sua propria identità al tempo stesso storica e culturale, in quanto "fabbrica delle immagini". In tal senso, si può iscrivere in questa serie anche il primo episodio de *Il piacere* di Ophuls, tratto da un racconto di Maupassant, che inizia col ballo travolgente di un personaggio mascherato da giovane, che poi si scopre essere un vecchio decrepito che rischia la vita ogni sera per ballare fino allo sfinimento.

A metà anni Quaranta, la scelta di Albert Lewin e dei suoi sceneggiatori deve essere apparsa obbligata: benché Wilde sia avaro di descrizioni, il suo è veramente un romanzo sulle immagini se ve n'è uno – quindi perché non trasformarne la storia in un film? Anzi, avvalendosi della tecnologia del colore, all'epoca ai suoi esordi, perché non usare il colore proprio nei momenti topici della vicenda cioè per mostrare il ritratto all'inizio, e dopo la sua terribile metamorfosi? Il risultato è compromesso dall'eccessivo ossequio al testo, senza una sua profonda comprensione, e tuttavia contiene alcune spie in grado di dirci qualche cosa sul rapporto tra soggetto e sua immagine[1].

Con una mossa tipica, quasi compulsiva, Hollywood tende a idealizzare il passato, da cui pure è morbosamente attratta, dislocandolo rispetto a se stessa, rompendo ogni connessione storica tra sé (il presente della civiltà della duplicazione mediale) e quel passato (considerato da questo punto di vista "ingenuo" e dunque "autentico"). Ma quando Wilde scrive il *Ritratto*, verso la fine del XIX secolo, siamo già alle soglie del cinema e la fotografia, in particolare la ritrattistica fotografica, è molto diffusa[2]. *Il ritratto di Dorian Gray*, dunque, inteso

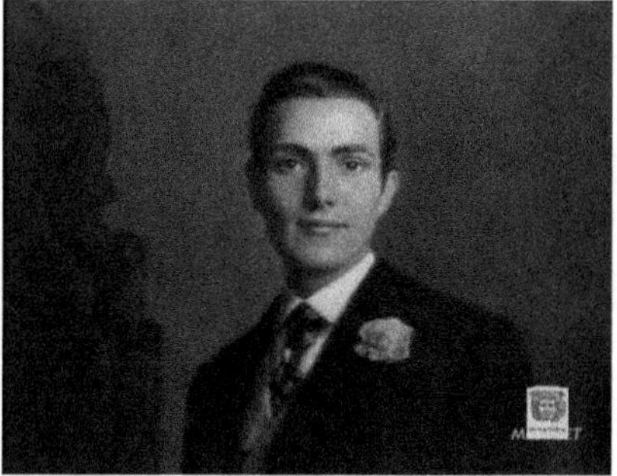

come romanzo, pur non facendo cenno alle nuove tecnologie di produzione e riproduzione dell'immagine, ne resta comunque evidentemente attraversato. Il ritratto di Dorian non è fotografico, anzi viene esplicitamente presentato come l'opera di un valido pittore (Basil Hallward), eppure fin da subito manifesta dei caratteri che lo collocano assai al di là dei normali quadri – facendo presagire che l'epoca dei "quadri", come serene e stabili imitazioni della realtà, sta per cambiare per sempre.

Fin dall'inizio infatti si tratta di un quadro non destinato al pubblico, ma solo al suo soggetto. L'autore non vuole mostrarlo nemmeno all'amico di sempre Lord Henry Wotton, e si rifiuta alla richiesta di quest'ultimo di esibirlo alla prossima mostra pubblica. Nel film, il regista esita a lungo prima di farci vedere direttamente il quadro, anche dopo che abbiamo visto in faccia Dorian – non solo per tenere sulla corda lo spettatore, ma perché ha in serbo una doppia novità per i nostri occhi, abituati a una fruizione tradizionale (cioè diretta, *per visum*) della pittura. La prima è l'uso del technicolor, per cui all'interno di un film in bianco e nero (il tono della copia, del disegno, del film come calco narrativo del romanzo) l'immagine a colori del ritratto di Dorian colpisce con forza. In secondo luogo, dopo averlo mostrato una prima volta, Lewin, subito dopo le parole di Dorian "potesse invecchiare il ritratto al posto mio, non c'è nulla che non darei, anche l'anima mia!", usa una tecnica tipicamente cinematografica, cioè fa uno zoom-in verso il quadro e punta al volto del soggetto – montando il movimento subito dopo il primo piano del Dorian vero[3]. Cercando di essere il più fedele possibile al libro, d'altra parte il film fa qualcosa che la scrittura non solo non può fare, ma che Wilde non poteva nemmeno immaginare – cioè "mette in moto" la pittura, ne mostra per così dire la verità cinematografica (come del resto stavano per fare in quegli stessi anni, con fini diversi, Carlo Ragghianti in Italia, e Alain Resnais con i suoi film su Van Gogh)[4].

Dunque, il film implica un romanzo che in qualche modo già implica una dimensione filmica; all'epoca di Wilde quello che era "il quadro", il suo statuto storico, così bene analizzato ad esempio da Victor Stoichita, è già cambiato intimamente, è diventato diverso in-sé. Ben prima di Dorian, quello che ha subito una mutazione radicale è sia l'oggetto-quadro, che l'"arte del ritratto" – un fatto peraltro storico, dovuto proprio alla diffusione della fotografia nella seconda metà del XIX secolo, che aveva reso il ritratto, un tempo appannaggio solo dei pochi nobili facoltosi che potevano permetterselo, un diritto di tutti (quello che più tardi Benjamin avrebbe definito come "la pretesa di venir filmato" dell'uomo contemporaneo)[5]. Ma non si tratta solo di un superamento di carattere finzionale. È lo statuto culturale delle immagini che è già cambiato. Durante tutto l'Ottocento le immagini cessano di essere stanziali, cominciano a migrare, a viaggiare e ad essere "esposte" come vere protagoniste. L'esempio della *Zattera della Medusa*, il grande dipinto di Géricault che viene trasportato da Parigi a Londra e Dublino da un impresario nel 1821 e viene visto da migliaia di spettatori, sembra già anticipare una fruizione cinematografica, così come i celebri salon, in quanto luoghi di giudizio collettivo, stanno fra gli antenati del cinema con maggior ragione del panorama, luogo di puro divertimento[6]. I salon sono spazi di esibizione e fruizione – sono dunque spazi di mediazione. Nei salon la pittura cessa di essere qualcosa da contemplare, per diventare qualcosa che viene svelato, che fa notizia, suscita clamore, ilarità, sorpresa, scherno – dunque qualcosa che non viene solo osservato, ma che ci *osserva*. Questo strano capovolgimento delle funzioni della pittura è certamente percepibile già nel romanzo, anzi ne costituisce il fascino centrale.

Infatti, il ritratto di Dorian ha un segreto. Quel ritratto non è una cosa morta, ma vive, o per dire meglio, è non-morto. Proprio come un vampiro, succhia la vita al vivo. Una maledizione quasi egizia grava su tutta la vicenda, e non per nulla nel film c'è un gatto egizio che funge da causa efficiente e insieme da custode del terribile incantesimo. Maledizione egizia perché proprio gli egizi ritenevano che l'effigie avesse il potere di far sopravvivere il morto, mentre il semplice corpo, era caduco e destinato a morire. Per questo si diedero a un duplice quanto contraddittorio tentativo di sconfiggere la morte: imbalsamare il cadavere, e al tempo stesso rivestirlo della sua stessa effigie, spesso replicata, prima come maschera mortuaria, poi come sarcofago, poi ancora come contro-sarcofago... È appunto di Wilde la stupenda definizione di "Sfinge senza enigma"; benché la battuta messa in bocca a lord Henry sia riferita alle donne, ebbene, non è forse lo stesso Dorian una "sfinge senza enigma"? Non è cioè, proprio lui, il soggetto contemporaneo, privo di interiorità, completamente esteriorizzato, una maschera con sotto niente, un abito su una gruccia vuota? Non è proprio lui un simbolo senza contenuto simbolico – un puro e semplice significante impagliato?

Quello che è accaduto nella modernità è che l'incantesimo magico è divenuto reale. La fotografia fa rivivere, "immortala" l'individuo; se gli sopravvive vuol dire che gli ha rubato il segreto della vita, l'anima – o meglio, in maniera più laica, l'identità. Quello di Dorian è dunque un ritratto di un genere del tutto nuovo. Quelli di vecchio tipo erano più inoffensivi perché la somiglianza, per quanto perfetta, era pur sempre dovuta alla mano umana, quindi personale – ed era la rielaborazione dell'artista-autore a prevenire una eccessiva prossimità del ritratto al soggetto. L'idea platonica di *mimesis* ci aveva salvato per secoli da ritratti come quello di Dorian. Ma la foto, incantesimo razionale, meccanico e riproducibile, ha infranto questo tabù. Wilde immagina allora un ritratto del tutto nuovo, che rinforza enormemente la potenza della pittura, la porta fuori da se stessa, e va persino *oltre* la fotografia. Così l'inversione dei ruoli tra soggetto e sua immagine è data, e si avvia, una dialettica imprevista da Platone. L'immagine che è niente senza il soggetto da cui è tratta e a cui si riferisce, gli succhia la vita che non ha; ma il soggetto, che non può vivere nemmeno lui senza immagine (pena il fatto di non essere più un soggetto, cioè un essere consapevole di sé), succhia all'immagine la sua non-vita, la sua staticità. In una nuova versione della hegeliana dialettica servo-padrone, "uno vive la vita dell'altro": all'inizio, il padrone dell'identità, il soggetto, ha rischiato, invece della sua vita, la morte; mentre l'immagine, ha abdicato alla propria vita, accettando di essere cosa morta, e (pur di "aver salva la morte") ha accettato la sua condizione di fedele servaggio imitativo. Ma, imitazione dopo imitazione, l'immagine, come il servo hegeliano, ha lentamente preso coscienza della propria condizione ed è divenuta indispensabile al suo padrone, che nel frattempo non sa più farne a meno. Scambio dialettico: il soggetto diventa l'immagine di se stesso, mentre nel frattempo l'immagine diventa il vero soggetto egemone. Il soggetto si trasforma nella propria immagine, mentre l'immagine vive la vita e assume la coscienza del soggetto che ormai vive per procura, in effigie, come un "sostituto a sua insaputa" (Battisti-Panella).

È chiaro, già nel romanzo, che lo stesso Dorian è *a priori* un niente, un "bel nulla" – il mistero che affascina Basil e l'amico (e forse Wilde stesso) è proprio questo suo vuoto, questo alone di potenzialità, ciò che fa di un soggetto un soggetto (potenzialità che negli altri personaggi non si vede più, perché si riparano dietro qualcosa, l'arte, il cinismo, il potere, la vanità: in tal senso sono già bell'e morti...). Nel film, l'interpretazione insopportabilmente ripetitiva di Hurd Hatfield è quasi veramente idiota, ma forse la scelta registica ha un motivo: Dorian "non esiste fino in fondo", non è mai completamente reale; una parte della realtà di Dorian sta nel suo ritratto, anzi, la parte chiave, quello che lo renderebbe umano. E il povero Hatfield fa veramente quello che può per sembrare un manichino senza vita.

Così abbiamo un uomo che è un caso disumano (il vero Dorian) e un ritratto (non-umano) che si umanizza. Il ritratto di Dorian non ammette più di essere un semplice dipinto su tela – e, se l'effige era qualcosa di meno di un soggetto, questo ritratto è la negazione di un qualcosa di già in-sé negativo,. Pertanto il ritratto di Dorian, in quanto non-ritratto, è un *non*-non-individuo; è un quadro che vuole vivere, pur non essendo mai nato, pur essendo cosa morta: è un *ritratto-zombie*. È esattamente per questa ragione che non si lascia uccidere tanto facilmente: il fatto è che adesso è il soggetto ad essere morto e imbalsamato (come la recitazione di Hatfield nel film lascia ben capire). Del resto, Dorian fa un effetto pietrificante anche su tutti coloro che incontra, e soprattutto che su coloro che cercano di riversare in lui un qualche sentimento umano, come l'amore. Alla dolce Sybil Vane, sua fidanzata in pectore, in effetti, accade questo: da attrice vivace e spontanea qual era prima di incontrare Dorian, diventa una marionetta meccanica e incolore dopo essersi innamorata di lui. Cioè perde vita, spontaneità, freschezza – e infine si uccide; o meglio "viene suicidata" da un Dorian che, per conto suo, è già morto. L'immagine uccide, imbalsama, fissa – ma intanto lei muta, cresce, cambia, vive.

Il ritratto di Dorian, pertanto, non è più un'opera d'arte nel senso classico della parola, cioè un oggetto dal valore simbolico. Questo ritratto non imita, né simboleggia Dorian; al contrario, lo bracca, lo ossessiona, lo consuma, lo uccide. In effetti, sulla vita condotta da Dorian dopo che il suo patto magico col ritratto è diventato operante, Wilde resta assai vago: dice che frequenta i bassifondi, parla fra le righe di dissolutezza, ma non si capisce bene in che cosa consista tutto ciò: prostituzione, droga, forse assassinio – anzi certamente, vista la fine di Sybil e del fratello di lei, che, anche se non direttamente ucciso da lui, di fatto è da lui eliminato, fino all'omicidio di Basil, per altro del tutto superfluo. Si sarebbe dunque portati a pensare che Dorian sia un senza cuore, un immorale – ma niente di meno vero: il motivo che spinge Dorian è proprio che *non* riesce a essere abbastanza immorale, per esserlo dovrebbe ridiventare umano, ma questo è appunto ciò che non è più capace di essere! "Ah, se solo potessi invecchiare come tutti" dice a un certo punto; questa invocazione, pur apparendo contraddittoria rispetto al suo inverso ("potessi non invecchiare mai"), sancisce il fatto che Dorian è entrato definitivamente nel regime della non-mortalità, dell'eternità mediale.

Occorrerebbe dunque andare oltre la lettura standard del *Ritratto di Dorian Gray* come di un romanzo moralista sui pericoli dell'estetizzazione (e dunque dell'iconofilia): al contrario, Dorian detesta la sua immagine, è anzi un iconoclasta (come dimostra la fine della vicenda), ma è indissolubilmente legato alla sua immagine dal desiderio di essere come lei. Per questo *Il Ritratto* potrebbe anche essere interpretato come un romanzo sull'opposizione fra desiderio e godimento. Dorian desidera, non fa altro: è colmo di desiderio, ammutolito dal desiderio, consumato dal desiderio, e alla fine si mummifica nel desiderio. Il fatto è che a godere è sempre l'altro al posto suo. Il godimento è spostato: destino dell'obversione. Il *Ritratto* è la storia di un godimento originariamente dislocato, distorto, un godimento riflesso (un godimento *del* riflesso). L'immagine gode al posto nostro – noi viviamo per lei, per edificarla e per farla stare bene. Tutto il male che facciamo, è fatto in nome del bene – di lei, dell'immagine! Dorian desidera e si strugge, mentre il ritratto sta benone, si gonfia, cresce, invecchia e si abbrutisce in ogni eccesso, come una sorta di Falstaff, che si comporta proprio come deve fare un vero *villain* cinematografico… Lui è il possessore di tutti i sintomi di Dorian – è un ritratto-sintomo, come poi si vede bene nelle due versioni del ritratto realizzate appositamente per il film. Il quale, nella sua ingenuità, si rivela anche piuttosto fine dal punto di vista della storia dell'arte propriamente intesa: il primo ritratto è di una stupidità imbarazzante, il classico ritratto ufficiale, da capo di stato rumeno, una specie di realismo socialista in campo capitalista. Il ritratto alla fine invece è un misto di Pollock e Philip Guston, un purulento coacervo di colori e di bruciature rutilanti, di ricercate sfumature policrome, qualcosa almeno di disperatamente moderno.

Il libro di Wilde comunque, pur non essendo affatto sull'arte (ma piuttosto sull'al di là dell'arte) non è solo sul soggetto moderno, ma esattamente sulla vita contemporanea. In questo senso il film, utilizzando i mezzi propri del cinema, "trae a verità" il senso ancora oscuro del romanzo – e finisce per collocarne le vicende dentro la giusta epoca, la nostra. In particolare, le sequenze in cui in campo vi sono sia Dorian che il suo ritratto, sono particolarmente significative come illustrazione di questa intrinseca dialettica dell'immagine.

Se si osserva bene l'inquadratura in cui compare questa compresenza di soggetto e sua immagine (o meglio di immagine e rappresentazione di un'immagine, essendo Hatfield stesso un'immagine cinematografica) si può cogliere quasi un'anticipazione di opere d'arte assai più recenti come *Inner and Outer Space* di Andy Warhol (1963)[7].

In questo film sperimentale, in bianco e nero, si può osservare un dandy contemporaneo femmina, Edie Sedgwick (perfetta controparte di Dorian Gray, cioè bella, ricca, inespressiva, e perfettamente vuota) la quale contempla la sua effigie in movimento, affiorante da un monitor. Se la fotografia aveva anticipato la metamorfosi di tutti i futuri ritratti, e se il cinema aveva potuto rendere credibile la storia fantastica di Wilde, solo il video può spiegarne veramente tutti i significati riposti – perché la

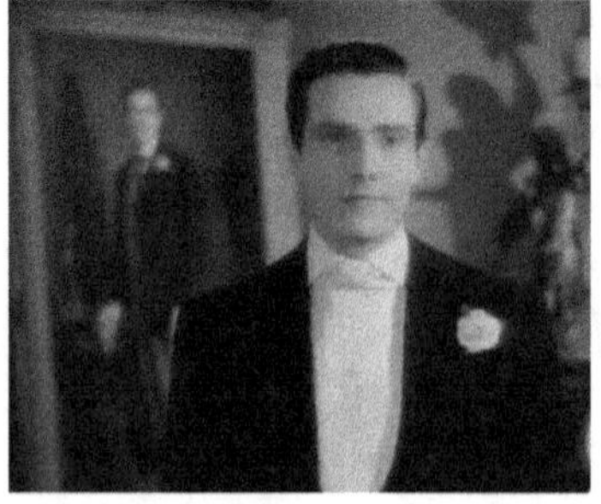

"vera" Edie scruta l'altra, quella mediale, che si muove effettivamente di fronte a lei, eppure non vi si riconosce e non smette neanche un momento di criticarne l'immagine, come se appartenesse a un'altra persona. Diventa così evidente il senso delle parole di Wilde: *Ci accorgiamo tutt'a un tratto di non esser più attori, ma spettatori del dramma; o, per meglio dire, l'una e l'altra cosa*[8].

Con un tocco finale che rende le cose se possibile ancor più ambigue, Warhol duplica materialmente la proiezione (a doppio schermo), cosicché alla fine abbiamo quattro volte la stessa figura, o meglio, la stessa non-persona elevata al quadrato (dato che anche la Edie cinematografica è essa stessa una immagine). La curatrice del lascito video di Warhol, Callie Angell, ha parole molto precise per descrivere quest'opera:

> *Un'altra cosa interessante che accade con i primi piani è che l'immagine video della testa di Edie è più grande della sua testa reale, e ciò crea una sorta disillusione ottica – cioè l'immagine video della sua testa, essendo più grande, appare più vicina a noi della sua testa reale, che è più piccola, così che la nostra percezione della profondità dell'immagine è rovesciata. Io penso che questa distorsione spaziale, questo senso di penetrare dentro e di essere trascinati fuori dalla complessa profondità visuale di queste immagini, possa essere ciò a cui fa riferimento il titolo del film,* Outer and Inner Space. *Naturalmente, il titolo fa anche riferimento alla psiche di Edie, all'esteriorità della sua immagine di contro all'interiorità della sua esperienza soggettiva*[9].

Tuttavia, non si può fare a meno di notare che quando la Angell parla della testa "reale" di Edie, si sta riferendo a quella ripresa in pellicola. Questo fraintendimento la dice lunga su come il video retroagisca sulla nostra consapevolezza dell'illusione filmica; di fronte al video, le immagini filmiche, che pure sappiamo essere finzionali, ci paiono immediatamente "reali".

Outer and Inner Space conferma così che il progetto di Dorian, cioè il tentativo di restare sempre giovani, non è portato avanti faustianamente per goderne direttamente, ma piuttosto nel "desiderio" di per preservare la propria immagine, il *look*. Il suo desiderio è ormai il nostro, ed è divenuto universale al punto che noi tutti, come lui, siamo stretti tra questo impulso ossessivo e la dislocazione del godimento provocata dal nostro stesso atteggiamento. La storia personale di Edie Sedgwick – vera "Sfinge senza enigma" – spiega bene questo dilemma: ricca al punto di poter fare della propria vita ciò che voleva, non resistette alla tentazione di divenire la modella prediletta di Warhol, cioè di diventare, nelle sue abili mani, l'immagine di se stessa. A quel punto, per rimanere fedele a quell'infedele

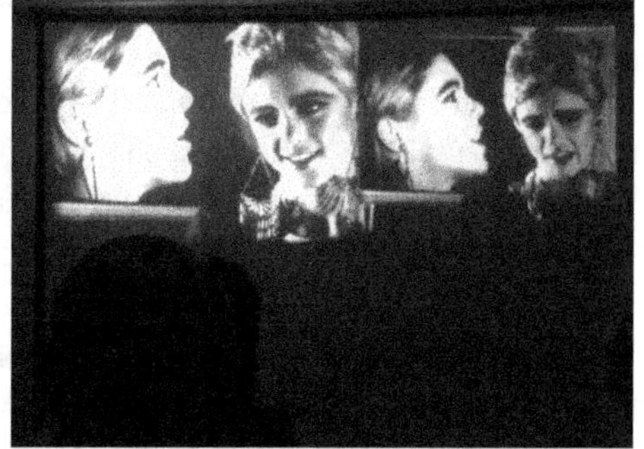

immagine di sé, usò tutti i mezzi leciti (abiti, trucco, diete...) e illeciti (alcool, droghe, sesso...) finendo, proprio come Dorian, per autodistruggersi – anche se, alla fine, come si suol dire con una nota retorica, "tutti ce la ricorderemo per sempre così com'era..." – cioè ci ricorderemo la sua immagine, ciò che per l'appunto Edie *non* era[10].

Certo, se ne potrebbe concludere che il *Ritratto di Dorian Gray* rende palese la disunità che affetta qualunque personalità mediale che non può stare al passo con la sua stessa immagine mediale: da Greta Garbo alla Dietrich, da Valentino alla Monroe – il viso cinematografico sopravvive loro e diviene immortale. In questa lettura, però, si resta al livello dell'*Uomo immaginario* di Morin, che riesce ad analizzare l'evolversi della figura del divo e i problemi con la sua stessa immagine, ma non spiega come mai questa sindrome di Dorian poi divenga quella del soggetto in generale[11]. Il fatto è che l'immortalità fornita dalle immagini non è di tipo divino, ma è piuttosto una forma di non-mortalità vampiresca, insopprimibile, spettrale. Anche crescendo, invecchiando, e poi morendo, il soggetto ha ormai abdicato a se stesso, ed è costretto a deporre lo scettro del suo potere nelle mani del proprio ritratto (un ritratto che resta nella memoria insensatamente sempre uguale, mentre il soggetto defunge).

È qui che si può scorgere l'eredità culturale de *Il ritratto di Dorian Gray*, sia in senso letterario che reale. Da un lato, la situazione di Dorian viene infatti ribaltata dal protagonista de *L'invenzione di Morel*, che "si ammala di inesistenza" pur di vivere eternamente il suo amore con Faustine nelle immagini generate dalla macchina di Morel (cfr. infra, § 8). Dall'altro, l'aspirazione di Dorian all'eterna giovinezza è diventata da tempo realizzabile tramite la tecnologia estetico-chirurgica contemporanea.

Il punto teoretico della chirurgia estetica, è che essa riesce a oltrepassare la "ritirata nell'oscurità" della star, che abbandona dietro di sé, come una pelle di serpente, la propria immagine gloriosa – ossia, coincide con il momento di *Sunset Boulevard*, per intenderci, quando la ex-diva torna per un'ultima volta a calcare la scena, e ricompare all'altezza della sua antica immagine. Tuttavia, proprio quando il soggetto è pienamente *divenuto* la sua immagine, e crede di riuscire a stare al passo con essa, in realtà è lei che lo ha definitivamente conquistato. Infatti, qui il godimento si rovescia perfettamente nel suo inverso, ed è l'immagine che gode al posto nostro. Letteralmente: è il *tòpos* dell'attrice che interpreta parti licenziose nei film e sulle scene, e si comporta come una monaca nella vita: è Madonna, trasgressiva fino all'eccesso sul palco e nei video, monacale fino all'abnegazione nella vita reale. L'episodio di qualche anno fa di Beryl Chellis, signora americana di Bellevue (Seattle), che uccise il suo chirurgo estetico e poi si suicidò, a motivo di un lifting malriuscito, va in questa stessa direzione: certo, si potrebbe dire che, quasi in una riedizione moderna del *Ritratto di Dorian Gray*, il soggetto finisca per uccidersi credendo di pugnalare la sua effige, ma, a osservare meglio le cose, si dovrebbe invece dire che "l'effige pugnala il soggetto che crede di uccidersi"[12].

In ogni caso, il *Ritratto* è un libro sul potere delle immagini, ma anche un libro sull'immagine del potere. Le icone dei grandi leader moderni, sovietici o capitalisti, le loro immagini ufficiali, sono loro essenziali quanto la loro autorità politica. Il sogno sarebbe la perfetta coincidenza tra ritratto e soggetto – un sogno che a volte si realizza solo *dopo* la (anzi, *grazie* alla) morte – se si pensa alla mummia di Lenin imbalsamato nel suo mausoleo, vero destino obverso per un leader che aveva predicato e praticato il cambiamento rivoluzionario come fonte del rinnovamento storico. D'altra parte, finché non interviene la morte (ma ormai anche dopo di essa) la discrepanza fra look e soggetto resta drammatica. Si consideri il look di un leader come Berlusconi come esempio, ormai con gli anni divenuto sempre più statico, quasi plastificato in una specie di kit sorriso/capelli/cravatta, come immobile nel tempo. Dove sta il suo ritratto vero, quello che cambia, la sua parte maledetta, rimossa, in una parola il suo godimento? Essa emerge solo per frammenti, nell'iconografia mediale, quando si rompe, viene ferito, sviene ecc. Il desiderio di essere all'altezza della propria immagine succhia come un vampiro, che però è interiore, è quasi un venir prosciugati da dentro – mentre il godimento è sempre inatteso, irrompe da fuori, è come un inconscio estroflesso, che si colloca nell'esteriorità più affollata, e presto o tardi finisce sotto gli occhi del mondo (è il motivo per cui Dorian sospetta di tutti e uccide proprio Basil che scopre il suo segreto).

In sintesi: non appena definisci la tua immagine (prima parte del romanzo) essa è pronta a tradirti per prendere il tuo posto (seconda parte). L'errore sta ovviamente nella prima parte: in quel porre l'icona fuori di noi, ovvero, per dirla con le parole di un personaggio di *American Beauty,* nel fatto che "per avere successo è basilare proiettare un'immagine di successo". Purtroppo, questa proiezione d'altronde è inevitabile: nell'epoca dello stadio video si proietta la propria immagine semplicemente per esistere. Ma questa proiezione rompe l'unità del soggetto, perché ne rende palese la disunità originaria. Così si arriva al *terzo* ritratto di Dorian (terza parte orwelliana). Già, perché il ritratto non è solo *uno* che cambia, ma sono veramente *tre*: 1) il primo, che indica la momentanea coincidenza dell'immagine col suo legittimo proprietario; 2) il secondo, che invece segnala la disidentità totale tra i due; ma anche 3) il *terzo* ritratto, che *ritorna* a essere il ritratto normale di prima, mentre è il suo possessore Dorian ad assumersi, morendo, tutto il fardello della disidentità... Il terzo ritratto è ri-tornato morto (uguale all'inizio), apparentemente pacificato, ridotto a "nient'altro che un'immagine", ma a prezzo della morte del soggetto, ri-tornato anche lui dentro il tempo, improvvisamente invecchiato e imbruttito, "diverso" (finalmente) da se stesso. Qui il film dice qualcosa che neanche il romanzo poteva permettersi di dire, e cioè che la forma-ritratto come tale è finita, ma a vantaggio di un qualcos'altro che, se all'epoca di Wilde era ancora poco chiara, è oggi palese.

Il terzo ritratto è infatti la vera sintesi artistica dei primi due: solo apparentemente è identico a quello iniziale, in realtà conserva il pugnale conficcatogli nel cuore da Dorian. Basta osservare meglio le immagini, che genialmente mostrano il ritratto nel suo "rovescio", ma con la lama che trapassa la superficie, per capire che si tratta dunque di un'opera d'arte contemporanea: è un "ritratto + il pugnale", ossia un ready-made combinato. Insieme, è anche il risultato di una performance, la "pugnalazione di un quadro" – gesto performativo che dà un sapore quasi esistenziale alle ricerche algidamente formali di un Lucio Fontana che "trafigge" la tela immacolata, e, sembra già accennare al video già citato di Peter Campus, che "lacera" l'immagine di se stesso.

In questo gioco di inversioni, l'opera d'arte ingenua è anch'essa morta. Il taglio di Fontana, vero assassinio della rappresentazione, apre un al-di-là nella tela che la rende disidentica da se stessa, mentre la "transizione" di Campus evidenzia con la tecnica video la dinamica di questa disidentificazione. Morte reciproca e doppia inversione: il soggetto è morto dopo aver dato tutto all'immagine, ma anche l'immagine torna a essere cosa morta dopo aver tolto tutto al soggetto. In questo duplice omicidio reciproco, i due opposti si scoprono, ciascuno per suo conto, diversi da se stessi.

Si pensi alla vicenda di un altro Dorian contemporaneo come Marilyn Monroe: dopo aver dato tutto alla propria immagine (esattamente alla *propria*, non a quella di qualcun altro), e dopo essere realmente morta per questo, ha lasciato dietro di sé innumerevoli immagini esse stesse morte. La sua immagine più gloriosa e più

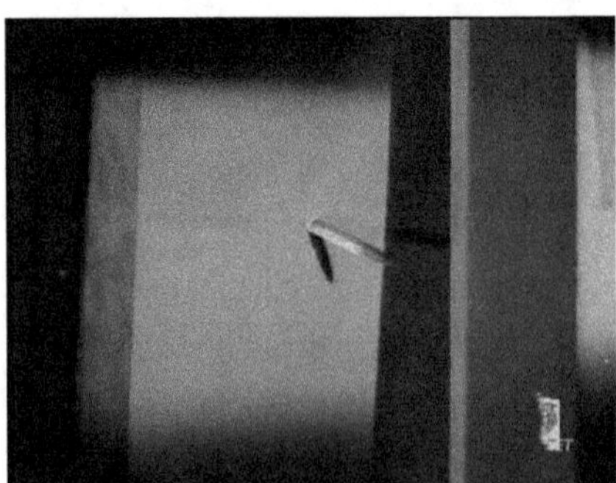

famosa, quella in cui fissa l'obiettivo del fotografo nella foto di scena di *Niagara*, è però resuscitata nell'opera celeberrima di Andy Warhol (ancora). Ma non si tratta più della stessa immagine: tagliata, colorata, ripetuta e serializzata, la *Marilyn* di Warhol, porta a compimento il giro dei rovesciamenti e non ha più a che vedere con il soggetto di partenza se non in una forma doppiamente negativa, in quanto "la raffigurazione di un'icona". Questa icona di un'icona è, in un certo senso, la sintesi delle due fasi del "ritratto di Dorian": unisce insieme l'elemento ritrattistico vero e proprio (somiglianza al soggetto nella sua luce migliore) e la dimensione "dinamica" del cambiamento (i colori sono innaturali e fuori registro, l'immagine è ripetuta più volte). La "Marilyn" warholiana diviene una celebrità autoctona, una diva di per sé – una sorta di "assoluto" in cui le due Marilyn, quella reale e quella cinematografica, annullandosi reciprocamente (come le due Edie Sedgwick di *Inner and Outwer Space* e il Dorian reale e quello del ritratto), danno luogo ad un terza dimensione, immagine disidentica che non appartiene più né al dominio dei soggetti né a quello delle loro raffigurazioni.

6. Il fu Luigi Pirandello _ Non essere se stessi

> *Vidi a un tratto, come da fuori, me stesso e la mia vita,*
> *ma per non riconoscermi e per non riconoscerla come mia.*
> Pirandello, *La carriola*

È sintomatico il fatto che, per sostenere la nota tesi riguardo alla perdita dell''aura' dell'opera d'arte a causa della riproducibilità tecnica, Walter Benjamin si soffermi sul romanzo di Luigi Pirandello *Si gira...* (noto anche come *Quaderni di Serafino Gubbio operatore*)[1]. In effetti, occorre ricordare che Pirandello fu il primo scrittore, in Italia e nel mondo, che prende il cinema come tema di un'opera narrativa, ideandola nel 1903, scrivendola nel 1913, pubblicandola nel 1915[2].

Questo aggancio a Pirandello permette a Benjamin di tirare le conclusioni più estreme: se è vero che al cinema l'aura "che circonda l'interprete deve venir meno", ciò significa che, all'epoca della sua riproducibilità tecnica, non è solo l'opera d'arte a perdere qualcosa, ma anche chi la fa. Non solo l'opera perde il carattere di autenticità, di originalità e di testimonianza, ma lo stesso può dirsi degli attori, ossia di coloro che interpretano a vario titolo opere d'arte come quelle drammatiche all'epoca del cinematografo. La forma del cinema, infatti, distrugge la famosa "unità d'azione" aristotelica: l'opera d'arte finale che arriva al fruitore assume una forma compiuta e chiusa solo a posteriori, dato che viene invece prodotta in modo frammentario. Per estensione, questo ragionamento può essere allargato a tutti gli uomini: nell'epoca della riproducibilità tecnica anche gli individui perdono la loro aura di "originalità", non solo nel senso che diventano anonimi, interscambiabili, massificati, ma in quello, assai più sottile, pirandelliano, che assumono un'identità multipla a causa della riproducibilità della loro immagine.

Per Benjamin questo fatto è positivo, perché implica "la legittima pretesa dell'uomo odierno di essere riprodotto"[3]. Ma, come è noto, questo "diritto" è divenuto ben presto la ferrea legge generale della società spettacolare: in tal senso va l'intuizione di Baudrillard, secondo la quale nell'epoca mediale, "siamo diventati tutti dei ready-made"[4]. Lo statuto senza aura dell'opera d'arte – che ha avuto il suo *incipit* con l'invenzione del ready-made duchampiano e surrealista – si è prontamente esteso non solo dall'opera all'artista, ma all'uomo in generale. In un senso più lato, se ne può dedurre che già l'avvento del cinematografo conduce a quello che (come già visto) lo stesso Baudrillard definisce come "stadio video", ossia uno stadio in cui l'identità è messa in questione, e l'immagine del Sé entra in un loop rappresentativo dove l'individuo ha una coscienza sempre spostata, sempre differita, di se stesso[5].

L'eccezionale novità dei *Quaderni di Serafino Gubbio operatore* consiste meno nell'essere il primo romanzo dedicato al cinema, che nel costituire un'anticipazione lucidissima della condizione disidentica dell'individuo contemporaneo all'epoca della sua "riproducibilità tecnica"[6]. Pirandello prende le mosse dalla situazione dissociata degli attori di cinema, che, a differenza degli attori di teatro, si sentono "in esilio... quasi anche da se stessi" e...

> *... avvertono confusamente, con un senso smanioso, indefinibile di vuoto, anzi di vòtamento, che il loro corpo è quasi sottratto, soppresso, privato della sua realtà... per diventare soltanto un'immagine muta*[7].

Questo è infatti ciò che accade alla protagonista pirandelliana, l'attrice russa Varia Nestoroff, che sembra incarnare perfettamente la metamorfosi del femminile nell'epoca obversa. La Nestoroff infatti è un personaggio a metà tra la vamp tipica dell'epoca (in taluni atteggiamenti teatrali potrebbe ricordare le dive del cinema muto), con in più l'acuta consapevolezza di non essere all'altezza della propria immagine, il che la rende infelice e insieme odiosa, "resa nemica a tutti, e, più, a se medesima"[8]. Separata da sé, sia per vicende esistenziali che a causa del mestiere di attrice che è costretta a fare, Varia Nestoroff vive in pieno la sua situazione di scissione interiore perché può "vederla" esteriorizzata proprio dalla riproduzione cinematografica; così, osservando i provini del girato quotidiano,

> *... resta ella stessa sbalordita e quasi atterrita delle apparizioni della propria immagine su lo schermo, così alterata e scomposta. Vede lì una, che è lei, ma che ella non conosce. Vorrebbe non riconoscersi in quella; ma almeno conoscerla*[9].

L'angosciante sdoppiamento a cui l'attore è sottoposto, fa notare Pirandello, si riflette sulla sua vita privata – ed è questo il senso complessivo del romanzo: la stessa Nestoroff, ad esempio, concupita per il proprio corpo, ne fa getto e lo dà "improvvisamente e freddamente", in maniera inaspettata, solo per mostrare "in quanto dispregio tenga ciò che essi [gli uomini] sopra tutto pregiano di lei". Gli uomini infatti a cui si accosta non la aiutano... *ad arrestare ciò che di lei stessa fugge: lei stessa, sì, ma quale vive e soffre, per così dire, di là da se stessa"*[10].

Il rimando di Benjamin al Pirandello dei *Quaderni* è pertanto di estrema importanza, proprio perché quello pirandelliano è un romanzo sulla "presa di coscienza" dell'uomo nell'età della riproducibilità tecnica, ossia sulla "presa di coscienza dello sdoppiamento della coscienza" dovuto a questa riproducibilità. È molto interessante che, all'inizio del romanzo, Gubbio incontri le posizioni dell'amico Pau, che sono di tipo quasi berkeleyano:

> *Scusa, e come so io del monte, dell'albero, del mare? Il monte è monte, perché io dico: Quello è un monte. Il che significa: io sono il monte. Che siamo noi? Siamo quello di cui a volta a volta ci accorgiamo. Io sono il monte, io l'albero, io il mare. Io sono anche la stella, che ignora se stessa!*[11]

Rovesciando il *percipi* in *esse*, Pau intende porre il problema in forma di idealismo estremo; le cose, il mondo esiste non *solo* quando ne ho coscienza, e proprio perché ne ho coscienza – di modo che alla fine anche ciò che non ha coscienza di sé, come la natura, esiste come Io ed è (fichtianamente) riducibile all'Io. Tuttavia Gubbio (voce narrante della vicenda e dunque, almeno in parte, portavoce delle idee pirandelliane) conduce il ragionamento alle estreme conseguenze: che accade quando l'uomo si accorge, ha coscienza, non di una cosa naturale qualunque, *ma di se stesso*? Egli si vede come Cosa, ossia, si percepisce *sia* come un Soggetto che come un Oggetto, sia come un Sé, che come un Altro – e, sotto il segno di questa duplicità, confermata dalla duplicazione della riproduzione cinematografica, si svolge tutta la vicenda del romanzo. Già la stessa coscienza, dunque, ne conclude Gubbio, non è per niente una "soluzione" filosofica, ma è un "superfluo", un "di più" che non concede requie all'uomo, lo getta nell'infelicità, nel desiderio di risolvere "problemi destinati su la terra a rimanere insolubili"[12]. Pirandello dunque suggerisce che la macchina da presa e la riproduzione di se stesso sono dei tentativi con cui l'uomo cerca di darsi una risposta a questi problemi. Lo stesso Gubbio, raccontando la sua storia, ricorda gli studi di filosofia che lo condussero ad allontanarsi dalla realtà "senza tuttavia poterne affermare una mia, dentro e attorno a me". "Guardo ormai tutto, e anche me stesso, come da lontano"[13], afferma Gubbio: il filosofo e l'operatore cinematografico, dotato di una "perfetta impassibilità", sono dunque lo stesso, proprio in quanto legati dal tema dal *theorein*, del puro osservare.

In sintesi, divenuto operatore, Gubbio si trova a lavorare per la casa di produzione Kosmograph[14], presso la quale incontra Varia Nestoroff, attrice russa distruttrice di uomini (un amico di Gubbio si è infatti suicidato per lei), ma intimamente presa dalla contraddizione di essere se stessa "di là da se stessa" (eccesso e mancanza comune a tutti i protagonisti del romanzo). La notazione di Benjamin sulla perdita di unità dell'opera cinematografica si trova già qui: è proprio Gubbio che ricorda come la Nestoroff, attrice eccessiva, fascinosa ma infelice, spesso mandi a monte molte riprese che devono essere rifatte, contribuendo ad aumentare la confusione dato che "non tutte le scene possono eseguirsi con ordine, una dopo l'altra, in un teatro di posa". Ne consegue che gli attori...

> ... *spesso non sanno neppure che parte stieno a rappresentare nell'insieme, e che si senta qualche attore domandare a un certo punto: Ma scusi, Polacco, io sono il marito o l'amante?*[15]

In questa confusione, non solo l'opera è perduta nella sua interezza classica, *ma anche la vita*. Ancor più anacronistica appare perciò la vicenda pirandelliana che narra di Nuti, attore mancato, il quale per vendicare il cognato Giorgio, suicidatosi per amore della Nestoroff, e per far prevalere la sua personale gelosia, decide di impersonare una parte nel film *La tigre*, solo per potersi vendicare e, durante le riprese, uccidere l'attrice russa. Le cose vanno in modo tale che egli riuscirà nel suo intento, ma fatalmente il suo gesto melodrammatico diviene cinema, dato che Gubbio, impassibilmente, filmerà l'assassinio della Nestoroff e la conseguente morte del Nuti ucciso dalla tigre (vera) presente sul set – quasi come se tutte le vicende abbiano avuto luogo solo per costruire una finzione, per essere date in pasto alla belva più feroce, la macchina da presa.

Pirandello è molto preciso nel cogliere la dialettica tra verità e finzione, che definisce un "ibrido giuoco": *Ibrido, perché in esso la stupidità della finzione tanto più si scopre e avventa, in quanto si vede attuata appunto col mezzo che meno si presta all'inganno: la riproduzione fotografica.*

Mentre d'altra parte l'elemento di finzione emerge per il fatto stesso che la macchina cinematografica "lo dà e lo presenta come reale"[16]. Questa intrinseca duplicità del reale come finzione e della finzione come realtà è connaturata al mezzo cinematografico, al punto che Gubbio, anticipando la fine della tigre, dice che "in mezzo a una finzione generale soltanto la sua morte sarà vera"[17]. Ma il fatto più sconcertante è che tale duplicità appartiene anche ai soggetti: gli individui sono false unità dato che "ogni unità è nelle relazioni degli elementi tra loro". Gubbio continua dicendo:

> *Si spiega così, come uno, che a ragione sia amato da me, possa con ragione essere*
> *odiato da un altro. Io che amo e quell'altro che odia, siamo due: non solo; ma*
> *l'uno, ch'io amo, e l'uno che quell'altro odia, non son punto gli stessi; sono uno*
> *e uno: sono anche due. E noi stessi non possiamo mai sapere, quale realtà ci sia*
> *data dagli altri[18].*

Il ragionamento segue quasi alla lettera l'Hegel della *Logica*, laddove parlando della famiglia e della contraddizione dice:

> *Il padre è l'altro del figlio, e il figlio l'altro del padre, e ciascuno è soltanto come*
> *questo altro dell'altro; e in pari tempo l'una determinazione è solo relativamente*
> *all'altra... Il padre è anche qualcosa per sé, fuori dalla relazione al figlio; così però*
> *non è padre, ma è un uomo in generale.[...] Gli opposti in tanto contengono la*
> *contraddizione, in quanto sotto il medesimo riguardo si riferiscono l'uno all'altro*
> *negativamente ossia si tolgono reciprocamente e sono fra loro indifferenti[19].*

Già nella dialettica classica dunque, ciascuno è destinato a "contenere la contraddizione", ma ciascuno può tenerla dentro nella misura in cui riesce a simbolizzare il proprio rapporto negativo con l'altro (nella misura in cui ci si riferisce come padre a un figlio e viceversa). Fuori dalla contraddizione si può esser bensì "uomini in generale", ma così si perde proprio il punto chiave che rende un uomo "veramente se stesso" – ad esempio l'essere o no "padre" (il suo realizzarsi quindi come uomo). Ciò che Hegel anticipa, pur difendendo la "collocazione simbolica del soggetto" (la necessità per l'individuo di darsi un senso fuori di sé, nella famiglia, nella società e infine nello Stato, in quanto istituzione simbolica), è che *quando l'uomo si realizza, si nega*, diventa un "sé" *ma anche, contemporaneamente* un "altro da sé" (il padre nega il figlio e il figlio il padre; il "togliersi reciproco" è anche un reciproco porsi). Questa contraddizione intrinseca è ciò che "accomuna", che rende uguali tutti i soggetti, e in tal senso bisogna leggere l'hegeliano "indifferenti".

Tuttavia, nella modernità pirandelliana questa contraddizione diviene la condizione palese dei soggetti, in cui noi non sappiamo più chi siamo, perché non sappiamo più chi siamo per gli altri, non siamo più reciprocamente posti/ negati dall'altro empirico (non sappiamo più chi è nostro figlio o nostro padre, non sappiamo più se siamo il marito o l'amante, ecc.) – e dunque al tempo stesso conteniamo la contraddizione, ma ne siamo contenuti, ce ne nutriamo mentre essa ci divora. Da qui il "sovrappiù" di coscienza che dovrebbe essere fornito dalla macchina da presa, dalla ripresa cinematografica, la "mediazione di grado superiore" (superiore anche alle vecchie istituzioni simboliche), la quale sola ci mostra come siamo agli occhi di un nuovo Altro (non più la famiglia, o la società, o lo Stato, ma la "macchina da presa", l'occhio impietoso e impersonale del "totalmente

Altro"). L'idea di Léger, che intendeva fare un film sulle 24 ore di vita di un uomo[20], viene anticipata da Gubbio-Pirandello quando dice che le cose cambierebbero se la ripresa cinematografica fosse applicata alla vita quotidiana all'insaputa degli individui: "veder come si vive sarebbe uno spettacolo ben buffo". Ma questa sarebbe appunto la *vera* funzione del cinema: se cioè la macchina da presa…

> *… fosse applicata solamente a cogliere, senz'alcuna stupida invenzione o costruzione immaginaria di scene e di fatti, la vita, così come vien viene, senza scelta e senz'alcun proposito; gli atti della vita come si fanno impensatamente quando si vive e non si sa che una macchinetta di nascosto li stia a sorprendere. Chi sa come ci sembrerebbero buffi! Più di tutti, i nostri stessi: non ci riconosceremmo, in prima; esclameremmo, stupiti, mortificati, offesi: "Ma come? Io, così? Io, questo? Cammino così? Io, quest'atto? Io, questa faccia?"[21].*

Questa sensazione *Unheimlich*, di avere a che fare con un Sé "not-belonging-to-me", somiglia molto a quella sperimentata da Freud sul treno (cfr. supra, pte 1, § 1), ed anticipa quella provata nel *Video Corridor*. Ma, secondo Pirandello, il cinema dovrebbe avere esattamente questa funzione, cioè… *presentare agli uomini il buffo spettacolo dei loro atti impensati, la vista immediata delle loro passioni, della loro vita così com'è[22].*

Stupefacente anticipazione del reality-show? Di sicuro, continua il ragionamento di Gubbio, questa applicazione del cinema aiuterebbe l'uomo a…

> *… staccar da sé quella metafora di se stesso, che inevitabilmente dalle nostre finzioni innumerevoli, coscienti e incoscienti, dalle interpretazioni fittizie dei nostri atti e dei nostri sentimenti siamo indotti a formarci; ci si accorgerebbe subito che questo io è un altro[23].*

Infatti, hegelianamente, la coscienza non è affatto il momento della consapevolezza di essere "finalmente se stessi", ecc. (secondo la vulgata pseudo-filosofica new age-consumista della "consapevolezza personale", della "realizzazione del vero Sé"…) – ma è appunto coscienza in quanto *coscienza di essere un altro* – disvelamento che conduce gli individui alla loro verità contraddittoria: *Io sono cosciente, signor Gubbio, non creda! Ma cosciente, sa di che? Di non esser più io![24]*

A livello drammatico, del resto, Pirandello andrà a esplorare il tema della disidentità nel successivo (meta)dramma *Sei personaggi in cerca d'autore* (che fu rappresentato per la prima volta nel 1921). Alcuni hanno fatto notare la stretta vicinanza tra questo dramma e *Il mondo alla rovescia* di Tieck, e di fatto la presenza del teatro nel teatro (con tanto di Capocomico, Primo Attore ecc., in azione sulla scena) è di stringente somiglianza[25]. Tuttavia, la novità di Pirandello sta nel fatto che i "personaggi", interrogandosi direttamente sulla propria identità, mettono in discussione quella degli "attori", e, di conseguenza, anche quella degli spettatori – poiché anche chi guarda il dramma pirandelliano non sa più esattamente quale spettacolo sta effettivamente seguendo.

> *IL PADRE: Ma sì signori!... Quella che per loro è un'illusione da creare, per noi è invece l'unica nostra realtà.*
>
> *[Breve pausa. Si avanzerà di qualche passo verso il Capocomico e soggiungerà]:*
>
> *Ma non soltanto per noi, del resto, badi! Ci pensi bene.*
>
> *[Lo guarderà negli occhi].*
>
> *Mi sa dire lei chi è?*
>
> *[E rimarrà con l'indice appuntato su di lui].*
>
> *IL CAPOCOMICO: (turbato, con un mezzo sorriso) Come, chi sono? – Sono io!*
>
> *IL PADRE: E se le dicessi che non è vero, perché lei è me?*[26]

In definitiva, *Sei personaggi* andrebbe letto sulla scorta del precedente *Quaderni di Serafino Gubbio*. Più che essere una riflessione sulla macchina della finzione teatrale, il dramma dei personaggi "in esilio da se stessi" è il dramma stesso del soggetto contemporaneo a cui nemmeno la tradizionale "finzione teatrale" può donare un po' di requie. Non può donarla, perché anche il teatro si è "rotto dentro", e, dopo l'invenzione del cinema, anche quello teatrale è divenuto uno spettacolo "ibrido" composto di realtà e finzione, dove l'effetto-realtà è offerto dalla presenza inopinata di "personaggi" che, orfani di tutto, stanno su una scena che si mostra "nuda", nella sua realtà di costruzione fittizia. Così, il teatro non è più lo "specchio" della realtà, ma è uno schermo deformante che ci rimanda un'immagine di noi stessi ormai irriconoscibile.

> *Le par possibile che si viva davanti a uno specchio che, per di più, non contento d'agghiacciarci con l'immagine della nostra stessa espressione, ce la ridà come una smorfia irriconoscibile di noi stessi?*[27]

Il passaggio dallo specchio come superficie in grado di riflettere la nostra immagine (per quanto agghiacciante) a un nuovo genere di "specchio" in grado di restituire una immagine in cui non ci riconosciamo è qui da mettere in diretto collegamento con lo schermo nelle cui immagini la Varia Nestoroff de *I Quaderni* "non riconosceva" se stessa, ma è anche il logico proseguimento degli specchi deformanti del *Ritratto di Dorian Gray*.

Sei personaggi in cerca d'autore segna dunque un punto di non-ritorno nel teatro, soprattutto nel senso che, da qui in avanti, una sorta di alone meta-discorsivo percorre inevitabilmente qualunque dramma "contemporaneo". Questo alone può restare del tutto indefinito, oppure materializzarsi in veri e propri apparati di ripresa (registrazione audio e video) che compaiono esplicitamente sulla scena. Già in *1984*, uno dei metodi impiegati da O'Brien per dimostrare a Winston che lui stesso è già preda della logica violenta del Grande Fratello è quello di fargli riascoltare i nastri precedentemente registrati con le sue stesse parole, in cui dichiarava ad esempio di essere disposto a fare "di tutto" (incluso uccidere la fidanzata, usare violenza su bambini, ecc.) per combattere il Grande Fratello[28]. Questa presenza mediale diviene poi palese in drammi come *L'ultimo nastro di Krapp* di Beckett o *I sequestrati di Altona* di Sartre[29].

Nel dramma sartriano il protagonista, Franz von Gerlach, ex ufficiale della Wehrmacht, accusato di crimini di guerra, vive recluso da 17 anni ad Altona, in Germania, in una sorta di realtà storica parallela (in cui la Seconda Guerra Mondiale non è finita e il nazismo esiste ancora). Franz registra la propria voce su nastro, cercando di essere all'altezza del proprio passato politico e finendo in una lucida follia – che però gli permette di capire che tutti "viviamo in un domicilio vigilato"[30].

Krapp, invece, è completamente solo in scena, e il dramma consiste nel fatto che egli ascolta frammenti da nastri che aveva registrato di molti anni prima, da giovane. Krapp diviene così simultaneamente personaggio, attore e spettatore di una vicenda di cui è anche il solo autore: la soggettività pirandelliana si svela qui pienamente nella sua duplicazione mediale. Krapp, infatti, è un personaggio "generato" da se stesso, o, per meglio dire, dai suoi stessi comportamenti tenuti nel passato – passato la cui testimonianza è irrevocabilmente registrata dai suoi nastri. A differenza dei personaggi pirandelliani, dunque, Krapp ha "trovato il suo autore", solo che, essendo simultaneamente anche personaggio, egli è irrevocabilmente scisso da se stesso. D'altra parte, questa scissione si riflette sulla struttura del dramma come tale – che non è solo un monologo recitato da un unico attore in scena, ma è un "dialogo impossibile" tra un sé, che sta ora di fronte a noi, e *lo stesso sé*, "identico ma differente" da quell'altro, immortalato nei nastri che egli stesso riascolta[31]. Riflessivamente, questa "struttura impossibile" del dramma si riverbera sugli spettatori: noi stessi, infatti, non possiamo più dire se stiamo assistendo a un dramma teatrale tradizionale recitato in scena dal vivo, o non piuttosto a una sua replica mediale. D'altra parte, dato che non vi è una coincidenza esatta tra il Krapp "reale" e quello mediale, ma piuttosto un drammatico dialogo tra i due, ciò di cui siamo spettatori, in definitiva, è la *differenza* tra le due varianti, la "variante in quanto tale" che si colloca esattamente *tra* versione primaria *e* sua variante[32].

Non è certo un caso che Beckett sia tra le fonti di Bruce Nauman[33]; non solo per il celebre *Film* (con Buster Keaton come protagonista, che viene ripreso in semisoggettiva, finché non vede se stesso allo specchio), e per i brevi episodi televisivi simili alla video arte degli esordi, ma proprio per questa dissociazione, questo scollamento o rimozione di sé da sé, tipiche del teatro beckettiano, che si ritrovano nelle installazioni dell'artista statunitense[34].

Going Around the Corner Piece (1970) è ad esempio una di queste installazioni – una sorta di edizione "estroflessa" di *Video Corridor*: se in quest'ultimo era necessario entrare, in *Going Around the Corner Piece* noi siamo fin da subito "fuori", estromessi da un grande cubo bianco, respingente come un edificio compatto, inaccessibile, senza porte né finestre. A ciascun angolo alla base del cubo incontriamo dei monitor accesi: in essi (come in *Video Corridor*) scorgiamo qualcuno di spalle che oltrepassa lo spigolo del muro bianco, sfuggendoci. Proprio come in *Video Corridor*, ogni volta che cerchiamo di raggiungere quel personaggio, andando nella direzione del suo cammino, esso ci schiva, uscendo dall'inquadratura, ma ricomparendo nel monitor posto ai piedi della parete seguente. Quel personaggio in effetti siamo noi, ma ripresi da una videocamera posta in alto, all'estremità opposta della parete, in modo tale che ogni volta che "svoltiamo l'angolo" usciamo dal campo di ripresa della videocamera e di conseguenza dall'inquadratura, ma solo per entrare nel campo di ripresa della videocamera successiva, posta lungo la parete adiacente. *Going Around the Corner Piece* funziona pertanto in modo analogo, per quanto inverso, rispetto a *Video Corridor*; se là eravamo spinti verso il fondo del corridoio dal desiderio di seguire il personaggio visto di schiena che si allontanava nell'inquadratura (cioè noi), qui, invece, rischiamo ogni volta di continuare a girare intorno al cubo spinti dal desiderio di raggiungere il misterioso personaggio sfuggente, che siamo ancora proprio noi.

In definitiva, se vi è una linea di continuità fra la concezione pirandelliana del cinema come "specchio" vivente del soggetto e lo stadio video anticipato da Beckett e reso concretamente esperibile da Nauman, tale linea consiste in un nuovo modello di sorveglianza. Se nel modello del Panopticon benthamiano, reso celebre dalla sua ripresa in Foucault[35], vi è almeno qualcuno che sa ogni cosa di ciascuno, nel modello dello stadio video ognuno conosce solo il "rovescio" di se stesso. Ciò che sa, è esattamente che nessuno coincide perfettamente con se stesso; questo segreto della differenza, toglie al modello benthamiano ogni alone opprimente, e lo rende, al paragone, quasi consolante, perché grazie ad esso possiamo continuare a sperare che esista almeno Uno che sa tutto di ognuno – quando, purtroppo, ciò che ciascuno sa è di non essere se stesso.

Molto indicative in tal senso sono le opere dell'artista canadese Janet Cardiff (realizzate con Georges Bures Miller). La Cardiff era divenuta famosa negli anni Novanta con un originale genere di opere relazionali, cioè le *audiowalk*.

In sostanza, lo spettatore nello spazio espositivo veniva equipaggiato con un lettore cd preregistrato e un paio di cuffie stereo. Dalle cuffie usciva una voce che guidava lo spettatore in una camminata ("audio walk") fin all'esterno, a cui si aggiungevano degli effetti sonori, a volte inattesi (a un incrocio, nell'audio si udiva il forte rumore improvviso di un camion, mentre nella realtà non passava nessuno, ecc.). Ma all'inizio degli anni Duemila la Cardiff è passata dalle *audiowalk* a delle *videowalk* ancor più sofisticate. In una, la più nota, lo spettatore veniva stavolta equipaggiato di una videocamera con un video preregistrato e una cuffia con un audio preregistrato. Nel visore a cristalli liquidi della videocamera pertanto lo spettatore non vedeva la realtà esteriore inquadrata dall'obiettivo della camera, ma il video girato dall'artista in precedenza. La Cardiff però aveva realizzato il video esattamente negli stessi luoghi in cui si svolgeva la video walk, come, nel caso di *Ghost Machine* (2005), l'interno del Hebbel Theatre, Berlino, che naturalmente era anche il luogo espositivo entro cui lo spettatore era invitato a muoversi, a seguire altri personaggi "virtuali" (ma realmente ripresi in precedenza), ad ascoltare le indicazioni provenienti dalla voce audio registrata...

La *videowalk* non è solo un lavoro di videoarte; non è solo un'opera visiva che siamo chiamati a osservare, ma è un'esperienza mediale che siamo tenuti a sperimentare. Tuttavia, l'esperienza che ne risulta è fortemente perturbante perché mette a diretto confronto il quadro mediale (che vediamo nel visore) e l'"inquadratura" reale che corrisponde al nostro campo visivo. In altri termini, l'oggettività del nostro campo visivo è messa in crisi dalla presenza simultanea, entro di esso, di una rappresentazione fittizia dello stesso spazio che vediamo, nonostante il fatto che, oltre a vederlo, lo attraversiamo fisicamente camminando. Dato che lo spazio, nel caso specifico di *Ghost Machine*, è un teatro vuoto, l'ibridazione è doppia – perché da un lato percorriamo fisicamente uno spazio in sé spettacolare, dall'altro lo percorriamo virtualmente guidati da un apparato audiovideo mediale. Il teatro, come puro apparato scenico vuoto, è ormai riempito dalla sola cosa possibile, le

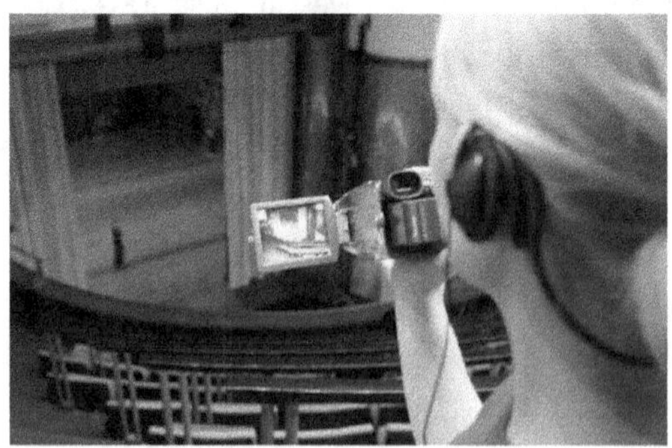

avventure dello spettatore. Non a caso, la videowalk si conclude sul palco: come scrivono gli autori stessi sul loro sito:

> *La scena finale è sul palco dove, quando vi voltate e vedete un'intera*
> *platea che sta guardandovi, realizzate che tutto, intorno a voi, era*
> *stato parte di una commedia*[36].

Mediate dall'apparato video, che rende disidentico lo spettatore da se stesso, queste avventure si concludono in un rovesciamento obverso; secondo la profezia di Pirandello, proprio lo spettatore è divenuto l'"operatore" che riprende un "personaggio" che in ultima analisi è lui stesso.

7. Emergency in Favour of Twice*   Duplicazione Duchamp

> *Il "lavoro artistico"… raccoglie ora nella loro inconciliabile opposizione*
> *le due facce del pomo diviso a metà della pro-duzione umana.*
> Agamben, *L'uomo senza contenuto*

Tutta l'opera duchampiana sembra indirizzarsi verso un compito negativo – non tanto quello di definire "che cos'è l'arte", ma piuttosto cosa "non è". La "rottura epistemologica" o di paradigma che le viene attribuita non va però confusa con l'aspetto choccante delle sue apparenze anti-moraliste o anti-borghesi. La "rottura" di un'opera come *Fountain*, 1917, risiede meno nel fatto di aver scandalosamente utilizzato un orinatoio, che nella paradossale pratica discorsiva attuata, consistente nel mettere in difficoltà la giuria della Society of Independent Artists (creata del resto proprio da Duchamp) che doveva decidere se esporre o meno esattamente quell'opera in quanto "arte".

Marcel Duchamp era giunto da Parigi negli USA nell'estate del 1915, dopo essere stato definitivamente riformato dall'esercito francese, e per sfuggire, come lui stesso si esprime in una lettera a Walter Pach "dal mondo dell'arte"[1]. Negli Stati Uniti la sua fama era già abbastanza vasta a causa del dipinto del 1912, *Nudo che scende le scale n°2*, che egli aveva dovuto ritirare dal Salon des Indépendents di Parigi dello stesso anno, ma che era stato esposto, con grande scandalo, a New York alla rassegna di arte internazionale all'Armory Show nel 1913. Accolto a New York dalla coppia di mecenati Walter e Louis Arensberg, Duchamp viene subito considerato un "iconoclasta" e come tale viene intervistato da diverse riviste come *Vanity Fair*[2].

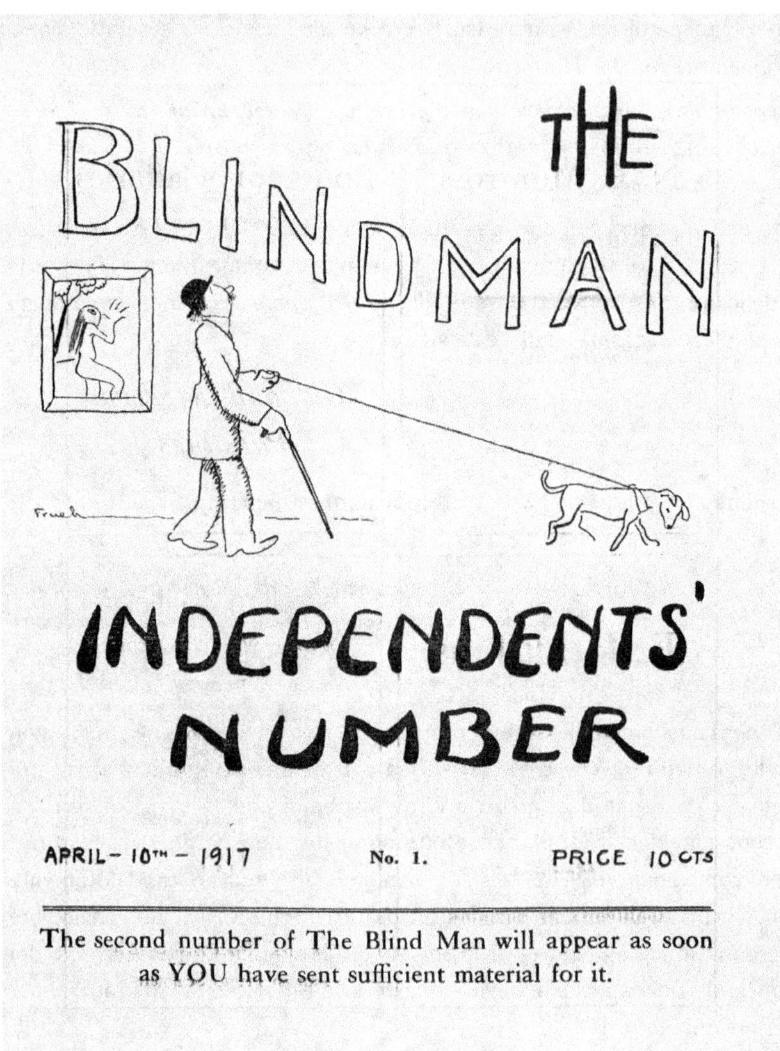

Nel 1917, con Arensberg e altri artisti giunti a New York dalla Francia (Picabia, Gleizes, Crotti ed altri), fonda la American Society for Independent Artists, sul modello della Société des Artistes Indépendants di Parigi. Nell'aprile dello stesso anno, la Society organizza al Grand Central Palace la sua prima manifestazione pubblica, una mostra caratterizzata da uno statuto estremamente scarno, che recita: "No jury, no prizes", cioè, niente giuria, niente premi; ad essa possono partecipare tutti coloro che aderiscono alla Society stessa previo il pagamento di un canone di un dollaro e di una quota annuale di cinque dollari.

Duchamp, memore dell'episodio del Salon parigino ad opera di artisti che si erano mostrati, escludendolo, tutt'altro che "indipendenti" (essendo in realtà legati al movimento cubista, allora imperante) si accinge nel 1917 a sottoporre a verifica l'indipendenza di giudizio della nuova Society. Lo farà impiegando la sua "invenzione" artistica più rivoluzionaria, il ready-made, l'oggetto quotidiano trasfigurato dal gesto artistico. Benché i primi ready-made siano datati 1914 (anche se Duchamp dice che teneva nel suo studio una "ruota di bicicletta montata su uno sgabello" – cioè un ready-made – fin dal 1913), concettualmente lo diventano nel 1916, come testimonia una lettera alla sorella Suzanne[3]. In occasione della mostra della Society, Duchamp agì con un gesto di una radicalità difficilmente superabile: scelse, fra i prodotti igienici del catalogo di una ditta un orinatoio, lo capovolse, lo firmò con un nome falso, 'R. Mutt', ben visibile sul bordo dell'oggetto, e lo presentò alla manifestazione con il titolo *Fountain*, avendo cura di non far sapere al comitato organizzativo della Society, di cui egli stesso era membro, che si trattava di una sua "opera".

Lo sconcerto che questa operazione suscitò è testimoniato da questo dibattito fra i due membri del consiglio direttivo della Society, George Bellows e Walter Arensberg, riportato da Beatrice Wood, testimone oculare della vicenda.

Due giorni prima che l'Esposizione aprisse, c'era uno scintillante bianco oggetto nel ripostiglio, pronto per essere installato sul pavimento. Io posso ricordare Walter Arensberg e George Bellows starvi di fronte, discutendo. Bellows era dinnanzi a Walter, il suo corpo in un'inclinazione minacciosa, i suoi pugni serrati, percuotendo l'aria con rabbia. Piena di curiosità, mi avvicinai.

"Noi non possiamo esibirlo" disse Bellows calorosamente, traendo fuori un fazzoletto e asciugandosi la fronte.

"Non possiamo rifiutarlo, la tassa di partecipazione è stata pagata", rispose gentilmente Walter.

"È indecente!" ruggì Bellows.

"Questo dipende dal punto di vista", aggiunse Walter, reprimendo un sogghigno.

"Qualcuno deve averlo mandato come scherzo. È firmato R. Mutt; suona equivoco per me", brontolò Bellows con disgusto. Walter si avvicinò all'oggetto in questione e toccò la sua brillante superficie. Poi con la dignità di un docente universitario che si rivolga alla gente ad Harvard, spiegò: "Un'amabile forma è stata rivelata, liberata dal suo scopo funzionale, perciò qualcuno ha chiaramente dato un contributo estetico".

L'oggetto da ammettere di cui stavano discutendo era collocato su un piedestallo di legno: una bella, bianca forma ovale di smalto trionfalmente scintillante su un piedestallo nero.

Era un orinale per uomo, girato sul suo retro.

Bellows camminò oltre, poi ritornò incollerito come se volesse abbatterlo. "Non possiamo esibirlo, e questo è tutto".

Walter toccò leggermente il suo braccio, "Questo è qualcosa che sta per l'intera raccolta di cose da esibire; un'opportunità di permettere ad un artista di mandare qualsiasi cosa da lui scelta, un'opportunità per gli artisti di decidere cos'è arte, non per qualcun altro".

Bellows tirò via il suo braccio, protestando. "Tu vuoi dire che se qualcuno mandasse concime di cavallo incollato su una tela, noi dovremmo accettarlo!".

"Temo che dovremmo", disse Walter, con un tocco di tristezza da imprenditore di pompe funebri. "Se questa è una espressione artistica della bellezza, noi non possiamo fare niente, ma accettare la scelta". Con diplomatico sforzo fece rilevare, "Se tu puoi guardare all'oggetto da ammettere obiettivamente, vedrai che ha singolari, assolute linee. Questo sig. Mutt ha preso un oggetto ordinario, lo ha collocato in modo che il suo usuale significato sparisca, e così ha creato un nuovo approccio al soggetto".

"È volgare, offensivo! C'è qualcosa come la decenza".

"Soltanto nell'occhio dell'osservatore. Tu dimentichi il nostro regolamento"[4].

Questo resoconto mostra "dal vivo" lo svolgersi del dibattito. La vicenda si concluse con l'esclusione di *Fountain* dalla mostra, decisa a stretta maggioranza dal consiglio direttivo, con queste motivazioni: "*Fountain* può essere un oggetto assai utile al posto giusto, ma il suo posto non è una esposizione d'arte e questa non è un'opera d'arte, qualunque cosa si definisca come arte". Più tardi, sul secondo numero della rivista *Blind Man*, Duchamp pubblicherà una famosa foto di Alfred Stieglitz di *Fountain* (che fa apparire l'oggetto in una luce drammatica e quasi, è stato notato, come un'icona sacra) e, a firma di Louise Norton (intima del ristretto circolo di intellettuali vicini a Duchamp, tra cui Walter Arensberg stesso, Katherine Dreier e altri), produrrà una difesa dell'opera:

Non è importante se Mr Mutt abbia fatto Fontana con le sue mani o no.
L'ha SCELTO. Ha preso un oggetto comune, l'ha collocato in modo che
il suo significato utilitaristico sparisse sotto il nuovo titolo e il nuovo
punto di vista – ha creato un nuovo modo di pensare quell'oggetto[5].

Ora, l'importanza di questo lavoro consiste in diversi ordini di ragioni. Da un lato, intrinsecamente, *Fountain* è il più radicale dei ready-made; il più "freudiano" perché richiama associazioni e pulsioni inconsce inconfessabili, tra cui quella di desiderare di "sporcare" qualcosa di "bello"; il più provocatorio perché utilizza un oggetto destinato a un uso basso, escrementizio, e perciò nel quale l'elevamento o "trasfigurazione" estetica è più stridente; il più enigmatico, data la sua ambigua collocazione, la sua firma, la sua innegabile "aura" statuaria (alla cui creazione non fu estranea la citata foto di Stieglitz). Dall'altro lato, estrinsecamente, *Fountain* non è più nemmeno un *objet trouvé* nel senso dadaista-surrealista di "oggetto casuale" che stimola associazioni impreviste, ma è una vera cartina di tornasole per misurare i limiti epistemologici e culturali della "nozione di arte". Il fatto che *Fountain* sia stato dunque rifiutato in una mostra che doveva, per statuto, accettare qualunque proposta artistica, dimostra con chiarezza che questi limiti c'erano, anche se risultavano nascosti dall'apparente disponibilità al "nuovo" da parte degli organizzatori. L'esclusione stessa è chiaramente il pezzo-chiave "del lavoro" di Duchamp – l'elemento teoretico, che finisce per assorbire l'oggetto in sé.

Tuttavia, è notevole il fatto che l'originale del ready-made del 1917 sia andato perduto e che Duchamp lo abbia sostituito nel 1950, 1953 e 1964 con altre copie[6]. In effetti, *Fountain* segna una svolta soprattutto in questo senso: l'"originale" in senso classico non esiste più (l'orinatoio era già per definizione un oggetto industriale, riprodotto in molti esemplari identici). Ciò che oggi rimane da "vedere" osservando queste copie è appunto come questa non-originalità dell'oggetto implichi una paradossale originalità del concetto e rimetta in discussione, una volta per tutte, la definizione di "arte". In tal senso, *Fountain* segna la fine dell'"età dell'innocenza" estetica – ma, non "esistendo" materialmente, segna anche la fine dell'innocenza "ontologica".

In questa prospettiva non è ancora stato messo completamente in evidenza il ruolo della piccola rivista *The Blind Man* in tutta la vicenda, se non per estrapolare le parole sulla famosa "scelta"[7]. *The Blind Man* (di cui era già comparso un numero precedente nell'aprile 1917) è da considerare non solo un "supplemento teorico" a *Fountain*, ma un pezzo solidale con quel lavoro. La cosa sorprendente non è solo che Louise Norton (qui portavoce duchampiana) prenda le difese del fantomatico "Mr. Mutt" e del suo orinatoio che intanto (grazie alla "bella" foto di Stieglitz) è divenuto "The Buddha of the Bathroom" – ma piuttosto le altre presenze nella stessa rivista. Una, su cui giustamente ha attirato l'attenzione Thierry De Duve, è sicuramente quella del "pittore dilettante" Louis M. Eilshemius, di cui tra l'altro è pubblicata anche la foto di un'opera assolutamente penosa, cioè *Supplication*. L'altra, non meno importante, è la lettera anonima a firma di "una madre" sullo stato presente dell'arte contemporanea.

Sul fatto che Eilshemius fosse una sorta di mitomane (nato nel 1864 da famiglia facoltosa fu dapprima un abile pittore, ma, rifiutato più volte dalla National

Academy, divenne povero e ripetitivo) non c'è dubbio[8]. Il problema è piuttosto che cosa ci fa il suo quadro e la sua intervista sul numero di *The Blind Man* dedicato a organizzare la difesa di *Fountain*. La tesi di Thierry De Duve è assai suggestiva e vede in Duchamp una crudele regia di cui tanto Eilshemius che lo stesso Stieglitz restano vittime, cioè l'essere stati "usati" per rilanciare il problema estetico sollevato da *Fountain*[9]. Effettivamente, un quadro di Eilshemius era stato presentato alla mostra della Society of Independent Artists, e Duchamp lo aveva "notato". Ma forse c'è qualcos'altro: nella rivista infatti, non c'è spazio solo per una generica difesa del ready-made come pratica artistica, perché ciò significherebbe semplicemente re-introdurre surrettiziamente *Fountain* nell'alveo dell'arte che esso stesso, come oggetto contraddittorio, ha contribuito a mettere in crisi. In parte l'impressione che *Fountain* sia un "vero" pezzo d'arte potrebbe essere fornita dalla retorica foto di Stieglitz, così simile alle foto che Brancusi, amico di Duchamp, faceva delle sue sculture (al punto che in *The Blind Man* il titolo del pezzo è "Buddha of the Bathroom", che suggerisce un'affinità visiva con una statua di Budda). Ma in *The Blind Man* c'è l'intervista a un pittore-pittore il quale, oltre a ritenersi una "Suprema Meraviglia proteiforme di tutte le Epoche" dipinge nudi ottocenteschi privi di stile!

Basta dare un'occhiata a *Supplication* per capire che il vero problema dell'arte contemporanea non è più *Fountain*, ma proprio *Supplication*: pur essendo stato rifiutato (ovvero, proprio per questo), *Fountain* è già parte dell'arte contemporanea (e Duchamp lo capisce benissimo) – ma un'arte che un domani abbia accettato e "inglobato" (nel senso heideggeriano-hegeliano di *auf-gehoben*) *Fountain*, sicuramente non potrà più accettare il totalmente kitsch *Supplication*. Non a caso è stato notato che il pezzo-intervista della poetessa Mina Loy a Eilshemius si conclude con una frase sibillina a proposito del fatto che "ad ogni modo, meditando un livellamento di tutti i valori, Duchamp testimonia l'eliminazione della Sofisticazione"[10].

"Sophistication" qui può voler dire anche "sofisticheria", concetto complesso, ampolloso, retorico: in un certo senso, non è che Duchamp si stia riferendo proprio all'operazione *Fountain*? E *Supplication* invece non è l'opposto della ricercatezza, non è il semplice, classico, decorativo, nudo femminile? Se davvero il dadaismo estremo di Duchamp deve testimoniare "il livellamento di tutti i valori", allora non è solo *Fountain* il detonatore di questa rivoluzione, ma anche lo sconcertante infantilismo e la totale "mancanza di gusto e di stile" di *Supplication*.

Lo stesso potrebbe dirsi della "Letter from a Mother", che compare a pagina 8 della stessa rivista, e che sembra un'autentica lettera della mamma di tre figli "tutti dotati", due dei quali espongono i loro quadri alla mostra della Society. La

Mother in questione si è sempre sentita "nervous" riguardo agli artisti, ma dice di credere nella democrazia:

> *... è solo con l'elevare l'anima e tenendo d'occhio i nostri giovani pieni di belle immagini, che possiamo aspettarci buoni risultati dalla generazione che seguirà.*
>
> *Gente non raffinata, cubisti, futuristi, non sono artisti. Poiché l'Arte è nobile. E loro sono distorti. L'indipendenza è necessaria, ma una linea deve essere tracciata da qualche parte[11].*

Che dire di questa strana "supplica" – non fa forse il paio con il quadro omonimo di Eilsheimius? Anche qui, non siamo di fronte a una sorta di "rovesciamento" del dettato modernista di difesa delle avanguardie – dato che *The Blind Man* dà spazio al suo esatto opposto, la critica "da senso comune" al mondo dell'arte, ai suoi –ismi, e alle sue "sofisticherie"? E a osservare tutta la rivista, da una poesiola nonsense di Erik Satie, all'invito al ballo del 25 maggio successivo in seconda di copertina, ecc., il tono – anche se non mancano serie prese di posizione, come quella di Frank Crowninshield (già direttore dal 1914 proprio di *Vanity Fair*, dove era stato intervistato di Duchamp) – più che indirizzato verso una difesa teorica di *Fountain*, è fra l'ironico e il divertito, dove si lascia spazio anche al senso comune "anti-artistico".

Del resto, se si legge attentamente l'articolo di apertura della Norton, si può cogliere che l'apologia di *Fountain* è argomentata in modo assai paradossale: il ready-made è arte non solo perché è frutto di una scelta mentale predeterminata (la lettura "concettuale" che è divenuta una *communis opinio* all'interno della comunità del mondo dell'arte dopo gli anni Sessanta), ma anche per le sue qualità eminentemente "estetiche":

> *Quando i giurati della Society of Independent Artists hanno deciso cortesemente di rimuovere la scultura intitolata* Fountain *presentata da Richard Mutt, è stato perché nelle loro ataviche menti l'oggetto era irrevocabilmente associato a certe funzioni naturali di natura secretiva. Ma ad un occhio "innocente" quant'è gradevole la sua casta semplicità di linea e colore! Qualcuno ha detto: "Come un delizioso Buddha"; qualcun altro "Come le gambe delle donne di Cézanne"; ma queste donne, con le loro lunghe, rotonde nudità, non hanno sempre richiamato alla mente le calme curve delle decadenti porcellane da bagno?[12]*

In questa chiave non è sorprendente che, un anno dopo *Fountain*, Ernst Bloch sostenesse che...

... la stanza da bagno e il gabinetto, [sono] le realizzazioni più indiscutibili e originali del nostro tempo, esattamente come i mobili del rococò e le cattedrali del gotico erano nella loro epoca le opere d'arte rappresentative che determinavano tutte le altre[13].

Ma il ragionamento della Norton è più "pericoloso" di quello di Bloch: il fatto non è solo che gli arredi da bagno sono oggi quello che furono i mobili e le cattedrali nel passato; il problema è che se *Fountain* è arte in virtù del suo valore "puramente" teoretico (definire i limiti dell'arte...) *non* può esserlo per caratteri "artistici" intrinseci che dovrebbe possedere come qualunque altra scultura. La seconda, e all'apparenza più "modesta", ragione per cui il ready-made è arte, è la classica *excusatio non petita* che rischia di mandare all'aria l'intera difesa teorica di stampo "concettuale". D'altra parte, le merci moderne come i sanitari da bagno, esibiscono dei caratteri "altamente formali" al punto che, in fondo, la "bellezza" dei nudi classici non è diversa, anzi, "richiama alla mente" proprio le curve di lavandini e bidet.

Le curve piuttosto ingenue del nudo di *Supplication* "co-implicano" quelle moderniste dell'orinatoio di R. Mutt – e viceversa. Tuttavia, il fatto strategico è che questi due "opposti che si co-oppongono", sono confrontabili (anche in immagine) solo in quanto "impaginati" entro la cornice dialettica rappresentata da *The Blind Man* stessa, intesa come rivista d'avanguardia. *The Blind Man*, cioè, è effettivamente il luogo teorico (e mediale) all'interno del quale gli opposti si possono toccare – dove l'articolata difesa del livello concettuale di un pezzo come *Fountain* può essere compresente e "compatibile" con un quadro vagamente *naif* come *Supplication*, e lo stesso articolo di Louise Norton sul caso Mutt, con le sue argomentazioni intellettualmente raffinate, può accompagnarsi alla critica "elementare" della "Lettera da una madre".

Che quello di Duchamp non fosse un entusiasmo momentaneo, ma una precisa presa di posizione, è dimostrato a posteriori dalla presenza di opere di Eilshemius all'interno della collezione della Société Anonyme (una sorta di succedaneo della Society for Independent Artists), nata dalla collaborazione fra Man Ray, Katherine S. Dreier e Duchamp stesso. Non solo la Société organizzò la prima personale di Eilshemius nel 1920, ma le sue opere entrarono a far parte della collezione, come è riportato nel catalogo Collection of the Société Anonyme: Museum of Modern Art 1920 (Yale University, 1950). Nel catalogo, dove le opere di Eilshemius spiccano per contrasto con il modernismo cubista, futurista o dada di Legér, Picasso, Gleizes, Hartley, Lissitzky, ecc. ecc., Duchamp stesso si incarica di scrivere una breve apologia di Eilshemius:

*In Eilshemius noi siamo di fronte a una tragedia... [egli] non riuscì mai
a convincere i suoi concittadini che la sua pittura era l'espressione di
un'America impalpabile... Dipinse come un "primitivo" – ma non fu un
primitivo – e questa è l'origine della sua tragedia. I suoi paesaggi non erano
paesaggi di un posto definito; i suoi nudi erano figure fluttuanti, senza un
preciso studio anatomico. Le sue allegorie non erano basate su leggende
note. Difficilmente si trovano parole per definirlo. I dipinti di Eilshemius
parlano per se stessi[14].*

Eilshemius sarebbe dunque il campione di un'opera "definitivamente indefinibile"
– da qui la sua rilevanza teorica per Duchamp. E ancora, in alcune sue rassegne
critiche sull'arte moderna, Katherine Dreier include Eilshemius e si pone la fatale
domanda:

*Molti si sono chiesti come mai la Société Anonyme, Museum of Modern
Art, abbia esposto le opere di Eishemius. Ma se si studiano i suoi dipinti,
ci si renderà conto che egli ha il potere di esprimere ciò che desidera... La
maggior parte delle persone è cieca alla bellezza del suo lavoro, poiché
non può sottrarsi alle pastoie del proprio gusto personale, ed Eilshemius,
essendo un forte individualista, non esprime il gusto corrente, ma il suo
proprio punto di vista. I suoi dipinti hanno una sottile bellezza che parla a
ognuno, se ci si libera dai pregiudizi di ciò che ciascuno definisce bellezza...
È proprio qui che si scopre quanto si sia schiavi del gusto o della moda[15].*

In altre parole, Eilshemius non è solo un "pezzo" della strategia di Duchamp:
è veramente il "luogo" in cui buono e cattivo gusto si invertono reciprocamente,
smentendosi a vicenda – il luogo in cui (così come accadde con *Fountain* per i
giurati della Society) "scopriamo" l'esistenza immateriale del "gusto estetico".

Arrivare a sostenere che, pertanto, il "vero" lavoro, la vera opera d'arte di
Duchamp sia esattamente questo numero di *The Blind Man* può essere più che
legittimo se solo si sottopone a revisione l'idea stessa di ready-made, schivando
in qualche modo persino i resoconti posteriori forniti dagli esegeti di Duchamp
che hanno insistito sul livello concettuale del "singolo pezzo" (fornendone così
una lettura in qualche misura più tranquillizzante). Infatti, proprio la prima volta
in cui Duchamp usa il termine "ready-made", nella lettera alla sorella Suzanne
del 15 gennaio 1916, egli, tra l'altro, fa riferimento a un "oggetto" di cui non si
sono mai più trovate tracce e che forse non è mai esistito – cioè un ready-made
intitolato *Emergency in Favour of Twice*, che egli stesso traduce in francese come
Danger / Crise/ en faveur de deux fois. Come è stato notato[16], però, una regola
fissa del ready-made è il gioco di parole – e il titolo francese si presta assai bene

a un gioco di parole tra "crise de foi" e "crise de *foie*": crisi di fede / crisi (attacco) di fegato, ossia "attacco di invidia".

Così, se *Fountain* può essere interpretato come una "crise de foi", una crisi di fede nel sistema dell'arte, nei suoi valori di fondo, uno scossone all'idea che il valore risieda in qualche "tratto essenziale" itrinseco all'opera, ecc. – *Supplication* può suscitare una "crisi d'invidia", dato che significa che veramente chiunque può esporre in mostra le sue croste, anche personaggi mentalmente instabili come un Eilshemius. In effetti, questo fu quanto accadde alla mostra della Society, a cui parteciparono centinaia di artisti con oltre 1200 opere, un numero di proposte tale che fu all'origine dell'interesse di Duchamp per i due quadri "peggiori" della mostra, *Supplication* e *The Claire Twins* (della dilettante Dorothy Rice), proprio come esempi estremi di come anche il cattivo gusto può rientrare nel "gusto condiviso"[17].

Ma il "luogo" in cui "tenere insieme" gli opposti non è tanto il ready-made come tale, nella sua "oggettività", ma lo spazio mediale "dialettico" – cioè *The Blind Man*. Questa piccola rivista diventa uno spazio-non spaziale, un "emergere" del doppio come tale, il ready-made "inesistente" (come *Emergency in Favour of Twice*) e nondimeno decisivo. *The Blind Man* è, in tal senso, una *Emergency* – un "soccorso" a favore di una "seconda volta", cioè di un'arte "doppia", o almeno abbastanza "duplice" da poter inglobare entro sé la sua affermazione identitaria più triviale (il nudo dipinto) e la sua negazione più subdola (il ready-made).

La capacità di mettere in "dialettica" gli opposti è esattamente ciò che manca invece alla stragrande maggioranza dei prodotti culturali odierni, che si tratti di opere di ricerca intellettuale o artistica, fino ad arrivare a sublimi coincidenze come quelle che possiamo vedere negli attuali bookshop, dove un libro sull'odio e uno sull'amore stanno felicemente spalla a spalla.

Così, nella produzione culturale attuale, vi è posto per qualunque cosa, come nel Gran Teatro dell'Oklahoma di Kafka – per "tutto e il contrario di tutto", certamente: *tranne che* per il confronto di questi opposti[18].

8. La malattia mediale   Da *L'invenzione di Morel* all'*Isola dei famosi*

*Ebbene, signore: ripensando a quelle illusioni che adesso lei non
si fa più; a tutte quelle cose che ora non le "sembrano" più come
per lei "erano" un tempo; non si sente mancare, non dico queste
tavole di palcoscenico, ma il terreno sotto i piedi, argomentando
che ugualmente "questo" come lei ora si sente, tutta la sua realtà
d'oggi così com'è, è destinata a parerle illusione domani?*
Pirandello, *Sei personaggi in cerca d'autore*

Tra le straordinarie anticipazioni dell'obversione un posto di rilievo spetta di
diritto al romanzo surrealista di Adolfo Bioy Casares, *L'invenzione di Morel*, del
1940[1].

Scritto a ridosso del secondo conflitto mondiale, come *1984* di Orwell all'inizio
della Guerra Fredda, esso risente di un clima culturale di profondo disagio, anche
politico – che si ritrova nel pretesto romanzesco, cioè nel fatto che l'io narrante,
l'unico abitante "vivo" dell'isola, è un rifugiato politico. Ma questo pretesto si rivela
ben presto quello che è, un che di aggiuntivo, di inessenziale. Di fatto, *L'invenzione* è
un romanzo divenuto tale dopo essere stato pensato dal suo autore come un saggio
o più esattamente "un falso saggio, alla maniera di Borges", di cui Bioy ha scoperto
solo in seguito le possibilità romanzesche[2]. Già dal punto di vista formale, dunque,
L'invenzione è un romanzo negato, che tende a sopprimere se stesso. Non solo
nelle edizioni successive, del 1948 e del 1953, Bioy aggiunge due decisive "note
dell'Editore" (un editore peraltro destinato a restare ignoto), dando così un tocco
di mistero in più alle pagine che leggiamo, quasi che siano state ritrovate dopo
la morte del loro autore. Di fatto (come accade sovente nei racconti dell'amico
Borges), non possiamo stabilire esattamente la natura del testo che abbiamo
davanti – se sia il memoriale di uno scomparso, oppure se tutta la cornice narrativa
non serva che a farci leggere le poche ma decisive note di Morel; e ancor di più,
nel caso l'invenzione di Morel abbia davvero funzionato, se le pagine del romanzo
che stiamo leggendo siano un qualcosa di reale, o non invece la loro "immagine".

Il primo a rendere conto di questo statuto indecidibile de *L'invenzione* è del resto
Borges stesso nella sua introduzione. Rifacendosi all'autorità di Ortega y Gasset,
Borges infatti ammette che "è difficile al giorno d'oggi inventare un'avventura
capace di interessare la nostra sensibilità superiore" – una notazione assai
hegeliana, che rimanda all'idea per cui, nell'epoca "spirituale", per far fronte alla
"sensibilità dei nostri tempi", l'arte va trasformandosi nella scienza di se stessa[3].
D'altra parte, Borges osserva come il romanzo di avventure, in quanto "opera

artificiale" e non realista, avrebbe in sé la possibilità di fornire un esempio di questa "letteratura di grado superiore", e, accanto al nome di Stevenson, cita quelli di Chesterton e De Quincey, anche se ammette che il solo che abbia davvero realizzato questa aspirazione è stato Kafka. Pur rifiutando di dichiararsi "modernista" (e affermando di non credere all'illusione "che ieri differisca profondamente dall'oggi, o differirà dal domani"), egli riconosce che solo nell'epoca nostra si sono dati dei romanzi paragonabili al *Processo*, cioè *Giro di vite* (Henry James) *Le Voyageur sur la Terre* (Julien Green) e, appunto, *L'invenzione di Morel*. Il romanzo di Bioy è dunque riconosciuto per mano del suo illustre prefatore proprio un post-, o meglio, un meta-romanzo di un "genere nuovo", che "non mi sembra sia un'inesattezza o un'iperbole qualificare come perfetto"[4].

Per quanto l'introduzione di Borges sia un vero riconoscimento immediato del valore de *L'invenzione*, ed un viatico straordinario per il lettore, essa contiene nondimeno degli elementi problematici di cui l'ultimo è forse il più evidente. La qualifica di "perfetto", infatti, appare anomala, e persino paradossale, se applicata ad un romanzo profondamente meta-letterario quale questo. *L'invenzione* non è solo segnato dalle note del misterioso "Editore", ma è anche percorso dai riferimenti a opere che il suo protagonista avrebbe voluto scrivere (anzi che dichiara di essere in procinto di scrivere) come *La difesa davanti ai sopravvissuti*, e l'*Elogio di Malthus* – che invece dovrebbero rappresentare la sua "vera" opera, rispetto alla quale le pagine che stiamo leggendo costituiscono solo i frammenti scomposti del diario di un naufrago. Tutto il libro insomma soffre della condizione delle *Prefazioni* kierkegaardiane – indeciso tra il divenire una vera opera letteraria, ne fornisce la struttura, e anche un intreccio, accenna a dei personaggi, ma da ultimo il suo statuto è circolare, e la conclusione, con la morte/trasfigurazione del protagonista in "immagine di se stesso", accenna ad un livello ulteriore, in cui egli entra definitivamente nella finzione (quella creata dall'invenzione di Morel appunto), riducendo lo statuto delle pagine lette ad un preambolo. Si tratterebbe dunque di un romanzo invece *im*-perfetto – a meno di non prendere l'epiteto borgesiano in un altro senso, quello per cui *L'invenzione* è un romanzo *perfetto*, cioè *compiuto*, proprio per questa circolarità entro la quale anche il lettore viene preso, cioè in forza della quale cui il lettore diventa anch'egli parte della storia, mentre il protagonista non è che un "lettore interno" all'opera. Lo statuto narrativo di quest'ultima, è dunque *insieme* affermato (*L'invenzione* è una storia che narra certi avvenimenti su una certa isola, ecc.) *e* smentito (narra di avvenimenti che "uccidono" il protagonista, eliminano la storia e in ultima analisi mettono in discussione lo statuto stesso di chi la legge). In questo paradosso (che Borges afferra perfettamente e che, suprema sottigliezza, dice di non voler "né sottolineare né attenuare") sta la "perfezione" del romanzo – il suo aspetto, per così dire "assoluto".

L'invenzione di Morel racconta di un esule, fuggito per oscure ragioni politiche dalla sua patria, il Venezuela, il quale, per sfuggire ai "suoi persecutori", decide di rifugiarsi su un'isola disabitata, Villings, nell'arcipelago delle Ellice, che pare sia stata abbandonata da ogni essere umano a causa di una misteriosa "peste" che ucciderebbe chiunque vi ponga piede. Nonostante questa terribile fama, al protagonista non resta altra scelta che quella di essere ucciso o di sbarcarvi in incognito. La vita sull'isola è estremamente difficile: le maree si susseguono a ritmi imprevedibili e la inondano per gran parte; le tempeste sono frequenti e terribili; zanzare e animali velenosi la infestano; inoltre è arduo trovare di che nutrirsi. Tuttavia, essa è stata abitata in passato, come testimoniano le costruzioni che ancora vi sorgono: una sorta di museo, una piscina da tempo abbandonata, una cappella. Il protagonista, nelle sue visite sempre furtive a quegli edifici (il pericolo di essere scoperto è comunque un'eventualità possibile) apprende ben presto che essi sono abitati. Il primo personaggio che incontra è Faustine, una donna bellissima di cui si innamora all'istante e a cui decide di parlare. La bella però agisce come se non lo vedesse – e così gli altri uomini e donne che egli incontra sull'isola – da cui dapprima cerca di nascondersi, e nei confronti dei quali, in seguito, fa le ipotesi più ragionevoli: allucinazioni della sua mente malata, fantasmi, morti... La verità emerge solo quando assiste al discorso che uno di essi, Morel, tiene agli altri. Morel spiega il mistero: egli, basandosi sulle invenzioni della radiotelefonia e della televisione, ha creato una macchina che è in grado di riprendere e riproiettare non solo le immagini e i suoni di cose e persone, ma anche tutte le altre dimensioni tipiche di un essere reale, come profumo, dimensione, consistenza... all'insaputa degli altri, egli li ha ripresi con la sua macchina per una settimana e ne ha proiettato le "immagini" nell'isola. Quelli che dunque vede il naufrago sono dei simulacri perfettamente identici agli originali; tutta l'isola in effetti potrebbe essere in tal senso l'immagine di se stessa. Il suo amore per Faustine è dunque impossibile: ella appartiene a un'altra dimensione ontologica, a lui preclusa. A meno che lui stesso non si faccia riprendere dalla macchina di Morel e si riproietti "accanto" all'amata Faustine – ciò che da ultimo fa, pur sapendo, ormai, che proprio in questo consisteva la misteriosa "peste" dell'isola: nel fatto cioè che tutti gli essere ripresi dalla macchina e immortalati da essa, sono destinati a una fine precoce e terribile...

Anche se solo si osserva la struttura del romanzo, si può chiaramente dedurne la sua natura metanarrativa: nonostante l'ambientazione quasi classica (il rifugiato su un'isola deserta, un *tòpos* che corre da Omero a Cervantes, per arrivare a Defoe, Dumas, Stevenson...) si tratta di un soliloquio, dato che gli altri personaggi (Faustine, Morel, Dora, Stoever...) vivono in una dimensione ontologica perfettamente parallela, ma che non può aver rapporto alcuno con quella del protagonista. Questa situazione straniante getta una luce inconfondibile sull'*Invenzione* – che manca ad esempio nel successivo *Piano d'evasione*, scritto nella stesso periodo e pubblicato nel 1945 – dove invece romanzo insulare, diario postumo, dialogo, si intrecciano secondo canoni sempre surreali, ma senza l'asciutta astrazione del precedente. Lo squilibrio ontologico, l'asimmetria esistenziale che percorrono *L'invenzione* sono del resto perfettamente contemporanei. Come aveva colto Borges nell'introduzione, il romanzo di Bioy potrebbe sì appartenere alla letteratura di ogni tempo – al medioevo e ai suoi viaggi nell'oltretomba, o al romanticismo e ai romanzi gotici[5] – eppure la natura intrinseca dei suoi personaggi lo fa appartenere indiscutibilmente e inevitabilmente all'epoca nostra.

Lo stesso protagonista di fronte all'apparizione degli "ospiti" dell'isola che lo ignorano (o meglio, sembrano non vederlo) fa una serie di ipotesi: che egli sia stato preso dalla famosa peste con i suoi effetti sull'immaginazione; oppure che l'aria corrotta delle terre basse lo abbia reso invisibile; oppure che tutto sia una simulazione poliziesca; o che si tratti di esseri di altra natura "di un altro pianeta, muniti di occhi ma che non sono fatti per vedere"; oppure uno scambio tra sogno e realtà; oppure che gli intrusi siano dei morti, e che lui sia un viaggiatore dantesco e l'isola una sorta di purgatorio; oppure che lui stesso sia un morto, ma a un altro stadio di metamorfosi, e che quindi non esista: "io non esisto" afferma infatti a un certo punto il protagonista[6]. In ogni modo

> *L'elucubrazione di queste idee mi procurava una reale euforia. Accumulavo le prove che presentavano una relazione con gli intrusi come una relazione tra esseri viventi su dei piani distinti[7].*

Qui inizia la parte più straordinaria del romanzo, cioè il fatto che tutte queste ipotesi si rivelano semplicemente false. Tutte queste ipotesi, che sono state fatte dagli uomini nel corso della loro storia, sul rapporto possibile con altri mondi (con l'al di là della morte, con la potenza della fantasia, con l'esistenza di piani diversi di realtà, con la sopravvivenza di fantasmi o "presenze" entro il nostro piano di esistenza...) – dopo la scoperta di come funziona l'invenzione di Morel, non solo si dimostrano ipotesi *sbagliate*, ma in qualche modo assumono il loro *giusto* senso, quello di anticipazioni (imperfette, incomplete, inadeguate) di questa invenzione.

In che cosa consista propriamente l'invenzione di Morel, come abbiamo già visto nel riassunto del libro, è presto detto. Morel, come spiega lui stesso ai suoi compagni (e indirettamente al protagonista e a noi lettori) è un inventore che è partito, per la sua scoperta, dalle grandi innovazione del suo tempo, la radiotelefonia, il fonografo, il telefono, da un lato, e la televisione, il cinema, la fotografia, dall'altro. Queste invenzioni consistono nella "soppressione di un'assenza determinata": quella dell'orecchio, nei primi tre casi, e della vista negli ultimi tre – per cui tramite questi mezzi, un'assenza spaziale e temporale viene "tolta". Se fosse possibile, lavorando con altri generi di onde, sopprimere anche le altre forme di assenza, come quella tattile, quella olfattiva, quella termica, ecc., si potrebbero ricostruire degli esseri simulacrali, in tutto identici a quelli viventi di cui sono l'"immagine" tridimensionale, anzi, esistenziale.

> *Davanti ai miei apparecchi, una persona, un animale o una cosa sono*
> *paragonabili a una stazione che emette il concerto che voi ascoltate alla*
> *radio. Se aprite il recettore di onde olfattive voi respirerete il profumo*
> *del mazzo di gelsomini che Madeleine porta nel suo corsetto... Aprendo*
> *il settore delle onde tattili, potete accarezzare la sua capigliatura... Ma*
> *se aprite la serie completa dei recettori, Madeleine appare completa,*
> *riprodotta nella sua totalità, identica a se stessa;... nemmeno un solo*
> *testimone ammetterebbe che si tratti di immagini... Vi costerebbe meno*
> *pensare che abbia ingaggiato una compagnia di attori, di incredibili*
> *sosia*[8].

L'analisi di Morel/Bioy è del tutto stupefacente. All'alba delle trasmissioni televisive (le prime avevano avuto luogo in Europa nel 1936, in occasione dei Giochi Olimpici di Berlino), egli delinea con chiarezza il meccanismo comunicativo basato su emittente-canale-ricevente (che Shannon e Weaver definiranno solo anni dopo), e al tempo stesso va molto oltre questo schema rozzamente meccanicistico. Per Morel, i media non sono solo dei "mezzi di trasmissione" (così li definisce ancora nel 1936 Arnheim, fraintendendone la portata)[9], ma sono dei mezzi di "soppressione dell'assenza", dunque di *produzione di presenza* – cioè di produzione di "essere", ma in senso indiretto: producono infatti la negazione dell'inesistenza (*non*-non-essere). In tal senso, le intuizioni di Bioy trovano un'anticipazione già molto sviluppata nelle pagine de *La conquista dell'ubiquità* di Valéry; proprio Valéry intuisce perfettamente che ciò che i media trasmettono è di fatto "la realtà" che tramite essi potrà essere distribuita casa per casa, come l'elettricità o il gas. Ma nella finzione del tutto logica di Bioy le cose prendono un senso ulteriore. Le presenze che infestano l'isola, non sono solo degli avatar comunicativi – non sono solo le proiezioni "reali" di esseri che si trovano da qualche altra parte del mondo, come nel caso di una trasmissione televisiva in diretta. Morel/Bioy chiarisce che la sua invenzione consiste infatti di tre parti distinte: la prima di ripresa, la seconda di registrazione, la terza di proiezione. Anticipando intuitivamente di decenni la possibilità di registrare le immagini riprese (una possibilità che solo l'unione di cinema e televisione poté inizialmente permettere, e che divenne effettiva solo con l'invenzione del nastro magnetico, all'inizio degli anni Sessanta), Morel ha creato un apparato che "salva" le immagini e le traspone in uno spaziotempo del tutto inedito (a tal proposito egli ammette che già grazie al fonografo – e al cinema, naturalmente – "noi abbiamo vinto la morte")[10]. Di più: la sua invenzione dà luogo a una sorta di cinema totale, a cui non servono più dei supporti fisici, "né schermo né carta", poiché la terza parte del suo dispositivo permette delle proiezioni che sono "accolte dallo spazio intero, di giorno come di notte". L'invenzione dunque "ri-produce" la realtà in quanto tale, al punto da renderla indistinguibile dalla sua sorgente ontologica originaria[11].

Nella finzione del romanzo, la macchina da presa e di restituzione della realtà crea dei veri e propri simulacri che compaiono quando il meccanismo viene acceso, e scompaiono se viene spento. In una notevole anticipazione dei classici film di fantascienza, del tipo *L'invasione degli ultracorpi*, per non parlare della tematica postmderna della simulazione, Bioy Casares, per bocca di Morel, si spinge a sostenere che "nulla può distinguerli dalle persone viventi (li si vede che sembrano dislocarsi in un altro mondo, fortuitamente agganciato al nostro)"[12]. Il valore del romanzo però non sta solo in questa, per quanto quasi divinatoria, capacità di anticipazione. Nella fantascienza del genere "sostituzione di persona", furto di identità, oppure "mondi paralleli", le ragioni della nascita dei simulacri sono occultate dietro quelle dell'invasione degli alieni, oppure dietro complotti politico-scientifici – tutte forme di razionalizzazione "irrazionale" (cioè immaginaria) della presa del potere dei media di riproduzione come tali. Bioy invece non cerca scampo in queste scappatoie fantastiche – la stessa ipotesi del complotto poliziesco è la prima che il protagonista stesso lascia cadere in quanto evidentemente "troppo facile". *L'invenzione* innalza piuttosto il tema della riproduzione a un livello veramente metafisico, ad interrogazione sullo statuto dell'identità e dell'essere al tempo della riproducibilità non solo delle opere d'arte, ma dell'uomo come tale. Non a caso, Morel aveva battezzato la costruzione edificata sull'isola il "Museo":

Una sopravvivenza del tempo in cui lavoravo ai progetti di mia invenzione,
senza conoscerne il fine. Io pensavo allora a erigere dei grandi album o musei,
familiari e pubblici, delle mie immagini[13].

Ma questo implica che le opere d'arte, ora, sono divenute gli uomini stessi. Lungi però dal restare dei semplici diorami viventi di se stessi, il vero problema che si pone con i simulacri è naturalmente che essi finiscono per possedere una *coscienza della loro stessa condizione*. Il paradiso terrestre ebdomadario che Morel avrebbe voluto edificare per sé, la sua amata Faustine, e i suoi amici, rischia di diventare dunque una trappola terrificante e senza scampo: come dimostra il fatto che gli ospiti dell'isola restano sconcertati quando Morel spiega loro la condizione esistenziale in cui si trovano, essi sono condannati a sapere che "non esistono" – e nondimeno sono condannati a ripetere ogni volta di nuovo questa terribile scoperta della loro condizione – cioè sono costretti ogni volta a rifare l'esperienza della loro presa di coscienza... In una ferrea quanto traumatica riedizione della "scienza dell'esperienza della coscienza"[14], *L'invenzione* riunisce insieme, in un racconto fantastico ma logicamente plausibile, tanto una rilettura della disidentità logica dell'idealismo che una reinterpretazione dell'eterno ritorno nietszchiano. A posteriori, infatti, la situazione degli ospiti getta una luce straordinariamente chiara sulla condizione dell'identità dinamica intravista da Fichte prima e definita da Hegel poi. Il principio dell'Io=Io qui prende tutto il suo senso drammaticamente adeguato all'epoca della simulazione totale: il secondo Io è in tutto uguale al primo, peccato che esso sia anche radicalmente *diverso* da esso, sia veramente un *non*-Io! Lo stesso Fichte in qualche modo si era del resto già posto davanti al problema di Morel, e, nello sconcertante dialogo tra l'Io e lo Spirito, che costituisce la parte II de *La destinazione dell'uomo* fa dire all'Io:

> *Non conosco niente dell'essere, e tanto meno del mio stesso essere. L'essere non c'è. Io stesso, non so assolutamente nulla e non sono nulla. Le immagini sono: esse sono la sola cosa che esiste, ed esse hanno coscienza di se stesse in quanto immagini... Io stesso, sono una di queste immagini...*[15]

Fichte percepisce perfettamente non solo la labilità dell'Io, disperso nella miriade di rappresentazioni fuggevoli di se stesso (tema humeano), ma anche la problematicità dell'unicità della coscienza, intuendo (anche se poi subito scartando) che in un mondo parallelo, del tutto identico al nostro, potrebbe darsi il caso di *due* coscienze perfettamente identiche: *per absurdum*, se si arrivasse a immaginare un mondo in cui i fenomeni si ripetessero in modo identico...

> *... sorgerebbero due nature invece di una: non possono quindi mai divenir nuovamente reali quei medesimi individui che già una volta esistettero...*
> *Non esiste un incontro di queste circostanze perfettamente identico a quello in seguito al quale io divenni reale, a meno che il tutto non si divida in due mondi perfettamente identici. Non è possibile per due individui perfettamente identici esistere allo stesso tempo*[16].

"...a meno che il tutto non si divida in due mondi perfettamente identici"... –
ma se i due mondi fossero perfettamente identici, *che cosa* permetterebbe di
distinguerli, ossia, che cosa impedirebbe che, invece di due mondi, fossero *uno
solo sdoppiato*? La cosa del tutto straordinaria non è che quest'ipotesi del *mundus
idem et alter* appaia assurda a Fichte, ma il fatto che egli non si astenga dal farla.
Ciò che semplicemente fa Morel è renderla possibile. Il *mundus idem et alter* che
immagina, è esattamente l'isola coi suoi ospiti – un mondo che *insieme*, nello
stesso tempo e luogo, è *altro* dal mondo reale *ed identico* ad esso. Un mondo
rovesciato in-sé, dunque: cioè esattamente, ancora una volta, il modo con cui
Hegel descrive la situazione contemporanea – andando in tal senso al di là di
Fichte, portando giù, nella realtà stessa, dentro di essa, l'idea di duplicazione
che attanaglia la coscienza. "Io è una cosa... La cosa è Io..." dice Hegel nella
Fenomenologia; e aggiunge:*[...] la sostanza vivente è inoltre l'essere che è in verità
soggetto, o... che è in verità effettiva solamente nella misura in cui è il movimento di
porre se medesima, o la mediazione con se stessa nel divenire altro da sé*[17].

Che cos'è l'invenzione di Morel se non proprio la realizzazione *tecnica*
di questa mediazione – cioè una incarnazione mediatico-tecnologica della
mediazione logico-ontologica, la "mediazione con se stessa nel divenire altro da
sé"? Tuttavia, mentre in Hegel il mediarsi di sé con sé nella differenza, contiene
la sfumatura positiva per cui questo è il modo con cui il soggetto attinge alla
verità (diventa cioè veritiera "sostanza"), nel romanzo di Bioy la mediazione
tecnica ha effetti da incubo. In una scena straordinaria, il protagonista, che ha
ormai compreso il funzionamento della macchina da presa totale, si ritrova
nello scantinato dove essa è custodita, ma resta prigioniero delle immagini
prodotte dal dispositivo stesso, dato che queste si ripetono automaticamente.
Così, pur riuscendo a scalfire a martellate l'asettica parete di piastrelle di
ceramica, la "vede" ricostruirsi identica a se stessa sotto i propri occhi, come se
la realtà delle immagini fosse enormemente più forte di quella "semplicemente"
materiale – un'altra prova, se servisse, dell'impianto radicalmente *idealista* del
libro. È una scena a cui si richiama direttamente quella di *Solaris*, di Tarkovski,
in cui il fantasma della moglie del protagonista, morta da tempo, ritorna da lui
e lo segue con una sorta di amore tenero, ma implacabile, sfondando addirittura
una porta blindata per seguirlo, e ferendosi a morte – tuttavia, essendo *già
morta*, il protagonista (e noi spettatori) la vediamo "guarire" inspiegabilmente
in pochi istanti sotto i nostri occhi e tornare "viva" (= non-morta)[18].

Inoltre, l'invenzione creata da Morel ha la seconda drammatica controindicazione
che annienta gli esseri che vengono sottoposti alla sua "(ri)presa". L'immortalità

che promette loro (e che mantiene, visto che i movimenti degli ospiti nella loro "settimana eterna" si ripetono sempre identici), è dunque tinta di angoscia perché essi sono consapevoli di essere morti. "Considerarsi come morti, per non morire" dice del resto il protagonista all'inizio del romanzo[19] – una condizione che non gli lascia altra strada che la scelta radicale di entrare anche lui entro questo universo vero-finto, questa "realtà irreale", decidendo cioè di sottoporre anche se stesso alla ripresa della macchina, "inserendosi" nella vita degli ospiti e soprattutto in quella dell'amata Faustine. Questo inserimento ha le forme di un procedimento che noi oggi conosciamo molto bene, cioè la cosiddetta "post-produzione": il protagonista infatti si fa riprendere in modo tale che "sembri" che egli dialoghi con Faustine e che lei gli risponda, al punto che "uno spettatore poco avvertito potrebbe credere che io non sia un intruso"[20]. Sarebbe però vano e fuorviante ridurre tutta *L'invenzione* a una metafora del cinema o anche della televisione: esso è piuttosto un trattato di come la *mediazione* (idealista, filosofica) sia divenuta "reale" ai tempi della *mediatizzazione* diffusa, e degli effetti insieme catastrofici e anche salvifici che essa ha sulla vita dei soggetti. Catastrofici perché getta una (manniana) "punta di spettralità" sull'intera esistenza "naturale", ma anche salvifici perché manifesta i soggetti a se stessi, rivela che la loro presunta identità non è che l'effetto di una (hegeliana) differenza, di quella che già Morel intuisce come una "sfasatura", un *delay* cioè, che è il vero tratto della identità (e della ontologia generale) della contemporaneità[21]. Infatti, da ultimo occorre non dimenticare che *L'invenzione* è anche uno straordinario romanzo d'amore: se la scelta iniziale di Morel è di "dare una realtà perpetua alla mia fantasia sentimentale"[22], anche la scelta finale del protagonista (una scelta suicida e insieme trasfigurante) è compiuta in nome dell'amore per Faustine, la *belle noiseuse*, l'eterno *feminino* indifferente e già perduto a priori, l'Euridice contemporanea che sempre sarà destinata a sfuggirgli.

> *Provai della repulsione, quasi disgusto, per quella gente e la loro instancabile attività ripetuta.... vivere in un'isola abitata da fantasmi artificiali era il più insopportabile degli incubi; essere innamorato di una di queste immagini era ancor peggio che essere innamorato di un fantasma.*

Ma essere innamorati di un fantasma è forse davvero un male? E il protagonista ne conclude:*[...] forse tutti abbiamo desiderato che la persona amata avesse un'esistenza da fantasma*[23].

Romanzo di fantascienza e d'amore, *L'invenzione* re-inscrive questi sentimenti all'interno del contesto ipermediale che ha ormai avuto il sopravvento sull'illusione che essi avessero un che di ontologicamente stabile, fondativo. Da ultimo, tutta l'isola in cui è ambientato, "non è stabile" e fa parte di un arcipelago dove alcune isole "spariscono mentre altre emergono". Eppure, tutta l'isola potrebbe già essere stata "ripresa", essa stessa potrebbe già essere l'immagine identica di se stessa – qualora sparisse, essa comunque resterebbe invariata, stabile ripetizione metafisica di quella medesima instabilità fisica. Il dispositivo di Morel dunque, potrebbe avere già raggiunto il resto della cosiddetta civiltà – e d'altronde deve essere così, dato che noi ne stiamo leggendo il resoconto... In una scena chiave del libro infatti, il protagonista si imbatte nella copia di un trattato settecentesco sulle maree che egli aveva già in precedenza trovato nei locali del museo:

> *Attraversando la hall, vidi un fantasma di quel trattato di Belidor che avevo preso quindici giorni prima: era sulla stessa mensola di marmo verde. Tastai la mia tasca: ne trassi il libro; li paragonai: non erano due esemplari dello stesso libro, ma due volte lo stesso esemplare...*[24]

Ora, se questo è vero per il trattato di Belidor, che cosa ci assicura che non sia la stessa cosa per il diario del protagonista che stiamo leggendo, ovvero per il libro stesso che abbiamo attualmente tra le mani? Alla fine, *L'invenzione di Morel* è un libro "perfetto" proprio per questo, perché implica il lettore nella sua ipotesi fantascientifica, che coincide drammaticamente con la nostra condizione di obversione contemporanea. Se il libro che stiamo leggendo è il fantasma artificiale di se stesso, chi ci assicura che, a nostra insaputa, noi stessi non siamo diventati le controfigure artificiali di noi stessi? Nel momento in cui leggiamo il libro di Bioy Casares, non veniamo forse a trovarci nella stessa situazione degli ospiti dell'isola, Faustine, Dora, Stoever... quando Morel li rende edotti della loro vera condizione ontologica? – e non è dunque, da ultimo, proprio Adolfo Bioy Casares il *nostro* Morel?

In quanto trattato di ontologia "audiovisiva" tuttavia, il valore del romanzo non può esaurirsi in una, sia pur straordinaria, forma di suggestione letteraria. E difatti, l'universo mediale contemporaneo ne è rimasto segretamente affascinato, anche se in forma largamente indiretta. Certo, dall'*Invenzione* è stato tratto uno dei più sconcertanti film d'autore italiani degli anni Settanta, per la regia di Emidio Greco (1974) – che dona una sfumatura particolare al sottotesto politico di Bioy, facendo del protagonista una specie di rivoluzionario ingannato da un universo di immagini illusorie[25]. In realtà, l'idea di sottoporre degli individui alla ripresa mediale costante, all'interno di un luogo chiuso, ha fin dall'inizio attratto le menti che hanno riflettuto sulla società mediale. Il primo fu Léger, che aveva formulato l'ipotesi, più volte citata, della ripresa cinematografica di un uomo 24 ore su 24[26]; poi negli anni Cinquanta e Sessanta fu la volta degli sperimenti psicologici di isolamento – che però venivano condotti sempre in ambienti videoripresi, quindi in un contesto mediale[27].

L'idea dell'isola mediale però è ritornata prepotentemente alla ribalta solo con l'irresistibile ascesa del *reality show* alla fine degli anni Novanta. Essa si intreccia con la straordinaria storia del primo format televisivo basato sulla realtà, cioè l'americano *Survivor*. Come racconta il suo ideatore, Mark Burnett, un ex-paracadutista inglese, poi emigrato a Beverly Hills in cerca di fortuna, il programma nacque dall'idea di riprendere dei concorrenti che si sfidavano all'interno di un contesto naturale[28]. La prima serie fu, negli USA, un successo enorme, e la puntata finale (agosto 2000) venne vista da oltre cinquanta milioni di persone facendo di *Survivor* il più famoso reality show della storia della tv. *Survivor* ebbe successo proprio perché ribadiva l'antica vocazione americana alla sfida con la natura selvaggia; in qualche puntata poteva capitare di vedere dei distinti professionisti newyorkesi arrostirsi un grosso ratto su un rozzo focolare – dato che fame, freddo, animali, in una parola sopravvivenza, erano appunto gli ingredienti chiave del programma. Il titolo del resto è già alla Bioy: il protagonista de *L'invenzione di Morel* infatti conta di scrivere una *Difesa di fronte ai sopravvissuti*. E nonostante la sopravvivenza di fronte all'ambiente appaia come la marca più evidente del reality, è evidente che essa viene dopo (o se si vuole insieme a) la sua struttura mediale: le sofferenze (vere o presunte) dei concorrenti e i loro sforzi (simulati o autentici) non avrebbero senso senza le telecamere che li riprendono costantemente.

Ma, ancor più interessante, è il destino che *Survivor* ha subito in Europa e segnatamente in Italia. Il programma, sull'onda dell'enorme successo di *Grande Fratello*, fu importato nella sua forma originale, e vi presero parte dei concorrenti di estrazione molto varia (una ragazza sportiva, un maresciallo dell'esercito, ecc.), impegnati – proprio come nell'originale americano – a sopravvivere in un ambiente difficile, senza mezzi di sussistenza, con prove singole e di gruppo, nomination, ecc. Nonostante molti momenti avvincenti ed anche delle situazioni pericolose, *Survivor* in Italia fu un fiasco tale che la produzione ne fermò la messa in onda prima della puntata finale. Il format venne riciclato solo in seguito, con il nuovo nome di *Isola dei famosi*, introducendo la variante fondamentale che, al posto di sconosciuti, i concorrenti erano dei personaggi già noti al pubblico televisivo, delle *celebrities*. In questa versione *l'Isola* ebbe un grande successo, soprattutto perché il focus del programma non era più orientato in forma diretta sul rapporto uomo ambiente, ma sul rapporto dei concorrenti tra loro.

Ora, un accostamento tra un capolavoro della letteratura fantastica come *L'invenzione di Morel* e un reality show piuttosto retrivo della tv generalista come *L'isola dei famosi* può certo sembrare indebito. Tuttavia è indubbio che nello show televisivo agiscano alcuni elementi rintracciabili nel romanzo, come il tema dell'avventura (presente già nella grafica dei titoli), il fatto che si tratti quasi sempre di isole lontane, al largo dei Caraibi o proprio del Venezuela (come nel romanzo), la reclusione di un gruppo entro uno spazio naturale delimitato e, soprattutto, il fattore mediale. Per quanto di tanto in tanto i dialoghi dei concorrenti fra loro, o le loro gesta come naufraghi (pescare, cuocere il poco cibo trovato, ripararsi dalle intemperie, o semplicemente trascorrere il tempo sulle rive dell'isola) possano apparire "trasparenti", naturali (come se fossero compiuti al di fuori di un contesto spettacolare), è più che mai evidente che essi hanno una funzione *sempre* intimamente *riflessa* – da un lato sono azioni dettate dalla necessità o dalle circostanze, dall'altro sono condotte davanti a un apparato di ripresa, che a sua volta implica la partecipazione di un pubblico. L'ingombrante presenza di un ingente dispositivo di ripresa (troupe audio e video che devono riprendere i naufraghi 24 su 24) viene al solito abilmente celata, ma a volte appare inopinatamente all'interno del campo visivo, generando un imbarazzante senso di "opacità". Certo si potrebbe anche tranquillamente obiettare che, comunque, la tv (anche nella sua versione estrema del reality show) *non è* "l'invenzione di Morel", che essa non *duplica veramente* le persone che riprende, e che queste ultime dopo essere state riprese non muoiono lentamente come nel romanzo.

E tuttavia, ancora, proprio questi "famosi" (che sono tali solo in virtù della loro fama televisiva), portati sull'isola, si differenziano dall'immagine che hanno fino a quel momento offerto di se stessi; il sole, la fame, la condizione stessa di naufraghi (sia pur televisivi) e le leggi del reality, impongono un mutamento che li fa differire da se stessi. È del resto rivelatorio il momento in cui fanno ritorno a casa e vengono di nuovo invitati in studio, a raccontare la loro avventura, al solito presentandosi di nuovo splendidi e all'altezza della loro reputazione mediale; anche in questo caso però sono tenuti a confrontarsi con ciò che erano sull'isola. Se pur è vero che sono la stessa persona, la lunga "presa" spettacolare ne fende l'unità interiore: sono un uno che è anche due, un due che sopprime, ribalta ed elimina quell'uno. Anche per questi naufraghi vale la legge di Tori, anche loro, come i personaggi di Morel, sono sfasati rispetto a se stessi – la loro sfasatura anzi deriva proprio dalla ricerca estrema di una unitarietà personale che ha luogo proprio tramite il dispositivo mediale. Anche loro muoiono come persone normali, muoiono cioè all'altare della loro unità – e il posto di Morel, che legge le regole della sua invenzione agli inconsapevoli ospiti, è già pronto ad essere preso dal tipico "autore televisivo" che spiega ai concorrenti le regole del prossimo gioco – e naturalmente la diposizione delle telecamere.

Del resto, sulla "malattia mediale" Bioy ha delle intuizioni che sono al riguardo estremamente preziose. Quando il protagonista de *L'invenzione* si accosta a Faustine per parlarle, ella non lo degna di uno sguardo, anzi, letteralmente non lo vede e sembra, dice Bioy, "come se posasse per un'invisibile fotografia"[29]. Questa suprema indifferenza non è qualcosa di tipico della personalità mediale? Benché sia un'aura assolutamente non determinabile in termini fisici, dato che ha ben poco a che fare con l'avvenenza o meno della persona in oggetto – si può dire che essa provenga proprio dal fatto stesso di "essere stati oggetto di ripresa". Chiunque abbia avuto a che fare con una personalità mediale può confermare proprio questo strano disagio che si prova di fronte ad un essere al tempo stesso più-e-meno che umano, che si trova sì di fronte a noi, ma che in qualche modo anche "non è dove è". In quanto oggetto di uno sguardo non-umano (il dispositivo mediale), il soggetto è stato spossessato da se stesso, e insieme sembra avere attinto a una dimensione immortale, benché leggermente inumana, artificialmente spettrale. L'avvento del reality show, cioè di uno spettacolo che spettacolarizza la vita stessa, e, nel caso dell'*Isola dei famosi*, le funzioni primarie, come muoversi, lavarsi, dormire, mangiare, ripararsi ecc., ha reso ancor più drammatico e insieme più "democratico" questo scollamento. Del resto, lo stesso protagonista de *L'invenzione*, che per amore di Faustine vuole raggiungerla nel suo al di là mediale, si trova costretto a "recitare la parte di se stesso" proprio come il tipico partecipante a un reality show:

> *È stato il risultato naturale di una laboriosa preparazione, quindici giorni di studi e di ininterrotte ripetizioni.... Nei primi giorni, la coscienza importuna di stare recitando un ruolo mi ha tolto la spontaneità; ma l'ho vinta, e se l'immagine trattiene – come penso – i pensieri e gli stati d'animo delle giornate in cui è stata registrata, la gioia di contemplare Faustine sarà l'elemento in cui vivrò per l'eternità[30].*

Le sue parole non ricordano da vicino quelle che del personaggio dell'oste nel *Mondo alla rovescia* di Tieck, quando dice a se stesso di "cercare di essere spontaneo" – parole che pronuncia proprio all'interno di una finzione (cfr. *supra*, § 2)? Ed esse non costituiscono proprio il punto classico di ogni reality show – questo "lasciarsi andare", questo "essere se stessi" – proprio nel luogo centrale della falsificazione, dello sdoppiamento coscienziale, dell'auto-riflessione suprema, nel cuore del dispositivo duplicante?

Quello che però costituisce il nocciolo del romanzo di Bioy Casares (e che invece nel reality televisivo viene accuratamente occultato) è che il destino di trasfigurazione mediale non attinge più solo i cosiddetti "famosi", ma costituisce ormai, nell'epoca matura dell'obversione, *il destino del soggetto come tale*. Da questo punto di vista si potrebbe anche rileggere tutto *L'invenzione di Morel* come un punto di snodo tra esistenzialismo e *inesistenzialismo*. Il protagonista è davvero un *Dasein* "gettato" nel mondo, anzi naufragato sulla Terra, e il suo sopravvivere è fin dall'inizio un consapevole essere-per-la-morte. Ma il dispositivo moreliano cambia le cose – esso gli offre la possibilità di sfuggire all'*existentia* non tanto per avere accesso all'*essentia*, quanto piuttosto per guadagnare un'esistenza inessenziale o una essenza inesistenziale. Per quanto sembrino separate solo da un gioco di parole, si tratta di due condizioni diverse: nel primo caso (esistenza inessenziale) abbiamo a che fare con la figura del naufrago, che, in quanto unico sopravvissuto, "ultimo uomo" solitario, esiste certamente, ma, non potendo esercitare alcuna socialità, è del tutto inessenziale, ha perso il suo *Wesen* umano. Nel secondo caso (essenza inesistenziale) siamo di fronte a una controfigura mediale, a una "illusione ontica", a cui è "essenziale" l'inesistenza. Il protagonista del romanzo, dunque, decidendo di immortalarsi sotto forma di duplicato mediale, sceglie *entrambe le alternative*: sceglie una consapevole morte – che è al contempo una sorta di spettrale immortalità. Questo snodo è ciò che fa veramente dell'*Invenzione* un romanzo di "esperienza coscienziale" – mentre, al contrario, il reality assume il contesto spettacolare come il già-dato alla coscienza, e l'evoluzione che propone ai suoi partecipanti (e indirettamente a tutti noi) finge che sia parte di un'"esperienza autentica", *veramente* vissuta "a contatto con la natura".

Ma la natura stessa, qui, proprio come l'isola di Villings che fa da scenario a *L'invenzione di Morel*, è già stata per suo conto contaminata dal dispositivo duplicante – per cui entrare in contatto con essa significa al tempo stesso entrare in contatto con il più prossimo e con il più alieno. In altre parole, significa entrare in contatto con qualcosa di davvero "abissalmente profondo", l'*Abgrund*, che però non è più la *physis* ancestrale, la selvaggia Gea, il "pianeta azzurro", la Madre originaria – ma il concetto più astratto possibile, cioè la *disidentificazione* al suo stato più puro.

9. L'Aleph (e l'Omega)   *Borges e la premonizione*

Avevo compreso da tempo che non c'è cosa al mondo che non sia germe di un Inferno possibile; un volto, una parola, una pubblicità di sigarette potrebbero render pazza un persona, se questa non riuscisse a dimenticarli.
Borges, *Deutsches Requiem*

L'analisi dell'opera di Bioy Casares allunga la sua ombra sul suo più famoso amico Borges, anche se quest'ultimo naturalmente in un certo senso ne costituisce il presupposto culturale – come dimostra la prefazione dello stesso Borges all'*Invenzione di Morel.*

E ovviamente confrontarsi con Borges non è facile – non perché sia in sé difficile (è strutturalmente complesso, incredibilmente articolato nei suoi riferimenti incrociati, oggetto di infinite analisi letterarie e filosofiche...), ma perché si tende a comprimerne l'interpretazione entro le forme del passato, entro la "Letteratura"[1]. Ma se l'idea storica predominante nell'epoca obversa è quella di una contemporaneità che scrive a ritroso i suoi precedenti – perché non si dovrebbe applicare questa nozione anche alla storia della letteratura? In questa chiave, Borges apparirebbe *non* come il più letterato degli scrittori del Novecento, *ma* come uno scrittore che, dal limite del contemporaneo, "riscrive indietro" i propri presupposti letterari – una sorta di Morel la cui invenzione invece di essere audiovisuale è testuale. E del resto, che cos'è il Menard di Borges – protagonista del ben noto racconto in cui cerca di "riscrivere" il *Don Chisciotte* – se non esattamente questo, una "invenzione di Morel" testuale?

D'altra parte, Borges è stato già largamente interpretato in questa direzione "extraletteraria" grazie alle sue evidenti implicazioni filosofiche – ad esempio Dennett e Hofstadter prendono spunto dal racconto *El Otro* per introdurre il tema del loro libro *L'io della mente* (1993)[2]. Eppure, anche in questo caso di interpretazione estrema, dove il testo del racconto viene letto in chiave apertamente teoretica, Borges resta confinato in una specie di limbo extrastorico, come se non fosse uno scrittore argentino del XX secolo, quasi che l'aura astorica tipica del suo stile, invece di essere presa per quel che è (la marca più evidente del suo essere profondamente "contemporaneo") fosse invece un "dato di fatto", una cosa che "realmente" permette di trattarne i testi indipendentemente dal loro contesto. Un esempio di questo *misunderstanding* è costituito appunto da *L'io della mente* – un libro che, proprio cercando di occuparsi del problema dell'identità, finisce per ricadere invariabilmente nel presupposto epistemologico di fondo, l'oggettivazione (mente) della soggettività (l'Io), già messo in discussione da Fichte.

Tra Bioy Casares e Borges però intercorre una differenza notevole: i richiami di Borges all'universo mediale sono scarsi, per non dire assenti. Non solo Borges non ha mai scritto un'*Invenzione di Morel*, ma nei suoi racconti i riferimenti alla contemporaneità sono rari, sporadici, e volutamente a-storici. Ogni qualvolta in Borges si incontra un oggetto, esso sembra immediatamente appartenere a una dimensione atemporale del tutto caratteristica: un coltello, una matita, uno specchio, una casa, una via, la musica di un tango, e via dicendo, sono come gli oggetti impiegati in una installazione di un artista concettuale, cioè sono insieme più e meno-di-se-stessi. Sono meno di se stessi dato che non hanno una dimensione realistica (sono solo immagini letterarie), e più-di-se-stessi dato che appartengono simultaneamente al loro tempo e a tutti i tempi possibili, fanno parte di quello che Foucault (un altro *aficionado* di Borges) definiva l'"apriori storico"[3]. Qui risiede un elemento centrale per definire la "temporalità" borgesiana: e se i racconti di Borges andrebbero interpretati proprio come si fa in psicoanalisi con un sogno, in cui la "mancanza" stessa è un indice simbolico, cioè è il segno certo di una (latente) presenza. L'assenza di riferimenti alla contemporaneità, ricoperta dall'affollarsi quasi soffocante di rimandi letterari, storici, teologici, scientifici, filosofici, vernacolari, in una erudizione senza pari, non è essa stessa il segno più certo della "contemporaneità di Borges"?

Se questo è vero, allora la contemporaneità di Borges, che è "tematicamente" assente dai suoi racconti, andrebbe colta al livello sintomale. Se si rilegge l'*Aleph*, il suo racconto più noto, in chiave "laica" (cioè al di fuori del cliché del "grande scrittore cieco" ossessionato dalla memoria, dalla letteratura e dalla Storia), appare del tutto evidente che la descrizione dell'Aleph ha a che fare con un apparato audiovisivo[4]. La piccola "sfera cangiante" è una sorta di schermo, che necessita di "oscurità e immobilità" per essere colto, cioè della posizione standard dello spettatore cinematografico. Il fatto che a queste condizioni vada aggiunta quella del tutto insolita del "decubito dorsale" fa capire che L'Aleph sembra essere qualcosa di più di una semplice "lanterna magica": è un vero dispositivo mediale che, anche se può richiamare il "cinematografo", in realtà lo sorpassa di molto quanto ad esperienza, e la cosa che più vi somiglia in effetti è una "videoinstallazione", per apprezzare la quale lo spettatore deve addirittura sdraiarsi per terra. Anche il fatto che le immagini dell'Aleph appaiano su una sfera cangiante che racchiude "vertiginosi spettacoli", ha un significato preciso: proprio negli anni in cui fu scritto il racconto di Borges, un esponente del lettrismo francese, Gil J. Wolman, aveva realizzato un film, *L'Anticoncept* (1951) da proiettarsi all'aperto su un pallone gonfiabile bianco, che doveva fungere da schermo[5]; ma già prima di lui, László Moholy-Nagy, in *Pittura fotografia film* (1929) aveva immaginato la possibilità di un avveniristico "policinema" con più schermi sferici, su cui le proiezioni si sarebbero succedute in sequenza grazie a proiettori mobili, generando una forma del tutto inedita di montaggio[6].

La stessa sequenza di immagini che scorrono entro l'Aleph assomiglia molto a un film "ipermontato" nel più tipico stile sperimentale: i riferimenti borgesiani sembrano quelli tipici di un montaggio di materiali cinematografici eterogenei, da "i sopravvissuti a una battaglia in atto di mandare cartoline", a "tigri, stantuffi, bisonti, mareggiate ed eserciti". Tali scene paiono succedersi, ma anche inspiegabilmente convivere simultaneamente, entro i limiti angusti della sfera magica – che così appare presa in una duplice contraddizione: da un lato, la sua esiguità spaziale e la sua specifica localizzazione (il "diciannovesimo scalino" della cantina...) contrasta col fatto che nell'Aleph vediamo la totalità dell'universo; dall'altro lato, la precisa collocazione temporale ("il trenta aprile 1941...") viene smentita dal fatto che l'Aleph funziona come una vera macchina del tempo capace di spedire chi la guarda in dimensioni temporali "altre" dal presente. Nondimeno, queste caratteristiche sono esattamente quelle tipiche della videoinstallazione, che riesce a unire, allo sfasamento temporale proprio del cinema, lo sfasamento spaziale dovuto alla specificità situativa (*site-speficness*). L'Aleph funziona sicuramente grazie all'effetto-montaggio (compresenza di frammenti visivi diversissimi), ma non si riduce evidentemente a questo (altrimenti sarebbe un doppione del cinema): al montaggio tradizionale aggiunge sia la compresenza spaziale di più fonti visive (che nelle installazioni moderne è data dalla presenza di due o più schermi), che l'inusuale collocazione dello spettatore il quale, stando sdraiato, viene come distolto dalla forza gravitazionale, e inizia a "volteggiare" fra le immagini – da cui la qualità "vertiginosa" dell'esperienza borgesiana. In tal senso, il retroterra estetico dell'Aleph, molto più che le descrizioni antiche delle lanterne magiche o delle fantasmagorie settecentesche, sono le opere sperimentali coeve – dagli esperimenti lettristi ai film di Stan Brackhage e di Paolo Gioli, a opere meta-cinematografiche come i film di Guy Debord, alle prime videoinstallazioni di Bill Viola, fino alla ripresa dell'antica idea di lanterna magica in chiave ipercontemporanea, come nelle performance di Ken Jacobs, un filmaker che ha realizzato degli spettacoli audiovisivi senza "cinema" (né proiezione né schermo), proiettando immagini generate da luci tutto intorno allo spazio occupato dagli spettatori, con effetti "immersivi"[7].

Tuttavia, è anche altrettanto evidente che l'Aleph non è riducibile a un'opera d'arte, per quanto multimediale. Né strumento di semplice rammemorazione (per quanto l'amico Carlos Argentino rammenti a Borges che nell'Aleph potrà rivedere Beatriz, l'amata scomparsa), né semplice medium tecnico (a contrasto con la semplicistica idea di "uomo moderno" "munito di telefoni, di telegrafi, di fonografi, di apparecchi radiotelefonici e cinematografici" evocata da Argentino stesso nel suo goffo poema) l'Aleph costituisce una vera "esperienza" nel senso hegeliano del termine, come "sconvolgimento totale", capovolgimento radicale della coscienza – esperienza del "fare esperienza" come tale. Il coglimento dell'"oggetto segreto e supposto", cioè l'"inconcepibile universo", coincide col coglimento dell'Assoluto – la vertiginosa "ricapitolazione" di tutte le precedenti esperienze della coscienza.

Forse non a caso *L'Aleph* è coevo di *1984*, essendo entrambi apparsi nel 1949: infatti è sintomatico che l'esperienza dell'Aleph non sia euforizzante, ma stremante, e lasci il protagonista colmo di una "infinita venerazione" unita a una "infinita pena". Questa venerazione e questa pena non somigliano molto alla "accettazione" su cui si chiude il romanzo di Orwell? E questa "accettazione", dovuta alla "cognizione totale", non passa forse attraverso l'onnipresenza mediatica del Grande Fratello? O, in altri termini, che cos'è Oceania, se non l'Aleph stesso, il luogo dove tutto è compresente con tutto, dove tutto è visibile da tutti dappertutto, dove ogni punto visto è anche un punto di vista, dove la Storia è un testo "che noi decifriamo e scriviamo continuamente e nella quale veniamo anche scritti"?[8]

Sarebbe possibile proseguire su questa china, e indicare in Borges un preciso anticipatore degli strumenti che la medialità contemporanea va perfezionando. Se si prende ad esempio il celebre racconto *Il libro di sabbia*, in cui si narra la storia di un libro infinito, nel senso di dotato di pagine infinite, che il protagonista osserva con incredula avidità di lettore, si resta colpiti da un dettaglio. Borges descrive con insolita precisione cosa accade quando si trova per le mani il libro stregato:

> *Con la mano sinistra sopra il frontespizio, cercai la prima pagina con il pollice quasi incollato all'indice. Tutto fu inutile: fra il frontespizio e la mano si interponevano sempre nuovi fogli. Era come se sorgessero dal libro*[9].

Il gesto di separare le pagine di un grosso tomo sembra quello divenuto convenzionale dopo quasi sei secoli di stampa tipografica, eppure, qui assume un senso diverso. Non sembra proprio il classico gesto del "pizzicare" (pinching) reso celebre dai moderni touch screen? E che cosa sono i fogli che continuano a proliferare dal libro, se non le "pagine" immateriali non tanto di un e-book, ma proprio del web, illimitati perché in continua espansione (si parla di circa 340 miliardi di miliardi di miliardi di miliardi di numeri IP)? In altre parole, *che cos'è davvero* il "libro di sabbia"? Non lo abbiamo attualmente disposizione nella forma tanto classica quanto sconcertante dell'iPad, o *tablet*, questa tavoletta così semplice nella concezione, e così sconcertante nelle immense potenzialità?

Anche se spesso i racconti di Borges flirtano con il mistero – e in questo caso al Libro viene giustamente affibbiato l'epiteto di "diabolico" – tuttavia si tratta di un'atmosfera magica che non nasce dall'irrazionale, ma da un estremo razionalismo. Il Libro dei Libri è sì un "oggetto da incubo", "una cosa oscena che infamava e corrompeva la realtà" – ma la realtà che viene così corrotta è solo la "vecchia" realtà pre-mediale, unilaterale, e destinata in un certo modo a finire e a corrompersi. La logica stringente di Borges emerge esattamente in questa irreversibile fine della realtà a causa di un Libro; una stringente verità che peraltro Borges esprime proprio in un libro.

Così, con i racconti di Borges accade proprio quel che ci succede con *L'invenzione di Morel* di Bioy Casares: la veridicità del racconto consiste nel fatto che esso ci implica, raggiungendoci da dentro l'invenzione letteraria fino ad agganciarsi alla nostra condizione "reale/irreale" di lettori. Non è solo che *Il libro di sabbia* sia un'anticipazione "preveggente" delle nuove tecnologie, è che da dentro la forma-libro si estroflette in una negazione del libro che ne costituisce la logica prosecuzione. In altre parole, se leggessimo *Il libro di sabbia* su un iPad, percepiremmo con chiarezza che esso di fatto non sta parlando di un oggetto misterioso, ma della nostra realtà (mediale) "da sogno/incubo". D'altra parte, Internet, questa sorta di libro infinito composto da miliardi di miliardi di "pagine" (di cui l'iPad è il semplice strumento di consultazione), se inteso come uno sviluppo della originaria rete Arpanet, in effetti è addirittura anteriore (1969) al racconto di Borges (1975), per cui si potrebbe persino rovesciare l'assunto e sostenere che è la "realtà" ad aver "presagito" il racconto di Borges e ad averlo reso possibile. La cosa decisiva è che abbiamo in questo caso una tipica "presupposizione reciproca" per cui se il "libro di sabbia" è l'incubo che corrompe la realtà, da parte sua la realtà è l'incubo che corrompe la letteratura – in questo "tornare" di un "posto" nel suo "opposto" consiste l'ultimo incubo a cui il protagonista può porre rimedio solo perdendo il libro di sabbia nell'infinita polvere di una biblioteca che contiene (non meno di internet) milioni di milioni di libri. Naturalmente questa equivalenza costringe a rileggere in modo radicale l'identità (tanto esaltata dalla critica borgesiana) tra "libro" e "mondo": tale identità è piuttosto una disidentità interna al libro come tale *e* al mondo come tale. Il mondo non è *descritto* dai libri, ma li contiene come il pezzo "disidentico" di se stesso, mentre i libri non sono semplici "descrizioni" del mondo, ma sono anche pezzi di mondo reale e, in quanto tali, sono disidentici da se stessi.

Questo tema del "ritornare" di una cosa nell'altra, oltre a percorrere tutta la narrativa borgesiana (nei simboli del labirinto, dei molti individui che sono lo stesso individuo, dell'eternità ciclica, ecc.)[10] assume un valore decisivo proprio alla fine de *L'Aleph*. Infatti, dopo aver contemplato quella meravigliosa *coincidentia oppositorum* che è l'Aleph, "per la via, per la scalinata di Plaza Constituciòn, nella sotterranea", tutti i volti appaiono "familiari" al protagonista.

> *Temetti che non fosse rimasta una sola cosa capace di sorprendermi, temetti che non mi avrebbe più abbandonato quell'impressione di tornare a tutte le cose*[11].

Quantunque Borges invochi molto spesso nei suoi racconti il concetto di "sogno" (il sogno di Chuang Tzu che sogna la farfalla che lo sogna, il sogno del Borges vecchio che sogna il Borges giovane che a sua volta dice di sognarlo, ecc.) è evidente che noi oggi disponiamo di una esperienza "reale" che è del tutto simile a quella alephiana del racconto. Recentemente mi è accaduto di dovermi recare in una cittadina che non conoscevo affatto nella Francia settentrionale, presso la Loira. Per individuare il luogo esatto del mio soggiorno, la scuola e la casa dove avrei abitato per diverse settimane, oltre al solito Google Earth ho utilizzato l'efficace visita virtuale fornita da Google Street View. Quando mi sono recato poi sul luogo, il tour virtuale mi è stato di effettivo aiuto per non perdermi e orientarmi con sicurezza nella nuova città – dopo di che mi sono dimenticato dell'episodio. Dopo qualche tempo però, passeggiando per una strada qualunque, mi ha preso uno strano senso di "familiarità", proprio come se avessi già visitato in sogno quegli stessi luoghi.

In effetti, la visita virtuale fornita dalla street view ha il vantaggio di permettere di osservare case e strade da un punto di vista basso, ad altezza passante, con un notevole grado di verosimiglianza (diversamente dall'osservazione zenitale dal satellite). Questa visita però trascina con sé il bizzarro effetto di un "perturbante rovesciato": al posto della dis-familiarità, abbiamo un eccesso di "impossibile" familiarità con luoghi mai visitati realmente, un effetto assai simile a quello che prende Borges *dopo* la visione dell'Aleph. Dopo Google Street View il senso della "prima volta" diventa impossibile, proprio perché esso rende tecnologicamente operante il senso di "ritorno" onirico, cioè funziona da vero contrappunto tecnologico del "sogno premonitore". Ma non basta: di fatto, questa osservazione getta una luce del tutto diversa sia sul senso dell'Aleph che sul senso stesso delle cosiddette "premonizioni". L'Aleph è più di una videoinstallazione, poiché profetizza lo stadio video nella sua dimensione più avanzata e più diffusa; d'altra parte, ogni premonizione onirica o parapsicologica si evidenzia qui come un pallido e incerto antecedente della Street View. Il senso delle premonizioni (e dell'Aleph stesso, inteso come oggetto "magico") ha pertanto ben poco a che fare coll'esoterismo, la parapsicologia, le facoltà medianiche e quant'altro; piuttosto il ragionamento andrebbe rovesciato, nel senso che sono tutte queste attività "paranormali" a svelarsi, nel dominio e nella capillarità della video-tecnologia odierna, come *antecedenti* di quest'ultima. Google Street View *è* l'Aleph odierno, è la "realizzazione" di ogni possibile sogno premonitore e di dislocazione; è una dislocazione *in imago* rispetto a cui ogni ubiquità onirica risulta sorpassata e scadente, confusa e non replicabile.

D'altra parte, questo effetto-ritorno non è certo iniziato con Google Street View, ma ha preso avvio fin dagli albori dello stadio video. Già i panorami ottocenteschi, che ricreavano in una città (come Londra) la visione "immersiva" di un'altra città lontana e desiderata (come Napoli), adombravano qualcosa che, tramite un viaggio, poteva esser visitato realmente. Il cinema però ha dato maggior ridondanza a questo effetto, al punto tale che, per un europeo, la prima visita a New York risulta quasi un *dejà vu*, a causa dell'enorme numero di film ambientati in quella città, che nel frattempo è già diventata la quinta teatrale (o meglio la scenografia) di se stessa[12]. Ma al cinema la realtà è ripresa, ma anche reinterpretata, tagliata, montata, postprodotta – divenuta lo sfondo mitico di vicende che solo illusoriamente ci sembra già di conoscere. Invece la Street View ci restituisce la realtà così come potremmo vederla dal vivo – è il secondo monitor di *Live-Taped Video Corridor*, quello vuoto, con la pura ripresa del corridoio "in attesa": il corridoio, senza di noi, schiude la dimensione trans-topologica che ci aspetta, che ci preesiste. Nello stadio video avanzato in cui ci troviamo, anche il rapporto tra sogno e realtà si inverte: il sogno si è compiutamente realizzato, e tocca alla realtà prendere quelle dimensioni "da sogno" (o da incubo) che ritroviamo tante volte nei racconti di Borges così come nella nostra esperienza quotidiana.

Il senso di "ritorno" che coglie il protagonista de *L'Aleph* assume quindi qui tutto il suo significato dialettico: non solo gli sembra già di avere visto tutto, e dunque di "ritornare" a tutte le cose, ma l'esperienza andrebbe letta a rovescio, come se tutte le cose "ritornassero" al loro status di immagine, perdessero consistenza, diventassero quegli oggetti arbitrari e spettrali, privi di un'effettiva determinazione e di caratteristiche individuali, che costituiscono di fatto la realtà obversa, inessenziale, "platonica" (come spesso ama ricordare Borges stesso) che ci circonda[13].

10. L'uomo che scoprì l'obversione

Pensare, significa, prima di tutto, esistere. Anche se un concetto è in primo luogo un ente logico, sarebbe vano tentare di capirne il significato senza viverlo, per così dire, dall'interno. Alla celebre osservazione di Kant, secondo cui il concetto di cento talleri può essere pensato senza che questo implichi in alcun modo la loro esistenza, compete l'obiezione di Hegel, il quale invece fa notare che, se a pensarli è il mio creditore, questo significa che, proprio perché "non esistono" sul mio conto bancario, sono in debito con lui – e il debito sarà pure un "ente logico", ma, possedere oppure no quel denaro, è un fatto esistenziale che mi cambia come persona, cioè "io" sono con ciò "un contenuto diverso"[1].

Così, se la logica classica era la struttura mentale del tutto adeguata ad un mondo macroscopico, dove vigeva una fisica fatta di forze, corpi, leggi non contraddittorie, nel mondo del "non", come lo ha definito Gaston Bachelard, cioè delle geometrie non-euclidee e della fisica non-newtoniana, è inevitabile che sia indispensabile, anzi, vitale, una logica non-classica, non-aristotelica, non-identitaria. Benché, come ricorda Bachelard stesso, l'esigenza di un tale pensiero fosse già presente in pensatori diversi (da Hegel a Korzybski), è solo con la riflessione del filosofo rumeno (naturalizzato francese) Stéphane Lupasco (1900-1988) che possiamo dire di essere di fronte a una compiuta riflessione logica post-classica[2].

Come Bachelard, anche Lupasco parte dalla constatazione che le scoperte della nuova fisica relativistica e quantistica hanno rivelato il carattere contraddittorio delle categorie fondamentali di spazio e tempo, e di ciò che chiamavamo "oggetti" e che dovremmo ribattezzare "sur-oggetti"[3]. Mentre però Bachelard si limita a invocare la necessità di un nuovo pensiero che possa stare al passo con queste scoperte, Lupasco si spinge molto più in là, in un certo senso capovolgendo questa genealogia, iniziando a pensare in modo non-classico e dimostrando che il pensiero della contraddizione è non solo *adeguato* a un universo indeterministico, ma, in un certo senso, *lo rende possibile*, ne fa qualcosa di "pensabile" e lo attualizza. Inizialmente, anche Lupasco si appoggia sull'evidenza che, nel mondo quantistico, il concetto di identità e la logica del "terzo escluso" diventano letteralmente impossibili, dato che la contraddizione fra identità e non-identità è intrinseca al mondo della microfisica[4]. Ma già in alcuni articoli degli anni Quaranta[5] e poi nel suo capolavoro, *Logique et contradiction*, del 1947, avvia una reinterpretazione del pensiero del tutto originale e svincolata da ogni riferimento estrinseco. L'atto del pensare implica letteralmente una dinamica transfinita – cioè né finita né infinita – che si serve di concetti come di "insiemi contraddittori transfiniti"[6]. Occorre cessare di immaginare la contraddizione come una "anomalia" logica, che distrugge il valore del pensiero: questo accade se continuiamo a pensare il contraddittorio come il "falso", ovvero come il contrario del vero, dunque qualcosa che "non esiste". Ma ogni concetto implica il suo opposto, e (anche se la logica classica ha ridotto la non-identità a un valore apparente, inessenziale), "l'identità, a sua volta, implica la non-identità"[7].

Questo lo porta a concepire apertamente una logica del Terzo incluso, o trivalente, secondo la quale esiste un terzo termine T che è *nello stesso tempo* A e non-A. Questo "terzo valore" è la "coesistenza contraddittoria allo stesso grado di due veri" (cioè il vero affermativo e il vero negativo della non-identità), concezione che lo spinge a mettere per iscritto la "miracolosa" stringa logica "A $\supset$ non-A e non-A $\supset$ A"[8].

Il carattere meraviglioso di questa scoperta non risiede tanto nella sua forma logica "descrittiva" che, per sua stessa natura, resta diacronica, come se fosse un film, la cui prima parte *precede* la seconda, ma nel fatto che Lupasco "pensa insieme" identico e disidentico come in una dissolvenza incrociata, che crea un terzo valore, T, intrinsecamente contraddittorio. Infatti, anche se, nella forma, la sua stringa può richiamare il celebre "paradosso di Russell", essa si differenzia da quello perché è di applicazione enormemente più vasta e, lungi dall'essere correlata solo alla logica matematica degli insiemi, assume una potenza pienamente ontologico-esistenziale. Questa idea anticipa chiaramente la nozione di *obversione*: anche se tecnicamente "obversione" indica la doppia negazione che si fa identica al dato di partenza, tale "ritorno" all'identità iniziale classica è in effetti contraddittorio, dato che trascina con sé l'ombra della dis-identità, proiettandone la frattura fin dentro l'identità. Giustamente, Lupasco sottolinea che, in questo contesto, pensare è "una sorta di esplosione", una vera e propria "insurrezione concettuale"[9]. Egli – e qui sta il passo avanti rispetto a Hegel – fa propria la logica degli insiemi transifiniti di Cantor (che conduce al paradosso di Russell) proprio sostituendo al termine di eguaglianza (=) il termine di implicazione ($\supset$) sostenendo che la logica delle estensioni delle classi è una "logica dell'identificazione progressiva", ossia dinamica; "è giusto dunque definire l'identità ... attraverso l'implicazione di A con A (A $\supset$ A)"[10]. Ma, osserva ancora Lupasco, se descriviamo l'identità in questi termini dinamici, "progressivi", che si attualizzano a partire da una identità virtuale, allora è indispensabile anche pensare l'attualizzazione di una virtuale non-identità, ossia l'implicazione di non-A attraverso non-A[11].

Quello che Lupasco pensa sia a questo punto imprescindibile è "pensare insieme" queste due figure logiche, di modo che l'identità implichi la non- (o dis-) identità e , reciprocamente, la non-identità implichi l'identità. Questo *pensare insieme* è, dunque, un Terzo termine, mai veramente accettato né dalla logica formalmente intesa, e nemmeno dal pensiero comune, dato che "vi è una paura istintiva, che viene dal fondo del nostro essere, di fronte all'accettazione del [fatto che] esiste un terzo termine che è *allo stesso tempo A e non-A*, in quanto tale accettazione sembra mettere in dubbio la nostra propria identità, e la nostra propria esistenza"[12].

Ciò che qui definiamo "obversione", ossia la dimensione dinamicamente "ritornante" dell'identità implicante la non-identità (e viceversa), che insieme si tiene *e* si nega, è praticamente già compresa nella straordinaria audacia filosofica espressa da Lupasco.

Ora, il punto da afferrare appieno nell'insegnamento di questo grande pioniere filosofico è che Lupasco ci costringe ad ammettere che pensare la contraddizione significa viverla, poiché "tutto ciò che è logico [è] esistenziale"[13]; e pertanto pensare l'obversione significa anche sentirla, capirla, accettarla, dentro e fuori di noi.

Ma questa curvatura esistenziale è tutt'altro che scontata. A metà del secolo scorso, la sua scoperta della centralità del "dualismo antagonista" e della "struttura ternaria" della realtà aveva chiaramente un valore costruttivo, anzi ricostruttivo, che si diramava a un livello etico, psicologico ed estetico in una sorta di filosofia "energetica", sempre sul punto di transitare dal potenziale all'attuale[14]. Non solo le scienze, ma la cultura tutta, manifestava ancora un autentico "orrore della contraddizione"[15] contro il quale occorreva compiere una complessa operazione di decostruzione ideologica. Non è un caso che Lupasco abbia trovato in quegli anni gli alleati più influenti non nei logici o negli scienziati, ma in artisti o critici interessati ai suoi temi, tra cui André Breton e Salvador Dalì, che ne condividevano la visione dialettica. Lupasco, anzi, giunge a oltrepassare la nozione classica di "sur-realismo" come "arte dell'immaginario" o del sogno (dualisticamente opposto alla realtà), verso un "sub-realismo",[16] ossia un'arte del mondo quantico che non è "né reale né irreale ... ossia ... semi-reale e semi-irreale al contempo",[17] dato che il nuovo valore estetico o bello artistico non è che la "coesistenza sempre più contraddittoria" di identico e dis-identico[18].

Oggi, tuttavia, ciò che è accaduto è un fenomeno inedito quanto sconcertante. Tutte queste logiche, a bene vedere, sono state assimilate in una sorta di bis-pensiero orwelliano che, sotto l'apparenza di averle fatte proprie, in realtà si limita a scimmiottarne le movenze per indulgere nel più retrivo dei dualismi. Siamo così sottoposti a una sorta di massaggio neuronale continuo che ci sussurra di identità "transitorie", di alterità accettabile, di fluidità esistenziale, di inclusione e di "pensiero non-binario", di "arte contraddittoria", e via dicendo - salvo poi, nel suo complesso svelarsi d'improvviso come un monolite incrollabile che non ha, e si rifiuta ostinatamente di avere, coscienza della propria "coscienza senza coscienza",[19] ossia della propria identità disidentica: vero Grande Fratello contemporaneo, disperatamente radicato nella propria inconsapevole contraddittorietà.

È come strumento analitico e, insieme, critico verso questo (pseudo) bis-pensiero che dobbiamo ancora una volta fare appello alla definizione lupaschiana della logica, intesa precisamente come "scienza delle dinamiche contraddittorie di ogni esperienza"[20].

11. "You do not exist" _ Il profeta dell'obversione

> *La Filosofia... è proprio quella dottrina che libera l'uomo...*
> *di modo che per [esso] sia... lo stesso l'Essere o il Non-essere.*
> Hegel, *Enciclopedia delle scienze filosofiche in compendio*

Chi non è più tanto giovane ricorderà di certo lo strano turbamento al sopraggiungere del fatidico capodanno del 1983 – qualcosa di simile al senso di inquieta attesa provato al volgere del millennio, la sera del 31 dicembre 1999. Ma, proprio come nel caso del 2000, che si rivelò una data "vuota", arrivata al suo senso solo l'11 settembre dell'anno dopo, anche il 1984 fu un "appuntamento mancato", in parte riempito dal "collasso del comunismo", ma cinque anni più tardi. In molti si ricorderanno infatti che, nonostante la buona volontà profusa nel rileggere il libro di Orwell, e nel riconoscerne il valore profetico, il significato vero dell'opera passò presto in secondo piano rispetto a una generica sensazione di sollievo: "eccoci qui, il 1984 è finalmente arrivato, ma il Grande Fratello non esiste e tutti siamo liberi!".

Un atteggiamento forse non del tutto immotivato, sia perché l'effimero edonismo postmoderno in voga negli anni Ottanta rendeva assai difficile riconoscere il vero volto del nuovo totalitarismo contemporaneo, sia perché, almeno in una parte del mondo, esso indossava ancora la maschera di quello vecchio (il 1989 e il crollo dell'URSS dovevano ancora venire). Ma il motivo vero dell'incomprensione di *Nineteen Eighty-Four*, proprio nell'anno in cui avrebbe dovuto essere celebrato, consisté nel fatto che il 1984, inteso come l'anno che dà il titolo al libro di Orwell, non è l'anno della profezia, ma solo quello in cui si svolge la vicenda – e almeno in due punti del libro Orwell sottolinea che la famosa Neolingua (*Newspeak*) ossia il nocciolo gnoseologico dell'Ingsoc (o Socing, il "neosocialismo inglese" da lui immaginato) prenderà veramente il dominio *non prima* del 2050.

Oggi, dunque, nei primi decenni del XXI secolo, siamo ancora abbondantemente *dentro* l'ombra lunga che l'angosciosa previsione di Orwell proietta su di noi.

Dunque, occorre chiedersi: in che cosa consiste veramente questa profezia? Innanzitutto, senza alcun dubbio Orwell è il primo a presagire e descrivere con assoluta chiarezza il fatto che l'avvento della televisione non significa solo la disponibilità di un nuovo mezzo di comunicazione, ma di un vero e proprio sistema a doppia mandata, di visione attiva e passiva. Se si pensa che l'anno in cui fu pubblicato *1984*, cioè il 1949, è anche lo stesso in cui Shannon e Weaver, in *Teoria matematica della comunicazione*, descrivono la comunicazione in termini aridamente aritmetici come un messaggio che attraverso un canale va da un emittente a un ricevente – non si può che rimanere stupiti di fronte alla lungimiranza di Orwell[1].

In realtà Orwell non è in assoluto il primo a rendersi conto che lo schermo su cui vediamo le immagini sarebbe diventato domani lo stesso schermo dal quale saremmo stati osservati: in alcune scene di *Tempi Moderni* (1936) l'operaio-macchina Chaplin viene effettivamente controllato da una specie di (pre-) Grande Fratello-padrone tramite dei teleschermi dislocati nella fabbrica e sulle catena di montaggio – un'anticipazione forte, ma che trova solo in Orwell la sua compiuta teorizzazione[2].

All'inizio del romanzo infatti, Orwell descrive bene la situazione anche topologica in cui si trova il suo eroe, il giornalista Winston Smith:... *per tutto il tempo, inoltre, in cui egli fosse rimasto nel campo visivo comandato dalla placca di metallo, avrebbe potuto essere, oltre che udito, anche veduto*[3].

Il "campo di visione" del "teleschermo" (*telescreen*) è già quindi uno spazio sottratto alla pura *extensio* geometrica – è sì uno spazio fisico, ma anche uno spazio ideologico, un luogo contro-fattuale, restando entro il quale ad esempio il soggetto è continuamente costretto a dissimulare ciò che prova veramente, per non destare sospetti nella famosa Polizia del Pensiero (*Thoughtpolice*) che poi riferirà al Grande Fratello. In altre parole è uno spazio di doppia negazione, dove la dimensione fisica è negata da quello psicologica, *e viceversa*, ed entro il quale il soggetto deve "negare se stesso". Ben prima dunque delle analisi situazioniste di vent'anni dopo, e dei vari "capolavori" di analisi dei media, Orwell afferma con chiarezza che la televisione non rende solo quotidiana l'informazione, non distribuisce solo lo "spettacolo" a domicilio, ma è anche la sorgente di un potentissimo controllo che ha per oggetto ultimo la mente degli spettatori, i quali a loro volta sono ormai gli attori principali della scena sociale.

Più avanti, quando Winston avrà tra le mani il libro-rivelazione, *Teoria e pratica del collettivismo oligarchico*, dell'arci-nemico del Grande Fratello, cioè (il presunto) Emmanuel Goldstein, potrà leggere chiaramente che, se tutto è iniziato con la stampa, solo con i film e la radio il processo di plasmazione (*reshaping*) delle menti è divenuto critico; e successivamente...

> *... con lo sviluppo della televisione, e il progresso tecnico che ha reso possibile ricevere e trasmettere simultaneamente con lo stesso strumento, la vita privata si poteva considerare del tutto scomparsa*[4].

L'idea che quella che più tardi sarà definita "la società dello spettacolo" sia in realtà *simultaneamente* una società della sorveglianza, pone Orwell non solo tra i primi lucidi teorici dello "stadio video", che egli afferra con enorme anticipo, ma anche dell'obversione come tale. Infatti, si può dire che tutta la struttura che costituisce il sistema da cui è retto quel "Brave New World" che è Oceania dipende in ultima analisi dal funzionamento a doppia mandata di quello "strumento" che è la televisione. I teleschermi di Grande Fratello, dislocati dappertutto, nello spazio chiuso delle abitazioni, ma anche in quello aperto dei luoghi pubblici, delle piazze e delle vie (e qui Orwell anticipa di molti decenni la presenza dei megascreen in spazi pubblici) infatti, non solo portano a estinzione il senso della privacy, ma danno spessore e concretezza alla *Weltanshauung* complessiva dei cittadini di Oceania. La necessità permanente di dissimulare, infatti, si lega al *doublethink*, o tecnica del bispensiero, che si collega al *Newspeak*, o neolingua, ossia lingua semplificata, che è una sorta di linguaggio tecnico su cui si impernia il dominio psicologico del Grande Fratello; il comportamento stesso, sia in pubblico che in privato, si adegua alla sorveglianza generale, e, in definitiva, questa situazione tocca tutte le sfere dell'umano (dalla sessualità al cibo, dalla cura parentale al lavoro) stravolgendole nel loro inverso e, da ultimo, rovesciando il senso profondo di identità di ogni singolo soggetto, che ormai non è mai più "solo (con) se stesso".

Essendo queste le premesse teoriche di fondo di *1984*, è allora assolutamente chiaro che il libro, pur essendo stato scritto sotto l'impressione delle prime purghe staliniste, non può essere messo sullo stesso piano di altre denunce del totalitarismo che sul finire degli anni Quaranta cominciavano ad essere elaborate da altri intellettuali e romanzieri come Arthur Koestler (che del resto Orwell ben conosceva, come dimostrano i suoi *Essays*)[5]. Al contrario, si tratta di elaborare un'analisi di *1984* sul genere di quella che si potrebbe fare di altre opere a sfondo distopico, come il celebre film *L'invasione degli ultracorpi* che, pur sembrando una spietata denuncia del "lavaggio del cervello" tipico del campo comunista, si rivela, ad una lettura più attenta, una profezia attinente alle società occidentali avanzate e alla loro forza "dis-identificante" – quasi da *Mind-snatchers*[6]. Allo stesso modo, depurato il messaggio di *1984* da quei residui storici che comunque contiene, esso appare *non più* come una denuncia degli orrori e della oppressione psicologica del totalitarismo, *ma* come una vera anticipazione della realtà post-totalitaria, in altre parole, della *società post-ideologica odierna*.

Come è possibile? Possiamo iniziare questa analisi dai dettagli. Intanto il cibo: quello che si mangia e quello che si beve a Oceania, è un sottoprodotto concepito e voluto dal Grande Fratello e dal Partito in generale. La qualità è non solo scadente in genere, ma si tratta perlopiù di surrogati di qualcos'altro – surrogato di cioccolato anziché vero cioccolato, surrogato di caffè anziché vero caffè e così via. Certo, la mente corre ai famosi succedanei in voga sul mercato nero durante la Seconda Guerra Mondiale, ma qualche particolare sembra dire che non è così. Nel "Libro di Goldman" è chiaramente spiegato che in Oceania la produzione meccanizzata ha già risolto i problemi di approvvigionamento – anzi, il problema è la sovrapproduzione, e la guerra permanente è la soluzione di questo problema. Questo fatto lascia supporre che i surrogati oceaniani non siano delle trovate escogitate in mancanza di meglio – cicoria tostata invece di caffè, pane nero al posto del pane bianco, ecc. –, ma siano specificamente concepiti per costruire la giusta "atmosfera" in cui si possa sopravvivere, pur mantenendo acuto il desiderio di "avere l'originale". E in effetti è così: quando Winston incontra Julia, lei gli porta caffè, tè, zucchero e cioccolato "autentici", ma è chiaro che proprio quei prodotti genuini, proprio perché tali, acuiscono ancora di più il bisogno di avere altro: essere liberi di muoversi, viaggiare, andare in ristoranti costosi, gustare vino di primissima qualità (come del resto fa l'alto burocrate O'Brien), ma ancora: sposarsi, fare famiglia – o *ancor di più*: tradire, avere più relazioni contemporaneamente, abbandonare tutto e tutti… È chiaro che non c'è limite a questo genere di "logica del desiderio". Ecco perché il Partito controlla anche il cibo. Senza contare che…

> *Uno stato generale di povertà aumenta e anzi sottolinea, per contrasto,*
> *l'importanza dei piccoli privilegi e così rende anche più marcata la*
> *distanza fra un gruppo [sociale] e l'altro[7].*

Naturalmente, questa situazione rispecchia proprio quello che è accaduto durante gli anni della dominazione totalitaria, nel secondo dopoguerra, in larghe parti dell'Europa orientale – quella che a Oceania chiamano Eurasia. Ma poi, per fortuna, un giorno tutto ciò è finito; mentre in Occidente, terra dell'abbondanza, non è mai neppure cominciato. O forse, deve ancora cominciare, *sta cominciando ora*? Forse sì; forse l'incubo stavolta sta cominciando da *questa* parte del mondo, ovvero in *tutto* il mondo. Nel nostro mondo contemporaneo, la maggior parte dei prodotti alimentari sono acquistati presso grandi catene di distribuzione, essendo divenuto impossibile per la stragrande maggioranza delle persone poterseli procurare direttamente tramite coltivazione o allevamento. Le catene di distribuzione sono necessariamente poche e controllano completamente la filiera del prodotto, decidendo cosa possiamo mangiare oppure no. Al di là dell'enorme varietà che effettivamente troviamo sugli scaffali degli ipermercati odierni, perciò, vi sono comunque dei fattori che limitano la scelta: i prodotti di alta qualità sono sempre i più cari, inoltre quelli veramente genuini non sono sempre disponibili. Benché non vi sia nulla di apparentemente più democratico che il gesto di fare la spesa in un grande centro commerciale, esso crea in realtà una segreta discriminazione alimentare che va a svantaggio delle classi meno abbienti. Questa situazione deve avere un qualche fondamento di verità se è vero che, stando alle statistiche, il primo paese industrializzato al mondo, cioè gli USA (in un certo senso il pezzo chiave di Oceania) è anche il primo paese per obesità, una disfunzione dovuta anche alla cattiva alimentazione e oggi ormai riconosciuta come un'autentica malattia sociale; e si potrebbe anche sottolineare che si tratta di una malattia che colpisce in misura molto più diffusa i gruppi più indifesi economicamente o socialmente[8].

Ma il problema non sono solo i "padroni del cibo" come li ha definiti lo studioso Raj Patel[9], ma anche "i servi del cibo", cioè i suoi consumatori. Infatti, se da un lato, i pochi poteri forti che controllano la produzione e la distribuzione hanno letteralmente in mano il destino alimentare del pianeta, anche chi lo consuma ormai non riesce veramente a immaginare alcuna alternativa. La stessa pressione psicologica che spinge a consumare cibo scadente in grandi quantità, portando a malattie e obesità, può anche avere come effetto collaterale una specie di paranoia alimentare che conduce alla ricerca del cibo "perfetto" (biologico, sano, senza zuccheri aggiunti, senza additivi, ecc.), che in breve è divenuta anch'essa un elemento di discriminazione a vantaggio di nuovo delle poche multinazionali dell'alimentazione. In una scena di *1984*, Julia offre a Winston dello zucchero dicendogli: assaggia, questo è autentico zucchero, non la solita saccarina!; oggi, non potremmo forse immaginarci due amanti occidentali, in una camera d'albergo di un luogo lontano, dirsi: guarda! Sono riuscita a trovare dell'autentico zucchero grezzo di canna, non il solito zucchero bianco!; o meglio ancora: guarda! Sono riuscita a trovare dell'autentico aspartame americano, non questo orribile zucchero ultraraffinato! Anche al contrario, la scena funziona perché quello che è in gioco non è lo "zucchero" come tale, ma una certa nozione di "essenza valoriale" delle cose. La cosa decisiva è che siamo ormai convinti che il cibo come tale abbia un valore strategico – non sia cioè un modo come un altro per fornire energie al corpo e mantenersi in vita e nemmeno una merce dotata di valore di scambio, ma sia una posta in gioco che ha un valore "discriminante". Più questa convinzione prende piede, e più, nel tentativo di differenziarci, tendiamo a fare le stesse cose, peraltro contraddittorie. Nel mondo contemporaneo tendiamo perciò non solo a "volere tutto", ma anche il contrario di tutto, e spesso contemporaneamente – al punto che non riusciamo nemmeno più a percepire la contraddizione tra il consumare prodotti completamente contraffatti/impossibili come caffè decaffeinato, prosciutto "senza grassi animali", pasta "senza glutine di grano" (cioè senza grano), e la ricerca spasmodica del "genuino", autentico, biologico (che fra l'altro è all'origine della speculazione finanziaria sulla green economy): è evidente che questo è possibile perché, in tal senso, il Partito (noi forse dovremmo ribattezzarlo le Multinazionali), ha già vinto, e il *doublethink*, cioè la dottrina che predica la capacità di contraddirsi senza problemi, è oggi la realtà[10].

Il linguaggio con cui definiamo il cibo è a sua volta sintomatico. Nell'esempio appena fatto, i prodotti più impossibili (caffè senza caffeina, tè senza teina, cibi grassi senza grassi, panna senza latte, ecc.) sono ormai la norma. Tuttavia, non vengono chiamati con nomi nuovi: essi sono anzi definiti a partire dall'originale che negano – sono l'originale, ma tra virgolette ("caffè", "tè", ecc.). Abbiamo così il tipico caso di Newspeak (la famosa neolingua orwelliana) di cui Syme, un amico di Winston, fornisce un ottimo esempio. Syme infatti, che lavora all'elaborazione del nuovo dizionario di neolingua, fa notare a Winston la necessità di ridurre al limite estremo il numero di parole della vecchia lingua tradizionale (Oldspeak). Si potrebbero fare molte ipotesi in proposito: effettivamente il linguaggio del classico totalitarismo tende verso lo slogan, verso la sigla e la formula (basti pensare al proliferare degli slogan sotto il fascismo, o a testi ideologici ipersemplificati, all'iperfetazione delle sigle, ecc.). Ma c'è di più: Syme confessa a Winston la bellezza, il senso di liberazione che prova nell'"uccidere" le parole inutili, cioè quelle dotate di quel *surplus* di senso indefinito che, invece, nella nozione comune di linguaggio, sono quelle che usiamo proprio per il loro "alone semantico". L'esempio che porta è decisivo: la parola *good* ha un certo significato che si determina in ragione del suo opposto, *bad*. Ma, osserva Syme, che necessità c'è di avere un opposto dal significato così incerto, quando si può forgiare una nuova parola opposta a *good* dal significato insieme più limitato e più determinato come "ungood"? *Ungood*, dis-buono, è la tipica parola del Newspeak.

> *Prendiamo la parola* buono *[good], per esempio. Se c'è una parola come* buono, *a che serve una parola come* cattivo? *La parola* sbuono *[Ungood] servirà altrettanto bene, se non meglio… perché costituisce un opposto preciso, mentre l'altra parola non lo costituisce affatto*[11].

Ne deriva così una intera terminologia inversa tipica del Newspeak: che cosa sono il gin, lo zucchero, il caffè ecc. di Oceania se non *ungin, uncoffee, untea*, ecc.? Il procedimento è estendibile ad ogni concetto: *person*, ad esempio ha il suo opposto in *unperson*, ed è quindi evidente che la vera scoperta del Newspeak sta proprio nel prefisso un-, che noi potremmo tradurre con de- o dis-. Ora, a parte l'esempio del caffè de-caffeinato, del tè de-teinato, ecc., che effettivamente esistono nella nostra società, potremmo naturalmente continuare a pensare che per il resto, qui si tratti solo di speculazioni fantascientifiche – o forse no? Consideriamo il caso delle *unperson*: in Oceania, questo termine viene impiegato per coloro che vengono fatti sparire (vaporizzare) dal Partito, e di cui, non potendo dire semplicemente che sono *morti* (altrimenti si ammetterebbe che il Partito uccide alcuni dissidenti, se ne ammetterebbe l'esistenza, con le conseguenze immaginabili), si dice che sono *non-esistiti*. A parte il fatto che tale logica della negazione determinata (come l'avrebbe chiamata Kant) è oggi molto diffusa (al punto che un antropologo come Marc Augé ha potuto coniare il suo neologismo *non-luoghi* proprio allo stesso modo di Syme!), anche nel nostro Occidente attuale ci sono le non-persone – cioè esattamente tutti coloro che, pur esistendo fisicamente, sono privi di un'identità formale (immigrati illegali, lavoratori in nero, malviventi, marginali di ritorno, ecc.). Non solo il loro numero è difficilmente calcolabile, ma è difficile anche stabilire quando spariscono: ad esempio, nel caso dell'attentato alle Twin Towers, molte di queste non-persone (che svolgevano i lavori più umili) sono certamente morte, ma non sono riportate nella lista ufficiale degli scomparsi perché non figuravano su nessuna lista ufficiale neanche da vivi. Non è questo un caso di "vaporizzazione"? Anche nel caso in cui questi soggetti siano iscritti all'anagrafe, è noto che in grandi metropoli dell'Occidente attuale certe minoranze, come quella cinese, hanno l'abitudine di rimpiazzare i propri morti con altri immigrati che prendono le medesime generalità, per evitare problemi di ingresso ai nuovi arrivati (un altro caso di "vaporizzazione", o cancellazione, "rubbed out").

Il funzionamento del Newspeak è strettamente connesso al *doublethink*. Qui abbiamo l'obversione al suo meglio: proprio come nel caso del caffè decaffeinato, c'è il positivo di partenza, il semplice caffè, poi il negativo, la cicoria, l'opposto del caffè, e infine il caffè senza ciò che lo rende tale, de-caffeinato (un-coffe, o coffein-free). Così, nel caso di *good*: all'inizio abbiamo il positivo "good", poi il negativo "bad", e infine il *negativo del negativo: ungood*. In un certo senso *ungood* è equivalente a "buono", infatti lo stesso Syme lo definisce *well-better*; non ha il significato di "buono", ma *è* "buono come nome". Il doublethink, alla fine è un monothink, si riduce tutto a un positivo in cui il negativo è espulso, e il negativo è solo il rovescio del positivo. Orwell delinea con efficacia la faccia unilaterale del totalitarismo, ma è facile vedere qui la nascita di un fenomeno linguistico molto più recente, cioè il cosiddetto pc, *politically correct*: è in tal senso che sono nati i neologismi di non-vedente per cieco, dis-abile per handicappato, *sans-papier* per immigrato, ecc. Sotto le mentite spoglie dell'accettazione verso l'altro, questi stessi modi di dire tradiscono un monopensiero che vuole ridurre le differenze all'indifferenza (principio di coerenza o armonia cfr. *infra* pte. 1, § 7). Lo stesso doublethink sembra camuffare dietro un falso *double* la sua monolitica ideologia.

Tuttavia, ed è il fatto strategico qui, neanche il Grande Fratello può impedire la profonda disidentità linguistica e esistenziale, che alla fine fende in due tutte le identità, gnoseologiche e ontologiche di Oceania (Grande Fratello stesso incluso). Il sesso, ad esempio, ha una parte rilevante nel romanzo, forse non completamente presa in considerazione. Winston stesso è stato sposato con una certa Katharine, una donna non solo istupidita dalla propaganda, ma profondamente frigida al punto che il ricordo dell'atto sessuale compiuto con lei riempie il protagonista di disgusto e al limite paura. In Oceania, come gli spiega più tardi Julia, la lotta contro il sesso è spietata: lei stessa ha fatto parte delle anti-Sex League, e in futuro, come gli confermerà poi O'Brien, l'idea è di eliminare l'orgasmo e di arrivare ad una procreazione non solo assistita, ma del tutto svincolata dall'atto sessuale. Certo, simili tecniche ricordano da vicino gli abominevoli esperimenti di eugenetica nazista, e le tecniche di controllo ideologico dell'epoca stalinista (i "matrimoni di Partito") – almeno su questo, si potrebbe dire, l'Occidente liberale, ultratollerante e "deleuziano" (*n*-sessi…) differisce radicalmente da Oceania. O forse no? Julia infatti confessa di aver fatto parte *anche* della Pornosec, la sezione del Fiction Department in cui lavora come addetta alla creazione di materiale pornografico, pubblicazioni oscene che in seguito vengono vendute ai proletari (*proles*) "per dar loro l'impressione di fare qualcosa di illegale"[12]. È evidente che la lotta anti-sesso del partito e la produzione pornografica vanno letti non solo come fenomeni concomitanti, ma come le due parti di una medesima strategia. Non vi è qui una similitudine con la condizione odierna? Nel nostro mondo in cui la pornografia ha raggiunto livelli di diffusione enormi, si registra in effetti un calo generalizzato del desiderio sessuale. E come potrebbe essere diversamente? Nel momento stesso in cui qualunque appello pubblicitario, la stragrande maggioranza dei prodotti artistici, letterari, audiovisivi, cinematografici, e in genere il linguaggio comune stesso, contiene allusioni più o meno esplicite alla sfera sessuale, è evidente che l'attività sessuale concreta ne risente al punto da diventare qualcosa di tendenzialmente "insensato"– in un universo completamente sessualizzato è il sesso stesso che si desessualizza in-sé. (In Oceania rispetto all'Occidente c'è solo una differenza, che si parla di Anti-Sex invece che di *safe*-sex, ma è un dettaglio da doublethink!). E in quale direzione effettivamente vanno le tecniche di fecondazione artificiale, o persino le ricerche sugli embrioni – travestite da ricerche "pacifiche" indirizzate alla soluzione dell'infertilità – se non verso la possibilità (che è ormai una realtà tacitamente accettata) di una riproduzione umana in cui l'atto sessuale è del tutto innecessario, o persino innaturale? Non bisogna confondere la tirata che nella Parte III del libro O'Brien fa a Winston sull'estinzione del desiderio e dei legami parentali con il classico platonismo che tinge quasi sempre i tipici resoconti delle distopie realizzate (da *Soylent Green* a *Gattaca*, a *The Island*...) e che implica la fine della famiglia, la rottura della coppia maschio femmina ecc., e in genere di ogni relazione "naturale"[13]. O'Brien (e Orwell dietro di lui) non sta riferendosi a un passato utopistico in stile *Repubblica* per minacciare un avvenire lontano, ma sta descrivendo un presente che, infatti, puntualmente è già qui.

La stessa distruzione della famiglia prefigurata da *1984* (che è, del resto, il romanzo di un *single* di ritorno) difficilmente potrebbe essere considerata una prerogativa delle società totalitarie, specie comuniste. Il conflitto generazionale del secondo dopoguerra invece ha avuto i suoi esempi migliori proprio nell'Occidente capitalistico, al punto che la storia della seconda metà del Novecento potrebbe essere considerata dal punto di vista della ribellione "contro il Padre". E se anche dovessimo considerare che, comunque, la rivolta "antiedipica" è un fenomeno rimasto largamente entro confini simbolici, e non ha mai toccato i vertici di perfidia raggiunti sotto i regimi comunisti (con i figli quali delatori dei genitori, come in *1984*...), qualche esempio basterebbe a farci riflettere. Il risultato di quelle rivolte è stato infatti che la famiglia è oggi *effettivamente* in crisi: da un lato, si fa largo la figura della "famiglia" a un solo componente (la parola è evidentemente allegorica, e si dovrebbe parlare di *un*-family)[14]; dall'altro lato, nelle famiglie sopravvissute, il rapporto parentale è proprio la fonte più acuta di disagio psicologico, e le statistiche (di nuovo!) evidenziano come spesso i conflitti intrafamiliari finiscano con acting out di inaudita violenza, e in un numero mai visto prima nella storia umana su questa scala e a questa dimensione planetaria[15].

Il conflitto del resto, è l'altro grande tema del libro – che è comunque ambientato in tempo di guerra. Per paradossale che possa sembrare, nell'immediato dopoguerra, in un momento storico in cui le grandi potenze cercano un difficile equilibrio internazionale, Orwell scrive alcune pagine sulla guerra che restano memorabili. Nella Parte I vediamo gli effetti quotidiani di questa guerra, in forma indiretta, come la scarsità delle risorse (lacci da scarpe o rasoi che non si trovano), o direttamente, con l'esplodere improvviso di bombe che raggiungono la città di Londra in modo improvviso e inspiegabile – alla fine però lasciando la popolazione civile nell'indifferenza generale. Ma nella Parte II, che contiene il pezzo teorico di *1984*, cioè il "Libro di Goldstein", il tema della guerra è articolato con chiarezza impressionante. Il *Trattato del collettivismo oligarchico* è un autentico trattato di geopolitica che in più parti ricorda il testo *La terza guerra mondiale è già cominciata* del Subcomandante Marcos, il mitico capo dei contadini ribelli del Chiapas[16]. Come è noto, uno degli slogan del Partito al potere in Oceania è "War is Peace", slogan che dà anche il titolo al capitolo III del "Libro di Goldstein". Goldstein/Orwell, con un piglio che non può non ricordare le parole di Sartre (secondo cui "la guerra come la conoscevamo è finita", cfr. *infra*, pte 3, § 5) dice che...

La guerra ha cambiato il suo carattere. Per capire la natura della presente guerra...

ci si deve rendere conto in primo luogo che è impossibile che essa sia decisiva[17].

In sostanza, la guerra non è più decisiva perché non esiste più qualcosa di positivo, una posta in gioco, per cui combattere... le economie sono del tutto autarchiche e comunque gran parte della popolazione del pianeta è in stato di semischiavitù e fornisce la forza lavoro per creare più armamenti, ottenere più territori, all'infinito.

Nel passato una guerra era qualcosa che finiva, di solito e senza ombra di dubbio in una vittoria *o* in una sconfitta. Era uno strumento attraverso cui le società umane restavano in contatto con la realtà fisica; paradossalmente, sostiene Goldstein/ Orwell, anche se in tutti i tempi i dominatori hanno cercato di imporre false visioni del mondo propagandistiche, la guerra fungeva da "principio di realtà" indiscutibile, per cui "era dunque una salvaguardia della sanità mentale". "Ma se la guerra diventa continua cessa di essere pericolosa... i progressi tecnici non sono più necessari e anche i fatti possono essere negati o rimossi"[18]. "La guerra... pur essendo irreale non è senza senso": infatti consuma surplus di beni e fornisce la giusta atmosfera alla società gerarchica.

La stessa parola guerra *perciò è diventata equivoca... sarebbe più giusto dire che una volta diventata continua, la guerra ha cessato propriamente di esistere*[19].

Ecco perché, da ultimo lo slogan paradossale "War is Peace" è *assolutamente* vero, perché è vero nella sua stessa obversione: non solo Peace is War, ma: war is *un*-war, peace is *un*-peace.

In questa condizione, il cittadino di Oceania, tagliato geopoliticamente fuori da ogni spazio alternativo, e ideologicamente da ogni passato storico, "è come un uomo nello spazio interstellare, non ha modo di stabilire quale direzione è su e quale giù"[20]. Proprio qui, noi invece tenderemmo a vedere la differenza tra Oceania e il nostro spazio: noi siamo sempre in *connessione* con tutto, ogni sera siamo informati dai notiziari dell'andamento delle guerre planetarie… Ma non è lo stesso anche in Oceania? Che altro fanno i teleschermi oceanici se non riversare sulle masse tonnellate di "statistiche" inoppugnabili, notizie, bollettini di vittoria? Il cittadino di Oceania, come quello di Occidente, non è all'oscuro degli eventi in generale, e di quelli bellici in particolare, anzi, ne è talmente illuminato che finisce per perdere il senso dell'orientamento – scopo ultimo al quale tende il surplus informativo. In tal modo è segregato dallo spazio e dal tempo reali: può sorvolare Baghdad o la Cecenia, recandosi in vacanza alle Maldive, ma non avere accesso effettivo a quei territori; può sapere tutto sull'andamento della guerra in Iraq, ma proprio questa iperinformazione funziona come "arma di distrazione di massa" – come è puntualmente accaduto nel caso di Saddam Hussein di cui i media hanno volentieri dimenticato di ricordare, nel 2003 (anno di inizio della guerra condotta dalla coalizione guidata dagli USA in Iraq) che vent'anni prima proprio lui, in quanto esponente laico in una zona a rischio di fondamentalismo religioso, era considerato un importante alleato americano[21]. Il continuo bombardamento mediatico di notizie da guerre lontane e sempre più incomprensibili, effettivamente, "svuota" il concetto di guerra dal suo significato originario. Tuttavia, pur essendo irreale, anche lo scenario di guerra contemporaneo non è "senza senso". Il suo risultato infatti è lo stesso che in Oceania: mantenere un'atmosfera di perenne tensione, a cui contribuiscono le bombe che ogni tanto, inspiegabilmente esplodono nelle capitali oceaniche-occidentali. E non è forse questa esattamente la situazione da perenne allarme terrorismo che ha inaugurato la vita in Occidente dopo l'11 settembre 2001? E che altro sono se non queste "inspiegabili" e alla fine "ininteressanti" esplosioni/attacchi che hanno avuto luogo in tempi recenti nelle città oceaniche-occidentali, come quella di Madrid (Stazione di Atocha, 2005), Londra (metropolitana, 2007) o Parigi (Bataclan, 2015)? Di più: l'immagine del volto dell'arcinemico del Partito, Emmanuel Goldstein, diffusa dagli schermi a Oceania finisce per avere dei tratti quasi noti:

> *[...] una faccia magra da ebreo, con una grossa aureola di capelli bianchi e crespi*
> *ed una piccola barbetta da capra... sembrava la faccia di una pecora...*[22]

Forse nell'idea di Orwell Goldstein doveva assomigliare a Trotskij, l'arcinemico di Stalin – ma a noi oggi non ricorda Osama Bin Laden?

In questo gioco di assonanze tra Oceania e Occidente, resta evidente che "Chi controlla il passato controlla il presente", come recita un altro famoso slogan dell'Ingsoc. Cominciamo qui a capire che "l'alterazione del passato è necessaria... perché cambiare idea, è una confessione di debolezza – se Eurasia o Eastasia è il nemico [di Oceania] oggi, lo deve essere stato da sempre"[23] dice Goldstein – che così spiega *simultaneamente* a Winston qual è il senso del suo lavoro di "ritoccare" il passato, e a noi come mai film come *Rambo III* (1988, una grossa produzione hollywoodiana in cui i mujaiddin, oggi accusati di essere la fonte di Al Qaeda, sono presentati sotto la luce favorevole di un popolo nomade e indipendente, amico del soldato USA Sylvester Stallone-Rambo), sopravvivano come incongrue testimonianze (del resto *finzionali*) di una politica delle alleanze oggi rovesciata[24].

In ogni caso, il Dipartimento dove lavora Julia si chiama Fiction Department, mentre quello dove lavora Winston si chiama Record Department – ed entrambi hanno a che fare con la "scrittura", in un caso di pura invenzione, nell'altro di correzione costante del passato. Anche se questo fatto può far pensare alle pratiche di propaganda prima naziste e poi staliniste (ritocco di foto con personaggi imbarazzanti), ad uno sguardo più ravvicinato i Dipartimenti del Ministry of Truth assomigliano stranamente a un network multimediale contemporaneo: il compito primario del Ministry of Truth, infatti è...

> *[...] fornire ai cittadini di Oceania giornali film, libri di testo, programmi*
> *televisivi, commedie, romanzi e ogni possibile tipo di materiale informativo,*
> *istruttivo o di semplice svago, da una statua a uno slogan, da una poesia a*
> *un trattato di biologia, da un sillabario a un trattato di neolingua.... C'era la*
> *sezione dei teleprogrammi coi suoi ingegneri, i registi e le compagnie d'attori*
> *appositamente scelti per la loro abilità nell'imitare le voci...*[25]

Ancora una volta, in Oceania, una luogo-chiave come il Ministero della Verità assomiglia da vicino a una redazione centrale di AOL Time-Warner in Occidente, uno di quei colossi dell'entertainment contemporaneo che condizionano, mediandolo, il nostro approccio alla realtà...[26]. Del resto, il lavoro di Julia (creare storie fatte a "macchina" da rivendere alla gente inconsapevole) e quello di Winston (che è un "giornalista" del *Times*, cioè corregge le copie dei giornali del passato per farle aderire al presente) convergono: lo stesso Winston ad esempio, per correggere una notizia ideologicamente imbarazzante non esita a inventare fatti o personaggi falsi come il "compagno Ogilvy" – un personaggio "storico" che non è mai esistito.

> *Gli sembrò strano che si potessero creare uomini morti ma nomn uomini vivi. Il camerata Ogilvy, che non era mai esistito nel presente, ora esisteva nel passato; e una volta dimenticato l'atto della falsificazione, sarebbe esistito né più né meno, e cioè con lo stesso fondamento, con cui esistevano Carlo Magno e Giulio Cesare*[27].

Cosa significa che, nel momento in cui la falsificazione fosse perfetta e il lavoro di falsificazione dimenticato, Ogilvy diventerà "reale al pari di Carlomagno o Giulio Cesare"? Se il Ministry of Truth somiglia a un laboratorio di scrittura creativa, la riscrittura del passato ricorda un po' la produzione dei kolossal storici hollywoodiani, i cui personaggi, per quanto fantasiosi, finiscono poi per "esistere", per occupare un qualche spazio nella memoria, al punto che Ben Hur finisce per godere di una "realtà" storica non dissimile da quella di Giulio Cesare.

La re-invenzione del passato, del resto, va molto al di là della semplice necessità di una sorta di "censura retroversa". In effetti, *... si rendeva necessario riscrivere un paragrafo del discorso del Grande Fratello, in modo da fargli predire esattamente ciò che era in effetti avvenuto*[28].

Ciò significa che il tempo stesso, in Oceania, si sta obvertendo. La *Reverse Chronology* non è più, qui, un genere cinematografico in voga, un sintomo di un qualche oscuro malessere spaziotemporale – no, qui, il tempo come tale (come già lo spazio psicofisico mappato dagli schermi di sorveglianza/mediazione) si arrotola su se stesso, facendo sì che ciò che accade attualmente fosse "già-previsto" dal Grande Fratello (ma in definitiva da tutti), appartenesse di diritto ad un già-passato, come del resto l'avvenire. È qui che la diuturna rielaborazione nei Dipartimenti oceanici incontra la situazione attuale: in sostanza Winston è uno che "manda telegrammi nel passato" (per parafrasare a rovescio Einstein), ovvero lavora a un quotidiano "tachionico", in cui la copia di domani è già pronta oggi, come nel film di Renoir *Accadde domani* – e come... nella realtà delle nostre redazioni odierne (cfr. *supra*, pte. 1, § 5).

Winston non è uno che fa male il suo lavoro di giornalista o che inganna deliberatamente il popolo. Deve riempire il giornale, e la sua bravura sta nel farlo comunque (del resto, l'abilità giornalistica non risiede proprio nel "senso della notizia", cioè qualcosa che strutturalmente è sempre in bilico tra lo scoop vero e quello falso?). Di più: se Winston fosse invece in un altro dipartimento, mettiamo quello delle statistiche di guerra, dovrebbe appoggiarsi a dati oggettivi. Ma Oceania *è* il regno delle statistiche mediali! Statistiche di ogni genere, che a loro volta vengono ri-corrette, continuano letteralmente a "fluire dai teleschermi", dice

Orwell[29], così che... *le statistiche... erano opera di pura fantasia così nella versione originale come in quella rettificata*[30].

Le statistiche sono favolose proprio in-sé come tipo di informazione – anch'esse sono divenute una sorta di "genere letterario" in ultima analisi ri-scrivibile come le "notizie". Anche qui potremmo pensare che Orwell abbia in mente la tipica propaganda totalitaria di metà novecento, ma il fatto è che proprio l'Occidente attuale non è mai stato più brulicante di statistiche come oggi (dal semplice telegiornale al saggio di politica, fino al settimanale femminile); certo, non sono le statistiche ottimistiche, anzi trionfali di Oceania, ma il valore positivo o negativo che hanno passa in secondo piano rispetto al fatto che "trionfano" in quanto statistiche, che sono *credibili*, che ci appaiono "vere" – anche se appare evidente che non hanno alcuna relazione con la realtà che traducono nella loro grafica, cioè sono *in-sé* "favolose". Tuttavia, proprio questo immaginario "valore di verità" permette loro di veicolare qualunque cosa, anche falsa, o semplicemente inventata[31]. Del resto, se anche fossero accuratamente costruite a partire da dati oggettivi, sarebbe lo stesso, dato che il senso stesso di "realtà oggettiva" ha ormai cambiato significato. Anche qui c'è una obversione del "dato oggettivo": l'opposto di *oggettivo* non è più *soggettivo*, il dato oggettivo *è in sé soggettivo*, è talmente moltiplicato da divenire altro da se stesso, (in)credibile o comunque sempre sovvertibile. In Occidente, un conflitto tipico fra istituzioni è la cosiddetta "guerra delle statistiche", cioè quella battaglia a colpi di "dati" che ha luogo praticamente ogni giorno fra avversari politici o fra diversi corpi dello stesso Stato, o fra Stati diversi, o fra organismi sovranazionali (al punto che anche le più elementari operazioni, come quella del conteggio dei voti, sono sempre di più, oggi, a rischio di invalidazione, come è accaduto per elezioni di G.W. Bush nel 2005 o alle elezioni politiche italiane nel 2006). D'altra parte, nello specchio mediale, l'elemento soggettivo (patologico, emotivo, particolare, ecc.) *si oggettiva*: diventa ciò che "veramente crediamo", il lato autentico dello spettacolo, altrimenti incredibile (nel programma tv tipico, la lacrima che scende sul volto dell'invitato vale più di mille parole, ecc.). L'emozione più intima si è vetrificata, è divenuta oggettiva come la lacrima (ripresa televisivamente) che cola dalla statua della madonna e certifica il miracolo.

Tutto questo immane sistema però, anche se in definitiva può sembrare "irreale", o meglio iperreale, puramente mediale, spettacolare, non è senza scopo. Il capitolo I del "Libro di Goldstein" in effetti (che Orwell, per un gioco di specchi in stile oceanico, ci fa leggere *dopo* il Capitolo III...) spiega assai chiaramente di cosa si tratta. Secondo il *Trattato del collettivismo oligarchico* (che sembra a tratti la riscrittura del *Manifesto* di Marx e Engels), la storia umana è stata determinata dall'esistenza di tre gruppi, i Superiori, i Medi e i gli Inferiori (High, Middle, Low). In genere, la minoranza di Superiori tende a difendere ad ogni costo la propria posizione di privilegio, mentre i Medi tendono a sottrargliela invocando una maggiore eguaglianza per tutti, inclusi gli Inferiori (che sono la grande maggioranza); ma poi, quando hanno raggiunto effettivamente il potere, si comportano allo stesso modo dei Superiori detronizzati. Il fatto interessante, nella spiegazione di Goldstein, è lo schema a tre gruppi – dato che, nello stesso *Manifesto*, la storia è vista come un campo di lotta essenzialmente fra *due* avversari, "sfruttati e sfruttatori, oppressi e oppressori" ecc., modulato sulla figura hegeliana di Padrone e Servo. Ma la logica a tre antagonisti ha un suo senso dialettico: la figura dei Medi infatti, può ambire a rovesciare il potere dei Superiori solo se "seduce" gli Inferiori, che, da parte loro, sono praticamente passivi e accettano lo status quo. La posizione dei Medi è dunque quella di una "mediazione", non in senso conciliatorio però, ma conflittuale: in realtà, i Medi vogliono cambiare tutto (un nuovo ordine per tutti e tre i gruppi) solo per accedere al ruolo dei Superiori. Di solito, aggiunge Goldstein, poi nuovi gruppi di medi hanno rovesciato i Medi divenuti a loro volta Superiori – ma questa volta non è così. I Medi odierni si sono resi conto del meccanismo, e il loro scopo ultimo è mantenere il potere indefinitamente. I Medi sono dunque degli autentici seguaci della benjaminiana "Dialektik im Stillstand": hanno fermato la "normale" dialettica storica.

È qui che Goldstein/Orwell raggiunge i livelli di analisi di un Rifkin o di un Florida, cioè di un economista post-classico di inizio XXI secolo. Chi sono infatti i *Middle* di oggi, divenuti oligarchia? La nuova aristocrazia è fatta sì da burocrati, ma anche da "scienziati, tecnici, sindacalisti, esperti di pubblicità, sociologi, professori, giornalisti, politici professionisti..."[32]. Costoro hanno un disprezzo mai visto prima per i lavoratori, ma si vestono in un'uniforme un tempo specifica dei lavoratori manuali. Sono stati messi insieme dallo sterile mondo del monopolio, sono affamati di potere puro, e ora, in paragone, tutte le tirannie del passato si rivelano essere state inefficienti. Il capitalismo in senso tradizionale, come già la guerra, il sesso, il cibo, ecc., è davvero finito, non c'è più proprietà privata "effettiva", ma questo è solo uno stratagemma attraverso cui l'ineguaglianza economica è divenuta permanente. Del resto l'oligarchia dominante è veramente una specie di jet set transnazionale, che non conosce discriminazioni razziali, né di sesso, né ha capitali o luoghi di riferimento. Senza contare il Grande Fratello (sulla cui esistenza resta un dubbio) gli High sono il 2%; poi c'è un 13% di partito esterno (Middle "bloccati"), poi l'85% di proles o Low, completamente incoscienti, che possono anche avere libertà di intelletto "non avendo intelletto".

Ora, questa stupefacente descrizione della società planetaria stilata oltre sessant'anni fa, non sembra attagliarsi perfettamente alla società di oggi? Non siamo *noi* i veri rappresentanti del collettivismo oligarchico? Il capitalismo non è forse finito, nell'epoca dei benefits e dei CEO, a cui nulla delle società che dirigono è intestato personalmente? La famosa "società dell'accesso" descritta ottimisticamente da Rifkin[33], non ha forse questo risvolto amaro, per cui l'accesso ora, in una società senza proprietà privata diretta, è riservato a una ristrettissima élite socio-culturale e rende definitive le diseguaglianze sociali? Del resto, non era stato già Pasolini negli anni Settanta, in un famoso articolo contro la televisione, a ripetere che il nuovo sistema mediale era riuscito a dominare le coscienze in un modo che le dittature di inizio Novecento avevano solo timidamente tentato senza successo?[34] E cos'è, in definitiva, questa "oligarchia" descritta da Goldstein/Orwell: qualcosa che assomiglia alla pesante burocrazia sovietica, o non piuttosto l'attuale "classe creativa" propugnata da economisti come Richard Florida, che, pur non possedendo nulla nominalmente, gira il mondo su jet privati, ormeggia sulle spiagge più esclusive yacht intestati a società offshore, e svolge internazionalmente lavori gratificanti vestita in blue-jeans e T-shirt, cioè "l'uniforme un tempo propria di chi faceva lavori manuali" – lavori che tale aristocrazia contemporanea "disprezza profondamente"?[35]

Anche in questo caso, più avviciniamo la distopia orwellaina alla nostra realtà e più Oceania e Occidente tendono ad assomigliarsi in quella che dovremmo cominciare a chiamare *Obversania* – la terra dove l'obversione regna sovrana. Se fin qui il paragone Oceania-Occidente può sembrare forzato, il *Trattato del collettivismo oligarchico* funziona anche come test per vedere se in qualche modo l'ipotesi di Orwell si riferisca direttamente a noi, un test che il lettore di *1984* è in qualche modo spinto a fare da solo. Intanto, se sta leggendo questo libro, è molto probabile che non appartenga all'85% della popolazione planetaria, perché ha sentito il bisogno e ha avuto la possibilità di affrontare una lettura di questo genere. È facile poi vedere se appartiene all'oligarchia suprema o solo a una fascia di intermedi, perché non si tratta di una valutazione quantitativa (il censo qui non è la discriminante fondamentale, Goldstein è decisamente un economista post-classico), né sociale (la nozione di classe qui è fuori causa, Goldstein è decisamente post-marxista): se svolge un lavoro gratificante, che lo conduce in giro per il mondo, a contatto con altre persone del suo livello, e che gli lascia ampi spazi liberi e pochissime limitazioni materiali, fa certo parte dell'oligarchia creativa. Viceversa, se per un motivo o per l'altro svolge un'attività che non lo soddisfa in pieno, e da cui, in modo più o meno consapevole, sogna di evadere, pur non disponendo dei mezzi, né materiali né morali, per farlo – allora con ogni probabilità appartiene agli intermedi. La classe dominante è dunque la classe creativa mondiale che, sotto le spoglie di un liberismo radicale (nessun credo politico particolare, nemmeno un attaccamento "patologico" a un luogo o a una qualche tradizione, nessuna discriminazione di nessun tipo, ecc.) detiene un potere che ha saputo rendere "invisibile" e che perciò non sarà mai più oggetto di conflitto.

Prendiamo un tipico rappresentante di questa classe come un artista contemporaneo di livello internazionale: vestito in jeans e maglietta come un lavoratore manuale (che in realtà disprezza nel modo più assoluto)[36], si sposta per il mondo per scambi internazionali, premi, mostre, conferenze, ecc. attorniato da esponenti della sua stessa classe, e da qualche intermedio che dice di ammirarlo, ma in realtà ne invidia solo la posizione; sprovvisto di capitali (il capitalismo è finito) trae proventi giganteschi da attività un tempo del tutto marginali come la vendita di opere d'arte (peraltro ormai largamente immateriali, o fatte produrre a terzi) e reinveste i guadagni nella gestione di imprese quaternarie (ristoranti, hotel, gallerie d'arte, trading immobiliare e finanziario, companies online) di cui comunque non è "nominalmente" proprietario, conducendo alla fine un'esistenza il cui unico limite è il proprio impulso del momento[37].

Tuttavia, c'è un problema: anche se questa descrizione potrebbe attagliarsi all'oligarchia descritta da Orwell, resta il fatto che l'oligarchia di Oceania manifesta una morbosa adesione al Partito, cioè ad una ideologia dominante, mentre il creativo planetario del XXI secolo non ha *nessuna ideologia* se non quella del potere creativo di cui lui stesso è espressione. Ma è *davvero* così? Qual è l'ideologia di fondo del cosiddetto partito al potere in Oceania? Come è noto, Orwell la chiama a più riprese *doublethink*, bispensiero, l'idea di accettare le contraddizioni dalla propria parte e di rigettarle sull'avversario, l'idea di creare leghe anti-sesso e *anche* sezioni per artefatti pornografici, l'idea di tenere in essere una guerra sapendo che è insensata, l'idea di vestirsi come lavoratori manuali pur disprezzandoli, ecc. – ma solo nel *Trattato* di Goldstein ne troviamo la definizione teorica:

> *Doublethink è la capacità di tenere due credenze contraddittorie*
> *contemporaneamente nella mente, e accettarle entrambe*[38].

Ecco: ciò che definisce dunque un appartenente all'élite planetaria è il doublethink, un doppio-pensiero che alla fine non significa assolutamente niente, non ha alcun "patologico" contenuto. Ma è veramente così? Prendiamo il caso della tipica star mediale contemporanea, la rockstar che nei suoi concerti-spettacolo, seguiti da folle oceaniche (è il caso di dirlo), lancia in genere messaggi di pace, conciliazione, non discriminazione e magari anche appelli più precisi ai "potenti" per il miglioramento delle condizioni di vita sul pianeta.

Una rockstar di questo calibro, come per esempio Bono degli U2, è in qualche modo "tenuto" a lanciare appelli del genere, altrimenti potrebbe apparire al suo pubblico (di solito giovanile, quindi pieno di ideali e speranze) un personaggio "disimpegnato", dunque "senza ideologia" (e quindi senza carisma). Bono quindi si impegna in questa missione fino al punto da incontrare di persona governanti, esponenti di organismi sovranazionali, ecc., con una richiesta precisa, ad esempio quella di "cancellare il debito dei paesi più poveri del pianeta". Benché si possa supporre che il suo impegno sia in buona fede, questo non gli impedisce non solo di non rendersi conto di essere lui stesso un "potente del pianeta" (sovente personalmente più ricco dei governatori che incontra, e certamente con un appeal sulle masse enormemente più ampio), ma anche di mantenere una condotta di vita totalmente in contrasto con simili richieste (Bono è in effetti un imprenditore multimiliardario a capo di una multinazionale creativa, che ha spostato la sua sede da Dublino all'Olanda, unicamente per evitare di pagare le tasse nel suo paese di origine, ecc.)[39]. La conclusione di fatto è che la figura mediale di Bono ne risulta assai corroborata (prime pagine dei quotidiani in cui si dà la notizia del suo colloquio con Tony Blair, ecc.), mentre per quanto riguarda le iniziative concrete in favore dei paesi poveri, di solito, finiscono per ristagnare nel nulla di fatto, ovvero producono quello che è stato definito "narcisismo filantropico"[40]. Grazie all'esercizio "naturale" (istintivo, dice Goldstein/Orwell) del *doublethink*, del tipo: "Ma io sono veramente a favore dei poveri" / "Ma io sono un imprenditore che deve badare ai profitti", l'oligarchia planetaria è riuscita a mantenere il proprio potere "im Stillstand", senza neppure darlo a vedere...

Eppure, c'è un dettaglio che non può non risultare ancor più stupefacente. Se si rilegge con attenzione la definizione di *doublethink* non si può non rimanere colpiti dalla eccezionale somiglianza con la legge di fondo della dialettica moderna: la capacità di "tenere nella mente due concetti contraddittori" nello stesso tempo è infatti ciò che distingue la ragione speculativa dal semplice intelletto unilaterale, che astrattamente considera due opposti come semplici enti "diversi" e non sa coglierne la relazione dialettica. "il momento speculativo... coglie l'unità delle determinazioni nella loro opposizione"[41]; ecco perché "il vero è (un momento del) falso" (Hegel), assomiglia così tanto a "War is Peace" (Grande Fratello). Ora, delle due l'una: o il doublethink è il livello più alto a cui può spingersi la mente umana, cioè coincide con la Ragione in senso pienamente hegeliano – oppure è la perversione più perniciosa che la storia dell'umanità abbia inventato, qualcosa di infinitamente peggio della "semplice" ipocrisia, della menzogna, della capacità di mentire, un pensiero in grado di ribaltare per sempre la verità e che, al servizio di una classe di sfruttatori, distrugge l'altruismo, il senso di umanità, ogni possibile fratellanza umana, e rende perenni l'ingiustizia, lo sfruttamento, la guerra e la morte, e verso cui non è più concepibile nemmeno alcuna rivoluzione. Qual è la risposta?

Una caratteristica di *1984* piuttosto trascurata è che, al di sotto di un apparente dualismo (Winston/O'Brien, Goldstein/Grande Fratello, think/doublethink, verità/falsificazione...), il libro ha una struttura in tre parti che replica internamente le triadi che abbiamo già incontrato e a cui Orwell sembra affezionato (la triade delle classi secondo Goldstein, i tre capitoli del *Trattato*, il tre livelli del Partito...). Nella Parte I Winston inizia ad avere dei sospetti sul sistema del Grande Fratello, pur senza avere ancora alcuna certezza; egli è dunque il tipico esempio di Middle che dubita del potere degli High. Nella Parte II il soggetto compie le conoscenze decisive – l'incontro con Julia, il contatto con i sovversivi e la lettura del *Trattato* di Goldstein. Nella Parte III infine tutto si ribalta, il tentativo di ribellarsi si dimostra vano e Winston fallisce. Nel tipico stile distopico, Orwell non lascia spazio a un lieto fine, qui quanto mai fuori luogo; e se lo schema "vincente" delle storie (dai romanzi per bambini ai film di cassetta) è quello del tipo: ordine-caos-ordine, egli lo ribalta in una serie del tipo caos-ordine-*di nuovo caos* – dove non deve sfuggire la strana "superfluità" della terza mossa, che giunge dopo quella che appare come una piena e dettagliata "presa di coscienza".

In effetti, il "mistero" di *1984* sta proprio nella Parte III, in cui non solo Winston viene catturato dalla psicopolizia (thoughtpolice), ma, dopo essere stato torturato fisicamente e soprattutto mentalmente, incontra di nuovo l'"amico sovversivo" O'Brian, questa volta nei panni opposti dell'aguzzino al servizio del Partito. È proprio O'Brian ad assumere una valenza decisiva nello svolgimento della storia: egli infatti non solo tortura Winston per costringerlo ad accettare le tesi del Partito e l'ideologia del Grande Fratello, ma gli rivela che tutti i suoi dubbi iniziali, così come pure le certezze più salde raggiunte tramite l'esperienza e lo studio (Julia, la lettura del *Trattato* di Goldstein...), erano già-da-sempre a conoscenza della psicopolizia. Lo stesso *Trattato dell'oligarchia collettivista* e l'esistenza dello stesso Goldstein sono un'invenzione del Partito... È del tutto evidente che la Parte III di *1984* colloca quest'opera non solo oltre il genere fantascienza distopica o critica dei totalitarismi, ma anche ben oltre l'equivalenza tra Oceania e Occidente odierno che siamo andati descrivendo nei paragrafi precedenti. La struttura stessa della narrazione è *obversa in se stessa* – *1984* in altre parole, è un libro non solo di *reverse chronology*, ma di *reverse plot*, perché tutto ciò che abbiamo visto accadere nelle parti I e II era "già" previsto in funzione della parte finale. *1984* è un libro "tachionico", la cui parte futura "torna indietro" e modifica, riscrivendole, le sue stesse parti precedenti – è un libro non solo scritto "à rebours"[42], ma che include se stesso come suo sottoinsieme; è un libro "eternamente riscritto", ricorsivamente-corretto, esattamente come gli articoli che ri-scrive Winston. Ne consegue che *1984* trascende la generica forma-romanzo: la vicenda raccontata, oltre che al protagonista, "capita proprio a noi lettori" – siamo noi stessi che, scoprendo le rivelazioni di O'Brien, siamo costretti a rivedere le convinzioni che avevamo date per acquisite dopo la lettura delle prime due parti; siamo noi a dover ammettere che *1984* stesso potrebbe essere il "nostro" *Trattato dell'oligarchia collettivista*... In altre parole, cosa ancor più stupefacente, ci vediamo costretti, insieme a Winston – di fronte al fatto che O'Brian è un amico-nemico, che il *Trattato* è vero *e* falso, e che lo stesso romanzo che stiamo leggendo è smentito da se stesso! – ad ammettere la verità fondamentale, cioè l'ineluttabilità del *doublethink*.

Vediamo in dettaglio perché. All'inizio, Winston crede di intuire, ma non capisce ancora a fondo la realtà che lo circonda. Infatti, Julia gli spiegherà cose a cui non aveva nemmeno pensato, come il fatto che le bombe che scoppiano a Oceania potrebbero essere state messe dal partito stesso "giusto per tenere la gente nel terrore"[43]. Poi, tramite lo studio del *Trattato*, capisce la vera struttura di Oceania, ma è ancora una comprensione solo mentale, teorica. È solo alla fine che capisce *veramente* l'enormità dell'inganno, ma naturalmente è troppo tardi. Persino l'amore per Julia ha questo andamento: all'inizio Winston percepisce la mancanza di qualcosa nella sua vita solitaria; in seguito, Julia riempie questo vuoto; ma poi Winston la perde di nuovo. È evidente che il secondo vuoto, pur assomigliando (anzi essendo di fatto identico) all'assenza di partenza, ha un significato del tutto diverso; ora egli sa perfettamente cosa ha perduto. Ma forse il senso di questa triade non andrebbe invertito? *Davvero*, quando Winston ha Julia, la ama e ne è riamato? Alcuni dettagli farebbero piuttosto pensare che si tratti di un reciproco raggiro: non solo Julia ha avuto un enorme numero di amanti prima di Winston (e nessuno potrebbe dire se durante il loro rapporto non intrattenga ancora altre relazioni), ma ogni volta che Winston le chiede più attenzione o vorrebbe condividere con lei i suoi più segreti sentimenti (ad esempio leggendole il *Trattato*) lei non capisce i suoi discorsi e anzi – con un atteggiamento forse tipico di tante mogli un po' annoiate dagli interessi politici dei mariti – nel bel mezzo della lettura del libro-rivelazione di Goldstein... si addormenta profondamente. Insomma, il loro è certo un amore molto limitato, con qualche attrattiva sessuale, certo, ma soprattutto alimentato dall'idea di fare qualcosa di "proibito" dalla morale pubblica. Tant'è vero che, in una scena ricca di pathos, quando Winston viene condotto nella stanza 101 (quella delle più segrete paure) cede e "tradisce" clamorosamente Julia. In fondo, si potrebbe concludere,

Winston *ama davvero* Julia solo alla fine, quando paradossalmente potrebbero stare insieme e la loro unione sarebbe tollerata, quando ormai nessuno dei due è più solo-se stesso, cioè, in definitiva, *dopo* averla tradita.

Se questo è vero, ne consegue che quindi il tradimento *è* il suo opposto – l'amore. *Love is Betrayal*, naturalmente, suona come uno slogan del Partito, del tipo War is Peace, Freedom is Slavery, ecc. Ma l'amore non è il solo punto in cui si verifica questa obversione. Anche a livello morale le cose non vanno allo stesso modo? Nella Parte II O'Brien aveva chiesto a Winston di giurare fedeltà ai sovversivi della Fratellanza (Brotherhood), promettendo di fare "qualunque cosa" gli fosse stato richiesto, anche atti contrari alla morale e alla giustizia, come "gettare se necessario acido in faccia a un bambino" – richiesta indispensabile per valutare il grado di "fedeltà" di Winston e il suo sincero odio per il Grande Fratello. Ma nella Parte III O'Brien fa riascoltare a Winston i nastri con le registrazioni delle sue parole, e gli rimprovera la sua doppiezza morale: se Winston è pronto a uccidere un bambino in odio al Grande Fratello – ciò non significa forse che è pronto a eguagliarsi a lui per ferocia, e intimamente ne spartisce la mancanza di qualunque vincolo morale...? O'Brien rivela che la struttura mentale del Partito è già inerente anche ai suoi fieri oppositori – non è dunque strano che lui, che si è fatto passare per nemico del Grande Fratello, ne sia in realtà il più strenuo difensore. Per inciso, non è questa esattamente la logica del terrorismo fondamentalista odierno, che in odio al suo nemico (il Grande Satana americano) si trova costretto, per vincerlo, a usarne i metodi (violenza, sopraffazione, tortura, morte, ma anche a livello mediale, comunicati audio video, propaganda in tv e in rete, ecc...)?[44] Non è questo il segno evidente che ne ha già segretamente sposato la logica e anche l'ontologia? Nella Parte III, come abbiamo detto, sia Winston che noi lettori, siamo portati inverosimilmente a dover ammettere che *il Partito ha ragione*.

Ma alla fine qual è la logica e l'ontologia ultima, finale, fondamentale del tanto venerato Partito? In una delle scene senz'altro più riuscite di *1984*, O'Brien cerca di convincere Winston dell'irrealtà della realtà. Nel suo diario (all'epoca del dubbio, nella Parte I) il protagonista aveva scritto che se si ammette che 2+2=4 da lì poi deriva la libertà. Una frase che a molti commentatori di Orwell è parsa così evidente da averne fatto quasi una bandiera di un certo empirismo epistemologico quale garanzia ultima della tolleranza e della civiltà "liberal". Ma O'Brien non è dello stesso parere: con un sistema di scosse elettriche di intensità crescente, egli sventola sotto gli occhi terrorizzati di Winston quattro dita e gli chiede di affermare che sono cinque: "Quante dita Winston, quante dita?!" – ed è normale che, dopo una disperata resistenza, il soggetto capitoli e finisca per ammettere l'inammissibile.

Ma questa tanto elementare ineguaglianza aritmetica è *davvero* l'inammissibile? Per rispondere non occorre tornare sui libri delle elementari, ma fare un passo indietro nella storia dei fondamenti dell'aritmetica contemporanea. È noto che l'inventore della teoria degli insiemi, Georg Cantor, vanta il primato di aver stabilito alcuni assiomi che sembrano di primo acchito del tutto controfattuali, come quello per cui in un insieme infinito "il tutto è equivalente a una sua parte". Non solo: se si stabilisce una corrispondenza biunivoca tra due segmenti diversi si trova che hanno "lo stesso numero di punti": cioè, per quanto possa sembrare strano, a ciascun punto su CD (che è "più piccolo" di AB) individuato da una qualsiasi retta uscente dal punto P corrisponde un punto in AB (che però è più grande)... Di più: utilizzando proprio il sistema della corrispondenza biunivoca, Cantor dimostrò che i punti di un quadrato (o anche di un cubo) sono tanti quanti quelli di un suo lato[45]. Egli fu cosi fortemente impressionato da questa *sua* scoperta da scrivere all'amico Dedekind, nella celebre lettera del 29 giugno 1877: "Lo vedo, ma non lo credo!" ("Ich sehe es, aber ich glaube es nicht!"), cioè: il fatto mi appare davanti, ma la ragione mi dice che è incredibile. Ora, non potremmo immaginare proprio Cantor che, al posto di O'Brien, sventola sotto il naso di Winston non semplicemente quattro dita, ma la sua teoria degli insiemi, chiedendogli di "crederci"? E Winston non avrebbe tutto il diritto di ripetere "lo vedo, ma non ci credo!"? Questa scena delle "quattro dita" sembra voler dire che alla fine il credo del Partito non è un che di ideologico, come nei vecchi totalitarismi (che avevano il loro "testo" segreto, la dialettica materialista, il marxismo-leninismo, oppure *Mein Kampf*, la teoria della razza, ecc.), ma un credere post-ideologico, un credere-non-credere, un credere paradossale, in una parola, *doublethink*[46].

Se osserviamo ancora una volta lo schema mirabile di *1984*, vediamo come esso somigli in modo considerevole alla struttura della *Fenomenologia, dello spirito* – sia in un certo senso una *Fenomenologia* distopica e fornisca, al tempo stesso, una spiegazione notevolmente acuta dell'autentico funzionamento della triade dialettica tesi-antitesi-sintesi. All'inizio (tesi) Winston è una coscienza che dubita, ma non sa nemmeno di cosa, non riesce ad articolare neanche la sua stessa incomprensione, pur percependola (nella *Fenomenologia* si tratta del momento coscienza-autocoscienza). Nell'antitesi, il momento negativo si fa strada attraverso la demolizione dei semplici sospetti, che diventano certezze: il soggetto cosciente comprende, ma ciò significa anche che "esce da sé", entra in un'altra dimensione, ha una visione d'insieme, che lo sovrasta e che tende per questo a spartire con altre coscienze (nella *Fenomenologia* è il momento Ragione). Ma la Ragione, il più grande lascito dell'età moderna, era stata mirabilmente sistematizzata da Kant;

la maggior parte dei filosofi al tempo di Hegel si erano arrestati a quel livello, e persino Fichte, pur cercando di oltrepassare la Ragione kantiana, era arrivato all'impasse dell'identità assoluta (cfr. *supra*, pte. 1, § 2). Ma la Parte III rimette in discussione tutto quanto sembra essere stato acquisito fino a quel momento: anche la negazione deve venir negata, le certezze della ragione si rivelano vuote di contenuto, e vanno abbandonate nella suprema consapevolezza che "non c'è nulla in cui credere", che 2+2 *non* fa 4, e che ciò che resta non è altro che la serie completa dei fallimenti stessi della Ragione, che così dà vita al momento finale e decisivo, quello dello Spirito assoluto (sintesi)[47]. Per dirla con le parole che Žižek riserva alla *Fenomenologia* hegeliana:

> *Che cos'è alla fin fine la* Fenomenologia dello Spirito *se non la presentazione di una serie di tentativi abortiti da parte del soggetto di definire l'Assoluto e così arrivare all'agognato sincronismo di soggetto e oggetto? Questo è il motivo per cui il suo esito finale ("il sapere assoluto") non conduce ad un'armonia finalmente ritrovata ma invece si porta dietro una specie di inversione riflessiva: essa mette a confronto il soggetto con il fatto che il vero Assoluto non è nient'altro che la disposizione logica dei suoi tentativi precedentemente falliti di concepire l'Assoluto – cioè, con la vertiginosa esperienza per cui la Verità coincide con il cammino verso la Verità*[48].

Cos'è la Parte III di *1984* se non proprio "la vertiginosa esperienza per cui la Verità coincide con il cammino verso la Verità"?

Tuttavia, se questa equivalenza fosse portata fino all'estremo, essa implicherebbe l'odiosa conseguenza che il Partito, l'ideologia più inumana che la storia abbia mai conosciuto, sarebbe la stessa identica cosa dell'Idea o Spirito, uno dei vertici supremi della consapevolezza teoretica occidentale. Di fatto, qualche sospetto in questo senso pare più che legittimo. Intanto, il primo a teorizzare apertamente l'idea dei tre momenti di Verità è O'Brian stesso, che li denomina ad uso di Winston come "learning, understanding, acceptance" – dove è evidente che l'ultimo contraddice i primi due. I discorsi che egli fa a Winston sono largamente basati su argomentazioni che ad un qualunque *connoisseur* della filosofia hegeliana non possono mancare di rivelare la loro natura idealista: quando ad esempio O'Brien dice che "l'uomo da solo fallisce, ma se può sottomettersi completamente, sfuggire alla sua identità, immergersi nel Partito, allora diventa onnipotente e immortale"[49], le

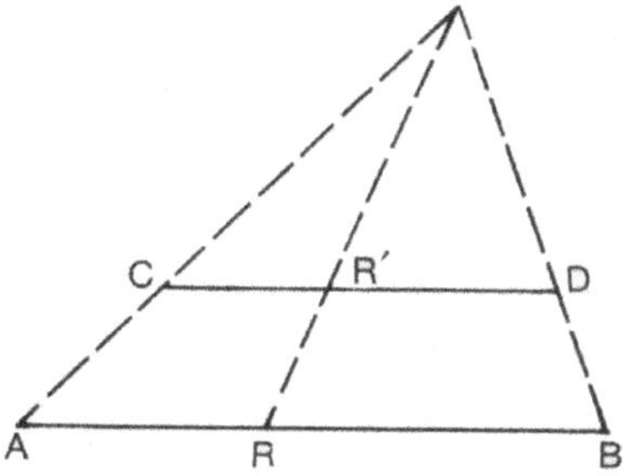

sue parole parafrasano il motto hegeliano per cui "l'individuo tramonta e fallisce, solo l'idea trionfa ed è eterna"[50]; e tutta la tirata o'brieniana contro le leggi della fisica e la "realtà" della materia ("la realtà è nel tuo cranio, le leggi della natura le facciamo noi")[51] ricorda le prese di posizione contro Newton e il rapporto forza-intelletto nella *Fenomenologia*, nonché le reprimende antimaterialiste di stampo dialettico, da Hegel stesso ("il più concreto è lo Spirito")[52] a Benedetto Croce ("la Materia stessa è un principio sopramateriale")[53]. Le stesse obiezioni di Winston a O'Brien – alla fine perderete perché vi manca la vita, l'uomo... - vengono scartate da quest'ultimo come *nonsense*, ed erano già state preventivate da Hegel con la sua idea della filosofia (idealista) come pura teoria che dipinge "il suo grigio su grigio" così distante dal verde della vita...[54]. Per paradossale che possa sembrare, la più formidabile difesa dell'idealismo viene stilata da uno scrittore profondamente anglosassone (e profondamente empirista), solo che tale difesa è da ultimo una condanna senza appello, dato che la vittoria avviene per così dire in un quadro complessivo di odio e sopraffazione che appare chiaramente mostruoso.

Si ritorna così alla domanda precedente: e se, pur nell'inevitabilità del *doublethink* dialettico, ci fosse qui *davvero* qualcosa che non funziona? Se *davvero* l'equivalenza fra Partito totalitario-Idealismo fosse giusta, se *doublethink* e dialettica fossero la stessa cosa, se proprio *quel* tipo di pensiero fosse la fonte di *questo*? In effetti si tratta di accuse che già altri, e più o meno nello stesso periodo storico, andavano elevando contro la dialettica idealista: come non ricordare ad esempio che, tra i nemici delle società aperte, Popper elenca non solo Platone, ma proprio Hegel?[55] Di più: come non ricordare che nel suo famigerato discorso "Discorso di rettorato" del 1933, cioè in pieno nazismo, lo stesso Heidegger aveva citato proprio Hegel come il propugnatore dello Stato etico che, al di sopra e al di là degli individui si fa portatore della verità e della libertà universali?[56] E come non ricordare che, se poi Heidegger si era (forse) ravveduto, lo stesso ravvedimento non era stato seguito da altri filosofi hegeliani difensori del totalitarismo, come il filosofo idealista e ministro fascista Giovanni Gentile? Tutti questi esempi, e da ultimo lo stesso finale di *1984*, sembrano autorizzare la tipica equazione "filosofia dialettica della Totalità=totalitarismo".

Tuttavia, qui occorre addentrarsi nel problema con estrema circospezione. Abbiamo detto che O'Brien di volta in volta prende le forme di un Hegel, di un Cantor, di un Croce, ma non è tutto. In un empito di esaltazione, egli, pressato dalle domande ormai prive di inibizioni di Winston gli conferma che il Grande Fratello *esiste*.

"Esiste come esisto io?"

"Tu non esisti", disse O'Brien.

Lo prese un senso di scoraggiamento... gli argomenti della sua inesistenza erano un nonsense... l'affermazione "Tu non esisti!" non conteneva un assurdo logico?

Io penso di esistere... sono conscio della mia identità, io sono nato, io morirò...

"solo il Grande Fratello esiste!"[57]

"You do not exist" – non è forse la tipica ingiunzione paradossale della psicoanalisi lacaniana – un'analisi della psiche ispirata all'idealismo hegeliano quante altre mai? La "riuscita" clinica, la "guarigione", non risiede, ad esempio, secondo un lacaniano come Žižek, proprio nell'"attraversamento" del proprio fantasma fondamentale e insieme nella piena accettazione della propria inesistenza?[58] Eppure, proprio il movimento lacaniano non ha pagato questo suo "credo paradossale" con la rigidità quasi poliziesco-stalinista delle proprie strutture (la *passe*, l'adesione incondizionata al Verbo del Maestro-Grande Fratello)?[59] Siamo qui di fronte alla contraddizione fondamentale che traversa in un certo senso tutte le esperienze legate a vario titolo al pensiero hegeliano nel Novecento, e in ultima analisi il pensiero hegeliano stesso. Infatti, O'Brien introduce un surplus di "credenza" che va oltre il *doublethink*, il Partito, il *newspeak*: preso dall'entusiasmo, O'Brien si lascia andare e, come il più classico dei *villain* cinematografici, come un Goldfinger qualunque, o, se si vuole, come un Dottor Mabuse, o un dottor Stranamore, finisce per chiedere a Winston di "credere" *positivamente* nell'esistenza del Grande Fratello. Se il primo passo "you do not exist" è *giusto* – e l'autodifesa di Winston è inutile, ricade in una versione debolmente empirista del *cogito* ("I think – I exist"), qual è il significato della seconda affermazione? In altri termini, che cosa intende O'Brien quando dice che "solo il Gande Fratello *esiste*"? Se nemmeno il Capo supremo, cioè O'Brien stesso, è il Grande Fratello, se nessuno l'ha mai visto (a differenza del volto di Goldstein), e se persino Goldstein nel suo libro lo "esclude" dal conto in percentuale delle classi di Oceania, non si deve concludere che il Grande Fratello *non esiste affatto*? La vera critica al Partito non è che manca di vita (la "vita" come fatto naturale non esiste più da tempo in Oceania), ma manca di coerenza-nell'incoerenza, manca cioè di ciò che esso stesso esige, manca di *doublethink*: è evidente infatti che se Winston non esistesse, nemmeno il Grande Fratello, che lo sorveglia, e ha costruito per lui tutta la vicenda di *1984*, avrebbe più alcuna ragione di esistere. "Tu non esisti", implica: *"nemmeno il Grande Fratello"*... "Il Grande Fratello esiste" è pertanto una mossa difensiva, un tentativo di "positivizzare" una mancanza, di dare un corpo e un volto al puro rovesciamento obverso per cui "esistere" significa "non-esistere", Io = non-Io, Winston è solo l'altro nome di Grande Fratello[60].

In tal senso, può darsi che l'entusiasmo *non petitus* di O'Brien non sia però un fenomeno senza precedenti – forse, esso già si manifesta come un (impossibile) "credo" positivo nell'Hegel della *Filosofia del diritto* e della difesa dello Spirito oggettivo sotto forma di "Stato etico" (sostanza etica che tiene insieme-rimuove i singoli individui). Stabilire se anche Hegel "ci crede" però non è difficile, ma è semplicemente *impossibile*. Si potrebbero infatti portare abbondanti testimonianze sia in favore dell'una che dell'altra interpretazione, che lascerebbero la questione irrisolta, come di fatto, storicamente, è rimasta. La non-chiusura della *Fenomenologia*, la battuta sui re che nella modernità esistono solo per mettere "i puntini sulle i" (nell'*Estetica* e nei *Lineamenti di filosofia del diritto*)[61], la difesa della contraddizione come "concetto essenziale" nella *Scienza della Logica*, sembrano fare a pugni con le aperte difese dello Stato etico nei *Lineamenti di filosofia del diritto*, che del resto Heidegger cita con grande conoscenza di causa nel suo discorso "nazista". E data la sistematicità del pensiero hegeliano, è vano cercare di separare un Hegel buono (il "giovane Hegel" di Lucàks e di Marcuse) da un Hegel cattivo (l'Hegel "prussiano" di Heidegger-1933 e di Gentile). Il problema è che la prospettiva stessa in cui questa "scorporazione" si propone è sostanzialmente illegittima. Infatti, cerca di *depurare* il buono dal cattivo con quella tecnica che Hegel stesso aveva già stigmatizzato nel già citato paragrafo della *Fenomenologia* su "vero e falso" (pte. 1, § 6). In definitiva, sia dalla parte dei detrattori (Popper, Lukàcs, Orwell) che da quella dei difensori (Heidegger, Gentile) si resta sempre entro il piano *contenutistico*, cioè del contenuto enunciato – senza prendere in considerazione il piano *logico-formale* dell'enunciazione in-sé: in quest'ultimo piano si può credere ancora, ma *solo* nello schematismo dialettico come tale, perché i due opposti (bene-male, vero-falso, individuo indipendente-Stato dominante, esistenza-inesistenza, Hegel buono-Hegel cattivo...) non sono niente fuori dal rapporto obverso che li lega – ed è *precisamente questo rapporto* (che in sé non è positivo né negativo) il solo e unico "credo" che Hegel ci consegna.

Questo dettaglio decisivo permette di introdurre una differenza effettiva tra Obversania e Oceania. Sotto la voce Oceania possiamo raccogliere molte configurazioni: totalitarismo politico, sistema dell'arte contemporanea, dittatura della finanza creativa, massoneria mondiale, sorveglianza planetaria, cospirazione delle multinazionali... In ogni caso, in Oceania, per ottenere la "guarigione", il "reshaping" del soggetto, il suo consenso ultimo, l'"acceptance", è *necessario un minimum di violenza* – non tanto di violenza fisica (quella fatta a Winston è del resto minima), ma "logica". Tale violenza logica consiste nel "dare contenuto" alla pura struttura "esperienziale" di *1984*; ma questo fatto incrina davvero il *doublethink* come tale, perché lo fa appoggiare su un elemento empirico-materiale esteriore, su un *credo* che invece l'idealismo assoluto del Partito-Idea dovrebbe escludere a priori[62]. Il problema dunque non è che nella Parte III di *1984* il Grande Fratello-O'Brien vince e il soggetto-Winston perde: paradossalmente questa è *la cosa giusta*, il giusto significato del "tu non esisti" – il corretto rovesciamento dell'esistenzialismo sartriano, il fatto che "l'*inesistenza* precede l'essenza". La "cauterizzazione" del desiderio, il senso di svuotamento interiore, la fantastica confessione a specchio che Winston e Julia si fanno reciprocamente ("Ti ho tradito" – "Ti ho tradito"), sono i veri segni che il soggetto ha "accettato" (e non solo genericamente "compreso") di identificarsi con quel meccanismo che è il doublethink-obversione, *ma che è sopravvissuto* – è sopravvissuto alla sua stessa morte, al suo senso di impotenza, al fallimento del sogno rivoluzionario, alla scoperta che l'amico era il Nemico, che l'amore era Illusione, che la materia non c'è, che la storia si è fermata, che la guerra è solo un paravento, che due segmenti diversi contengono un numero uguale di punti, che 2+2 può *non* fare 4, e che infine "Il Grande Fratello sei Tu"[63].

Sopravvivere al momento finale della triade, vedere di fronte a sé la "sintesi", e restare in piedi, ecco la cosa più difficile – ma anche quella che in Obversania è ancora possibile. È quest'ultimo scarto minimale che spinge a rileggere la Parte III e in fondo *tutto 1984*, in chiave *positiva*, come un romanzo dotato di un obverso *happy end* dove sul finire le cose prendono uno strano tono "formale-trascendentale": ora che si sono traditi, Winston e Julia stanno come disarmati di fronte all'autentica verità dell'Amore; ora che sanno di non-esistere, possono perfettamente "godersi l'essenza della vita"; ora che sanno che pensare significa contraddirsi, hanno colto il senso ultimo della logica delle cose. Siamo così tornati all'intuizione originale all'inizio di *1984*, cioè all'idea-chiave di Orwell, quella di un sistema mediale a doppia mandata, che guardiamo e che ci guarda: "nulla esiste", *tranne* quel sistema. Così, tutte le equivalenze obverse possono di nuovo essere rilette a rovescio: il nemico era l'Amico, l'illusione era l'Amore, la stasi era la Storia, la menzogna era la Verità, il nulla era l'Essere... Ciò che conta non è il modo con cui le riempiamo di contenuto, ma la loro pura forma chiasmatica. L'*accettazione* di questo schematismo è ciò che permetterebbe a noi, abitanti di Obversania, che credevamo di avere attraversato indenni il fatidico 1984, di iniziare proprio da qui e da ora la "nostra" Parte III.

§ 1 L'OBVERSIONE DELLA STORIA

1. Croce, B., *Teoria e storia della storiografia*, Laterza, Bari 1943, p. 4. Croce ricorda che la prima edizione del libro apparve in lingua tedesca già nel 1915, ma che i materiali del libro comparirono in riviste e atti accademici a partire dal 1912 e '13. Per un caso (ma forse no) la teoria storica crociana, così "contemporaneista" è *contemporanea* al movimento artistico (ampiamente avversato da Croce) del Futurismo, che considerava invece la cultura passata "un inutile orpello"; in tal senso, Croce è più contemporaneo dei futuristi?

2. Si potrebbe dire che il limite più grande di un'opera impervia, ma straordinaria come *L'essere e l'evento* di A. Badiou, cit., risieda nella mancata messa in valore di questa duplice natura dell'"Evento".

3. Mattelart, A., *La Communication-monde*, La Découverte, Paris 1992 [trad. it. *La comunicazione mondo*, Il Saggiatore, Milano 1994, p. 119]. Fra le tante ricostruzioni della performance wellesiana, cfr. Brown, R. J., *Manipulating the Ether: the Power of Broadcast Radio in Thirties America*, McFarland & Co., Jefferson 1998. Si dovrebbe aggiungere che gli spettatori americani non erano solo inquieti per la situazione politica *mondiale*, ma per la situazione *mediale* come tale (per il fatto stesso di stare sperimentando la potenza mediale dei primi mezzi di comunicazione di massa "in diretta", l'heideggeriana *Ent-fernung* fornita dalla radio). Cfr. A. Machado, *El paisaje mediàtico*, NL, Buenos Aires 2009, pp. 95 sgg.

4. Lacan, J., *Ecrits*, Paris, Seuil, 1966 [trad. it. *Funzione e campo della parola e del linguaggio in psicoanalisi* [1953], in *Scritti*, 2 voll., trad. it. a cura di G. Contri, Einaudi, Torino 1974, vol. 1, p. 291].

5. Non è affatto un caso che la nozione lacaniana di comunicazione sia stata anticipata da un "lacaniano" come Kierkegaard, che individua perfettamente la nozione di "comunicazione indiretta": "poiché eticamente non c'è nessun rapporto diretto, ogni comunicazione deve passare attraverso una riflessione doppia: la prima, nella quale essa si comunica, la seconda nella quale essa è ripresa"; così in "La dialettica della comunicazione etica ed etico-religiosa", in *Scritti sulla comunicazione* [trad. it. a cura di C. Fabro, cit., p. 59]

6. Una delle prime riflessioni sulle potenzialità artistiche dei mass media, e della radio in particolare, vale a dire il manifesto futurista *La radia* di F.T. Marinetti e P. Masnata, del 1933, già anticipava l'idea che la radio era "un'arte nuova che comincia dove cessano il teatro, il cinematografo e la narrazione", dove è impossibile "incorniciare" lo spazio della scena, e che diventa così un'opera "universale e cosmica" (cit. in Marinetti, F.T., *Teoria e invenzione futurista*, Mondadori, Milano 1990). Se la scena diventa cosmica, è il cosmo intero a diventare come un "teatro", e a "rovesciarsi" in-sé: cfr. il § seguente. D'altra parte, Welles aveva inscenato il suo dramma radiofonico grazie alla sua compagnia teatrale; i suicidi che seguirono la trasmissione potrebbero essere dunque messi a confronto col "suicidio" di Grunelmo nel *Mondo alla rovescia* di Tieck (cfr. *infra*, § successivo), solo che, in questo caso, invece di buttarsi dalla finzione (palcoscenico) al mondo vero, quei soggetti si buttarono dal mondo vero nella finzione, finendo per morire *realmente*.

7. Cit. in Borges, J.L., *Tutte le opere*, 2 voll., Mondadori, Milano 1984-85; vol. 1, *Introduzione* di D. Porzio, p. LXXXVIII.

8. Per questo punto cfr. Senaldi, M., "Il Ground Zero del godimento", in AAVV., *Scrivere sul fronte occidentale*, Feltrinelli, Milano 2002.

§2 VERKEHRTE WELT

1. Moneti, M., *Hegel e il mondo alla rovescia. Una figura fenomenologica*, La Nuova Italia, Firenze 1986.

2. Shakespeare, *Amleto*, Atto II, scena 2. Tieck del resto (come tutti i romantici) era profondamente attratto da Shakespeare, al punto da portare a termine la traduzione dei drammi scespiriani iniziata da A.W. Schlegel e di progettare una grande opera su Shakespeare (in effetti mai realizzata).

3. La presenza in scena del Prologo è comunque già presente in *Amleto*, Atto III, scena 2, quando il principe organizza la "falsa" recita. *Il gatto con gli stivali* è del resto già in sé una parodia teatrale della omonima fiaba di Perrault. Anche Goldoni costruisce un effetto di sdoppiamento metateatrale con la sua commedia *Il teatro comico*, del 1750, ma si tratta di un, sia pur raffinato, rispecchiamento

ludico tutto interno al "contesto" del teatro come tale.

4. L. Tieck, *Il mondo alla rovescia*, in *I romantici tedeschi*, a cura di G. Bevilacqua, Rizzoli, Milano 1997, 4 voll.; vol. IV, p. 163 – parla la Musica, tra Atto III e IV.

5. Ivi, p. 162; l'originale tedesco suona: "Ja der Verstand, wenn er sich recht auf den Grund kommen will, wenn er sein eignes Wesen bis ins Innerste erforscht, und sich nun selbst beobachtet und beobachtend vor sich liegen hat, sagt: darin ist kein Verstand.". *Beobachtende Vernunft*, cioè Ragione osservativa, è il nome che Hegel riserva nella *Fenomenologia* alla Ragione scientifica che non sa ancora di essere "osservata"; è notevole il fatto che egli sembri riprendere l'intuizione da Tieck, ma modificando *Verstand* (intelletto) in *Vernunft* (ragione). Tieck comunque usa *Verstand* in modo consapevole: la traduzione più aderente sarebbe: "l'intelletto/intendimento, se si esplora nella sua essenza… esclama: in ciò non v'è senso"; come a dire: non c'è cervello, non c'è "senso comune".

6. Tieck, op. cit., p. 185 (atto IV, scena 7).

7. *Ibid*.

8. Ivi, p. 200 (atto V)

9. Tieck, cit., p. 112 (Atto I, parla l'Orchestra).

10. *Ibidem*.

11. Goethe, *Faust*, parte II, atto primo, palazzo imperiale, Sala del trono (trad. it. Einaudi, Torino 1974, p. 147): [parla l'imperatore] "a me che giovan le tenebre? Se qualcosa vale deve venire alla luce. Chi di notte può ben discernere il briccone? Nere son le mucche, come i gatti grigi…". In generale, si deve ricordare che per Hegel, è l'intera filosofia a dover essere considerata un "verkehrte Welt": cfr. G.W.F. Hegel, "Einleitung. Über das Wesen der philosophischen Kritik überhaupt, und ihr Verhältnis zum gegenwärtigen Zustand der Philosophie insbesonderes" ["Introduzione. Sull'essenza della critica filosofica in generale e le sue relazioni al presente stato della filosofia in particolare"] (1802), in Hegel, *Gesammelte Werke*, hrsg. H. Buchner, O. Pöggeler Felix Meiner, Hamburg 1968, vol. IV, pp. 124-25. Questo testo è l'introduzione generale al *Giornale critico di filosofia*, curato da lui e Schelling. L'analogia è ricordata anche da Heidegger in *Che cos'è la metafisica?* cit.; cfr. *supra*, pte I, § 9. Il rimando a Tieck resta però qui solo un accenno, che viene compiutamente sviluppato solo nella *Fenomenologia*.

12. Cfr: qui Hyppolite, J., *Genèse et structure de la Phénoménologie de l'Esprit de Hegel*, Aubier Montaigne, Paris 1946 [trad. it. *Genesi e struttura della* Fenomenologia dello spirito *di Hegel*, La Nuova Italia, Firenze 1992, p. 158 "Il problema emergente nel passaggio dal fenomeno alla sua legge si ritrova nel problema della pluralità delle leggi"]. Le altre letture "classiche" del mondo invertito hegeliano, soprattutto H.G. Gadamer, "Hegels verkehrte Welt", in *Hegels Dialektik*, Tübingen 1971; e R.C. Solomon, *In the Spirit of Hegel. A Study of G.F.W. Hegel's Philosophy of Spirit*, Oxford U.P., 1983, pp. 376-85, tendono un po' troppo a "razionalizzare", addomesticandola, l'esplosiva logica sovvertitrice qui messa in campo da Hegel.

13. Hegel, *Fenomenologia*, cit., p. 251.

14. *Ibidem*.

15. È notevole che qui Hegel parli proprio di *Verstand* e si faccia beffe dell'incapacità del *Verstand* di cogliere questo rovesciamento – proprio come nel passo di Tieck, che dileggia l'incapacità del *Verstand* di cogliere il senso della commedia, e la sua protesta che dunque "è senza senso" ("darin ist kein Verstand!"); solo forzando i termini dunque il traduttore italiano ha reso *Verstand* con "ragione" (hegelianamente Vernunft). Anche l'opposizione tra Verstand e Vernunft è però dialettica: la Ragione sorge proprio come negarsi/affermarsi della "potenza intellettuale" sopra se stessa (cfr. per questo punto molto delicato la lettura che fornisce in proposito Žižek, in *Less than Nothing*, cit., trad. it. p. 341: "La Ragione non è più, ma *meno* dell'Intelletto;… non è una facoltà ulteriore che integra l'"unilateralità" dell'Intelletto; proprio l'idea che ci sia qualcosa… che elude l'Intelletto, costituisce [la sua] illusione fondamentale").

16. Chiodi, P., "Introduzione all'edizione italiana", in M. Heidegger, *Essere e tempo*, [1927], trad. it. cit.; p. III.

17. Heidegger, *Lettera sull'"umanesimo"*, cit., p. 52.

18. Chiodi, *ibid.*, p. VI.

19. Heidegger, *Sentieri interrotti*, cit. p. 100.

20. Come già detto (v. *supra*, pte I, § 9), Heidegger,

in *Identità e differenza*, cit., riferendosi alla
Lettera sull'umanesimo dice che "per noi il dialogo
con la storia del pensiero non è caratterizzato
dall'inglobamento [Aufhebung], ma dal *passo
indietro*" (sott. mia, p. 284). Un caso di evidente
"passo indietro" è fornito dal saggio *La Cosa*
(*Das Ding*, 1950, in *Gesamtausgabe*, cit., I, 7, pp.
165-188 [trad. it. in *Saggi e discorsi*, a cura di G.
Vattimo, Mursia, Milano 1976, pp. 109-124]; dopo
un inizio in cui Heidegger elenca fra i caratteri del
mondo odierno anche il fatto che "tutte le distanze
nello spazio e nel tempo si vanno accorciando",
e che "notizie che una volta si ricevevano solo
dopo anni, o che semplicemente restavano
ignote, giungono oggi all'uomo in un attimo, di
ora in ora, attraverso la radio... [e] il culmine
dell'eliminazione di ogni possibilità di lontananza
è raggiunto dalla televisione", egli passa poi
all'analisi fenomenologico-ontologica di un oggetto
quale la "brocca" (come oggetto che serve a
contenere, a versare...), concentrandosi sul suo
"valore d'uso", e immergendosi nell'originarietà
di questa cosa, e strappandola completamente
a quel mondo "moderno" che aveva ben
individuato nella prefazione. Senza contare
che ci si dovrebbe chiedere se il fatto di fornire
una simile "descrizione filosofica" lasci davvero
l'oggetto descritto "così com'è", non è questo forse
un tipico esempio di "passo indietro" di fronte
all'obversione mediale? L'efficace disamina di
Gunkel, D., e Taylor P., *Heidegger and the Media*,
Polity Press, London 2014, sottolinea giustamente
il fatto che il concetto heideggeriano di *Dasein*,
in quanto introduce l'idea di "col-locazione"
fondamentale dell'ente umano, sia di estrema
importanza per una moderna teoria dei media;
tuttavia, questa nozione (accennata per esempio
nei riferimenti alla radio sia in *Essere e tempo* che
in *L'immagine del mondo*), sembra essere proprio
quella poi sacrificata nel "secondo Heidegger".

21. Moneti, M., *Hegel e il mondo alla rovescia*, cit,
p. 29.

22. A sua volta, la realtà sociale dei partecipanti
a uno show tv è già essa stessa qualcosa di
capovolto, presa com'è nella rete di relazioni
sociali di "rappresentazione"; così, la famosa dose
di "realtà" dei reality shows assomiglia a una
"tazza di caffè decaffeinato", ossia privato della sua
sostanza negativa (e dunque "vera"); cfr. S. Žižek,
"A Cup of Decaf Reality", in www.lacanianink.

com, 2004. Sublime in tal senso la parodia dei
personaggi "da reality" nel cartoon canadese *Total
Drama* (2007; in ita. *A tutto reality*), dove quelle
figure (il macho conquistatore, la belle noiseuse,
l'obeso complessato, ecc.) sono già colte nella loro
intrinseca "tipologia fenomenologica".

23. Recupero evidente fin dalla citazione posta
in esergo alla *Società dello spettacolo*, e tratta
dalla prefazione alla seconda edizione de
L'essenza del cristianesimo, di Feuerbach, in cui
il filosofo tedesco afferma che "è senza dubbio
il nostro tempo [che] preferisce l'immagine alla
cosa, la copia all'originale, la rappresentazione
alla realtà, l'apparenza all'essere". (Del resto in
esergo alla Parte IX Debord cita apertamente la
Fenomenologia).

24. Debord, *La società*, cit., p. 87.

25. *Verkherung*; in "Poscritto" alla seconda
edizione tedesca de *Il Capitale*, 1873; cfr. *infra* §
successivo.

26. Debord, *La società*, cit., § 72, (sott. nostra).
Sulle contradizioni in Debord cfr. anche R.L. Kaplan,
"Between mass society and revolutionary praxis:
The contradictions of Guy Debord's *Society of the
Spectacle*", in *European Journal of Cultural Studies*,
August 2012 vol. 15 no. 4 pp. 457-478 - che però
appiattisce Debord su presunti cliché "liberal",
senza cogliere l'esplosivo valore dialettico della
sua analisi.

27. Debord, G., "Rapport sur la construction des
situations", s.a.i., Bruxelles1957, ora in Debord, G.,
Oeuvres, Gallimard, Paris 2006, pp. 309-328;, pp.
325-26.

28. Su questo punto rimando a Senaldi, M., *Enjoy!
Il godimento estetico*, Meltemi, Roma 2003, pte II.

29. Hegel, *Fenomenologia*, cit., p. 979.

30. *Journ. of Communication*, winter 1974, XXIV,
1, p. 57. Cfr. Grosswiler, P., ed., *Transforming
McLuhan: Cultural, Critical, and Postmodern
Perspectives*, Peter Lang, New York 2010.

31. Si deve inoltre notare che il film di Debord, del
1973, precede di un anno l'articolo di McLuhan.
Del resto Google Earth impiega un software
che genera immagini della terra utilizzando dati
satellitari e un modello topografico rilevato dallo
Shuttle; cfr. Vise D., Malseed M., *The Google Story.
Inside the Hottest Business, Media and Technology
Success of Our Time*, Delacorte, New York 2005.

32. McLuhan M. McLuhan E., Hutchon K., *City as Classroom*, Book Society of Canada, Toronto 1977 [trad. it. *Città come aula*, Armando, Roma 1984, p. 161].

33. G. Bruno, *De l'Infinito, Universo e Mondi* [1584], ed. G. Gentile, Sansoni, Firenze 1985, "Dialogo Secondo": "Que' moti, dunque, che sono nell'universo, non hanno differenza alcuna di su, di giù, di qua, di là al rispetto dell'infinito universo…".

34. In tal senso, ogni richiamo a un presunto *Grund*, alla "terrestrità" della Terra, da Heidegger fino alle teorie ecologiche di Gea, va in una direzione chiaramente regressiva.

§3 Obversione e rivoluzione

1. Cfr. per es. Uebel, Th. E., *Overcoming Logical Positivism from Within. The Emergence of Neurath Naturlaism in the Vienna Circle's Protocol Sentence Debate*, Rodopi, Amsterdam – Atalanta 1992.

2. Hegel, *Fenomenologia*, cit., p. 199.

3. *Ibid*, p. 205.

4. Marcuse, H., *Reason and Revolution*, 1941 [trad. it. *Ragione e rivoluzione*, Il Mulino, Bologna 1966, p. 87].

5. Per Hegel la riflessione come tale è un "assoluto contraccolpo", cfr. *Scienza della logica*, trad. it. cit., vol. II, p. 447.

6. Hegel, *Fenomenologia*, cit., p. 157.

7. Ivi, p. 165. Sul senso di questo rovesciamento ha pagine notevoli il saggio di Heidegger "Il concetto hegeliano di esperienza", in *Sentieri interrotti*, cit., pp. 103-90, che tuttavia sembra evitare di considerare l'aspetto "choccante" del rovesciamento, riportando il concetto di esperienza all'"essere dell'ente" (p. 174).

8. Marx, K., Engels, F., *Manifest der Kommunistischen Partei*, London 1848 in *Gesamtausgabe*, Bd. I, 6, Berlin-brandenburgische Akademie der Wissenschaften, Berlin 1985 [trad. it. *Manifesto del partito comunista*, a cura di F. Ferri, Ed Riuniti, Roma 1976, p. 61].

9. Marx, K., Engels, F., *Die deutsche Ideologie,* [1856], in *Gesamtausgabe*, Bd. I, 5, Berlin-brandenburgische Akademie der Wissenschaften, Berlin 1985 [trad. it. *L'ideologia tedesca*, in *Opere Scelte*, Ed Riuniti, Roma 1969, p. 240].

10. Ivi, p. 239

11. *Ibidem*. Si noti che il paragone ricorda quello della Gukkasten (scatola ottica) citata da Kierkegaard in *Prefazioni*, del 1844 (vedi *infra*, § 4).

12. Hegel, *Fenomenologia*, cit., p. 785. Il processo del divenire rivoluzionario è descritto con precisione da Hegel nella sezione III del cap. IV sullo Spirito della *Fenomenologia* (trad. it. pp. 785-95).

13. Kant, I., "Beantwortung der Frage: Was ist Aufklärung?", *Berlinische Monatsschrift*, 1784, dezember, pp. 481-494; in *Gesammelte Schriften*, von der Königlich-Preußische Akademie der Wissenschaften zu Berlin, Berlin 1900 ss., Bd. VIII [trad. it. *Risposta alla domanda: Che cos'è l'Illuminismo?* In *Scritti politici e di filosofia della storia e del diritto*, UTET, Torino 1963].

14. Hegel, *Fenomenologia*, cit., p. 785.

15. Ivi, p. 793.

16. Ivi, p. 791-3.

17. Ivi, p. 795

18. Hyppolite, J., "La signification de la Révolution Française dans la «Phénoménologie » de Hegel", *Revue Philosophique de la France et de l'Etranger*, 128, 9/12, 1939, pp. 321-52, poi in *Études sur Marx et Hegel*, Riviè, Paris 1955 [trad. it. "Il significato della Rivoluzione Francese nella *Fenomenologia* di Hegel", in *Saggi su Marx e Hegel*, Bompiani, Milano 1965, p. 78]. Curiosamente, la tesi per cui "l'era delle rivoluzioni ha condotto… al Terrore" è divenuta un *leit motiv* dei pensatori neo-liberali multiculturalisti, come Alain Touraine (cfr. *Critique de la modernité*, Fayard, Paris, 1992 [trad. it.: *Critica della modernità*, Il Saggiatore, Milano 1997, p. 108]). Tali pensatori si servono della dialettica hegeliana, *purificandola* della nozione centrale di "totalità" ("una parola abbastanza simile a totalitarismo", ivi, p. 109). Ovviamente, senza tale nozione, da intendersi però in senso dialettico, la conversione della Rivoluzione in Terrore non ha alcun senso, ma ciò permette a tali sociologi di ergersi a difensori di una modernità "bilanciata" (= non dialettica), che sappia mantenere gli sviluppi della razionalità e diritti dell'individualità in un sobrio ed equilibrato "dialogo". Senza nemmeno contare il fatto che definire "soggettività" l'individualismo post-storico (come fa Touraine) significa travisare completamente il pensiero hegeliano, occorre comunque ricordare che la "modernità", come del resto avevano stabilito

con chiarezza difficilmente controvertibile proprio Hegel e Marx, è viceversa lo stadio storico in cui il disequilibrio fa il suo ingresso definitivo nel mondo.

19. Si potrebbe qui fare riferimento a molti saggi, ma bastino per tutti quello già citato di Hyppolite, e, *a contrario*, Lowith, K., *Da Hegel a Nietzsche* [1941], Einaudi, Torino 1949; oltre che naturalmente Lukacs, G., *Il giovane Hegel* [1948], trad. it. Einaudi, Torino 1960, che distingue un Hegel "giovane" da quello di Berlino. Vivace la ricostruzione di Comay, R., *Mourning Sickness. Hegel and the French Revolution*, Stanford Univ. Press, Stanford 2011 – che, pur giungendo a conclusioni simili a quelle di Hyppolite (non a caso scritte all'alba della Seconda Guerra Mondiale, nel pieno delle "Rivoluzioni" fascista e nazista), tuttavia legge la *Verkehrung* hegeliana come "perversione" (quindi non sembra cogliere appieno lo sfondo metastorico del doppio rovesciamento).

20. L'atteggiamento di Hegel a Berlino nei confronti delle *Burschenshaften* (le leghe democratiche studentesche), fu ambivalente (cfr. Althaus, H., *Hegel und die heroischen Jahre der Philosophie*, Carl Hanser Verlag, Munich 1992 [trad. it. *Vita di Hegel*, Laterza, Bari 1995, cap. XXIX). Marcuse (in *Ragione rivoluzione*, cit., p. 204-6) offre un'interpretazione filohegeliana, secondo cui le *Burschenrshaften* erano leghe razziste e pseudo-democratiche: non vi è dubbio che la *Filosofia del diritto* "servì a rafforzare il potere delle autorità prussiane", "ma non molto tempo dopo divenne un'arma contro la reazione", quindi la posizione di Hegel va interpretata "da sinistra". Il cap. XXIX della biografia di Althaus invece è semplicemente sublime, poiché, a dispetto della straordinaria mole di dati non si risolve a definire l'atteggiamento di Hegel, e non permette di concludere se fosse un timoroso preoccupato dalla polizia prussiana, un coraggioso difensore dei suoi studenti, un nostalgico della Rivoluzione e o un fautore della Reazione! – finendo per dimostrare in controluce una cosa del tutto diversa, cioè l'inutilità del dato biografico per dirimere la posizione "reale" di un pensatore, soprattutto se dialettico, come Hegel. Del tutto appropriate qui le osservazioni di Comay, cit.: "non possiamo tracciare una linea tra la difesa e il ripudio [della Rivoluzione Francese]

presentando spiegazioni ordinarie o umane come l'età (il giovane studente infervorato di Tubinga, il vecchio brontolone di Berlino), l'ambivalenza o anche l'inconsistenza. La palpabile oscillazione di Hegel tra lirico 'entusiasmo'... per il 'tremendo spettacolo'... e la sua inequivocabile condanna dello stesso evento come 'il più terribile e il più drastico' che sia mai accaduto, sono espresse nel medesimo respiro", p. 76. Comay però non mi sembra andare fino alla fine di queste premesse, e non trae davvero un guadagno conclusivo dalla sua disamina: cosa vuol dire tutto ciò? Che alla Rivoluzione Francese si potrebbero indirizzare le stesse considerazioni riservate a Wagner, definito da Nietzsche, "catastrofico e inevitabile"; in altre parole, per Hegel, la Rivoluzione fu *del tutto simultaneamente e per gli stessi identici motivi*, un fantastico avvenimento e una terribile catastrofe; un tipico esempio di evento dialettico, cioè in-sé contraddittorio. In tal senso, le osservazioni di M. Vovelle, "La Rivoluzione e l'Immagine", in *Immagini e immaginario nella storia*, Ed. Riuniti, Roma 1989 andrebbero completate aggiungendo che non solo la Rivoluzione Francese fu uno dei primi eventi storici capaci di produrre un proprio specifico "immaginario", ma fu *tout-court* un "evento immaginario", cioè preso nella propria stessa reduplicazione mediale. Le "immagini" della Rivoluzione non si aggiunsero semplicemente ai fatti reali: la Rivoluzione Francese fu il primo "avvenimento" moderno, nel senso che congiunse simultaneamente evento storico e sua immagine.

21. La frase è ricordata da Hyppolite in *op. cit.*; si trova in Hegel, *Briefe von und an Hegel*, hrsg. J. Hoffmeister, Meiner Verlag, Hamburg 1981, vol. II, p. 28 [trad. it. *Lettere*, Laterza, Bari 1972, p. 152] – dove l'accento cade appunto sulla nozione di "rivolgimento" (*Umwalzung*, soqquadro, sconvolgimento).

22. Cfr. Johnson, D., *Jacques-Louis David. New Perspectives*, Univ. of Delaware Press, Newark, 2006, pp. 137-8. Forse fu lo stesso Napoleone a suggerire a David il cambiamento (nel quadro definitivo egli incorona la consorte Josephine), ufficialmente per apparire più "cavalleresco"; in realtà, il problema è che il disegno di David evidenziava in modo "troppo scoperto" la stupefacente incongruenza di un uomo che "volle farsi re" (o meglio imperatore). Le vicende del dipinto finale sono raccontate con dovizia di

particolari da Roberts, W., *Jacques-Louis David. Revolutionary Artist*, Univ. Of North Carolina Press, 1989, pp. 156-7 e sgg.

23. Marx, Engels, *Il manifesto*, cit., p. 60-1.

24. Ivi, pp. 64-5. Per un'analisi del concetto di rivoluzione in Marx (e una distinzione dalla dottrina rivoluzionaria leninista), cfr. Preve, C., *Marx inattuale*, Bollati Boringhieri, Torino 2004.

25. Marx, K., *Il 18 brumaio di Luigi Bonaparte* [1852], in *Opere scelte*, cit., p. 491

26. Ivi, p. 580.

27. Ivi, p. 582. È oltremodo interessante osservare che queste analisi assomigliano in modo sorprendente a quelle dei pensatori "di sinistra" attuali; i difensori dei contadini del Chiapas, espropriati da qualche multinazionale del cacao, o i cittadini di qualche paesino italiano, espropriati dal diritto all'acqua da sconsiderate politiche burocratiche, vengono solitamente difesi invocando più o meno gli stessi argomenti marxiani. Quello che i marxisti "immaginari" odierni ignorano è il valore *dialettico* di questi fenomeni – che in Marx invece appare fulgidamente chiaro: quei contadini o questi cittadini non sono un fenomeno "originario", ma sono già un che di derivato, la "sintesi", il frutto di un qualche movimento dialettico-politico precedente.

28. Ivi, p. 511.

29. Ivi, p. 491. È a "questa" rivoluzione che pensa M. Blanchot ("Les trois paroles de Marx", in *L'Amitié*, Gallimard, Paris 1971), che ha un che di "imminente", "perché è un tratto della rivoluzione quello di non consentire ritardo ... dandosi a vivere come esigenza sempre presente". Ma questa perenne imminenza rivoluzionaria, chiaramente non-dialettica, non è già parte integrante della "spettrale oggettività" post-rivoluzionaria? Non a caso Blanchot cita in nota il Maggio '68: esempio, se ce n'è uno, *non* del sovvertimento del "mondo rovesciato capitalistico", ma piuttosto della sua accelerazione in senso "perennemente" rivoluzionario, rivoluzione permanente che assilla in forma spettrale ciò che resta della socialità contemporanea.

30. Erano critiche comuni in Italia negli anni Settanta e diffuse soprattutto nell'Università Cattolica del Sacro Cuore di Milano (un segno comunque dell'alto livello del dibattito: oltre

che malmenarsi, cattolici e comunisti duellavano come filosofi medievali in base alla forza delle interpretazioni).

31. È una differenza rimarcata da più parti, per es. da M. Henry nel suo *Marx*, Gallimard, Paris 1976 – ma purtroppo sovente ridotta a una semplice evoluzione storico-politica. Più raffinata in tal senso la posizione di Derrida, che a proposito della posizione rivoluzionaria di Marx distingue tra un Marx che individua lo "spettro" rivoluzionario (come ineliminabile di-là-da-venire) e il tentativo di "realizzare" questo spettro: "Marx pensava ... che la frontiera tra il fantasma e l'effettività avrebbe dovuto esser infranta ... attraverso una realizzazione, cioè attraverso una rivoluzione; ma, anche lui, avrà sempre creduto, tentato di credere all'esistenza di questa frontiera, come limite reale e distinzione concettuale. Anche lui? No, qualcuno in lui. Chi? Il "marxista" che genererà quel che a lungo avrebbe dominato sotto il nome di "marxismo". E che pure fu ossessionato (*hanté*) da ciò che tentava di precludere" (Derrida, J., *Spectres de Marx*, Galilée, Paris 1993 [trad. it.: *Spettri di Marx*, Cortina, Milano 1994, p. 53]). In altre parole, proprio sul punto della "realizzazione della rivoluzione" lo stesso Marx non è considerabile "marxista"; Derrida però accolla la responsabilità della "realizzazione" del progetto rivoluzionario al marxismo "dopo" Marx, mentre secondo Žižek (*Living at the End of Times*, Verso, London 2010, trad. it. *Vivere alla fine dei tempi*, Ponte alle Grazie, Milano 2011, pp. 275 sgg.) tale differenza è *interna* a Marx come tale, ma appare rovesciata: *prima* c'è il Marx "rivoluzionario", che propugna la realizzazione della rivoluzione; *poi* quello che si rende conto che il cambiamento rivoluzionario è già intrinseco nel modo di produzione capitalista, e che si tratta semmai di interromperlo ("un Marx post-marxista").

32. Marx, K., *Das Kapital. Kritik der Politischen Ökonomie*. Erster Band, Hamburg 1872; in MEGA, 2 Abteil, Bd. II, 6.[trad. it. *Il capitale*, Editori Riuniti, Roma, 1974, 4 voll.; vol. 1, p. 103, sott nostra.

33. Cit. in Hyppolite, "Il significato della Rivoluzione Francese nella *Fenomenologia* di Hegel", in *Saggi su Marx e Hegel*, cit., p. 83.

34. Anche se Marx si dichiara apertamente scolaro di Hegel, non dimentica di rimarcare che la sua concezione di dialettica differisce da quella idealista: per Marx infatti l'elemento ideale non

è "il demiurgo del reale", ma "non è altro che l'elemento materiale trasferito e tradotto nel cervello degli uomini"; cfr. *Il capitale*, cit., p. 44.

35. Derrida, in *Spettri di Marx*, cit. p. 195, ricorda che l'ossimoro "sensibile insensibile", riferito al concetto di tempo, si trova già in Hegel, *Enciclopedia delle scienze filosofiche in compendio*, § 258, trad. it. cit. p. 233.

36. Žižek, S., *Living at the End of Times*, op. cit., p. 190.

37. Marx, *Il capitale*, cit., vol. I, p. 70.

38. Senza dubbio il primo ad afferrare il senso della spettralità marxiana è stato Derrida in *Spettri di Marx*, cit., in part. cap. 4, che è in sostanza un'analisi del *18 brumaio* di Marx. Il problema di Derrida è che, pur riconoscendo allo spettro lo statuto di morto-vivente (*revenant*), che lo distingue dall'idolo, dal fantasma, dal simulacro, ecc., ne limita l'ambito al solo comunismo, lo "spettro" di cui, secondo lui, oggi (ma il libro è del 1993) tutti cercano di scongiurare il ritorno. Ma la spettralità è invece il carattere stesso delle società attuali in quanto mediali, al di là di ogni colore ideologico (cosa che Marx avverte chiaramente; e in qualche modo *anche* Derrida).

39. Marx Engels, *Il Capitale*, in *Opere scelte*, cit., p. 884, sott. nostra.

40. L'annosa questione del carattere violento o pacifico della rivoluzione (proletaria), è quindi chiaramente un passo ideologico (all'interno della critica marxista) teso ad occultare l'impasse fondamentale, l'interrogativo sulla necessità o meno della rivoluzione stessa. Sulla violenza (post) rivoluzionaria invece, come detonatore necessario a livello sociale, cfr. le stupefacenti analisi dell'Hegel della *Filosofia del diritto*, in Žižek, *Meno di niente*, cit., pp. 555.

41. Giddens, A., *Capitalism and Modern Social Theory*, C.U.P., Cambridge 1971, [trad. it. *Capitalismo e teoria sociale*, Saggiatore, Milano 1998, pp. 112-17] rimarca che il fatto che la società socialista futura dovrà basarsi sullo sviluppo storico del capitalismo, un "punto essenziale del pensiero di Marx" che è stato "spesso trascurato" (p. 116). Giddens riconosce che il carattere di *Aufhebung* della rivoluzione socialista giace nelle premesse edificate dal capitalismo stesso. Il problema è che questa osservazione, invece di portare a una critica della società postindustriale, riconduce Giddens a una visione *liberal* di quest'ultima, il cui carattere "aperto" sarebbe garantito proprio dalle possibilità inespresse contenute nel suo potenziale sviluppo.

42. O meglio, come in *Video Corridor*, si trova davanti a noi dandoci le spalle. In questo senso, quasi negli stessi anni di Orwell, colui che ha teorizzato al meglio questa "stasi" è un hegeliano come Alexandre Kojéve, che, scrivendo nell'epoca della Guerra Fredda, parla appunto (per primo) di "fine della storia" (*Introduction à la lecture de Hegel*, Gallimard, Paris 1947, p. 146). Sul tema della Rivoluzione in Hegel è tornato recentemente Jameson, F., *The Hegel Variations*, Verso, London New York 2010, pp. 99 sgg., dove parla di un livellamento sociale di tipo essenzialmente culturale che definisce "plebeanization".

43. Marx, Engels, *L'Ideologia Tedesca*, cit. p. 24.

44. Giddens, A., *Capitalismo e teoria sociale*, cit., p. 116.

45. In una intervista (*Corriere della sera*, 30 ott. 2000), lo scrittore di best seller spagnolo Arturo Pérez-Reverte dichiara che "detesta scrivere", ma comunque ogni due settimane dedicate alla scrittura ne trascorre "altre due in barca a vela"... Scrivere per Reverte è un "mestiere" tanto faticoso che vorrebbe che "inventassero una macchina per mettere direttamente quel che ha in testa sulla pagina". Nel leggere simili resoconti giornalistici – non differenti da quelli della mannequin di turno sui "ritmi massacranti" alle sfilate di moda, ecc. – si rimpiange facilmente l'epoca delle 10 ore di lavoro in fabbrica o nelle miniere di zolfo, esperienze che senza dubbio fornirebbero a queste personalità mediali qualche suggestivo spunto in più di riflessione.

46. Cfr. Rifkin, J., *The Age of Access*, Penguin, London 2000 [trad. it. *L'era dell'accesso*, Mondadori, Milano 2000]; per una precisa critica di Rifkin, cfr. Žižek, S., *Die Revolution Steht Bevor*, Suhrkamp, Frankfurt 2002 [trad. it. *Tredici volte Lenin*, Feltrinelli, Milano 2003, cap. 9].

47. Orwell, G. *1984*, (1949); ed it, cit., p. 219.

48. Anche gli irriducibili neomarxisti come Hardt e Negri (autori del best seller politico *Impero*, Rizzoli, Milano 2002) ammettono che al posto delle vecchie classi oggi sarebbe più corretto parlare di "moltitudine"; ma il loro concetto, che fa appello a generici momenti storici ("la Resistenza", il "movimento del '68"...), pare

storiograficamente insufficiente per indicare il compito "rivoluzionario" delle generazioni future. A questo genere di marxisti si addice pertanto la definizione coniata quarant'anni fa dalla scrittrice Vittoria Ronchey di "marxisti immaginari".

49. Orwell, *1984*, cit., pp. 215-16; cfr. *infra*, § 10.

50. Questa per alcuni aspetti la tesi di *A Failure of Capitalism*, Harvard U.P., 2009, in cui un noto ex-liberista come R. Posner rivede le sue idee in materia di intervento statale; seguito in questo dalle analisi di J. Cassidy, *How Markets Fail*, Farrar Straus & Giroux, 2009, che ne offre il resoconto. Come già osservato, tutte queste analisi restano penosamente ancorate allo schema "liberismo VS intervento governativo", senza minimamente cogliere la correlazione tra le due cose, e ancor meno la correlazione (che non è affatto solo "macroeconomica") tra ideologie opposte che si invertono reciprocamente. Si ritrova un'analoga deficienza interpretativa anche in resoconti peraltro molto efficaci come il documentario di Michael Moore, *Capitalism - A Love Story* (2009): sì, il capitalismo è una piaga sociale, distrugge le classi medie, rende la stragrande maggioranza della popolazione sempre più povera a favore di un numero sempre più ristretto di ricchi sempre più facoltosi, ecc. - ma a che fine? Moore non lo dice; anche se non gli sfugge che il motore di questa macchina devastante potrebbe essere proprio il desiderio (obverso) di quei molti di diventare come quei pochi. Per incredibile che possa sembrare, questa dinamica era già stata colta da Hegel, *Lineamenti di filosofia del diritto*, § 244 e § 245, dove è chiaramente descritta l'insufficienza "ontologica" della ricchezza (cfr. Žižek, *Meno di niente*, cit., "Terzo interludio").

51. Certo, nell'universo orwelliano un vincitore c'è, è il Grande Fratello: ma in realtà come vedremo (*infra*, § 10), ha perso in partenza proprio perché vince: vince infatti sovvertendo i propri presupposti ideologici, il che significa che ha intimamente perso.

52. Tutte queste sigle ripetono all'inverso quelle inventate per descrive un possibile neo-comunismo negli anni Ottanta: "terza via", terza posizione, socialismo dal volto umano, socialdemocrazia, post-comunismo, ecc.

53. Hegel, *Fenomenologia*, cit., p. 251.

54. Molto affine a questa visione è quella esposta da A. Kojéve nella celebre "nota" alla seconda ed. (1968) del suo *Introduction à la lecture de Hegel*, cit., p. 436-7, in cui parla chiaramente di una fase post-storica dove l'*American way of life* diventa lo stile di vita dell'umanità globalizzata nel futuro "eterno presente". Naturalmente questa tesi è stata poi sostenuta da autorevoli ricercatori con dovizia di particolari, come De Grazia, V., *Irresistible Empire. America's Advance Trough Twentieth Century Europe*, Belknap Press, Cambridge 2005 [trad. it. *L'impero irresistibile*, Einaudi, Torino 2006]. Il problema è che in questi resoconti a vincere sembra sia proprio "il capitalismo all'americana", mentre invece è piuttosto "lo stile di vita americano" (cibi, catene di supermercati, star system ecc.); ma questo stile è tutt'altro che un "tratto identitario" americano, quanto piuttosto un coacervo di tradizioni, reinvenzioni, adattamenti – basti pensare al caso del cinema hollywoodiano, nato dall'incrocio di esperienze e registi europei, come del resto De Grazia stessa dimostra nel cap. VI sullo Star System. L'"Impero irresistibile" sarebbe dunque quello globale, piuttosto che quello targato USA, una tesi che potrebbe collimare con quella sostenuta da Hardt e Negri; solo che questi autori non considerano il fatto che questo stesso Impero ha la caratteristica davvero sorprendente di auto-relazionarsi a se stesso in forma negativa (il fast food implica la nascita dello slow food; il cinema delle majors implica l'esistenza di quello indie, ecc.), per non parlare del fatto che elementi più strutturali (l'economia basata sugli idrocarburi, ad esempio) tendono a causare crisi di portata tale (come il Gulf Disaster del 2010) da generare il loro opposto (Green Economy). Questa contraddizione oggettiva rende l'Impero decisamente "irresistibile" – *non* di fronte alla "debole" Europa, *ma* (a differenza di quanto pensa De Grazia) principalmente di fronte a se stesso.

55. Cfr. Derrida, *op. cit.*, nota 53 a p. 244.

56. Derrida, op. cit., p. 14: "quel che distingue lo spettro o il *revenant* dallo spirito ... è una fenomenicità indubbiamente soprannaturale e paradossale, la visibilità furtiva e inafferrabile dell'invisibile o l'invisibilità di una X visibile, quella *sensibilità insensibile* di cui parla *Il Capitale*, ... sempre di qualc*uno* in quanto qualc*un altro*".

57. Stando alle dichiarazioni ufficiali di Arthemisia Group, l'esposizione dell'opera di Hirst a Palazzo

vecchio a Firenze nel 2011 è costata 1 milione e 600 mila euro – cioè circa quanto un'importante opera di "arte-arte"…

58. Su quest'ultima opera cfr. Ch. Burden, "Interview", in *Blocnotes*, 5, hiver 1994.

59. Si veda Hobsbawm, E., *The Age of Extremes: The Short Twentieth Century, 1914–1991*, Random House, New York 1994 [trad. it. *Il secolo breve*, Rizzoli, Milano 1995].

60. Ciò che rende interessanti queste forme di ribellione è che esse sono regolarmente avvenute contro vecchi leader che ai loro tempi avevano preso il potere in nome di un generico richiamo al "socialismo" dimostrandosi poi nei fatti dei semplici tiranni (come nel caso della "rivoluzione verde" di Gheddafi). A loro volta, i rivoluzionari attuali, detronizzando quei leader, sostengono di combattere in nome della libertà, ma è facile vedere come siano mossi dal desiderio di entrare nella sfera della globalizzazione capitalista (desiderio questo sì veramente popolare, non reprimibile, e dimostrato *a fortiori* dall'impiego a scopo logistico delle nuove tecnologie mediali come smartphone, social network ecc.). Lo scarso aiuto dell'Europa alle "rivoluzioni di velluto" in ambito islamico getta una luce rivelatrice sull'"esportazione della democrazia" da parte dei governi occidentali: esportare la democrazia è un'ottima idea, là dove la gente non se ne fa niente o non la vuole; dove invece il popolo la chiede a gran voce (al punto da prendere le armi, come in Libia), può diventare un fatto imbarazzante, in quanto non preventivamente "autorizzato" dall'Occidente. In tal senso, la richiesta di libertà di quei popoli è non solo legittima, ma autentica: per essere definitiva dovrebbe però emanciparsi anche dalla "nozione" di libertà vigente entro il quadro socio-capitalista occidentale – possibilità "rivoluzionaria" che i rivoltosi forse possiedono unicamente negli incredibili e fugaci momenti di transizione da un regime a un altro.

§ 4 PREFAZIONE AL NULLA

1. Kierkegaard, S., *Prefazioni*, [1844], trad. it. a cura di D. Borso, Guerini, Milano, 1990.

2. Derrida, J., *La Dissémination*, Points, Paris 1972; ed. ing. *Dissemination*, Athlone press, London 1981. Derrida comunque, parlando di Hegel, coglie bene il senso "tachionico" della prefazione: "Il *pre* della prefazione rende presente il futuro, lo ripresenta, lo stringe da vicino, respira in esso e, andando davantia esso lo porta avanti. Il *pre* riduce il futuro nella forma di una manifesta presenza" (p. 7).

3. Thulstrup, N. *Kierkegaards Verhaltnis zu Hegel. Forschungsgeschichte*, Verlag W. Kohlhammer, Stuttgart 1969 (la tr. ingl. da Princeton U.P. è del 1989).

4. Stewart, J., *Kierkegaard's Relations to Hegel Reconsidered*, C.U.P., Cambridge 2003.

5. Stewart, cit. p. 426.

6. Kierkegaard, *Prefazioni*, cit., 49

7. Ivi, p. 52.

8. Stewart, cit. p. 447.

9. Cfr. D. Borso, nella trad. it. di *Prefazioni*.

10. Hegel, *Fenomenologia*, cit., p. 641. Hegel dice che la comunità (e scrivere un libro significa proprio questo, rivolgersi alla *Gemeinwesen*, all'insieme delle famiglie, inteso come popolo) "si conferisce sussistenza solo mediante la distruzione della beatitudine familiare". La battuta di Hegel (e dunque il bozzetto di Kierkegaard) andrebbe sottratta ad un'invettiva *gender oriented*, trattandosi invece di un'osservazione sull'impossibilità strutturale di un "pensiero puro" (cioè disancorato dalle dimensioni sessuali, sociali, razziali, ecc.) nell'epoca obversa.

11. Kierkegaard, *Prefazioni*, cit., p. 96.

12. Ivi, pp. 130-31.

13. Hegel, *Fenomenologia*, cit., p. 53.

14. Ivi, p. 1063, sott. nostra.

15. Hegel, *Enciclopedia*, ed it. cit., p. 939, § 574: "In tal modo la Scienza è ritornata al suo Inizio".

16. Cit. in Stewart, *op. cit.*, p. 638; si trova in *JP*, vol. 2, p. 1593.

17. Stewart, cit., p. 646.

18. *Ibidem*. Questo "compito" kierkegaardiano è stato indubbiamente reso possibile da Hegel, se ad esempio si confronta questo passo della *Fenomenologia*, cit., p. 1041: "lo Spirito certo di se stesso nella sua esistenza ha per elemento dell'*esistenza* unicamente questo sapere di sé; lo Spirito dichiara qui che tutto ciò che fa, lo fa sulla base della convinzione del dovere: e questo suo linguaggio costituisce il *valore* delle sue azioni". L'originale tedesco suona: "Der seiner selbst in

seinem Dasein gewisse Geist hat zum Elemente des *Daseins* nichts anderes als dies Wissen von sich; das Aussprechen, daß, was er tut, er nach Überzeugung von der Pflicht tut, diese seine Sprache ist das *Gelten* seines Handelns."; dove non deve sfuggire l'impiego del termine *Dasein* per determinare l'esistenza "concreta" e "singolare" dello Spirito "certo di sé".

19. Sulla feroce polemica di Kierkegaard contro i filosofi professionisti e i carrieristi come i suoi ex-amici Heiberg, Nielsen, Martensen, cfr. Stewart, pp. 641 e specialmente p. 645.

20. Kierkegaard, *Prefazioni*, cit., p. 110.

21. Ivi, p. 66.

22. Ivi, p. 102.

23. Hegel, *Fenomenologia.*, cit., p. 139; sott. nostra. Derrida coglie il senso di questo passo in *Dissemination*, ed. ingl, op. cit., p. 219, nota 31.

24. Kierkegaard, *Prefazioni*, p. 102.

25. Sartre, *L'Universel singulier*, cit., p. 300-301.

26. Kierkegaard, *Prefazioni*, p. 112.

27. Ivi, p. 123.

28. Ivi, p. 132.

29. Ivi, p. 141, sott. nostra.

30. *Ibidem*.

31. Ivi, p. 135.

32. Stewart, cit., pp. 647.

33. Ivi, pp. 647-8.

34. Kierkegaard, *Prefazioni*, p. 124-5.

35. Da questo punto di vista il buon Stewart, che si fregia nientemeno che di essere Associate Research Professor of Philosophy at the Søren Kierkegaard Research Centre at the University of Copenhagen, non risulta un po' come un nuovo Heiberg – il tipico professionista della filosofia che non vede l'ora di estromettere gli intrusi, quand'anche tra di essi ci fosse il filosofo su cui ha edificato la sua stessa carriera accademica (estromettendo così se medesimo dalla sua stessa identità professionale)? (E non è questa una specie di rivisitazione del motto di Groucho Marx, "intendo far parte di un club che non mi accetti fra i suoi membri"?).

36. Kierkegaard, *Prefazioni*, pp. 52-53.

37. J.L. Borges, *Prologhi*, in *Tutte le opere*, 2 voll., Mondadori, Milano 1985, vol. II, p. 753.

38. Ivi, p. 753-4.

39. Il tema del sogno di Chuang Tzu si ritrova in *Altre inquisizioni* (1952), in *Tutte le opere*, cit., vol. II, p. 1085.

40. Borges, *Prologhi*, in op. cit., p. 753. Naturalmente questa osservazione rende problematica l'appartenenza o meno di Borges alla "letteratura" (un po' come quella di Kierkegaard alla "filosofia").

41. Kierkegaard, *Prefazioni*, p. 53.

§ 5 Ah potessi non invecchiare mai

1. Il film è di Albert Lewin. 1945; protagonista George Sanders come Lord Henry Wotton; Hurd Hatfield come Dorian, Lowell Gilmore come Basil Hallward; il quadro iniziale è di Ivan Le Lorraine Albright; quello finale di Henrique Medina. La versione del 2007, *The Picture of Dorian Gray* (Duncan Roy, 2007) invece svilisce il tutto dandogli il tipico twist postmoderno (omosessualità, dandismo, iconofilia, ecc.).

2. Cfr. Novak, D.A., *Realism, Photography and Nineteenth-Century Fiction*, CUP, Cambridge 2008, in partic. cap. 4.

3. L'esclamazione è in O. Wilde, *The Picture of Dorian Gray*, Ward Lock & Co., London 1891 [trad. it. *Il ritratto di Dorian Gray*, Newton Compton, Roma 1993, p.57].

4. Cfr. C.A. Ragghianti, i cui "critofilm" sull'arte datano a iniziare dal 1948; il doumentario di A. Resnais, *Van Gogh*, è del 1948; cfr. anche il documentario di C. Th. Dreyer, *Thorvaldsen*, 1949.

5. W. Benjamin, *L'opera d'arte nell'epoca della sua riproducibilità tecnica*, trad. it. cit., Einaudi, Torino, 2012, p. 37. Cfr. Sorlin, P., *Les Fils de Nadar. Le "siècle" de l'image analogique*, Nathan, Paris 1997 [trad. it. *I figli di Nadar*, Einaudi, Torino 2001]; Stoichita, V. I., *L'instauration du tableau.*, Klincksieck, Paris 1993 [trad. it.: *L'invenzione del quadro. Arte, artefici e artifici nella pittura europea*, Il Saggiatore, Milano 1998].

6. Cfr. Crary, J., "Géricault, the Panorama, and Sites of Reality in the Early Nineteenth Century", *Grey Room*, 9, Fall 2002, pp. 6-25; per il ruolo del pubblico nei Salons, cfr. Crow, Th., *Painters and Public. Life in Eighteenth Century Paris*, Yale U.P., 1985; sui panorama cfr. Huhtamo, E., *Illusions in Motion. Media Archaeology of the Moving*

Panorama and Related Spectacles, MIT Press, Cambridge (MA)-London 2013.

7. Cfr. C. Angell, "Doubling the Screen. Andy Warhol's *Outer and Inner Space*", *Millennium Film Journal*, 38, 2002. È notevole il fatto che questo film di Warhol si inserisca nel dibattuto rapporto tra cinema e video. Il film infatti ebbe origine dalla richiesta fatta a Warhol dalla rivista *Tape Recording* di provare l'apparecchio di videoregistrazione Norelco; nel 1963 si trattava di un'assoluta novità, così che diventa difficile stabilire chi fu, tra Warhol e Nam June Paik (che nello stesso anno impiegò in forma creativa il videoregistratore/videocamera portapack della Sony) il primo a "inventare" la videoarte (cfr. R. Rush, *Videoart*, Taschen, Koln 2005, p. 87). Secondo Angell, art. cit., 2002, questo è il primo caso documentato di uso del videotape da parte di un artista; d'altra parte l'autrice ammette anche che il film non ebbe un vero impatto sulla videoarte a venire, e va considerato importante soprattutto all'interno dell'opera di Warhol. Di fatto però, la sua "riscoperta" all'inizio del XXI secolo ha un valore decisivo per il chiarimento dei rapporti tra cinema e video ma anche, più in generale, del significato dello stadio video rispetto all'illusione filmica. Rimando qui a Senaldi, M., *Doppio sguardo. Cinema e arte contemporanea*, Bompiani, Milano 2008.

8. Wilde, *Il ritratto*, cit., p. 129, sott. nostra.

9. Angell, cit., 2002.

10. Sulla vita di Edie Sedgwick, cfr. Stein, J., *Edie: An American Biography*, Knopf, New York 1982 [trad. it. *Edie. Biografia americana*, Frassinelli, Milano 1983].

11. Cfr. Morin, E., *Le cinéma ou l'homme imaginaire*, Minuit, Paris 1956.

12. "The story of Beryl Challis begins simply enough: A 60-year-old woman, her beauty fading beneath sags and wrinkles, hopes to turn back the years with plastic surgery. A face lift, that's all. Like tuning a car, she told her husband. Like going to the dentist, she said. More than 50,000 Americans a year get face lifts, and the vast majority emerge happily with streamlined looks and bolstered egos. But not Beryl Challis. Surgery left her tortured by pain, horrified at her new face and infuriated at the man she blamed for her misery. After a year of suffering, she confronted her plastic surgeon at his office, pulled out a revolver and shot him to death. Then she drove home and fired one final bullet into her own head"; *Los Angeles Times*, may 5, 1991. La recente epidemia di "deadly selfie", "morti per selfie" (diffusasi nell'estate del 2014) allunga l'ombra della "sindrome di Dorian" sul nostro presente: nell'atto di auto-riprendersi fotograficamente infatti (cioè di farsi un selfie) è accaduto che più d'uno abbia fatto un passo di troppo all'indietro (evidentemente per fornire un migliore sfondo alla propria immagine), finendo per cadere in burroni, baratri o strapiombi imprevisti; "morire per la propria immagine" (precipitando letteralmente "dentro" di essa) non è mai stata una locuzione più vera che ora.

§ 6 Il fu Luigi Pirandello

1. W. Benjamin, *L'opera d'arte nell'epoca della sua riproducibilità tecnica* (1936), trad. it. in *Opere complete*, op. cit.. Benjamin non è però del tutto equo quando sostiene che "il fatto che un drammaturgo come Pirandello *intravveda involontariamente* nelle caratteristiche del cinema la ragione della crisi da cui viene investito il teatro non è sorprendente" [sott. nostra]; Pirandello, facendo seguire i *Sei personaggi* ai *Quaderni di Serafino Gubbio*, ha dimostrato di vedere con straordinaria chiarezza e perfetta volontà non solo la crisi del teatro ad opera del cinema, ma quella dell'uomo moderno, in un modo difficilmente sorpassabile.

2. Càllari F., "*Pirandello – Cinema e l'inverso, punto e da capo*", in *Intermediale Pirandello*, a cura di B. De Marchi, Milano, Euresis Edizioni, 1996, p. 221. Cfr. anche Lauretta E., a cura di *Pirandello e il cinema*, Centro internazionale di studi pirandelliani, Agrigento 1978.

3. Benjamin, op. cit., p. 25.

4. Baudrillard J., *Le crime parfait*, Galilée, Paris 1995 [trad. it. *Il delitto perfetto*, Cortina, Milano 1996, p. 35].

5. Baudrillard, J., «Videosfera e soggetto frattale», cit.

6. Eccellente è l'analisi della disidentificazione in Pirandello fatta da R. Bodei, in *Destini personali. L'età della colonizzazione delle coscienze*, Feltrinelli, Milano, 2002, cap. 6, "Lo spontaneo artificio: Pirandello e la costruzione del soggetto". L'interpretazione di Bodei supera a tal punto tutte quelle fornite dai suoi sedicenti interpreti

letterari, da risultare unica nel suo genere. Tuttavia, Bodei non prende in considerazione proprio i *Quaderni*. L'attenzione sui *Quaderni* è stata poi di recente ripresa, grazie anche a studiosi di cinema come Casetti, F., *L'occhio del Novecento*, Bompiani, Milano 2005, che finalmente fa luce sull'importanza epocale del romanzo; e in seguito anche da Strauven, W., "From Primitive Cinema to Marvelous", in Strauven, W., ed., *Cinema of Attraction Reloaded*, Amsterdam Univ. Press, Amsterdam 2006, pp. 105 sgg.

7. Pirandello, L., *Quaderni di Serafino Gubbio operatore*, in *Tutti i romanzi*, 2 voll., Mondadori, Milano 1973, vol. II, pp. 585-6.

8. Ivi, p. 690.

9. Ivi, p. 557.

10. Ivi, p. 558.

11. Ivi, p. 526.

12. Ivi, p. 527.

13. Ivi, p. 548.

14. È interessante questo nome che in effetti rimanda al mondo stesso, come se la casa di produzione fosse una riproduzione del *kòsmos* tutto intero, ma nella sua versione cinematografica (Kosmo-graph).

15. Ivi, p. 556; Cocò Polacco è il regista del film.

16. Ivi, p. 573.

17. Ivi, p. 577.

18. Ivi, pp. 581-2.

19. Hegel, *Scienza della logica*, cit., vol. I, pp. 492-3.

20. Citata in Kracauer, S., *Theory of Film*, Oxford University Press, New York 1960 [trad. it. *Teoria del film*, Il Saggiatore, Milano 1995, p. 134].

21. L. Pirandello, cit., p. 614.

22. *Ibid.*

23. *Ibid.*

24. Ivi, p. 650.

25. Cfr. Sahlfeld, W., *L'immagine riflessa. Pirandello e la cultura tedesca*, Rubbettino, Soveria Mannelli 2004.

26. Pirandello, L., *Sei personaggi in cerca d'autore*, in *Maschere nude*, Mondadori, Milano 1993, 2 voll.; vol. II, p. 753.

27. Ivi, p. 740.

28. Cfr. *infra*, il § dedicato a Orwell.

29. Beckett, S. *L'ultimo nastro di Krapp* [1957], Einaudi, Torino 1994; Sartre, J-P.. *I sequestrati di Altona* [1960], Mondadori, Milano 1961.

30. Sartre, *I sequestrati di Altona*, p. 112.

31. In questo senso, correggerei il titolo dell'analisi di Lawley, P., "Stages of Identity: from *Krapp's Last Tape* to *Play*", (in J. Pilling, ed., *The Cambridge Companion to Beckett*, C.U.P., Cambridge 1994, p. 88), in un più significativo: "Stages of *Dis-Identity*".

32. Vale la pena di ricordare che Krapp si pronuncia in inglese come *crop*, nullità, "merda"; la differenza come tale si incarna in un "piccolo pezzo" di contingenza assoluta; Krapp è anche lui un "sopravvissuto", un "meno di niente", un "crop" come la *Merda* manzoniana (cfr. pte 3, § 10).

33. Cfr. B. Nauman, *Inventa e muori. Interviste 1967-2001*, a+mbookstore, Milano 2005.

34. Sulla tv di Beckett cfr. Daniels, D., *Tv: Art or Anti-Art? Conflict and Cooperation between the Avant-garde and the Mass-media in the 1960s and 1970s*: www.medienkunstnetz.de - [accesso del 10 agosto 2008].

35. Cfr. M. Foucault, *Surveiller et punir: Naissance de la prison*, Gallimard, Paris 1975 [trad. it. *Sorvegliare e punire*, Torino, Einaudi, 1979].

36. Cfr. il sito web di Cardiff e Miller; www.cardiffmiller.com/artworks/walks/ghostmachine.html [accesso 28 dic. 2011].

§ 7 Emergency in Favour of Twice

* Per questa sezione ho largamente riutilizzato concetti espressi in *Definitively Unfinished. Filosofia dell'arte contemporanea*, Guerini, Milano 2012, cap. 6.

1. "So I tried… to escape from artists", lettera a W. Pach del 27 aprile 1915, in *The Duchamp Book*, ed. Gavin Parkinson, Tate Publishing, London 2008 pp. 157.

2. "Marcel Duchamp Visits New York", *Vanity Fair*, sept. 1915, p. 57. Per la vita di Duchamp, si veda l'eccellente Marcadé, B., *Marcel Duchamp. La vie à credit, Biographie*, Flammarion, Paris 2007 [trad. it. *Marcel Duchamp. La vita a credito*, Johan & Levi, Milano 2011].

3. Cfr. M. Duchamp, *Duchamp du signe. Ecrits*, Frammarion, Paris, 1975; l'intervento sui ready-

mades venne tenuto al MoMA nel 1961, ivi, pp. 191-2. La lettera citata è del 15 gennaio 1916 edita in *The Duchamp Book*, ed. Gavin Parkinson, Tate Publishing, London 2008 pp. 157-158; cfr. R. E. Kuenzli, M. Naumann, *Marcel Duchamp, Artist of the Century*, MIT Press, 1989, p. 72 sgg.

4. Cit. in Camfield, W., *Marcel Duchamp – Fountain*, The Menil Collection, Houston Fine Art Press, 1989, p. 25. Occorre ricordare che Bellows era il tipico rappresentante di una pittura popolare, fatta di un convinto realismo "americano", con soggetti quali pugili, giocatori di baseball, ecc.

5. *The Blind Man*, 2, may 1917, p.5 . Cfr. anche Partouche, M., *Marcel Duchamp*, Images en Manoeuvres éd., Marseille 1991, p. 55.

6. Cfr. Camfield, W., "Marcel Duchamp's *Fountain*: Aesthetic Object, Icon, or Anti-Art?", in De Duve, T., a cura, *The Definitely Unfinished Marcel Duchamp*, Mit Press, Cambridge (Mass.)-London, 1991, pp. 133-178. Inoltre, già nel 1935 Duchamp aveva fatto realizzare delle miniature dell'orinatoio per la sua *Boîte en valise*; cfr. Filipovic, E., "A Museum That Is Not", *eflux journal*, 2010. Sulla riproducibilità duchampiana, imperdibile è però Naumann, F.M., *Marcel Duchamp. L'art à l'ere de la réproduction mecanisée*, Hazan, Paris 1999.

7. Un'analisi davvero dettagliata è quella di De Duve, Th. "Given the Richard Mutt Case", in Id. ed., *The Definitively Unfinished Marcel Duchamp*, cit, pp. 187-230.

8. McNickle Chastain, C., "Louis Eilshemius's 'Svengali-like Stare': Mesmerism and the Artist's Figurative Paintings", in *Nineteenth-Century Art Worldwide*, vol. 5, 2, autumn 2006, che insiste molto sulla passione per ipnosi e mesmerismo di Eilshemius. È abbastanza stupefacente notare come lo scrupolo del ricercatore non si arresti nemmeno di fronte all'evidenza: presa dallo studio delle "opere" di Eilshemius, la Chastain perde completamente di vista un minimo di valore "oggettivo", e riscontra nelle croste di questo pittore dilettante "sguardi" ipnotizzati per i quali riesce persino a scomodare il celeberrimo concetto di "male gaze" [sguardo maschile] della visual culture femminista!

9. Th. De Duve, art. cit., p. 202 sgg., che definisce "crudele" il gioco di Duchamp con Eilshemius.

10. M. Loy, "Pas de Commentaires! Louis M. Eilshemius", in *Blind Man*, 2, may 1917, p. 12. R. E. Kuenzli, M. Naumann, citano la frase come riferibile a *Fountain* stessa; così in *Duchamp, Artist of the Century*, MIT Press, Cambridge-London 1989, p. 92.

11. *Blind Man*, cit., p. 14

12. Ivi, pp. 5-6.

13. Bloch, E., *Geist der Utopie*, Dunker & Humblot, Munich 1918 [trad. it. *Lo spirito dell'utopia*, Rizzoli, Milano 2004, p. 51; benché apparsi successivamente, i testi di quest'opera sono databili al 1918 (cfr. G. Vattimo, "Introduzione").

14. *Collection of the Société Anonyme: Museum of Modern Art 1920*, Yale University, Yale 1950, p. 153.

15. Katherine S. Dreier, *Western Art an the New Era*, Brentano's, New York 1923, pp. 116-17.

16. Sul ricco sito www.toutfait.com dedicato a Duchamp [accesso del 18 gennaio 2012].

17. De Duve, art cit., p. 203.

18. Si pensi, fuori dall'ambito artistico, a due resoconti storico-teorici della situazione economica occidentale contemporanea come V. De Grazia, *The Irresistibile Empire. America's Advance Trough Twentieth Century Europe*, Belknap Press, Cambridge, 2005; e J. Cassidy, *How Markets Fail. The Logic of Economic Calamities*, Farrar, Straus & Giroux, New York 2009 – due ottimi saggi, ma solo se presi *singolarmente*: infatti, considerati "insieme", essi non si smentiscono reciprocamente? Il capitalismo americano ha vinto su tutti i fronti o è stato un gigantesco fallimento? Non si ripropone qui l'enigmatica compresenza di *Fountain* e di *Supplication*? Per questa logica della contrapposizione che si sintetizza in una "terza posizione", cfr. *infra*, pte 3, § 8, nota 32.

§ 8 LA MALATTIA MEDIALE

1. Bioy Casares, A., *La invenciòn de Morel*, Losada, Buenos Aires 1940 [trad. it. *L'invenzione di Morel*, Bompiani, Milano 1989]

2. Bioy Casares, A., *Memoires*, Tusquets, Barcelona 1994, pp. 92-3; cit. in, "Introduction", p. 5.

3. Hegel, *Estetica*, trad. it. a cura di N. Merker, Einaudi, Torino 1976, p. 16.

4. Borges, J.L., "Introduction", in Bioy Casares, A., *Romans*, a cura di M. Lafon, Editions Robert

Laffont, Paris 2001, pp. 10-11.

5. Il protagonista stesso evoca Dante e Swedenborg, cfr. *L'invenzione di Morel*, cit., p. 81.

6. Ivi, p. 82.

7. *Ibid.*

8. Ivi, p. 53.

9. Arnheim, R., "How to look at television", in *Film as Art*, UCLA, Berkeley-Los Angeles-London 1957 [trad. it.: *Film come arte*, Feltrinelli, Milano 1989].

10. *L'invenzione di Morel,* cit., p. 53.

11. Molto giustamente A. Vàsquez Rocca, "L'invencion de Morel. Defensa para sobrevivientes", in *Luke*, n° 77, sept. 2006, nota che *L'Invenzione* è contemporaneo dei primi esperimenti di immagini ologrammatiche, tentate dal fisico Dennis Gabor nel 1947, anche se portate a compimento solo più tardi da Emmett Leith e Juris Upatnieks in USA nel 1963, e da Yuri Denisyuk in URSS negli stessi anni. Tuttavia, a distanza di mezzo secolo, resta enigmatico l'evidente insuccesso dell'olografia; forse solo uno scacco momentaneo?

12. *L'invenzione di Morel,* cit., p. 54.

13. Ivi, p. 110.

14. È solo il caso di sottolineare che "Scienza dell'esperienza della coscienza" è il sottotitolo della *Fenomenologia* hegeliana.

15. Fichte, J.G., *Die Bestimmung des Menschen*, Berlin 1800, p. 173.

16.Ivi, p. 33; il testo tedesco recita: "Keine Vereinigung solcher Umstande ist der jenigen vollkommen gleich, durch welche ich wirklich wurde, wenn nicht das Ganze sich in zwei vollkommen gleiche, und unter einander nicht zusammenhangende Welten theilen soll. Es konnen zu verselden Zeit nicht zwei volkommen gleiche Individuen wirklich sein" [trad. it. *La missione dell'uomo*, cit. in Moneti, M., *Hegel e il mondo alla rovescia*, cit., p. 50].

17. Hegel, *Fenomenologia*, cit. p. 1039 e p. 67. I due frammenti appartengono ai due capi estremi dell'opera, il paragrafo finale sul Sapere assoluto, e la *Prefazione* iniziale; essi però, furono scritti in ordine di tempo praticamente uno di seguito all'altro, il che ne giustifica ancor di più l'avvicinamento.

18. Su questa scena, cfr. S. Žižek, *Lacrymae Rerum*, Verso, London 2006 [trad. it. *Lacrymae rerum*, Scheiwiller, Milano 2009, p. 162]. Ci si potrebbe domandare se Solaris, il pianeta magmatico che pulsa e pensa come un gigantesco cervello, non sia appunto la "sostanza-soggetto" in cui nella contemporaneità si realizza il concetto hegeliano; cfr. ancora Žižek, S., *Less than Nothing*, Verso, London 2012 [trad. it. *Meno di niente*, Ponte alle Grazie, Milano 2013, cap. 6]

19. *L'invenzione di Morel*, cit., p. 45.

20. Ivi, p. 142.

21. Ivi, p. 105; nella macchina da presa di Morel a volte vi sono lacune nei recettori, a volte gli errori sono impercettibili, "in altre occasioni lo scarto è importante".

22. Ivi, p. 99.

23. Ivi, p. 109.

24. Ivi, p. 92.

25. Sul cinema di Emidio Greco cfr. Cordelli, F., Cortellessa, A., *Pensa alla tua libertà. Il cinema di Emidio Greco*, Falsopiano, Bologna 2002.

26. Cit. in S. Kracauer, *Teoria del film*, cit., p. 134.

27. Cfr. il c.d. "esperimento di Milgram" del 1965; un esperimento sul valore dell'obbedienza, che in effetti è anche un esperimento sul valore della riproduzione mediale, dato che i partecipanti erano sottoposti a una ripresa video a loro insaputa; cfr. Cialdini, R. *Le armi della persuasione*, cit., cap. VI.

28. Cfr. www.notablebiographies.com; Burnett in realtà fu l'ideatore di un format di sfida in ambiente naturale denominato *Eco-Challenge*; solo in seguito acquistò i diritti di *Survivor* ideato da Charlie Parsons già nel 1998. Sulla sua vita anche lui, naturalmente, non ha mancato di scrivere un libro: cfr. Burnett, M., *Dare to Succeed: How to Survive and Thrive in the Game of Life*. Hyperion, New York 2001.

29. Bioy Casares, *L'invenzione*, cit., p. 47.

30. Ivi, pp. 142-43.

§ 9 ALEPH E OMEGA

1. Un esempio fra i molti di questa interpretazione testo-centrica di Borges è offerta da Goloboff, G.M., *Leer Borges*, Buenos Aires 1978.

2. Dennett, M, Hofstadter, *The Mind's I*, Bantam Books, New York 1982 [trad. it. *L'io della mente*,

Adelphi, Milano 1985]; il racconto di Borges "L'Altro", appartenente alla raccolta *Il libro di sabbia* (1975), si trova in Borges, J. L., *Tutte le opere*, 2 voll., Mondadori, Milano 1985; vol. II, pp. 563-71.

3. Foucault, M., *L'archèologie du savoir*, Paris [trad. it. *L'archeologia del sapere*, Rizzoli, Milano 1971, p. 172]. Questa circostanza sembrerebbe essere meno vera per il Borges tardo, quello degli anni '70 e '80; tuttavia è sintomatico che anche in *Atlante* (1984). La breve prosa dedicata al gigantesco bottone-scultura di Claes Oldenburg ("Un monumento", in *Tutte le opere*, cit., vol. II, p. 1359). Borges non cita il nome dello scultore e tratta il monumento appunto come un che di astorico, un "archetipo" (tema ricorrente in quella raccolta).

4. Borges, J.L., *El Aleph*1(1949); ed it. *L'Aleph*, in *Tutte le opere*, cit., vol. I pp. 886-901.

5. Cfr. la retrospettiva dedicata a Wolman, con proiezione dell'*Anticoncept* presso il MACBA di Barcelona, ottobre 2010.

6. Moholy-Nagy, L., *Malerei Fotografie Film*, (1929), Gebr, Mann Verlag, Berlin 1986 [trad. it. *Pittura Fotografia Film* trad. it. a cura di A. Somaini, Torino, Einaudi 2010, p. 39].

7. Tra gli ormai numerosi resoconti di questa tendenza artistica cfr. i cataloghi di alcune recenti mostre come AA.VV., *Cinéma Cinéma. Contemporary Art and the Cinematic Experience*, Stedelijk Van Abbemuseum, Eindhoven 1999; AA.VV., *Beyond Cinema: The Art of Projection. Film, Videos and Installations from 1963 to 2005*, Hatje Cantz, Ostfildern 2006; AA.VV., *Collateral. Quando l'arte guarda il cinema*, Charta, Milano 2007.

8. Così Borges a proposito del *Sartor Resartus* di Carlyle, in *Tutte le opere*, vol. II, p. 780.

9. Borges, *Il libro di sabbia*, in *Ivi*, p. 650.

10. Sono i temi tipici dei racconti borgesiani e in particolari di quelli della raccolta *L'Aleph* (*I teologi*, *La casa di Asterione*, ecc.).

11. Borges, *L'Aleph*, cit., p. 899.

12. Sui panorama, cfr. Crary, J., *Suspension of Perception. Attention Spectacle and Modern Culture*, MIT Press, Cambridge-London 1999, e Huhtamo, E., op. cit.; sulla metropoli mediale, ancora non sorpassate sono le osservazioni di Augé, M., *L'impossible voyage. Le tourisme et ses images,* ed. Payot et Rivages, Paris,1997 [trad. it.: *Disneyland e altri non luoghi*, Boringhieri, Torino 1999, pp. 94 e sgg. ("La città tra immaginario e finzione")].

13. A questo proposito, cfr. *supra* il § 3 su Marx e la spettrale oggettività. Si apre qui una disamina sulla dimensione archetipica degli oggetti borgesiani rispetto a quella prototipica dei ready-made; di fatto però, gli archetipi borgesiani sono in qualche misura "fallimentari" e (come nel caso degli hronir prodotti a Uqbar, cfr. *infra*, pte. 3, § 7) non "funzionano" come esemplari "ideali" rispetto alle "cose" reali – anzi, funzionano a rovescio, ad esempio incarnandosi, "cadendo nell'empirìa", concretizzandosi imperfettamente. D'altra parte questa imperfezione affetta anche la prototipicità del ready-made che deve essere sempre "replicata", miniaturizzata, fotografata, "certificata", per avere un senso. Si sarebbe tentati di concludere che archetipo e prototipo si negano dialetticamente proprio nell'epoca dello stadio video. Lo stadio video non significa solo che "tutto è immagine", tutto assume lo status immateriale di un'icona visuale, ma anche, *a contrario*, che le immagini si "materializzano" (prototipia resa oggi praticabile dalle stampanti 3D).

§ 10 L'UOMO CHE SCOPRÌ L'OBVERSIONE

1. G. W. F. Hegel, *Scienza della logica*, Laterza, Bari 1988, 2 voll.; vol. I, p. 76 ssg.

2. G. Bachelard, *La philosophie du Non. Essai d'une philosophie du nouvel esprit scientifique* (1940); 4 édition, P.U.F., Paris 1966; Cap. V, "La logique non-aristotelicienne".

3. Bachelard, ibid., p. 129.

4. S. Lupasco, *L'expérience microphysique et la pensée humaine*, 1940; cit. in B. Nicolescu, "Stéphane Lupasco : Du monde quantique au monde de l'art" in *Transdisciplinarity* in *Science and Religion*, Curtea Veche Publishing, Bucarest 2007, No. 1 / 2007, pp. 203-221 (Nicolescu è, ad oggi, il più attento interprete del pensiero e dell'opera di Lupasco).

5. S. Lupasco, "Valeurs logiques et contradiction", *Revue philosophique de la France et de l'Êtranger*, vol. 135 (1945), pp. 1–31.

6. Ibid., p. 27; Lupasco nota come un semplice concetto, come quello di albero, implichi un

insieme potenzialmente infinito di alberi che la mente non pensa – si tratta dunque di una identità non-identica, cioè di una "dualità contraddittoria tendenzialmente transfinita" (nota 2, p. 27).

7. S. Lupasco, *Logique et contradiction*, P.U.F., Paris 1947, p. 11. Lupasco non può esimersi dal notare che, fra tutti I filosofi, il solo Hegel ha considerato il valore della contraddizione "sia pur in modo oscuro e strumentale". È noto che Lupasco stesso fu, alla sua epoca, definito da L. Brehiér, "l'Hegel del XX secolo", anche se la sua considerazione per Hegel resta viziata dalle interpretazioni neo-idealiste ed esistenzialiste tipiche della sua epoca (soprattutto, in ambito francese, quelle di J. Wahl e J. Hyppolite). Occorrerebbe ricordare però, in questa linea di pensiero, l'immenso – e poco noto – contributo del taoismo e soprattutto della "via di mezzo" del monaco e logico buddista del XII secolo d.C. Nagarjuna (cfr. Nagarjuna, *Mulamadhyakakarika*, ed. J. L. Garfield, Oxford U.P., 1995).

8. Lupasco, *Logique et contradition*, cit., p. 34.

9. Ibidem.

10. Ibid., p. 33.

11. Ibidem.

12. Nicolescu, cit., p. 208.

13. Lupasco, *Logique*, cit., p. 205.

14 Nicolescu, cit., pp. 209-10.

15. Hegel, *Scienza della logica*, cit., vol. I, p. 494.

16. Stéphane Lupasco, *Dalí and Sub-realism*, in «Hommage to Salvador Dalí», Special Issue of the *XXe Siècle* Review, Secaucus, NJ, Chartwell Books, 1980, pp. 117-118.17. Lupasco, *Logique et contradiction*, cit., p. 165

17. Lupasco, *Logique et contradiction*, cit., p. 165

18. Ibid., p. 179.

19. Ibid., p. 163.

20. Ibid., p. 231.

§ 11 YOU DO NOT EXIST

1. Cfr. Cimatti, F., *Fondamenti naturali della comunicazione*, in Gensini, S., a cura di, *Manuale della comunicazione*, Carocci, Roma 1999, pp. 53 sgg.; il modello deterministico di Shannon e Weaver è stato anche definito un modello «postale» o ispirato ai «condotti» della posta pneumatica; sovente gli è stato opposto il modello *aperto* fornito da G. Bateson (ad es. in *Verso un'ecologia della mente*, Adelphi, Milano 1990), secondo il quale emittente e ricevente si definirebbero in un campo instabile costituito dall'ambiente. Ma anche questo modello, benché prenda in seria considerazione l'ostacolo-rumore come lo sfondo e il contesto in cui la comunicazione ha effettivamente luogo, non riesce a fornire una spiegazione genuina della dialettica mediale, segnatamente televisiva.

2. Sull'importanza di *1984* per i nostri tempi vi è una letteratura considerevole; può essere utile il volume collettaneo Gleason A., Goldsmith J., Nussbaum M. C., a cura di, *On "Nineteen Eighty-Four": Orwell and Our Future,* Princeton UP, Princeton 2005. Pur focalizzandosi su argomenti decisivi (come la lettura di Rorty, la sorveglianza ai tempi del web, l'equivalenza Oceania = USA, il sesso e l'ideologia) tendenzialmente si tratta di analisi inficiate da un punto di vista "etico-giustificazionista", secondo il quale il totalitarismo dipinto da Orwell non è circoscrivibile a quello sovietico, anzi si può ritrovare nei tempi attuali ecc. – senza però veramente cogliere la struttura "chiasmatica" del libro, che "include" il lettore portandolo a identificarsi col "nemico", ob-vertendo ogni "valore etico". Inoltre, occorre qui aggiungere per inciso che *Tempi moderni* è dunque meno un film sulla meccanizzazione del lavoro che sulla mediatizzazione della vita; inoltre, l'anno del film, il 1936, resta notevole anche per il fatto che è lo stesso in cui nella Germania di Hitler, per la prima volta, furono sperimentate delle teletrasmissioni in occasione dei Giochi Olimpici di Berlino (oltre che lo stesso anno della pubblicazione de *L'opera d'arte nell'epoca della sua riproducibilità tecnica* di Benjamin). Benjamin stesso del resto, considerava il chapliniano Charlot come figura fondamentale nella sua teoria dell'esperienza mediale ("innervation"); cfr. Hansen, M., *Cinema and Experience: Siegfried Kracauer, Walter Benjamin, and Theodor Adorno*, University of California Press, San Francisco 2011 [trad. it. *Cinema and Experience*, Johan & Levi, Milano 2012].

3. Orwell, G., *Nineteenth Eighty-Four*, [1949], Penguin, 1996 [trad. it. *1984*, Mondadori, Milano,1989, p. 6].

4. Orwell, *1984*, cit., p. 215.

5. Orwell, *The Collected Essays*, Secker & Warburg

London 1968; *Buio a mezzogiorno*, di Koestler (1941) è un bel libro sul controllo, completamente legato però al dramma delle purghe staliniane, immerso nello specifico processo storico da cui ha preso spunto.

6. Rimando qui a Piotti, A., Senaldi, M., *Lo Spirito e gli ultracorpi*, Franco Angeli, Milano 1999.

7. Orwell, *1984*, cit., p. 201. Cfr. Herman, E.S., "From Ingsoc and Newspeak to Amcap, Amerigood and Marketspeak", in *On "Nineteen Eighty-Four": Orwell and Our Future*, cit., pp. 150-164.

8. Ne parla F. Rampini, *Estremo Occidente*, Mondadori, Milano 2010.

9. Patel, R., *Stuffed and Starved*, Portobello Books, London, 2007 [trad. it. *I padroni del cibo*, Feltrinelli, Milano 2008].

10. Il conflitto in Ucraina ha non solo dimostrato la globalità dell'Eurasia, ma anche la fragilità della trama che tiene insieme le economie, e le vite, di tutti noi; così ancora di più il cibo e le materie prime non sono state spazzate via dalla virtualizzazione incondizionata, ma piuttosto sono diventate la controparte "reale" delle nostre vite "virtuali".

11. Orwell, *cit.*, p. 55.

12. Ivi, p. 139.

13. Ivi, p. 280. Naturalmente, essendo collocato in condizioni distopiche, si tratta piuttosto di un anti-platonismo di matrice popperiana: di fatto, Oceania non è forse una riedizione della famigerata, protonazista "Repubblica" platonica, prototipo di ogni "società chiusa"? Ma cfr. *infra*.

14. Per l'Italia cfr. *La famiglia nel Duemila. Comportamenti, attese, disagi*, in "Note e commenti CENSIS", 2000, pp. 7-8.

15. Le statistiche OMS parlano di violenza domestica contro le donne, oscillante tra il 20 e il 50% a livello mondiale, ma va inclusa anche la crescita della violenza contro i figli.

16. Per un'analisi rimando a A. Piotti, M. Senaldi, *Lo Spirito...*, cit., cap. 3.

17. Orwell, cit., p. 194-5.

18. Ivi, p. 206.

19. Ivi, p. 209.

20. Ivi, p. 206.

21. Cfr. Friedman, A., *The Spider's Web. The Secret History of How The White House Illegally Armed Iraq*, Bantam, London 1993.

22. Orwell, p. 14.

23. Orwell, p. 221.

24. Lungi dall'essere episodici, questi rovesciamenti stanno andando a costituire la trama stessa delle relazioni internazionali odierne. Un caso interessante è per esempio quello dei rapporti fra Italia e Libia: nel 2010 il leader libico Gheddafi fu accolto con ogni onore (parate militari incluse) dal capo del governo italiano Berlusconi. Sei mesi dopo, a seguito dello scoppio della rivolta anti-Gheddafi e della coalizione internazionale a sostegno dei ribelli, lo stesso governo ha inviato dei caccia con lo scopo di bombardare le postazioni militari di Gheddafi, ed eventualmente il suo stesso quartier generale. Tra l'alleanza pro-mujahiddin e la guerra del Golfo sono passati dieci anni; in questo caso è stata questione di mesi. Ma il punto non è il tempo cronologico, ma la nozione stessa di "alleanza": in tempi di stadio video ogni alleato politico è "simultaneamente" anche un potenziale nemico (e viceversa).

25. Ivi, p. 46-7.

26. È noto del resto che in alcuni film hollywoodiani, terminati prima dell'attentato dell'11 settembre, la silhouette delle Twin Towers è stata cancellata digitalmente; ad es. in *Spiderman* (2001).

27. Ivi, p. 52

28. Ivi, p. 42.

29. Ivi, p. 63

30. Ivi., p. 45.

31. In tal senso Winston, alla fine della Parte II, afferma con sollievo che "Sanity [in senso mentale] is not statistical" (ed. orig. p. 227) proprio per definire la non-quantificabilità della verità; la sua affermazione ricorda il detto lacaniano per cui "il campo dell'esattezza non è lo stesso del registro della verità". Che le statistiche siano ormai un "genere" artistico è testimoniato dai bellissimi volumi dove i dati vengono trasfigurati in forme e istogrammi graficamente affascinanti, indipendentemente dal loro contenuto (fame nel mondo, inquinamento, effetto serra...); cfr. ad es. Rendgen S, Wiedemann J., *Information Graphics*, Taschen, Köln, 2012.

32. Orwell, cit., p. 214.

33. J. Rifkin, *L'era dell'accesso* [2000], Mondadori, Milano, 2001.

34. Pasolini, P.P., "Sfida ai dirigenti della televisione", *Corriere della Sera*, 9 dic., 1973.

35. Nell'estate del 2010 in Italia la Guardia di Finanza ha ad esempio svolto delle indagini sugli yacht più costosi ormeggiati nelle numerose cale e porti della Penisola, tra cui quelli appartenenti a rockstar nostrane come Vasco Rossi – facendo la scoperta che in tutti i casi si trattava di beni mobili intestati a società a nome collettivo. Non è questa un'altra prova dell'esistenza di un vero, e si direbbe "sano", "collettivismo oligarchico"?

36. Damien Hirst ad esempio racconta nelle pagine del suo *Manuale per giovani artisti*, Postmedia Books, Milano 2004 (D. Hirst, G. Burn, *On the Way to Work*, Faber & Faber, London 2001) che una volta una sua assistente (che in realtà produceva tutti i suoi famosi quadri a *dots*, bollini colorati) gli chiese di poter avere uno dei "suoi" quadri in regalo. "Prendilo, è tuo" fu la risposta; ma Hirst naturalmente si rifiutò di firmarlo. La pratica dadaista di riprendere oggetti già fatti o farli realizzare da altri, si è così voltata nel suo opposto: ora significa solo che il lato manuale è "ideologicamente" indifferente.

37. Per avere un'idea precisa di questa condizione si può fare riferimento al film di R. Tiravanija, *Chewing the Fat*, 2010, in cui il regista (che è a sua volta un artista) intervista i dieci maggiori giovani artisti mondiali, tra cui C. Holler, D. Gordon, Ph. Parreno, P. Huyghe, ecc; è sintomatico che nessuno di loro si trovi nella nazione di origine, che tutti parlino lo stesso "english", e che pur potendosi spostare a volontà, sembrino non possedere assolutamente nulla...

38. Orwell, cit., p. 223: l'originale recita: "Doublethink means the power of holding two contradictory beliefs in one's mind simultaneously, and accepting both of them".

39. Cfr. T. Noah, "Bono, Tax Avoider. The Hypocrisy of U2", *Slate*, 2006; www.slate.com/articles/ news_and_politics/chatterbox/2006/10/ bono_tax_avoider.html, accesso 4 aprile 2011; P. Theroux, "The Rock Star's Burden", *OP Ed contributor*, 15 dec 2005; ma soprattutto il documentato R. Tomlinson, F. O'Brien, "Bono, who preaches Charity, profits from buyout, Tax breaks", *Bloomberg*, 25 jan, 2007.

40. Che finisce per peggiorare le cose; questa l'idea degli opinion leader africani come Max Bankole Jarrett, che parlano di "stereotipi che vengono perpetuati"– il che è evidente: l'interesse paternalistico di queste star per le nazioni africane ne (d)enuncia lo stato di scarsa credibilità economica e simbolica, il che inibisce nuovi investimenti, e in definitiva acuisce la povertà da cui dovrebbe liberare il Paese in oggetto.

41. Hegel, *Enciclopedia*, cit., p. 229.

42. Il richiamo al romanzo di J.K.Huysmans *Controcorrente* (il cui titolo originale era appunto *A reburs*,1884), non è qui del tutto casuale; Des Esseintes, il re dei decadentisti, è anche un protagonista in qualche modo già obverso – ad esempio, arreda la sua stanza in modo tale che "sembri" la cella di un frate francescano (pareti spoglie, un semplice zoccolo dipinto...), ma lo fa con la più alta eleganza e impiegando i materiali più pregiati...

43. Orwell, cit., p. 163.

44. Mentre naturalmente le cosiddette "potenze democratiche" devono progressivamente ridurre la loro natura democratica e finiscono per accettare metodi come la tortura, la pena di morte, l'uccisione di cìvili innocenti, ecc., ossia metodi "terroristici", in nome dei propri "valori".

45. Cfr. Mangione, C., "Logica e problema dei fondamenti nella seconda metà dell'Ottocento", in Geymonat, L., *Storia del pensiero filosofico e scientifico*, Garzanti, Milano, 1971, 7 voll.; vol. 5, pp. 755-830, in partic. pp. 795 sgg.

46. Tra i primi a sottolineare con forza la struttura tripartita di *1984*, e ad elevare l'attenzione su Orwell come narratore non di un recente passato, ma del possibile futuro, c'è senza dubbio Richard Rorty, nel suo *Contingency, Irony, Solidaruty*, C.U.P., Cambridge 1989, pp. 175 sgg. L'analisi di Rorty ha l'enorme pregio di sottrarre Orwell alle letture in chiave empirista basate sulla citazione per cui "la libertà esiste se uno può dire che 2+2 fa 4"; ha però il difetto di restringere *1984* a una sorta di ri-descrizione ironica anti-fondazionalista – quando invece proprio lo "smontaggio" che Winston subisce nella parte III è il "fondamento" di un nuovo modo di esperire e conoscere il mondo. La posizione di Rorty in altre parole, rende evidente l'impasse del pensiero decostruzionista *liberal*, che somiglia tanto a uno scetticismo moderato:

così spaventato dalla somiglianza degli opposti (Winston e O'Brien; il vero e il falso, ecc.), al punto da non riuscire a porre l'uno in connessione necessaria con l'altro. In tal senso, J. Conant, "Rorty and Orwell on Truth", in *Orwell and our Future*, cit., opponendo il presunto "realismo" di Orwell al postmodernismo di Rorty, non coglie il dilemmatico (anche per Orwell) concetto orwelliano di "verità".

47. All'opposto, si può qui pensare alla struttura ugualmente triadica, ma indirizzata verso il "credere" de *La missione dell'uomo* di Fichte (*Die Bestimmung des Menschen*, Berlin 1800), che parte dal Dubbio, passa attraverso la Conoscenza e termina con la Fede (Zweischen/ Wissen/ Glaube). Questo passaggio però, anche se aggiunge "una parte in più" allo schema cartesiano (Dubbio/ Conoscenza), chiudendo su un'ipotetica Fede esprime implicitamente la "immaturità" dialettica del pensiero fichtiano: in realtà, il testo, di rara potenza drammatica, "funziona" se solo si mette la parte II, la *Wissen*, dedicata alla "distruzione delle (in)certezzze", per ultima. Nel recente libro a cura di Cooper I, Malkmus B. F. (eds), *Dialectic and Paradox. Configurations of the Third in Modernity*, Peter Lang, Oxford 2013, viene descritto lo sviluppo di una nuova logica del terzo incluso proprio a partire dall'idealismo tedesco, come superamento della metafisica dualista precedente.

48. Žižek, S., *For They Know Not What They Do*, Verso, London 1991, p. 99-100.

49. Orwell, cit., p. 277.

50. Così Marcuse chiosa il concetto hegeliano di "astuzia della ragione" (esposto nelle *Lezioni di filosofia della storia*), in *Reason and Revolution*, Oxford UP, Oxford 1941 [trad. it. *Ragione e rivoluzione. Hegel e il sorgere della 'teoria sociale'*, Il Mulino, Bologna 1966, p. 264].

51. Orwell, *ibidem*.

52. Hegel, *Enciclopedia*, cit., p. 635: "La conoscenza dello Spirito è la conoscenza più concreta"; ma cfr. anche *Scienza della logica*, cit., II, p. 503: "La materia è un che di assolutamente astratto".

53. Croce, B., *Breviario di estetica*, (1917), Adelphi, Milano 1990, p. 24: "La dimostrazione della irrealtà del mondo fisico non solo ... è ammessa da tutti i filosofi ... ma viene professata dai medesimi fisici... quando concepiscono i fenomeni fisici come prodotti di principii che si sottraggono all'esperienza, degli atomi o dell'etere ... la stessa Materia dei materialisti è, del resto, un principio sopramateriale".

54. Hegel, G. W. F., *Grundlinien der Philosophie des Rechts*, Nicolaischen Buchhandlung, Berlin 1821 [trad. it. *Lineamenti di filosofia del diritto*, a cura di V. Cicero, Rusconi, Milano 1996, p. 65].

55. Cfr. Popper K., *The Open Society and Its Enemies*, Routledge, London 1945 [trad. it. *La società aperta e i suoi nemici*, Armando editore, Roma 1994].

56. Cfr. l'analisi che ne dà S. Žižek in *In Defense of Lost Causes*, Verso, London 2008 [trad. it. *In difesa delle cause perse*, Ponte alle Grazie, Milano 2010, cap. 3, p. 164, sgg.].; in partic. Heidegger dice: "uno Stato è. In che consiste il suo essere? Nel fatto che la polizia arresta un sospetto" (cit. in S. Žižek, op. cit. p. 164).

57. Orwell, cit., p. 272.

58. È il tema sollevato da Žižek circa la "destituzione soggettiva" (con esplicito riferimento a *1984* di Orwell); cfr. Žižek, S., *Il Grande Altro*, cit., p. 167: "la cura psicanalitica è realmente finita quando il paziente ... *accetta liberamente la propria inesistenza*".

59. Rigidità che il movimento lacaniano ha condiviso con altri movimenti, dal surrealismo bretoniano al situazionismo debordiano, all'Artworld System in generale, con i loro conseguenti atteggiamenti chiaramente paranoici e in ultima analisi patologicamente autodistruttivi.

60. Questo "credo" di O'Brien getta di riflesso una luce inquietante sulla heideggeriana "fede nell'Essere", che gli è analoga: in definitiva, è questo credo di Heidegger nel "fattore X" a costituire motivo di preoccupazione politica, più della "sincerità" o meno del suo ripudio del nazismo.

61. Hegel, *Lineamenti di filosofia del diritto*, trad. it. cit. p. 620.

62. Cfr. Žižek, S., *Enjoy Your Symptom!*, Routledge, London 1992, p. 91: "L'identità diventa 'autoritaria' nel momento in cui sottovalutiamo, in una sorta di prospettiva illusoria, che essa non è nient'altro che l'inscrizione di una pura differenza, di una mancanza".

63. Ancor una volta, la dimensione del "sopravvissuto" (orwelliano, ma anche warholiano; cfr. pte. 3, § 10) si conferma quella più adeguata all'epoca dello stadio video.

III. Acceptance

(IL MONITOR IN BASSO)

1. "Questa non è una sigaretta"   Il non-fumo quotidiano

Fumo, fumo il tuo stato/
Somiglia a quello dell'anima mia.
Praga, *Tentazioni*

"Ovunque ci si volti, tutto sembra triste", ha scritto una volta Gilles Deleuze[1]. Ma non è più la tristezza esistenzialista, di ascendenza romantica, né l'*ennui* simbolista, né la *tristitia* classica o la tipica depressione psicoanalitica. Pur avendo a disposizione tutto, e molto spesso assai più del necessario (sempre ammesso che oggi sia possibile tracciare una linea di confine tra l'indispensabile e il superfluo), percepiamo una strana sensazione negativa, l'ineffabile, ma precisa, impressione di essere usciti dall'età dell'innocenza, un senso di colpa che pur non fondandosi su nessun dato positivo si colloca in mezzo tra le nostre più profonde corde personali e lo spazio collettivo.

Da dove deriva questo sentimento? Guardiamoci intorno. Il pacchetto di sigarette che ci sta di fronte reca in bella vista la scritta IL FUMO UCCIDE, incorniciata da un bordo nero come un annuncio funebre. Nonostante il tono minaccioso dell'avvertimento – del resto superfluo, visto che so benissimo da decenni che le sigarette sono tra le prime cause di tumore al polmone e forse ad altri apparati dell'organismo, che ad ogni boccata si ingollano centinaia di sostanze velenose tra cui la diossina, che le multinazionali del tabacco impiegano metodi illeciti per creare dipendenza dai loro prodotti ecc. – nonostante tutto questo, continuo a fumare. Il fatto è che non posso più fumare semplicemente, candidamente, ingenuamente per così dire – fumo, ma lo faccio con una doppia consapevolezza: da un lato interiore (per il fatto che decine di servizi giornalistici e televisivi mi hanno reso edotto sul rischio del fumo), e dall'altro esteriore (dato che il pacchetto stesso che contiene e protegge il prodotto che mi appresto a consumare mi dissuade dal farlo).

In questo atteggiamento paradossale però sono corroborato dalla paradossalità del messaggio: è del tutto evidente che, se il fumo fosse davvero così pericoloso come viene descritto, non potrebbe nemmeno essere commercializzato. Non esistono dei negozi dove vendono il tritolo o il plutonio, in pacchetti con su scritto "Provoca il cancro", oppure "È nocivo per te e per chi ti sta intorno" – semplicemente, queste sostanze sono proibite per legge e la loro circolazione è soggetta a rigorose restrizioni. Se il tabacco si compra e si vende con tanta facilità e ufficialmente, ciò significa allora che non è così nocivo – dunque il monito è un semplice inganno? No, il tabacco è certamente nocivo, ma in qualche modo non è proibito, né è *proibibile*. Il monito scritto allora assume quasi una valenza politica: in una società ideale i cittadini non fumano (dimostrandosi così avveduti sia per la loro salute che per quella dello Stato, che così risparmierebbe molto denaro in spese sanitarie) – ma non possono essere *costretti* a smettere, altrimenti ciò significherebbe che lo Stato si intromette nella loro sfera privata, dimostrandosi totalitario (quindi venendo meno alla sua idealistica perfezione). Di conseguenza, i cittadini devono poter "liberamente" smettere di fumare, ovvero sono "liberamente costretti" a farlo.

Questo schema ricalca un po' quello delle tipiche "ingiunzioni paradosse", studiate a suo tempo dalla scuola americana di Palo Alto, che sono quasi sempre riconducibili alla formula "Obbediscimi: ribellati!" – cioè a esortazioni che tendono a autosmentirsi e a sovvertire internamente il proprio senso[2]. Il fatto è che quelle ingiunzioni, che spesso erano interpretate come la forma tipica delle società di tolleranza repressiva (per riprendere un felice ossimoro coniato da Marcuse)[3] provenivano comunque da un Potere supposto sapere (cioè ritenuto più sapiente del singolo, o che è portato ad agire così per fini collettivi che il singolo non può conoscere). Invece, nel caso contemporaneo della scritta sul pacchetto di sigarette le cose vanno diversamente: la scritta è stata apposta dallo Stato (che in Italia ad esempio conserva il monopolio di merci "particolari" come i tabacchi e i superalcolici), ma anche senza di essa io so già benissimo che il fumo nuoce alla salute, conosco i rischi del fumo passivo, del fumo in gravidanza, del fumo in età avanzata, e persino le stime del costo sociale delle malattie riconducibili al fumo.

Il paradosso io ce l'ho dentro – ed è proprio per questo che io continuo a fumare, perché insieme al gusto del fumo di sigaretta, aspiro anche il senso di proibizione che esso reca con sé – una proibizione che immagino di rubare al campo dell'Altro (lo Stato, la Società...), il quale invece ne è perfettamente al corrente – il che potrebbe un po' ricordare quando, da piccolo, mi masturbavo sapendo di fare una cosa colpevole, ma almeno all'oscuro dei genitori, il mio Altro di allora, che invece, con ogni evidenza, erano al corrente del mio sporco segreto. Il problema qui è però che nessuno detiene un Potere veramente altro dalla mia singolarità: mentre io mi immagino di trasgredire fumando, il potere stesso mi minaccia di una morte immaginaria e, a pensarci bene, le stesse famose "stime del costo sanitario", così soggette a variazioni, così indiscutibili, ma così imponderabili, non sono venuto a conoscerle dal luogo stesso dove si fabbricano le immagini, cioè dai mass media?

Una cosa reale resta comunque, ed è il mio senso di colpa. Quel che è certo, è che non posso più fumare con la spensierata incoscienza di mio padre che fumava due pacchetti di sigarette senza filtro al giorno. Senza essere veramente colpevole, non sono più innocente – in termini giuridici, sono un "non-colpevole", proprio perché *consapevole*.

La triade: innocente – colpevole – non-colpevole ha un retrogusto dialettico che va subito chiarito. Nella vulgata manualistica, la dialettica è un procedimento logico-ontologico a tre stadi, tesi, antitesi sintesi – dove il secondo smentisce il primo e il terzo non fa che riunire i due precedenti in una "armoniosa" congiunzione degli opposti, ecc. – su fino al mistico equilibrio di yin e yang. Ma nella dialettica autentica, quella di matrice hegeliana e quindi moderna, il primo, la tesi, il "posto", non è che un effetto dell'opporsi ad esso del secondo, l'antitesi, l'opposto. Come dice San Paolo, prima della Legge non esisteva il peccato; dunque prima dell'instaurarsi di un dibattimento giudiziario, non esiste lo status di "innocente" – semplicemente, non si è né innocenti né colpevoli. Innocenti si "diventa" quando si tratta di stabilire la propria innocenza o colpevolezza (come quando si è trascinati in tribunale per una calunnia e, pur essendo estranei ai fatti, si deve "dimostrare" la propria estraneità ad essi), ma ormai non si è più "innocenti" come prima, è sempre troppo tardi per accorgersi di quanto si fosse innocenti "prima". Dunque, il primo e il secondo termine della triade si "pongono insieme", com-pongono un movimento che nel gergo marxista andrebbe definito presa di coscienza. Il secondo nega il primo (non-innocente / innocente) direttamente, facendolo emergere dall'ambiguità e dal non senso, attraverso questa stessa negazione (non-). La sintesi, il terzo termine, deriva direttamente dai primi due, attraverso quel movimento reso celebre da Hegel con la nozione di "negazione della negazione": la sintesi, l'essere non-colpevole che caratterizza il mio status di fumatore, deriva dalla negazione della negazione dell'innocenza iniziale, per cui il sintagma "non-colpevole" si può tradurre come "*non*-non-innocente".

Con un'ironia che non manca mai in questi casi, si può notare come il terzo termine sia in definitiva identico al primo: due negazioni infatti, almeno nella logica classica, danno un affermazione. Ma non è così in dialettica: so fin troppo bene quanto la mia posizione di fumatore consapevole legalizzato (ma pur tuttavia indirettamente, cioè "mediatamente", colpevolizzato), sia differente da quella di mio padre, fumatore incolpevole perché non-consapevole! Posso liberamente, innocentemente, continuare a fumare, ma l'ingiunzione mediatica paradossa che mi dice di smettere mi rende fatalmente edotto della mia assai complessa condizione (non più di semplice innocenza ma) di *non*-colpevolezza.

Lungi dal rappresentare un'olimpica soluzione di riequilibrio tra gli opposti, la "sintesi" anche in questo modesto caso illustra un momento di fondamentale disequilibrio, di polarizzazione estrema degli opposti. Tuttavia, così contrapposti, gli opposti anche si dis-oppongono, anzi si de-compongono, perdono la loro natura "contenutistica", per rivelare la trama trascendentale del loro stesso conflitto dialettico: l'opposizione a questo livello non passa più tra l'azione concreta del fumare (o non fumare), dell'essere o meno innocente, ecc., ma si trasfigura nella "differenza come tale" che traversa me (individuo) e l'Altro (lo Stato) e che è "rappresentata" dal discorso mediale (l'ingiunzione).

In tal senso, la commercializzazione della "sigaretta elettronica" parrebbe quasi confermare questo genere di sintesi "differenziali": priva di nicotina per chi la usa, e non nociva per chi la respira, è il tipico oggetto "ideale" in grado di riconvertire in un puro gesto sublime l'antica antinomia tra fumo e non fumo. La consistenza ontologica della sigaretta elettronica è davvero al limite del paradosso, dato che pur non avendo più nulla di legato al fumo (combustione, sostanze psicotrope, esalazioni nocive...) "insiste" al confine del puro gesto del recare qualcosa alle labbra e del lasciar fuoriuscire un qualche effluvio vaporizzato. La sigaretta elettronica incarna assai efficacemente la logica dell'obversione: negazione della negazione della sigaretta tradizionale, essa nega cioè la semplice assenza o cessazione del "fumo": la sua stessa struttura tecnica, che prende le forme di una "normale sigaretta" con tanto di led rosso per simulare la piccola brace ardente tipica della sigaretta "reale", la rende simile a quegli oggetti prodotti dall'idealismo estremo nel regno filosofico di Uqbar immaginato da Borges (cfr. infra, pte 3, § 7). In una sorta di platonismo al contrario, la sigaretta elettronica non è "l'ideale di sigaretta" (l'idea di sigaretta che funge da "archetipo" aprioristico di tutte le sigarette empiriche), ma è "la sigaretta senza ideale", cioè una sigaretta "reale" *prodotta dal pensiero*, dalla pura riflessione a posteriori di tutte le sigarette esistenti.

Se già in-sé il fumo, nelle sue molteplici forme, dal calumet degli indiani d'America all'esclusivo sigaro da club, dalla pipa per intenditori all'ultima sigaretta da spartire con l'amico, ha sempre avuto, fin dall'inizio, la funzione di un "medium" di carattere sociale[6], la sigaretta elettronica sembra estrapolare tale carattere astraendolo quasi completamente dal suo supporto materiale. Così facendo, la sigaretta elettronica però riduce il significato del fumo a un grado semantico zero – è, in altre parole, un significante vuoto, o, rovesciando il detto mcluhaniano, un messaggio che è, di per sé, il proprio medium.

Ma non era questo il senso di certe enigmatiche intuizioni artistiche come *Ceci n'est pas une pipe*, di Magritte (1926)? Il famoso quadro che ritrae una pipa è stato soggetto di diversi commenti e persino di una sorta di "sequel" ad opera dell'artista più concettual-surrealista, dopo Magritte (non a caso belga anche lui) cioè Marcel Broodthaers. Nella sua lettura del quadro, Foucault non manca di notare come la giustapposizione paradossale dell'immagine e della scritta che la smentisce, pone fine al regime della rappresentazione basata sulla somiglianza, e inaugura quello della similitudine senza originale di riferimento – l'età dei *simulacri*. Dal canto suo Broodthaers trasse dal quadro numerose opere, alcune grafiche, altre cinematografiche, come *Ceci ne serait pas une pipe* (1968/70), in cui si vede una pipa reale, ma sospesa come nel quadro e dunque inerte (o perlomeno impossibilitata a fare le veci di una pipa reale), che però "esala fumo", e la scritta *Figure I*, e *Figure II* o, ancora, *Pipe satire*, del medesimo periodo, dove la pipa fumante finisce fallicamente in mezzo alle gambe femminili. Broodthaers in altre parole coglie il paradosso magrittiano di una pipa finta che, pur auto(d) enunciandosi come non-pipa (o meglio, proprio nel farlo), "appare" ancor più vera. Nel film di Broodthaers infatti, grazie al "salto" mediale tra immagini immobili dipinte e immagini in movimento cinematografiche, una pipa ripresa (quindi reale, ma solo all'interno della diegesi filmica) può effettivamente "funzionare come una pipa in tutto e per tutto vera". Effettivamente, al termine del suo libro, Foucault accenna al passaggio dall'esemplarità dell'oggetto surrealista alla "serialità disidentificante" delle opere pop warholiane, in cui "l'immagine stessa sarà disidentificata dalla similitudine indefinitamente trasferita lungo una serie"[8]; tuttavia, egli sembra ignorare gli sviluppi concettuali post-magrittiani, e l'uso contestuale non solo di media "rappresentativi" (come il disegno e la pittura), ma "veritativi", come la fotografia e il cinema, "contro se stessi". I film di Broodthaers trasferiscono l'opera di Magritte, che è ancora velata dall'uso "ingenuo" di una grafica da sillabario, dentro la contemporaneità dell'era mediale; così, se nel caso di Magritte siamo portati a interrogarci sul valore di "segno" della pipa, o sul suo statuto di semplice disegno, qui pipa e fumo sono "reali" ed è l'intero dispositivo cinematografico ad opacizzarsi, ad interrogarsi su se stesso[9]. Di più: la serie di film magrittiani sono da considerare insieme alla serie di didascalie che Broodthaers pose accanto ai "reperti" del suo verosimile/ fittizio *Museo dell'Arte Moderna*, con scritto "Ceci n'est pas une oeuvre d'art": il meccanismo di Magritte cioè, è qui assunto nella sua riflessività, e mette in gioco l'identità di chiunque se ne voglia servire (l'identità delle opere d'arte di Broodthaers, e di lui stesso come artista). Ciò che dunque sfugge in ultima analisi a Foucault non sono tanto gli sviluppi ulteriori dell'arte "dopo" Magritte (il concettualismo, la sperimentazione mediale, ecc.), quanto la dimensione dialettica dell'opera considerata: la posizione del pensatore che esamina una simile opera d'arte godrebbe di una "immunità identitaria" – oppure la "disidentità" che Foucault legge in Magritte prima, e in Warhol poi, andrebbe riferita riflessivamente al suo stesso saggio?

Ora, tutte queste sfumature interne alla dimensione dei linguaggi artistici, del tutto inconsistenti in quanto autoreferenziali (secondo la logica vetusta dell'*hommage à*...), o a quelli di una filosofia dell'arte altrettanto autoreferenziale, assumono un senso completamente diverso (o meglio, assumono il loro senso "autentico") nell'esatto momento in cui vengono poste a confronto con la quotidianità attuale: che cos'è infatti la sigaretta elettronica se non il "simulacro" di una sigaretta che *funziona* come una vera ed è, in un certo senso, il "film di se stessa"?[10]

Come nel già citato caso di *La réprodution interdite* (cfr *supra*, pte I, Introduzione), anche nel caso di *Ceci n'est pas une pipe*, come dipinto, e ancor più come film, l'intuizione artistica è assai meno inconcepibile di quanto possa sembrare: se al posto della pipa disegnata/ filmata mettessimo una sigaretta elettronica, il titolo prenderebbe finalmente il suo giusto senso: "Ceci n'est pas une sigarette" è infatti la "descrizione" corretta della sigaretta elettronica. "Ma questa non è una sigaretta!": è questa la risposta che chiunque potrebbe dare se venisse redarguito trovandosi a "fumarla" in un luogo pubblico dove fosse espressamente "vietato fumare". Ciò che non deve essere sottovalutato però, è che una tale "sintesi" non è un escamotage "salvifico" a titolo gratuito: la sigaretta elettronica, "producendo" fumo reale/ finzionale, costituisce un autentico salto mediale che include noi stessi nella sua messa in scena: fumandola collochiamo noi stessi "nella posa" del fumatore, siamo fumatori e, al contempo, l'immagine disidentica di noi stessi che fumiamo.

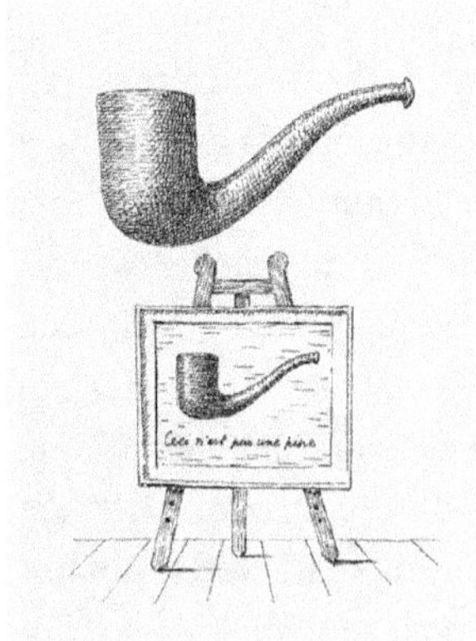

2. "Darfur is Dying?" Darfur ovunque e in nessun luogo

Chi si ricorda dove si trova esattamente il Darfur? Dopo una copertura mediatica durata mesi, le vicende di questa area africana sono tornate inopinatamente nel nulla informativo da cui provenivano.

Infatti, fino a circa dieci anni fa, il Darfur era un territorio praticamente sconosciuto, e solo esperti geografi e conoscitori della geopolitica dei paesi africani ne erano a conoscenza. Si tratta di regioni collocate in zone decisamente nevralgiche, che fin dagli anni 80 non hanno goduto né di uno sviluppo civile, né di una pace duratura – anzi, che fin dalla loro origine scontano il fatto di essere territori delimitati artificiosamente dalla politica coloniale occidentale del XIX secolo. Il Sudan stesso, che esiste solo dall'anno della sua indipendenza, il 1956, è stato da sempre tormentato da guerre civili, essendo una nazione costruita a tavolino. Ma, benché guerre e carestie abbiano provocato in Sudan milioni di morti da oltre trent'anni, la notorietà del Darfur è arrivata all'improvviso, attraverso le poche notizie giunte in occidente, ma soprattutto grazie al fatto che la guerra civile in atto dal 2003 tra popolazione africana e popolazione araba fu presto definita dai media come "crisi umanitaria", o anche "genocidio".

È bastata questa definizione per fare del Darfur qualcosa che è rimasto nella mente di tutti. Benché le immagini sui telegiornali fossero molto scarse, l'icastica definizione del conflitto ne favorì immediatamente la consapevolezza, veicolata principalmente dai media tradizionali, ma anche da altre fonti, come internet – e ben presto vennero infatti creati dei blog, ormai in larga parte non più attivi, per "salvare il Darfur".

Tutta questa improvvisa notorietà di una regione della Terra fino a poco tempo fa sconosciuta ai più, aveva però un'aria sospetta. Proprio in casi come questo, infatti, ci si dovrebbe interrogare più a fondo su che cosa è veramente accaduto non tanto in Darfur, quanto in Occidente – o per citare le immortali parole shakespeariane, "What's Ecuba to him or him to Ecuba", "che cos'è il Darfur per noi e noi per il Darfur", per cui noi ce ne si debba preoccupare (e in taluni casi, piangere).

La stessa definizione di "tragedia umanitaria", per quanto fattualmente appropriata alla situazione, nasconde più di quanto non riveli: grazie ad essa, una situazione di crisi (stragi etniche, carestia, esodo di profughi, ecc.), diventa immediatamente qualcosa di maneggiabile, di comunicabile – qualcosa di cui conosciamo i contorni, e del cui profondo significato geopolitico, dunque, possiamo poi disinteressarci.

Già qui sembra celarsi un primo paradosso. A differenza infatti di quanto si poteva credere in epoche più ideologiche della nostra, la marxiana "presa di coscienza" non ha mutato lo stato effettivo delle cose. Certo, possiamo dire che è accaduto – lo sappiamo, lo abbiamo visto e percepito: il Darfur non è come il proverbiale albero che cade nella foresta non visto da nessuno (e sul quale si potrebbe per esempio speculare se è effettivamente caduto o meno); noi sappiamo molto del Darfur (siamo stati testimoni mediali delle sofferenze di milioni di esseri umani), ma la nostra percezione del fatto non ne devia minimamente il corso – se l'albero doveva cadere, cade ugualmente, sotto gli occhi di tutti ("sotto gli occhi impassibili delle potenze mondiali" si potrebbe dire con qualche retorica). Che il dramma del Darfur sia noto o meno, non ne ha cambiato la sua situazione effettiva - come è dimostrato dall'impotenza dell'ONU e delle sue risoluzioni che sono state rigettate dal governo sudanese (che segretamente sostiene i ribelli arabi contro la maggioranza africana) senza grandi conseguenze[1].

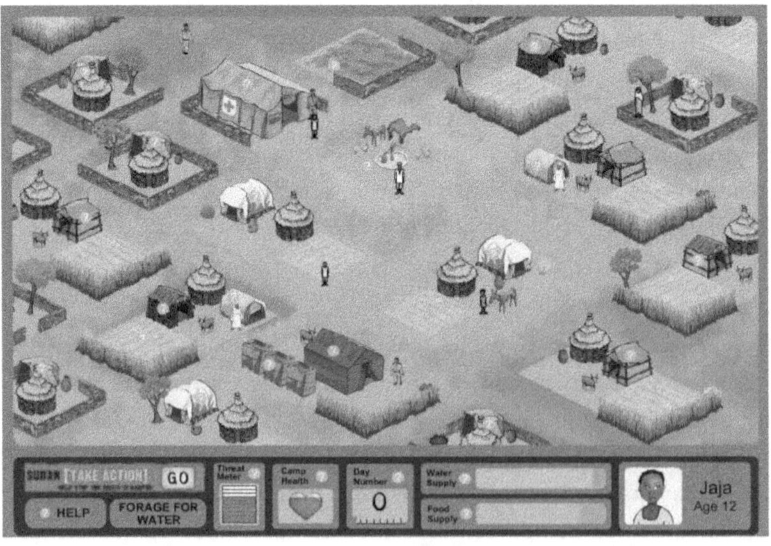

In un certo senso, proprio a causa di questa conoscenza (sia pur molto relativa), il Darfur ha attecchito nella coscienza occidentale, ne è entrato a farne parte – come già in precedenza la pulizia etnica in Bosnia, o lo tsunami del 2004 alle Maldive. Come ha chiarito Linda Polman, giornalista indipendente esperta di crisi umanitarie, si tratta di una strategia mediale in qualche misura inevitabile:

> *Per evitare che i donatori soffrano della sindrome del dejà vu spesso gli operatori umanitari e i giornalisti tendono a calcare la mano. I lettori così, si trovano ogni volta davanti a una nuova crisi umanitaria definita come "la più grave della storia recente". Intanto la sofferenza umana è inflazionata da una rappresentazione sempre più sensazionalistica dei fatti[2].*

Piano piano, il Darfur è diventato quasi un simbolo, al punto tale da ispirare non solo la cronaca e la riflessione politica, ma anche la creatività artistica e persino un videogioco. *Darfur is Dying*, infatti è un vero videogioco, di quel genere che recentemente è andato sotto il nome di "serious game" (ve ne sono altri come *Pacemaker*, ispirato al conflitto arabo-palestinese) – insomma un gioco realizzato non per far divertire adolescenti assetati di sangue virtuale, ma persone di mezza età che vogliono misurarsi da vicino con le condizioni effettive del lavoro di un operatore umanitario, per così dire, sul campo, anche se in modo virtuale.

Certo, si potrebbe obiettare che creare un videogioco che richiama le sofferenze reali di una popolazione, è un gesto di cattivo gusto – se non proprio una macabra speculazione. Inoltre è piuttosto strana una società che, venuta a conoscenza delle sofferenze di un'altra, invece di spingersi ad aiutarla materialmente, inventa passatempi coi quali si illude di farlo (dato che è assai probabile che il giocatore, una volta finita la sessione di gioco, si ritenga soddisfatto e probabilmente sia tutt'altro che spronato a raggiungere il vero Darfur e a rimboccarsi le maniche). D'altra parte, l'esistenza del videogioco e la sua diffusione (gratuita), fa sì che comunque si sia continuato a parlare di Darfur (anche se oggi assai meno) – e questo, in tempi di distrazione mediale e di facile oblio delle masse spettatoriali, è pur sempre una buona cosa.

L'impellenza mediatica è giunta al punto che, nel giugno 2007, l'artista Vanessa Beecroft ha presentato alla Biennale di Venezia una sua performance con cui, ha detto, intendeva sollevare l'attenzione pubblica sulla tragedia del Darfur. Anche tra i molti spettatori che hanno assistito a *VB 61 – Still Death! Darfur Still Deaf?* [lett. Ancora morte! Ancora sordi?] di certo solo una piccola minoranza era a conoscenza della reale situazione della regione, ma la natura dell'operazione della Beecroft è evidentemente diversa da quella del videogioco. Mentre il videogioco intendeva offrire un simulacro di quella che è l'esperienza di un operatore umanitario in loco, la performance di Vanessa Beecroft – in cui si vedevano diverse decine di modelle nere, sdraiate per terra a formare una sorta di cerchio di corpi, sotto il quale sgorgava del minaccioso liquido rosso sangue – intendeva essere una provocazione rivolta alla sensibilità dello spettatore, un'immagine il cui fine non era renderlo più esperto, ma toccarlo nell'intimo.

Tuttavia, anche qui si potrebbe osservare che, nonostante l'opera riuscisse in qualche modo a sollevare una specie di indignata protesta, essa muoveva delle corde emotive sensibili senza riuscire a fornire una spiegazione adeguata del perché fosse necessario farlo. Ancora una volta, la reazione emotiva (come pure la sensazione di "saperlo") era tutto ciò che rimaneva dietro al paravento semantico di parole come Darfur, emergenza umanitaria, genocidio, pulizia etnica, e simili. Inoltre, quell'opera non era forse resa problematica dalla posizione dell'artista, che due anni prima, nel 2005, aveva utilizzato delle modelle nere per una performance all'inaugurazione del nuovo Espace Vuitton a Parigi, *VB 58*, cioè per un evento mondano e legato all'economia del lusso, con lo stesso intento di generare una reazione emotiva, ma di tutt'altro segno?

Praticamente negli stessi giorni (giugno 2007), era anche apparso un doppio cd, *Make some noise - The Amnesty International Campaign to Save Darfur*, che aveva visto i più grandi esponenti della musica internazionale interpretare alcuni classici del repertorio di John Lennon; e in questo contesto si inserisce il fatto che anche l'ex ambasciatore italiano in Sudan, Lorenzo Angeloni, presente in Darfur proprio dal 2003, pur essendo un professionista della diplomazia internazionale, ha scritto un *romanzo* intitolato *In Darfur* (2010) in cui si serve di uno pseudonimo per parlare della realtà del conflitto nella regione.

Così, da un lato, il Darfur e il suo dramma hanno generato numerose proliferazioni mediatiche (senza contare blog, libri, documentari e film) – senza dall'altro che la sua realtà fosse assolutamente toccata da tutte queste nobili iniziative volte a farne conoscere il dramma e potenzialmente a risolverlo. Questo farebbe pensare che vi è un evidente scollamento fra realtà della cosa e sua rappresentazione "mediale" – un po' come accade per quella stravagante dicotomia venuta in auge nella terribile estate del 2003, tra la "temperatura reale", e quella "percepita": un conto è la situazione delle popolazioni in emergenza, un conto quella dei documentari, per quanto accurati, o dei videogiochi, per quanto "etici", o delle opere d'arte, per quanto toccanti, realizzate su di loro.

Questa divaricazione sarebbe di per sé già abbastanza agghiacciante, perché sembra riproporre una situazione pirandelliana, per cui vi sono uno, nessuno e centomila Darfur, senza che vi si mai una vera *adaequatio* dell'apparenza alla realtà della cosa – e così, abbiamo la netta sensazione che la verità della tragedia, al di sotto della soglia delle apparenze mediali, ipermediali e neotecnologiche, ci sfugga sempre come il proverbiale il noumeno kantiano.

Ma, come è evidente leggendo con più attenzione i resoconti geopolitici più accurati che sono stati dedicati alla situazione della regione, vi è un fatto ancor più sorprendente, e forse, se possibile, ancor più scoraggiante.

Come ha infatti scritto Gérard Prunier nel suo *Darfur: The Ambiguous Genocide*, ridurre il conflitto nel Darfur a uno scontro tra popolazione africana e araba è una dicotomia "al contempo vera e falsa"[3]. Ora la situazione, sostiene l'autore, non è solo enormemente complicata dai vari interessi in campo (la Cina importa oltre il 35 % del petrolio che arriva dall'estero proprio dal Sudan, le ingerenze delle potenze occidentali, le situazioni tribali, le varie sigle dietro cui si nascondono interessi di parte, il comportamento ambiguo del governo centrale, ecc.) – ma è di fatto *indecidibile* – indecidibile non solo per chi, come "noi" occidentali, sta al di qua della barriera invisibile dell'emergenza e che gioca a *Darfur is Dying* comodamente seduto in poltrona, ma anche per chi, in Darfur, abita, cerca di sopravvivere o semplicemente combatte, uccide, o muore.

La situazione in Darfur, in altre parole, assomiglia molto alla battaglia di Waterloo, così come la vede e può capirla Fabrizio del Dongo nella *Certosa di Parma* di Stendhal: un disordinato accavallarsi di eventi assolutamente eccezionali, catastrofici o secondari, il cui resoconto unitario non è difficile da stilare, perché è semplicemente impossibile farlo. In altre parole, il problema non è solo che l'immagine mediale del Darfur ne distorce la verità, ma è che non vi è nessuna verità oggettiva del conflitto che sia distaccabile e osservabile autonomamente, indipendentemente dall'immagine percepita. La controprova che non ci permette di liquidare videogiochi, opere d'arte, romanzi e compilation musicali nel rango degli atteggiamenti mentali caratteristici del decadentismo postmoderno, è il fatto che molti dei comportamenti ambigui del governo centrale sudanese (da sempre interessato all'area, e comunque in appoggio ai miliziani nomadi Janjawid islamici) sono stati assunti proprio a seguito del modo in cui la situazione del Darfur è stata trattata sui media occidentali. Un caso esemplare è stato l'arresto del giornalista americano del *National Geographic* (e due volte premio Pulitzer) Paul Salopek, che si trovava nella zona proprio per documentare fotograficamente gli eventi, e che fu accusato di spionaggio (agosto 2006)[4]. È proprio questo che conduce al paradosso che la spettacolarizzazione mediale del conflitto, lungi dal costituirne solo una sovrastruttura fenomenica, ne ha influenzato sensibilmente lo sviluppo reale, in una specie di "presupposizione reciproca" tra il conflitto e il suo stesso resoconto mediatico, che, presi insieme, costituiscono lo "schematismo trascendentale" dell'"evento"[5].

Così, il Darfur è simultaneamente una performance raffinata per intenditori d'arte contemporanea, un videogioco per anziani che devono sentirsi impegnati, un doppio CD di vecchie glorie del rock, un pretesto per la diplomazia internazionale, un momento di resa dei conti tra etnie locali, un buon soggetto documentaristico, e purtroppo anche un "genocidio" – insomma un coacervo molteplice di determinazioni, che però non sono isolabili separatamente l'una dall'altra: alla fine, sfortunatamente, non si può nemmeno dire, scetticamente che "il Darfur non esiste" – poiché migliaia di profughi continuano a emigrare e a vivere in condizioni tragiche, mentre centinaia di migliaia di persone anche inermi continuano a morire. Piuttosto, dobbiamo ammettere che il Darfur è diventato *disidentico* da se stesso, e cioè che, messo in relazione alla propria controfigura mediale, *esiste e insieme non esiste*: se dico che è un dramma umanitario, dovrei dire che è anche un videogioco, e viceversa. Non potendo separare due determinazioni tanto diverse tra loro della stessa cosa, ne consegue che la cosa stessa è immediatamente sì se stessa – ma anche non-se stessa; o che è e non è se stessa allo stesso tempo, e che questa sua intrinseca contraddittorietà ne costituisce la "vera" essenza.

L'esistenza di questo luogo "inesistente" data del resto da molto tempo – dato che, come è noto, il Sudan stesso è una "proiezione" del desiderio occidentale di riformare la regione a sud dell'Egitto. Alla fine si potrebbe quasi dire con più verità che, dato che il Sudan è un artifizio realizzato dalla diplomazia occidentale all'indomani della Conferenza di Berlino del 1884, e che il Darfur è la regione irrisolta all'interno di questo stato-apparente, il Darfur è una "proiezione" dell'immaginario occidentale, quasi una sua invenzione[6]. L'aspetto sconcertante è che ora però esso appare come un che di "irriconoscibile" di fronte alla cui tragedia l'Occidente si indigna come se lo riguardasse solo di riflesso, in quanto qualcosa di assolutamente estraneo a sé che invece si dovrebbe portare a conoscenza dell'opinione pubblica. D'altra parte l'attuale "opinione pubblica" è la diretta discendente della stessa opinione pubblica che sul volgere dl XIX secolo spingeva i governi occidentali ad aumentare il loro prestigio e la loro potenza economica invadendo aree inermi e deboli del pianeta come le zone a sud dell'Egitto britannico: in quel caso si cercava di "trasferire" la propria (im)potenza su un debole/vuoto Altro, mentre oggi la "pienezza" dell'Altro riflette la nostra impotenza.

Pertanto non è più nemmeno possibile sostenere che la situazione del Darfur resti immutata anche se l'informazione mediale planetaria ha reso tutti perfettamente *coscienti* dell'accaduto: di fatto qualcosa è cambiato, e cioè esattamente *quella coscienza*. Così come il Darfur è diventato un insidioso territorio di conflitti incrociati anche grazie a più di un secolo di perniciose politiche colonialiste e postcoloniali occidentali, oggi esso fa parte del nostro immaginario in maniera più stabile di quanto non si creda – e, per riprendere la domanda iniziale circa il luogo dove "si trova il Darfur", si potrebbe rispondere che, oggi, il Darfur "è in noi", ha colonizzato il nostro immaginario tanto quanto noi colonizzammo (direttamente o indirettamente, come Occidente) i suoi popoli e le sue terre.

E se a questo ragionamento provassimo a opporre l'idea che comunque l'immaginario non è il reale, e che la sua situazione oggettiva di sofferenza non è nemmeno lontanamente paragonabile alla nostra? – O meglio, che cosa accadrebbe se suggerissimo al proverbiale giocatore di *Darfur is Dying* di recarvisi una buona volta davvero nel famigerato Darfur?

Non solo lo spettatore occidentale trasformatosi in operatore umanitario rischierebbe di ritrovarsi nella disorientante condizione dell'eroe stendhaliano, ma gli accadrebbe di occuparsi di un nuovo paradosso. È noto da tempo infatti che le Ong internazionali e molte strutture umanitarie sono state accusate di essere poco efficaci non a causa di particolari forme di corruzione o malversazione (che pure si sono verificate), ma per il loro carattere strutturale, per il quale in realtà, a fronte della quota stanziata dai governi occidentali o da donatori privati in favore di una determinata causa, oltre il 60% (e a volte fino all'80-90%) del loro bilancio serve semplicemente per mantenere in vita quelle stesse organizzazioni (strutture burocratiche, supporto logistico in patria, mantenimento degli operatori sul campo, ecc.). Paradosso nel paradosso, tre quarti degli aiuti in definitiva aiutano non chi ne ha bisogno, ma coloro stessi che fungono da aiutanti – in una specie di boomerang post-postcoloniale, praticamente gran parte degli aiuti umanitari aiutano molto di più le nazioni caritatevoli che li offrono che quelle devastate a cui dovrebbero essere indirizzati[7]. La riflessività mediatica che riporta il Darfur davanti alle nostre coscienze e ai nostri schermi si rispecchia nella riflessività economica per cui l'intenzione altruistica si traduce in un gesto egoistico.

Anche di fronte a questa doppia impossibilità, sia di *non pensare* al Darfur che di impegnarsi in prima persona per alleviarne le sofferenze, che si trova il soggetto (occidentale) odierno. È forse biasimevole allora che risolva la questione nel modo che gli è più congeniale? Che dire infatti della moda di fare donazioni di piccola entità tramite sms venuta in auge dopo lo tsunami del 2004?[8] Questa pratica non incarna l'aspetto totalmente tecnologico disumanizzante, "ontico" del cellulare, tentando insieme di umanizzarlo con un gesto (il dono) a cui però è stato tolto qualunque autentico valore di sbilanciamento etico? Questo dono

telematico, che viene effettuato alla cieca, nell'insaputa di chi lo fa e di chi lo
riceve, un dono totalmente "decaffeinato", da cui sparisce persino il valore di
potenziale errore, di disturbo o di autentico sacrificio –– non serve appunto
egregiamente a tacitare il puro e semplice bisogno immaginario di "fare qualcosa
per chi soffre"? Dono che è paradossale e *obverso* in se stesso, e che toglie poco o
nulla a chi lo fa apportando poco o nulla aggiunge a chi lo riceve, esso si evidenzia
come un (disperato) espediente per trasferire il Nulla che noi siamo ad un Altro
che è di nuovo noi.

3. "Il paradosso della bresaola"   L'uomo è ciò che mangia (se stesso)

Un altro un altro deglutisce:/ non si capisce/ chi mangi chi…
Battisti-Panella, *I dimenticati*

Il celebre motto di Feuerbach, per cui "l'uomo è ciò che mangia", è stato spesso
stigmatizzato come "materialismo ingenuo"[1]. Ma forse è venuta l'ora – nell'epoca
in cui tutte le cose si obvertono – di restituire anche al materialismo il posto che gli
spetta – che non è quello dell'opposto dell'idealismo, ma di essere un opposto a se
stesso (e in quanto tale di contrapporsi a un idealismo ormai "materialistico", cfr.
supra, II, § 3).

Da questo punto di vista occorre ricordare non solo che la frase di Feuerbach
è un gioco di parole in tedesco tra il verbo essere ("ist") e mangiare ("isst") – il
che già di per sé crea una relazione di assonanza verbale (ma anche spirituale)
inedita tra ontologia e scienza dell'alimentazione – ma che, in tempi in cui ciò che
mangiamo è al centro di un numero enorme di interessi di ogni tipo (economici,
politici, culturali…), rende evidente una relazione del tutto particolare tra l'essenza
umana e il cibo.

Inoltre, nella sua assiomatica semplicità, la frase mantiene una certa ambiguità:
da un lato si può intendere nel senso che l'uomo è un essere che non semplicemente
si nutre, come un animale, ma che "mangia" – cioè che consuma dunque qualcosa
che prepara, o che viene preparato per lui; dall'altro si può intendere nel senso
che l'essere dell'uomo è determinato *in primis* dalla qualità del cibo che introduce
dentro di sé. Feuerbach intendeva certamente con ciò sferrare un deciso
attacco all'idealismo spiritualista, davanti alle condizioni reali dell'umanità –

ma nel momento in cui le condizioni dell'umanità hanno costretto a ripensare "riflessivamente" il cibo (in termini sia di quantità, che di disponibilità, che di economia e di qualità), è del tutto evidente che non è tanto l'idealismo a doversi confrontare con la materia, quanto quest'ultima a mutare in sé per far fronte a esigenze umane (cioè spirituali).

Come tutti i bisogni ritenuti primari, dal camminare al riposare, dal respirare all'abitare, per non parlare del sesso – anche il cibarsi conosce oggi una sua metamorfosi che lo rende disidentico e lo induce a sdoppiarsi riflessivamente in sé. Se il respirare è divenuto un soggetto legato alla meditazione e alle tecniche di Reiki, l'abitare al Feng Shui, il camminare al walking e al jogging, così anche il cibarsi soggiace a una infinità di molteplici strategie di ri-descrizione – rigorosamente rilanciate dal sistema mediale, si tratti di fast food o di slow food, di dieta mediterranea o dissociata, di problematiche legate all'anoressia o alla bulimia, per non parlare dei disequilibri nella distribuzione globale delle risorse alimentari.

Oggi è più che mai vero che l'uomo "è" il cibo che produce e che consuma – nel senso più drastico di questa affermazione, dal momento che l'umanità, la sua essenza, si definisce proprio in questa relazione con (se stessa tramite) il proprio cibo. Tuttavia, questa relazione ha luogo anche negativamente – nel senso che le catastrofi alimentari del pianeta (divenute oggetto di comunicazione planetaria attorno agli anni Settanta del XX secolo)[2] hanno definito inoltre che l'uomo è anche ciò che *non* mangia. In un modo ancor più sconcertante, ma tipicamente contemporaneo, oggi siamo di fronte a una sorta di sintesi dialettica di queste due posizioni riunite nel legame (di recente scoperta) tra obesità e povertà[3]. Oggi, questo legame prende il senso di un vincolo obverso per cui il mangiare troppo non è segno di abbondanza, ma del suo opposto, cioè di mancanza. Il cibo attuale (preprodotto, congelato, precotto, ecc.) è effettivamente sovrabbondante, ma di una qualità talmente scarsa, per cui si potrebbe affermare che è un cibo che "manca di sostanza", ossia "manca a se stesso".

Sorge così una contraddizione inedita tra uomo e cibo. Inizialmente questo rapporto era dominato dalla relativa scarsità – il che limitava le stesse possibilità di sviluppo umano. In seguito, il problema è stato generato dallo squilibrio tra sovrabbondanza estrema ed estrema indigenza – generando situazioni di ipernutrizione faccia faccia con emergenze alimentari (la più spettacolare delle quali in Bangladesh, nel 1978)[4]. Ma oggi, la sovrapproduzione stessa ha generato una sottoproduzione di qualità, ma costosa, che ha selezionato l'accesso al cibo nutriente, consegnando cibo scadente nelle mani di strati di popolazione sempre più ampi, destinandoli a morire non più di fame, ma di sazietà. Ne consegue che non solo l'uomo "è ciò che mangia" (e dunque anche ciò che *non* mangia), ma anche è ciò che più mangia, meno mangia; più si nutre più si denutre (impoverendosi non soffre la fame, ma diviene obeso, cioè *soffre lo sfamarsi*). Anche il cibo stesso conosce dunque la sua "logica di Tori": più è (anche quantitativamente) meno è; per essere all'altezza di se stesso (essere commestibile, essere disponibile in grandi quantità ecc.), si deve differenziare da se stesso (non essere nutriente, essere modificato nella sua essenza genetica, essere diverso da se stesso, ecc.).

Un esempio di "logica di Tori" applicato al cibo è il caso della "Bresaola della Valtellina", che può essere utile per approfondire i meccanismi obversi che regolano la nostra esistenza quotidiana. La bresaola era un cibo tipico di alcune vallate italiane (la Valtellina e la Valchiavenna), nato probabilmente nel XV secolo, consistente in tranci di carne salata, stagionata e insaccata, la cui origine era dovuta alla necessità degli abitanti di conservare la carne per poterla consumare nei lunghi periodi invernali di relativo isolamento. La bresaola, dunque, all'esordio, è un cibo tipico, poco noto fuori dal contesto in cui era prodotta: solo in un secondo momento, in epoca consumista, viene percepita come cibo particolare, la cui sopravvivenza è messa a repentaglio dai nuovi stili di vita e dai nuovi cibi a lunga conservazione (in scatola, sottovuoto, surgelati, ecc.), che la rendono obsoleta. Proprio per questo però appare chiaro che la bresaola è anche più-che-un-cibo, in quanto rappresenta (insieme ad altri prodotti tradizionali della stessa regione, come la polenta taragna di grano saraceno o i pizzoccheri, una specie di pasta sempre di grano saraceno) una vera tradizione, un "presidio alimentare" (come amano dire i difensori delle tradizioni culinarie locali), come tale da difendere, preservare, proteggere anche legalmente, con le diciture di "prodotto tipico" o IGP (Indicazione Geografica Protetta), ecc.[5].

Naturalmente, questo contro-movimento di "protezione" è all'origine, a sua volta, di un interesse rinnovato verso questo cibo tanto particolare. Anzi, secondo la logica che abbiamo già descritto, il tentativo stesso di salvaguardarne la *particolarità*, rende *universale* l'interesse verso di essa. La tipicità della bresaola, presidiata financo grazie a norme legislative, la rende appetibile ben al di là del suo contesto tipico – la sua stessa originalità la dis-origina, la trae fuori dal suo proprio luogo di origine. Inizia così la sua diffusione, alla quale non è estranea una comunicazione che sposta la bresaola nel campo dei consumi "mediali". Come molte altre cose, cioè, anche alla bresaola tocca questa transustanziazione che, pur senza modificarne l'essenza, la altera in se stessa, avvicinando, al prodotto reale, la sua controfigura mediale. A questo punto occorre però fare attenzione: la bresaola è *davvero* un alimento nato da un'antica tradizione – non si diffonde semplicemente in forza di una pianificazione comunicativa costruita a priori, da cui il prodotto dipende. In altre parole la bresaola non è il classico hamburger, la cui "nascita" coincide praticamente con il sistema a fast food inventato nell'epoca del trionfante fordismo[6]. In realtà la bresaola, nell'epoca del consumismo, aveva infatti piuttosto rischiato la sua estinzione come cibo "premoderno", obsoleto, inadeguato, ecc.; la sua diffusione invece ha luogo in epoca postmoderna, proprio a partire dal rifiuto del cibo massificato da fast food (a cominciare dall'hamburger).

Il successo della bresaola dipende dal tramonto dei cibi fast food – così si scopre che l'antico insaccato italiano ha pochi grassi, ha origine bovina e non suina, contiene meno conservanti artificiali come i fosfati, il lattosio, i coloranti – il che la rende adatta alle diete ipolipidiche, a chi soffre di intolleranze alimentari, ai bambini, agli anziani, ai malati. Ma, nell'epoca dello stadio video, il successo è una funzione dialettica: quello dell'hamburger, "bistecca" universale, economica, alla portata di tutti, veloce, facile da cucinare e da consumare, è stato all'origine del suo inesorabile declino (le catene di fast food e il loro junk food sono stati il bersaglio polemico perfetto del movimento no global, nonché di interi film di denuncia, come *Supersize me*, che dimostrano la nocività di questi alimenti industrializzati)[7]. Da questo punto di vista la bresaola spartisce una segreta similarità con l'hamburger, il suo opposto specifico: se la sua popolarità comincia nell'epoca postmoderna del ritorno alle tradizioni culinarie e dello slow food, il successo mediale così ottenuto è ugualmente all'origine della sua decadenza reale.

Infatti, non potendo far fronte, con le limitatissime risorse dei bovini allevati nelle impervie valli del nord Italia, all'allargarsi "globale" della domanda, i produttori di bresaola hanno dovuto "globalizzarne il localismo". Così, oggi, la totalità della bresaola prodotta in Italia viene fatta con carne di zebù brasiliano, anche se senza dubbio la maggior parte dei consumatori è all'oscuro di questa "piccola variazione". Variazione minima secondo i produttori, dato che le procedure di lavorazione della carne "sono rimaste immutate" e uguali a quelle "dettate dalla tradizione" – anche se l'impiego di bovini allevati in zone del mondo di tradizione (e di alimentazione) assai diversa rende problematica la nozione di "tipicità" che ancora caratterizza il prodotto bresaola (senza contare il fatto che la stagionatura è realizzata in luoghi chiusi, senza scambio con l'esterno, e che quindi potrebbero trovarsi ovunque)[8]. Da questo punto di vista, questo caso potrebbe essere associato a quello, sovente sollevato da Žižek, dei prodotti "deprivati" della loro essenza caratterizzante (caffè decaffeinato, birra analcolica, sigarette col filtro, ecc.) – ma qui la cosa è leggermente diversa, in quanto assistiamo a un *dialettizzarsi* del cibo esattamente rispetto a se stesso, benché al suo interno non sia mutato "nulla"[9].

La conclusione obversa della favola, però, si concreta nel fatto che in Valtellina esiste ancora almeno un produttore di bresaola che impiega bovini da lui stesso allevati – resisterebbe dunque almeno "un giusto" a salvaguardia dell'autenticità di un prodotto tradizionale irrimediabilmente sovvertito dalle logiche di marketing. Il paradosso è che proprio l'ultimo produttore dell'autentica bresaola, non può fregiare di questo nome il suo insaccato, in quanto i suoi metodi di lavorazione non rispettano il disciplinare fatto approvare dai grandi produttori. Ne consegue che la (non) bresaola fatta con zebù brasiliano e stagionata in un non-luogo qualunque può legalmente essere denominata "bresaola", mentre la bresaola genuina, prodotta con bestie valtellinesi e stagionata sul luogo d'origine, non ha nome; è una non-bresaola, anzi (dato che la non-bresaola è quella di zebù), è una *non*-non-bresaola, che però, con buona pace della logica, non può coincidere più, se non per qualche esperto di tradizioni culinarie, con la "bresaola" *tout court*[10]. Il cibo, si potrebbe chiosare in tal caso, è ciò che mangia – se stesso.

Ma questa "cannibalizzazione" dell'identità di una cosa da parte della disidentità con se stessa, è lungi dall'essere un fenomeno figurato o metaforico. Il caso della mucca pazza (Bovine Spongiform Encephalopathy, BSE, identificata per la prima volta nel 1986) non è solo particolarmente significativo al riguardo, ma porta a "compimento" il paradosso produttivo evidenziato dal "caso bresaola". La malattia che ha colpito la mucca, uno dei principali animali di riferimento per l'alimentazione umana, non è arrivata da un agente patogeno esterno, ma dal modo stesso con cui gli animali erano allevati – cioè dando loro da mangiare del cibo mescolato con cadaveri degli animali stessi. Il cortocircuito innescato da questa pratica ha ben presto portato al collasso il sistema, ma la sua dinamica non è casuale: per risparmiare sul mangime, si producono degli animali che consumano se stessi (in una specie di folle logica dell'autoconsumo). Il morbo della mucca pazza prefigura, in un certo senso, un destino di auto-alimentazione dell'umanità come tale, che, per sopravvivere, potrebbe essere costretta in futuro consumare se stessa[11].

Il riferimento qui va indubbiamente al cinema di fantascienza che, come di norma, ha saputo anticipare questa situazione[12]. Questo è almeno quanto si potrebbe dire per quel capolavoro di fantascienza distopica che è *I sopravvissuti* (*Soylent Green*, R. Fleischer, USA 1973) – la storia di un mondo futuro devastato, sovrappopolato, alle prese con il riscaldamento globale e drammatici problemi di approvvigionamento alimentare. In questo futuro (che assomiglia da vicino al nostro presente, essendo il film ambientato nel 2022), per risolvexre il problema della sovrappopolazione, le persone sono accompagnate in centri di "spegnimento" volontario della vita, dove muoiono senza alcun trauma[13].

Per far fronte alla crisi alimentare, invece, la corporation "mondiale" Soylent immette sul mercato un prodotto ipernutriente, denominato appunto soylent green, che viene dichiarato essere a base di plankton. Il problema è che il protagonista, il classico detective "senza credo" Thorn (Charlton Heston) comincia ad avere dei sospetti sul cibo supernutriente che sfama la gente, che poi si rivelano esatti. Infatti, gli oceani si sono dissolti da tempo, e il segreto del soylent green è ben più atroce: gli umani "terminati" non vengono seppelliti o cremati, ma trasformati nel cibo che serve ad alimentare gli altri viventi.

La forza narrativa di *Soylent Green*, se paragonato ad esempio a *Matrix*, è che in questo caso gli umani non sono impiegati per scopi "altri" (come tenere in vita la Matrice), ma per tenere in vita se stessi. "Soylent Green is people" grida alla fine Thorn; ma, se estratta dal contesto, questa denuncia pare quasi il contrario di se stessa, e assume i contorni di una giustificazione (come dire: "Soylent green" non è il pericolo o il nemico, esso è noi stessi, ciò che siamo diventati...). Anche se il film finisce per attribuire le colpe alla classica "corporation del male" (la Soylent), è evidente che è l'umanità stessa nel suo sviluppo ad aver creato la necessità di un simile cibo cannibalico: la famigerata e pericolosissima Spectre è qui l'umanità come tale. Il punto debole del film sta semmai nel collegamento diretto tra cadavere umano e cibo – mentre il caso mucca pazza dimostra piuttosto come la realizzazione *più adeguata* di questo cortocircuito ha avuto luogo grazie a uno slittamento "al basso" di questa idea, evitando così la possibilità (inammissibile, culturalmente protetta dal tabù) del cibarsi di altri uomini.

Certo, il caso della mucca pazza ha dimostrato peraltro che tali pericoli non sono solo *simbolici*, ma anche reali (gli animali nutriti con i cadaveri dei loro simili si ammalano, e gli umani che si nutrono di carne infetta possono a loro volta contrarre forme di encefalopatia). Tuttavia, tale episodio testimonia in-sé come nelle nostre società sia già al lavoro un aggiramento "da dentro" del tabù del cannibalismo diretto come tale – una sorta di cannibalismo "per interposto essere vivente", che finisce per dar luogo a una forma riflessa di cannibalismo. Il cannibalismo rituale/ tradizionale si sposta in un cannibalismo *indiretto*, privato della sua caratteristica simbolica fondamentale, ossia un cannibalismo obverso[14].

Se il cannibalismo diretto era sopportabile solo all'interno di una società rigidamente simbolica (tramite una serie estremamente dettagliata di rituali), nella sua forma riflessa può ri-divenire tacitamente accettabile all'interno di una società spettacolare (finzionale, "immaginaria"), solo se deprivato del suo carattere fondamentale di "incorporazione dell'altro". D'altra parte, questa forma indiretta, non ad anello, ma a nastro di Moebius, caratterizza in genere il rapporto contemporaneo col cibo: cibarsi non significa più incorporare "il dato naturale" (e occasionalmente l'altro umano) per appropriarsi delle sue caratteristiche positive, trasformandolo in me stesso (rafforzando la mia identità); piuttosto, poiché il cibo è un dato non-più-naturale (in quanto "rielaborato" dall'attività umana) esso è dunque *alterato* (quando non *adulterato*), è fattore di alterazione capace di trasformarmi in "altro da me".

Quindi "mangiare" oggi significa incorporare un "altro dell'altro" che mi "espropria" da me stesso – e al contempo, dato che l'altro dell'altro sono di nuovo io, incorporando questa doppia alterità, ri-divento definitivamente me se stesso. È questa in definitiva l'ipotesi "radicale" con cui si chiude *Soylent Green*: "Soylent Green is People" significa da ultimo che il "più altro dell'altro" non sta nemmeno nella materialità come tale del cibo (sia esso "sano" – ossia perfettamente, fantasticamente *altro*, incontaminato, puro, ecc., o "insano", "artefatto", geneticamente modificato, pieno di coloranti e conservanti, ecc.), ma nel fatto "trascendentale-spirituale" che tale alterità che mi altera *sono io stesso*[15].

4. I cento talleri (che non ci sono) Dalla finanza virtuale alla Fiction Economy

Pensai che nulla è meno materiale del denaro, giacché qualsiasi
moneta... è, a rigore, un repertorio di futuri possibili.
Borges, *Lo Zahir*

Nel film *Il boom* (Vittorio De Sica, 1963), una classica "commedia all'italiana", Alberto Sordi interpreta la figura di Giovanni, un giovane dinamico e moderno, prototipo degli attuali manager di belle speranze, che cerca di farsi strada nell'Italia industriale emergente dei primi anni Sessanta[1]. Di fronte a sua moglie (una giovane e bella donna, che gli amici gli invidiano) e agli altri personaggi (cognato, suocero, colleghi di lavoro) indossa la maschera di un uomo realizzato, di un uomo di mondo, aperto, di larghe vedute, barzellettiere, dalla conversazione fluida ma mai pedante. La realtà però è ben diversa: figlio di gente modesta, Giovanni è un pover'uomo che, per essere all'altezza delle aspettative della moglie (di famiglia agiata), si è indebitato e rischia il fallimento.

Giovanni è un personaggio che incarna la *differenza* tra ciò che si è veramente e ciò che si appare – situazione classica della commedia tradizionale – *ma anche la strana identità* tra apparenza e realtà, situazione inedita della commedia contemporanea. Egli si trova infatti costretto a indossare una maschera sociale, la quale però invece da servirgli da riparo, costituisce il cliché su cui la sua esistenza inevitabilmente si modella. Tant'è vero che quando cerca di togliersela, e cerca di dichiarare al mondo "come veramente egli è", la maschera si trascina via il volto: l'identità fittizia costituisce per tutti (e in fondo anche per lui) l'identità reale, per cui gli interlocutori stentano a capirlo e, in sostanza, non gli credono affatto[2].

Il caso esemplare di questo "non capirsi" ha luogo nel corso di una famosa sequenza nella quale Sordi-Giovanni, durante una partita a tennis con un amico "influente", gli rivela la verità (i suoi debiti) e gli chiede dei soldi (trenta milioni). L'amico resta incredulo, ma non tanto per l'ammontare della somma, ossia per la richiesta in sé, quanto per il fatto che Giovanni abbia osato chiederla, abbia cioè osato far intravedere l'oscena verità del fallimento (il buco), esponendo così alla minaccia del fallimento non solo la propria integrità immaginaria, ma quella dell'intero sistema a cui entrambi appartengono. L'amico, dal suo campo di enunciazione (dalla sua "metà campo") "non può credere" alla richiesta oscena di Giovanni. Alla fine quest'ultimo deve cavarsela con una battuta, dicendogli: "ma che, c'hai creduto?" – ma poi, nella sua "metà campo", senza che l'altro lo senta, impreca contro la grettezza dell'amico-avversario. Impreca anche contro se stesso quando si sente rispondere che se la sua richiesta fosse stata "vera" i soldi li avrebbe certamente avuti. Ed allora ci riprova, e chiede "veramente" all'amico il prestito, solo per sentirsi dire però "ma chi ci crede ai tuoi scherzi!".

In una sorta di gioco comunicativo rovesciato *à la* Watzlawick (per non dire *à la* Lacan) l'interlocutore restituisce a Giovanni la sua richiesta sotto forma di paradosso – effettivamente non gli può credere perché la maschera sociale che egli indossa ormai viene presa per la verità; nessuno pensa più veramente che abbia trenta milioni di debito (oppure, se lo pensa, ricaccia indietro il pensiero, probabilmente perché ciascuno teme di finire indebitato egli stesso). Del resto, è evidente che la richiesta di Giovanni è paradossale in-sé, dato che *Giovanni richiede qualcosa di concreto* (e cioè il danaro) perché deve necessariamente continuare a circondarsi di quegli oggetti che costituiscono il suo immaginario (la spider, il club del tennis, le cene galanti, i begli abiti, ecc.), dunque per riempire un buco, un vuoto, che è *intangibile*, per essenza incolmabile.

Anche nel *Boom*, del resto, il protagonista sbatte contro la verità in un modo assai più brutale, quando, scoperta la situazione, il cognato non esita a dirgli: "ma se lo sanno tutti che sei *pieno di debiti*!" — il che significa né più né meno che "tutti sanno che sei *pieno* di *vuoto*, che sei fatto di mancanza, che sei un soggetto bucato". In tutti questi esempi il reale si presenta come uno spazio vuoto, ossia non tanto come qualcosa di indicibile, quanto come qualcosa che "è nulla" e di cui si può dire soltanto che *non è*. La verità del soggetto è soltanto il vuoto che egli del resto non può fare a meno di incontrare tanto *fuori*, quanto *dentro* di sé. Qui, il denaro come tale, più che l'oggetto reale in grado di riempire quella mancanza, è il contrassegno stesso di quel qualcosa che manca, significa la mancanza in quanto tale.

Il fatto che questo vuoto prenda nella commedia cinematografica le forme del "debito" non è privo di connessioni filosofiche. Si può qui riprendere la critica di Hegel a Kant, a proposito dei famosi "cento talleri". In breve Kant si serve dell'esempio dei cento talleri per dimostrare l'infondatezza di ogni dimostrazione dell'esistenza di Dio, e in particolare della celebre "prova ontologica" di Anselmo d'Aosta. Secondo quest'ultimo, infatti, dal concetto stesso di Dio, in quanto ente perfettissimo di cui non si può pensare nulla di maggiore (definizione ammessa anche da un ateo), deriva logicamente la sua esistenza, dato che se fosse pensato come inesistente, allora non si potrebbe più dire che è perfettissimo (sarebbe infatti carente della proprietà dell'esistenza), introducendo una contraddizione nella definizione concettuale di Dio ammessa dall'ateo. In proposito, però, Kant fa osservare come, se prendiamo in considerazione il concetto di "cento talleri", esso appare alla mente perfettamente completo, anche se i talleri sono un semplice oggetto di pensiero. In altre parole, i cento talleri "non diventan meno, quando non siano, e non diventan più quando siano", ossia il loro essere reali nel mio portafogli non dipende dal loro concetto, ma vi si "aggiunge sinteticamente", tramite l'intuizione empirica, ossia l'esperienza che ne faccio, senza che con ciò "questi stessi cento talleri pensati si trovino minimamente aumentati"[3]. L'esistenza dunque non appartiene per essenza al concetto di un oggetto.

Forse è solo un caso, ma proprio con i talleri ha a che fare un episodio accaduto a Fichte nell'inverno del 1791, dopo un viaggio durato mesi per andare a Konigsberg ad incontrare di persona Kant. Dato che il viaggio gli era costato tutto ciò che aveva, Fichte dovette trovare il coraggio per chiedere a Kant un prestito (proprio di cento talleri!) per poter ritornare a Francoforte da cui era venuto. Di fatto, Kant *non* gli fece prestito, invitandolo invece a farsi anticipare dei soldi dallo stampatore a cui aveva inviato il manoscritto del suo primo testo filosofico (apertamente kantiano) cioè *Saggio di una critica di ogni rivelazione*, forse per estrema coerenza con l'idea che il concetto del denaro è in ultima analisi indipendente dalla sua reale esistenza[4].

Qualche anno dopo, ritornando sulla questione della prova ontologica, in una nota della sua *Scienza della logica*, Hegel riprende l'esempio kantiano, ma con un intento diverso, se non opposto. Per Hegel, il concetto dei cento talleri non è affatto puro, ma dialettico; il loro valore dipende da me che li valuto – altrimenti che altro sarebbero se non "dei semplici dischi di metallo", o un numero su un foglio di carta filigranata? Cento talleri, dunque, non sono un'astrazione intellettuale, indifferente, che sta nel puro pensiero, altrimenti non sarebbero ciò che sono; il loro statuto esistenziale è per così dire relazionale: "Io come possessore di cento talleri, o come *non possessore* di essi [...] sono senza dubbio un contenuto diverso" e non è indifferente se i cento talleri si trovano in relazione col mio stato patrimoniale o no[5].

Per inciso, ancora nel 1806 il buon Hegel, nominato professore straordinario a Jena senza stipendio, ricevette solo una volta (e per intervento di Goethe) un assegno per l'appunto di cento talleri[6]. Come l'episodio del credito negato a Fichte, anche questo fatto biografico aiuta a far capire la distanza fra i cento talleri "concettuali" di Kant, i cento talleri "desiderati" di Fichte, e i cento talleri "simbolici" ("reali-ideali") di Hegel. In altre parole, ciò che Hegel rimarca non è il fatto che l'esistenza si possa dedurre dal concetto – quanto piuttosto il fatto che un concetto (in quanto determinato) possa avere una sua forza anche nella sua *inesistenza*, dato che quest'ultima, come l'esistenza, ha un valore dialettico. Un soggetto, in quanto possessore o, invece, *non* possessore di cento talleri, cambia completamente: nel caso di un debito, i cento talleri che non esistono, ma di cui sono debitore con qualcuno, possiedono (purtroppo) il potere di cambiare il mio "contenuto soggettivo" (fanno di me un Giovanni "pieno di debiti"). Qui Hegel fa riferimento alla nozione di "immane potenza del negativo", esposta nella *Fenomenologia*, intesa come la "capacità" grazie a cui la negazione dell'essere, il non-essere, lungi dal costituire una semplice "mancanza", agisce come un vero e proprio polo relazionale (proprio come i poli elettrici, esempio a cui Hegel ricorre spesso), capace di "svuotare" il proprio opposto, il positivo. In un *Addenda* § 119, all'ultima edizione dell'*Enciclopedia delle scienze filosofiche* (1830) Hegel nota che il positivo è l'identità, ma in un senso più alto, in quanto relazionata a sé, mentre il negativo non è altro che la differenza, anzi "la differenza della differenza in sé". Ma tra i due opposti non vi è una differenza "autentica", ovvero, non vi è una differenza "contenutistica". Negativo e positivo sono anzi, in senso "assoluto", la stessa cosa; ecco perché si potrebbe chiamare positivo il negativo e viceversa: non perché siano uguali, ma perché non sono due specie di beni particolari sussistenti per-sé. Hegel conclude la nota con un'osservazione "economica": "La stessa cosa, che presso l'uno, in tanto che debitore, è un negativo, è presso l'altro, in quanto creditore, un positivo"[7]. Si potrebbe quindi dire che i famosi cento talleri hegeliani restano anch'essi sempre cento, sia per chi li chiede che per chi li esige, ma la loro "inesistenza", lungi dall'essere un mero effetto concettuale (kantiano), può sicuramente distruggere un uomo[8].

Si sarebbe quindi tentati di ipotizzare un'*inesistenza specifica* per quei talleri che non solo si desidera avere (come Fichte) o che si devono restituire (come in un debito), ma che si *pensa di possedere* (e che ci fanno agire come se fossero reali) pur non possedendoli affatto. *Questo* è il tipo di "realtà immaginaria" dei trenta milioni de *Il boom*: essi sono l'oggetto di una trattativa che è paradossale, perché nessuno è mai sicuro della loro "realtà" (in effetti sono in qualche modo "surreali").

Nel *Boom*, per procurarseli, Giovanni finisce coll'imbattersi nella "proposta indecente" della laida, attempata e melliflua moglie del grosso imprenditore a cui si è rivolto per risolvere la sua situazione. Giovanni va verso questo incontro con la convinzione di far qualsiasi cosa per ottenere il denaro che gli serve, anche a costo di "sacrificarsi" sessualmente concedendosi ad una vecchia piuttosto repellente. Per la verità, almeno inizialmente, l'incontro ha in effetti l'andamento di una seduzione perversa: qualcosa viene chiesto, ci sono riferimenti al fatto che il marito sia vecchio, forse impotente, come se si facesse la richiesta di sostituirlo nelle prestazioni sessuali, prima, e forse in quelle istituzionali dopo – e, insomma, come se si prospettasse la possibilità di prenderne il posto. Ben presto però la verità dei fatti si svela: come in un'inversione inconscia, ciò che viene chiesto non è il pene, ma l'occhio: infatti, il facoltoso marito è sì ricco, ma guercio: un problema che potrebbe essere risolto se Giovanni gli donasse un occhio in cambio di un lauto compenso che porrebbe fine a tutti i suoi problemi finanziari .

Ciò che si prospetta drammaticamente è perciò una doppia castrazione, da un lato simbolica, da un altro reale; Giovanni rischia di diventare impotente perché subirebbe una perdita di capacità visiva, ma anche una perdita di potere in quanto tale perdita di integrità si tramuterebbe indubbiamente anche una perdita di attrattiva sessuale. Egli rimane il *resto* inconcluso di tutta una serie di scambi, su cui si regge veramente il sistema sociale; la dimostrazione di ciò sta nel fatto che l'occhio sottratto a Giovanni deve andare a trapiantarsi nell'influente marito della signora, ma anche questo imprenditore, oggi tanto influente, prima è stato un uomo normale, poi è diventato un orbo; è qualcuno che ha dovuto, prima, pagare anche questo scotto della perdita per diventare il "pezzo grosso" che oggi è. La melliflua moglie in effetti lascia capire che anche la loro famiglia — oggi benestante e economicamente solida — ha attraversato un periodo "difficile": come dire, "ha dovuto cedere qualcosa prima, in cambio della solidità di oggi" (forse ha dovuto vendere proprio l'occhio?). Ecco quindi che questo passaggio d'organi tra facoltosi e indigenti (che anticipa il moderno traffico illegale d'organi umani tra paesi sviluppati e paesi poveri) si istituisce non come *l'eccezione*, ma come *la regola* dei mercati basati sullo scambio – ma proprio in quanto ciò che viene veramente scambiato non è tanto l'organo in positivo, quanto la sua negativa mancanza, la "menomazione".

Proprio l'operazione chirurgica che si prospetta davanti a Giovanni ha un decisivo effetto dialettico: il suo solo paventarsi distrugge il velo immaginario che offusca l'invisibile vuoto (economico e di senso), ma lo "distrugge" in un senso davvero hegeliano. Con un'autentica *Aufhebung*, ciò che vien tolto non è solo la vista "empirica", ma anche la rosea visione illusoria, il miraggio immaginario su cui, proprio nello stadio-video, il soggetto si costituisce. Qui il soggetto vede, stavolta distintamente, il suo vuoto dentro di sé, e il suo appello alla moglie ("ma mi ameresti ancora se mi succedesse qualcosa?") finisce riflessivamente per riverberarsi su di lui ("ma certo – e poi cosa ti dovrebbe succedere?"). Questo toglimento si riflette anche sulla coscienza dello spettatore del film: in una mirabile scena infatti, Giovanni poco prima di allontanarsi da casa per recarsi alla clinica dove verrà operato, si mette una mano sull'occhio già "ipotecato", come per provare come sarà la sua vista (la sua vita) dopo l'operazione. Grazie all'accorgimento di una ripresa in soggettiva, tutti gli spettatori non solo vedono ciò che vede lui, ma anche *ciò che non vede*: infatti, proprio mentre osserva paternamente il proprio bimbo mentre dorme, lo schermo cinematografico si oscura per metà. Per un istante, viene così tolto anche l'immaginario cinematografico, viene spezzata e divisa in due la finzione: si *continua* a vedere il film, l'azione cinematografica prosegue, *ma si vede anche il nero*, il buco del reale "a fianco" della finzione. Lo spettatore vede il negativo tanto quanto il positivo, vede non solo che la finzione è una finzione, ma anche che la realtà, sotto la finzione, non esiste, è soltanto un buco, un telone cinematografico grigio – e così sperimenta la paradossale, o meglio obversa, forza (dis)ontologica di ciò che non-è.

Questo stratagemma visivo, per quanto interno alla diegesi, permette di rendere ancor più stringente l'identificazione dello spettatore con il protagonista: lo spettatore è qui costretto a ritrovare in se stesso l'identica menomazione che spetta al protagonista. Tuttavia, questa menomazione, considerata ora da un punto di vista dialettico, appare come un accrescimento: infatti, possedere un occhio solo perché non se ne hanno mai avuti due, è uno stadio precedente a quello binoculare — per esempio, il forte ma unilaterale Ciclope vien facilmente truffato dal più debole ma dialettico Ulisse, che sa ingannare il nemico più stupido e meno consapevole, grazie alla propria "duplicità"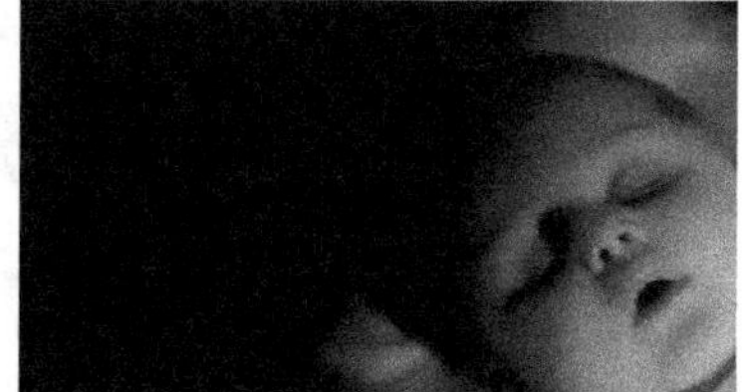

(duplicità di visione e duplicità intellettuale). Ma possedere un occhio solo, perché uno dei due è stato *tolto*, questo rappresenta un "tertium", qualcosa di più alto di chi, semplicemente, si limita a "vederci bene" perché si fida dei suoi due occhi. L'esser-orbo, deprivato di un occhio, quindi, non è solo un meno-di-vedere, ma è al contempo un più-di-vedere perché è la sintesi di vedere *e* non-vedere, è ciò che permette di "osservare" sia il "vedere" *che* il "non-vedere", cioè di cogliere il vedere e il non vedere *insieme*. Il monocolo diventa così il vero soggetto dialettico perché contemporaneamente vede *e* non vede, ossia continua a vedere, ma vede anche il *non*, vede la negazione, tiene in sé il negativo del vedere.

Da un punto di vista economico, ciò significa che i trenta milioni hanno perso il loro valore "simbolico"; sono denaro che non rappresenta più altre merci, ma oscilla tra lo statuto di velo immaginario (il tramite per cui la nostra vita potrà essere finalmente all'altezza dei nostri sogni) e "buco" (nel) Reale (l'osceno trapianto dell'occhio, il vuoto nello schermo). Questa oscillazione (pericolosa nella misura in cui non è più riconducibile alle vecchie regole dello scambio, sia pur capitalista) riguarda ormai l'economico come tale. Recentemente è divenuto noto il fatto che, come italiano, per il semplice fatto di essere cittadino di questa nazione, ho un debito di circa trentamila euro[9]. Non so come l'ho contratto, non so nemmeno verso chi sono in debito, nessuno mi ha chiesto finora di estinguerlo, però so che "esiste" – perlomeno, esiste al modo in cui esiste un debito (come negativo, menomazione, ecc.)[10]. In quanto debito, dunque, esso dovrebbe gravare proprio sulla mia persona, sulla mia identità. Se l'identità è fatta da un processo in cui è incluso anche ciò che io *non* sono, allora il debito è il "segno meno" che mi impedisce di fatto di relazionarmi pienamente a me stesso (e al tempo stesso mi relaziona esattamente al mio "negativo"). Tale debito funziona anche lui un po' come i trenta milioni de *Il Boom*: pur sapendo di avere questo debito, agisco come se il debito non ci fosse, come se fosse immaginario; ma esso resta virtuale solo fino a quando (di solito improvvisamente) non "ci si accorge" che è "reale". È allora che scoppiano le crisi, che i mercati, le banche o intere nazioni falliscono: quando l'immaginario si smaglia e l'inesistente pretende i suoi diritti.

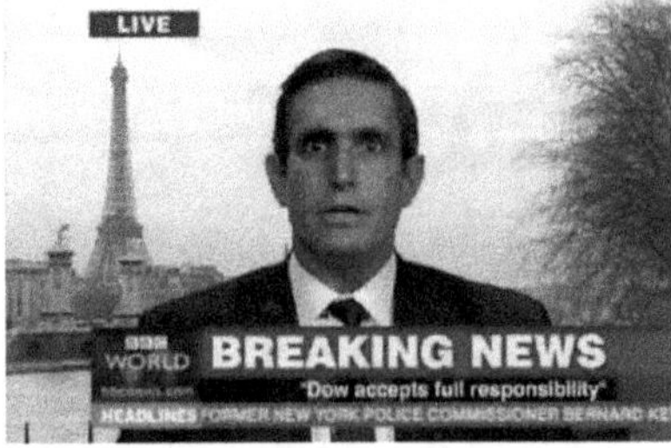

Si consideri la crisi dei mutui subprime del 2008, che dagli USA si è diffusa a macchia d'olio a tutto il pianeta. Come si è creata questa crisi, se non per il desiderio (peraltro legittimo) di migliaia e migliaia di risparmiatori di "essere se stessi", di avere una casa, un'auto, begli oggetti, ecc.?

Nella contrazione del debito era inscritta la sua (doppia) negatività – ossia, non solo come mancanza che pesa, che fa la differenza, ma come "mancanza della mancanza". Non era infatti un credito chiesto per bisogni primari, ma per bisogni (desideri) secondari – non solo un'abitazione, ma una bella casa tecnologica, non solo un mezzo di trasporto, ma un'auto all'ultima moda, ecc. – ossia oggetti di desiderio, oggetti in-sé disidentici da sé. Come è stato notato, i contrattori dei mutui subprime non sono del tutto innocenti, non sono solo gli "ingannati inconsapevoli" all'ultimo anello della filiera della crisi, ma sono coloro che (in certa misura) hanno "desiderato di più". In altre parole, hanno chiesto dei soldi, come Giovanni, per coprire il buco generato dal desiderio, un buco pertanto inestinguibile: il loro mutuo, ottenuto a tassi irragionevoli, era in qualche misura irragionevole in sé, credito non colmabile, vuoto non riempibile – da cui la doppia negazione: contrarre un debito (negazione) per riempire un buco non-colmabile (seconda negazione). E naturalmente hanno trovato dei finanziatori "virtuali" che sono stati ben contenti (in vista di lauti interessi) di concedere questi prestiti (pur sapendo che erano crediti già in-sé inesigibili)[11].

La parabola del Giovanni cinematografico di ieri, si è così rivelata il destino di milioni di persone reali, oggi. Ciò dimostra tra l'altro che la famosa Fiction Economy di cui si era favoleggiato in anni pre-crisi, non era solo la nuova economia dei beni simbolici (griffe, marche, hi-tech, ecc.), ma era davvero un'economia della finzione, dove la finzione sembrava quasi anticipare la "realtà irreale" dell'economia, in una relazione in cui sia debitori che creditori hanno iniziato ad agire come se il denaro fosse solo "immaginario". In questo rovesciamento, ogni discorso classico, razionale, su basi "empiriche" dell'economico, è messo fuori gioco: non perché l'economia tratti di cose immateriali (flussi smaterializzati di denaro, finanza creativa, ecc.), ma perché *è l'immateriale che tratta l'economia*. Quando però questo accade, è l'economia stessa che si smaterializza, e l'altra faccia del successo della Fiction Economy è inevitabilmente la "crisi" – che è un crollo dovuto *non* alla presa di coscienza della "realtà", *ma* una "crisi di irrealtà", quando cioè ci si accorge che "non esiste niente"[12].

Occorre quindi qui tornare alla critica sollevata da Hegel ai cento talleri "concettuali" di Kant:

> *... è vero, come dice Kant, che avere un concetto di 100 talleri non è la stessa cosa che averli in tasca; ma si immagini un processo di rapida inflazione che svaluti totalmente i talleri: sì, essi continuano a essere nella mia tasca, ma non sono più denaro, sono privi di significato, monete senza valore. In altre parole, il denaro è precisamente un oggetto il cui status dipende da ciò che "pensiamo" di esso: se le*

persone non trattano più questo pezzo di metallo come denaro, se non "credono"
più in esso come denaro, esso non è più denaro[13].

Questo ragionamento di Žižek riporta alla crisi del 2008:

La lezione di questi paradossi è la strana sovrapposizione di cinismo e fede. Se il
capitalismo è risolutamente "materialista"... questa saggezza cinica deve basarsi
su una vasta rete di fede: tutto il sistema capitalistico funziona solo nella misura
in cui si sta al gioco e si "crede" nel denaro. [...] È in questo intreccio di cinismo
brutale e fede credulona che risiede il paradosso oggettivo del capitalismo[14].

Per questo il capitalismo è periodicamente scosso da crisi sempre più violente: da
un lato non può fare a meno della fede "immaginaria" (la fede dei contrattori di mutui,
ad esempio, ma evidentemente anche degli esperti banchieri che trattano subprime
o pericolosi derivati), dall'altro esso conserva la consapevolezza della "mancanza di
sostanza" di questo immaginario (da cui il sussulto cinico-materialista, la ricerca di
un ubi consistam economico).

Una riprova dell'oggettiva contraddizione del capitalismo contemporaneo (che del
resto non può più nemmeno a rigore essere definito "capitalista", cfr. supra, pte II, § 3)
è costituita certamente dall'opera del gruppo di provocazione Yes Men, che sono soliti
intervenire con azioni di disturbo all'interno dell'universo mediale. Un esponente degli
Yes Men, Andy Bichlbaum, apparve alla BBC World il 3 dicembre 2004, spacciandosi
per portavoce della multinazionale Dow Chemicals. La Dow è proprietaria della Union
Carbide, azienda responsabile nel disastro di Bohpal, avvenuto in India nel 1984,
costato la vita a 18.000 persone e causa di oltre 120 mila feriti. In modo del tutto
sorprendente, Bichlbaum (sotto falso nome) chiese scusa per il disastro provocato, e
promise che la Dow avrebbe dismesso la Union Carbide, avrebbe impiegato il ricavato
per bonificare l'area e si sarebbe presa cura dei malati. Nelle poche ore che seguirono
questo annuncio, prima che fosse ufficialmente smentito dalla Dow, la compagnia
accusò una perdita azionaria fino a due miliardi di dollari[15].

La morale della storia è duplice: da un lato testimonia l'agghiacciante cinismo
del mercato, che di fronte alla semplice possibilità che una grande azienda spenda
dei soldi per riparare ai propri errori, non esita a punirla economicamente,
svalutandone le azioni. D'altra parte, vi è un fatto molto più importante – cioè che
una semplice dichiarazione mediale (in questo caso tra l'altro falsa, cioè due volte
negata) ha influito direttamente sul valore in termini economici. Avendo "fatto
dire" alla Dow Chemicals quello che la stessa Dow avrebbe dovuto dichiarare già da
tempo (l'accettazione delle responsabilità, il proprio pentimento per l'accaduto, e la
promessa di riparare all'enorme danno perlomeno con una donazione in denaro), gli
Yes Men hanno dimostrato che esiste una "economia (finzionale) della verità" che è

più vera della (presunta) "verità dell'economia" a cui si appellano tanti economisti e uomini di governo, fiduciosamente ignari dello statuto obverso della loro "realtà". Non diversamente da De Sica negli anni Sessanta (ma con in più la consapevolezza di muoversi in un'epoca dominata dallo stadio-video), gli Yes Men all'inizio del XXI secolo hanno saputo far intravedere il doppiofondo negativo che sta alla base tanto del profitto che del debito, lasciando aperta la porta alla piena accettazione dell'inesistenza dell'"economico" come tale.

5. La guerra obversa   Mezzi militari e battaglie mediali

> *Per capire la natura della presente guerra...*
> *ci si deve rendere conto che in primo luogo è impossibile che essa sia decisiva.*
> Orwell, *1984*

Nell'ottobre 1945, in un celebre articolo su *Les Temps modernes*, Sartre esordiva dicendo che Dio è morto, ma è "morta anche la guerra", lasciando l'uomo solo, in uno stato di perenne "angoscia"[1]. Nonostante il tono pessimista della riflessione, Sartre aveva colto nel segno: la seconda guerra mondiale è stato di fatto l'ultimo conflitto armato per il quale il termine "guerra" è ancora adeguato. In seguito, la risoluzione violenta di controversie tra nazioni o gruppi etnici non ha certo cessato di esistere, ma il termine *guerra* non è apparso più appropriato a descrivere questo genere di conflitti. È stato notato da più parti che le attuali guerre sono più spesso denominate "operazioni di polizia", sia pure internazionale, o anche sono definite "guerre umanitarie", oppure ancor più significativamente "missioni di pace". La profezia di Orwell secondo cui, nel futuro, quello che si sarebbe occupato della Guerra sarebbe stato il Ministero della Pace si è scrupolosamente avverata, con la perfetta realizzazione del bispensiero e la sua intrinseca ambivalenza.

Si tratta solo di un cambiamento terminologico, oppure si tratta di un cambiamento della sostanza stessa della cosa? È solo cambiato il modo con cui chiamiamo la guerra, nel tipico stile eufemistico della contemporaneità (per cui i ciechi sono divenuti non-vedenti, gli spazzini operatori ecologici, ecc.), oppure è cambiata davvero la guerra nella sua natura di scontro armato? Se dobbiamo prestar fede all'ipotesi dell'obversione, potremmo rispondere che la parola, se osservata bene, contiene in sé quella negazione intrinseca che la cosa per conto suo già si è incaricata di assumere. I dubbi sul fatto che una guerra possa essere umanitaria, sono ribaditi dai reiterati scandali che hanno punteggiato le azioni internazionali "di pace" (caschi blu ONU o soldati in missione di pace coinvolti in vessazioni contro la popolazione civile, ecc.). D'altra parte, sarebbe ingenuo limitarsi a considerare queste nuove definizioni come un semplice maquillage linguistico, dato che le forme di conflitto che hanno caratterizzato l'ordine internazionale dopo il 1945 hanno evidenziato caratteri nuovi rispetto agli scontri armati del passato[2]. Non è sufficiente limitarsi a "smascherare" queste definizioni come dettate dalla diplomazia internazionale, dicendo che invece le guerre continuano a esistere: il fatto ben più problematico con cui abbiamo a che fare è che, come ben sottolineava già Sartre, "la guerra è morta". Ma il destino delle forme culturali, e in definitiva delle forme di rapporto umano – di cui la guerra rappresenta una delle più gravi espressioni aggressive – è oggi quello di risorgere dalla loro stessa morte.

La guerra è morta, ma questo non significa affatto che al suo posto sia nata la pace; la pace stessa, il suo concetto e la sua realtà, è morta anch'essa. Al posto dei due opposti, che prima si limitavano a contraddirsi vicendevolmente, abbiamo una situazione per cui ciascun opposto si oppone, in sé, a se stesso: e il linguaggio esprime già perfettamente questa contraddizione, definendo le attuali situazioni di "pace" come "tregua", e la guerra come "rottura della tregua". In termini logici, la pace è definita come "non-guerra", la guerra come "non-pace", meglio ancora: la guerra è definita come "la fine della tregua", ossia è una "non non-guerra", e la pace è definita come la "cessazione delle ostilità", ossia una "non non-pace". Ma come abbiamo visto, l'impiego della doppia negazione (kantianamente, del giudizio infinito), segnala una frattura nell'identità intrinseca dell'oggetto considerato. In altre parole, anche la guerra (e così la pace) è divenuta dis-identica da se stessa (come le armi che l'artista Antonio Riello "traveste" in abiti glamour).

Se questo è vero, ciò significa che in qualche modo anche la guerra ha conosciuto il suo momento di obversione, che non può essere alieno da uno stadio video entro il quale essa deve essersi calata. Anche la guerra dunque deve aver attraversato il proprio *Video Corridor*, al termine del quale, pur restando

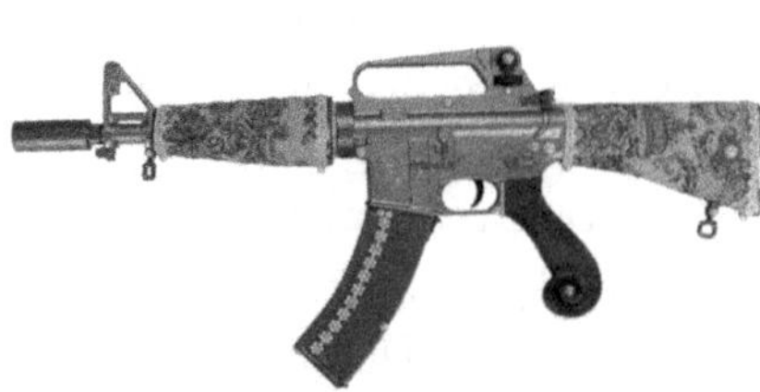

in tutto e per tutto se stessa, è divenuta irriconoscibile a se stessa e di fronte alla coscienza di chi la vive e persino di chi la combatte – al punto (ed è il punto del "secondo monitor") che la sua essenza sconfina nella sua angosciante "assenza".

Certo, non è che le guerre siano cambiate senza scosse da scontri combattuti sul campo a tentativi di "esportare la democrazia". Vale la pena riflettere in proposito sul rapporto tra guerra e mass media. È opinione comune fra gli storici e fra gli studiosi di mass media che guerra del Vietnam fu persa dagli USA anche per il ruolo che ebbe la televisione americana, che mandava in onda le fasi del conflitto ogni sera, con immagini girate sul fronte, rendendo partecipi i cittadini americani dello sforzo bellico direttamente nelle loro case[3]. Quello che doveva fungere da coinvolgimento patriottico si rivelò invece un vero e proprio boomerang comunicativo. Evidentemente immemori del famoso programma radiofonico di Orson Welles *La guerra dei mondi* (1938), in cui la fiction (immaginaria) di una guerra aliena mandata in onda per radio provocò una catastrofe *reale*, gli alti comandi americani non si resero conto che la comunicazione audiovisiva, per quanto controllata, è sempre esposta al rischio di un ribaltamento comunicativo, secondo la teoria di Lacan che abbiamo già avuto modo di menzionare[4]. Infatti, anche in questo caso, l'imprevisto coinvolgimento del telespettatore comune si rivelò fatale: le violenze belliche commesse dai militari americani in Vietnam divennero non solo pubbliche, ma furono vissute in diretta, quasi in prima persona. L'effetto fu il rovesciamento di un rovesciamento: anziché fornire "l'immagine di una guerra giusta" contro il "pericolo rosso" (immagine ideologica), la comunicazione mediale restituì "l'immagine giusta di una guerra", ossia la sua immagine "vera". Il conflitto, da scontro periferico tipico del periodo di Guerra Fredda fra superpotenze, si trasfigurò così mediaticamente a simbolo quasi universale dell'arroganza di una nazione aggressiva e imperialista contro le ragioni di un popolo più piccolo e più debole. Agli americani accadde la stessa cosa che succede al visitatore di *Video Corridor* (un'opera prealtro realizzata proprio negli anni dell'escalation militare USA) – essi percepirono la loro propria immagine di cittadini degli Stati Uniti impegnati nel conflitto come disidentica, non congruente con quella che si erano formati nei secoli del loro sviluppo come nazione – si sentirono come visti e giudicati da fuori, e a rovescio, non come popolo libertario e democratico, ma come superpotenza violenta e prevaricatrice. Di conseguenza, il conflitto si estese all'interno dei confini della nazione che lo aveva scatenato, cioè gli Stati Uniti stessi – suscitando un enorme movimento d'opinione, manifestazioni pacifiste, contestazioni dell'autorità militare e della stessa linea politica presidenziale – contestazioni che rivelarono (per la prima volta, dopo la Guerra di Secessione) l'antagonismo di fondo che risiedeva nel popolo americano. Ma al fondo di quell'antagonismo, risiede quello ancora più grande che la tv ha imposto all'evento (molto prima dell'11 settembre 2001) – disidentificandolo da se stesso. In Vietnam gli USA persero la guerra, ma si potrebbe anche aggiungere che la guerra aveva già perso se stessa: l'evento stesso della guerra, dopo il Vietnam, non ebbe più il medesimo senso di prima. Il concetto stesso di "guerra" ne uscì del tutto mutato, trasformato internamente in un modo che nemmeno le guerre mondiali e la Guerra Fredda avevano potuto fare in precedenza. Da dopo il Vietnam *guerra* significa qualcos'altro da se stessa – significa il combattimento, la violenza, la morte– *e simultaneamente* la visione mediale del combattimento, della violenza, e della morte, cioè lo "spettacolo" di questi fatti in sé spettacolari[5]. Dopo il Vietnam anche la guerra è entrata nello stadio video – è guerra e insieme non lo è: è contemporaneamente più-che-se-stessa (nessun soldato, e nemmeno un generale ha mai potuto avere una visione così dettagliata dei singoli combattimenti) e meno-che-se-stessa (il fatto di essere anche uno spettacolo mediale ha tolto sostanza, "autenticità" al fenomeno della guerra come tale).

Così, per quanto appaia corretto all'interno del quadro dei *media studies*, non è affatto sufficiente affermare che la guerra combattuta in un paese lontano, e praticamente sconosciuto al resto del mondo e all'America stessa, diventò un fenomeno vicinissimo, combattuto sullo schermo di casa. Secondo questa lettura infatti, il contesto mediale sembra aggiungersi in forma epifenomenica al fenomeno guerra, mutandone la percezione sociale, ma lasciandone intatte le coordinate di fondo, ossia le caratteristiche ontologiche. Viceversa, occorre ribadire che il fatto stesso della mediatizzazione implica un mutamento identitario: gli stessi soldati americani impegnati sul campo erano ben consapevoli di stare combattendo una guerra "sotto gli occhi dell'Occidente", una guerra che era anche una guerra vista con gli occhi dell'Altro mediale. Questo non ha certo impedito loro di commettere violenze inaudite e atrocità anche nei confronti della popolazione civile – piuttosto, ha tolto ad essi il senso della realtà, e dunque della "misura" che, forse, avrebbe davvero prevenuto il verificarsi di simili episodi. Sono numerose del resto le testimonianze dei soldati coinvolti nel conflitto che confermano la perdita di senso della realtà, fino a considerare la distruzione e la morte dei compagni e dei nemici quasi come allucinatoria, troppo atroce per essere vera, come se fosse una violenza fittizia o cinematografica (taluni parlano addirittura di "cartone animato")[6]. Queste testimonianze, che per altro provengono da quelli che allora erano giovani americani nati intorno agli anni Quaranta e cresciuti quindi insieme alle prime trasmissioni televisive statunitensi, provano *a fortiori* che la frattura insita nell'evento ontologico della guerra affetta *insieme* il livello esperienziale con cui viene vissuta e il livello gnoseologico e con cui essa viene designata/rappresentata. D'altra parte, in una prospettiva di obversione generalizzata, è evidente che il livello gnoseologico non è un "riflesso" di quello ontologico soggiacente, ma a sua volta si riflette su quello – facendo della guerra un evento dove mediazione simbolica e realtà effettiva si scambiano costantemente le parti. Forse non è per caso che, a guerra persa e finita, gli americani abbiano avuto il bisogno di rielaborare il lutto sotto forma finzionale, dando vita a un intero sottogenere cinematografico, cioè i *Viet-movies*.

La lezione del Vietnam comunque, non poteva passare stavolta inosservata. Se – in termini semplificati così suonava il ragionamento americano – la tv ci ha fatto perdere questa guerra, nella prossima occorrerà, per vincere, evitare il coinvolgimento della tv sul teatro di battaglia, ovvero, siccome non sarà comunque possibile omettere del tutto le notizie sul conflitto, sarà fondamentale gestirne la produzione e la distribuzione. In una parola, invece della vecchia propaganda (uso di immagini false o distorte durante il conflitto per influenzare l'opinione pubblica), si tratterà di incorporare i media dentro il conflitto, come parte di esso.

Effettivamente, nella prima Guerra del Golfo, l'amministrazione di Bush senior ritenne di porre rimedio alla situazione impedendo la trasmissione incontrollata di immagini dal fronte e limitando al massimo le dirette tv – inaugurando l'era delle conferenze stampa militari nelle retrovie (così simili agli incontri con gli allenatori nel dopo-partita). Tuttavia, non si trattava in realtà di un passo indietro nel campo mediale, ma piuttosto di un balzo in avanti: memorabile fu la conferenza stampa del generale Schwarzkopf che mostrava le riprese eseguite dalla testata di un missile che si schianta sull'obiettivo: prima lo inquadra, poi vi si avvicina con una incredibile soggettiva e una volta raggiunto lo distrugge, ma, nel farlo, distrugge anche la visione di questa distruzione. La distruzione resta al tempo stesso inesprimibile, traumatica, intraducibile in linguaggio visivo, non mediabile, eppure nemmeno "immediata" dato che è il frutto, la conseguenza anzi, della sua stessa "mediazione".

È dunque stato vano questo tentativo di censura? In parte no, perché di fatto ci sono state poche immagini della guerra del Golfo, che così è rimasta una guerra per certi aspetti immaginaria, e immaginata[7]. D'altro canto, in parte sì, poiché le immagini di quella guerra sono comunque arrivate (ad esempio le soggettive dei missili), e più sconvolgenti che mai, assai più terribili delle "normali e umane" riprese a terra da parte dei giornalisti e video operatori che seguivano il conflitto su scala comprensibile, mentre le riprese satellitari o dalle testate ne trasformano la percezione in qualcosa di cosmico, e "fuori scala".

Ma nella guerra in Iraq è successo qualcosa di ancor più paradossale, che ha tutto il sapore di una beffarda rivincita dei mezzi di comunicazione obversa di cui ci serviamo ogni giorno. Anche Bush jr. avrebbe voluto limitare la copertura mediatica di una guerra simbolicamente tanto scomoda essendo combattuta contro un personaggio molto noto negli USA come l'ex-alleato Saddam Hussein. Tuttavia, la stessa tecnologia delle microcamere e la trasmissione satellitare che circa dieci anni prima aveva reso possibile quelle immagini di sconvolgente forza – qui diventa una tecnologia disponibile a tutti. Dal momento che in Iraq le tecnologie di ricerca video erano divenute assolutamente strategiche, l'impossibilità di una qualche censura emerse in tutta la sua strepitosa forza. Non solo i terroristi nemici degli USA hanno ampiamente usato dei mezzi video per costruire comunicazione e impatto mediale – indimenticabili i sermoni di Bin Laden trasmessi in internet e ripresi dalle tv mondiali – ma soprattutto non sono serviti più i combat film, gli operatori più o meno *embedded* nelle file delle truppe amiche: sono bastati i gadget tecnologici alla portata di tutti per trasformare i soldati stessi nei migliori operatori senza filtri impegnati su un fronte tanto difficile.

A quel punto l'"inconscio ottico" ha fatto il suo dovere: le torture inflitte ai prigionieri nel carcere di Abu Ghraib nel 2003, forse una delle vergogne moderne più imbarazzanti per una democrazia, e che in altri tempi avrebbe impiegato decenni per essere scoperta e palesata al mondo, sono divenute immediatamente pubbliche e documentate con tanto di foto e videoriprese, effettuate non da giornalisti spericolati ma, molto più semplicemente, da coloro i quali vi hanno partecipato e se ne sono resi responsabili. La lezione di Abu Ghraib, il famigerato carcere irakeno in cui terroristi o semplici sospettati venivano torturati da soldati regolari dell'esercito Usa – come la proverbiale soldatessa americana Lynn England – è importante. Non solo ci dice che la verità viene sempre a galla – ma qualcosa di più profondo: che la verità è l'altra faccia della costruzione mediale, sia che si tratti di un camuffamento dei fatti, come nella vecchia propaganda totalitaria, sia che si tratti dello smascheramento della realtà soggiacente a questa propaganda. Anche lo smascheramento della situazione totalmente anti-umana di Abu Ghraib, è avvenuto (ha dovuto avvenire) tramite strumenti di mediazione video[8].

Ovvero: non si è trattato di una denuncia ottenuta tramite elaborate ricerche giornalistiche – ma di un destino inevitabile, potenzialmente contenuto nelle tecnologie stesse con cui i soldati americani contemporanei hanno affrontato la verità della guerra: quelle tecnologie, così adeguate al nostro tempo, hanno reso obsoleta qualunque nozione di censura dall'alto, rendendo i protagonisti della battaglia (i soldati) anche autori delle storie mediali che li riguardavano. I soldati americani impegnati sul campo si sono trasformati in altrettanti operatori impassibili come il pirandelliano Serafino Gubbio. Questo ha creato una sorta di cortocircuito folle e retroattivamente catastrofico tra le immagini della guerra e la guerra delle immagini. Così è accaduto che, se gli USA hanno vinto la guerra sul campo, hanno certo perso la guerra mediale – e questa sconfitta ha in definitiva *obvertito* la vittoria sul campo, trasformando l'esito della guerra in Iraq in un fatto del tutto incerto e in ultima analisi indecidibile – secondo la profezia orwelliana[9].

6. *Into the Loop*   Estetica, metafisica e logica della video-obversione

Indubbiamente, le dimensioni categoriali dello spazio e del tempo fanno parte di quei temi ampèiamente esplorati dagli esponenti delle neoavanguardie fin dagli anni '70 del '900: basti pensare a opere molto citate in questo ambito come *Present Continuous Past* di Dan Graham (1974), *Wipe Cycle*, di Frank Gillette e Ira Schneider (1969), *Three Transitions* di Peter Campus (1973), o il già molte volte citato *Video Corridor* di Bruce Nauman (1970). In questi lavori sono rinvenibili elementi che ricorrenti: l'impiego di più monitor o schermi, la loro dislocazione spaziale, che implica partecipazione dello spettatore, lo sfasamento tra suono e immagine, il *delay* temporale tra le medesime immagini trasmesse, o tra la ripresa e la loro proiezione, la presenza/assenza del corpo fisico dell'artista, a volte unico protagonista delle riprese (video o filmiche) ma assente fisicamente, a volte presente fisicamente ma assente dalle immagini, altre volte ancora assente ma presente con la voce, e via dicendo.

Tuttavia, c'è almeno un fenomeno la cui scoperta e realizzazione appartiene unicamente al videoartista e musicista italiano Michele Sambin , e che ne distingue il lavoro da quello di tutti questi, sia pur grandi maestri – e questo fenomeno è il *loop*. Come è noto *loop* significa in inglese anello, ma la sua fortuna è dovuta all'uso che se ne fa in elettrotecnica, dove significa circuito chiuso, o meglio in informatica, dove indica uno schema ripetitivo, ad anello, impartito al calcolatore fino a che non raggiunge un risultato predeterminato. Tuttavia, in questa ripetitività può celarsi anche una riproduzione ad "anello" virtualmente infinita, che rischia di trasformare la ripetizione in un vero e proprio "cappio", un inesorabile corda che porta la reiterazione a una asfissia mortale. La struttura del loop è pertanto tipica della videoarte minimalista (l'opera video *Wipe Cycle* si basava essenzialmente su un ciclo infinito di questo genere), ma il *loop* come lo definisce e lo realizza Sambin per la prima volta (in video-operazioni come *VTR&I* e *Il tempo consuma*, 1978) è certamente qualcosa di inaugurale e di unico, ossia, come dice lui stesso, "una scoperta".

In cosa consista questa scoperta, tecnicamente, ce lo spiega l'artista stesso nel bel video quasi "didattico" *VTR&I Spiegazione*, sempre dello stesso anno, il 1978. In sostanza, l'idea è quella di "giuntare testa e coda di un segmento di nastro per ottenere un anello, un loop". "L'inizio del nastro passa per le testine di registrazione del primo registratore ma non va, come abitualmente, a riavvolgersi nella seconda bobina vuota (eliminazione del riavvolgimento) esce libero e viene teso nello spazio per 5 metri circa fino raggiungere il secondo Portapack"; solo che il primo videoregistratore, tramite una videocamera, registra effettivamente la scena (l'artista che parla e si muove), mentre il secondo, in continuo, riproduce quello che l'altro ha registrato; rimanda il segnale su un monitor, il quale a sua volta viene ri-ripreso dalla videocamera collegata al primo videoregistratore. E così via, all'infinito.

É molto interessante il fatto che l'artista dichiari che ciò che l'ha portato alla scoperta di questo "abuso" tecnico della ripresa video fu l'impossibilità di "suonare con se stesso" (cioè con le proprie immagini), senza dover "riavvolgere il nastro per poterlo fare". Ma questo problema tecnico ne nasconde uno estetico, e persino ontologico, cioè il "modo per ridurre a zero l'intervallo tra registrazione e possibilità di rivedere il registrato",[1] ossia lo *scarto* tra immagine e sua riproduzione. Ridurre a zero l'intervallo fra ciò che viene ripreso e la sua trasmissione è in effetti un'ottima idea, perché appunto permetterebbe a un musicista di "suonare accompagnando se medesimo". Purtroppo, questo tentativo genera un effetto di amplificazione illimitata che ha qualcosa di inarrestabile e folle insieme – ed è appunto in questo specifico senso che si può parlare di "loop".

Occorre dunque distinguere attentamente il *loop* di Sambin da tutte le altre possibili varie versioni di questo dispositivo. Per prima cosa, la versione del *loop* come univoca "ripetizione" all'infinito era uno stratagemma nato col cinema: anche il teatro ha le sue repliche, che sono però una diversa dall'altra; ma è solo con la ripresa cinematografica che una determinata sequenza può essere ripetuta per una serie infinita di volte sempre uguale a se stessa (si pensi all'*effetto lavandaia* in *Ballet Mécanique*)[2]. Ma a questo genere di ripetizione in effetti ci siamo abituati solo di recente, grazie ai videoregistratori dotati della modalità "repeat" e, oggi, ovviamente, con la possibilità di ri-vedere online qualunque video per qualunque numero di volte desideriamo. Ora, anche se la parola in origine significa alla lettera "anello", è evidente che nel caso di Sambin nessuna ripresa "torna" a ripresentarsi esattamente così come l'abbiamo vista. Non si tratta però nemmeno di un semplice "effetto Larsen", ossia di quella "mise-en-abîme" che ha luogo in un monitor quando la telecamera punta contro un'altra che la riprende – effetto del resto molto in voga nella televisione anche commerciale degli anni Settanta – dato che qui l'immagine di partenza (in ripresa) e quella di ritorno (trasmessa) semplicemente si echeggiano all'infinito l'una con l'altra, senza sovrapporsi veramente e limitandosi a generare una sorta di alone elettronico attorno al soggetto.

Infine, occorre distinguere il *loop* di Sambin anche da ogni forma di "ripetizione differente" di cui pure si è fatto largo uso nella video arte fin dai suoi esordi. In

Present Continuous Past di Dan Graham, ad esempio, lo spettatore percepisce un *delay* temporale fra il proprio gesto e la restituzione, sul monitor, della ripresa del gesto; ma se rimane fermo la ripetizione cessa di essere visibile, e così pure la differenza tra azione fisica e sua replica mediale. In casi più recenti, come nell'installazione video *Blue Line (Holbein)* (1988), John Baldessari inserisce una telecamera nascosta che ruba le immagini del pubblico e le riproduce all'interno di uno spazio adiacente, generando sorpresa e sconcerto – ma i due momenti, la ripresa e la visione di se stessi ripresi, sono temporalmente successivi.[3] Nei casi più sofisticati come il video *Bordeaux Piece*, di David Claerbout (2004), si potrebbe parlare di *fake-loop*, dato che sulle prime crediamo di vedere il brano di una pièce o una sequenza che si ripete sempre uguale, mentre solo dopo diversi minuti, e con molta attenzione, arriviamo a capire che si tratta dello stesso "pezzo" performato ripetutamente dagli stessi attori in tempi diversi nell'arco di una giornata; ma, anche se abbiamo qui una ripetizione differente, manca la sovrapposizione intrinseca nel dispositivo video che avviene nel *loop* de *Il tempo consuma*. In quest'ultima opera, infatti, accade che ciò che viene ripreso una prima volta, venga riprodotto e, senza soluzione di continuità, venga di nuovo ripreso e poi di nuovo riprodotto, sovrapponendosi a se stesso e moltiplicandosi infinite volte.

Il senso di entusiasmo che pervase l'autore alla vigilia di questa autentica scoperta è quindi del tutto legittimo[4] – ma ciò che occorre approfondire meglio è il modo preciso con cui essa venne realizzata. Se stiamo al resoconto di Sambin stesso, tutto nasce da un "pezzetto di nastro adesivo argentato ... predisposto dalla Sony per effettuare una giunta in caso di rottura" e che invece l'artista decide di usare per "giuntare testa e coda di un nastro", cioè di impiegare *riflessivamente*.

Credo non sia esagerato paragonare questo tipo di procedimento "tecnico" alla minima procedura dialettica, che consiste, in ultima istanza, nell'applicare un certo procedimento speculativo *non* a un elemento *estraneo* al ragionamento, *ma*, *riflessivamente*, a se stesso.

Uno degli esempi più limpidi in tal senso è quello adottato da Hegel nella sua *Scienza della Logica* (un impervio testo il cui scoraggiante titolo non rende assolutamente ragione dello spettacolare contenuto) nei fatali paragrafi dedicati 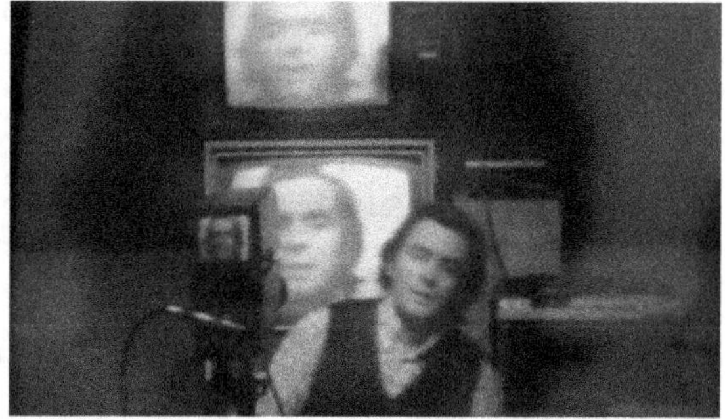

all'identità (uno dei temi più antichi della logica). Ciò che fa Hegel è semplicemente applicare il problema dell'identità non a due sostanze estrinseche, come nella stringa "A = A", ma al segno di uguaglianza che le separa: " = ". Che accade se al posto di A, mettiamo il concetto stesso di identità? Accade che abbiamo "identità = identità". Questa stessa "identità al quadrato" però ha un effetto sconcertante: appena poniamo l'identità dell'identità stessa con sé medesima, implichiamo che essa è, sì, identica con sé, ma, inevitabilmente... diversa da qualunque altra cosa, anzi, diversa esattamente dal suo opposto, la differenza. Per dirla con Hegel: "quando invece dell'A e di ogni altro substrato si prenda l'identità stessa – *l'identità è l'identità* [...] nell'espressione dell'identità si presenta anche immediatamente la diversità; - o più precisamente ... essa mostra che questa identità è il nulla, che essa è la negatività, l'assoluta differenza da se stessa".[5] Per Hegel dunque la sola identità valida è "l'identità dell'identità *sia* con se stessa, *che anche con la differenza*". L'identità non è solo un fatto simboleggiato dal segno =, ma è una dinamica processuale di identificazione. In termini videoartistici, l'identità non è un'immagine, un fotogramma "fermato" o un *freeze frame*, ma è un film o un video, considerato nel suo intero svolgimento – solo che questo svolgimento si annoda e si riavvolge su se stesso. Questo processo *deve* passare attraverso la differenza, affinché quest'ultima entri a far parte dell'identità. "L'unità di identità e differenza" è dunque la *vera* identità – ma è anche un qualcosa di intimamente sbilanciato, diseguale-in-sé, come un nastro di Möbius, dove la stessa superficie, torcendosi, fa trapassare il lato esterno in quello interno e viceversa. In altre parole, il segno di identità, "=", che i logici avevano inserito nella stringa "A = A" solo come connettore tra due sostanze uguali, *è* il famoso "pezzetto di nastro argentato" che Hegel usa riflessivamente per "giuntare" l'identità con se stessa, generando però un *loop* logico, *implicando* cioè la differenza, come il nastro magnetico che, una volta "giuntato", prima riprende e, di seguito, riproietta, e così all'infinito.

Il risultato filosofico non è diverso da quello visivo che osserviamo in *Il tempo consuma*, cioè la straniante sovrapposizione ricorsiva di identità *e* differenza – dato che nella logica hegeliana, proprio come nel video di Sambin, ci troviamo davanti a un processo che alla lunga echeggia se stesso e si amplifica fino ad auto-distanziarsi, stratificandosi mostruosamente e rischiando di disintegrarsi.

Ora, ciò a cui occorre porre mente, però, è che questo risultato non è affatto "perverso" o catastrofico: anzi, ci illustra esattamente di quale "pasta ontologica" sono fatti gli oggetti (e i soggetti) nell'epoca della loro riproducibilità mediale.

Infatti, dovremmo percorrere la dinamica del *loop*, per una volta, *a ritroso*. Proviamo a partire dal risultato, dall'apparente caos che governa cose e uomini in questo loro disperato tentativo di definirsi, sovrapponendo a sé le immagini di se stessi – e pensiamo ai sistemi di identificazione, da una foto segnaletica, a un documento di identità, fino ai sistemi (video!) di riconoscimento facciale: la realtà che abbiamo di fronte non è quella di un uomo *e* della sua immagine, ma un processo ricorsivo/riflessivo che implica l'uomo *insieme alla* la sua immagine, esattamente come nella parte finale del video di Sambin; dove infatti l'immagine (e anche la voce) dell'artista afferma/nega l'identità, la sostanzialità anzi, della persona ripresa – e quest'ultima genera/disintegra l'immagine di quella, in una confusione cacofonica e cacoiconica che dà un malessere vertiginoso e senza scampo. Ma se torniamo indietro, valutando perché e da dove si è generato questo "caos mentale" ne troviamo la limpida prova nella "giunta", cioè nel gesto di minima auto-relazione riflessiva da cui è partito tutto. Ed è esattamente lì, che occorre tornare, perché è esattamente lì che giace la nostra identità disisdentica, che così cessa di essere incomprensibile e estenuante e prende le forme lucide e trasparenti du una contraddizione maneggiabile, semplice e cristallina – "piccolo pezzetto di nastro argentato".

Il valore concettuale del *loop* scoperto da Sambin è perciò da considerare con la massima attenzione – perché appare come un aggiornamento della dialettica filosofica all'epoca di quello che già Jean Baudrillard aveva battezzato lo "stadio video".

Infatti, non è un caso che un'anticipazione di questo *loop* visuale-ontologico si ritrovi in una inspiegabile allegoria che sempre Hegel ci consegna in una pagina della *Fenomenologia dello spirito*, là dove parlando dell'individuo, lo definisce come "una doppia galleria di immagini delle quali l'una è il riflesso dell'altra". Come mai la galleria di immagini, che è già, nella sua dinamica, un'anticipazione dei fotogrammi di un video, è addirittura "doppia", se non per indicare la struttura intimamente duplice dell'identificazione disidentificante che è al centro della strategia dialettica? Questa strategia, del resto, osserva Hegel, non corre semplicemente parallela, come in una "galleria di specchi", anzi: la doppia galleria si inanella una dentro l'altra al punto che il soggetto è precisamente "il *circolo* della propria attività". Il testo tedesco di Hegel lascia pochi dubbi in proprosito "der Kreis ihre Tuns",[6] infatti potrebbe essere tradotto solamente con "il *loop* delle sue azioni". Il *loop* delle azioni ripetitive che l'artista produce davanti e nel video, ne definiscono la singolare soggettività, certo, ma insieme, danno corpo visivo e sonoro a una delle più caratteristiche e universali intuizioni della dialettica classica.

Sono il padrone del mio destino, il capitano della mia anima.
W. Henley *(ultime parole di Timothy McVeigh prima della condanna a morte)*

Il senso di quest'ultima sezione, e soprattutto il suo titolo – "acceptance", cioè "accettazione" – possono risultare a tutta prima incomprensibili, se non proprio indigesti. Considerato lo statuto obverso della società in cui viviamo, anzi, ribellarsi all'obversione stessa, agire, impegnarsi, fare qualcosa, sembra invece l'imperativo primario.

Occorre qui inserire un supplemento alla dialettica fra singolare e universale, di origine sartriana, di cui ci siamo già occupati (*supra*, pte 1, § 8). Il disperato tentativo di "fare qualcosa" contro il destino dell'obversione generalizzata in realtà nasce dall'obversione stessa, e la corrobora. Il gesto di rivolta, di violenza, e persino di terrorismo aperto cercano di elevare alla soglia dell'universale un *punctum* singolarissimo (una determinata carica della polizia, una legge imposta dal parlamento), restando prigionieri di quella singolarità (quel determinato atto terroristico) – mentre l'universale dal canto suo (lo Stato etico, il Potere...), del tutto incapace e impreparato ad assumere seriamente la sfida dell'universalità, scompone la sua reazione nella singolarità più accidentale, che cerca vanamente di occultare dietro il velo (pseudo)universalista della "necessità storica" o della *Realpolitik*. Nessuno dei due contendenti però afferra il nocciolo della situazione, e cioè il funzionamento obverso del rapporto azione/teoria e universale/singolare come tale, incarnato dal terzo incomodo, lo stadio video o mediale.

Per capire in generale la meccanica soggiacente a queste forme di violenza, solo apparentemente irrazionali, occorre qui soffermarsi sulla distinzione capitale tra *alterità* e *disidentità*. Ciò che io (soggetto) imputo all'Altro (quello che in termini lacaniani andrebbe definito come Grande Altro) non è il fatto di essere altro, ma di non essere identico a se stesso: in effetti, ciò che gli imputo è la mia stessa disdentità. La disidentità è l'alterità che attraversa l'altro stesso e lo rende altro *non da me*, *ma da sé*. Io non accuso l'altro di essere diverso da me: di questa differenza non solo sono ben al corrente, ma la desidero, voglio che l'altro differisca da me (se mi fosse identico, ne proverei imbarazzo, e resterei confuso sulla mia stessa identità). Ma se l'altro è diverso da come mi aspetto che sia (cioè è diverso da sé, da come io penso che debba essere) allora io non posso più accettarlo. Allora devo punirlo, perché rivelandosi disidentico da sé, rivela il segreto della differenza in genere, rivela che anche io (che mi riferisco a lui) sono evidentemente disidentico da me stesso[1]. Ma ciò che accade nell'epoca dello stadio video obversivo è appunto la distorsione ricorsiva dell'alterità in una disidentità generalizzata.

I recenti fatti di cronaca di terrorismo insensato, acefalo, postideologico dei tempi recenti (attentato di Oklahoma, strage alla Columbine highschool, attentato a Utoya in Norvegia, ecc.), andrebbero distinti dagli atti di terrorismo di altra matrice (matrice islamica, maoista, mafiosa, anarchica, ecc.); nel secondo caso si tratta di terrorismo "esogeno" (nato per ragioni lontane dal contesto in cui si verificano), mentre nel primo caso, invece, si tratta di terrorismo "endogeno", prodotto dal contesto stesso che combatte. Lungi dall'essere degli episodi di irrazionale violenza, nascondono, sotto l'etichetta mediale di "inspiegabilità", un Ragione anche rigorosa, che ha molto a che vedere con la dialettica fra universale e singolare. Infatti, quasi sempre i protagonisti di questi episodi sono appunto dei "singoli" provati da un qualche trauma, che sembrano dare sfogo alle loro aggressività represse mediante gesti scenografici e catastrofici. Ma, a differenza delle ribellioni del passato, ciò che questi singoli imputano all'Universale, non è la sua universalità (cioè il non tenere in giusto conto le esigenze del singolo individuo, il non essere flessibili, l'insensibilità di fronte al dramma individuale, ecc.), ma proprio la sua mediocre ipocrisia, la sua indegnità morale, il suo corrotto personalismo, in una parola: la sua *non-universalità*.

L'accusa mossa dall'individuo all'Universale è che quest'ultimo si comporta male, si comporta cioè esattamente con le meschinità, le ipocrisie e le bassezze tipiche di un individuo singolo: la sua disidentità da se stesso. Passare all'azione è perciò, agli occhi del singolo, un fatto inevitabile, dato che si tratta di "dare una lezione all'Universale", con la segreta speranza che torni a compiere il suo universale dovere. Le figure ricorrenti di Unabomber (alias Theodore Kaczynski), Timothy McVeigh, Anders Breivik, o del tipico soggetto impersonato da Michael Douglas in *Un giorno di ordinaria follia* (1998) sono incarnazioni di questi Sé che pretendono di assurgere a correttori, tutori, e in ultima analisi difensori, del Grande Altro.

Il "caso McVeigh" è esemplare in tal senso[2]. Timothy McVeigh, un veterano della prima guerra del Golfo, fu infatti arrestato e accusato di aver fatto esplodere con una bomba l'Alfred P. Murrah Federal Building di Oklahoma City il 19 aprile 1995, causando la morte di 168 persone, tra cui 19 bambini. McVeigh si dichiarò da subito responsabile dell'attentato, e venne condannato a morte dal tribunale federale degli Stati Uniti l'11 giugno 2001, paradossalmente a ridosso dell'attentato al WTC del 9 settembre dello stesso anno. Ma chi era Timothy McVeigh? La sua storia non è quella di un mistico-anarchico, ma quella di un "normale" *brave rude boy* che assai giovane si arruola nell'esercito USA, e partecipa volontariamente alla Guerra del

Golfo nel 1991. Decorato con la Bronze Star, viene addirittura ammesso agli esclusivi Berretti Verdi, dove però non resta che pochissimo. Poi si dimette definitivamente, e comincia a sopravvivere come "uno qualunque" – un senso di vuoto e di disillusione, un bighellonare fra impieghi modesti, l'incontro con un ex-commilitone altrettanto disilluso, fino al terribile progetto dell'attentato di Oklahoma. La sua vicenda rispetta dunque in pieno la mitologia tutta americana del "looser", il perdente, e del suo disperato bisogno di rivalsa: nell'inconscio cinematografico hollywoodiano molto spesso degli spostati senza partito diventano pericolosi vendicatori. Se il Michael Douglas di *Un giorno di ordinaria follia* incarna il classico borghese piccolo piccolo che si ribella alla routine e decide di "farsi giustizia da solo", anche il De Niro di *Taxi Driver* è un ex-veterano del Vietnam che, annoiato e deluso dal ripetitivo lavoro di taxista, decide di dare un senso alla sua vita finendo per uccidere un gangster di bassa forza, diventando così un piccolo "eroe per caso".

La differenza tuttavia è che McVeigh, come egli stesso afferma nel memoriale del marzo 1998, non considera il suo atto una vendetta "personale" (singolare), quanto piuttosto un'operazione di guerra (universale)[3]. La data stessa dell'attentato di Oklahoma, il 19 aprile 1995, è decisiva: esattamente due anni prima, il 19 aprile 1993, aveva luogo il più grave fatto di sangue degli USA, la tragica presa di Waco, Texas. In quell'occasione, reparti dell'FBI fecero uso di armi da guerra per entrare nel fortino dei davidiani, una setta neoreligiosa, uccidendo tutti i 79 seguaci del "santone" David Koresh. McVeigh non è un davidiano, ma Waco rappresenta per lui l'ennesima prova dell'ipocrisia del Governo USA. Come risulta da *American Terrorist*, il libro frutto di 75 ore di interviste, McVeigh aveva abbandonato l'esercito americano non perché stanco della guerra, ma soprattutto perché offeso dalle menzogne diffuse dagli alti comandi, che dichiararono vittime degli iracheni i soldati americani uccisi dal "fuoco amico", e nascosero raid "sbagliati" effettuati durante la Guerra del Golfo contro civili, donne e bambini. Colpendo l'edificio federale di Oklahoma City, egli intendeva colpire non solo i responsabili di Waco, ma insieme l'intero Governo USA – e la sua replica al fatto che invece, così, sono morti molti innocenti, ricorda stranamente parole già sentite: "Ci dispiace, ma è la guerra". In *American Terrorist*, McVeigh non solo non mostrava alcun segno di pentimento, ma anzi definiva il senso complessivo della sua azione.

Occorre studiare a fondo la storia della prima e della seconda Guerra Mondiale e degli altri 'conflitti regionali' in cui gli USA sono stati coinvolti, per familiarizzarsi con l'uso delle 'armi di distruzione di massa'. Vi ricordate ancora di Dresda? Di Hanoi? Di Tripoli, di Baghdad? E che dire di Hiroshima e Nagasaki, in cui furono uccisi non meno di 150.000 civili, tra cui donne e

bambini, in un batter d'occhio?... Io chiedo allora: chi sono i veri barbari?
Un esempio dell'insopportabile ipocrisia di questa nazione è rivelato dai
sondaggi che indicavano come l'America fosse ampiamente favorevole
al bombardamento dell'Iraq, approvando così l'uccisione di impiegati
governativi civili, ritenuti 'corresponsabili' [di Saddam]... Ma che lo si
ammetta o no, quando voi approvate moralmente il bombardamento di
bersagli stranieri da parte dell'esercito USA, voi approvate atti moralmente
equivalenti alla bomba di Oklahoma. La sola differenza è che questa nazione
non vedrà il volto di quei morti stranieri sulla copertina di Newsweek[4].

Benché l'"equivalenza morale" tra un'azione di guerra (che causa vittime civili solo come "danno collaterale", come nel caso del Golfo), e un atto "terroristico" sia inaccettabile, resta il fatto che non solo gli argomenti di McVeigh sono assai appropriati, ma dimostrano con ogni evidenza che il suo autore è tutto tranne che uno "squilibrato". Storicamente, le perplessità suscitate dall'azione del Governo USA a Waco sono state confermate da numerosi gravi episodi della storia recente. Fatti successivi come, ad esempio, quello del convoglio di civili kosovari colpito presumibilmente per errore dalle forze NATO il 14 aprile 1999, che costò la vita a oltre settanta innocenti, incrinarono pesantemente la fiducia internazionale nelle famose "bombe intelligenti" e in generale nella gestione di queste operazioni "umanitarie".

Il vero "problema McVeigh" non sono i presupposti teorici, ma è il suo terribile *passage à l'acte*. Per capirne le ragioni intime, si potrebbe allora affrontare in termini psicanalitici la disillusione del ragazzo americano-tipo, figlio di separati e senza altri affetti al mondo oltre alle armi. È molto importante qui non confondere il suo gesto con lo scontro con il Padre edipico, il Potere, l'Istituzione, insensatamente repressivo e "troppo severo". Come si evince dalle parole di McVeigh stesso, la sua disillusione coincide con la scoperta (ben più traumatica) che tale Potere, la fonte stessa dell'Autorità, – che ci aveva sempre detto chi siamo e che cosa dovevamo fare, che ci aveva decorato come eroi per aver compiuto coraggiosamente il nostro dovere, ecc. – era invece osceno nel suo intimo, contraddittorio, "ipocrita", incapace di riconoscere i propri errori e dunque pari a un piccolo soggetto, con le sue paure, le sue bugie, le sue vigliaccherie. Se il Potere si comporta come un Sé qualunque, allora perché – questo è il ragionamento del novello Taxi Driver – un soggetto, un Sé, non dovrebbe ergersi e "dare una lezione" al Potere?

Questa contraddizione che il singolo scorge nell'universale è però fatale per un'altra ragione. Si consideri *a contrario* il dilemma di Javert, nell'epopea de *I Miserabili*: Javert, il poliziotto scrupoloso e fedele all'ordine, dopo anni di caccia all'uomo, si trova stretto tra la necessità di catturare l'ex forzato Jean Valjean, e l'impossibilità morale di farlo, dato che Valjean gli ha salvato la vita. A quel punto, quando si rende conto di non poter più servire rettamente l'Istituzione che lo ha reso ciò che di fatto è, Javert *deve* suicidarsi. Quello narrato da Victor Hugo è un dramma in cui la sostanza dei simboli non viene messa in discussione; Javert non dubita mai della buona fede della polizia di stato di cui è un fidato servitore, né della propria identità di poliziotto – anzi, è proprio a causa di questa che si vede costretto a togliersi la vita. Invece, il trauma di un McVeigh è anche *immaginario* nella misura in cui nella dialettica soggetto-Potere (che ricalca quella fra Ego e Superego) si installa un mediatore, ossia un *medium*. Ancora una volta non è un caso che McVeigh accusi il sistema dei mass-media di colpe simili a quelle imputabili agli alti Comandi militari nel tacere delle vittime civili in guerra ("questa nazione non vedrà mai i volti di quelle vittime sulla copertina di *Newsweek*..."). Ma i mass media non sono un mediatore qualunque: intervenendo nella comunicazione delle operazioni di guerra, ne distorcono il senso (cfr. *supra*, § 5); la copertura mediale su Waco ad esempio trasfigurò l'azione di polizia in una sorta di "attacco al fortino" dalle tinte cinematografiche. Allo stesso modo, i media hanno fatto di McVeigh il nemico pubblico del giorno, alterandone l'identità e il senso stesso del suo gesto che, da azione di "guerra" (come lui avrebbe voluto che fosse) diventa "una insensata follia criminale".

La vera notizia è che, *nonostante* i generali Nato, la teoria del complotto, e tutte le censure del mondo, tutti hanno visto, e non solo sulle copertine di *Newsweek*, ma in tutti i network del mondo, le vittime kosovare del 1999 (come pure le torture di Abu Grhaib, ecc.), così come hanno avuto modo di vedere il volto di McVeigh stesso, sottratto così all'anonimato del "piccolo soggetto qualunque".

In questo contesto, il fatto che McVeigh abbia chiesto di essere giustiziato non

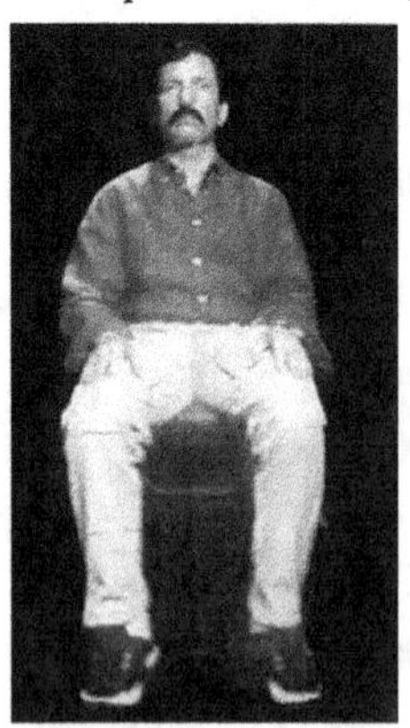

solo davanti ai famigliari delle vittime, ma in diretta di fronte tutti gli americani, è sintomatico. McVeigh era convinto che in tal modo il popolo americano si sarebbe reso conto di trovarsi di fronte ad un eroe portato al martirio, una sorta di Giovanna d'Arco condotta al rogo per la sua "assoluta" coerenza morale – il suo desiderio era che la propria morte servisse da ultima opportunità offerta al Potere superegoico, come se gli chiedesse: "Sei ipocrita, nascondi le tue malefatte, mi hai tradito: abbi almeno il coraggio di uccidermi di fronte a tutti, *per provare che, almeno una volta, sei davvero come io pensavo che fossi*". In altre parole, la richiesta del piccolo Sé-

McVeigh al Grande Altro-Potere era di essere definitivamente "severo", di "essere se stesso", per potere così avere, in punto di morte, la reciproca conferma della propria identità. Ovviamente, la sua richiesta fu respinta; tuttavia, dato che nella tipica "saletta della morte" c'è posto solo per una decina di persone, per accontentare la maggioranza dei familiari delle vittime (oltre 250), alla fine l'esecuzione di McVeigh venne effettivamente trasmessa in diretta tv, sia pure a circuito chiuso. Così, nonostante un ultimo tentativo di "censura", l'inesorabile legge dello stadio video giunge anche dentro le mura cintate del carcere di massima sicurezza – e l'irruzione del video trasforma lo spettacolo "teatrale" della morte in una sorta di macabro *Video Corridor*, dissociando il valore altamente simbolico e cerimoniale dell'evento dalla ripetizione mediale di se stesso.

In effetti, benché l'esecuzione di una pena capitale non sia finora mai stata trasmessa in diretta, la "morte in diretta" è purtroppo diventata una frequente compagna degli organi di informazione mediali – dal conduttore che si uccide in diretta, fino all'omicidio camorrista ripreso dalle telecamere di controllo, alle uccisioni di civili durante scontri o manifestazioni politiche, per tacere delle vere e proprie esecuzioni di ostaggi riprese in video dai tipici gruppi terroristici e inviate alle redazioni dei telegiornali di tutto il pianeta (ultima delle quali quella di James Foley, il 20 agosto 2014). Così però, trasformata essa stessa in momento dello stadio video, anche la morte diventa un fenomeno disidentico da se stesso, ossia simultaneamente un atto "simbolico" *e* un evento mediale, capace di trasformare anche un piccolo Timothy in un ennesimo *Truman*. Le ultime parole di McVeigh, tratte dal poeta W. Henley, suonano perciò patetiche in bocca a un soggetto che si dichiara "capitano" di un'anima che, ben prima della morte fisica, non è già più la sua[5].

Non è un caso se, in modo più o meno consapevole, le videoinstallazioni d'arte contemporanea tornano quasi ossessivamente su questo tema. Nel 1997 ad esempio, l'artista-musicista Laurie Anderson presentò l'operazione *Dal Vivo*, in cui un carcerato italiano era ripreso in diretta video e la sua immagine virtuale proiettata nello spazio espositivo, sopra un manichino-scultura di dimensioni umane[6].

A prima vista, l'arte sembrava funzionare in quella circostanza come un elemento di *liberazione*, permettendo al recluso una metaforica "evasione" dal carcere in cui era rinchiuso. Tuttavia, l'esempio di McVeigh sembra fornire un'altra lettura, come se, in effetti, fosse proprio il mezzo tecnologico che trasmette le immagini ad "imprigionare" il soggetto entro il proprio doppio virtuale – come se, in definitiva, essere liberi coincidesse con l'essere "catturati" in una ripresa video. L'impressione che si provava di fronte alla presenza in diretta, "dal vivo" appunto, del detenuto Stefano Santini, era profondamente *Unheimlich*, non tanto sapendo di trovarsi di fronte a un uomo privato della sua libertà, ma per lo statuto ambiguo, perturbante, della sua evanescente immagine di fronte a noi. Presenza viva, la sua, e al tempo stesso spettrale, "sfuggita" dalla reclusione, eppure irrimediabilmente segregata in questa stessa evasione. Quasi come se, con la sua operazione, la Anderson fosse riuscita a trasmettere in diretta non certo una "pena di morte", ma qualche cosa di ancor più sottile benché non meno atroce – una "pena di vita".

Quello che Kafka in *America* definiva il "Gran Teatro dell'Oklahoma", il luogo allegorico in cui "c'è posto per tutti", metafora della promessa felicità in un futuro paradiso – è divenuto così il simbolo dell'ambiguo limbo dell'obversione.

8. Pacific Trash Vortex _ La nostra Nuova Atlantide

Dalla comparsa dell'Homo sapiens sul pianeta Terra, 300.000 anni fa, la tendenza è sempre stata la stessa, un processo inarrestabile di fusione dei vari gruppi umani, prima puntiforme, poi man mano più omogeneo, fino a giungere (non senza quei contromovimenti eufemisticamente detti "conflitti") alla nozione condivisa di umanità. È una cosa che passa per acquisita, ma dovrebbe invece fare un certo effetto pensare che oggi, nel XXI secolo, le espressioni artistiche più avanzate parlino sostanzialmente lo stesso linguaggio formale in tutti gli angoli del pianeta – un evento di portata storica eccezionale, mai accaduto prima. Ci stiamo avvicinando al punto di fusione: disponiamo ormai di mezzi di comunicazione globale, che, in un linguaggio globale, possono comunicare tutto a tutti ovunque istantaneamente.

A fare da contrappunto a questo olistico scenario grandioso e inarrestabile, resta tuttavia il fatto che esso tende a innescare un contro-movimento (un conflitto, appunto) di proporzioni altrettanto gigantesche e ineluttabili. Paradossalmente, più cresce la consapevolezza e l'informazione globale, più il comportamento della specie umana appare in tutta la sua globale inadeguatezza. La conseguenza più evidente della globalizzazione dei saperi, e dunque degli usi, dei consumi, degli stili di vita – è la globalizzazione degli errori, dei sottoprodotti e dell'immondizia, sia spirituale (come la "spam") che fisica, come i rifiuti. La catastrofe ecologica, che taluni paragonano a una terza guerra mondiale, è forse da interpretare in modo radicale come il primo conflitto autenticamente globale. Anche se può venire percepita come uno squilibrio fra uomo e ambiente, in definitiva andrebbe letta correttamente come una crisi *interna* all'umanità come tale. A differenza delle guerre precedenti, infatti, che erano di carattere antropologico, in cui un nemico era chiaramente identificabile con uno non appartenente al gruppo dominante, uno che non è "dei nostri" – *questo* conflitto segue una logica del tutto diversa: l'ambiente non è un nemico oggettivabile, ed è lo stesso per tutti. Questo fatto fornisce all'emergenza ambientale una dimensione riflessiva, per cui essa si configura piuttosto come *uno squilibro fra l'uomo e se stesso*.

L'età moderna si fa generalmente iniziare con l'ultimo grande movimento di fusione, quello che, nel 1492, con la scoperta del continente americano, ha fatto coincidere il "mondo conosciuto" col "pianeta" come tale. È noto che i fantastici benefici ottenuti grazie a questa scoperta sono stati però pagati con un tributo umano altissimo, cioè con il primo grande genocidio che la storia ricordi. Oggi, in un mondo che riteniamo sia perfettamente esplorato, è stato scoperto (da poco) un sesto continente, grande quanto cinque o sei volte la penisola iberica (si parla di 15 milioni di kmq), costituito da tutta la spazzatura finita nei mari negli ultimi decenni. Il *Pacific Trash Vortex*, (o anche *The Great Pacific Garbage Patch*, o *Plastic Island*), è stato avvistato per la prima volta nel 1997 da Charles Moore, discendente di una importante famiglia di petrolieri californiani, durante una spedizione di ricerca autofinanziata[1]. Tornato sul luogo della scoperta nel 1999 con un equipaggio comprendente anche chimici, biologi e l'oceanografo Curtis Ebbesmeyer (famoso per aver studiato la distribuzione di un carico perduto di scarpe Nike in base alle correnti marine), Moore ha potuto rendersi conto che ciò in cui si era imbattuto casualmente due anni prima era un vero "nuovo continente" di immondizia, collocato nel Nord-Est Pacifico. Costituito in prevalenza da rifiuti di plastica, non biodegradabile, ma che si sminuzza fino a particelle delle dimensioni di pochi millimetri, il *Pacific Trash Vortex* costituisce uno strano agglomerato di dimensioni variabili, invisibile dai satelliti, eppure letale per l'ecosistema (pesci e uccelli scambiano i frammenti di plastica per plancton e cibo). Si tratta dunque di un inatteso continente di immondizia, che costituisce lo specchio più fedele della nostra attuale condizione umana e dei problemi che la nostra stessa esistenza solleva.

Nel XVII secolo il filosofo Francis Bacon sosteneva che, così come gli esploratori erano stati capaci di scoprire il nuovo continente americano, l'uomo avrebbe presto scoperto nuove terre mentali – una Nuova Atlantide conoscitiva[2]. Di fronte al *Pacific Trash Vortex* verrebbe da dire amaramente che stiamo solo (ri)scoprendo il degrado a cui la nostra civiltà è giunta. Forse, però, si potrebbe considerarlo in positivo come il banco di prova finale della capacità inventiva e mentale umana – la *vera sfida adeguata* al nostro pensiero e alla nostra creatività. Non sono forse mega-fenomeni come questo che devono affrontare le menti migliori della nostra generazione? Non è su questa scala che si misurerà la forza di un'arte, di una scienza e di un pensiero dell'avvenire? E tuttavia, non è piuttosto deludente che siano così poche le voci artistiche, scientifiche e culturali che si sono confrontate con questi temi?

Considerando più da presso il Pacific Trash Vortex (PTV) non si può mancare di notare come esso inoltre evidenzi una nuova nozione geografica. Il fatto ad esempio che sia invisibile dal satellite è estremamente interessante, perché significa che la sua natura non è solo metastabile, ma in qualche modo spettrale, benché la sua consistenza – per chi lo attraversi di persona – risulti assolutamente evidente. Ne consegue che il PTV è "indescrivibile" in un modo del tutto diverso, ad esempio, da quello della geografia frattale dei banchi di ghiaccio che (un tempo, prima del global warming) impedivano o rendevano estremamente pericoloso il "passaggio a nord ovest" – ossia quel varco tra i ghiacci di carattere stagionale e imprevedibile che si apriva tra la Groenlandia e l'Alaska. Il "passaggio a Nord Ovest" non a caso era divenuto ben presto un modello per l'epistemologia della complessità e assurto al ruolo di simbolo per pensatori come Michel Serres[3]. L'insegnamento della complessità è in sostanza compendiabile nell'idea che l'ordine analitico cartesiano è troppo limitante e che dobbiamo "allargarne " la nozione fino comprendere il disordine, e tutte quelle forme di "attrattori strani", di turbolenze e di fluttuazioni imprevedibili (come appunto i frammenti di ghiaccio stagionali). Affine a quello della diaspora di ghiaccio è infatti anche il simbolo della "nube":

> *L'immagine della nube ci fornisce il modello di una situazione diffusa,*
> *priva di bordi nettamente distinti, di cui non conosciamo le condizioni*
> *iniziali e dunque neppure la precisa evoluzione: essa appare l'emblema*
> *stesso della complessità delle cose*[4].

Certo, si potrebbe facilmente concordare con quest'idea della complessità, salvo su un dettaglio fondamentale: il PTV, pur avendone alcuni caratteri, *non è* una nube. Esso non è un caos "esteriore" alla coscienza, ne è invece il prodotto più genuino, il risultato di una scienza così evoluta da saper realizzare un materiale più durevole di tutti quelli naturali, la plastica. L'accumulo di plastica dà luogo non solo ad un insieme "imprevedibile", ma anche ad una realtà beffardamente sfuggente, fantasmatica nel vero senso della parola, dato che il PTV è composto da oggetti che pensavamo essere scarti, cose di cui credevamo di esserci liberati, e che invece, come il fantasma di un morto, ritornano inopinatamente a far visita al mondo dei vivi. IL PTV è dunque, in termini hegeliani, un "caos (non naturale ma) spirituale". Quella del PTV non costituisce infatti una semplice indescrivibilità complessa, ma una *non-descrivibilità riflessiva*: essendo il prodotto in un certo senso dell'intelligenza umana (per non dire del marxiano "general intellect"), non è afferrabile con gli strumenti pur sofisticati di una logica frattale, o magari fuzzy – per il semplice motivo che quegli strumenti sono *inclusi* nella sua origine (umana, cioè logica essa stessa). È proprio per questo che il PTV ha questo carattere così elusivo e insieme così familiare – perché è un "oggetto" insieme catastrofico (costituisce sicuramente una delle più grandi catastrofi ecologiche contemporanee) e astuto, che farebbe pensare ad una vera "astuzia della Sragione". In altre parole – che cosa è il PTV se non una soluzione (l'accumularsi di fantastiche soluzioni) che costituisce il Problema?

In tal senso, è del tutto sintomatico il fatto che il PTV sfugga ai radar perché è gelatinoso, e ai satelliti perché sta a pelo d'acqua. Dai recenti resoconti dei navigatori in solitaria già sapevamo che i pericoli più grandi alla navigazione ormai non sono costituiti da pesci o uragani, ma dalla presenza invisibile in mare di container o altri oggetti semisommersi che possono risultare pericolosi o addirittura mortali per le imbarcazioni. Ma il PTV è qualcosa di molto di più, non lo sporadico affastellarsi di corpi estranei nell'ambiente marino, ma un gigantesco ammasso che ha impiegato decine di anni per formarsi e di cui liberarsi sarà difficile o forse impossibile. Il PTV infatti evidenzia una capacità metamorfica assai simile a quella della mente che l'ha creato; pericoloso senza sembrare minaccioso, avvolgente, ma letale, assomiglia a un vero *blob* fantascientifico. Poltiglia aliena che però non arriva dall'altro mondo, e neanche dal mondo "naturale" – ma da noi stessi, cioè dal nostro ambiente "spirituale". Dopo lunghe e annose discussioni in cui si è discettato dei rapporti tra fantascienza e scienza (se l'una abbia anticipato l'altra, o le sia servita da ispirazione, o se invece la prima abbia nuociuto alla credibilità della seconda, ecc.), il PTV fornisce una spiegazione alternativa: la fantascienza andrebbe qui intesa come "scienza" a tutti gli effetti, non però nel senso di "scienza oggettiva", epistemologicamente "dura", ma nel senso fichtiano-hegeliano di *Wissenschaft* (come "sapere di sapere"), ossia scienza riflessiva il cui scopo ultimo è quello di osservare se stessa. Infatti, non ha qualcosa di fantascientifico il fatto che l'oggetto di questa conoscenza sia un imprevedibile sottoprodotto dell'attività tecnologico-scientifica stessa?[5]

Ciò che abbiamo già avuto modo di osservare per la storia, che in epoca obversa tende a invertirsi nella sua contemporaneità (mentre d'altro canto la contemporaneità tende a "storicizzarsi"), andrebbe ampliato con un riferimento alla geografia. Nel momento in cui il pianeta è perfettamente esplorato, e addirittura monitorato in tempo reale, il senso della geografia come disciplina è messo a repentaglio – un rischio che spinge questa scienza sempre di più verso lo studio degli ambienti umani, anziché fisici. Ma questa "umanizzazione" è ancora del tutto ancora insufficiente, dal momento che proprio questi ambienti umani "producono" a loro volta degli ambienti fisici, che però non sono più naturali, ma artificiali. L'artificializzazione del mondo però non consiste soltanto in ambienti creati e governati consapevolmente (come il gigantesco progetto Island, l'arcipelago artificiale a forma di palma a Dubai), ma torna indietro sotto forma di contraccolpo imprevedibile, "naturale". Ne consegue che lo studio di queste formazioni, e del PTV su tutte, necessita di una geografia non solo invertita, ma doppiamene rovesciata, dunque obversa. Se la geografia nasce come disciplina della terra (geo); e solo in un secondo momento diventa geografia umana (geopolitica) – in una terza fase ritorna di nuovo ad essere scienza della terra, ma di una "gea" artificiale, dunque una geografia dis-naturale, o, per meglio dire, trattandosi di una geografia di qualcosa di umano divenuto di nuovo naturale - dis-dis-umana....
È indicativo a tal proposito il fatto che sempre a Dubai sia in fase di realizzazione un altro arcipelago artificiale stavolta a forma di planisfero, ossia di mondo chiamato Island World. Un mondo artificiale che nella sua massima artificialità sta nel mondo naturale assumendone la forma, ma invertendone il senso: lungi dall'esserne la semplice rappresentazione infatti, tale arcipelago ha sì le fattezze di una "mappa", ma essendo abitabile, fa le funzioni di "mondo" (naturale): non è questa una ennesima versione del *verkehrte Welt*? E, insieme, non è in base ad esempi come questi che dovremmo rileggere in modo radicale le pagine di *Essere e tempo* dedicate alla "mondità"? Come è noto, per Heidegger "mondo" significa "ciò in cui un Esserci effettivo 'vive' come tale"[6]. Ma questo vivere entro il mondo ne muta le coordinate: l'Esserci non sta nel mondo (ambiente) come cosa tra le cose, ma le osserva come mezzo. Come abbiamo già visto, Heidegger giunge fino a citare la "radio" come un ente strumentale che però modifica il mondo, ad esempio "dis-allontanando" ciò che è lontano[7]. Questo richiamo al "medium" (anche tecnologico) fa capire che per Hidegger il mondo è un ambiente "riflessivo", che condiziona/è condizionato dalla presenza dell'Esserci (= di un coscienza umana).

Island World sembra portare a "verità fenomenica" i presupposti impliciti nel concetto heideggeriano di "mondità ambientale": è non solo un mondo dentro il mondo, ma è un ambiente che dis-allontana il mondo come tale e insieme lo avvicina, lo rende "a misura d'uomo". Tuttavia, mentre Island World tenta pateticamente di dare un senso formale all'irruzione antropica sull'ambiente, riproducendo in scala ridotta l'ambiente globale stesso – il Pacific Trash Vortex contiene una lezione concettualmente assai più importante. Island World infatti manifesta una evidente asimmetria tra funzione e significato (e la prova di tutto ciò è che l'arcipelago artificiale potrebbe avere qualunque forma passasse per la mente dei progettisti, ed infatti è stato costruito un arcipelago a forma di palma!) – mentre il Pacific Trash Vortex, la cui essenza appare meramente negativa, ha una forma perfettamente adeguata al proprio concetto.

Il suo sviluppo al di sotto della linea di galleggiamento, il suo sminuzzarsi all'infinito, in particelle di grandezza inferiore al millimetro, senza però distruggersi mai, il disporsi delle materie che lo compongono in modo apparentemente caotico, ma stratificato, unito al fatto che le sue dimensioni sono stimabili in un ventaglio esso stesso troppo ampio (da 250.000 a 6 milioni di miglia quadrate!) sono caratteri che pertengono in modo non accidentale, ma essenziale, al concetto del Pacific Trash Vortex. In altre parole, il Pacific Trash Vortex "crea" i concetti necessari per afferrarlo: proprio nel suo carattere di "minaccia", essendo obversivamente il riflesso di una coscienza che ha saputo liberarsi della "minaccia" naturale, esso condivide lo stesso statuto con oggetti altrettanto obversi, come il cibo "riflessivo" di Soylent Green, o la guerra "umanitaria", il design delle "repliche" o il "dono" obverso (l'euro donato telematicamente), il ready-made inesistente, e via dicendo.

In tutti questi casi, l'oggetto include nella sua essenza il proprio concetto – è quindi un oggetto obverso proprio perché, per parafrasare Hegel, l'oggetto diventa qui "il contrario di se stesso", non si accontenta di restare un che di semplicemente "oggettivo", di là dalla soglia del soggetto, ma ne invade la proprietà e si erge a specchio rovesciato della riflessione soggettiva stessa. Occorre non sottovalutare in proposito il legame tra il Pacific Trash Vortex e il regime visivo dell'obversione: in certo qual modo anche il PTV è una "incarnazione" dello stadio video, essendo generato da quei simil-oggetti che sono gli oggetti di plastica. Ma a loro volta, gli oggetti artificiali di plastica, dalla classica bottiglia della bibita, alla stoviglia usa e getta, dalla scarpa sportiva alla corda di nylon, che altro sono se non degli oggetti "in più", delle incarnazioni reali di oggetti perfettamente ideali (platonici si direbbe), traduzioni tridimensionali di immagini mentali?[8] Già in-sé, gli oggetti di plastica non sono più dei semplici oggetti "tradizionali", ma non sono neanche la loro versione "moderna", piuttosto sono dei doppioni simulacrali, gli ectoplasmi "reali", e in tal senso obversi *ab origine*... Il fatto che gran parte (si parla del 10%, ma sono stime ottimistiche) di tutti gli oggetti di plastica gettati via vada a comporre il PTV è intrinseco nel loro destino: ci danno la misura (due volte rovesciata, in quanto non ancora assunta nella sua consapevolezza) della nostra globale disdentità. Come una *spam* universale, la posta indesiderata che viene generata dal flusso stesso della posta elettronica, tali oggetti costituiscono *non* il resto indesiderato della realizzazione dei nostri desideri (non sporcarci le dita col cibo, trasportare bevande ovunque in modo asettico, generare oggetti con le forme più impensabili, ecc.), *ma* il cuore centrale della disidentità del desiderio da se stesso.

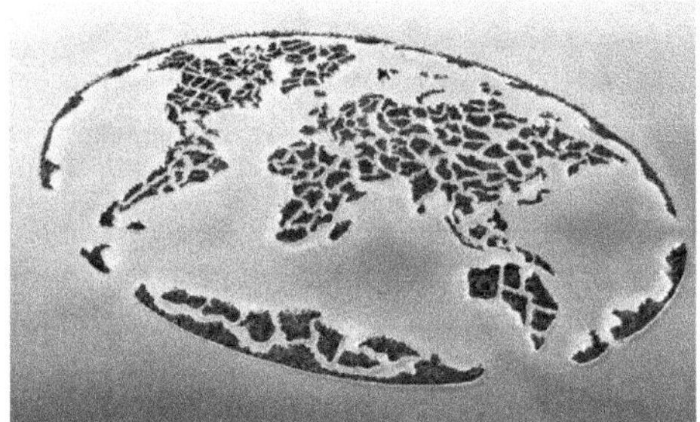

9. Merda, brufolo, preservativo   La posizione obversa

In this game that we're playing we can't win.
Some kinds of failure are better than other kinds, that's all.
Orwell, *1984*

In *Ecce homo*, Nietzsche afferma:

Ma confesso che la più profonda obiezione contro l'eterno ritorno, il
*mio pensiero propriamente abissale [*mein eigentlich abgründlicher*
Gedanke] è sempre mia madre e mia sorella*[1].

È straordinario come queste stesse parole rendano *problematico* il carattere "abissale" del pensiero dell'eterno ritorno, a cui del resto il saggio nietzschiano è dedicato. Per quanto "abissale" (*abgruendlicher*: una volta tanto il famoso corsivo nietzschiano ha qui un sapore umoristico e non retorico) tale pensiero non riesce assolutamente a liberarsi del *punctum* superficiale, dell'inessenziale assoluto (come avrebbe chiosato Kierkegaard). Il *singulier*, tanto difeso da Sartre, qui ritorna inopinatamente come un residuo ineliminabile, vero sottoprodotto di quell'abissale pensiero stesso[2]. Anche Nietzsche sembra non arrivare a pensare *radicalmente* il pensiero più radicale della sua filosofia: se lo avesse fatto, avrebbe dovuto includere la possibilità del ritorno eterno delle tanto vituperate (ma ineliminabili!) madre e sorella. Questo è naturalmente ciò che egli *non* intende fare – né valgono qui le letture deleuziane, che interpretano l'eterno ritorno come un che di selettivo, per cui ritorna solo ciò che *merita di ritornare*[3]. Se questo merito è basato su una qualche "intensità" ontologica, è evidente che essa ha senso solo comparativamente, in rapporto a qualcosa di meno, o di per nulla, intenso. L'eterno ritorno però non è comparativo, ma esclusivo. Ma così, tutta questa sua capacità selettiva agisce al contrario – proprio ciò di cui il pensiero più alto cerca di disfarsi, *ritorna* in forma inattesa, repentina e indelebile, come l'ineluttabile ombra di se stesso.

È ancora lo stesso problema con cui si deve confrontare l'idealismo fin dalla sua nascita, sotto forma dell'ineliminabile problema platonico dello statuto del capello e del fango e della sporcizia. Esistono delle idee eterne anche di queste inezie? – domanda Parmenide a Socrate. Anche la sporcizia e la sozzura non hanno forse il diritto ad una forma archetipale eterna? All'obiezione di Parmenide, Socrate risponde che... *se mi fermo su questo punto, me ne vado via fuggendo, temendo di perdermi cadendo in un abisso senza fondo di sciocchezze*[4].

Ma in definitiva, che cos'ha *questo* "abisso di sciocchezze" (*buthòn phluarìas*) di meno "abissale" dei più profondi pensieri sull'eterno ritorno o sul valore delle Idee? Questo "abisso" non ha oggi, tra le altre, la forma paradossale del Pacific Trash Vortex, costituito dai sottoprodotti di oggetti totalmente stupidi, secondari, di scarto – e pertanto "ideali"?

Di fatto, nella modernità, questo problema cessa di essere meramente teorico, e affligge l'esistenza stessa dei pensatori più elevati, i quali, così, non riescono a elevarsi veramente e restano impigliati proprio da quella "particolarità" ultima che li rende "troppo umani". Quasi come se appunto lo sforzo stesso impiegato in questa elevazione fosse l'errore di fondo, ciò che produce lo scarto, il non-elevabile come suo necessario sottoprodotto, come intrinseco "effetto collaterale".

È molto indicativo il fatto che un dissidio simile si ripresenti ogni volta che il pensiero cerca di innalzarsi al di sopra del suo residuo "umano, troppo umano", ad esempio in campo teologico. In un trattato degli anni Sessanta, ad esempio, composto ad uso dei sacerdoti cattolici, dopo lunghe pagine sui principi ecclesiastici, sui sacramenti, sulla precettistica in genere, si arriva ad affrontare in dettaglio questioni relative all'ambito sessuale. Con uno straordinario *turn* linguistico i termini in cui si parla di sodomia, posizioni sessuali, pratiche (ritenute) illecite, sono tutti in latino. Per il sacerdote che deve confessare il peccatore, diventa altrettanto necessario conoscere le ardue distinzioni tra le Persone della Santissima Trinità, oppure il culto dei santi, quanto indagare se, in un coito *a tergo* l'uomo ha sodomizzato la consorte per errore, oppure volontariamente[5].

Accade così che lo stesso identico pensiero, capace di sollevarsi oltre le vette del sensibile, implichi un contromovimento simultaneo, che lo costringe e confrontarsi con le *minutiae* sessuali, ma anche gastronomiche, corporali e quotidiane, più triviali, appunto a causa della presa di un pensiero "troppo divino"[6]. Viceversa, si comprende perché, ad esempio, l'uso di una misura profilattica apparentemente neutrale, come il preservativo, incontri così forti resistenze in campo cattolico[7]. In effetti, da un punto di vista laico, il profilattico è una semplice misura igienica, come una mascherina antibatterica, dei guanti di lattice o un fazzoletto. Ma è evidente che, interponendosi nelle fibre più intime dell'umano e avendo a che fare col godimento corporeo, esso non è indifferente al tema della felicità creaturale e della finalità escatologica. Questo quasi-nulla (*Nulla* del resto è il nome di un famoso profilattico italiano) diventa quindi strategico, diventa un "quasi tutto" intorno a cui il dibattito si incentra, e che non si riesce ad evitare. Solo ad una considerazione superficiale potrebbe sembrare che la posizione cattolica sia condizionata dall'idea che il preservativo, impedendo una gravidanza indesiderata, ma permettendo il pieno godimento sessuale, distorca i fini procreativi dell'atto sessuale, riducendoli ad una sensazione meramente corporea. In realtà, il preservativo solleva il tema squisitamente teologico del progetto divino nel suo complesso: il preservativo, questa "soluzione umana al godimento", è ammissibile, come lo è un qualunque farmaco, cioè nell'ottica di un miglioramento laborioso dell'esistenza umana, o invece è l'espressione più evidente di una *Weltanschauung* egoistica, "antropocentrica", de-divinizzata, della vita?

D'altra parte, considerando il flagello dell'AIDS soprattutto nei paesi africani, proibirne l'impiego per "superstiziose" ragioni religiose non è forse quasi-criminale? Da semplice "presidio medico" il preservativo diviene così ostaggio di un dibattito che non risparmia neppure l'arena mediale. Il comico italiano Beppe Fiorello, durante un varietà televisivo, ne ha intessuto l'elogio pubblico – giustificandolo come un appello alla responsabilità, soprattutto rivolto agli adolescenti, ma facendo così montare la protesta di parte cattolica sul senso del suo messaggio[8]. D'altra parte questa protesta non è immotivata, dato che un messaggio mediale così potente potrebbe essere anche inteso non come il richiamo a un a un serio controllo delle proprie passioni, ma come un invito del tutto immorale, un "fa ciò che vuoi, purché usi le giuste precauzioni". Il risultato è che da un piccolo oggetto insignificante scaturisce una controversia di portata addirittura escatologica, che non riesce a liberarsene – così come, a rovescio, un pensiero elevatissimo si inceppa intorno a un elemento del tutto trascurabile, e si avvita ossessivamente intorno ad esso, rischiando di autodistruggersi.

La famigerata *Merda d'artista* di Piero Manzoni (1961) andrebbe considerata proprio in questo contesto, come una forma di replica al dubbio socratico se esista l'idea anche della sporcizia e dell'escremento. Di fatto, la scatoletta prodotta da Manzoni, così simile ad una normale confezione di carne in scatola, è un pezzo che gioca tutto sul "dissidio" mentale che scatena – tra la scritta apertamente indicativa di "merda d'artista" e la assoluta pulizia formale, resa perfetta dalla firma autografa, dall'impronta digitale e dal numero di serie del multiplo[9]. La *Merda d'artista* è in tal senso il pezzo d'arte "ideale", dato che contiene in-sé gli opposti e, pur costringendo il pensiero a indirizzarsi verso il basso, il residuale, l'osceno, si mantiene su un piano di totale, asettica, "igienica" distanza formale. Non a caso l'autore aveva anche posto come clausola che il valore del pezzo fosse legato al valore dell'equivalente del peso in oro (30 gr. circa) al momento della vendita, implicando nella perfezione "essenziale" dell'oro l'imperfezione "assoluta" della merda.

Persino Hegel sembra cadere nella trappola della "contingenza assoluta", nel caso della ben nota "penna di Krug". Il signor Wilhelm Krug, di fede kantiana e arguto lettore di Hegel, aveva avuto l'ardire di sfidare il sistema hegeliano a dedurre la sua "penna da scrivere" – imputandogli così, Hegel vivente, l'implicita accusa di panlogismo e dunque pensando di rivelarne la fallacia. La risposta di Hegel, come era logico attendersi, fu che la "penna" come oggetto del tutto accidentale non esiste *realmente*, e dunque non ha spazio all'interno del "sistema" – a meno che quest'ultimo sia giunto ad una tale chiarezza e progredito così oltre "da non avere altro di meglio da comprendere che la penna da scrivere del signor Krug"[10]. Il fatto però che Hegel stesso non riesca a trattenersi dal dedicare una nota dell'*Enciclopedia* proprio a questa *minutia* quotidiana è sintomatico: anche il suo sistema, che (come già rilevava Sartre) vuole a "spiegare tutto", ha bisogno di "spiegare *perché non spiega proprio tutto*", dimostrando così di avere delle falle che lo rendono "totalmente" inaffidabile. Infatti, se il sistema non riesce a spiegare una cosa umile come la penna da scrivere, come può pretendere di spiegare concetti elevatissimi come l'arte, la religione o la filosofia? In tal senso secondo Adorno "le dichiarazioni dispregiative di Hegel sull'esistenza contingente, la penna di Krug, che la filosofia poteva e doveva rifiutarsi di dedurre da sé", sono una *excusatio non petita* che funziona da *accusatio manifesta*, ed equivalgono "a gridare al ladro"[11].

Tuttavia, la replica hegeliana merita forse di essere intesa anche in un altro senso, cercando una interpretazione del suo pensiero alternativa a quella di un "morto sistema", che crede di aver già giudicato tutto, mentre invece la viva contingenza quotidiana non fa che sfuggirgli di mano (secondo la lettura di Sartre, cfr. *supra*, pte 2, § 4). Infatti, occorre non dimenticare che la celebre *Enciclopedia* hegeliana è un libro veramente *sui generis*: lungi dall'essere una "enciclopedia" dello scibile, come quella illuminista, magari in molti volumi, nella sua ultima edizione del 1830 (Hegel vivente) consta di sole 600 pagine esatte; non è organizzata alfabeticamente e, soprattutto, in essa non si trovano riferimenti a oggetti determinati, ma solo il nudo schema di un sapere "possibile". L'osservazione malevola di Krug avrebbe avuto senso in riferimento ad un'opera che si fosse occupata contenutisticamente, tra l'altro, di "strumenti per scrivere", o che, alla lettera "P" avesse parlato di penne d'oca, di penne d'uccello, ecc., senza far menzione delle penne impiegate per scrivere. Ma non è questo il fine dell'*Enciclopedia* hegeliana, il cui titolo *in extenso* suona "enciclopedia delle scienze filosofiche in compendio". *Questa* Enciclopedia non è un archivio di nozioni, ma piuttosto un vero "sistema" per collocarle[12]. Per essere più chiari, l'enciclopedia hegeliana è l'opposto di Wikipedia: in Wikipedia infatti si trova tutto (dai concetti più elevati alle cose o persone più contingenti e secondarie), *tranne il senso* che "sistema" questo tutto – si trova tutto, tranne il motivo per cui stiamo cercando esattamente quella determinata nozione. Il sistema hegeliano viceversa, è "vuoto": l'Enciclopedia è una sorta di scheletrico indice senza un vero contenuto "commestibile" – la sua sola funzione consiste proprio nella distribuzione *riflessiva* di queste "voci" indessicali. Come dice Hegel stesso:

> *Il factum della Filosofia è la conoscenza già attuata, e perciò*
> *l'interpretazione non sarebbe altro qui che un riflettere nel senso di*
> *un ri-pensare in modo consequenziale*[13].

La risposta di Hegel allora andrebbe letta nel senso che il sistema potrebbe, in un futuro, anche occuparsi della penna di Krug, e non è escluso che lo faccia, ma il problema non è la "materialità" della penna come tale, ma appunto il suo rapporto con il sistema. Quel che insegna il sistema, infatti, non è "un qualche dato sulle penne da scrivere", ma "dove collocare manufatti umani come le penne" in rapporto al mio sapere. Anche una penna, come pure un orinatoio (come insegnava Duchamp), o perfino un pezzo di merda (come nel caso di Manzoni), possono essere presi da una loro trasfigurazione, e ad esempio diventare un'opera d'arte – ma in tal caso il problema è il rapporto di obversione che avviene tra la penna, l'orinatoio o la merda, e l'"idea" o l'Arte. In questo rapporto, non c'è un innalzamento dell'oggetto di "scarto" al livello della Cosa sublime, né tantomeno un abbassamento della Cosa per accogliere il residuo secondario – ciò che avviene invece è che ciascuno dei due opposti si rovescia in-sé per "far posto" all'altro. Anche solo definire questi oggetti insignificanti come enti "contingenti" significa già averli collocati in rapporto ad altri enti "necessari", significa già aver elaborato una relazione dialettica. In altri termini, riprendendo il riferimento nietzschiano, il problema teoretico non è "mia madre" o "mia sorella", ma il *rapporto* che mia madre o mia sorella intrattengono con il mio sistema filosofico: effettivamente, se dobbiamo credere a Hegel, il mio "abissale pensiero" rischia di ridicolizzarsi, non riuscendo a sbarazzarsi di simili inezie, ma d'altra parte (ed è quello che accade con figure in-sé del tutto insignificanti, come Terri Schiavo o simili) succede che "mia madre" e "mia sorella" divengano figure davvero "eterne", eternamente ritornanti raffigurazioni dell'Assoluto.

In modo del tutto simile, il problema non è la penna per scrivere, ma lo scarto che devo giustificare tra l'osservazione di Krug e il mio sistema, ovvero il fatto stesso che il sistema, appena vien posto, implica il suo opposto (o meglio il suo obverso), il non-sistematico, *la penna*, anzi: la più stupida di tutte le penna, la penna di un kantiano... Così, la risposta di Parmenide a Socrate a proposito del capello e del fango e del loro rapporto con le Idee è assai indicativa:

> *Certo, o Socrate, sei ancora giovane – disse Parmenide – e la filosofia non*
> *ti ha ancora preso come, a mio avviso, ti prenderà il giorno in cui non*
> *disprezzerai più nessuna di queste realtà*[14].

La filosofia, dunque, dice Platone per mezzo di Parmenide, non consiste nel "rifugiarsi... tra le realtà di cui esistono le Idee" (come aveva affermato Socrate appena prima), ma nel non disprezzare più "*nessuna* realtà".

Su questa concezione della filosofia, Hegel (vedi *supra*, pte 1, § 9) si esprime in un modo simile:

> *La Filosofia in realtà, è proprio quella dottrina che libera l'uomo da un'infinita*
> *moltitudine di fini e propositi finiti rendendoglieli indifferenti, di modo che per*
> *l'uomo sia senz'altro lo stesso l'Essere o il Non-essere di tali cose*[15].

Benché possa apparire come una reminiscenza del classico stoicismo "cristiano", questa opzione ha ben poco a che vedere con Pascal, o con una sorta di *memento mori*. Hegel non dice: "vedi l'essere, com'è simile al nulla..."; anzi: non dice a rigore nulla ("perché del nulla non c'è nulla da dire")[16]. Sono piuttosto posizioni come quella pascaliana che "riempiono il nulla" di contenuto (l'infelice situazione dell'animale umano che, secondo Pascal, si rende conto dell'inanità del tutto); qui, al contrario, ciò che viene di fatto affermato è una coincidenza puramente strutturale (= logica). In un certo senso, già solo l'osservazione della *infinità* della moltitudine degli enti *finiti*, cioè il coglimento stesso di questa contraddizione nell'esistenza quotidiana, è come tale "filosofica". E a maggior ragione è "filosofica" questa coincidenza "essenziale" tra essere e non-essere.

Per contro, è sintomatico come un percorso filosofico anche estremamente elevato da un punto di vista del suo apporto contenutistico rischi di essere ridotto a zero a livello esistenziale. Se si considera la parabola di un grande uomo come Bertrand Russell, (fra l'altro attivista instancabile, pacifista convinto e autore dei *Principi della matematica*), non si può non rimanere del tutto sconcertati dalle parole con cui conclude la sua *Autobiografia*, asserendo che tutto ciò che ha fatto non è servito assolutamente a nulla, e forse non valeva lo sforzo.

> *Gli anni migliori della mia vita li dedicai ai principi della matematica,*
> *nella speranza di trovare una certezza. Nonostante tre grossi volumi, tutto*
> *questo sforzo si è risolto, nell'intimo dell'animo mio, in sgomento e dubbio.*
> *[...] Quando ripenso alla mia vita mi sembra sia stata inutile, tutta dedicata*
> *a ideali irrealizzabili. Nel dopoguerra non ho trovato nessun ideale che mi*
> *sembrasse raggiungibile e potesse sostituire quelli che ormai considero*
> *vani. Tutto ciò che ho amato mi sembra sul punto di essere travolto nelle*
> *tenebre di un periodo di oscurantismo. [...] Trovo in gran parte del pensiero*
> *moderno un solvente che corrode i grandi sistemi di un passato anche*
> *recente e non credo che gli sforzi costruttivi dei filosofi e degli scienziati del*
> *nostro tempo possano considerarsi, sia pure alla lontana, altrettanto validi*
> *della loro critica tesa a distruggere i valori del passato. [...] Non appena mi*
> *trovo solo e ozioso, non posso nascondere a me stesso che la mia vita non*
> *ha avuto alcuno scopo e che non scorgo alcun nuovo fine al quale posso*
> *dedicare gli anni che mi rimangono*[17].

Tenuto conto dell'eccezionale franchezza manifestata da Russell in tutto il suo scritto autobiografico (dove non esita a parlare delle sue prime esperienze masturbatorie, delle difficoltà sentimentali con le sue compagne, o degli scandalosi retroscena accademici) non c'è alcun motivo per dubitare qui della sua sincerità. In questa dura confessione, non si percepisce il drammatico abisso tra l'essere e il nulla, tra la pienezza di una vita dedicata alla ricerca, e il vuoto della delusione finale – in una parola la distanza più bruciante dal viatico hegeliano?

Anche Andy Warhol nella sua *Filosofia* – che per inciso meriterebbe una più alta considerazione strettamente filosofica di quanta non ne abbia ricevuta sinora – si sofferma a più riprese sul tema del nulla; a differenza di Russell, però, per lui il Nulla non è il punto di arrivo, ma (hegelianamente?) di partenza:

Alcuni critici hanno detto che sono il Nulla in Persona e questo non
ha aiutato per niente il mio senso dell'esistenza. Poi mi sono reso
conto che la stessa esistenza non è nulla e mi sono sentito meglio[18].

Occorre ricordare che Warhol scrisse queste parole nel 1975, cioè in un'epoca in cui non solo l'ondata pop andava esaurendosi, ma in cui la sua vita era radicalmente cambiata. Nel 1968 infatti aveva subito un attentato che lo aveva ridotto in fin di vita, e si può quindi a ragione supporre che, dopo quell'episodio, Warhol si sentisse una sorta di "sopravvissuto". In linea con l'aforisma hegeliano per cui l'arte è qualcosa che "sopravvive a se stessa", lo stesso si può dire anche del Warhol post-1968, che non a caso, sempre nella *Filosofia* osserva che, se fosse morto in quell'epoca (cioè se fosse morto "al momento giusto", all'apice del suo successo, come molte rockstar degli anni Sessanta) "sarebbe diventato un mito".

Vi è dunque qualcosa di "meno del Nulla" (inteso come dissolvimento umano, Morte, disfacimento, annientamento del corpo, o Nulla metafisico): è il senso segreto del "Less than Nothing" žižekiano, che consiste per esempio nel salvarsi come testimone inutile/inconsistente, sopravvissuto "dopo" il momento giusto per morire.

Questo Meno-di-Nulla, invece di un'incombenza metafisica è, in tal senso, un vero *nonnulla*, l'inezia contro-filosofica che nega/conferma la vacuità non tanto dell'esistenza, quanto *dell'inesistenza* – e può essere "positivizzato" dal "resto", il capello il fango o l'inezia (già incontrata in Platone).

Ma sono ancora ossessionato dall'idea di guardarmi allo specchio e di
non vedere nessuno, niente...
[Tuttavia] mi guardo allo specchio un giorno dopo l'altro e ci trovo sempre
qualcosa: un brufolo nuovo. Se n'è andato il brufolo in cima alla guancia
destra, ne compare un altro in fondo alla guancia sinistra, sul mento, vicino
all'orecchio, in mezzo al naso, sotto i capelli, sul sopracciglio, in mezzo agli
occhi, credo sia sempre lo stesso che si sposta da una parte all'altra. Stavo
dicendo la verità. Se qualcuno mi avesse chiesto: "Che problema hai?", avrei
dovuto dire: "La pelle".
Bagno un fiocco di cotone Johnson & Johnson nell'alcol Johnson & Johnson e
lo frego sul brufolo. Ha un buon odore. Così pulito, così fresco. E mentre l'alcol
si asciuga, io penso al nulla. Come è sempre di moda. Sempre di buon gusto. Il
nulla è perfetto – dopotutto, B., è il contrario di nulla[19].

Il brufolo warholiano si inserisce qui a buon diritto nella serie capello, fango, merda, penna di Krug, sorella di Nietzsche, orinatoio duchampiano, preservativo, ecc. ecc., come sequenza di contingenze che costringe gli elevati concetti metafisici

(Essere, Arte, Amore, Saggezza...) a un'inattesa contorsione su se stessi, che li disidentifica da sé. L'"inesistenzialismo" warholiano appare così come la risposta più adeguata, dal basso, all'elevato nichilismo disilluso di Russell:

> *"La cosa importante è pensare a 'niente', B. Guarda, 'niente' è eccitante,*
> *'niente' è sexy, 'niente' non è imbarazzante. L'unica volta in cui voglio*
> *essere qualcosa è quando sono fuori da una festa, così posso entrarci".*
> *"Tre feste su cinque sono un mattone, A. Io ci vado sempre in macchina,*
> *così se sono deludenti me ne posso andare".*
> *Avrei potuto dirle che se qualcosa era deludente non era 'niente';*
> *perché 'niente' non è deludente*[20].

Se si spoglia la *delusione* da tutte le sue componenti accidentali, ci si ritrova appunto con un "sistema": cioè con un utensile teoretico della massima importanza, quello in grado di porre in relazione un determinato *positum* (un fine determinato, i libri scritti, il sapere accumulato in anni di studio ecc.) con il suo specifico *oppositum* (il fallimento totale, il nulla), attraverso il *punctum* residuale, il *nonnulla*, quello che gli antichi stoici denominavano "tò tì", ossia l'"alcunché", il "genere supremo" che ricomprende essere e non essere[21]. Questa relazione è realmente obversa; essa è in ultima analisi decisiva per una considerazione dell'obversione come una struttura che non andrebbe mai fraintesa contenutisticamente, ma come una dimensione che (al di là di tutti i contenuti possibili) riesce a restare coglibile in modo puramente trascendentale, dialettico, formale. Giungere a questa considerazione significa collocarsi nella vera comprensione/ accettazione del circuito obverso.

> *"Vuoi dire che quest'anno sei più saggio dell'anno scorso?" mi chiese B.*
> *Lo ero, e così risposi: "Sì".*
> *"Come? Cos'hai imparato quest'anno che non conoscessi già?"*
> *"Niente, è per questo che sono più saggio. Per quest'anno in più per imparare*
> *ancora un po' di niente...*
> *... non è che se non si crede a niente, non c'è niente. Bisogna trattare il niente*
> *come se fosse qualcosa.*
> *Tirar fuori qualcosa dal niente"*[22].

§1 "Questa non è una sigaretta"

1. Deleuze, G., *Logique du sense*, Editions de Minuit, Paris 1969; [trad. it.: *Logica del senso*, Feltrinelli, Milano 1975, p. 141].

2. Il riferimento va al classico Watzlawick, P., *Change: Principals of Problem Formation and Problem Resolution* (with John Weakland and Richard Fisch), W.W. Norton & Co, New York 1974 [trad. it.: *Change. Sulla formazione e soluzione dei problemi*, Astrolabio, Roma 1978].

3. Marcuse, H., *Eros and Civilisation*, Beacon Press, Boston 1955 [trad. it.: *Eros e civiltà*, Torino, Einaudi 1976].

4. Cfr. *D Donna – La Repubblica*, n. 770, 3 dicembre 2011, p. 244.

5. Informazioni reperibili sul sito di CDIAC – carbon Dioxide Information Analysis Center; cdiac.ornl.gov [accesso 10-11-2012].

6. Cfr. Gilman, L.S., Zhou X., a cura di, *Smoke: A Global History of Smoking*, Reaktion books, London 2004

7. Foucault, M., *Ceci n'est pas une pipe*, Fata Morgana, Paris 1973 [trad. it. *Questa non è una pipa*, Serra e Riva, Milano 1980]. Foucault in effetti analizza un disegno preparatorio e un secondo disegno più complesso, in cui il precedente è riprodotto come un "quadro su cavalletto" con sopra un'enorme pipa, mentre non parla del quadro a olio, *La Trahison des images*, 1928-29. Sulla "fine della rappresentazione", cfr. Carmagnola, F., *L'irriconoscibile. Le immagini alla fine della rappresentazione*, et al., Milano 2011, pp. 21 sgg.

8. Foucault, ivi, p. 78.

9. Sul film di Broodthaers e in particolare su quelli dedicati a Magritte, cfr. Jenkins, B., "The Impossible Cinema of Marcel Broodthaers", in Harper G., Stone R., a cura di, *The Unsilvered Screen: Surrealism on Film*, Wallflower, London 2007, pp. 155-66.

10. In tal senso, l'attuale dibattito mediale, in Italia e all'estero, pro e contro la sigaretta elettronica (sia sul piano sanitario che legale), non è che il riflesso del suo stesso contraddittorio statuto ontologico (e di conseguenza sull'ambiguo statuto identitario di chi dovrebbe legiferare su queste materie).

§2 Darfur

1. Stando alle stime attuali (2013), a fronte delle oltre 400.000 vittime del conflitto e di oltre 2 milioni di sfollati, sono presenti sul campo circa 20.000 caschi blu e 14.000 operatori umanitari.

2. Polman, L., *War Games: The Story of Aid and War in Modern Times*, Penguin, London 2010 [trad. it. *L'industria della solidarietà. Aiuti umanitari nelle zone di guerra*, Bruno Mondadori, Milano 2009].

3. Prunier, G., *Darfur: The Ambiguous Genocide*, Cornell University Press, Ithaca 2005, p. 4.

4. È notevole il fatto che non solo Salopek, ma anche il suo accompagnatore/ traduttore ciadiano, Daoud Hari, abbia pubblicato un libro di memorie, *The Translator*, Random House, New York 2008, sui fatti dell'arresto, del processo e successiva scarcerazione di Salopek.

5. Molto interessante il dibattito avvenuto in sede ONU sulla definizione di "genocidio" da impiegare nel caso sudanese; benché l'ONU non abbia adottato tale definizione, essa è passata nei maggiori mass media ed è stata adottata dal governo USA fin dal 2003. Nonostante la situazione sul campo (attualmente sotto tregua) resti del tutto confusa, stabilire quella definizione è stato da un lato un bene (ha fatto capire la gravità della situazione in Darfur), dall'altro ha avuto come esito ultimo una specie di reviviscenza del nominalismo per cui "nomina sunt res": è sufficiente denominare una determinata situazione, affinché essa "cambi", dando la falsa impressione di essere stata "chiarita". Naturalmente si potrebbe estendere il caso al concetto-chiave del Novecento cioè l'olocausto: la denominazione stessa ha definito "perfettamente" il genocidio degli ebrei da parte nazista, mettendo però in ombra la sua problematica complessità storica (che implica il genocidio di altre razze come l'etnia rom, il progetto Aktion T4 di sterminio dei portatori di malattie genetiche, ecc.). Il problema non è che la parola è inadeguata alla cosa; al contrario, in questo caso la denominazione ha "funzionato troppo bene", soppiantando/sostituendosi alla cosa, *sur-identificandola*.

6. Cfr. Achiecque M., Guarak M., *Integration and Fragmentation of the Sudan: An African Renaissance*, Authorhouse, Indiana 2011.

7. "Condizionare l'erogazione dell'aiuto all'acquisto

di beni e servizi nel Paese donatore fa lievitare tra il 30 e il 50% i costi degli interventi", ha spiegato Iacopo Viciani di Actionaid, "frena lo sviluppo delle capacità locali, evita la trasparenza delle gare d'appalto e pregiudica la compatibilità degli interventi con le esigenze locali". … Il risultato, ha aggiunto, "è che il 71% degli aiuti italiani, al netto della cancellazione del debito, risulta essere legato". E quello che doveva essere "una scelta politica di solidarietà", ha commentato, è diventato per l'Italia "un buon affare": dal sito www.ong.agimondo.it [accesso del 10 nov. 2008]. Cfr. anche Polman, cit.

8. La voga dell'"euro telematico", nata nei primi anni 2000, ha dato vita ad altre entità mediali, come la Mobile Giving Foundation (naturalmente non-profit). Non a caso gli organizzatori stessi parlano di "impulse-payement", o di "impulse economy".

§3 Il paradosso della Bresaola

1. "Der Mensch ist, was er isst", in *Blätter fur Literarische Unterhaltung*, 12 novembre 1850.

2. Cfr. Gourevitch Ph., "Il lato oscuro degli aiuti", *Internazionale*, 876, 16 dic. 2010: "La guerra civile in Nigeria [causa dell'emergenza alimentare in Biafra] fu la prima guerra africana a essere trasmessa in televisione".

3. Cfr. Patel, R., *I padroni del cibo*, cit., cap. 1, pp. 9-10: "La nostra grossa, grassa contraddizione": "L'obesità non può più essere spiegata soltanto come effetto collaterale dell'agiatezza.… oggi è estremamente facile che la gente che non si può permettere di mangiare a sufficienza diventi obesa".

4. Emergenza raccontata da Yunus, M., *Banker to the Poor*, Aurum Press, New York 1998 [trad. it. *Il banchiere dei poveri*, Feltrinelli, Milano 1998]. Purtroppo pare che anche lo stesso Yunus sia stato coinvolto in uno scandalo concernente aiuti internazionali mai giunti alle popolazioni bisognose; il tutto è partito da un documentario della tv norvegese (la Norvegia è uno dei Paesi che più ha aiutato la Gramen Bank di Yunus) andato in onda nel dicembre 2010, "Caught in micro Debt". Attualmente Yunus è stato sollevato dalla presidenza della Grameen Bank, forse per ragioni politiche.

5. Cfr. Petrini, C., *Terra Madre. Come non farci mangiare dal cibo*, Giunti Slowfood, Firenze 2010.

6. Cfr. Ritzer, G., *The McDonaldization of Society*, Pine Forge, Thousand Oaks 1996 [trad. it. *Il mondo alla McDonald*, Il Mulino, Bologna 1997].

7. Film recenti come M. Spurlock, *Supersize Me*, USA 2004; R. Linklater, *Fast Food Nation*, USA 2006, hanno fatto epoca; incredibilmente però, invece di portare al fallimento delle grandi catene di fast-food, le hanno costrette a confrontarsi con le realtà alimentari locali, a rendere più "trasparenti" i metodi di lavorazione e di approvvigionamento delle materie prime – insomma, hanno in definitiva ottenuto l'opposto del risultato sperato: le catene prosperano, e in più, si sono tolte di dosso l'odiosa reputazione di "sfruttatrici" dell'ambiente e dei consumatori. A oltre dieci anni di distanza dai successi del movimento no-global, chi si prenderebbe la briga di attaccare il fast food, uno dei pochi luoghi dove si può mangiare a bassissimo prezzo, e dove tutte le differenze alimentari (di origine religiosa, culturale o etnica) sono democraticamente accettate?

8. Cfr. L. Bergesio, "Bresaola della Valtellina: merita veramente la IGP?", in www.laculturadelcibo.it [accesso del 28 luglio 2011]. È da aggiungere il fatto che nel 2011 Rigamonti, l'ultimo grande produttore di bresaola italiano, ha ceduto le quote residue della sua azienda alla brasiliana JBS; cfr. *Corriere della Sera*, 5 marzo 2011, finendo per sancire in tal modo la "globalizzazione" totale dell'ex-prodotto italiano.

9. Cfr. (ma l'esempio torna in molte varianti) S. Žižek, *The Fragile Absolute*, Verso, London 2000, p. 23.

10. Il caso della bresaola fatta di zebù brasiliano (e dell'ultimo produttore di non-bresaola) è stato sollevato dal programma televisivo *Exit*, sull'emittente La7, nel 2008.

11. Sui significati storici della BSE cfr. McGuigan, J., *Postmodernity and Postmodern Culture*, McGraw Hill, Maidenhead 2006, pp. 156 sgg.; qui sono sottolineati il carattere non-naturale della malattia e insieme il suo legame con la comunicazione e l'informazione; manca però il coglimento specifico della struttura a loop del suo insorgere.

12. La *reverse chronology*, da semplice genere cinematografico, "interno" a una forma specifica

di narrazione diegetica, mostra qui di essere al suo fondo un autentico meccanismo (per quanto largamente inconsapevole) di anticipazione "storica". Se si pone mente al fatto che in occasione dell'attentato al WTC i telegiornali mandarono in onda la sera stessa dell'11 settembre 2001 una serie di scene cinematografiche di catastrofi consimili (dai film catastrofisti come *Inferno di cristallo*, agli attentati immaginari di *Fight Club*), dimostrando che "avevamo già visto", e molte volte, l'atroce spettacolo dell'11 settembre – si può capire come noi oggi non siamo solo spettatori di film costruiti in base alla "reverse chronology", ma "viviamo" in un regime di cronologia inversa, dove il racconto storico-mediale delle cose le anticipa, *permettendo loro* di accadere.

13. Una eco di questa idea si ritrova nel più recente *I figli dell'uomo* di A. Cuàron, 2006, che inscena la fantastica pubblicità di un kit per il suicidio denominato *Quietus*. È notevole il fatto che il titolo italiano sia identico a quello del reality USA, *Survivors* – a riprova del fatto che la nostra, più che un'epoca di zombie, è un'epoca di "ritornati", di "sopravvissuti" al loro destino di estinzione.

14. In questo senso vanno interpretate le storie di cannibalismo contemporaneo, come quella di Jeffrey Dahmer, il mostro di Milwaukee, o di Andrej Cikatilo, il Macellaio di Rostov, fino al recente caso di Matej Curko, slovacco, vicende che infatti restano inspiegabili in termini meramente psicologici – e sono sempre collegate a forme di relazione/comunicazione mediale (Dahmer si proponeva come fotografo alle sue vittime, Curko trovava le sue vittime consenzienti su un social network). Per inciso, questo stesso fatto getta una luce strana sul funzionamento collettivo dei cosiddetti social network: in queste reti, dove non incontro mai il mio prossimo, se non virtualmente (come "spettro"), siamo già tutti non-morti, e la socialità più "aperta" (posso entrare in contatto con chiunque) coincide col suo incubo più terrificante (il mio prossimo è un mostro cannibale).

15. In questo senso il concetto di "incontaminato" è usato nel marketing come potente leva di vendita, fino ad arrivare a esaltare "acque minerali" tratte da fonti sotterranee irraggiungibili, o da iceberg formatisi 600 milioni di anni fa, in una logica di "alterità totale" degna delle fantasie ecologiche del genere *Il mondo senza di noi* di A. Weisman. Tutti costoro propongono come dotato di un valore simbolico intrinseco qualcosa (il cibo totalmente naturale, la terra senza l'uomo, ecc.) che è frutto di una ri-costruzione non solo totalmente "umana", ma totalmente immaginaria, o per dirla con Žižek, *Vivere alla fine dei tempi*, cit., p. 127, "fantasia allo stato puro". Il vero senso di questi sogni si svela bene se sono posti riflessivamente a confronto con l'incubo della contaminazione: in Italia (che si conferma ancora una volta terra di eccellenza dell'obversione) il caso dei cibi provenienti da aree agricole avvelenate da discariche abusive ("Terra dei fuochi") ha rivelato invece come sia difficile sfuggire alla contaminazione, e quali drammatiche conseguenze ne derivino. Dato che questa contaminazione è un'alterazione umana dell'originario Altro naturale, se ne può concludere che l'altro dell'altro siamo noi stessi; in questa chiave, e se questo è, su scala ridotta, il destino alimentare dell'umanità, forse la prospettiva offerta da *Soylent Green* è "ottimista"?

§ 4 I CENTO TALLERI CHE NON CI SONO

1. Riprendo parte di questa sezione da Piotti, A., Senaldi, M., *Maccarone m'hai provocato. La commedia all'italiana del piccolo sé*, Bulzoni, Roma 2001.

2. In tal senso, il personaggio di questo film, pur appartenendo al genere commedia, e pur riprendendo temi propri già della commedia teatrale dei secoli precedenti, manifesta caratteristiche del tutto nuove. In una serie di commedie come la straordinaria *La trilogia della villeggiatura*, già Carlo Goldoni nel XVIII secolo aveva messo in scena le vicende di giovani squattrinati, "costretti" a spendere fortune in abiti, servitori, carrozze, ecc., di al di sopra delle loro possibilità, per pura rappresentanza; pur inscrivendosi già entro le coordinate di una nascente modernità, però, si trattava di fatti esteriori che non intaccavano la verità esistenziale del personaggio (e di solito erano fenomeni reversibili, non appena il giovane "metteva la testa a posto").

3. I. Kant, *Critica della Ragion pura*, cit., p. 871.

4. Cfr. Léon, X., *Fichte et son temps* [1922], Colin, Paris, 1954, 2 voll.; l'imbarazzata e patetica lettera con cui Fichte osa chiedere a Kant il famoso prestito si trova riportata (insieme alle vicende del

viaggio dal villaggio natale di Fichte a Königsberg) alle pp. 109-14 del vol. I.

5. Hegel, *Scienza della logica*, Laterza, Bari 1988, 2 voll.; vol. 1, p. 76 sgg.; sott. nostra.

6. Cfr. Althaus, op. cit., p. 146.

7. Hegel, G.W.F., *Enciclopedia*, cit. [trad. franc. *Encyclopédie des sciences philosophiques, I, Science de la logique*, a cura di B. Bourgeois, Vrin, 1994, p. 553 (nota [*zusatze*] riportata da L. von Henning al § 119)].

8. E questo sia nel caso di un debitore, come nei romanzi russi, che nel caso di un creditore, come è accaduto a molti imprenditori italiani che ancora attendono di essere pagati dallo Pubblica Amministrazione per lavori già eseguiti (secondo l'ABI, i debiti commerciali delle amministrazioni centrali, delle regioni, degli enti locali e degli enti del servizio sanitario nazionale, derivanti dalla fornitura e di beni e servizi, nonché dalla realizzazione di opere pubbliche, ammontano a circa 70 miliardi di euro). Sono obversioni come questa che sfuggono al logico quando ad esempio sostiene che "Non posso negare ciò che non c'è" (Frege, G. *Collected Papers*, Oxford 1984, p. 377; cit. in Kenny, cit.); la negazione dell'inesistente (un debitore che nega il dovuto al creditore) è anzi, come la negazione di un esistente, parte dell'obvertirsi continuo e reciproco di un ente nel suo opposto.

9. Tale somma deriva dalla semplice divisione del debito pubblico totale (ammontante a circa 1800 miliardi di euro nel 2010) diviso il totale della popolazione italiana (circa 56 milioni). Oggi, il debito pubblico è di circa 2740 miliardi; il che significa che il debito pro capite è di circa 47 mila euro.

10. In tal senso, l'antico stoicismo distingueva tra "essere" (*èinai*, corporeo) e "insistere" (*istemi*, incorporeo); solo il secondo concetto, avendo a che fare con gli "effetti" incorporei, include il negativo e oltrepassa la "corporeità" dell'essere sostanziale-aristotelico. Cfr. il classico (e tuttora non sorpassato) Bréhier, E., *La théorie des incorporels dans l'Ancien Stoicisme* [1928], Vrin, Paris, 1962.

11. Se si considerano in proposito dei saggi di economia contemporanea molto ben argomentati, e anche dettagliati, come il già citato J. Cassidy, *How Markets Fail*. cit., si rimane abbastanza sconcertati dal fatto che, nonostante tutto, la spiegazione della crisi del 2008 dei mutui *subprime* venga ancora ricondotta al tipico schema oppositivo fra economia liberista/economia assistita (welfare keynesiano), per cui i "buonisti" del welfare sono pronti a scagliare le colpe dell'accaduto sui "falchi" del libero mercato. In realtà, ciò che sfugge completamente al giornalista economico è il nesso *obverso* che lega i due opposti e li conduce a opporsi non l'uno all'altro, ma ciascuno a se stesso: i postkeynesiani (ragionando da liberisti) scongiurano gli Stati di occuparsi di se stessi e di abbandonare le banche o le imprese finanziarie al loro destino; mentre d'altra parte anche i liberisti più accaniti invocano l'intervento dello Stato neo-assistenziale e, (stranamente?) dopo lo spavento del 2008, come nota lo stesso Cassidy, "hanno cambiato parere" (trad. it., p. 452).

12. In un certo senso questo potrebbe essere il destino di "oggetti" concettuali come le cryptovalute o gli NFT.

13. Žižek, S., *In Defense of Lost Causes*, Verso, London 2008 [trad. it. *In difesa delle cause perse*, Ponte alle Grazie, Milano 2009, p. 377].

14. Ivi, p. 378.

15. Cfr. Gilbey, R., "Jokers to the left, jokers to the right", *The Guardian*, 17 july 2009.

§5 Guerra obversa

1. Sartre, J-P., "La fin de la guerre", *Temps Modernes*, oct. 1945; ora in *Situations IV*, Gallimard, Paris 1976.

2. Per un riassunto sulle nuove caratteristiche delle guerre, cfr. Marcon, G., *Le ambiguità degli aiuti umanitari*, Feltrinelli, Milano 2002, in partic. pp. 67 sgg., che correttamente legge le guerre "di quarta generazione" in concomitanza con l'espandersi esponenziale dell'industria degli aiuti umanitari.

3. Cfr. Sorlin, P., "Immagini in movimento: guerra, cinema e televisione", in Ortoleva, P. Ottaviano, C., a cura di. *Guerra e mass media. Gli strumenti del comunicare in contesto bellico* Liguori, Napoli 1994, pp. 229-42.

4. Cfr. *supra*, pte.2, §1; rimando qui a Senaldi, M., *Arte e televisione*, Postmedia Books, Milano 2009, cap. 1.

5. Cfr. Hammond, P., *Media, War and Postmodernity*, Routledge, London-New York 2007.

6. Sulla derealizzazione dei conflitti in epoca mediale, cfr. ancora Hammond, cit., pp. 42 sgg.

7. Sulla censura delle immagini video sia da parte USA che irakena nella prima Guerra del Golfo, cfr il resoconto del giornalista della Rai Santo Della Volpe, in Ortoleva, Ottaviano, cit., p. 251 sgg.

8. Sull'aspetto "teatrale" delle foto di tortura è insostituibile l'analisi di Slavoj Žižek, "What Rumsfeld Doesn't Know That He Knows About Abu Ghraib", *In These Times*, 21 may 2004, reperibile in rete www.lacan.com/zizekrumsfeld.htm.

9. Il recente uso di droni contro il neonato califfato islamico in Iraq conclude degnamente questa serie: come in un video di Harun Farocki (il regista e artista autore di *Eye Machine*, 2001-2003, sull'uso delle tecnologie belliche di controllo visivo), la tecnologia di sorveglianza video *diventa* l'arma stessa. Non c'è più distinzione tra apparato di ripresa e apparato offensivo, lo strumento che serve per vedere a distanza serve anche per uccidere a distanza. Questa coincidenza fatale ha una serie di conseguenze, la prima delle quali è il progressivo svuotamento di senso del rapporto tra guerra e mass media: i media visivi non possono più essere intesi, nemmeno per sbaglio, come "rappresentazioni" (più o meno coinvolte) del conflitto, dato che, in quanto tali, sono effettivamente armi impiegate nel suo svolgimento. Chi penserebbe mai di sostenere che le riprese del target da eliminare effettuate da un drone "raffigurano" ciò che si svolge sul campo di battaglia? In tal senso, sottolineare le ricadute morali di questa obversione sul singolo combattente, che uccide "a distanza di sicurezza", è non solo secondario, ma fuorviante. La prospettiva esaltata da film sul tema, come *Good Kill – La guerra dei droni* (Andrew Niccol 2014), dove assistiamo al dilemma etico del soldato che colpisce e uccide i nemici standosene praticamente a casa (il dilemma "del mandarino cinese"), accenna al problema reale: il problema non è infatti "cosa si prova a uccidere a distanza", ma in che modo l'inversione video rovescia la nozione di distanza, sia fisica che etica ("dis-allontana" pur senza realmente avvicinare, per citare Heidegger) – questa questione era infatti già presente ai tempi dei video messaggi dei soldati USA a Abu Ghraib, realizzati sì sul campo, ma spediti "a casa".

§6 *Into the Loop* _ Estetica, metafisica e...

1. Queste note sono tratte dal sito web https://michelesambin.com/projects/il-tempo-consuma.

2. Nel film di F. Léger e D. Murphy, del 1924, la breve sequenza di una lavandaia che sale le scale viene ripetuta in modo identico per ben sette volte senza soluzione di continuità; cfr. G. Manduca, "La lavandaia sulle scale. Una nota filologica al Ballet Mécanique", in P. Bertetto, S. Toffetti (a cura di), *Cinema d'avanguardia in Europa*, Il Castoro, Milano 1996, pp. 311-319; ne ho discusso anche nel mio *Doppio sguardo. Cinema e arte contemporanea*, Bompiani, Milano 2008.

3. Questa installazione era stata allestita nell'ambito della mostra *The Stolen Image/ L'Image Volée*, Fondazione Prada, a c. di Thomas Demand, 2016.

4. "Quella notte ho aspettato che arrivasse il giorno con il desiderio di verificare se la mia idea fosse folle o praticabile".

5. G.W.F. Hegel, *Wissenschaft der Logik*, [1812-32], in *Gesammelte Werke*, Bd. 11,12, 21,1978-85; trad. it., a cura di A. Moni, riv. C. Cesa, *Scienza della Logica*, Laterza, Roma-Bari, 1974, 2 voll.: vol. II, p. 462.

6. G.W.F. Hegel, Fenomenologia dello spirito, [1807], ed. it. a c. di V. Cicero, pp. 425-27.

§ 7 Il Gran Teatro dell'Oklahoma

1. Questa è la legge generale dell'esercizio della violenza verso quelli che la pubblicistica indica genericamente come "diversi", dalla donna, al bambino, al diverso per classe, etnia, religione o orientamento sessuale. Naturalmente, questa *diversità*, è solo mediatica, immaginaria, in quanto "ritagliata" contro a una identità insussistente; tuttavia il *differenziale* è del tutto reale (ancorché non essenziale, ma relazionale). Negare la differenza in nome di un "ecumenismo democratico" ("Io sono l'altro", il diverso, ecc.), tanto a livello filosofico che a livello di pensiero volgare, è un errore speculare e omologo a quello di scambiare l'alterità con la disidentità.

2. Cfr. Michel, L., Herbeck, D., *American Terrorist. Timothy McVeigh and the Oklahoma City Bombing*, Harper, New York 2001.

3. È interessante il fatto che esattamente questa sia anche la giustificazione che Anders Breivik ha fornito per la strage da lui compiuta a Utoya (oltre 70 vittime) il 22 luglio 2011, da lui definita non un crimine, ma una "low intensity civil war".

4. MCVeigh, T., *An Essay on Hypocrisy*, su www.outpost-of-freedom.com [accesso ott. 2013].

5. In effetti ciò che segretamente accomuna le forze del disordine e del male, dai terroristi fondamentalisti di Al Qaeda agli jihadisti, dai miliziani irregolari fino ai pervertiti consumatori di snuff movies, e le forze dell'Ordine e del Bene, dagli USA all'Occidente "democratico" è l'impiego, sia pur con contenuti e per fini diversi, degli stessi strumenti mediali; in tal senso la richiesta di McVeigh affinché la propria esecuzione fosse trasmessa in diretta sulle tv nazionali (e di conseguenza a livello planetario) era persino "corretta", perché avrebbe mostrato a tutti gli spettatori del mondo l'equivalenza dell'uso testimoniale del video da parte "nostra", così come da parte del Nemico (come nel caso del video dell'esecuzione di James Foley da parte dei miliziani dell'ISIS, agosto 2014, che infatti è stato trasmesso su tutti i media del mondo). Naturalmente, si obietta, i due casi sono radicalmente diversi: nell'uno, dopo un verdetto emesso da una giuria democratica, viene "fatta giustizia" di un assassino; nell'altro, un innocente viene barbaramente trucidato. Il vero enigma è però un altro: come mai la ripresa video dell'uccisione di un uomo segue la medesima logica strutturale, per cui uccidere non è sufficiente, e occorre duplicare mediaticamente il fatto stesso affinché diventi un "evento"?

6. Anderson, L., *Dal Vivo*, catalogo della mostra alla Fondazione Prada, Milano 1997.

§ 8 PACIFIC TRASH VORTEX

1. Cfr. Hayden, Th., "Trashing the Oceans", *U.S News and World Report*, 2 nov. 2002. Ultimamente le ricerche sui diversi aggregati di plastica in varie zone del Pacifico sono divenuti più frequenti, segno di un'accresciuta consapevolezza del "problema". Per una ricapitolazione recente cfr. Scarpino, C., *US Waste. Rifiuti e sprechi d'America. Una storia dal basso*, Il saggiatore, Milano 2011, pp. 171 sgg., e il racconto sul campo di Hohn, D., *Moby-Duck*, Viking, New York 2011.

2. Bacone, F. *Instauratio Magna* [1620], trad. it. in *Scritti filosofici*, Utet, Torino 1975, p. 606 (aforisma XCIII).

3. Serres, M., *Passage à Nord Ouest*, Ed. de Minuit, Paris 1980 [trad. it. *Passaggio a Nord-Ovest*, Pratiche, Parma 1984].

4. Ivi, p. 13.

5. Per inciso, si dovrebbe notare qui come gran parte dei film di fantascienza degli ultimi decenni (da *Jurassic Park* all'ultima versione di *Invisble Man*) espliciti inconsapevolmente questo carattere riflessivo del mostro o della catastrofe di turno: di solito si tratta di forze negative, pandemie, catastrofi, ecc., suscitate da interessi economici fuori controllo, strategie militari dissennate, politiche di dominio insensate, i cui risultati ultimi però ricadono sulla testa di chi li ha causati – secondo la logica, pur sempre valida, dell'"apprendista stregone".

6. Heidegger, *Essere e tempo*, trad. it. cit., p. 90.

7. Ivi, p. 138.

8. Si pensi agli oggetti doppi "ideali" di cui parla Borges nel celebre racconto *Orbis Tertius* (cfr. *supra*, § 7).

§ 9 MERDA BRUFOLO PRESERVATIVO

1. Nietzsche, F., *Ecce homo*, 1889 [trad. it. a cura di G. Colli e M. Montinari, Mondadori, Milano 1977, § 3, p. 13]. È notevole il fatto che la sorella, d'intesa con P. Gast, abbia espunto il passo in una edizione successiva del libro.

2. Non sembra qui di risentire l'eco della tipica vergogna sociale dell'artista o dell'intellettuale "arrivato", quando si trova a presentare in società i propri parenti, spesso imbarazzanti?

3. Deleuze, G., *Nietzsche et la philosophie*, PUF, Paris 1962 [trad. it. *Nietzsche e la filosofia*, Colportage, Firenze 1978].

4. Platone, *Parmenide*, 130 c-d.

5. Jone, E., *Compendio di Teologia morale*, Marietti, Torino 1961; a proposito del peccato dei coniugi, definisce "sodomia imperfecta" il rapporto che ha luogo tra persone di sesso diverso ma è effettuato "in vase prepostero"; pertanto "excluso affectu sodomitico, non est sodomia nec

peccatum mortale si vir copulam incipit in vase preposteo cum animo consummandi copulam in vase naturali" (p. 678). Naturalmente, il modello "alto" del *Compendio* è fornito dalla teologia medievale; nella *Summa contro i gentili* [1259-64], UTET, Torino, 1975, Tommaso d'Aquino, dopo aver passato in rassegna una infinità di problemi teologici, si sofferma ad esempio sulla differenza tra lo sperma e altri escrementi umani "improduttivi", come le feci o l'orina (cap. CXXI e sgg.).

6. Occorrerebbe dunque una vera teoria filosofica in grado di "sistematizzare" il sesso: un abbozzo assolutamente imperdibile è fornito Slavoj Žižek, in *The Parallax View*, MIT Press, Cambridge-London 2006, p. 12.

7. Proprio in questo *Compendio di Teologia,* il preservativo ("instrumento vel involucro quondam (vulgo condom), ne semen vaginam attingere possit") è considerato completamente illecito (p. 679). Naturalmente queste resistenze sono particolarmente accentuate oggi nell'ambito delle Chiesa cattolica – ma ci si sbaglierebbe di grosso se si pensasse che sono proprie solo di essa. In epoca moderna il protestantesimo è sfociato in un puritanesimo che ha dimostrato di essere persino privo di quella olimpica tolleranza che era propria dei cattolici. Molte altre religioni sono accomunate da un numero incalcolabile di precetti esteriori; e neppure le religioni orientali, che agli ingenui occhi occidentali appaiono sovente come "più spirituali", sono esenti da una soffocante precettistica che è la spia evidente di una polarizzazione tra gli opposti spirito e materia, che, in quanto "posta", è destinata a restare irrisolta e lacerante. Questi precetti (come quelli riguardanti il consumo o il divieto di un certo cibo, specifiche forme di sessualità, gesti rituali, formule liturgiche, ecc.) sono l'equivalente della madre e della sorella di nietzschiana memoria; l'"ateo" Nietzsche è in questo caso in buona compagnia.

8. Durante lo show in prime time "Il più grande spettacolo dopo il week end", Raiuno, dicembre 2011.

9. Cfr. Gualdoni, F., *Piero Manzoni. Vita d'artista*, Johan & Levi, Milano 2013. Pare che l'idea di quest'opera sia venuta a Manzoni da un rimbrotto del padre, il conte Egisto: "Sei un artista di merda". Gli anni Sessanta furono inoltre in Italia il momento

di diffusione di massa dei primi cibi in scatola, come appunto le carni.

10. Cfr. G.W.F. Hegel, *Enciclopedia delle scienze filosofiche in compendio*, trad. it. a cura di V. Cicero, Rusconi, Milano 1996, p. 427, nota, di cui è autore Hegel stesso..

11. Adorno, T. W., *Negative Dialektik*, Suhrkamp, Frankfurt am Main 1966 [trad. it. *Dialettica negativa*, Einaudi, Torino 1975, p. 36].

12. Cfr. Rockmore, T., *Before and after Hegel*, Univ. Of California Press, Berkeley 1993, pp. 59 sgg., che insiste giustamente su circolarità e anti-fondazionalismo del "sistema" hegeliano. Le osservazioni di Rockmore riprendono in parte quelle di Adorno, che acutamente distingue la "sistematicità" opprimente della società amministrata dal "sistema" filosofico e in particolare da quello dialettico: per Hegel infatti "comprendere una cosa, non semplicemente inserirla, riportarla al sistema di coordinate, non è altro che cogliere il momento singolo nella sua connessione immanente con altri"; così in *Dialettica negativa*, cit., pp. 23-24.

13. Hegel, *Enciclopedia* [1830], "Prefazione alla seconda edizione", ed it. cit., p. 45.

14. Platone, *Parmenide*, 130e, cvo mio. Il *Parmenide* è un dialogo che appartiene appunto alla maturità platonica; in tal senso il richiamo all'età di chi "filosofa" è fondamentale.

15. Hegel, *Enciclopedia* [1830], ed it. cit., p. 239.

16. Hegel, *Scienza della logica*, cit., vol. I p. 70.

17. Russell, B. *Autobiografia, 1872-1914*, cit.; vol. 2, pp. 281-82.

18. Warhol, A., *The Philosophy of Andy Warhol (From A to B and Back Again)*, Harcourt Brace, New York, 1975 [trad. it. *La filosofia di Andy Warhol*, Costa & Nolan, Genova, 1990, pp. 13-14].

19. Ivi, p. 14. È del tutto notevole il fatto che il traduttore italiano traduca: "Mentre l'alcol si asciuga *non* penso a niente. È sempre tanto di moda… ecc."; mentre l'originale suona: "And while the alchol is drying *I think about nothing. It's always in style…*". In tal modo, nella versione italiana sembra che Warhol dica che è l'alcol Johnson & Johnson ad essere "always in style", mentre si sta riferendo nientemeno che al nulla. L'errore non è solo di comprensione, ma è caratteristico di una

riduzione della figura di Warhol a una specie di *shopaholic* ante litteram, quando invece egli è stato non solo un acuto analizzatore di quella civiltà consumista della quale era (consapevolmente) parte integrante, ma anche un autentico pensatore.

20. Ivi, pp. 15-16. L'acutezza del passaggio di Warhol si coglie se viene messa a confronto con la nozione abituale di Nulla come morte, annientamento, fine dell'esistenza, o magari Vuoto taoista; ma se, come era accaduto a Warhol, la fine dell'esistenza e la nostra stessa morte è "alle nostre spalle", allora noi viviamo in una dimensione inesistenziale che è ancora *meno* di niente, siamo "reduci da un bel nulla" (per citare il titolo di una raccolta di poesie di A. Curcetti, Anterem edizioni, Verona 2000). In una recente trasmissione culturale dedicata al nulla e condotta abilmente da un filosofo come M. Ferraris (*Zettel*, Raitre, 2012), il logico Achille Casati ha affermato che, per mettere in difficoltà i suoi studenti e sgombrare il campo da truismi metafisici, propone loro il seguente paralogismo: "una 500 è meglio di niente; ma niente è meglio di una Ferrari; ne consegue... che una 500 è meglio di una Ferrari". Ovviamente, il paralogismo nasce dal fatto che "niente" è usato qui con due sensi diversi, in senso relativo nella prima proposizione (niente= una mancanza specifica, un non–ente)e in senso assoluto nella seconda (Nulla). Cosa accadrebbe se mettessimo in relazione proprio queste due accezioni, riflessivamente, tra di loro (il che dovrebbe essere il compito del dialettico)? Anche se in apparenza paradossale, una proposizione come "Nulla è meglio di niente / niente è meglio di Nulla" ha un senso: "il" Nulla, qui, è designato come qualcosa *in più* della semplice negazione dell'ente, è effettivamente un concetto, vuoto, ma che "è meglio che un bel niente"; esso cioè coincide esattamente con quell'elemento disturbante, l'insieme vuoto o "l'inesistente esistente" di Badiou, che è al tempo stesso "meno di Niente", cioè *meno* dell'abisso senza fondo, dell'*abgrund* o del puro Vuoto metafisico.

21. Cfr. Pohlenz, M, *Die Stoa. Geschichte einer geistigen Bewegung*, Vandenhoch & Rupert, Göttingen 1959 [trad. it. *La Stoa*, La Nuova Italia, Firenze 1967, 2 voll.; vol. I, p. 122].

22. *La filosofia di Andy Warhol*, cit., pp. 146-7.

Bibliografia

AA.VV., *Cinéma Cinéma. Contemporary Art and the Cinematic Experience*, Stedelijk Van Abbemuseum, Eindhoven 1999

AA.VV., *Beyond Cinema: The Art of Projection. Film, Videos and Installations from 1963 to 2005*, Hatje Cantz, Ostfildern 2006

AA.VV., *Collateral. Quando l'arte guarda il cinema*, Charta, Milano 2007

AAVV., *Scrivere sul fronte occidentale*, Feltrinelli, Milano 2002

Achiecque M., Guarak M., *Integration and Fragmentation of the Sudan: An African Renaissance*, Authorhouse, Indiana 2011

Adams, P., "Bruce Nauman and the Object of Anxiety", *October*, 83, 1998.

Adorno, T.W., *Negative Dialektik*, Suhrkamp, Frankfurt am Main, 1966; [trad. it.: *Dialettica negativa*, Einaudi, Torino 1979]

Id. *Ästhetische Theorie*, Suhrkamp, 1970; [trad. it.: *Teoria estetica*, Einaudi, Torino 2009]

Id., *Jargon der Eigentlichkeit*, 1964 [trad. it.: *Il gergo dell'autenticità. Sull'ideologia tedesca*, Bollati Boringhieri, Torino 1988]

Id., *Drei Studien zu Hegel*, Suhrkamp, Frankfurt am Main 1963 [trad. it.: *Tre studi su Hegel*, Il Mulino, Bologna 1976]

Adorno, Th.W., Horkheimer, M., 1947, *Dialektik der Aufklärung*, Amsterdam, Querido Verlag; trad. it. *Dialettica dell'illuminismo*, Einaudi, Torino 1966

Agamben, G., *L'uomo senza contenuto*, Quodlibet, Macerata 1994

id., *Che cos'è un dispositivo*, Nottetempo, Milano 2005

id., *Profanations*, Zone Books, New York 2007

id., *Che cos'è il contemporaneo?*, Nottetempo, Milano 2008

Althaus. H., *Hegel und die heroischen Jähre der Philosophie*, Carl Hanser Verlag, Munich 1992 [trad. it.: *Vita di Hegel*, Laterza, Bari 1995]

Angell, C., "Doubling the Screen. Andy Warhol's *Outer and Inner Space*", *Millennium Film Journal*, 38, 2002

Annas, G. J., *Worst Case Bioethics*, Oxford Univ. Press, Oxford 2010

Arnheim, R., "How to look at television", in *Film as Art*, UCLA, Berkeley-Los Angeles-London 1957 [trad. it.: *Film come arte*, Feltrinelli, Milano 1989]

Augé, M., *Pour une anthropologie des mondes contemporains*, Aubier; Paris, 1994; trad. it. *Storie del presente*, Il Saggiatore, Milano 1997

id. *L'impossible voyage. Le tourisme et ses images*, a cura di Payot et Rivages, Paris 1997 [trad. it.: *Disneyland e altri non luoghi*, Boringhieri, Torino 1999]

Id., "De l'espace au regard: qu'est ce que un objet d'art", in *Fictions*, Fayard, Paris 2000; trad. it., "Dallo spazio allo sguardo: che cos'è un oggetto d'arte", in id., *Finzioni di fine secolo*, Bollati Boringhieri, Torino 2001

id., *Le temps en ruines*, Galilée, Paris 2003; *Rovine e macerie. Il senso del tempo*, Bollati Boringhieri, Torino 2004

Auteliano, A., *Cronosismi*, Campanotto, Udine 2006

Bacone, F. *Instauratio Magna* [1620], trad. it. in *Scritti filosofici*, Utet, Torino 1975

Badiou, A., *L'être et l'événement*, Editions du Seuil, Paris 1988 [trad. it.: *L'essere e l'evento*, Il melangolo, Genova 1995]

Id., 'Fifteen Theses on Contemporary Art', *Lacanian Ink*, vol. 23, 2004, pp.103-119.

Id., *The Rational Kernel of Hegelian Dialectic*, [1978], re.press, Melbourne 2011

Baràbasi, A. L., *Bursts. The Hidden Pattern Behind Everything We Do*, 2010, trad. it. *Lampi. La trama nascosta che guida la nostra vita*, Einaudi, Torino, 2010

Baudrillard, J., *Simulacre et simulation*, Galilée, Paris 1981

Id., "Videosfera e soggetto frattale", in AA VV., *Videoculture di fine secolo*, Liguori, Napoli 1989

Id., *Le crime parfait*, Galilée, Paris 1995; trad. it., *Il delitto perfetto. La televisione ha ucciso la realtà?*, Cortina, Milano, 1996

Beckett, S. *L'ultimo nastro di Krapp* [1957], Einaudi, Torino 1994

Benjamin, W., *Das Kunstwerk im Zeitalter seiner technishen Reproduzierbarkeit* in *Gesammelte Schriften,* hrsg. Tiedemann R., Schweppenhäuser, H., Suhrkamp, Frankfurt 1995, pp. 350-84 (GS); trad. it. *L'opera d'arte nell'epoca della sua riproducibilità tecnica* in id., *Aura e choc*, a cura di A. Pinotti e A. Somaini, Einaudi, Torino 2012, pp. 17-73

Id., *Angelus Novus*, in GS [trad. it.: *Angelus Novus*, Einaudi, Torino 1965]

Berger, M.A., *Sight Unseen*, Univ. Calif. Press, Berkeley Los Angeles, 2005. Id., Passagenwerk, in GS, Bd. V [trad. it.: I "passages" di Parigi, in *Opere complete*, a cura di R. Tiedemann, Einaudi, Torino 2006, vol. IX]

Bettineschi, P., *Critica della prassi assoluta. Analisi dell'idealismo gentiliano*, Orthotes, Napoli 2011

Biard J. et alii, *Introduction à la lecture de la* Science de la logique *de Hegel*, Aubier Montaigne, Paris 1981, 2 voll.

Bioy Casares, A., *La invenciòn de Morel*, Losada, Buenos Aires 1940 [trad. it.: *L'invenzione di Morel*, Bompiani, Milano 1989]

Id., *Memoires*, Tusquets, Barcelona 1994

Id., *Romans*, a cura di M. Lafon, Editions Robert Laffont, Paris 2001

Birnbaum, D., *Chronology*, Sternberg Press, New York 2005 [trad. it.: *Cronologia*, Postmedia Books, Milano 2007]

Black, E., *IBM and the Holocaust. The Strategic Alliance between Nazi Germany and America's Most Powerful Corporation*, Dialog, Washington 2001

Blanchot, M., *L'Amitié*, Gallimard, Paris 1971

Bloch, E., *Geist der Utopie,* Dunker & Humblot, Munich 1918 [trad. it.: *Lo spirito dell'utopia*, Rizzoli, Milano 2004]

Bodei, R., *Destini personali. L'età della colonizzazione delle coscienze*, Feltrinelli, Milano 2002

Bolter, J.D, Grusin, R., *Remediation. Understanding New Media*, Cambridge – London, 1999 [trad. it.: *Remediation. Competizione e integrazione tra media vecchi e nuovi*, Guerini, Milano 2002]

Bonito Oliva, A., *Gino De Dominicis. L'immortale*, catalogo della mostra, Electa, Roma 2010

Borch-Jacobsen, M., *Lacan. The Absolute Master,* Stanford U.P., 1991; [trad. it.: *Lacan, il maestro assoluto*, Einaudi, Torino 1999]

Borges, J-L., *Tutte le opere*, Mondadori, Milano 1984-85, 2 voll.

Boulanger, Ph., Cohen, A., *Le Trésor des Paradoxes*, Belin, Paris 2007

Breazale, D., e Rockmore, T., *New Essays in Fichte's Foundation of the Entire Doctrine of Scientific Knowledge*, Humanity Books, New York 2001

Bréhier, E., *La théorie des incorporels dans l'Ancien Stoïcisme* [1928], Vrin, Paris, 1962

Brown, R. J., *Manipulating the Ether: the Power of Broadcast Radio in Thirties America*, McFarland & Co., Jefferson 1998

Bruno, G., *De l'Infinito, Universo e Mondi* [1584], a cura di G. Gentile, Sansoni, Firenze 1985

Burch, N., *Le lucarne de l'infini. Naissance du cinéma*, Nathan, Paris 1990 [trad. it.: *Il lucernario dell'infinito. Nascita del linguaggio cinematografico*, Il Castoro, Milano 2001]

Burnett, M., *Dare to Succeed: How to Survive and Thrive in the Game of Life.* Hyperion, New York 2001

Buzzati, D., *Dal medico*, in *Le Notti difficili*, Mondadori, Milano 1971

Càllari F., *"Pirandello – Cinema e l'inverso, punto e da capo"*, in *Intermediale Pirandello*, a cura di B. De Marchi, Milano, Euresis Edizioni, 1996

Camfield, W., *Marcel Duchamp – Fountain*, The Menil Collection, Houston Fine Art Press, Houston 1989

Carlson, D.G., *A Commentary to Hegel's* Science of Logic, Palgrave Macmillan, New York 2007

Carmagnola, F., Pievani, T., *Plot. Il tempo del raccontare nel cinema e nella letteratura*, Meltemi, Roma 2004

Carmagnola, F., *Il consumo delle immagini*, Bruno Mondadori, Milano 2006

Id., "Indagine sulla nozione di obversione", *Studi di estetica*, 35, 2008, pp. 177-199

Id., *Abbagliati e confusi. Una discussione sull'etica delle immagini*, Christian Marinotti Edizioni, Milano 2010

Id., *L'irriconoscibile. Le immagini alla fine della rappresentazione*, et al., Milano 2011

Casetti, F., 1986, *Dentro lo sguardo. Il film e il suo spettatore*, Milano, Bompiani

Id., 2005, *L'occhio del Novecento. Cinema, esperienza, modernità*, Milano, Bompiani

Cassidy, J., *How Markets Fail. The Logic of Economic Calamities*, Farrar, Straus & Giroux, New York 2009 [trad. it.: *Come crollano i mercati*, Einaudi, Torino 2010]

Celant, G., a cura di, *Giulio Paolini 1960-1972*, Fondazione Prada, Milano 2003.

Chauve, A., *La Logique et sa signification philosophique*, Delagrave, Paris 2004

Cialdini, R. B., *Influence. The Psychology of Persuasion*, Quill William Morrow and Co., Inc., New York 1984 [trad. it.: *Le armi della persuasione*, Giunti, Firenze 1995]

Cimatti, F., *Fondamenti naturali della comunicazione*, in Gensini, S., a cura di, *Manuale della comunicazione*, Carocci, Roma 1999

Colie, R., *Paradoxia Epidemica. Renaissance Tradition of Paradox*, Littel, New York 1966.

Comay, R., *Mourning Sickness. Hegel and the French Revolution*, Stanford University Press, Stanford 2011

Cooper I., Malkmus B. F., a cura di, *Dialectic and Paradox. Configurations of the Third in Modernity*, Peter Lang, Oxford 2013

Copjec, J., *Read My Desire: Lacan against the Historicists*, MIT Press, Cambridge (MA), London 1994

Cordelli, F., Cortellessa, A., *Pensa alla tua libertà. Il cinema di Emidio Greco*, Falsopiano, Alessandria 2002

Crary, J., *Techniques of the Observer*, MIT Press, Cambridge-London 1990

Id., *Suspension of Perception. Attention Spectacle and Modern Culture*, MIT Press, Cambridge-London 1999

Id. "Géricault, the Panorama, and Sites of Reality in the Early Nineteenth Century", *Grey Room 9*, Fall 2002, pp. 6-25

Crimp, D., *Our Kind of Movie. The Cinema of Andy Warhol*, MIT Press, Cambridge – London 2012

Croce, B., *Teoria e storia della storiografia*, Laterza, Bari 1943

Id., *Estetica come scienza dell'espressione e linguistica generale. Teoria e storia*, Laterza, Bari 1950

Id., *Breviario di Estetica – Aesthetica in nuce*, [1907], Adelphi, Milano 1990

Id., *Filosofia Poesia Storia*, Adelphi, Milano 1996

Crow, T., *Painters and Public. Life in Eighteenth Century Paris*, Yale U.P., Yale 1985

Daniels, D. *Kunst als Sendung. Von der Telegrafie zum internet*, Munich 2002

Id, *Vom Ready-made zum Cyberspace*, Ostfildern 2003

Id., *Tv: Art or Anti-Art? Conflict and Cooperation between the Avant-garde and the Mass-media in the 1960s and 1970s*, medienkunstnet, z.de, 2005

Danto, A. C., *The Transfiguration of the Commonplace, A Philosophy of Art*, H.U.Press, Harvard 1981

id., *The Philosophical Disenfranchisement of Art*, Columbia University Press, New York, 1986 [trad. it.: *La destituzione filosofica dell'arte*, Aesthetica, Palermo 2008]

Debord, G., *La Société du Spectacle*, Champ Libre, Paris 1967; trad. it., *La società dello spettacolo*, Sugarco, Milano 1990

Id., *Oeuvres*, Gallimard, Paris 2006

de Bruyn, E., "The Museum of Attractions: Marcel Broodthaers and the Section Cinéma", *Media Art Net* www.medienkunstnetz.de, 2003

De Duve, T., ed, *The Definitely Unfinished Marcel Duchamp*, MIT Press, Cambridge -London 1991

De Grazia, V., *Irresistible Empire. America's Advance Trough Twentieth Century Europe*, Belknap Press, Cambridge 2005 [trad. it.: *L'impero irresistibile*, Einaudi, Torino 2006]

Deleuze, G., *Nietzsche et la philosophie*, PUF, Paris 1962 [trad. it.: *Nietzsche e la filosofia*, Colportage, Firenze 1978]

Id., *Différence et Répetition*, Minuit, Paris 1968,; trad. it, *Differenza e ripetizione*, Il Mulino, Bologna 1971

Id., *Logique du sens*, Minuit, Paris 1969; trad. it *Logica del senso*, Feltrinelli, Milano 1975

Dennett, M, Hofstadter, *The Mind's I*, Bantam Books, New York 1982 [trad. it.: *L'io della mente*, Adelphi, Milano 1985]

Derrida, J., *La verité en Peinture*, Flammarion, Paris 1978 [trad. it.: *La verità in pittura*, Newton Compton, Roma 1978]

Id., *Spectres de Marx*, Galilée, Paris 1993 [trad. it.: *Spettri di Marx*, Cortina, Milano 1994]

Id., *La Dissémination*, Points, Paris 1972

Descartes, R., *Meditationes de prima philosophia* (1641), in *Oeuvres de Descartes*, a cura di Adam, C., Tannery, P., A cura di Cerf, Paris 1897-1913, vol. VII [trad. it.: *Meditazioni metafisiche,* in *Opere*, a cura di G. Cantelli, Mondadori, Milano 1986]

Descombes, V., *Le Même et l'Autre*, De Minuit, Paris 1979

Deutsch D., *The Fabric of Reality. The Science of Parallel Universes and Its Implications*, Penguin, London 1997 [trad. it.: *La trama della realtà*, Einaudi, Torino 1997]

Donà, M., *Le aporie del fondamento*, Mimesis, Milano 2008

Dorfles, G., Vettese, A., 2000, *Arti Visive. Il Novecento*, 2 volumi, Bergamo, Atlas

Dreier, K. S., *Western Art and the New Era*, Brentano's, New York 1923

Duchamp M., *Duchamp du signe. Ecrits*, a cura di G. Sanouillet, Frammarion, Paris 1975

Duchamp, M., Cabanne, P., *Entretiens avec Marcel Duchamp*, Paris 1967 [trad. it.: *Ingegnere del tempo perduto. Conversazione con Pierre Cabanne*, Multhipla, Milano 1979]

Elden, S., a cura di, *Sloterdijk Now*, Polity Press, London 2012

Eco, U., *Opera aperta. Forma e indeterminazione nelle poetiche contemporanee*, Bompiani, Milano 1962

Id., *Sugli specchi e altri saggi*, Bompiani, Milano 1985

Estes, Y., Bowman, C., *J.G. Fichte and the Atheism Dispute* (1789-1800), Ashgate, London 2010

Ferraris, M., *Dove sei? Ontologia del telefonino*, Bompiani, Milano 2005.

Fichte, J. G., *Grundlage der gesamten Wissenschaftslehere,* [1794-1802], in *Gesamtausgabe der Bayerische Akademie der Wissenschaften*, hrsg., R. Lauth, H. Jacobi, Stuttgart-Bad Cannstadt 1964 [trad. it.: *Fondamento dell'intera dottrina della scienza*, a cura di G. Boffi, Bompiani, Milano 2003]

Id., *Oeuvres Choisies de philosophie prémiere – Doctrine de la science.* a cura A. Philonenko, Vrin, Paris 1972

Id., *Die Bestimmung des Menschen*, Berlin 1800

Filipovic, E., "A Museum That Is Not", *eflux journal*, 2010

Filoni, M., *Il filosofo della domenica. La vita e il pensiero di Alexandre Kojève*, Bollati Boringhieri, Torino 2008

Foucault, M., *L'Archéologie du Savoir*, Gallimard Paris, 1969; trad. it. *L'archeologia del sapere*, Rizzoli, Milano 1971

Id., *Ceci n'est pas une pipe*, Fata Morgana, Paris 1973 [trad. it.: *Questa non è una pipa*, Serra e Riva, Milano 1980]

Id. *Surveiller et punir: Naissance de la prison*, Gallimard, Paris 1975 [trad. it.: *Sorvegliare e punire*, Torino, Einaudi, 1979]

Friedman, A., *The Spider's Web. The Secret History of How The White House Illegally Armed Iraq*, Bantam, London 1993

Freud, S., *Die Traumdeutung*, Deuticke, Leipzig und Wien 1900 (1899) [trad. it.: *L'interpretazione dei sogni*, Boringhieri, Torino 1973]

Id., *Il perturbante* [1919], in *Opere scelte*, a cura di A. Semi, Boringhieri, Torino 1999

Gadamer, H.G., *Hegels Dialektik,* Mohr, Tübingen 1971

Gentile, G., *Sistema di logica come teoria del conoscere*, Sansoni, Firenze 1917-22,2 voll.

Giannantoni, G., a cura di, *Presocratici*, Laterza, Bari 1991, 2 voll.

Giddens, A., *Capitalism and Modern Social Theory*, C.U.P., Cambridge 1971 [trad. it.: *Capitalismo e teoria sociale*, Saggiatore, Milano 1998]

Gilman, L.S., Zhou X., a cura di, *Smoke: A Global History of Smoking*, Reaktion books, London 2004

Gimpel, J., *Contre l'art et les artistes*, Éditions du Seuil, Paris, 1968; trad. it., *Contro l'arte e gli artisti. Nascita di una religione*Bollati Boringhieri, Torino 2000

Gleason A., Goldsmith J., Nussbaum M. C., a cura di, *On "Nineteen Eighty-Four": Orwell and Our Future,* Princeton UP, Princeton 2005

Gleeson, J., *The Moneymaker,* Bantam, London 2000 [trad. it.: *L'uomo che inventò il denaro. La vera storia di John Law*, Rizzoli, Milano 2000]

Goethe, J. W., *Faust*, trad. it. Einaudi, Torino 1974

Goloboff, G.M., *Leer Borges*, Buenos Aires 1978

Gourevitch Ph., "Il lato oscuro degli aiuti", "Internazionale", n.876, 16 dic. 2010

Grosswiler, P., a cura di, *Transforming McLuhan: Cultural, Critical, and Postmodern Perspectives*, Peter Lang, New York 2010

Grusin D., "Affect, Mediality and Abu Ghraib", 2005, eng7007.pbworks.com [accesso marzo 2014].

Gualdoni, F., *Piero Manzoni. Vita d'artista*, Johan & Levi, Milano 2013

Hammond, P., *Media, War and Postmodernity*, Routledge, London-New York 2007

Hansen, M., *Cinema and Experience: Siegfried Kracauer, Walter Benjamin, and Theodor Adorno*, University of California Press, San Francisco 2011 [trad. it.: *Cinema and Experience*, Johan & Levi, Milano 2013]

Hardt, M., Negri, A., *Impero*, Rizzoli, Milano 2002

Hegel, G. W. F., *Differenz des Fichteschen und Schellingschen Systems der Philosophie* (1801), in *Werke*, Band 2, Suhrkamp, Frankfurt 1986 [trad. it.: *Differenza tra il sistema filosofico di Fichte e quello di Schelling*, in *Primi scritti critici*, a cura di R. Bodei, Mursia, Milano 1971]

Id., "Einleitung. Über das Wesen der philosophischen Kritik überhaupt, und ihr Verhältnis zum gegenwärtigen Zustand der Philosophie insbesonderes" (1802), in *Gesammelte Werke* (GW), hrsg. H. Buchner, O. Pöggeler Felix Meiner, Hamburg 1968 sgg., Bd. IV

Id., *Phänomenologie des Geistes*, Goebhardt, Bamberg und Würzburg 1807, ora in GW, Bd. 9; trad. it. a cura di Cicero, V., *Fenomenologia dello spirito*, Rusconi, Milano 1995

Id., *Wissenschaft der Logik*, [1812-32], in GW, Bd. 11,12, 21,1978-85; trad. it., a cura di Moni, A., riv. Cesa, C., *Scienza della Logica*, Laterza Roma-Bari 1974

Id., *Enzyklopädie der Philosophischen Wissenshaften in Grundrisse*, Oswald, Heidelberg 1830, in GW, Bd. 13, 19, 20; trad. it *Enciclopedia delle scienze filosofiche in compendio*, Rusconi, Milano 1996

Id., *Grundlinien der Philosophie des Rechts*, Nicolaischen Buchhandlung, Berlin 1821, in GW, Bd. 14.1, 14.2, 14.3; trad. it *Lineamenti di filosofia del diritto*, trad. it. a cura di V. Cicero, Rusconi, Milano 1996

Id., *Vorlesungen über die Geschichte der Philosophie*, in *Werke*, hrsg. E. Moldenhauer, K.M. Michel, Suhrkamp, Frankfurt1968 sgg., Bd. 18, 19 [trad. it.: *Lezioni sulla storia della filosofia*, La Nuova Italia, Firenze 1981, 3 voll.]

Id., *Vorlesungen über die Philosophie der Kunst*, [1823] in *Vorlesungen. Ausgewählte Nachschriften und Manuskripte*, hrsg von der Nordrhein-Westfälichen Akademie der Wissenschaften, Felix Meiner Verlag, Hamburg 1983, Band II [trad. it.: *Lezioni di estetica. Corso del 1823*, Laterza, Roma-Bari 2000]

Id., *Ästetik*, Aufbau Verlag, Berlin 1955, trad. it. *Estetica*, trad. it. a cura di N. Merker, Einaudi, Torino 1976, 2 voll.

Id., *Vorlesungen über die Philosophie der Geschichte*, a cura di Lasson, Meiner, Leipzig 1917 [trad. it.: *Lezioni sulla filosofia della storia*, La Nuova Italia, Firenze 1947, 2 voll.]

Heidegger, M., *Sein und Zeit*, Max Niemeyer, Tübingen 1927, in *Gesamtausgabe* (HGA), Vittorio Klostermann, Frankfurt a. M. 1975 sgg. [trad. it.: *Essere e tempo*, tr. P. Chiodi, Longanesi, Milano 1976]

Was ist Metaphysik? [1929], in *Wegmarken* [1967], in HGA, Band 4, pp. 103-122 [trad. it.: *Che*

cos'è la metafisica? in *Segnavia* Adelphi, Milano 1999]

Id., *Holzwege*, Vittorio Klostermann, Frankfurt 1950, in HGA; [trad. it.: *Sentieri interrotti*, La Nuova Italia, Firenze 1968]

Id., *Briefe über den "Humanismus"*, Vittorio Klosterman, Frankfurt 1946; in HGA, Bd. 9 [trad. it.: *Lettera sull'umanismo*, Adelphi, Milano 1995]

Id., *Das Ding*, 1950, in HGA, Bd. 7, pp. 165-188 [trad. it.: in *Saggi e discorsi*, a cura di G. Vattimo, Mursia, Milano 1976, pp. 109-124]

Id., *Identität und Differenz*, Günther Neske, Pfüllingen, 1957, in HGA, Bd. 11 [trad. it.: *Identità e differenza*, Adelphi, Milano 2009]

Id., *Hegels Phänomenologie des Geistes*, in HGA, Bd. 32; [trad. it.: *La fenomenologia dello spirito di Hegel*, Guida, Napoli 1988]

Heinich, N., *Le triple Jeue de l'art contemporaine*, Minuit, Paris 1999

Heinrich D., *Between Kant and Hegel*, H.U.P., Harvard 2003

Henry, M., *Marx*, Gallimard, Paris 1976

Herman, E.S., "From Ingsoc and Newspeak to Amcap, Amerigood and Marketspeak", in Gleason et alii, a cura di, *On "Nineteen Eighty-Four": Orwell and Our Future*, cit., pp. 150-164

Hobsbawm, E., *The Age of Extremes: The Short Twentieth Century, 1914–1991*, Random House, New York 1994 [trad. it.: *Il secolo breve*, Rizzoli, Milano 1995]

Hohn, D., *Moby-Duck*, Viking, New York 2011

Huhtamo, E., *Illusions in Motion. Media Archaeology of the Moving Panorama and Related Spectacles*, MIT Press, Cambridge (MA)-London 2013

Hyppolite, J., *Genèse et structure de la Phénoménologie de l'Esprit de Hegel*, Aubier Montaigne, Paris 1946 [trad. it.: *Genesi e struttura della* Fenomenologia dello spirito *di Hegel*, La Nuova Italia, Firenze 1992]

Id., "La signification de la Révolution Française dans la « Phénoménologie » de Hegel", *Revue Philosophique de la France Et de l'Etranger*, 128, 9/12, 1939, pp. 321-52, poi in *Études sur Marx et Hegel*, Riviè, Paris 1955 [trad. it.: "Il significato della Rivoluzione Francese nella *Fenomenologia* di Hegel", in *Saggi su Marx e Hegel*, Bompiani, Milano 1965]

Jameson F., *Postmodernism, Or the Cultural Logic of Late Capitalism*, [1985] Duke Univ. Press, Durham 1991 [trad. it.: *Postmodernismo, o la logica del tardo capitalismo*, Garzanti, Milano 1989]

Id., *The Hegel Variations*, Verso, London 2010

Jenkins, B., "The Impossible Cinema of Marcel Broodthaers", in Harper G., Stone R., a cura di, *The Unsilvered Screen: Surrealism on Film*, Wallflower, London 2007, pp. 155-66.

Johnson, D., *Jacques-Louis David. New Perspectives*, Univ. of Delaware Press, Newark, 2006

Jone, E., *Compendio di Teologia morale*, Marietti, Torino 1961

Joselit, D., *Feedback. Tv against Democracy*, MIT press, Cambridge London 2007 [trad. it.: *Feedback. La Tv contro la democrazia*, Postmedia Books, Milano 2015]

Kant, I., *Kritik der reinen Vernunft*, [1781, 1787], in Werksausgabe, Bd. III/IV, Suhrkamp, Frankfurt 1974 [trad. it.: *Critica della ragion pura* (1781-87), a cura di G. Colli, Laterza, Bari 1979, 2 voll.]

Id., *Kritik der Urteilskraft*, [1790], in *Werksausgabe*, Bd. X, Suhrkamp, Frankfurt 1977 [trad. it.: *Critica del Giudizio*, a cura di V. Verra, Laterza, Roma-Bari 1979]

Id., "Beantwortung der Frage: Was ist Aufklärung?", *Berlinische Monatsschrift*, 1784, dezember, pp. 481-494; in *Gesammelte Schriften*, von der Königlich-Preußische Akademie der Wissenschaften zu Berlin, Berlin 1900 ss., Bd. VIII [trad. it.: *Risposta alla domanda: Che cos'è l'Illuminismo?* In *Scritti politici e di filosofia della storia e del diritto*, UTET, Torino 1963]

Kaplan, R.L., "Between mass society and revolutionary praxis: The contradictions of Guy

Debord's Society of the Spectacle", in *European Journal of Cultural Studies*, August 2012 vol. 15, 4 pp. 457-478.

Kenny, A., *Frege*, Penguin, London 1995 [trad. it. *Frege. Un'introduzione*, Einaudi, Torino 2003]

Kierkegaard, S., *Enten-Eller*, Reitzel, Kjøbenhavn 1843, 2 voll., ora in *Søren Kierkegaards Schrifter* (SKS), a cura di N. J. Cappelørn, J. Garff, J. Knudsen, J. Kondrup, Alastair McKinnon e F. H. Mortensen, Copenaghen, 1997 sgg., EE1 e EE2 (online); [trad. it.: *Aut-Aut*, Adelphi, Milano 1976-1989, 5 voll.]

Id., *Forord*, Reitzel, Kjøbenhavn 1844, in SKS, F; [trad. it. *Prefazioni*, a cura di D. Borso, Guerini, Milano 1990]

Id., *Scritti sulla comunicazione* [trad. it. a cura di C. Fabro, edizioni Logos, Roma 1979, 2 voll.]

Id., *Øieblikket*, Reitvelt, Kjobenhavn 1855, Nr. 1-9, in SKS, Oi 1-10 [trad. it.: parz. *L'ora. Atto di accusa al cristianesimo nel regno di Danimarca*, Newton Compton, Roma 1977]

Kneale, M. Kneale, N., *The Developement of Logic* [1962], Clarendon Press, Oxford 1984, [trad. it. *Storia della Logica*, Einaudi, Torino 1972]

Kojéve, A., *Introduction à la lecture de Hegel*, Gallimard, Paris 1947 [trad. it.: *Introduzione alla lettura di Hegel*, Adelphi, Milano 1994]

Korzybski Alfred, Science and Sanity: An Introduction to Non-Aristotelian Systems and General Semantics, The International Non-Aristotelian Library Publishing Company, 1933

Kracauer, S., *Theory of Film*, Oxford University Press, New York 1960 [trad. it.: *Teoria del film*, Il Saggiatore, Milano 1995]

Krauss, R., "Video: The Aesthetic of Narcissism", *October*, 1, 1976, pp. 50-64

Id., *A Vojage on the North Sea. Art in the Age of the Post-Medium Condition*, Thames & Hudson, London 1999 [trad. it.: *L'arte nell'era postmediale. Marcel Broodthaers, ad esempio*, Postmedia Books, Milano 2005]

Kraynak J., "Dependent Participation: Bruce Nauman's Environments", *Grey Room*, winter 2003, 10, pp. 22-45

Kraynak J., *Please Pay Attention Please. Writings and Interviews*, MIT Press, Cambridge – London 2000 [trad. it.: *Please Pay Attention Please. Le parole di Bruce Nauman*, Postmedia Books, Milano 2004]

Kuenzli R. E., Naumann M., *Marcel Duchamp, Artist of the Century*, MIT Press, Cambridge – London 1989

Lacan, J., *Ecrits*, Seuil, Paris, 1966; [trad. it. a cura di G. Contri, *Scritti*, Einaudi, Torino 1974]

Id., *Le Seminare tome 7. L'ethique de la Psychoanalyse (1959-60)*, Seuil, Paris 1986 [trad. it.: *Il seminario Libro VII. L'etica della psicoanalisi*, Einaudi, Torino 1974]

Id., *Le Séminaire, tome 11 : Les Quatre Concepts fondamentaux de la psychanalyse, 1964*, Seuil, Paris 1990 [trad. it. *Il Seminario Libro XI. I quattro concetti fondamentali della psicoanalisi (1964)*, Einaudi, Torino 1979

Id., *Le Séminaire, tome 2 : Le moi dans la théorie de Freud et dans la technique de la psychanalyse*, Seuil, Paris 2002 [trad. it.: *Il Seminario, Libro II. L'io nella teoria di Freud e nella tecnica della psicoanalisi (1954-1955)*, Einaudi, Torino 1991]

Id., "Il simbolico, l'immaginario e il reale" (1953) in id., *Dei Nomi-del-Padre*, Einaudi Torino 2006

Lai, G., *Disidentità*, Feltrinelli, Milano 1989

Lauretta E., a cura di, *Pirandello e il cinema*, Centro internazionale di studi pirandelliani, Agrigento 1978

Lauth, R., *Die transzendentale Naturlehre Fichtes nach den Prinzipien der Wissenschaftslehre*, Felix Meiner Verlag, Hamburg 1984, [trad. it.: *La filosofia trascendentale di J. G. Fichte*, Guida, Napoli 1986]

Lawley, P., "Stages of Identity: from *Krapp's Last Tape* to *Play*", in J. Pilling, a cura di, *The Cambridge Companion to Beckett*, C.U.P., Cambridge 1994

Le Breton, D, *La saveur du monde*, Métailié, Paris 2006 [trad. it.: *Il sapore del mondo*, Cortina, Milano 2007]

Leguil, C., *Sartre avec Lacan*, Navarin, Paris 2012

Leon, X., *Fichte et son temps*, Colin, Paris 1922, 2 voll.

Lévi-Strauss C. *Tristes tropiques,* Plon, Paris 1955 [trad. it.: *Tristi Tropici*, Il Saggiatore, Milano 1994]

Levin, Th. Y., 2002, "Dismantling the Spectacle. The Cinema of Guy Debord", in Tom McDonugh, Guy Debord and the Situationist International. Texts and Documents, pp. 321-454

Lippard, L., *Six Years. The dematerialization of the art object*, Praeger, New York 1973

Loos, A., *Ins Leere gesprochen*, Crès, Paris - Zürich 1921 [trad. it.: *Parole nel vuoto*, Adelphi, Milano 1999]

Löwith, K., *Von Hegel bis Nietzsche*, Europa Verlag. Zürich, l94I [trad. it.: *Da Hegel a Nietzsche*, Einaudi, Torino 1949]

Lukàcs, G., *Der junge Hegel und die Probleme der kapitalistischen Gesellschaft*, Aufbau Verlag, Berlin1948 [trad. it.: *Il giovane Hegel e i problemi della società capitalistica*, Einaudi, Torino 1960]

Lupasco, S., *Science de la contradiction*, PUF, Paris 1947

Lyotard, J-F., *Les Immateriaux*, Centre Pompidou, Paris 1985

Machado, A., *El paisaje mediàtico*, Nueva Libreria, Buenos Aires 2009

Malabou, C., *La change Heidegger*, Scheer, Paris 2004

Mangione, C., "Logica e problema dei fondamenti nella seconda metà dell'Ottocento", in Geymonat, L., *Storia del pensiero filosofico e scientifico*, Garzanti, Milano, 1971, 7 voll.; vol. 5, pp. 755-830

Mann, T., *Der Zauberberg*, Tischer Verlag, Berlin 1924, 2 voll. ; [trad. it. *La montagna incantata*, Corbaccio, Milano 1999]

Id., *Die vertatutschen Köpfen*, Bermann-Fischer, Stockholm 1940 [trad. it.: *Le teste scambiate,* in *Romanzi brevi*, a cura di R. Fertonani, Mondadori, Milano 1997]

Marcadé, B., *Marcel Duchamp. La vie à credit, Biographie*, Flammarion, Paris 2007 [trad. it.: *Marcel Duchamp. La vita a credito*, Johan & Levi, Milano 2011]

Marcuse, H., *Reason and Revolution*, Oxford U.P., Oxford 1941 [trad. it.: *Ragione e rivoluzione. Hegel e il sorgere della 'teoria sociale'*, Il Mulino, Bologna 1966]

Id., *Eros and Civilisation*, Beacon Press, Boston 1955 [trad. it.: *Eros e civiltà*, Torino, Einaudi 1976]

Marinetti, F.T., *Teoria e invenzione futuristu*, Mondadori, Milano 1990

Marx, K., Engels, F., *Manifest der Kommunistischen Partei*, London 1848, in *Gesamtausgabe*, 1 Abteil, Bd. I, 6, Berlin-brandenburgische Akademie der Wissenschaften, Berlin 1985 (MEGA) [trad. it.: *Manifesto del partito comunista*, a cura di F. Ferri, Editori Riuniti, Roma 1976]

Idd., *Die deutsche Ideologie*, in MEGA, Bd. I, 5 [trad. it.: *L'ideologia tedesca*, Editori Riuniti, Roma 1972]

Idd., *Der 18 Brumaire*, in MEGA, Bd. I, 11 [trad. it.: *Il 18 Brumaio di Luigi Bonaparte*, in *Opere Scelte*, Editori Riuniti, Roma 1969]

Idd., *Scritti sull'arte*, a cura di C. Salinari, Laterza, Roma-Bari 1972

Marx, K., *Das Kapital. Kritik der Politischen Ökonomie.* Erster Band, Hamburg 1872; in MEGA, 2 Abteil, Bd. II, 6 [trad. it.: *Il capitale*, Editori Riuniti, Roma, 1974, 4 voll.]

Mattelart, A., *La Communication-monde*, La Découverte, Paris 1992 [trad. it.: *La comunicazione mondo*, Il Saggiatore, Milano 1994]

Maurizi, M. *Adorno e il tempo del non-identico*, Jaca Book, Milano 2004

Mazzarella E., *Tecnica e metafisica. Saggio su Heidegger*, Guida, Napoli 2002

McGuigan, J., *Postmodernity and Postmodern Culture*, McGraw Hill, Maidenhead 2006

McLuhan, M., *Understanding Media*, McGraw-

Hill, New York, 1964; [trad. it. *Gli strumenti del comunicare*, Il Saggiatore, Milano 1967]

Id., "At the moment of Sputnik the Planet Became a Global Theater in Which There are no Spectators but only Actors", *Journ. of Communication*, winter 1974, XXIV, 1, pp. 48-58

McLuhan M. McLuhan E., Hutchon K., *City as Classroom*, Book Society of Canada, Toronto 1977 [trad. it.: *Città come aula*, Armando, Roma 1984]

McNickle Chastain, C., "Louis Eilshemius's 'Svengali-like Stare': Mesmerism and the Artist's Figurative Paintings", in *Nineteenth-Century Art Worldwide*, vol. 5, 2, autumn 2006

Merleau-Ponty, M., *Phénoménologie de la perception*, Gallimard, Paris 1945; trad. it *Fenomenologia della percezione*, Il Saggiatore, Milano 1972

Michel, L., Herbeck, D., *American Terrorist. Timothy McVeigh and the Oklahoma City Bombing*, Harper, New York 2001

Migliorini, E., *La rosa di Kant*, Aesthetica, Palermo 1992

Moholy-Nagy, L., *Malerei Fotografie Film*, (1929), Gebr, Mann Verlag, Berlin 1986 [trad. it.: *Pittura Fotografia Film*, a cura di A. Somaini, Einaudi, Torino 2010]

Mondloch, K., *Screens. Viewing Media Installation Art*, Minnesota Press, 2010

Moneti M., *Hegel e il mondo alla rovescia. Una figura fenomenologica*, Le Monnier, Firenze 1986

Monk, Ph., *The Hollywood Films of Douglas Gordon*, Toronto 2003.

Mulvey, L., "A Phantasmagoria of Female Bodies", *New Left Review*, 118, 1991, pp. 136-150

Mutman, M., Oçak, E., "Fetal culture Ultrasound imaging and the formation of the human", *Radical Philosophy*, 147, jan/feb 2008

Nauman, B., *Image/Texte 1966-96*, Centre Pompidou éd., Paris 1997

Id. *Inventa e muori. Interviste 1967-2001*, a+mbookstore, Milano 2005

Naumann, F.M., *Marcel Duchamp. L'art à l'ere de la réproduction mecanisée*, Hazan, Paris 1999

Nicolescu, B., "Stéphane Lupasco : Du monde quantique au monde de l'art", in Nicolescu, B., Stavinschi, M., a cura di, *Transdisciplinarity in Science and Religion*, 1, 2007, pp. 203-221

Nietzsche, F., *Ecce homo*, (1889), ora in *Digitale Kritische Gesamtausgabe Werke und Briefe* (eKGWB); da: KGWB hrsg. G. Colli e M. Montinari, De Gruyter, Berlin-New York 1967 sgg.; ed it. in *Opere*, a cura di G. Colli e M. Montinari, vol. VI, t. III, Adelphi, Milano 1971 sgg.

Novak, D.A., *Realism, Photography and Nineteenth-Century Fiction*, CUP, Cambridge 2008

Ortoleva, P., Ottaviano, C., a cura di, *Guerra e mass media*, Liguori, Napoli 1994

Orwell, G., *Nineteen-Eighty-Four*, [1949], Penguin Books, London 1996 [trad. it.: *1984*, Mondadori, Milano 1989]

Id., *The Collected Essays*, Secker & Warburg, London 1968, 4 voll.

Osborne, P., a cura di, *Walter Benjamin. Critical Evaluations in Cultural Theory*, Routledge, London New York 2005

Pacchi, A., *Cartesio in Inghilterra*, Laterza, Bari 1980

Parkinson G., a cura di, *The Duchamp Book*, Tate Publishing, London 2008

Partouche, M., *Marcel Duchamp*, Images en Manoeuvres éd., Marseille 1991

Patel, R., *Stuffed and Starved*, Portobello Books, London, 2007 [trad. it.: *I padroni del cibo*, Feltrinelli, Milano 2008]

Petrini, C., *Terra Madre. Come non farci mangiare dal cibo*, Giunti Slowfood, Firenze 2010

Phillips, M., *The World Turned Upside Down: the Global Battle over God, Truth and Power*, Encounter Books, New York 2010

Philipse, H., *Heidegger's Philosophy of Being*, Princeton UP, Princeton 1998

Piotti, A., Senaldi, M., *Lo Spirito e gli ultracorpi*, Franco Angeli, Milano 1999

Idd., *Maccarone m'hai provocato. La commedia all'italiana del piccolo sé*, Bulzoni, Roma 2001

Pirandello, L., *Quaderni di Serafino Gubbio operatore*, in *Tutti i romanzi*, Mondadori, Milano 1973, 2 voll., vol. II.

Id., *Sei personaggi in cerca d'autore*, in *Maschere nude*, Mondadori, Milano 1993, 2 voll., vol. I.

Pohlenz, M, *Die Stoa. Geschichte einer geistigen Bewegung*, Vandenhoch & Rupert, Göttingen 1959 [trad. it.: *La Stoa*, La Nuova Italia, Firenze 1967, 2 voll.]

Polman, L., *War Games: The Story of Aid and War in Modern Times*, Penguin, London 2010; [trad. it. *L'industria della solidarietà. Aiuti umanitari nelle zone di guerra*, Bruno Mondadori, Milano 2009]

Popper K., *The Open Society and Its Enemies*, Routledge, London 1945 [trad. it.: *La società aperta e i suoi nemici*, Armando editore, Roma 1994]

Posner, R., *A Failure of Capitalism*, Harvard U.P., Harvard 2009

Preve, C., *Marx inattuale*, Bollati Boringhieri, Torino 2004

Prunier, G., *Darfur: The Ambiguous Genocide*, Cornell University Press, Ithaca 2005

Raby, P., *The Cambridge Companion to Oscar Wilde*, Cambridge University Press, Cambridge and New York 1997

Radice, B., Mendini, A., *Elogio del banale*, Milano 1980

Rampini F., *Estremo Occidente*, Mondadori, Milano 2010

Remotti, R., *L'ossessione identitaria*, Laterza, Bari 2010

Rifkin, J., 2000, *The Age of Access*, New York, Penguin, [trad. it. 2001, *L'età dell'accesso*, Milano, Mondadori]

Ritzer, G., *The McDonaldization of Society,* Pine Forge, Thousand Oaks 1996 [trad. it.: *Il mondo alla McDonald*, Il Mulino, Bologna 1997]

Roberts, W., *Jacques-Louis David. Revolutionary Artist*, Univ. Of North Carolina Press, 1989

Rockmore, T., *Before and after Hegel*, Univ. Of California Press, Berkeley 1993

Id., *Heidegger and French Philosophy. Humanism, Antihumanism and Being*, Routledge, London 1995

Roizen, M.F., *RealAge: Are You as Young as You Can Be?*, Harper Resource., New York 1999

Romano, S., *Giovanni Gentile. La filosofia al potere*, Bompiani, Milano 1984

Rorty, R., a cura di, *The Linguistic Turn*, Univ. Of Chicago Press, Chicago 1962

Id., *Contingency, Irony, Solidarity*, C.U.P., Cambridge 1989

Rosen S. M., *Science, Paradox, and the Moebius Principle*, State Univ. of New York Press, Albany 1994.

Rush, M., *New Media in Art*, Thames & Hudson, London-New York, 2005

Russell, B., *The Principles of Mathematics*, C.U.P., Cambridge 1903 [trad. it.: *I principi della matematica*, Newton Compton, Roma 1989]

Id., *Introduction to Mathematical Philosophy*, Allen & Unwin, London 1919; tr. fr. *Introduction à la philosophie de la mathématique*, a cura di G. Moreau, Payot, Paris 1970

Id., *The Autobiography of Bertrand Russell*, Allen & Unwin, London 1951-1969 [trad. it.: *Autobiografia, 1872-1914*, Longanesi, Milano 1969, 2 voll.]

Safranski, R., *Heidegger et son temps*, Bernard Grasset, Paris 1996

Sahlfeld, W., *L'immagine riflessa. Pirandello e la cultura tedesca*, Rubbettino, Soveria Mannelli 2004

Sartre, J-P., *L'Être et le néant: Essai d'ontologie phénoménologique*, Gallimard, Paris 1943 [trad. it.: *L'essere e il nulla*, Il Saggiatore, Milano 1980]

Id. *L'existentialisme est un humanisme*, [1945], Gallimard, Paris 1996 [trad. it.: *L'esistenzialismo è un umanismo*, Corticelli, Milano 1955]

Id., "La fin de la guerre", *Temps Modernes*, oct. 1945; in *Situations IV*, Gallimard, Paris 1976

Id., *Kierkegaard vivant*, in *Situations philosophiques*, Gallimard, Paris 1966

Id., *I sequestrati di Altona* [1960], Mondadori, Milano 1961.

Scarpino, C., *US Waste. Rifiuti e sprechi d'America. Una storia dal basso*, Il Saggiatore, Milano 2011

Schimmel, P., *Charles Ray*, cat. MOCA, Los Angeles 1998.

Senaldi, M., *Enjoy! Il godimento estetico*, Meltemi, Roma 2003

Id., "Zuschauendes Bewusstsein. La coscienza spettatrice da Hegel a Warhol", in A. Somaini, a cura di, *Il luogo dello spettatore. Forme dello sguardo nella cultura delle immagini,* Milano, Vita e Pensiero, Milano 2005, pp. 339-50

Id., *Doppio sguardo. Cinema e arte contemporanea*, Bompiani, Milano 2008

Id., *Arte e televisione*, Postmedia Books, Milano 2009

Id., *Definitively Unfinished. Filosofia dell'arte contemporanea*, Guerini, Milano 2012

Serres, M., *Passage à Nord Ouest*, Minuit, Paris 1980 [trad. it.: *Passaggio a Nord-Ovest*, Pratiche, Parma 1984]

Severino, E., *L'essenza del nichilismo*, Adelphi, Milano 1972

Id., *Heidegger e la metafisica*, Adelphi, Milano 1994

Sloterdijk P., *Regeln für den Menschenpark. Ein Antwortschreiben zu Heideggers Brief über den Humanismus.* Suhrkamp, Frankfurt 1999

Solomon, R.C., *In the Spirit of Hegel. A Study of G.F.W. Hegel's Philosophy of Spirit*, Oxford U.P., Oxford 1983

Sorlin, P., *Les Fils de Nadar. Le "siécle" de l'image analogique*, Nathan, Paris 1997 [trad. it.: *I figli di Nadar. Il "secolo" dell'immagine analogica*, Torino, Einaudi 2001]

Stewart, J., *Kierkegaard's Relations to Hegel Reconsidered*, Cambridge U. P., Cambridge 2003

Stein, J., *Edie: An American Biography*, Knopf, New York 1982; [trad. it.: *Edie. Biografia americana*, Frassinelli, Milano 1983]

Stoichita, V. I., *L'instauration du tableau*, Klincksieck, Paris 1993 [trad. it.: *L'invenzione del quadro. Arte, artefici e artifici nella pittura europea*, Il Saggiatore, Milano 1998]

Strauven, W., a cura di, *Cinema of Attraction Reloaded*, Amsterdam Univ. Press, Amsterdam 2006

Thulstrup, N. *Kierkegaards Verhaltnis zu Hegel. Forschungsgeschichte*, Verlag W. Kohlhammer, Stuttgart 1969

Tieck, L., *Il mondo alla rovescia*, in *I romantici tedeschi*, a cura di G. Bevilacqua, Rizzoli, Milano 1997, 4 voll

Tomassoni, I., *Gino De Dominicis. Catalogo ragionato*, Skira, Milano 2011

Tommaso d'Aquino, *Summa contro i gentili* [1259-64], UTET, Torino 1975

Touraine, A., *Critique de la modernité*, Fayard, Paris, 1992 [trad. it.: *Critica della modernità*, Saggiatore, Milano 1997]

Trigg, R., *Rationality and Religion*, Blackwell, Oxford 1998

Turi, G., *Giovanni Gentile*, UTET, Torino 2006

Uebel, Th. E., *Overcoming Logical Positivism from Within. The Emergence of Neurath Naturlaism in the Vienna Circle's Protocol Sentence Debate*, Rodopi, Amsterdam -Atalanta 1992

Vamba, *Il Giornalino di Giamburrasca* [1911], Rizzoli, Milano, 1977

Valéry, P., *La conquête de l'ubiquité* [1928], in *Oeuvres*, édition établie et annotée par J. Hytier, 2 voll., Gallimard, Paris 1960

Vanheule S., "Lacan's construction and deconstruction of the double-mirror device", *Frontiers in Psychology*, 2, 209, 2011

Vàsquez Rocca A., "L'invencion de Morel. Defensa para sobrevivientes", in *Luke*, 77, sept. 2006

Virilio, P., *Polar inertia*, Sage, London 1999

Vise D., Malseed M., *The Google Story. Inside the Hottest Business, Media and Technology Success of Our Time*, Delacorte, New York 2005

Volpi, F., a cura di, *Guida a Heidegger*, Laterza, Bari 1997

Wajcman G., *L'Oeil absolu*, Denoël, Paris 2010

Warhol, A., *The Philosophy of Andy Warhol (From A to B and Back Again)*, Harcourt New York 1975 [trad. it.: *La filosofia* di *Andy Warhol*, Costa e Nolan, Genova 1990]

Watzlawick, P., *Change: Principals of Problem Formation and Problem Resolution* (with John Weakland and Richard Fisch), W.W. Norton & Co, New York 1974 [trad. it.: *Change. Sulla formazione e soluzione dei problemi*, Astrolabio, Roma 1978]

Wilde, O., *The Picture of Dorian Gray*, Ward Lock & Co., London 1891 [trad. it.: *Il ritratto di Dorian Gray*, Newton Compton, Roma 1993]

Withy, K., *Heidegger on Being Uncanny*, Univ. Chicago, Chicago 2009

Wolfe, N., *The Viral Storm*, Holt, New York 2011

Yunus, M., *Banker to the Poor*, Aurum Press, New York 1998 [trad. it.: *Il banchiere dei poveri*, Feltrinelli, Milano 1998]

Žižek, S., *For they know not what they do*, Verso, London 1991

Id., *Enjoy Your Symptom!*, Routledge, London 1992

Id., *Tarrying with the Negative*, Durham Univ. Press, Durham 1993

Id., *The Plague of Fantasies*, Verso, London 1997 [trad. it.: *L'epidemia dell'immaginario*, Meltemi, Roma 2004]

Id., *Il Grande Altro*, [trad. it.: a cura di M. Senaldi, Feltrinelli, Milano 1999]

Id., "Melancholy and the Act", *Critical Inquiry*, 26, summer 2000, pp. 657-681

Id., *The Fragile Absolute*, Verso, London 2000

Id., *Die Revolution Steht Bevor*, Suhrkamp, Frankfurt 2002 [trad. it.: *Tredici volte Lenin*, Feltrinelli, Milano 2003]

Id., Daly, G., *Conversations with Slavoj Žižek*, Polity Press, London 2004 [trad. it.: *Psicoanalisi e mondo contemporaneo*, Dedalo, Bari 2004]

Id., *Dello sguardo e altri oggetti*, Campanotto, Udine 2004

Id., "A Cup of Decaf Reality", in www.lacanianink. com, 2004

Id., "What Rumsfeld Doesn't Know That He Knows About Abu Ghraib", *In These Times*, 21 may 2004

Id., *How to read Lacan*, Granta Books, London 2006 [trad. it.: *Leggere Lacan*, a cura di M. Carboni, Bollati Boringhieri, Torino 2006]

Žižek, S., *The Parallax View*, MIT, Cambridge-London 2006

Id., *Lacrymae Rerum*, London 2006 [trad. it.: *Lacrymae rerum*, Scheiwiller, Milano 2009]

Id., *In Defense of Lost Causes*, Verso, London 2008 [trad. it.: *In difesa delle cause perse*, Ponte alle Grazie, Milano 2009]

Id. *Living at the End of Times*, Verso, London 2010 [trad. it.: *Vivere alla fine dei tempi*, Ponte alle Grazie, Milano 2011]

Id., *Less Than Nothing*, Verso, London 2012 [trad. it.: *Meno di Niente. Hegel e l'ombra del materialismo dialettico*, Ponte alle Grazie, Milano 2013]

Obversione
Media e disidentità
di Marco Senaldi
postmedia books prima edizione 2014
2023 seconda edizione riveduta e corretta
370 pp. 40 ill.
isbn 9788874901258

Finito di stampare nel mese di febbraio 2023

Postmedia Srl
www.postmediabooks.it